云南大学党史校史研究室　编

云南大学行政后勤管理综述

（1922—1966）

上册

主　编：谭茂森
副主编：雷文彬
卫　巍

云南大学出版社
YUNNAN UNIVERSITY PRESS

图书在版编目（CIP）数据

云南大学行政后勤管理综述 ：1922—1966 ：全二册/
谭茂森主编. -- 昆明 ：云南大学出版社，2020
（东陆寻源）
ISBN 978-7-5482-3822-5

Ⅰ. ①云… Ⅱ. ①谭… Ⅲ. ①云南大学－行政管理－
研究－1922-1966②云南大学－后勤管理－研究－1922-
1966 Ⅳ. ①G647.2②G647.4

中国版本图书馆CIP数据核字(2019)第263906号

策　　划：朱　军
责任编辑：蔡小旭
装帧设计：刘　雨

云南大学党史校史研究室　编

云南大学行政后勤管理综述

（1922—1966）

上册

YUNNAN DAXUE XINGZHENG HOUQIN GUANLI ZONGSHU

主　编：谭茂森
副主编：雷文彬
　　　　卫　巍

出版发行：云南大学出版社
印装：昆明理煋印务有限公司
开本：787mm×1092mm　1/16
印张：31
字数：820千
版次：2020年11月第1版
印次：2020年11月第1次印刷
书号：ISBN 978-7-5482-3822-5
定价：160.00元（全二册）

社址：昆明市一二一大街182号（云南大学东陆校区英华园内）
邮编：650091
电话：0871-65033244　65031071
网址：http://www.ynup.com
E-mail：market@ynup.com

东陆大学创办人唐继尧

首任校长董泽

东陆大学奠基典礼

1928 年第三届董事会成立，龙云（1 排右 2）、王九龄（1 排左 2）、陈钧（2 排左 4）、董泽（1 排左 1）等与师生合影

省立云南大学关防

东陆大学关防

国立云南大学关防

东陆大学校门

省立云南大学校门

国立云南大学校门

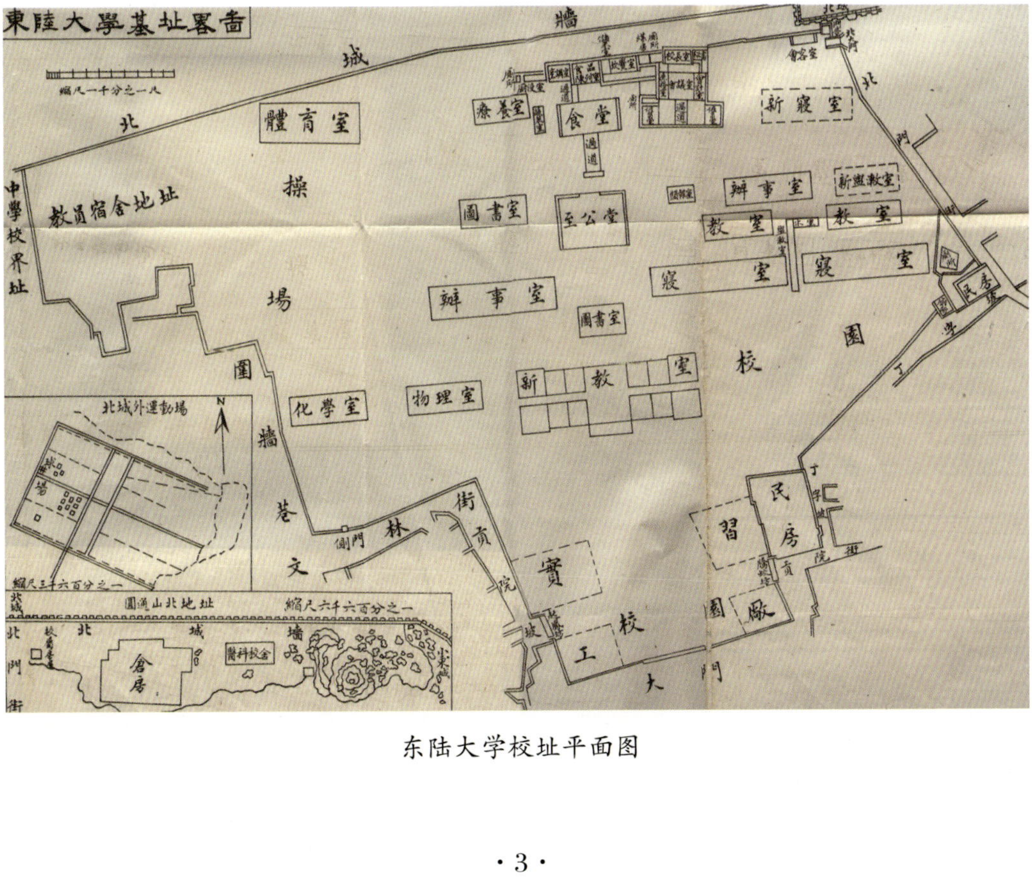

东陆大学校址平面图

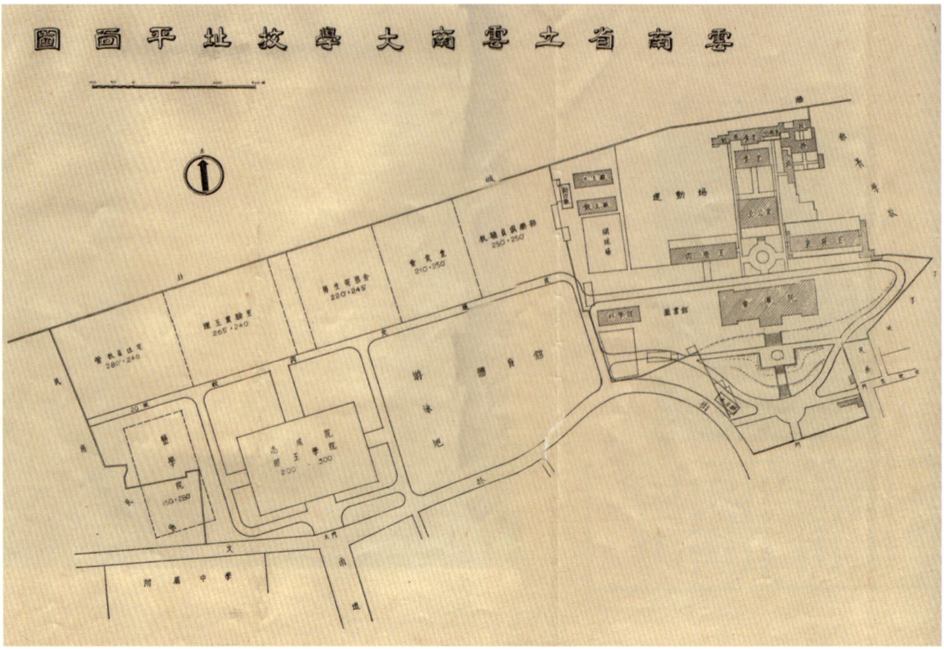

省立云南大学校址平面图

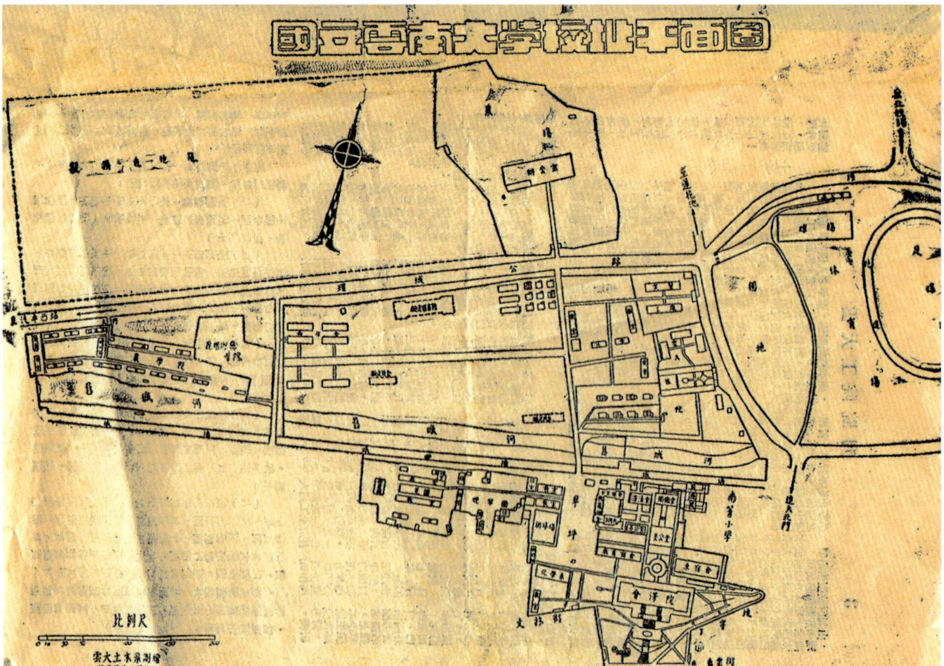

国立云南大学校址平面图

20世纪20年代的会泽院

1923年修葺至公堂为礼堂

私立东陆大学建盖的理化室——科学馆

私立东陆大学时期的会泽院教室

私立东陆大学时期的化学实验室

私立东陆大学时期的图书室

1939 年在呈贡建立的云南大学农学院

1940 年建成的医学院细菌馆——澄农馆

1941 年建成的医学院附属医院——云大医院

1946 年会泽院加建第三层——仰止楼

1947 年建成的航空系飞机棚

国立云南大学时期的实习工厂

建校初期的预科学生宿舍

东陆大学时期的本科学生宿舍

1938 年建成的女生宿舍——映秋院

国立云南大学时期建盖的教授楼——八家村

20 世纪 40—50 年代陆续建成的四合院（今文渊楼一带）

1951 年建成的大课堂——礼堂

1952 年改建后的正校门

1954 年修建的北院教授宿舍

1955 年建成的理科三馆

1955 年建成的水塔——钟楼

1961 年建成的图书馆——怀周楼

20 世纪 50 年代的化学实验室

20 世纪 50 年代物理系实习工厂——金工车间

20 世纪 50 年代教师到茨坝农场参加劳动时的合影

20 世纪 50 年代教师到西山龙潭农场参加劳动时与农场职工合影

20 世纪 50 年代云大生物系师生在西双版纳小勐养生物站
劳动时留影

1963 年高治国与部分教师到拓东体育场参加网球比赛后合影

序（一）

林超民

再过三年，云南大学将迎来建校一百周年。

近百年来，云南大学从一个不起眼的私立大学建设成为世界知名的大学，即将建成世界一流和拥有众多一流学科的“双一流大学”。

大学的建设离不开学术大师。

1931年12月2日，梅贻琦出任清华大学校长。他在就职演讲中说：“一个大学之所以为大学，全在于有没有好教授。孟子说：‘所谓故国者，非谓有乔木之谓也，有世臣之谓也’。我现在可以仿照说：所谓大学者，非谓有大楼之谓也，有大师之谓也。”

大家都知道没有教师就不能办大学，没有杰出的大师就不能办好的大学。

但是，梅先生在强调大师对于办大学的重要性的同时，并没有否认大楼、设备、校园等建设与庶务的重要性。

没有好的庶务，没有好的设备、没有好的校园建设、没有卓有成效的行政管理，再好的教师也难于施展才华，做出贡献。西南联大人才辈出，创造了世界教育史上的奇迹。这也与他们重视庶务、设备、资产等行政与后勤工作有密不可分的关系。看看《梅贻琦西南联大日记》与《郑天挺西南联大日记》，不难发现，西南联大对庶务、设备、资产等行政后勤工作十分重视。行政后勤管理的精干、精明，行政、庶务等管理的高明、高效，令人赞叹！令人敬佩！

云南大学的建设与发展同样离不开庶务、设备等行政后勤管理工作。2007年12月云南大学出版社出版过《云南大学志》第九卷《后勤志》。《后勤志》由谭茂森教授完成初稿（1922—1966），刘兴育整理修改，续写1966年至1976年的《后勤志》，刘德元与李立坚续写1976年至2000年的《后勤志》。《云南大学志·后勤志》“使我们深入体会到前辈先贤以及一代代云大人，他们创立云大并维持其生存，更使其发展壮大之艰苦卓绝，真可谓筚路蓝缕，一路坎坷。行政后勤工作更是千头万绪，当事者唯有百密，不得一疏，方有今日美丽辉煌之云大”。

谭茂森教授退休后，心系云南大学校史校志的编纂，与党史校史研究室雷文彬副主任和卫魏通力合作，在《后勤志》的基础上，丰富资料、完善体例、精心编写，在共和国建立七十周年前夕，完成《云南大学行政后勤管理综述》一书，这是从志书到史书的创新与提高。

《云南大学志·后勤志》以保存资料为原则。《云南大学行政后勤管理综述》则以综述为旨归，不仅增加行政管理的内容，而且补充、修订了后勤管理的记录，增加了“大学的创办”；省立东陆大学与省立云南大学时期，增加了“学校的两次改组与行政、院系的变化”；国立云南大学时期增加了“云南大学的改立和发展”等内容；1950 年以后，增加了行政组织和后勤系统的综述。弥补了《后勤志》的疏漏与不足。《综述》在志书的基础上，对云南大学 1922 年至 1966 年的行政管理做了高屋建瓴、简明扼要、详略有当的综述，是云南大学行政后勤管理的记述与研究创造性的硕果。

所有大学都编写校志校史。大多以教学、科研、人才为主，对于行政后勤管理做专门综述尚不多见。所以本书在中国高等教育史的编纂史上具有开创性、示范性。

本书最大的特点是实事求是。作者不厌繁琐，不怕劳累，在大量档案文献中，广泛搜罗、认真梳理，掌握了第一手的资料。在充分占有资料的基础上，认真考究、细心分析、严格核对，做到每件事都有根有据，不遗漏、不虚构、不浮夸，做到所有资料都信得过、用得上，体现编者和作者严肃的治学态度、严谨的学术规范。

以客观的叙述笔调书写“综述”，是本书的第二个特点。如果说《云南大学志·后勤志》以忠实记录为特色，《云南大学行政后勤管理综述》则以“综述”为特点。客观公允地叙述每一件事，不加褒贬，而是将社会主义的价值观寓于客观忠实的叙事之中，让读者从阅读中受到启示，得到领悟，在不知不觉中受到教育。

本书纵写历史，将云南大学从建校到 1966 年的历史逐年逐月加以叙述，有较强的历史纵深感，让读者对云南大学的发展有清晰的认识。同时，又将云南大学的历史分为私立东陆大学时期、省立东陆大学与省立云南大学时期、国立云南大学时期、社会主义改造时期、社会主义全面建设时期五个阶段。每个阶段横写机构、经费、校产、校舍、设备、图书、管理等项目。对每个项目尽可能做到有头有尾、有始有终，有机构有管理、有经费有财产、有建设有成果。纵横交错，使整本书既有历史纵深感，又有深厚的立体感。这是本书的第三个特点。

这三个方面，是本书的主要特点，不是说仅只有这三个特点。还有全书用数字与图表展示行政管理的繁多、复杂、艰辛等，使人一目了然，心领神会。诸如此类都是本书的特色。

当然，也不是说本书已经尽善尽美、无可挑剔。例如本书偏重于经费、财产、设备等物的叙述，对人的记叙显得相对薄弱。如果能重点记述几位在行政后勤管理上做出贡献的人，就更好。例如，程明轩、顾耀宗、杨绍珠等领导和武文忠等普通工人，都在云南大学的建设和发展中不负使命，值得我们崇敬、学习、怀念。没有武文忠师傅当年认真培育海棠、银杏、山茶等花木，就没有今天云南大学的春天海棠红艳、夏天紫薇灿烂、秋天银杏金黄、冬天山茶怒放。没有美丽的东陆校园，云南大学“双一流建设”或许要打一点折扣了。

谭茂森教授是我校科研与教学上颇有成就的中国近代史专家，也是云南省知名的高等教育史专家。退休之后，他依然为云南高等教育史的研究做贡献。他不顾年高体弱，为编写本书孜孜不倦地工作。真是宝刀不老，令人崇敬。

雷文彬副主任为本书的编纂写作出力最多，贡献最大。她利用自己在学校档案馆工作多年积累的知识、资料、经验，保证了本书的学术质量与社会价值。卫魏副主编任劳任怨、认真负责，细心踏实，没有他的不懈努力，就没有本书的顺利完成。他们是云南教育史研究的后起之秀。

编撰《云南大学行政后勤管理综述》这样的书，既无名又无利，却需要长年累月在档案、史料中辛勤搜索，一点一滴地爬梳剔抉，是一项寂寞、迟缓、艰辛、漫长的工作。他们不以为苦，却因为为云南大学的建设和发展做出应有的贡献而感到幸福。他们和众多从事行政后勤管理的无名英雄一样，在默默无闻、勤勤恳恳、尽职尽责、坚持不懈地无私奉献。他们在新时代为云南大学的建设与发展，不忘初心，不负使命。

衷心感谢本书的主编、副主编和所有作者，是你们让我们知道，云南大学取得今天如此辉煌的成就离不开行政后勤管理。没有好的行政后勤管理，学术大师们也就没有施展才华的良好环境。

衷心感谢你们，为云南大学保存传统、留住记忆、增添光华。

毫无疑问，本书将为云南大学“双一流建设”提供珍贵的历史启示！

2019年7月13日

序（二）

李怀宇

2018年5月9日上午，谭茂森教授在家人的搀扶下来到我的办公室，将《谭茂森文存》及撰文目录赠送给档案馆收藏，并郑重地嘱咐我为其书稿《云南大学行政后勤管理综述（1922—1966）》撰写序言。在交谈中，我看到身体状况不佳的谭教授在谈到自己多年来从事云大、昆医校史研究经历和成果时满怀的自信与热情，不禁为其对云南高等教育史，尤其是云南大学校史研究所做出的努力所感动。

起初，我对为谭教授的专著撰写序言是有惶恐之意的，因为本人对校史的研究还很疏浅，恐难担此任。但是，当我看到谭教授已经完成了沉甸甸的书稿和谭教授非常坚定的邀请，就接受了此项任务，并努力把撰写序言作为一次深入学习校史的过程和向谭教授讨教的机会。

谭茂森教授是中国近现代史研究的专家，在教学和科研上颇有建树，在对云南高等教育史的研究方面用力尤勤，他在推动和提升云南大学新时期的校史研究工作方面发挥了重要的作用。虽然我们都在云南大学工作，但我与谭教授并不是很熟悉，对我而言仅是听过其名。但在我调到档案馆工作以后，常听同事提及和谈到谭教授在校史研究方面的成果和积极进行校史研究的作为以及多方收集校史资料的热情，这让我对其专业学识和校史研究情怀充满敬意。

云南大学的校史研究历来受到学校各级领导和广大师生的重视与支持，产生了一大批富有特色的校史编研成果，在国内高校具有一定的影响，而且近些年来每年都有校史编研的专著或编著正式出版，这些成果的问世为云南大学弘扬大学精神和建设大学文化发挥了重要的作用。

《云南大学行政后勤管理综述（1922—1966）》是继2007年出版的《云南

大学志·后勤志（1922—2000 年）》和 2013 年出版的云南大学史料丛书《经费、校产卷（1922—1949 年）》之后的第三部专题研究云南大学行政与后勤管理的校史研究书籍。相比而言，前两部书籍侧重于资料的收集与整理，《云南大学行政后勤管理综述（1922—1966）》是谭茂森教授历经多年对相关史料和资料进行整理，并对书稿进行多次修改后完成的，在继续重视对相关史料的挖掘和梳理的基础上，增加了综述与述评的内容，这是对以往同类研究的丰富与完善。不仅如此，该书在以下两个方面具有独特的学术和史料价值：

第一，丰富和拓展了大学管理研究。大学管理是高等教育史研究的重要内容，如何全面梳理和呈现一所大学、一段历史中的大学管理对于丰富和拓展高等教育史的研究无疑具有重要意义。《云南大学行政后勤管理综述（1922—1966）》将云南大学历史上形成的繁杂的行政后勤档案史料进行收集整理，关注到了行政后勤对于一所大学所具有的重要作用，以多维、立体的视角来呈现云南大学行政与后勤管理的历史过程及进行相关深入研究的可能。

第二，该书在对云南大学行政后勤相关档案史料的收集整理和处理编排上，除了按照时间线索贯穿全书外，围绕各个历史时期云南大学的行政与后勤工作的重点进行史料的深入挖掘，并以大量第一手的档案资料相佐证，让我们看到了云南大学行政与后勤管理在历史上所具有的自身特点，这对于研究国内大学的行政与后勤管理无疑具有独特的样本价值。

综观全书，谭茂森教授对于云南大学校史研究的情怀和对高等教育史研究的热爱跃然纸上，藏在书中，这让我们更加体会到了大学校史研究的意义和作用，这将继续鞭策和鼓励我们从事校史研究的同事不敢懈怠与努力前行，以更加多样的研究途径和丰硕的研究成果推动云南大学校史研究不断发展。

是为序。

2019 年 8 月 2 日于东陆园

前　言

中国西南地区第一所正规的多科性综合大学——云南大学，自1922年成立至今已近百年。近百年来，她经历了私立东陆大学（1922—1930）、省立东陆大学（1930—1934）、省立云南大学（1934—1938）、国立云南大学（1938—1949）、社会主义改造（1949—1956）、社会主义全面建设（1956—1966）、“文化大革命”（1966—1976）、社会主义现代化建设（1976—至今）等历史时期。其间，随着学校的日益发展、壮大和成熟，其行政管理体制也在本着为教学服务、为科研服务、为师生员工服务的宗旨和原则，不断发展变化，日臻完善健全。行政管理机构的演变、领导人员的更替、学校产业的增减、教育经费的筹拨、基本建设的增加、图书设备的添置、治安保卫的加强，以及其他各种各样的社会工作的进行，等等，构成了行政管理工作多姿多彩、有声有色的丰富内容。

云南大学作为全国重点高等学校、云南最高学府，有今日之地位和荣誉，除了其教学成绩优良、科研成果丰硕等外，历届各级领导和广大职工的积极工作与辛勤劳动，也是一个不可或缺的重要因素。

本书的编写目的正是在于：通过对云大创办以来的行政、后勤管理工作的记述和总结，使云大人在热爱祖国、热爱桑梓的同时，得以知我云大、爱我云大、宣传云大、建设云大，为把云南大学建设成为世界一流的高等学府而同心同德、努力奋斗、不断前行。

目　录

上　册

上　册

第一篇　私立东陆大学时期（1922—1930）

一、大学的创办

（一）大学的酝酿

近代中国正规大学的创办，始于1895年的北洋大学堂（天津大学的前身）和1898年的京师大学堂（北京大学的前身）的设立。其后，东南沿海、中部地区的一些先进省区、各大城市，纷起效仿，相继成立了一些早期的大学。云南地处边陲，开化较晚，复以高山巨川、交通梗阻、经济落后、文化不昌等因，故大学之设，迟迟无从谈起。

1911年，辛亥革命成功。1912年，中华民国建立。国家建设，百业欲举。云南光复之后，以蔡锷为首的军都督府进行了一系列行之有效的重大改革，政治、经济、军事、文化、教育等均有所发展。为了建设云南，急需各种人才；为了培养人才，急需发展教育，尤其高等教育。1915年，全国教育行政会议召开，云南代表所拟计划案，首次提出本省自办大学的建议，此为云南议立大学之始。旋因护国运动爆发，讨袁战争方殷，筹设大学之事遂致搁置。1918年，滇、川、黔三省召开联合会议，复有西南三省联合设立大学之议，但未定论。

1919年，"五四"爱国运动爆发，"民主""科学"之风吹遍全国，云南自办大学之声复炽，省垣昆明各界人士"或请愿议会，或建议政府，亦纷纷以'创办大学'为言"。如尚志学社龚自知等曾请愿省议会，要求即办大学。甚至远居海外的滇籍留学生董泽、何瑶等，每当论及国事，莫不"以滇省速办大学为作育人材、救济时艰之拟议"。当此之时，云南督军兼省长唐继尧，"外观世运，内审国情，慨人才之消乏，文化之颓废，毅然废督裁兵，振兴文治，作救国之远图"。为了"挽绝学于既往，牖文化于将来"，唐继尧明确表示："大学校之设，必期于成。已在酌定一切办法，俟稍就绪，再行饬财政厅筹发经费"，即可着手筹办。至是，云南自行筹建大学，已成定局。

唐继尧（1882—1927），字蓂赓，云南会泽人。他早年留学日本，加入以孙中山先生为首的同盟会，积极参与反清民主革命活动，躬历辛亥、护国、护法诸役，曾先后出任贵州都督，云南都督、督军、省长等职，是私立东陆大学——云南大学的创始人。

（二）大学的筹备

1. 水月轩筹备处

1920年，云南首批留美学生董泽等人，学成归国，返抵故里。他们认为：“一国之智识阶级，实为之表率，无论古今中外，其揆一也。智识阶级之发达，必高级教育能举其绩。所谓高级教育者，大学其尤也。观欧美各国，可资明证。”返滇之后，他们目击时艰，面对现实：民国虽立数年，百业仍属待举；中等学校虽有，高等学校尚无；中等人才虽众，高等人才尤缺。加以“社会各界对于兴办大学颇迫望”，遂由董泽领首，数度拜谒唐继尧，请商滇省独立创办大学事宜。唐继尧因前已有意，遂甚表赞同，且允资助。随令首设大学筹备处于云南市政公所所在地、翠湖湖心亭之水月轩，并嘱靖国军总司令部参议官王九龄、秘书官董泽主持其事。翠湖位于省长公署所在地五华山之西、明清贡院之南，三地势成鼎足，相距咫尺。水月轩则位于翠湖中央湖心亭东，其地水陆相连，绿树成荫，甚便于与省署之联系。

筹备处成立后，董泽于同年10月拟订了《东陆大学进行计划概略》（以下简称《概略》），共8条。《概略》开门见山，起首即云创办大学之原委：“中国频年多难，学务废弛，大学教育不发达，遂致人才缺乏，文化未兴。感此痛苦，西南各省为甚，而滇中为尤甚。联帅唐公，恻然允之，故拟在滇中设立一大学，为培养人才、昌明学术之远图。”关于学校之目的，在于养成文学、政治、经济、教育、实业之人才；学校之名称，因唐继尧别号“东大陆主人”，为纪念其创办之功，拟称“东陆大学”；学校之发展，初期先设文科，二期再设工科，三期再设理、医、农等科；学校之经费，包括筹备费、开办费、经常费、临时费、基本金等。余如筹办机关、管理人员、各科教员、校舍建筑等，均有述及。《概略》实为云南大学建设的第一幅蓝图。同年11月，王九龄、董泽复呈唐继尧，谓办学既定之后，“当以校舍之地点、经费之筹划为先决问题”。关于校舍地点，初始提出以城西风景名胜大观楼为宜；关于学校基金，认为至少须集300万元，并请“钧部先行筹给拾万元，作为开办经费”。创办学校，自以校址、经费为首要，王九龄、董泽深谙于此，先期提出，可谓远见卓识。

1921年2月，大学筹备正殷之际，唐继尧的部下、滇军第一军军长顾品珍突然倒戈相向，起兵反唐。唐继尧被迫辞职，旋乘滇越火车，取道开远、河口，途经越南河内、海防，浮海出走香港，董泽等也随之同往，筹备事宜遂致中辍。

2. 双塔寺筹备处

1922年3月，唐继尧东山再起，回师云南，与顾品珍部激战于宜良，当场击毙顾品珍，大获全胜。唐遂凯旋入省，重秉滇政。旋即仍令王九龄、董泽重操大学筹备事宜。其时水月轩原址已为军旅驻扎，难以迁让。王九龄、董泽等人东寻西觅，几经周折，7月1日复将筹备处重设于省署东侧、平正街双塔寺省立工业学校内。此时，唐继尧正式任命董泽为大学筹备处长，并先后聘请滇中名流、各界要员24人为筹备员。为了开展工作，筹备处分设专人（括号内为其字或号），各司其职，其组成如下：

东陆大学筹备处

筹备处长：董　泽（雨苍）
筹 备 员：童振藻（仲华）　陶鸿焘（继鲁）　张汝霖（泽苍）
萧扬勋（敬业）　邓绍先（孝思）　李文焱（豹岑）
张邦翰（西林）　邹世俊（子彦）　陈立幹（肇岐）
姜荣章（倬云）　王用予（梦怀）　何　昌（光周）
刘国澍（惠苍）　严继光（佐兴）　杨克嵘（季崖）
柏　励（西文）　陈凤鸣（松岩）　杨维浚（子深）
施俊霖（兰轩）　霍去非（实子）　毕近斗（仲恒）
惠我春（云岑）　杨武勋
会　　计：毕近斗（兼），管理账务开支
庶　　务：李文焱（兼），管理经费设备
文　　牍：杨武勋（兼），管理公文函牍
总理一切：姜荣章（兼），管理日常庶务

1922年7月8日，筹备处拟就《东陆大学筹备处简章》，共10章22条，明确规定了筹备处的宗旨、地址、职员、职权、经费、薪资、办公时间、会期、印篆等事项。依此简章，筹备工作得以次第展开。7月中旬，筹备处召开首次会议，先由董泽报告筹备经过，继而讨论大学的学制、校址和经费等问题。讨论结果，关于学制，决定先办预科，后办本科。关于校址，拟请改拨明清贡院充之。关于经费，拟由政府拨款、私人捐赠和学费收入等项筹集。8月中旬，筹备处经过仔细研究，充分讨论，制定了颇为详尽的《东陆大学组织大纲》，共9章27条，内容包括定名、校址、宗旨、经费、职权、学制、各会之组织、校长与教职员之任用及责任、附则等。关于校名，“本大学不仅为造就本省本国人才，并为东亚学子研究学术、昌明文化起见，且纪念唐公蓂赓倡办盛意，因节取其东大陆主人外号，特定名东陆大学”。关于校址，“根据历史上文化之关系，特定云南省垣旧贡院为大学地点”。关于宗旨，定为“研究高深学术，造就专门人才，传播正谊真理”。《东陆大学组织大纲》经省长唐继尧批准执行，成为创办东陆大学的纲领性文件。

3. 福照街筹备处

1922年8月，唐继尧任命董泽为省教育司（厅）司长，并仍兼大学筹备处长。为了兼顾二职，8月18日，董将筹备处自双塔寺迁往福照街教育司署，以便合署办公。

福照街筹备处依据组织大纲，加紧勘定校址，营建校舍，筹措经费，成立机构，聘请职教员等，为大学的成立作最后的准备。

（三）大学的成立

经过紧张的筹备工作，大学成立的条件日臻成熟。1922年11月，筹备处投票选举唐继尧、王九龄为大学名誉校长，董泽为校长。董泽根据“票选”结果，呈请唐继尧就任东陆大学名誉校长，任命王九龄为另一名誉校长。关于校长一职，该呈云：“其校长席以职

（董泽）票数为多，殊觉惭惶无地，当即对众坚辞，迄未蒙允。窃职一介疏庸，学无端绪，此次奉令筹备，已属尸位滥竽，何敢一再蝉联，致滋折覆。知大学为最高文化枢机，校长一职，必得海内名流。仰承钧命，乃获措施裕如，名实相称，职何人斯，敢膺重任？伏乞垂念下悃，另聘贤能，以免丛脞。”董泽之谦，跃然纸上。

1922 年 12 月 8 日，云南省长公署正式批准大学成立，启用印信。同日，唐继尧函聘董泽为首任校长，函云：“查东陆大学一切组织均已大体就绪，定于明春开学。校长一职，选定台端充任。本校前途，为幸曷极。用特依据校纲，肃函敦请从速就职，以专责成。”同日，董泽就东陆大学校长职，正式以校长身份视事。

董泽（1888—1972），字雨苍，云南云龙人，白族。他先后留学日本、美国。辛亥、护国时期，他均任省府秘书。蔡锷曾赞其“志愿宏大，学行卓荦”。他素抱教育救国之志，为云南近代著名高等教育家，云南大学首任校长。

至此，酝酿经年、几经周折的祖国西南地区历史上第一所高等学府，即私立东陆大学（云南大学的前身）终于破土而出，宣告诞生。

1923 年 4 月 20 日，东陆大学隆重举行新校舍奠基典礼和大学开学典礼。创办人、云南省长唐继尧亲临会场，各机关长官，英、法、美、日等国驻滇领事官，各学校、各团体代表等千余人参加了盛典。清晨，省署特派的航空处飞机盘旋东陆上空，嗡嗡作响，散布书面祝词。其词云：“大哉东陆，为国之珍；群英济美，善觉莘莘。学基始奠，文质彬彬；猗欤休欤，中华主人。”全城市民，莫不翘首仰望，一睹为快。午前，在校本部建筑基地（今会泽院处）行奠基礼，其地张搭松柏牌棚，乐队高奏国歌，唐继尧亲临奠基，奠基石上镌刻其亲笔手书“东陆大学奠基纪念”八个大字，复由校长董泽致奠基词。午后，在大礼堂（今至公堂）行开学礼。先由唐继尧致训词，其词有云：“云南自办大学的原因有四：一为培养人才，以伸张正义，发达民治；二为以固有文化，吸收新文化，成一折衷之文化；三为造成专门人才，以适应实业、教育、交通及一切庶政的需要；四为满足本省日益增多的中学毕业生继续深造的愿望。”“今后教育，希望诸君以德育为主。今之世乱极矣，……欲图挽救，专赖此一般青年，望诸君勉力实行之。”为了表示敬意和欢迎，东大首批学生特向唐省长恭行三鞠躬礼，向来宾行一鞠躬礼。嗣由董泽报告筹备、建校经过。各国领事、各司长官等也相继宣读贺词，发表演讲，最后合影留念，茶点招待。整个仪式，自始至终，备极隆重，盛况空前。以后，学校遂将每年 4 月 20 日定为校庆纪念日，迄至今日。

私立东陆大学的成立，为祖国西南边疆的高等教育奠定了初步的基础，在云南教育史上揭开了新的篇章。

早在 1922 年 10 月，唐继尧为了“追述往事，纪其缘起”，曾撰《东陆大学缘起》一篇。其文如下：

东陆大学缘起

继尧遭时多故，效命行间，岁月不居，匆匆十一稔矣。光武言：“在兵间十岁，所更非一。”继尧学业不及古，而年则过之，每览前人鞍马之余，垂情典籍，未尝不发愧汗下也。曩年，外观世运，内察国情，懔佳兵不祥之言，怵不戢自焚之训，毅然废督裁兵，实行民治，并同时筹办东陆大学，以冀挽绝学于既往，牖文化于将来。事未断手，内讧斯作，大堤溃蚁，良用慨然。自去国以来，民生愈促，文治愈衰，旧日所恃以维持人心、扶掖世道之权威信念，俱不免由疑问而生研究，由批评而生罅隙。于是哲理思潮，时兴创解；人生正义，顿改旧观。其中虽不少精思伟论，至理名言，然因各人所处之环境不同，所受之感触独异，其蕴之而为思想，发之而为主张，亦即不能认为百世之常经，四海皆准之鹄的。年来，一班青年对于新兴之文化，俱尽量容纳，其勇于革新也，诚可欣；其昧于抉择也，亦可虑。继尧不敏，重秉滇政，凡属未竟之志，俱已次第设施，而东陆大学，亦于是时重议兴办。现已由东陆大学筹备处拟订东陆大学组织大纲，并请政府指拨基金、校址从事建筑。复由继尧先行捐资，藉资开办。群策群力，是经是营，落成有日，素愿斯偿。因追述往事，纪其缘起如此。海内同志，盍兴乎来。

民国十有一年双十节　会泽唐继尧纪于省署

同时，省教育司司长、东大筹备处处长董泽也撰《东陆大学创办纪略》一文，概述东大创办之原委、目标、巅末、取名、系科、讲师、行政、经费、校址等情。兹也赘录如下：

东陆大学创办纪略

国于世界，必有与立，政治所趋，初非同轨。而所以纲维一切，导兹群众，俾共赴郅治之鹄，此其源泉，果何自昉乎！则一国之智识阶级，实为之表率，无论古今中外，其揆一也。夫智识阶级之发达，必高级教育能举其绩，盖尽人而知。所谓高级教育者，大学其尤也。观欧美各国，大学之成效，脍炙万口，可资明证。民国缔造，十有一稔，教育行政，日趋窳败。乃曾不逮晚清什七，是岂教育行政之不易，亦负责者非其人耳。同人有鉴于此，为促进中华民国智识阶级之发达，发为宏愿，有东陆大学之设。其目标所在，体用所赅，既于募捐公启，为海内外贤豪一详道矣。至大学创办之巅末，或未深悉，愿更揭其要，以饷诸君，一以见同人之愚诚，一以望诸君之明教，拳拳之私，愿省察焉。窃维泽少不更事，孤陋寡闻，安足以肩兹高级教育之任？顾念曩日，负笈美洲，即深以吾国智识阶级，颓然不振为忧，于是创办大学之思潮，与日俱积。民国九年，归滇伊始，即向会泽唐公有开设大学之请，立蒙允许，其议遂定。先就云南省垣创办，颜其名曰东陆大学，从欧美惯例，以唐公之别字为大学之校名也。今财政司司长王君竹村，尔时与泽共事筹备。无何，滇乱作，竟以中辍。客岁侍唐公于香港，偶偕过香港大学之前，未尝不触绪兴慨，唐公亦怃然久之。比者，唐公还师昆湖，偃武之余，励精图治，首捐钜金，续办大学。而泽以教育司司长兼主斯校，以薄植而襄盛业，折足覆餗，良用懔然。爰于六月杪，先行恢复大学筹备处，与同人黾勉将事。自夏至秋，凡四阅月，粗告端倪，弥復引慰。举其重要者：关于学制方面，则取有系统之组织，分文、理、法、农、工、商、医七科，科之中分系，系有主任，藉收互助之实效。此外，讲师之延聘，学位之授与，皆仿欧美大学制度；关于教职方面，则采分工之主义。校董有会，评议有会，校行政有会，会又各有其所附隶，事无钜细，悉以会议出之，藉符共营之精神；关于校行政方面，则依渐进之程序，先办预科，此次推广，藉成一贯之形式；关于经费方面，则有基本金、结存金之分，有指拨之款项，归并之财产，有学费之征收，捐款之募集，更制定捐款褒扬条例，用酬热心教育者之意。所定东陆大学组织大纲，都二十余则，经创办人决议，见诸实行。同人等又以历史上文化之关系，特请政府立案，拨定旧贡院地址为东陆大学校所。其地势之宏广，空气之流通，尤足为研究学问之一助，此创办巅末之大略也。昔庄生有言："作始也简，将毕也钜。"泽不学无似，谬辱唐公之奖借、同人之推许，作始之役，坚不获辞，一思及今后职责之重，诚有待大雅君子，以时见教，示其周行。世有热心教育者，幸赐我百朋以教之！

云南教育司司长兼东陆大学筹备处长　董泽　谨识

中华民国十一年十月

二、校舍的营建

（一）校址的选定

1. 初议大观楼

学校既为教育场所，则其地域必须宽敞，位置必须适中，环境必须幽静，建筑必须独特。私立东大在其筹备过程中，曾先后考虑过将大观楼、旧贡院作为校址。

早在水月轩筹备处时，就遍查过省垣内外各地区、各建筑。初拟以大观楼为校址，认为："只有距城西三里许之大观楼（今大观公园）一所，尚觉适宜。该处向称名胜，虽房舍构造与学堂性质不同，但略加改造已可适用，较他处拓地建筑，事半功倍。应请准予拨给本校，鸠工修葺，以垂永久。"大观楼位于省垣城西，滇池北岸，东距城区实 8 华里，西隔滇池与著名风景区西山（又名睡美人山）遥遥相望。明季系属水浦湖滩，清初吴三桂镇守云南时，令人向东凿大观河与城相连，后有僧人在其地建观音寺，以弘扬佛法。自是，信徒络绎，游人如织，渐成名胜。康熙时，在观音寺址建三层楼宇，名大观楼。其后，上悬滇中名士孙髯翁所撰之"古今第一长联"一副，以及咸丰御题"拨浪千层"匾额一方。辛亥以后，复经修葺扩充，辟为公园，即大观楼公园。斯园占地 200 余亩，地势平坦，水陆相间，楼台亭阁，回廊假山，茂林修竹，通幽曲径，复因远离市廛，宁静清新，确为吟诵研习的良好场所。惟因距城略远，交通不便，加之房舍不济，文化渊源逊于贡院，故虽议终弃。

2. 后定旧贡院

双塔寺筹备处时，即议定明清贡院为大学校址。明清贡院习称旧贡院，原为科举时代云南举行乡试之所。原来，科举制度自隋产生、唐宋发展、明清完备以后，其试分为院试，取秀才；乡试，取举人；会试，取贡士；殿试，取进士。而贡院即为各省举行乡试之地。云南地处边徼，文化落后，教育不昌，士子寥寥，故迟无贡院之设。及至明初，应乡试者仍须跋涉数千里，至应天府（南京）“赶考”。永乐时，始命云南自行乡试，才在省垣筹建贡院。按照陈例，初建贡院于云南府城之东（即今人民中路、威远街一带）。明中叶，改建贡院于翠湖北。清初扩建后，沿用至清末，故称明清云南贡院。

云南贡院坐落昆明城北，筑于东西走向的商山山脊上（今圆通山即为商山之一段），南临翠湖（古称九龙池）而近省垣中心，北靠城墙（中华人民共和国成立后拆除）而望蛇山，东接北门城楼（今省杂技团门口）而迎金马山，西至今校西门而向碧鸡关，所谓“左金马，右碧鸡，枕蛇山，面翠湖，《滇系》所谓他省所无”。地理位置，得天独厚，堪称“风水宝地”。贡院中心为其主要建筑至公堂，此为各省贡院共有之屋，取其科考公正无私、一秉至公之意。其堂琉璃瓦顶，雕梁画栋，金碧辉煌，庄严雄伟。堂之后分别为监临、提调、监试、考试四房。堂之前为明远楼（今会泽院址），寓光明远大之意。楼高二层，登楼远眺，大有“绮窗洞开，吞山纳海”之势。楼之东、西均为文场，习称号舍或考棚。楼之前为仪门，仪门下为一坡，称贡院坡。坡面之上，有龙门三道，意为士子中举后即由鱼变成龙，民间向有读书赶考为“鸡鸣清早起，鲤鱼跃龙门”之说。坡脚两侧各有一牌楼式栅栏门，东曰腾蛟坊，上悬一匾，匾书“为国求贤”四字；西曰起凤坊，也悬一匾，匾书“明经取士”四字。两坊之名意为龙飞凤舞，龙凤呈祥。真乃独出心裁，寓意尤深。两坊东西通称贡院街，后来东段改称青云街，意为士子中举，即可步青云而直上；西段改称文林街，意为考生云集，甚有文人如林之势。坡脚前方（今大门处）则为一巨型赤色照壁，乡试后放榜时，中举者之名录即题其上，正所谓“金榜题名”！整个建筑，浑然一体，庄严肃穆，气势恢宏。每届三年一比的乡试，全滇应试生员均汇集于此，各显其才。1819 年（清仁宗嘉庆二十四年），林则徐曾奉旨充任云南乡试主考官，不远万里，自京师跋涉来滇主持，并提出了“有志于学，求副实用”的选才标准。据统计，有清一代，云南文武两科共取举人 8000 余名，其中经会试而中进士者 900 多名，所谓“数百年科举人才皆出其中”。长期以来，云南贡院成为为国选才的重要场所。随着封建社会的衰落，科举制度也步上穷途末路，久负盛名的贡院如秋风落叶，逐渐萧条。1903 年举行最后一次乡试后，贡院号舍的砖瓦石料皆被拆去，运至五华山修建两级师范学堂。1909 年又将位于承华浦（今省图书馆处）的云南省立甲种农业学校迁至贡院。至此，盛极一时的贡院已失去昔日的光彩。到了云南首座大学选址建于贡院之后，它才又继承、发扬和重振了昔日的文化雄风，这在全国高校中确属极为少有的创举。

（二）校舍的建筑

1. 建筑的开始

1922 年 8 月 13 日，省署正式批准贡院为东大校址后，筹备处即着手校舍营建工作。一面组织建筑委员会，推杨克嵘、刘惠苍为主任，张邦翰、毕近斗、陶鸿焘、李豹岑为委员；一面与农业学校协商，请其另觅校址，尽速迁出，其不用部分，则予先行划拨，俾能早日兴工修建。8 月 23 日，董泽率同各筹备员齐往农校实地勘察，详作计划。9 月 1 日，于农校内正式成立建筑事务所，任命杨克嵘为总理，萧扬勋为协理，刘惠苍（后改张邦翰）为工程师，法人商索尔为工程顾问，杨维浚为工程事务。经过周密筹划与协商，校舍布局与人员分工如次：明远楼址建办公、教学主楼，张邦翰设计；楼西建理化室，余名钰设计；楼北筑实习工厂，杨克嵘设计；礼堂改至公堂为之；其他宿舍、食堂、办事室、休息室等，由杨维浚督工修葺旧房充之。为了变废为利和增加建筑经费，筹备处决定开工之前，先行变卖欲拆旧房朽房的部分旧料，计卖出明远楼前头门楼房3间，价170元；二门过厅3间、制丝室耳房5间，价400元；东南会议室楼房5间、大门1间，价600元；西朽房平房8间，价128元；其他平房7间，价112元等。

9月5日，建筑事务所动工拆毁旧房，东陆校舍营建工程正式开始。

2. 材料的采运

为了营建校舍，除了成立建筑事务所以总负其责外，另设工程处，专司建筑材料的采运，并聘法人马业为材料承办人。

所需石料，先采自圆通山一窝羊一带，并曾架设轻便铁道以为运输。后因该处石质较差，开山炸石多扰市民，有碍圆通山自然景观等，士绅多上书省署，请予另采他处，遂改向西山采取。所采石料，先装木船，浮滇池而运至篆塘，再由马车运抵工地。

所需河沙，采自省垣东面盘龙江内。当时公私建筑所用河沙也多采自于此。学校为了保证工程顺利进行，曾于1923年5月发出“布告”，禁止他人再在其地捞沙。“布告”云：“本大学建筑校舍所需河沙，前经规定，由省会小东门以上，沿蟠龙江、张官营所属小菜园河边一带捞取，并由教育司、昆明县布告晓谕在案……不能再准他人任意捞运。如有发现擅自捞取等情事，一经拿获，除将河沙送入本大学应用外，定将捞运人等究办，决不姑息。”同时布告有关部门，为大学驮运沙子的马帮，不得阻拦；所需砖瓦，由北门外大、小马村砖瓦窑烧制供给。建筑中，曾购“大青砖数万块”。后因供不应求，学校便在小马村直接建砖瓦窑3座，自行组织工匠，加紧烧制。

所需木料，一般者昆明附近购伐，特殊者通过外国人所办洋行购自境外，主要是越南。如曾“向若利玛洋行定购黑木二兜（火车皮）”，由滇南经滇越铁路运省交付。黑木即越南所产的铁刀木、柚木之类，其质坚硬耐磨，为做楼板、栏杆等的上好木料。

所需水泥，因本省不能生产，也都购自外洋。“复向若利玛洋行订购红毛呢一兜。”红毛呢即水泥旧称。

各料之运输，先由车、船运至省垣各站、口，再由马匹驮运或马车拉运至工地，东边来者入腾蛟坊，西边来者入起凤坊，因其车水马龙，络绎不绝，人车争道，致塞交通，为供人行车驶，学校曾于照壁之后另筑道路，以分其流。

3. 主要建筑物

由于校方精心组织，督导有方，东大首批建筑，从设计到备料，从施工到验收，历时仅二年余，即基本告峻。要者如下：

会泽院　又名会泽楼，东大的核心建筑，系仿照欧洲最古老的、成立于1253年的巴黎大学的主楼设计，建于贡院坡顶明远楼址之上。因大学创办人唐继尧籍贯会泽，为念其功，故名会泽院。院基呈“H”字形，占地163方丈，坐北向南，东西走向。楼高二层，加地下室则为三层。上层为学校首脑机关所在，校长与各部主任办公室均设于此，另有会议室、教员预备室、大厅、图书室等；下层为教室，计12间，可容学生400余人。南、北、东、西各设一门，南门为正门，北门为后门，东西二门为侧门，可谓四通八达。全院之墙脚墙角、上下隔层、窗框四周、屋顶四沿，均用上等优质白色石块砌就，砌筑方法或平摆交错，或长短相间，独具特色。四周墙体、院内隔墙，则用巨型砖块砌成，坚固厚实，加之木质地板，室内甚有冬暖夏凉之妙。正门之外为一平台，平台南沿立有四棵巨型圆柱，圆柱上端托一巨型阳台。正门安有四扇巨型西式栅栏铁门，门上铸有多种图案。进门左右两侧分别装有优质木门各一道，门上也都刻有雕饰。两门之间为一大厅，大厅与平台、院内走道均镶有花砖。厅之正北为一内亭，亭之南墙镶有大型赤色铜牌一方，牌镌《会泽唐公创办东陆大学记》，为滇中名士、书法翘楚陈荣昌所手书，笔法苍劲隽永，入铜三分。其文如下：

会泽唐公创办东陆大学记

滇处边陬，开化较晚。外则强邻逼处，内则地利未辟，加以交通梗阻，学子艰于升进，识者咸以筹建大学为治滇要图。民国四年，政府已计划及之。七年，滇、川、黔省议会联合会复倡议设立三省联合大学。八年，各界人士或请愿议会，或建议政府，亦纷纷以为言，顾赀靡所出，卒莫之举。九年，会泽唐公既摧帝制护国，纪思振兴文治，以奠国基。会其时，滇省方苦建立大学之不易，遂慨然引为己任，积极筹备，事垂成而辍于政变。十一年，公还主滇政，仍践夙议，定校址，措经费，阅六月而斯校立。群崇公功，剌其字为校名，示纪念焉。至是，滇中最高学府始欣然有基础、有进步，扬文化之波，播科学之种，百务繁荣，斯为筌蹏，则公之福利国家人群，固不仅一时一隅已也！自斯校开创，公提斯辅翼，罔闲始终。鉴思潮之庞杂也，则以致知、力行诲诸生；知思想之不宜囿束也，则以自由研究为教旨。他如奖掖勤修、嘉惠苦学、筹措校费、建筑校舍，凡所以为学子谋者，无微弗至，是皆公精神永久之表现，而吾校所不能忘者也。因书其崖略，以告来叶。

中华民国十六年九月吉日
东陆大学同人公立
昆明陈荣昌书（章）

每入会泽院者，无不仰观此牌，默诵之余，尝低首沉思，想东陆创业之艰辛，云大发展之不易。亭之东、西，各有扶手楼梯，沿梯而上即达二楼。楼中偏西，复有转角一梯，绕梯而上即达屋顶，顶甚平敞。登顶眺望，安卧的“睡美人”，粼粼的滇池波，碧绿的翠湖水，突兀的五华山，蜿蜒的长虫山，隐约的碧鸡关等，滇中名胜，尽收眼底，令人心旷神怡，胸襟开朗，颇有“会当凌绝顶，一揽春城小”之慨。会泽院作为云大的象征，落成迄今，几近百载，虽栉风沐雨，几度沧桑，却巍然屹立，雄视春城，风采不减当年！

至公堂　为大学礼堂，位于会泽院北，系修葺旧堂而成，占地47方丈，建筑取宫殿式，南北两面开门，南为正门，北为后门。正门左右全为窗棂，中为镂空门扇，花纹图案，雕刻精致，并漆以金粉。门楣之上，高悬一匾，匾底黑色，书有“至公堂”三个红色大字，原系明永乐进士严孟衡手笔。正门两侧立柱之上挂有黑底金字的内、外两联，内联为清高宗乾隆旧句，上联云：立政待英才慎乃攸司知人则哲；下联云：与贤共大位勖哉多士观国之光。外联为清乾隆甲寅（1794）恩科解元（乡试第一名）那文凤原撰，上联云：文运天开风虎云龙际会；下联云：贤关地后碧鸡金马光辉。门之左侧东墙内壁则镶有《重建贡院碑记》一方，为康熙三年（1664）兵部左侍郎兼云南总督卞三元所“拜撰”。堂之前为一平台，台之南沿为石阶，石阶两侧雄踞一对昂首挺立的石雕獬豸，它是勇猛、公正的象征，借喻此处是司法“正大光明”“清平公正”之地。进正门立一屏，上书“校训”，堂内中央悬创办人唐继尧巨幅肖像，四壁则悬校长、赞助人像及各种比赛所获优胜奖旗等。堂内可容千人，凡庆典、行礼事，皆在此举行。堂四周为参天古木，奇花异卉，环境清幽，气氛祥和。整个建筑，古色古香，庄重典雅，与会泽院，一前一后，一西一中，交相辉映，相得益彰。

理化室 位于会泽院西，占地 32 方丈，余名钰设计。室高二层，上层为物理部，下层为化学部。每层中间为教师预备室、仪器药品储藏室等，东为实验室，西为教室。教室座位呈半圆阶梯式，每室约可容学生 40 人。

学生食堂 共有大小 2 座，大者位于至公堂后，占地 56 方丈，即将原衡鉴堂改建而成（旧址在今怀周楼前），为本、预科生所用，与会泽院、至公堂同在一中轴线上，与教室、寝室相距不远，就餐颇方便。小者为附中食堂。两食堂足够应用，且有余席。

学生宿舍 共分 3 所，每所一排，第一、二两所即今东宿舍（考棚），共占地 40 方丈，分 2 层，上下各 30 间，每间住学生 4 人，共住 240 人。此舍为科举时应试生员考试文场所在地，前后上下均有走廊，砖木结构，设计独特。数百年来，星移斗转，地动山摇，不免墙倾梁斜。因其为贡院建筑遗产，故一直被视为校中“宝贝”，始终爱莫忍拆。

东大后又陆续添建了木工厂、铁工厂、试金室、储藏室、教职员俱乐部、沐浴室、足球场、网球场、排球场、篮球场，并在北门外开辟运动场，安装自来水，建造喷水池等。

纵观早期的东陆园，东连苍翠的圆通山，西接李姓私家花园，南临碧绿的翠湖，北倚雄伟的城墙，确如时人所赞：“其建筑物之庄严灿烂，并擅此湖山秀色，不啻在中国西南方面辟一新世界焉！”

（三）建筑费支出

东陆校舍的首批建筑工程，自 1922 年 9 月开工，至 1924 年 12 月竣工，历时 2 年余。其建筑费支出详如表 1－1：

表 1－1　建筑事务所出入开支款项一览表

单位：元

类　别	数　量	银　数
红青砖	红砖 842193 块，青砖 168789 块	16818.07
河沙碎石	河沙、海沙、碎石，共 3438.37 立方尺	7139.69

续　表

类　别	数　量	银　数
石料	太平石2000余车又近30大船；条石470余丈，阶檐石190余丈，压口石50余丈，腰带石48个，墙头石437个，卷脚石320余丈，大方石83个，窗石2900余个，转角石460余个，杂石1000余个	28787.31
石灰	220万余斤	17081.85
红毛泥	红毛呢150余吨，又677桶，白红呢53桶	21947.90
土沥青	10吨	2400.00
东京木	3兜（火车）零10根	3151.65
木料	椿木、赤松、核桃、冬瓜枋共2146块，合288丈，桐子过梁、拖挪椽子6200余棵，松桩8800余棵，楼板190余丈，嗑松、杉松、青松板、厢板3480余块	28543.90
铁料	铁料78800余基罗，铁栏杆、铅线、洋钉、洋链、钢锉等器具	38793.22
杂料		15826.55
泥木石杂工资	泥工资31362.78，木工资12768.21，石工资16193.87，杂工资16355.28	76680.14
事务费		5424.97
合计		262595.25

整个工程共收入会计处银249948.26元，共支出薪工、料工等费银262595.25元，内中尚欠若利玛洋行料款银12671.99元，实际支出建筑、事务费银249923.26元，收支两抵，余存25元。

其中所用泥工、石工、木工的点工、包工工资支出情况如表1-2：

表1-2　泥、石、木点工、包工工资按月统计表

单位：元

年（民国）	月	泥　工	石　工	木　工	月总工资
十一	9	539.20			539.20
	10	399.83	291.20	122.40	813.43
	11	959.40	549.10	90.80	1599.30
	12	1126.74	657.84	56.80	1841.38

续 表

年（民国）	月	泥　工	石　工	木　工	月总工资
十二	1	582.65	512.00	28.80	1123.45
	2	635.17	265.80	21.40	922.37
	3	386.80	512.16		898.96
	4	538.99	1244.71	94.00	1877.70
	5	515.65	879.36	501.90	1896.91
	6	349.85	887.57	494.90	1732.32
	7	1591.70	1420.00	632.00	3643.70
	8	2510.70	586.35	410.00	3507.50
	9	2002.30	1915.21	862.55	4780.06
	10	1546.08	1111.59	594.27	3251.94
	11	2577.12	1685.93	666.30	4929.35
	12	1631.50	656.45	327.05	2615.00
十三	1	1359.48	935.70	351.90	2647.08
	2	911.55	204.45	458.85	1574.85
	3	781.10	172.00	315.20	1268.30
	4	1288.04	246.80	1136.90	2671.74
	5	1140.75	197.90	871.55	2210.20
	6	1238.70	206.20	1051.85	2496.75
	7	981.43	241.70	1123.50	2346.63
	8	1130.25	171.10	359.50	1660.85
	9	1491.32	234.65	789.32	2515.29
	10	1221.77	132.80	663.77	2018.34
	11	689.35	99.70	318.60	1107.65
	12	1235.36	175.60	424.10	1835.06
合计		31362.78	16193.87	12768.21	60324.86

东陆校舍的营建是云大历史上的首次建筑，在大学创办者们的精心筹划和苦心经营下，工程得以顺利完成，不仅使得学校粗具规模，为师生提供了一个比较优良的教与学的环境，树立了一个地方办大学的主要榜样，而且为以后及至今日学校的发展奠定了初步的基础。

三、校产和经费

（一）校产的划定及变迁

教育作为上层建筑，必须以雄厚的经济基础为后盾。私立东大的经济基础基本包括两大项：校产的划定与经费的筹措。私立东大至1930年改省立东大时，先后由省长公署指拨、社会各界捐赠的校产总计值180余万元，要者如次。

1. 云南贡院地产

1923年，经筹备处所请，省署明令：云南贡院“作为大学永久产业”。其范围东至北门街，南至翠湖，西至枇杷园，北至城墙，即今云大校本部之东南部。所谓“北负城墙，南临翠海，居高瞰下，势若踞虎”，地势之显要，于此可见一斑。贡院地产实为云大的摇篮和发祥地，时至今日，仍为学校重要文物保护地带和重心所在，甚至可以说，惟其有此，方有今日之云大！

2. 圆通山西部地产

学校开办时，省署又将圆通山西部113亩桑园划归学校，以作第一林场。其地位于北门街以东、昆明旧县署内东园后围墙外，“东至西计横宽二十五丈，直至北计直长二十二丈，地势高爆，阳光风色异常充足”。学校曾计划将来作建筑医科、农科院系之用。但是，1928年10月，昆明县署拟于该地建造北仓，遂呈省府，并函学校，请予归并。学校考虑，建盖粮仓关乎民生大计，自应照办，但校址狭窄，难期扩展，两全之计宜以地产交换。于是，1929年1月14日，学校函复县署，谓：“敝职校产业有限，校址狭窄，圆通山全部地面已计划作为将来建筑医科、农科之用，一经占用，即于将来计划有关。当经再三斟酌，北仓占用地面关系前途发展，（昆明县）管有官产甚多，请以相当地址交换，以重校产，而利发展。”对此建议，县署应允，即以地产交换。圆通山地产遂失，致有后来建云大医学院于校内、农学院于呈贡之举。

3. 小东门外林地

学校初创时，省署指拨小东门外（今青年路小花园以东）林地约18亩，予东大作为第一苗圃。该地位于珍珠塘与大东城之间，主要种植桑树，备供蚕桑系之用。学校曾计划“辟为街市，以补校中经常费用”。但因财力不济，迟未兴工，而长期租与市民建屋居住。

4. 南城埂脚桑地

东大之初，省署曾拨南城埂脚桑地约15亩，“作为东大永久产业”。学校辟其为第二苗圃。该地东至启文楼，南至城河边，西至旧日南门月城脚，北至城墙（约今南屏街西段）。但是，才拨不久，1923年，昆明市政公所修建近日公园时，即占去该地部分地产，约计：公园东面铁栏以东马路40方丈、凤凰桥走巷等。次年5月，董泽致函公所，提出解决办法：“为维持（学校）久远计，须有恒产，以固根基，愿以马路所用之地面、凤凰桥走巷一条赠送贵公所。马路东面之铺面十七间、铺后之房屋一所请捐拨敝校，以为交换。”并请财政司居中调处。经学校、公所、财政司三方勘丈后，公园实占学校地产114

方丈。后由当事双方协议，并绘成图，规定：图上所标之东部地基归学校管理，西部地基归公所管理；学校请拨之铺面因已售出，公所允助学校银1.5万元。西部地产遂失。1930年，市政府因修环城马路和建新市场，又欲占学校东部地面。为此，市府呈省府："环城东北高峻多山，西南低沣近水，惟正南平敞，适于市场之用。"准备"划定由三市街拆道，向南直达建水会馆（又名临安会馆，位于金马坊南），转东经惠滇医院（今市儿童医院），顺石桥铺转北，又由护国门拆城辟街至正义东路，与三市街衔接成一四方形式"。复在两城门间修筑新路一条，在"该区以内逐渐兴修新屋，成为一大规模之市场（即今南屏街商业区）"。省府据此训令学校，望其允用所管东部地基。5月，学校呈复省府并函市府，谓学校原拟将护国门与正义门间地段辟为街市，"徒以迩年校中经费日益支绌，遂不果行"，若全拨归市府，"拟请准饬市政府于新市场完成之后，拨给铺面或房屋若干间，抑或就市内公有铺面或房屋可资生利者酌拨若干，作与职校地基交换"。省府对此表示允准，指令称："所呈校中经费支绌，尚属实情，所请酌予维持，自应照办。"8月，市府也函学校：经市政会议议决，"指拨护国、正义两门间新市场铺面地基二十间，以助学校"。事虽如此，但南城脚地产已日益缩水。

5. 北门外农地

学校本为青年学子聚居之区，运动场地必不可少。大学创办之初，即在贡院西北角辟有简易篮、排球场，以供学生锻炼之用。不久复拨得北门外农地40余亩，经师生辛勤劳动，略加平整后，充作田径运动场，即今东一院足球场一片。

6. 西山林场

东大领导甚为重视林业生产，认为"学校造林与林业、教育、学校经济极有关系，而在私立学校尤属紧要"。早在建校初期，即拟有一庞大的开发荒山，植树造林计划。1926年6月，学校致函省实业司，谓："敝大学草创伊始，规模粗具，欲作久远之图，宜有维持之计，切实办法，莫过于造林。"经详察后，"查得自昆明县属之筇竹寺后山起，经大鱼、碧鸡两堡后山之阴，多衣、明朗两堡前山之阳，过碧鸡关，入安宁境，沿西山、青山而西，螳螂、沙河两川以东，发华山以南、二台坡以北这一带荒山，尚堪实用"。对此计划，实业司即予批准。7月，学校即函昆明、安宁两县，请其知会地方首要，派员协商，勘定界址，订立契约，"以谋林业上之互利，而图学校经济之发展。希望各县村董、管事、实业人员等与之磋商进行，热忱赞助，以兴林业，而维学校"。此函虽得两县赞许，但因规模浩大，力不从心，最后仅定西山一区为造林之地。原来，西山普贤寺（今升庵祠北半部）东有基地一方，本属华亭寺庙产，后被该寺佃户盗卖与高峣村民。1921年，寺中和尚清理山场碑文，将其收回，复经政府出价2万元收买，作为陆军官地，划归省军饷局。1924年11月，学校致函军饷局，请将该地"由云棲寺（即华亭寺）住持原价赎回，以资应用"。此意得准，学校遂与华亭寺合作建场，营造林木，并派林场管理员专司其事。不几年，林场已是荒山披绿，郁郁葱葱，成材者约3万棵，未成者不下万棵，林场建设，初见成效。但是好景不长，建场期间，林场与附近村民的山场产权纠纷屡有发生，及村民盗伐林木，打伤护场员工，以至酿成诉讼。加之林场开支过大，经费难以为继等，学校不得不将其"收束"。1929年3月，董泽函告林场管理员："西山林场，开支甚大，管理困难，经特别会议议决，应即从事收束。”“希即将西山林场于四月一日以前收束完毕，点交华亭寺住持接受为盼。”至此，林场遂告结束。西山林场历时五载，成绩斐然，虽如昙花一现，才始即终，但是，前人栽树，后人乘凉，今日驰名中外的西山森林公园的参天古木，既有着东陆员生辛勤的汗水，也是云南大学披荆斩棘、艰苦创业的历史见证。

7. 抚仙、星云两湖田产

1923 年，省署指拨澄江抚仙、江川星云两湖湖边沼泽一区，以让学校开垦经营。两湖北距省垣百十余里，交通尚称便利，且湖水充盈，足资灌溉，土质肥沃，甚适耕作。学校特设两湖工程处，处置总办、会办、坐办、经理、稽查员、监工员等，并制定开垦章程，招工开垦。经费或由财政司拨借，或由地方富商捐赠，劳力则就地招募，工钱每名土工日给 4 角 5 分，石工 5 角 5 分，“勤奋者另加奖资”。开垦内容为开挖水沟、疏浚积水、筑埂打坝，建造良田等。工程分为两期：1923 年首期工程开工，财政司拨借银 1 万元；次年二期工程开工，因其“浩大繁难”，学校特呈唐继尧，以借支省款 2 万元。又澄江、江川、黎县（今华宁）三县知事先后解缴所收捐款。工程处曾以其中 1.38 万元向蒙自法商佛哩洋行购获轻便铁道 900 丈、车兜 18 架，以作运输工具。工程完竣后，得湖田 4000 工，约合千余亩，价值 32 万元。其后，采取“抬租招垦”办法，进行生产。由于辛勤耕作，加强管理，故庄稼长势喜人，“均获有秋”，经营效果尚称良好。

8. 个旧房产、厂位

个旧位于昆明以南 300 余公里，其地盛产大锡，号为锡都。前清末年，个旧锡务公司曾欠大清银行巨额债款。辛亥光复以后，为筑川滇间铁路，特立滇蜀腾越铁路公司，总理兼协理为李正芬，省署令将锡务公司所欠拨归滇蜀公司。东大成立后，为了赞助教育，滇蜀公司复将该款转捐为公司与东大“两机关”所共有。1924 年，锡务公司分别以资金、房产、厂位（矿硐）等将其所欠向两机关拨还完毕。加上其他赞助，两机关在个旧拥有相当一批产业。

据 1927 年初期统计，仅房地产一项即如表 1－3：

表 1－3　滇蜀公司、东陆大学在个旧房地产统计表

地　址	结　构	用　途	数　量	地　址	结　构	用　途	数　量
朝阳街	楼房	铺面	42 间	三道坎	楼房	铺面	8 间
下河沟	楼房	炉房	1 间	天君阁	楼房	铺面	2 间
云庙坡	楼房	住宅		下正街	楼房	铺面	1 间
新栅子		菜地	1 块	炼厂对门		菜地	1 块
天君阁外		地基	1 块	正街	楼房	铺面	3 间
江川巷口	楼房	住宅	1 间				

不幸的是，1927 年 10 月，个旧突遭匪患，李绍宗、孔庆英、汤伪团长等匪部袭扰该地，纵火焚掠，两机关财产罹难甚重，房屋大部夷为平地，变成废墟瓦砾。浩劫之后，其

在个旧财产有所减少，具体略如表1-4：

表1-4　滇蜀公司、东陆大学在个旧产业统计表

名　称	坐　落	类　别	面积（方丈）	价值（万元）
厂位	大夹石、芭蕉箐、黄泥坡、菽巴洞	老硐2个、溜口4个、草皮尖2个、浪查尖4个	4.8平方里	3.2
炉房	云庙坡	房10间、碾2盘、溜口2个、大炉1座等		6.5
菜地	医院前		476.9	1.0
菜地	新栅子		275.8	2.0
菜地	绿春花炼厂对门		329.6	0.5
地基	上河沟		142.0	1.2
地基	六合巷		35.0	
地基	天君阁外		35.0	

为了管理在个旧的产业，滇蜀公司与东陆大学专门成立了个旧两机关财产经理处，以李沛阶为经理，将其产业或自营，或出租，或竟闲置，但总的是，产业"数额至多，收入甚钜"。匪患平息后，因地方仍属不靖，加之距昆明较远，鞭长莫及，难于管理，于是两机关决定将其拍卖。1928年1月，公司李正芬、东大董泽和经理处李沛阶三方会商后，决议六项，即："一是未毁铺面、住房分别予以出售；二是地基先行丈量，再按平方公尺出售；三是因建街道所占地基应请补还，不足之数得偿价银；四是房屋、地基同时出售；五是具体事宜由经理处商同个旧市政公所、商会办理；六是文昌宫铺面被毁事照商会议决办理。"正筹卖间，事却有变。1929年初，滇蜀公司奉命划归全省公路经费委员会，于是在个旧的产业的所有权、处理权均有变化。后经公司与学校商定：先行划分财产，以便各管各业。4月，公路经委会委员长李映川和董泽、李沛阶三方举行了处分个产会议，会议议决：先就个产斟酌情形，其投资少而收益大者保留不售，投资大而收益少者由双方拍卖；其保留部分，应体察优劣，匀分三份，采抽签方式，以二份归东大，以重教育，一份归公路经委会；其拍卖部分，所得价值仍以二份归东大，一份归公路经委会。至此，个旧的产业的处理遂告一段落。

后来，学校考虑云南多崇山峻岭，矿产资源尤为丰富，东大任务之一在于培养高级矿冶人才，因此建立实习矿山甚属必要，认为个产中的厂位不仅需要全部保留，且应全归学校。为此，1929年10月，学校致函公路经委会，其函云："两机关在个产业，其在大夹石等处有厂位四个，因年来厂情衰落，该地匪风甚积，未曾著效，故自两机关接收后，或租与他人承办，或竟弃置。敝校为培植人才、开发云南而设，对于云南目前急需学科，莫不提前设置，拟于明年扩充采矿冶金系，造就矿冶人才，以应需求。惟扩充矿冶系，则各种实习矿山实属必要。对于本省出产最丰之锡矿，尤不能不格外注意，精心研究。惟新觅实习矿山，事非容易，今两机关既有此种厂位，与其长此废置，曷如归并敝校，拟请即将两机关所有之个旧厂位，概行保留，借供敝校采冶系学生学习之用，以期实习便利，学可致用。”关于“委员会所应得三分之一之价款，应由敝校拨还”。此议高瞻远瞩，合情合理，甚得公路经委会赞同。同月，该会委员长李映川复函表示：“贵大学为培养矿冶专才起见，不胜钦佩之至，敝会同人极端赞同。”于是，在个旧厂位即归学校。个旧产业既以其息金资助学校，又得一良好的实习场所，从而促进了东大教育事业的发展。

9. 散旦钴矿

散旦位于昆明以北，富民县境内，其地藏有钴矿，过去曾以手工方法零星开采。东大成立后，即建有东大公司专门经营矿业，以求增加校中经费，散旦钴矿即为其所经营的矿山之一。起先，该矿曾办得“初见成效”，旋因蕴藏少、含量低，加之开采技术落后，效益渐次低下，故不久即以停办。

10. 勘筑铁路

滇省多山，素来交通梗阻，故发展交通，尤其铁路交通乃是开发云南的重要条件之一。东大初期的东大公司，计划与曾主持修建滇越铁路的法国公司合办铁路，并曾“投入资金 10 万元”。后因法国公司中止进行，及客观条件所限，遂使学校筑路计划夭折。

（二）创办人赞助与省库拨款

东大既属私立学校，其经费既非全部政府拨款，而主要是靠创办人赞助和省库部分拨款、广泛募捐与社会募捐、各县奖学金与学生学杂费等。

早在筹备时期，筹备处即三番五次向创办人唐继尧呈请拨给开办费等。1920 年 11 月，筹备人之一王九龄呈文唐继尧：“恳由钧部先行筹给十万元，作为开办经费。”1922 年 6 月，筹备处再呈唐：“先行筹给开办费银二千元。”尔后制定的《筹备处简章》“经费”一项中也规定：“本处筹备经费呈请省长拨给。”《组织大纲》“经费”一项则明确规定：“本大学基金及各种经费以左列各项充之：甲、政府指拨之款项及产业；乙、政府每年列入预算之经费；丙、他校归并本大学时原有款项、产业之承复；丁、由私人捐助；戊、征收学费；巳、校内每年结存金。”同年 8 月，筹备处长董泽也呈唐继尧，强调“明年春初以前，无论如何艰苦，必须开始授课。惟是经费无着，施措困难，乏粒事炊，终嗟巧妇。除一面由委员从事捐募设法筹助外，应请钧座俯念急需，提交省务会议，迅速筹给开办费洋十万元。俾克祇领设施，如期成立，以响后进，而慰众望，实沾惠便”。11 月，董泽再呈唐继尧，请将学校常年经费列入省财政预算，并“自民国十二年一月起，逐年按月拨给经费一万元，以资开用，而维永久”。历次所请，多蒙允准。后来省署每年补助学校经常费 3.6 万元。除创办人直接捐助、省库直接拨款外，尚有省署指令有关部门捐拨之款项。如 1922 年 12 月，筹备处呈唐继尧，请其饬令省军饷委员会等酌提款项，以助大学开办，其呈云：“（本校）创办伊始，有广商霍子常君闻风慕义，自愿来滇购输土货，除照纳军饷委员会正项抽捐外，更以一百万元捐送本校，用作常年经费，正拟办间。吾滇商人得此消息，遂互相激发，亦群起竞争，愿照霍君办理捐款，遂致军饷委员会收入较前顿加倍蓰。是军饷委员会骤增如此巨款，虽云商人乐捐，推厥原因，实由东陆大学发动使然。拟请饬令军饷委员会将收回商人输运四百吨土货纳捐内酌提数成，拨归大学，以资补助。又查现设广云公司，性质系属官商协办，其分利办法，除按股给红外，其余特提三成，以一成归董事，一成归办事人，一成归政府，拟请将政府所得一成提归大学，用充经费，俾维永久，而臻筑固。伏念大学办理迄今，已属功亏一篑，倘或经费问题稍生拮据，一切进行即因停阻，则不特有失无量青年求进之初心，抑且大负钧座提倡教育之盛意。俯赐允准饬令军饷委员会照办，则大学前途为幸靡既矣。”

东大成立前后，省署曾拨巨额官股予学校作为基金，而辅教育。其中一为东川矿业公司官股，一为个旧锡务公司官股。东川位于昆明以北约300里，其地盛产铜矿，号为“铜都”，开采历史悠久，矿产质地优良，所炼精铜称为“滇铜”，早在明清时期，即为政府铸造铜币的主要原料。辛亥以后，无论官办、商办的矿业均有所发展。1922年8月，省财政司奉令“拨给东川矿业官股十万元（予东大），修建校舍”。9月，董泽为此致函该司司长王九龄，请其照拨，以为基金，函云：“前承贵司长关垂教育，允将东川矿业公司股拾万元拨作大学基金，并令速具关领前赴贵司领取股票息折，以清手续等由。准此，钦感曷极。相应缮具关领，函请查照核发，俾资信守，是为至荷。”随即办理了具领手续。关于个旧锡务公司官股的指拨时间，难见记载。但有关文论中曾多次提到此股。如1929年8月，董泽所作校务报告中即说道：“至若本校资产，除……而外，有锡务公司股票十四万余元。”此外，奉省署令拨助学校的款项主要还有军饷委员会24万元、滇蜀铁路公司10万元等。

上述款项的赞助和指拨，不仅解了东大筹办时的燃眉之急，而且开创了云南省企业赞助学校、社会集资办学的良好先例。

（三）广泛募捐与临时筹措

1. *广泛募捐*

作为私立的东大，其经费的很大部分主要来自广泛募捐和临时筹措。1920年大学筹备时期，即有“路南矿山股主赵伸、商办铁工厂股主李伟、周汝敦等，因闻钧座（省长唐继尧）倡办大学，欢欣鼓舞，愿将上项矿山、工厂采掘、试验、营业各部全权，认送本校支配管理”。于此足见三迤人士热心公益事业，关怀桑梓教育的热忱。

东大成立前后，为了筹措经费，创办人、筹备员和各界要角曾广泛发起募捐活动，仅在1922年一年之中即连续发出5次募捐启事，每次均陈述大义，阐明要旨，激励官民，慷慨认捐，读之令人心动，感人肺腑。

第一次　1922年10月10日，由省长、大学创办人唐继尧亲自出面，发起募捐。其《募捐启》云：“我滇山脉雄厚，奇气磅礴。秦汉以还，声教所暨，英才间出。然以边远，风气较晚，文化率居各行省后，无以称扶舆之钟毓。”“值时移世变，乃厌倦兵革，提倡民治。惟念人才为国之桢干，非有高深之学理，不足以应时事之需要。况吾滇僻处边隅，担簦求学，极感困难。窃欲设最高学府，以容纳中学毕业之学子。上以备国家之旁求，下以励青年之失学。”今东陆大学既已定设立，“惟滇自光复以还，护国护法，迭举义旗，帑藏空虚，中经政变，元气尤伤，教育基金，岂能悉由政府负担。自非广为劝募，不足以集事。特订捐款简章，并由继尧尽力捐助，用资开办。其常年经费，不敷尚巨。我各界同胞，具知教育为立国之根本要务，提倡文化，夙有同情。尚希见义勇为，当仁不让，慨然赞助，集腋成裘。庶几树久远之规模，齐文明于欧美，馨香沐手，无任翘企”。

第二次　由“云南军、政、绅、商、学界”诸名流孙永安、华封祝、龙云、李正芬、董泽、袁嘉谷、周钟岳、王九龄、陈钧、胡若愚等60人发起。其《募捐启》云：“盖闻宾兴之物，西京隆钟鼓之议；太学万人，东壁萃图书之府。”“庠序之兴，由来尚矣；滇居南服，学始汉时。张盛求师，归衍长卿之教；段蒙当国，犹传德化之碑。及升庵莱洲之世，从游不少诗人；开筚路蓝缕之风，继起遂多儒者。”“共和再造，南天建首义之旅；大武成功，北庭恢归法之统。然而樽俎折冲，曷若丹铅讲学；帷幄决算，不如九席陈经。矧圉本端系乎人才，而民治莫先于文化。我会泽唐公……虽处此国家多事之秋，仍复力为提倡，筹设东陆大学。……所以嘉惠士子，广储人才，意甚盛也。宏规斯启，巨费不赀。广厦万间，庇欢颜于寒士；横经千亩，沛化雨于清时。”“惟是崇闳杰构，具千门万户之观；营缮鸠工，非粒粟寸丝之力。况图书与仪器，当取精而用宏。恃帑项于司农，每捉襟而见肘。不资捐助，胡固始基？亟盼解推，藉完宏愿。爰疏大略，敢告明贤，聿成集腋之裘，共复为山之篑。”“树人乃百年大计，知乐善者不悭；大厦非一木能支，惟众擎之易举。”

第三次　于同年“秋七月”，由滇省绅耆、近代著名白族学者“石禅老人”赵藩发起，其《募捐启》云：“滇处南服，有倒絜天下之势。于禹贡，其疆梁益，其星井鬼罗，均为祖干。金沙为尾闾，其山川清而腴。故其气候温而和，其风俗淑而果。惜僻在南徼，行者告之。海通以来，西出缅甸，南贯交趾，巨车大舶，瞬息可达。无四时瘴疠，无虫蛇百毒，无奇衺荒怪之行，无淫靡遨放之习。四方之士为滇游者，如归其故乡焉。唐蓂赓省长……创设东陆大学，以造就东亚子弟。”“顾滇夙称贫瘠，又自军兴以后，公私扫地赤立，成兹旷举，图始实难，事且奈何！解者曰：东陆大学者，东亚人之大学，非滇一省之大学也。”“滇中天时地利既适于大学，得公起而倡之，天下之大，人士之众，安知无向义乐善以为之助者。凡物独立则难任，众擎则易举。其于大学也，何有皆白善？遂书其缘起如此，惟海内大雅宏达，实图利之。”

第四次　由“云南报界公会”黄福生、朱文清、邓绍先、罗养儒、惠我春、刘国澍等18人发起，其《募捐启》云：“东大陆山脉起于昆仑，其右干为冈底斯度雪山，下丽江以趋巴蜀而入楚吴，此南条也。而流经两粤之西江，则发源于云南，流经川湖皖苏之长江，虽不发源于云南，而其流至丽江，始大山苞川流，同宗衍脉。故护国诸役，西南团结一致，盖河岳钟灵使然耳。瞻言各省，其山水与滇同源流，其声气与滇同应求，则滇之人文宜与大江左右，庾岭南北同其茂异。然尚瞠乎其后者，为无大学校使诸生精研专门以臻绝诣也。今省长唐会泽功震环球，无烦赘述。当留学时代已自号东大陆主人，其志盖欲跻中夏于欧美之林，登晚近于三五之世，故自待如斯。及其再造共和，宅心民治，久欲建立大学，作育英才。会今教育司长董公雨苍留学归省，力赞其成。唐公遂首捐巨万，筹备建筑。群以东陆大学名之者，一以纪唐公之雅化，一以发东亚之英华，含宏光大，固有包举九有之度也。”“旷观全国，除京师有一二大学外，历数各省不及十校，以观欧美列强，一邦一邑，而大学相望者，宁不自愧？噫！曾亦知大学各科固综政府人才而陶铸一炉者乎？……举凡世界所需要之事业，萃而研究于一堂。是大学校者，政府之具体也，群生之宗主也。”“云南山水实居全国上游，而长江流域贯穿蜀、楚、吴，会西江流域萦绕桂林、番禺，山则建瓴高屋，水则绾钥东南……故唐公一倡护国而天下共相应和，今又建立东陆大学为国家化普菁莪，想天下必更群相赞助也。盖各首捐金于东陆大学，即不啻自营其大学，将见东陆大学成而各省之大学无不蝉联而成。其山水之同源共委，其人事之左提右携，殆如铜山洛钟，东鸣西应。验之往事，信而有征。愿滇南诸公，以赞助护国护法之热忱赞助东陆大学，更望各省、海内外诸公，要以响应护国护法之毅力响应东陆大学。夫而后俊彦连茹，宏济艰难，斯可以臻国家于富强，登人民于乐利也，讵不懿矣！”

第五次　同年10月，由东陆大学筹备员董泽、杨克嵘、杨维浚、柏励等24人发起。其《募捐启》云：“我们为什么要办这东陆大学呢？世界上无论哪一个强国，要不是自己国内的智识阶级充分发达，那么，一切物质上文明如何能够进步？社会上种种事业……如何能够兴盛？所以欧美各国都很注重大学教育，因为大学是制造智识阶级的机关。”“再来观察我们中华民国最近的国情，更觉得推广大学教育是刻不容缓的。……从民国成立以来，十年九乱。国家的事业、社会的事业，因而停顿不止一件。至于教育行政，一般的当局更是看做可有可无。诸君请看那些私立大学，半途停办的层见叠出，甚至国立北京大学也因为经费关系，弄成了竭蹶不进的情况，别的更不必说了。”“我们既然想拿东陆大学好好的办成，制造智识的阶级，这些经费恐怕还不够，一定要仰望国内各省、海外华侨、各资本家和政界军界热心教育的，宏发愿力，帮助我们才好。”“我们这大学并不是单纯为云南一省而设，差不多为西南各省而设。要从制造智识阶级而论，简直是为中华民国全国而设了。所以这件事是大家中华民国国民的事，并不单是云南人同我们创办大学这几个人的事。”“大家一经明了，必要帮助我们。……总之，这东陆大学是中华民国制造智识阶级的机关，并不限于局部性质。大家同是中华民国国民，千万努力点罢。”

为了鼓励社会各界积极捐助学校，东大还制定了《募捐办法》，规定了认捐、收捐、褒扬、鸣谢等项事宜。为资借鉴，特予录其《办法》如下：

东陆大学募捐办法

一、捐款人认捐若干，请于募捐册上书明姓名、字号、捐款数目及通信处。

二、捐款人交款时，即由本大学或各地代收捐款处填给收据。

三、本大学代收捐款处如下：1. 本大学会计处；2. 云南省内富滇银行及富滇分行；3. 上海富滇银行；4. 上海工商银行；5. 香港富滇银行；6. 香港工商银行；7. 本大学特派募捐员。

四、本大学收到各处捐款时，除照章褒扬外，当专函鸣谢。

为了给认捐者以褒扬，学校又制定了《褒扬简章》，具体规定了各种捐款的褒扬办法。其文如下：

东陆大学捐款褒扬简章

第一条　凡中外人士以财产捐助本大学者，除照（国家）《捐资兴学条例》呈请褒奖外，并由本大学分别褒扬之。

第二条　本大学于校内建立石塔及石碑，分别捐款之多寡勒名于上。凡百元以下者勒名于石碑，百元以上者除勒名于石碑外，并照第三条合项办理。

第三条　褒扬方法适用第一、二条之规定外，凡将捐款交清者，得依下列九项办理之：

一、捐资百元以上五百元以下者，赠给大学创办银质纪念章。

二、捐资五百元以上二千元以下者，赠给大学创办金质奖章。

三、捐资二千元以上五千元以下者，除悬像于校内外，得一次送免费学生一名。

四、捐资五千元以上一万元以下者，除悬油像于校内外，得于三年内每年送免费学生一名。

五、捐资一万元以上五万元以下者，除悬大油像于校内外，得于八年内每年送免费学生一名。

六、捐资五万元以上十万元以下者，除悬大油像于校内外，得于二十四年内每年送免费学生一名。

七、捐资十万元以上五十万元以下者，除立纪念标于校内通衢处外，得于四十年内每年送免费学生一名，有被推为本校校董之权。

八、捐资五十万元以上一百万元以下者，除立纪念标于校前外，得于五十年内每年送免费学生五名，有被推为本校校董之权。

九、捐资百万元以上者，除立铜像于校内外，得于五十年内每年送免费学生八名，有被选为本校校董之权。

第四条　免费学生简章另订之。

第五条　凡私人团体或公共团体捐款于本大学者，得照第一、二、三条分别褒扬之。

第六条　本校遇有特别建筑募捐时，有捐助全部建筑费者，或自愿捐资建筑经本校同意者均得以其名名之。

第七条　以动产或不动产捐助本大学者，按其价格折合银元计算，得照第一、二、三条分别褒扬之。

第八条　凡以财产捐助本大学分期缴纳者，俟交清后得照第一、二、三条分别褒扬之。

第九条　遗嘱捐助或捐款后未及褒扬而身故者，除作永久纪念外，得由法定继承人分别享受第一、二、三条之权利。

第十条　本简章在大学校董会未成立以前，得由大学校务会议随时删定。

附注：凡团体捐款只能以团体名义保送学生。

东大三番五次、声势浩大的募捐活动开展后，在社会上引起了强烈反响。社会各界、银行企业、富商大贾、贤达名流，乃至低层弁目、平民百姓等，莫不以关怀桑梓教育、重视人才培养为己任，奔走相告，互相激励，争先恐后，慷慨解囊。据不完全统计，仅在1923、1924头两年中，首批认捐者及认捐金额即如表1－5：

表 1－5　民国十二、十三年捐款东陆大学统计表

捐款者	金额（元）	捐款者	金额（元）
创办人、省长唐继尧	500000	省城富滇银行	60000
个旧锡务公司	20000	省城隆兴公司	5000
贵州兴义县劝学所	3000	衡记黄子衡	2000
福春衡蒋仰虞	5000	省城王小斋	5000
永昌祥严子珍	3000	蒙自周顺成号	3000
天顺昌董澄农	3000	香港冯香泉登记	1000
指挥官毛康侯	500	实业司由夔举	100
司法司唐宥在	100	曲靖县长魏南金	100
造币厂何海清	500	造币厂王懋德	500
造币厂各员工	1266	盐津县长杨天樾	20
蒙自梁子惠	2000	蒙自东方汇理银行	1000
盐运史周惺甫	1000	个旧各商号	52270
盐津县官民	73	澜沧宣抚刀派永	30
澜沧县佐陈定远	1	澜沧里目周长保	1
澜沧粮目杨德明	1	澜沧团首杨德成	1
澜沧募乃土司石佑文	60	—	—

此次募捐，约获百万元之巨，真可谓积少成多，聚沙成塔，群策群力，成绩斐然。日后，每有机会，学校无不吁请各界捐赠，以收社会办教育、民众办学校、取之于民、用之于民之效。如 1927 年 12 月，董泽在预科第一班学生毕业典礼上演说时，专门谈了“所望于侨胞者”一题，其中云：“（东陆大学）创办之初，规模则求其宏大，设备则取其完全。五年以来，虽以筹获之基金循序渐进，然因校属私立，扩充改进，需款甚殷，故不得不望我侨胞之资助。我侨胞远居异地，英俊子弟虽以造诣高深，云南与南洋不过一水之隔，舟行车继，数日可至，侨胞子弟负笈来校，颇称便利。而东陆大学之学科课程，亦极适我侨胞子弟之需求。遇必要时，尚可为我侨胞子弟特开班次，以资造就。则东陆大学之设，不可谓与我侨胞漫无关系也。我侨胞爱重视国，热心教育，豪情义举，久闻寰区，尚冀慷慨捐助，使我东陆大学日就月将，华实并茂，以完成其使命，岂徒一校之幸，抑亦邦国之幸也。”

2. 临时募捐

私立东大经费的另一大来源即是临时筹措，此种方法，行之甚为有效。整个私立时期，几乎年年均在临时筹款，以满足学校各项经费之需。

早在筹备时期，筹备处即争取到东川矿业公司、个旧锡务公司的巨额官股，以作大学基金。

1922 年，营建校舍时，为了弥补建筑经费的不足，又将所拆旧屋的部分旧料变卖，将

所得之款用于新校舍的建筑。

1923年，经学校积极争取，得省军饷委员会两次补助，第一次5400元，第二次1.2万元，共合1.74万元。同年，省禁烟公所补助学校1.1万元。次年，该所又将所收饷捐两笔分别为7万余元和5000余元捐助学校。

1923年7月11日，北门街突然发生火药爆炸事件，殃及学校，毁坏屋顶、窗棂、门户、墙壁、用具、仪器及药品等多项，损失甚巨，以至不能正常上课而提前放假，其损失总额共合滇币5万余元。9月，学校特函“昆明市七·一一赈灾会”，请款补助，藉资修理。函云：“（此请）实以培置三迤青年，于赈济之中，寓育才之意，以视消极的施赈者，其功用为尤大也。”该会认为，请款合情合理，曾予适当补助。

1924年，董泽呈请省署，要求将个旧锡务公司前欠大清银行的18.5万元拨归学校。7月，唐继尧训令学校，表示对所请“应准照办”，“自应照数解缴”。学校获此巨款后，董泽再呈省署，请将锡务公司前欠滇蜀铁路公司的款项内“拨银二十万两捐助敝大学，以作基金”。9月，省署训令东大，同意“先行偿还半数”。锡务公司也函告学校，决定“自本年起，将所拨之款二十万两不分本息，分为四年偿还，每年两期”。在此前后，个旧商号李文山万发福记所欠大清银行之款7.7万余元，也奉令拨归学校。

1924年底，年关将近，校中经费正当窘迫，为解决教职员工生活困难，学校呈文省署，“因年关需款应时”，请予临时补助。省署即饬军法处、禁烟公所等，将三笔缴款分别为2万元、5000元和1万元统统拨予学校。

私立时期，毕业实习经费的全部或部分也多临时筹措。如1929年10月，第二届本科生有5人将欲毕业实习。为此，学校致文省教育厅请转呈省府，文云：毕业生“拟赴国内外实地考察，印证所学，以免闭门造车之机”，并“取他人之长以资借镜”。实习费约需3100余元，“呈请钧长始终玉成”。不久，省府指令学校：“所请自可照办，惟现值库帑支绌，一时难以筹拨，着由该校自行设法筹措一部”，余由省府拨给。

此外，图书、仪器购置等费，除专项经费外，也有临时筹措者。

（四）奖学经费与学杂费

1. 奖学经费

为了鼓励学生勤奋学习，以成人才，东大实行了奖学金制度。其奖学金费则由全省各县分担。筹备处所订《东陆大学招生简章》即规定：“奖学费：在大学设各县奖学费额若干名，凡学业、操行优良者，得享受奖学费之优待。”依此，筹备处请准省署“通令”各县，按其财力分担该县获奖学生的奖学经费。通令云：“东陆大学当筹办之始，曾经本署酌定，各县分担奖学经费。”“此次筹办大学，为本省最高学府，既经政府拨款补助，各县地方官绅，均负有筹款兴学责任，自应分担经费，以资维持。宜由各县分别筹提，大县二百元，中县百五十元，小县百元，责成各县知事，按照定数，逐年筹解，作为奖励。”奖学经费分由各县劝学所、经费局等部门负责筹集，于每年1、7两月分两次直接解缴学校。省署按照各县财力，将其划分等级如下：

一等县，即大县：个旧、建水、昭通、永善、文山、富州（今富宁）、腾冲、永北（今永胜）、石屏等。

二等县，即中县：宜良、江川、广通（今并禄丰）、曲靖、阿迷（今开远市）、平彝（今富源）、马关、巧家、绥江、弥勒、邱北、澜沧、黎县（今华宁）、镇沅、景东、缅宁（今临沧）、景谷、龙陵、大理、兰坪、华坪、中甸（今香格里拉）、维西、丽江等。

三等县，即小县：罗茨（今并禄丰）、昆阳（今并晋宁）、元谋、安宁、禄丰、澄江、沾益（今并曲靖）、楚雄、摩刍（今双柏）、罗平、寻甸、盐兴（今并禄丰）、马龙、大兴（今宁蒗）、河西（今并通海）、嶍峨（今峨山）、通海、邓川、凤仪（今并大理市）、西畴、曲溪（今并建水）、漾濞、姚安、盐丰（今并大姚）、镇南（今南华）等。

通令一下，各县官绅士民、父老乡亲，多以舍资助学为乐事，富者多出，贫者少出，争先恐后，纷纷解缴。如泸西县，向称贫瘠，但也尽心尽力，勉为筹措。其缴款呈文云："事关教育，无论如何为难，自应勉力筹措，现措获纸币七十五元，先行呈请解缴。"对其精神，省署曾予嘉奖："尚见尽心职责。"再如陆良，也属贫县，财政支绌，一时难以筹措，但也先由县署垫缴。1923 年 4 月学校开学后，半年之内，已缴清全年奖学经费者计有：昆明、武定、弥渡、晋宁、牟定、师宗、新平、墨江、盐津、嵩明、永平、镇康、蒙化（今巍山）、宁洱（今普洱）、镇雄、剑川、宾川、宣威、大姚、洱源等 20 县；已缴清半年奖学经费者计有：顺宁（今凤庆）、元江、会泽、云龙、路南（今石林）、广南、鹤庆、保山、鲁甸、富民、禄劝、彝良、蒙自、泸西等 13 县。当然，也有种种原因而未缴或迟缴者。为此，学校曾于 10 月致函省教育司，请其催缴，函谓："兹查思茅、沾益、昭通、马龙、永善、平彝等六县学生，上学期考试成绩均在应奖之列，而各该县奖学经费尚未解到，本大学业已宣布照奖，而款仍虚悬。学生待款甚亟，何以安其向学之心？相应函请贵司特别令催，以宏造就。"同月，该司即以省长唐继尧、司长董泽之名义，训令有关各县："迅即会商地方员绅，赶将应解奖学经费，无论如何困难，务即照数解校济用，毋再延违干议。切切此令。"此令一下，有关各县不再迁延，先后将款解付学校。按照规定，全年奖学经费，有一二万元之数，对于系属私立的东大而言，也算一笔可观收入。

2. 学杂费

学生所交学费、杂费也为东大经费来源之一。据招生简章规定，学校开办之初，学杂费的项目和标准为：每学期每名学生学费 8 元，体育费 2 元，讲义费 2 元，每月膳费 5 元，因学生一律着校服，"由校代办，以归化一"，而每生冬、夏两季制服费 20 元等。后来有所变化，如 1925 年的学杂费项目和标准即如表 1－6：

表 1－6 私立东陆大学学杂费标准表

单位：元

类别	学费	体育费	讲义费	膳费	制服费	寄宿费	理化实验费	赔偿准备费	迟缴罚款
工本科	10	2	5	13～60	20	3	15	5	0.5
文本科	10	2	5		20	3		5	0.5
通学	10	2	5		20			5	0.5
理预科	8	1	2		20	3	4	5	0.5

续　表

类　别	学　费	体育费	讲义费	膳　费	制服费	寄宿费	理化实验费	赔偿准备费	迟缴罚款
文预科	8	1	2		20	3		5	0.5
全免费生								5	0.5
特别生	8	2			3		5	0.5	
旁听生	9~11							5	0.5

依此标准，该年下学期全校曾经收得学费818元，体育费127元，讲义费298元，膳费3391元，制服费80元，寄宿费237元，理化实验费156元，赔偿准备费455元，迟缴罚金28元，九柱共合5590元。由此观之，东大学杂费标准不算太高，全年总额不过万余元，但对经费不甚充裕的私立大学而言，也可略济于事。

（五）校产和经费统计

1. 初期的统计

私立东大，历时八载，由于学校创办人、领导人和社会有关人士的多方筹集、苦心经营，以及通过省署、各机关团体、企业、个人等的指拨、捐助、赠予等，先后筹得一批数量相当可观的动产和不动产。对此，初期的统计大略如下：

私立东陆大学校产和经费概况

不动产部分

土地：60万元　　校舍：52万元　　房产：24万元　　股票：24.7万元　　图书仪器：34万元

共计：194.7万元

经常费部分

年收入：

省署补助：3.6万元　　个旧锡务公司和个碧铁路公司共补助：3.6万元

个旧锡务公司股息：2.7万元　　东川矿业公司股息及红利：1.6万元　　个旧房产租金：0.8万元　　学杂费（大学部）：0.8万元　　学杂费（中学部）：0.5万元

共计：13.6万元　　年支出：约8万元　　收支两抵，略有积余。

2. 后期的统计

1928年，学校为了摸清家底，制定规划，曾对全校财产进行了较为全面、详尽的统计和估价。结果如下：

私立东陆大学校产和经费概况

甲、固定财产

1. 土地：校舍75亩3方丈，13.5万元；圆通山部分111亩3分，13.5万元；小东门外第一苗圃23亩，种桑苗，4.5万元；北门外第二苗圃16亩，种树苗，0.9万元；南城脚地产6亩，10万元；北门外运动场33亩，2.9万元；星云、抚仙两湖涸出田产2000亩，20万元。共计约65.5万元。

2. 校舍：会泽院，30万元；理化室，5万元；至公堂，15万元；食堂，1.2万元；校务处，0.8万元；冶金、试金室各1座，1.2万元；实习工厂2院，5万元；预科学生寝室3排，3万元；本科学生寝室3排，2.6万元；教职员俱乐部，1万元。此外尚有石坎、道路、水管、喷水池、沐浴室、旧房舍、足球场、排球场、篮球场、网球场等。共计约126万元。

3. 房产：个旧县房产，24.3万元；南门外房产，0.3万元。共计约24.7万元。

4. 证券：个旧锡务公司股票，14.7万元；东川矿业公司股票，10万元。共计约24.7万元。

5. 书籍仪器等：书籍，5万元；理化仪器药品，10万元；机械设备，15万元。共计约30万元。

6. 种植物：树木，2万元；花木，0.08万元。共计2万余元。

7. 其他：器具物品，2万余元。

以上总计约275万元。

乙、经常收支

全校每年开支约8万元，除各种产业项下收入外，不敷之数及建筑、设备等费，多由捐款补助。

丙、生产事业

1. 造林：在昆明、安宁两县交界地方实施造林，划定面积100多平方公尺里，计54000余亩，内有天然残林百余万株，造林设计分为人工造林和天然繁殖两项，人工造林又分为播种造林和植树造林两类。

2. 矿业：为了巩固学校经济及供工科学生实习起见，在昆明县属厂口堡和散旦地区，请领矿区开采铅、银矿，厂口一区用人工辅以简易机械开采，共开吊井2道，平坑1口，深达120米，已获矿百余万斤，并开始从事冶炼。

3. 水利：星云、抚仙两湖涸出四周田亩，三期工程之后，约可得公田15000工，每工价50元，共值七八十万元，定案以四成归学校，约得田产值20万元。

上述校产中仅可核价部分即达400万元之巨。

由于东大创办诸公呕心沥血，艰苦创业，奔走呼号，惨淡经营，使校产和经费从无到有，从少到多，从校内到校外，从省垣到州县，日益有所拓展，逐渐形成规模，从而使得学校各项工作能够正常运转，且为学校的发展奠定了较为坚实的物质基础。

四、图书和仪器设备

（一）专项资金的筹措

大学与其他任何教育机构一样，是为培养人才之所。尤其东大，成立伊始即设有文、理预科，不久改办文、工本科，为一多科性综合大学，因此图书、仪器、药品和设备等当属必要。学校自始至终均在不断筹款，加紧购置，以满足教学、科研、实习之需要。创办初期，图书设备购置费多由经常费内开支，每年约为8000元。随着学校的发展，此费日感不敷，不得不另谋财源，如向中华教育文化基金董事会等申请补助。该会简称中基会，也称“美款”，1924年成立于北京，为美国在华文化机构，由美籍、华籍人士组成董事会，负责保管、分配和监督使用美国“退还”的庚子赔款，以“补助”在华文教事业。1926年，董泽赴上海参观中华职业教育社，借机向该社负责人兼中基会执行委员黄炎培询及请款补助事宜。事后，黄炎培于4月致函董泽，告以中基会“分配款项原则及董事名单录”，并云：“请款只须备一计划书，先述过去状况，次述以后进行之策，并拟具应需经费概算，用中英文各缮十六份，寄交北京石驸马大街该会”即可。东大闻此，极为重视，随即拟就并于11月初寄出了《云南东陆大学请款书》（以下简称《请款书》）。该书颇为详尽地汇报了东大的创办、现状、计划等，并具体提出请款的项目和数额。《请款书》开篇即云：“云南地居边要，西接缅甸，南连越南，西北出藏卫，北邻四川，东南毗黔桂，属长、珠两江之上游。将来滇缅、钦渝各路告成，欧洲运华商品可由印、缅、云南各铁路直抵中国腹地。是云南不徒为国防要区，抑亦将来欧亚交通之枢纽。然一返观内部，则有极丰富之物产，而全未开发，交通梗阻，文化不振，其地位上所应负之责任，尚为现状所囿束而未由负荷。故云南之有待于导扬策进者，殆视他省为尤亟。……故为世界交通计，为西南文化计，为振兴产业计，为教育自身计，云南均有创建大学之必要，此东陆大学之所由立也。”“至于经费，其始仅由创办人及各方捐助，备极艰窘。以数年努力之结果，先后筹获基金及不动产百八十万余元。”“惟是本校基金及资产虽有百余万元，而每年利息所入不过七万余元。现在年需经费十万元之谱，不敷之数全系临时筹集，以故设备及讲座尚多缺陷，未来计划亦因之而受打击。为补救缺陷及实现计划起见，不得不企求贵会之协助。”接着谈到各系之设置，“云南既为将来欧亚交通之连锁，则建筑人才须预为储备，故设土木工程系。云南矿产之富甲于全国，个旧之锡，东川之铜已为世所艳称，其他未曾发现者尚不知若干，从事开发，不可稍缓，故设采矿冶金系。云南教育素形窳陋，揆厥原因，由于无根本之设施与计划研究改进，当务之急，故设教育系。……但科学教学极有赖于设备。”“故增益科学设备实为本校进行上之最大问题。”依据上述，具体提出四项请款要求：“第一项，理化仪器、药品，请于五年内每年补助一万五千元；第二项，工科应用机械、标本，五年内每年约需五万元，拟请照数补助；第三项，心理学教学，拟请于五年内赠给教育心理学教席一席；第四项，图书费，拟请按年再补助二万元，仍以五年为限。合计上列四项，除教育心理学教席外，每年请补助经费八万五千元。”《请款书》最后写道：“本校为西南诸省惟一之大学，其影响所及，决不限于所在地之一省。加以补助，直接为扶植一校之发展，间接即促进西南之文明，与夫国家之兴盛。按之贵会补助经费原则，允相符合，尚祈有以赞助之，不胜幸甚。”在这里，学校把中基会的补助与东大之发展、西南之文明和国家之兴盛紧密地联系起来。

东大向中基会寄出《请款书》后，又分别致函中基会各要员，请其从旁说项，以使请款玉成。

首先，由大学创办人、名誉校长、省长唐继尧亲自出马，致文中基会执委顾维钧（字少川）、董事长颜惠庆（字骏人，曾任北洋政府总理，并摄行总统职权）。其文如下：

少川、骏人先生大鉴：

久企芳华，时殷葵向，际兹葭灰送暖，梅蕊流香，敬维勋祺迪吉

荣祉增庥，引瞻

吉霭，昌馨颂私。滇省僻居天末，屏藩全国，物产繁滋，弃未经营。比岁中等学校毕业生，年增月盛，而无升进之阶，大学之设，刻不容缓。顾国是未定，库帑匮竭，建立大学，势难望诸中央。滇省自护国、靖国而后，牺牲太巨，亦复力有不逮。盱衡时会，窃以大学为谋国要图，弗可因噎废食。乃不揣冒昧，私创东陆大学。开办迄今，瞬息四载，得各方人士之赞襄，与在世同人之努力，成绩日有可观，基础日臻巩固。惟因建置未久，经费不充，设备方面，尚多缺陷，补苴罅漏，当务之急。昨曾由校备具请款书，向北京中华教育文化基金董事会请求协助，以期设备完善，增进教学效率。侧闻董事会给款方针，以科学为主，敝校固以提倡科学为职志者。且庚款为全国所负担，自以分润全国为合宜。敝校为西南诸省惟一之大学，加以辅助，理之当然。一俟请款书分送至日，或董事会开会讨论时，尚希鼎力赞助，玉成其事。

不胜盼幸，颛肃奉恳

祗颂

勋绥，诸维荃察不一

弟　唐继尧　拜启

同时，校长董泽也亲自出面致函黄炎培（字任之）。其文如下：

任之先生道鉴：

沪江判袂，蓂英屡更，缅怀吉辉，时殷回溯，敬维

顺时纳祜

抚序凝庥，式符臆颂。本校拟要求美退庚款补助一事，业经备具请款书，函请北京中华教育文化基金董事会核办。本校对于西南诸省之关系及其经济状况，素承洞察，现在文、工本科俱已办至第二年级，而教学上必需之设备，尚未有全，非得巨款补助，无以弥此缺陷，而增进教学效率。一俟本校请款书分送至日，或董事会开会讨论时，务祈特别主持，并恳向董事诸公，力为说项，俾底于成。勿任感祷，颛此奉干。顺请

大安，诸希亮察不具

弟　董泽　敬启

董泽还致函中基会董事丁文江（字在君）、干事长范源濂（字静生）、董事蒋梦麟、张伯苓等。其文如下：

在君、静生、梦麟、伯苓先生惠鉴：

不亲芝采，弥切葵倾，敬维。道祉繁膺，文祺懋介，为颂

滇省远居天末，屏藩全国，物产富庶，弃未经营。比年中等学校毕业生，岁有增益，若无相当升学之所，大学之设，洵属急务。顾国是未定，财政支绌，筹建大学，势难望诸中央。滇省自护国、靖国诸役而后，牺牲太巨，亦复力有不逮。今省长唐公，有见于此，蒿目时艰，以为大学乃谋国至计，未可因噎废食，乃力肩巨任，创办东陆大学。成立迄今，响息四载，得各方人士之赞襄，基础已日臻稳固。惟因设立未久，经费不充，设备方面，缺限尚多，补苴罅漏，刻不容缓。昨曾由校备具请款书，向北京中华教育文化基金董事会请求协助，以期设备完善，增进教学效率。窃查董事会补款方针，以科学为主。敝校向来设施以及今次请求补助之事项，固亦归本科学，与董事会所定原则相合。且庚款由全国负担，分配不宜偏倚。董事会第一次分配补款，既未润及西南诸省，则第二次分配时，对于此西南诸省唯一之大学，似不可再会向隅。

台端志宏作育，玉秤高悬，俟敝校请款书分送至日，或董事会开会讨论时，尚祈不遗在远，鼎力赞助。倘或如愿以偿，岂徒敝校之幸，抑亦西南教育文化之幸也，专此奉恳，毋任翘企。

顺请

道安，诸祈朗照不宣

弟 董泽 敬启

此外，董泽又函云南旅沪人士、上海富滇银行经理任稷生，嘱其“代为请托”，“游扬鼓吹，期底于成”。其函如下：

稷生吾兄大鉴：

本校现向北京中华教育文化基金董事会请求补助，请款书已于本月八日发出。闻欲得该会补助款项者，宣传活动亦属不可忽视。故于该会董事，若顾少川、颜骏人、黄任之、范静生、丁在君、蒋梦麟、张伯苓诸君，已由唐公及弟分别函托赞助。周贻春君，并请华秀升、洪锡麒、浦薛凤三君代为函托。此外尚有郭鸿声君，现在美国，未便致函。又杜威、施肇基、贝克、孟禄、贝德诺、顾临诸君，素未谋面，未曾函达。

兄若相知，尚祈代为请托，并祈对于该会各董事，力为游扬鼓吹，期底于成。若该会对于本校请款书及学校内容等等有所咨询，为兄所能办者，即请就便代为办理，以省周折，至深企祷。附上请款书一份，即希察阅为荷。专此顺请

时绥

弟 董泽 谨启

后来，东大又数次函、电中基会，累陈所请。1927年5月，中基会函嘱该会调查员朱

庭祜，代往东大视察一切，并将视察结果详告该会，以备研究参考。同年月底，朱庭祜连续三天，到学校校本部及所属之苗圃、林场等地视察、采访。结果，“视察所得，尚为满意。”旋即拟就《视察东陆大学报告》，详呈中基会。报告以较多篇幅谈及学校经费、设备仪器等问题，并请该会每年补助东大4万元，以5年为期。1928年10月，中基会函告学校：东大请款事，经过讨论，议决一次补助“银三万元”（按：“银”即银元，又称申洋、大洋，1银元等于旧滇币10元）。1929年1月，学校复函中基会，对其巨款补助，深表谢忱，并告欲将其款购置中西文书籍、物理器械、化学仪器等。

东大几经努力，终得中基会“美款”巨额补助，不仅图书、仪器得到广为购置，尤为日后继续请款及申请“英款”“法款”等，开了甚为重要之先例，这对学校经费的筹措确有不可忽视的意义。

（二）图书的增添

东大成立后，曾于会泽院二楼西端辟一图书室，并先后聘请赵家遹、袁丕佑等为图书部主任。至于学生所用教材，初期多系教师留洋归国时随身携回的外文书籍。后来，随着学校的发展，原有图书教材，日感不敷应用，于是或由学校自行购置，或由各方人士捐赠，以不断积累和增加。要者如次：

1924年1月，省教育司托人由上海购到中、西文图书一批，价值洋872元，辗转运回之后，决定借予学校使用。

1925年1月，法国驻滇领事官白达致书学校，称因其“大学团女生”到滇游历，“备蒙唐联帅（继尧）、东陆大学校长暨各机关长官竭诚优待，兹由该团领袖马若特女士送呈美国印刷中国名画一册……以表交谊，藉申谢忱”。后由该领事代表法国印度支那总督梅，隆重地将画册赠予学校。

1926年3月，老牌著名的上海商务印书馆捐赠重要图书一批予东大。学校就此特于4月在昆明各报刊载新闻一则，以表谢忱，并作宣传。其文如下：

商务印书馆捐赠东陆大学书籍价值沪币三百元

东陆大学自成立之后，即于校中设图书一部，专办学校图书馆事宜，以备教员、学生参考自修之用。所有书籍除由校尽量购置外，其由各方捐赠者亦复不少。日昨商务馆复捐赠该校大部书籍，价值沪币三百元，合滇币四百余元之多。此举乃商务印书馆云南分馆经理施敬康君所主动，东陆大学对于该馆及施君之热心教育极为感谢云。

同年5月、9月，东大先后两次经富滇银行分别汇去沪币500元、3000元至沪，向商务印书馆购书两批。

同年7月，日本丸善株式会社寄赠学校图书5包。10月，日本驻滇领事官中野勇吉函告学校，前请日本外务大臣每月寄赠的日本杂志，已交省外交司转送。

同年10月，学校函请上海富滇银行经理任稷生担保，代向上海中美图书公司购买书籍一批。

通过种种渠道，学校图书，日积月累，逐渐增多。

东大作为高等学府，其教员均系学界精英，除了教学而外，还积极编辑刊物、著书立说。当时学校自行编撰出版的书刊主要有《改造》旬刊、《东陆校刊》《东陆大学预科一览》等，文科方面还有《东陆大学诗选》《读老子》《读庄子》《读淮南子》《卧雪诗话》，并重印了《经传释词》、《古诗疑义举例》等，均甚有价值。

私立东大的图书刊物，据统计约有：中文书籍 9737 部，西文书籍 2213 部，两者共 2 万余册；中文报纸 10 种，英、法文报各 1 种；中文杂志 9 种，西文杂志 10 种。全部书刊值 5 万余元，勉可敷用。

（三）仪器设备的购置

学校既设有理工科，则理工仪器、化学药品、机械设备等当属必需。与图书一样，学校既自行购置，亦接受捐赠。要者如次：

1925 年 2 月，毛康侯旅长赠送购自外洋的无线电器具 3 箱，“可供实地练习之用”。

1926 年 3 月，省立工业学校所属的包括冶金炉 1 座等仪器物品一批，奉省署令拨归学校。

同年 4 月，学校请商务印书馆云南分馆代向外洋购办理化器械一批，因购置量很大，双方郑重其事地签订了购置合同。其文如下：

合　同

立合同人：云南东陆大学校（以下简称大学）、上海商务印书馆（以下简称书馆）。为大学委托书馆代办测量、理化器械、化学药品等件，特由双方协定办法如下：

一、货　品

大学开具配货清单一份，交书馆照单采办，以欧美各国出品为限。所有货品经书馆照大学指定工厂定妥后，大学不能退换或拒绝不收。

二、货　价

书馆允以厂家或经理人所开实价，依照收到发票日期之市价，合成上海银元付大学之帐。所有厂家或经理人原发票可寄交大学核阅，以昭信实。

三、定　洋

大学允先付定款沪洋五千元，不计利息。此项定款应于货款内扣除。

四、付　款

货款大学允于每次货品到滇点交清楚后，二十日内汇至书馆申地发行所，汇费由大学担任。

五、交　货

书馆允于接到大学配货单后，四个月内将各货运到大学，由滇分馆会同大学点验收交，不得延误。如因意外事故为书馆能力所不能制止或预防者，不在此例。但书馆应随时将事由详报大学，并设法从速赶运。

六、水脚费等

所有由外洋至滇，或由申至滇一切水脚、装箱、保险、捐税等费，概归大学承认。

七、保　险

书馆允于所定各货代为保险，其费由大学担任。如货到滇点验收交时发生短缺、破碎等情，应由书馆在滇分馆报告书馆，由书馆负责向保险家交涉赔偿。

八、经手费

大学允于书馆代付各款加百分之十给予书馆作为经手费，其费须连同货款汇交书馆申地发行所。

本合同一式二份，大学与书馆各执一份。

立合同人：云南东陆大学校长　董泽（章）

上海商务印书馆（章）

中华民国十五年四月十六日

11月，所购首批货品共17箱运抵昆明交予学校。此后，其余货品也陆续运交，点收完毕。此次采购，为学校添置仪器设备规模较大的一次。

同年8月，日本驻滇领事官中野勇吉致文东大，谓：日本外务省文化事业部决定捐赠工科学生实习所用机械3种予学校。对此，学校复函，甚表谢忱。11月，中野再函学校，告以该项机械系日本池贝铁工所制造，包括16英寸机床、20英寸钻床、12英寸刨床各1台，已自日本装轮启航，拟经海路运至越南海防上岸，再经滇越铁路运昆交付。不久，其中2台先期运到。至1927年5月，第三台也交予学校。董泽再次致函称谢，其函云：“敝大学承贵国政府惠赠工科实习机械三种，其一、二两种车床、钻机各一具，昨经收到，当经肃函鸣谢在旁。现第三种十二英寸刨床一具，亦蒙惠寄到滇，并已接收清楚。敝大学对于贵国政府赞助之盛意，极深感激，用特专函申谢。即请贵领事官查照转呈贵国政府鉴察为祷。此致驻滇大日本领事官中野君。”中日友谊，可谓源远流长。

同年10月，东大向云南造币厂借用“闲余机械”一批，计有汽锅炉、蒸汽机、吸水机各1具。同时，向禁烟公所借用造冰机1具。又由省交通司分得价值1600余元的测量仪器一批。

私立东大后期，学校又委托商务印书馆向美国购买化学药品，种类计有“化学三大酸”，即硝酸、硫酸、盐酸等，由富滇银行转运部先经海路运至海防，再经陆路运至昆明。

经过数年的采购、捐助等，学校的仪器药品、机械设备日渐增多，于教学、实习较多便利。至后期，全校共有理工仪器446种，化学仪器441种，化学药品628种，测量仪器99件，标本器械375种，共计约值13万元。其要者如表1－7：

表1－7　私立东陆大学主要仪器设备统计表

名　称	数　量	名　称	数　量	名　称	数　量
经纬仪	12套	水准仪	10套	平板测量器	5套
铁道罗盘	3套	分度仪	2套	燃油试金炉	1架

续　表

名　称	数　量	名　称	数　量	名　称	数　量
燃炭试金炉	3 架	燃木试金炉	1 架	日本制车床	1 台
日本制钻床	1 台	日本制刨床	1 台	立式锅炉	1 台
发动机	1 台	摄影机	1 架	无线电机	1 架
显微镜	1 架	—	—	—	—

上述即为东大，也即云大草创时期的主要仪器设备，仅就当时而言，也算可观的了。但是总的来说，学校设备，仍多缺如。如物理科的力学、声学、光学实验仪器，化学科的电解、气体分析、油类分析器具，采矿、地质标本中的矿物、化石标本等，均为“廖廖无几，难敷应用”。因此，学生某些实习仍需“假模范工艺厂”等外单位进行。

五、行政后勤工作

（一）行政后勤机构与负责人员

私立东大的校务、行政、后勤组织机构“向主单纯，以期节省经费，办事灵敏”。复以学校初创、规模尚小、职教员少等因，故校中机构较为简单，人员较为精干，职掌较为明确，办事较为灵敏。其主要者如次：

1. 筹备处

大学筹备处，1920 年成立，设筹备处长一人，为董泽；筹备员若干人；兼职会计一人，为毕近斗；兼职庶务一人，为李文焱。此为东大，也即今日云大最早的行政、后勤机构及负责人员。东陆大学成立筹备处即撤销，未见记载。

2. 董事会

1922 年筹备处制定的《东陆大学组织大纲》中，其第七章第十三条规定：大学为维持独立及谋求进步起见，分设校董事会等；校董之资格为：省教育行政长官，省财务行政长官，昆明市政长官，热心赞助大学者，捐助巨款于大学者，现任校长，前二任校长，由教授会选出者，由学校毕业生中选出者等等；校董之职权为：大学财产之保管及处分，大学之维持及扩张，大学预算案之审查，他种学校与大学合并问题，对于大学内部争议之最后评判，大学各种主要问题之审议，大学经费出纳之审计，以及其他属于校董事会的事件等；校董之组成为：设会长一人，由校董互选之，余为董事。不久，筹备处又专门制定了《董事会简章》，共分 10 条，更为具体地规定了董事会的设立、组成、资格、职权、董事长、会务、执行、会议细则、简章修改、简章实行等事宜。依此简章，1922 年成立了首届董事会，以为学校一切大政方针的最高决策机关，所谓“校中大计，则操诸董事会……取决针向，措捐经费，校务赖以孟晋”。私立东大八年间，共组董事会三届，其成员均为省内政治、经济、文教，甚至军界中的名流和要角。具体如下：

第一届董事会（1922—1927）

董事长：唐继尧（字蓂赓，省长，大学创办人，名誉校长）
董　事：王九龄（字竹村，省财政司长，名誉校长）
陈　钧（字鹤亭，个旧锡务公司总经理，个碧铁路公司总办，大学赞助者）

第二届董事会（1927—1928）

董事长：龙　云（字志舟，代省主席）
董　事：王九龄（见上）
陈　钧（见上）
董　泽（字雨苍，首任校长）
唐绍骧（即唐小蓂，唐继尧之子）

第三届董事会（1928—1930）

董事长：龙　云（省主席，兼第十三路军总指挥）
董　事：王九龄（见上）
陈　钧（见上）
董　泽（见上）
周钟岳（字惺甫，前代省长，省务委员）
马　聪（字伯安，省务委员，军政厅长）

3. 行政委员会

《东陆大学组织大纲》曾有设立“行政会议”之规定，后改设行政委员会。1926 年，学校拟定《行政委员会简章》8 条，内容为：为了办理便利起见，特组织行政委员会，以执行校内行政事宜；其委员由校长聘任之；委员会设委员长 1 人，由各委员轮流担任；职责为校长离校或因故不能执行校务时代行校长职，处理行政事宜等。依此，同年成立了行政委员会。其组成如下：

东陆大学行政委员会

华秀升	文科主任	萧扬勋	工科主任
赵家逼	预科主任	杨克嵘	实习工厂主任
周　恕	会计长	杨维浚	庶务长
袁丕佑	文科教授	余名钰	工科教授

4. 学校组织系统及负责人员

私立东大初期，学校成立伊始，组织机构除校长外，仅设秘书、会计、庶务、学监、预科等，甚为简单。后期学校有所发展，组织机构相应逐渐增多，大体分为校、处、部科、系等级。校级有名誉校长、校长、副校长等，处级因人少而未设处长，由校长直接领导，部科级则设有主任，系级也因人少而未设主任。东大后期的组织系统如表1－8：

表1－8　私立东陆大学组织系统表（1922—1930）

东大于1923年始招预科，分为文预科、理预科；1925年始招本科，分为文本科、工本科；1927年始办附中，兹将其行政领导和主要职员列表如下：

私立东陆大学主要职员一览表

职　别	职　务	姓　名	字　号	籍　贯	留　学	备　注
董事会	董事长、董事					见前
校长	名誉校长	唐继尧	蓂赓	云南会泽	日	省长、创办人、董事长，1922年起任，后仅任董事长
		王九龄	竹村	云南云龙		省参议员、财政司长、筹备员、董事，1922年起任，后仅任董事
	校　长	董　泽	雨苍	云南云龙	日、美	省署秘书长、教育司长、筹备处长、董事，1922—1930年在任
	副校长	卢锡荣	晋侯	云南陆良	美	1924—1929年在任
		华秀升	时俊	云南通海	美	1929—1930年在任
秘　书	秘书长	陶鸿焘	继鲁	云南昭通	美	筹备员，1923年起任
	秘　书	华　振	倩朔	江苏无锡	日	
		邵　润	滋伯	云南昆明		1924年起任
教务处	预科主任	萧扬勋	敬业	云南昆明	美	1923—1925年在任
		赵家遹	述完	云南通海	美	1925—1929年在任
		邓鸿藩	屏洲	云南盐津	日	1929—1930年在任
	文科主任	华秀升	时俊	云南通海	美	1925年起任
	政治经济系					人少未设主任

续 表

职 别	职 务	姓 名	字 号	籍 贯	留 学	备 注
教务处	工科主任	萧扬勋	敬业	云南昆明	美	1925—1927 年在任
		杨克嵘	季崖	云南洱源	美	1927 年起任
	土木工程系					人少未设主任
	实习工厂主任	杨克嵘	季崖	云南洱源	美	1925—1927 年在任
		萧扬勋	敬业	云南昆明	美	1927 年起任
	附属中学主任	聂体仁	雨南	云南墨江		1927 年起任
	训育主任	范师武	晋丞	云南大理	美	1928 年起任
	学 监	胡昭及	学如	安徽绩溪		1923 年起任
		李世贤	俊生	云南鹤庆		
		刘 钰	润卿	云南昆明		1926 年起任
事务处	会计长	周 恕	子如	云南大理		1923—1926 年在任
		何 瑶	元良	云南石屏		1926—1930 年在任
	庶务长	杨维浚	子深	云南昆明		1923 年起任
	农场管理员					不详
	林场管理员	李致中		云南大理		1924—1927 年在任
		陈立干		云南镇南	日	1927 年起任
各 部	经济部主任	缪嘉铭	云台	云南昆明	美	1924 年起任
	编辑部主任	卢锡荣	晋侯	云南陆良	美	1923—1925 年在任
		肖寿民		云南昭通	日	1925—1930 年在任
	图书部主任	赵家遹	述完	云南通海	美	1923—1925 年在任
		袁丕佑	蔼耕	云南石屏	美	1926—1930 年在任
	图书管理	李耀商		云南丽江	日	兼校刊编辑
	理化部主任	余名钰	秀生	浙江镇海	美	先为该部设备专员
其 他	西校医	秦教中	防五	云南呈贡	法	1924 年起任
		王承才	绍辛	云南昆明	美	1926 年起任
		穆礼雅		法国		1929 年起任，法国甘美医院院长

5. 师资阵容

东大既为西南地区最早建立的高等学府之一，则为了保证教学质量，培养优秀人才，董泽认为："物色师资，最是第一要务。"《东陆大学组织大纲》即明文规定教师资格为：①曾在外国大学毕业者；②曾在本国大学本科毕业者；③有精深著述，经本大学教授会评定认可者；④外国著名学者。选聘时，如国文教师，"本可就近相延，惟意中人物，其长于文章学者，或短于文字学，文字文章学均长者，或欠于文法学"，故不得不舍近求远，甚至重金延聘，以力求真才、全才，真可谓千金市骨，求才若渴。东大师资来源主要为滇籍留学生；其次也有省内外著名学者，如滇中名儒、清末状元袁嘉谷；再次，为了加强外文教学，也聘请了部分外籍专家。所聘教员，"均学力优良，经验宏富"，堪称一流。初期仅设预科时，计有国文教员、数学教授、英文教员各3人，历史教授、地理教授、物理教授、化学教授、法文教员各1人，体育教授2人等。后期开办本科，且班级、学生增多，教员也相应增加。据不完全统计，先后到校专任、兼任过教员者略如表1－9（留学一栏仅记有案可查者）：

表1－9　私立东陆大学教员统计略表

姓名	留学	备注	姓名	留学	备注
华秀升	美	英文、政治教授	何　瑶	美	微积分教授
周　恕	美	测量教授	杨维浚	法	法文教师、庶务长
范师武	美	经济学教授	肖寿民	日	经济学教授、编辑主任
杨克嵘	美	物理及机械制图教授	赵家遹	美	解析几何、物理教授
卢锡荣	美	政治教师、编辑部长	张邦翰	比	法文教师
萧扬勋	美	预科主任、工科主任	余名钰	美	化学教授
华　振	日	国文讲师	袁嘉谷		国文教授
严继光	美	英文讲师	柳希权	法	几何讲师
柏　励	英	英文教授	毕近斗	香港	数学教授
龚自知		国文讲师、市教育局长	李耀商	日	政治经济学教师
李国清	香港	教育、历史教师	杨汝觉		英文讲师
聂长庆		理化教师	洪锡麒		政治经济学教授
程懋泉		经济教育教授	周锡夔	日	教育学教授
段　纬	美	建筑、测量学教授	李炽昌	美	数学教授
黄　晃	法	生物学教授	黄学勤	美	英文教授
浦薜凤		政治学教授	陈华庚		教育心理学讲师
岑立三	美	铁路建筑学讲师	郑鹤声		
商娍生	英	英文教师	段宗承		经济学教师

续 表

姓 名	留 学	备 注	姓 名	留 学	备 注
鲁启奎			刘嘉镕		国文教师
张炳翼			李乾元	口	
陈复光	美	政治学教授	杨荫薄		
王 灿			张 伟		
倪隆德			王秉章		
邓鸿藩	美		胡昭及		军事训练教师
刘 钰		体育教师	葛尔田		法籍，法文教师
马嘎泰		法籍，法文教师	彭格尔		美籍，英文教师
安汝智		美籍，英文教师			

（二）后勤工作

1. 机构、人员的配置

学校作为教育机关，校务中心固为教学，但是，为了保证教学工作的顺利进行，则后勤工作必不可少。诸如总务、财务、基建、设备、治安、物资、膳宿、医卫、车辆、水电、校园管理等，其特点与范围真可谓千头万绪，错综复杂，实为学校全盘工作之基础，须臾不可或缺。

私立东大对于后勤工作素为重视。

1920 年，早在筹备处所制定的《东陆大学进行计划概略》中，第五条所规定的“管理人员”即分 9 种，其中 4 种为庶务、会计、医士、杂役，均属后勤性质，尤其庶务、会计实为日后总务、财务之嵩矢。

1922 年制定的《东陆大学筹备处简章》，也规定了会计、庶务的设置和职责。具体为：会计：保管出纳一切款项，一切开支须按月公布，存取款项须与处长共同盖章负责；庶务：办理一切杂项事务，设备保管一切物品。同年制定的《东陆大学组织大纲》则重申前意，规定：大学设会计长一员，由校长委任之，职责为编制校内预算、决算表册，校内经费之保管及出纳，存款之存储及支取；大学设庶务长一员，由校长委任之，职责为处理校内建筑、修缮、设备、清洁、整理事项，一切器具之添置、保管及修缮，校内同事、校役之督率有勤惰之考察、尝罚等。此外还规定设图书长一员，负责图书的征集、购备、编目、阅览等；设体育长一员，负责体育、卫生、体质检查、器械购备等。

关于“总务”一词，在云大历史上最早出现于 1922 年。当时因建校舍而成立建筑事务所，董泽曾函请杨克嵘为该所“总务科长”。但不久，董泽即致文杨克嵘，改其为“总理”，文云：“查建筑事务所成立后，业经函请充任总务科长，专司一切职务，以期早日落成在案。嗣后悉心讨论，科长名称，殊觉未尽允协，拟将总务科长一职，改为建筑事务所总理，庶几名实相符，较为统系。此后一切公文，务须查照办理，具为至要。”又 1923 年

3月，学校曾聘陶鸿焘“充任大学总务长”，旋因此前已有庶务长之设，故改陶鸿焘为秘书长，而取消总务长一职。

学校成立后，校长、校务会议之下设有事务处，总管全校后勤事宜。其下分设庶务长、会计长，负总务、财务之责。首任庶务长为杨维浚，首任会计长为周恕，后来“周恕劳故，以何瑶继之。”此为日后学校教务、训导、总务三大处之一的总务处、三大长之一的总务长的先声，而杨维浚即为云大历史上第一任“总务长”。

2. 早期的庶务工作

私立东大时期，一方面实行董事会领导下的校长负责制，许多重大问题均由校长秉承董事会决议亲自处理；另一方面某些后勤事务归会计长、各部分管，故庶务工作相对来说范围略小。但是，庶务长作为校务会议的成员之一，许多校务后勤均由庶务长协助校长办理，主要包括公文的往来、经费的筹集、校舍的营缮、图书的添置、仪器设备的购备、校景的配置、治安的维持、工役的招募和督率，等等。后来庶务工作范围逐渐扩大，庶务长职权加重，致成全校三大处之一。

（三）早期的会计工作

学校甚为重视财经工作。首先，会计长与庶务长一样，同为校务会成员，学校一切经费的预算决算、保管出纳、存储支取等，主要归会计长具体负责。其次，有关部门也参与财务管理。为了严格财经制度，执行财经纪律，1924年1月，学校特别发出《东陆大学训令》予庶务长杨维浚、建筑所总理杨克嵘、会计长周恕等，希其务使经济“昭示大信”，出纳“一秉大公”，做到“慎重锱铢”“有条不紊”。其令如下：

东陆大学训令

案本大学肇端伊始，即主张事事公开。而于经济一项，尤宜昭示大信，际兹设备一切，头绪纷纭，出入统铢记之繁，轻重辨钩稽之细，权归专责，事属分途。该庶务长、总理、会计长，慎重锱铢，已见有条不紊。惟本大学经费，多由各方热诚捐助，无殊集腋以成裘，故对于各项用途，必须月分而年统，庶眉目了如指掌，而出纳一秉大公。兹拟自本大学开办之日起，迄于今日止，所有建筑事务所及庶务、会计两处，已经支付之款，逐项开具细目，造列清册，克日具报，以便转呈，而事公布。自经此次综报以后，务须按月开单详报一次。除分令外，合行令仰该庶务长、总理、会计长，就本管账目，切实遵办，勿稍延缓，切切此令。

校　长

民国十三年一月

私立时期的经费开支，要者有两大项，一为校舍建筑费，一为常年经费。学校成立前后，校舍营建工作为一大中心，其建筑费收支情况，建筑所总理杨克嵘、协理萧扬勋，每月均按时造报《开支计算书》。如1923年1月计算书如表1-10：

表1－10　民国十二年一月建筑校舍开支计算书

单位：元

科　目	金　额
一、旧管	
一存上年交购石灰定银	100.00
一存上年交购太平石定银	100.00
一存上年交购压口石定银	50.00
一存上年交购压口石定银	100.00
一存上年交购河海沙定银	50.00
一存上年预支石包工工银	10.00
一存上年预支泥包工工银	45.00
一存上年预支包筑墙基工银	20.00
一存上年十二月份本所存银	224.07
以上九柱共银	699.07
二、新收	
一收由会计处领获事务费银	600.00
一收由会计处领获建筑费银	8800.00
以上二柱共银	9400.00
总计旧管、新收共合银	10099.07
三、开除	
第一项　事务费	446.90
第一目　员役伕马津贴工食	403.50
第二目　办公费	11.16
第三目　购置费	0.00
第四目　消耗费	32.24
第二项　建筑费	8534.90
第一目　灰石铁杂料费	7164.98
第二目　泥木石各工资	1123.45
第三目　杂工等费	246.46
总计事务、建筑费共银	8981.80
四、实存	
一存交购石灰定银	100.00
一存交购太平石定银	100.00

续　表

科　目	金　额
一存交购压口石定银	50.00
一存交购压口石定银	100.00
一存交购红砖定银	100.00
一存交购红砖定银	100.00
一存交购红砖定银	100.00
一存交购河沙定银	20.00
一存预支筑墙基工银	20.00
一存预支石工工银	10.00
一存预支木工工银	5.00
一存预支泥工工银	6.10
一存预支泥工工银	25.00
一存本所存银	381.17
以上14柱共银	1117.27

民国十二年二月十八日　总理　杨克嵘

协理　萧扬勋

除了上述开支计算书外，建筑所还每月均按时造报开支款项，由学校派员检查账务，经查无误后，始准核销。如同年3月20日，杨克嵘、萧扬勋曾就二月开支款项呈报董泽云：“本所民国十二年二月份建筑校舍开支款项已属造报之期，兹已查算明确，上月份结报存银1117.27元，本月份先后共支会计处事务、建筑等费银4562元，二柱共合银5679.27元。内除事务、建筑开支等费银3568.91元外，实存购商人荣兴祥等十五名石料、红砖、河沙定银1300元，又存马伕秦占鳌预支三月份工银3元，本所存银807.36元，以上三柱共存银2110.36元。理合造具计算书一份、开支清册一份、收据一本、工作表一本，备文呈请钧处查核备案注销。”学校接报后，按例派员详核，经查无误后，始准予核销。其后，董泽曾于4月14日复文杨克嵘、萧扬勋，对其所呈表示：“当经派员审查，就中小有错误，已饬司账员加以更正，其余均属翔实樽节，应即核销。”

1925年1月，因校舍营建基本竣工，杨克嵘遂以“工程告竣，结束手续”事呈报学校，请将建筑事务所撤销。文中并详及整个营建工程的收支情况：“本所民国十一年九月五日成立，办理建筑校舍各项，所购料价、工资及一切开支，均遵规则按月造册呈核。自民国十一年九月五日起至十三年十二月十五日止，总计购办各料及发工资等项共合银262595.25元，总共收取会计处等费银249948.26元，概照开支外，实欠若利玛洋行粮款银12671元，又欠华安机械工厂铁门、栏杆等工料银1665元。”收支账务，真是一清二楚，毫厘不爽。

会计工作除了管理专项经费外，即是常年经费的概算、决算、收入、支出等项。按规定，会计长每年均需主持编制全年经费的预算、决算，每月均需造报开支计算等，以做到量入为出，樽节开支，月分年统，保证供给。如学校开始招生的1923年，其经费概算是：每月收入为4710元，全年收入为56320元，支出则分三大项，即俸薪、办公费和杂费，每项之下又分若干目，每目之下又分若干节。详如表1－11：

表1－11　东陆大学民国十二年度岁费月费概算表

（自1月起至12月止）

经常门

单位：元

科　目	月　费	岁　费	备　考
本校经费	4710	56320	
第一项　俸薪			
第一目　俸给	3180	38160	
第一节　校长1人	300	3600	
第二节　秘书长1人	200	2400	
第三节　会计长1人	160	1920	
第四节　庶务长1人	160	1920	
第五节　图书长1人			会计长兼任
第六节　体育长1人	120	1440	
第七节　秘书2人	200	2400	每人月支100
第八节　斋务2人	160	1920	每人月支80
第九节　校医1人	100	1200	特约西医
第十节　国文教授2人	320	3840	每人月支160
第十一节　英文教授2人	400	4800	每人月支200
第十二节　法文教授1人	200	2400	
第十三节　数学教授1人	200	2400	
第十四节　数学讲师1人	150	1800	
第十五节　历史教授1人	120	1440	
第十六节　地理教授1人	120	1440	
第十七节　体操教授1人	120	1440	
第十八节　理化教授1人	150	1800	
第二目　薪水	390	4680	
第一节　一等事务员2人	80	960	每人月支40
第二节　二等事务员3人	90	1080	每人月支30

续　表

科　目	月　费	岁　费	备　考
第三节　三等事务员 3 人	60	720	每人月支 20
第四节　一等书记 2 人	60	720	每人月支 30
第五节　二等书记 4 人	100	1200	每人月支 25
第三目　工食	100	1200	
第一节　杂役 10 人	100	1200	每人月支 10
第二项　办公费	540	6480	
第一目　文具	120	1440	
第一节　纸张	100	1200	
第二节　簿记	10	120	
第三节　笔墨	10	120	
第二目　邮电	30	360	
第一节　邮政	10	120	
第二节　电报	5	60	
第三节　电话	15	180	
第三目　购置	100	1200	
第一节　报纸	50	600	
第二节　杂品	50	600	
第四目　消耗	290	3480	
第一节　茶水	20	240	
第二节　电灯	200	2400	
第三节　薪炭	50	600	
第四节　油烛	20	240	
第三项　杂费			
第一目　修缮	300	3600	

会计长除按时作出年度概算外，还按月造报每月计算书。如同年 4 月的计算书如表1－12：

表 1-12　东陆大学民国十二年四月份开支计算书

单位：元

本月经常费、建筑费、修理费共计支出：28015.06　其中：

科　目	金　额
第一项　俸薪	977.85
第一目　职员俸给	740.00
第二目　雇员薪水	111.12
第三目　校工工食	126.73
第二项　建筑费	18584.00
第三项　庶务费	5065.61
第一目　办公费	73.32
第二目　购置费	2188.15
第三目　消耗费	1001.60
第四目　杂支费	545.27
第五目　制服费	1044.42
第六目　伙食费	212.85
第四项　修理费	3075.85
第一目　材料费	665.31
第二目　工资费	2410.54
第五项　图书费	21.65
第六项　杂项费	290.10

私立东陆大学，作为云南大学历史的第一阶段，存在仅有八个春秋，至 1930 年即改组为省立东陆大学。但是，由于创办诸公惨淡经营，首批员生开拓进取，故使学校各项工作有条不紊，正常运转，使得不少“智识缺乏、能力薄弱的青年，变成了建设新云南、中华人民共和国的中坚”，成绩斐然，功不可没。诚如校长董泽所云：“本校开创迄兹，阅时八载，披荆斩棘，历经艰苦，而卒能岿然日见进展者，则在事诸人之殚精竭力，为国家兴文化，为地方培人才之所致也。”

第二篇　省立东陆大学和省立云南大学时期（1930—1938）

一、学校两次改组与行政院系的变化

（一）私立东陆大学改组为省立东陆大学

1922 年，在省长唐继尧的赞助下，私立东陆大学正式成立。1927 年 2 月 6 日，唐继尧的部下昆明、蒙自、昭通、大理等四镇守使龙云、胡若愚、张汝骥、李选廷等，因故举行兵谏，发表通电，“婉劝”唐继尧“远亲近贤，公开政治，安内睦外，易辙改弦”。唐继尧被迫辞省长职。此即所谓“二六政变”。经此变故后，唐继尧遂一病不起，于同年 5 月逝世。6 月 14 日，已任省务委员会主席的胡若愚又发动了“六一四政变”，企图排挤实力派龙云的势力，龙云派不甘示弱，与之针锋相对，其部下卢汉等部奋力反击，将胡若愚等部击败。1928 年初，国民政府委任龙云为云南省政府主席。

龙云（1887—1962），字志舟，云南昭通人，彝族。原为唐继尧部军长，后升昆明镇守使，继省长唐继尧之后，任省主席至 1945 年。其在任期间，私立东大先后改组为省立东大、省立云大和国立云大。

唐继尧去世后，赖其支持的私立东大“顿失中心，校务进行，缺乏指导”。复以“大学内容逐渐扩充，校费不济，省政府为谋教育系统之调整，教育事业之联络，及大学本身之发展计，决议改组为省立东陆大学，经费由省款支给”。于是，1930 年，私立东陆大学改组为省立东陆大学，隶属省教育厅。

（二）省立东陆大学改组为省立云南大学

1934 年，因大学既改省立，又用唐继尧个人字号“东陆”，省立而私名，名实两相悖，教育部对此曾予指示：“云南省立东陆大学应改称省立云南大学，以符名实。”加之此时省立东大已建有文理、教育、工等三个学院，按照国民政府所制定的《大学组织法》之规定，可以申报教育部审核备案。6 月，省立东大呈请省府转咨教育部，请依教育部指示，改省立东大为省立云大，“以期均势发展”。9 月，遵照教育部指示，经省政府决议，“云南省立东陆大学”正式改组为“云南省立云南大学”，仍隶属教育厅，直到 1937 年改隶省政府。

（三）行政后勤系统与院系的变化

1. 省立东大时期

1930 年，私立东大改组为省立东大后，不久首任校长董泽辞职，省府委任副校长华秀升代理校长。

华秀升（1895—1954），字时俊，云南通海人，蒙古族。清华大学毕业后，留学美国，先后获密苏理大学政治经济学学士、哥伦比亚大学经济学硕士。返滇后，为董泽所器重，聘为文科首任主任，后擢副校长。

1932 年，省立东大代校长华秀升辞职，省府另委工学院院长何瑶为兼代校长，直至 1937 年省立云大后期。

何瑶（1894—1968），字元良，云南石屏人。早年留学美国，专习工科，曾获普渡大学机械工程科学士。返滇后，被董泽聘为数学、热机关学、机械学教授，又继周恕之后为会计长。1931 年，学校改科为院后，被聘为工学院首任院长。

这一时期，学校的行政、教学、后勤机构有了新的变化。校长之下设有教务会议，再设有秘书处、教务处、事务部及各种室、委员会等。教务处之下，原来的文科先于 1931 年改为文学院，再于 1932 年改为文理学院，下辖政治经济、法律、数理 3 系；原来的工科也于 1931 年改为工学院，下辖土木工程、采矿冶金 2 系；1932 年另设教育学院，下辖教育系、师范专修科。1937 年，再设医学院。事务部则下辖会计、庶务、斋务等后勤 3 股。其组织系统及主要职员分别略如表 2－1：

表 2－1　省立东陆大学主要职员一览表

职　别	职　务	姓　名	备　注
大学	校长	华秀升（代）、何瑶（兼代）	
文学院—文理学院	院长	邓鸿藩	1931 年成立
工学院	院长	何瑶（兼）	1931 年成立
教育学院	院长	李永清、杨楷	1933 年成立
医学专修科	主任	周晋熙	1932 年开办
附属中学	主任	聂长庆	
体育部	主任	王秉章、姚继唐	
军事训练部	主任	王秉章	
训育部	主任	张元养	
事务部	主任	杨维浚	
理化室	主任	赵家逌、聂长庆	
图书室	主任	袁丕佑、严继光、李乾元	
编辑委员会	主任	陈复光、包崇仁	
奖学金保管审查委员会	委员长	袁嘉谷	

2. 省立云大时期

1934 年省立东大改为省立云大后，组织机构和人事安排又有较大变化。校长之下除教务会议外，增设校务会议；训育部改为训导委员会；文理学院改为文法学院，下辖政治经济、法律、教育、中文 4 系；工学院改为理工学院，下辖土木工程、采矿冶金、数理 3 系，以上各系并首设系主任一职，教育学院结束；事务部撤销，所属各股改为课；图书室改为图书馆，理化室改为科学馆；另仍设各种委员会等。校长一职，先为何瑶，后期何瑶辞职，熊庆来继任。其组织系统、主要职员分别略如表 2－2：

表 2－2　省立云南大学主要职员一览表

职　别	职　务	姓　名	备　注
大学	校长	何　瑶（兼代）、熊庆来	
秘书处	秘书长	郑崇贤	
文法学院	院长	邓鸿藩	1934 年改称
政治经济系	主任	范师武、林同济	1925 年开办
法律系	主任	邓鸿涛	1931 年开办
教育系	主任	徐继祖	1933 年开办
中国文学系	主任	闻在宥	1935 年开办
理工学院	院长	何　瑶（兼）	1934 年改称
土木工程系	主任	毕近斗、王纬	1925 年开办
采矿冶金系	主任	张正平	1931 年开办
数理系	主任	何　鲁	1933 年开办
医学专修科	主任	周晋熙、秦光弘	1932 年开办
医学院	院长	范秉哲	1937 年开办
秘书课	主任	李永清	
注册课	主任	沈　桑	
体育课	主任	姚继唐	
庶务课	主任	杨维浚	
会计课	主任	方际熙	
图书馆	主任	彭元士、张启贤	
科学馆	主任	聂长庆	
训导委员会	主任	傅民一	
编辑委员会	主任	包崇仁	
军事教官		徐　谦	
校医		苏树德	

（四）省立时期的教员

省立东大和省立云大存在都仅各4年，时间不算长。但其组织机构、行政院系、职员工警等，均变化较大，而非似此前的私立东大和此后的国立云大，较为单纯划一，相对稳定。至若各科教员，尤其如此。曾有记载：省立东大“除仍旧聘请袁嘉谷、周钟岳、李永清、毕近斗、李国清、周锡夔，段纬、李炽昌、黄晃、商娍生、李乾元、倪隆德，以及法人马嘎泰、美人安汝智继续担任外，更添聘杨鸿烈、赵鹏、程关源等担任之。”又有记载：省立云大“除一部分由职员兼授外，先后聘请袁嘉谷、周钟岳、陶贞元……”等47人为教授，“葛振鹭、程关源、许端庆……”等11人为讲师，“夏谷孙、阮荫槐、杨鲁曾”等3人为助教。然而实际情况比此复杂得多。一因当时社会处于巨变之中，先是国共两党十年之内战，继是抗击日本侵略之外战，国家政令，难求统一。二因八年之中，学校三次改组，先是改为省立东大，继是改为省立云大，再是改为国立云大，难免人事之更迭。三因其时政策，人事均采聘任制，而非“铁饭碗”，更非“终身制”。《省立云大聘任教员规约》第八条即明文规定：“本大学聘请教员……以一学期为限。如因特殊事故，虽未满一学期，亦得解除之。”四因省立后期，抗战已经爆发，随着大片国土的沦丧，大好河山的破碎，国中众多人才，纷入边地云南，其中不少即入学校执教。五因当时教员，有专任者，有兼职者，有应聘、复聘者，有拒聘、辞聘者，还有临时聘请的“教席”“讲座”者，等等不一。凡此种种，以致出现“有进有出”“时进时出”的“人才流动”的局面。

但是，由于学校方面注意“提高待遇”和“慎选师资”，因此，这一时期的教师队伍，仍属基本稳定，而且所聘教员，多属学界名流。例如，省立云大即依“大学教育，事属专门，责任至钜，任务甚繁”之原则，明确规定：“拟凡各系主要学科，概以专任教授担任。此项专任教授，为本省一时无相当人选，概向外省或外国，择其于本科有精深研究者，延聘来校担任。”在此思想指导之下，省立时期的师资阵容，犹如私立时期一样，在海内各大学之中，仍居上乘之列。兹据有关资料，略将其时主要专任、兼任教员的情况，综合列表如下，以借窥全貌：

表2-3　省立东大、省立云大主要教员一览表

院别	姓名	字号	籍贯	留学	职务	学历	经历
文学院—文法学院	华秀升	时俊	云南通海	美	校长教授	清华大学毕业，密苏里大学、哥伦比亚大学硕士	私立东大教授、文科主任、副校长
	邓鸿藩	屏洲	云南盐津	日	院长教授	东京帝国大学法学士、研究院研究员	法政大学教授，云南司法厅、外交司参事，昆明市社会局局长

续　表

院　别	姓　名	字　号	籍　贯	留　学	职　务	学　历	经　历
文学院—文法学院	袁嘉谷	树五	云南石屏		教授	前清经济特科第一名	国史馆协修，学部参议，进士馆襄校官，省长公署参赞，省政府顾问，私立东大教授
	周钟岳	惺甫	云南剑川	日	教授	云南癸卯科解元，日本法政大学毕业	云南省教育司（厅）长，护国都督府秘书长，代省长，省长，省通志馆馆长
	范师武	晋丞	云南大理		系主任教授	哥伦比亚大学经济学硕士，墨德斐士大学商业心理学博士	云南省富滇银行经理，整理云南财政金融委员会委员
	邓鸿焘	巨源	云南盐津		系主任教授	北平大学法学院毕业	云南省民政厅区长训练所、财政厅财政人员养成所教授
	白之瀚	小松	山西介林		教授	贵州南明公学毕业，法官养成所毕业	云南将军署、督军署、联军总部秘书课长，腾越道尹，省政府秘书长、顾问
	方国瑜		云南丽江		教授	北平大学文学士，北京大学研究所国学专门毕业	北平师范大学编辑员，北平民国大学教授
	李乾元	季立	云南晋宁	日	教授	东京帝国大学经济学学士	教育部秘书，云南省富滇银行稽核
	朱寿昌	宇平	云南富民		教授	中央大学商学士	云南省法政专门学校学监，省政府审计
	李国清	静华	云南大关		教授	香港大学文学士	私立东陆大学教授

续 表

院 别	姓 名	字 号	籍 贯	留 学	职 务	学 历	经 历
文学院—文法学院	易文炷	崇阜	贵州绥阳	日	教授	北京学部考试及第，中法政科举人，明治大学政治学学士	云南高等警察学校、军事学校教员，省高等检查所检察长
	杨振兴	宏举	云南大理		教授	北平法政大学毕业	云南省法政专门学校教员，昆明地方法院首席检察官
	饶重庆	季华	云南巍山	日	教授	弘文学校、明治大学法学院毕业	云南省法政专门学校校长，地方审判厅厅长，省高等检察所检察长，最高法院监督推事
工学院—理工学院	何瑶	元良	云南石屏	美	校长 院长 教授	北京大学毕业，普渡大学机械工程学学士	私立东大教授、会计长、工学院长，全省自治筹委会委员，国民会议代表，救国会、新生活运动会执行委员
	杨克嵘	季崖	云南洱源	美	院长 教授	普渡大学工程学学士	美国机械工程师，私立东大建筑事务所总理，工科主任
	杨维浚	子深	云南昆明	法	主任 教授	都鲁斯大学、里昂大学毕业	法国化学工程师，私立东陆大学庶务长、教授
	王纬	正恒	贵州贵阳		系主任 教授	香港大学工科毕业，英国政府授二等荣誉	广州注册建筑工程师，香港李杜露建筑工程司办理处工程师
	彭禄炳		广东中山		教授		负责设计未遂建筑云大理工学院（志成院）

续　表

院　别	姓　名	字　号	籍　贯	留　学	职　务	学　历	经　历
工学院—理工学院	查良训		山东潍县	美	教授	麻省理工大学造船学学士	上海海军江南造船所绘图师，山东大学机械系教员
	计阳曦		安徽合肥	德	教授	柏林工业大学毕业	全国度量衡局服务
	陶贞元	子固	云南昆明	美	教授	清华学校毕业，俄勒冈大学学士，哥伦比亚大学硕士	云南省建设厅设计委员，省审计处审计
	李立藩	君范	云南昭通	美	教授	威斯康星大学生物系毕业，拉何耶海滨研究所研究员	成都大学、河南大学教授
	聂长庆	赓余	云南墨江		教授	上海沪江大学理科学士	云南省高等师范学校训育主任
	包崇仁	仰亭	云南蒙自		教授	中国公学大学部毕业	东陆大学附中学监，大学编辑委员会主任
教育学院	李永清	子廉	云南昆明		院长 教授	北京师范大学毕业	云南省立第一师范校长，云南师范学院院长
	杨　楷	履端	云南昆明		院长 教授	东南大学文学士	
	徐继祖	述先	云南弥渡	美	系主任 教授	北京高等师范毕业，密西根大学硕士，哥伦比亚大学研究员	云南师范学院教授，省教育厅科长
	周锡夔	栗斋	云南剑川	日	教授	东京帝国大学教育学科毕业	云南省教育司科长，省政府秘书处科长
	杨家凤	瑞玉	云南鹤庆	美	教授	武昌师范大学毕业，密苏里大学研究员、腾乃西乔治披波逊大学研究员	昆明市党务指导委员，省教育经费委员会委员，国民会议云南代表

续 表

院别	姓名	字号	籍贯	留学	职务	学历	经历
教育学院	张家栋	季才	云南石屏		教授	北京师范大学教育学学士	昆明私立南菁学校校长
	聂体仁	雨南	云南墨江		教授	上海圣约翰大学文学士	昆明市教育局局长
医学专修科—医学院	周晋熙	明斋	安徽怀宁		科主任	天津北洋军医学堂毕业	云南陆军医院首任院长，云南军医学校校长，滇黔绥靖公署军医处处长，军政部军医第二分校校长
	泰光弘	稚藩	云南呈贡		科主任 教授	上海同济大学医学院医学士	上海海滨医院、伤兵医院医师，同济大学医学院教员
	何　昌	光周	云南禄丰		教授	香港大学医科毕业，英国政府授予内、外科医学士	英国香港皇家医院医官，云南陆军医院院长，云南军医学校上校教育长
	后长德	静修	云南思茅		教授	私立上海东南医学院毕业	上海东南医院医师，云南陆军医院少校医正
	李丕章		浙江鄞县	越南	教授	法属印度支那（河内）医科大学毕业	云南陆军医院院长，护国第一军军医处处长、军医正
	沈种苓		云南大理	日	教授	上海南洋医科大学毕业，东京帝国大学医科部研究员	云南陆军讲武学校军医正，云南军医学校教官
	环建一	理昌	云南弥渡		教授	天津北洋军医学堂毕业	陆军医院院长，军医监御，建一医馆医师
	周　伟	伯雄	云南大理		教授	香港大学医科毕业	香港政府医院、广州美国医院、昆明惠滇医院医师

续　表

院　别	姓　名	字　号	籍　贯	留　学	职　务	学　历	经　历
医学专修科—医学院	姚寻源		河北涿县	美	教授	北平协和医学院医学博士，约翰霍普金斯大学公共卫生学硕士	全国经济委员会卫生实验处技正兼社会医事系主任，云南全省卫生实验处（厅）处长
	徐彪南	益寿	江苏宜兴	新加坡	教授	上海圣约翰大学医学博士，新加坡国际联盟疟疾研究班毕业	中央医院医师，军政部军医署军医学校教官
	薛受益	子谦	河北大兴	英	教授	北平协和医学院医学博士，英国眼科医院专修	昆明惠滇医院医师，全国经济委员会特派协办滇省卫生事业医士
	王承才	绍辛	云南昆明	美	教授	香港大学医科毕业，宾夕法尼亚大学眼科专门毕业	私立东陆大学校医，东大附中卫生教员
体育课	姚继唐		云南个旧		主任教员	上海青年会体育专门学校毕业	上海东亚体育专科学校、私立商科大学、招商局立航海专科学校体育教员
	李师同	仲纯	云南永善	日	体育指导	东京早稻田大学经济科毕业	上海商业银行服务
	杨元坤		云南普洱		讲师		
军事训练部	徐　谦	受益	云南昆明		教官	云南陆军讲武学校、将校队毕业	云南陆军讲武学校区队长、广西南宁军官学校队长
	白浪	青萍	云南石屏		教官	中央陆军军官学校毕业	陆军营长、副团长
	邓世瑛	淮南	云南华宁		教官	中央陆军军官学校毕业	陆军工兵教导队队长、碉堡工程队队长

续 表

院 别	姓 名	字 号	籍 贯	留 学	职 务	学 历	经 历
外籍	安汝智		美国		教授		中国青年会服务
	樊弥德		美国		教授		
	何有贵		美国		讲师	燕京大学毕业	
	杨文辉		美国		讲师	夏威夷大学毕业	
	蓝思德		英国		教授		昆明惠滇医院医官
	马嘉德		法国		教授	法国大学毕业	
	马 琛		澳洲	英美	教授	澳洲欧米耳拜耳大学机械科、英国伦敦大学机械科、美国加州理工大学物理学等学士	澳洲理工学院教授，英国飞机工厂绘图师，福建协和大学物理学教授

二、校产的接收、扩充和变迁

（一）私立东大校产的接收

1930年私立东大改组为省立东大后，学校奉省府令专门成立了“省立东陆大学筹备委员会”，以负责私立东大校产校具的清理造册、移交接收等事宜。同年，校产校具的清理造册已经完成，但接收工作有所迟延。后省大筹委会“遵令撤销”，另组“省立东大基金委员会”，委员长为财政厅长陆崇仁，委员为教育厅长龚自知、省大校长华秀升等。该会的任务之一即是对“省大一切产业，切实整理”，“接收办理”。1931年7月16日，省主席龙云训令华秀升：“关于东大校产校具接收事项，请分别性质，径令大学校长及基金委员会分别接收。”“由该校长及基金委员会、监盘委员（缪云台）会同迅速移交具报。”尔后，有关各方即对私立东大的校产、校舍、校具等进行了清点移交。同年8月，接收工作全部结束。根据省令，私立东大的校产由基金委员会负责接收，私立东大的校舍、校具，则由省立东大校长华秀升负责接收。不久，基金委员会和华秀升会衔呈报省府，谓：“所有职等奉令接收私立东陆大学各项校产校舍校具各缘由，理合缮造册表，会同呈请钧府鉴核备案示遵。”并附呈校产、校舍、校具清册若干本。10月6日，省主席龙云、兼教育厅长龚自知指令省立东大：务“将接收校舍校具等项认真保管为要”。

私立东大的一切校产、校舍、校具移交后，悉归省立东大所有，其原有基金的生息、地产的租金、产业的增值等，均归省立东大支配和使用。

（二）西部校址的筹拨

1930年私立东大改为省立东大后，预科停办，专办本科。继之又改文科为文学院，工科为工学院，另外增设教育学院。根据教育部《大学组织法》之规定，学校须具有文、法、理、工、医、农等内容的三院建制者，始得称大学。因此，不久学校又将文学院先后改为文理学院、文法学院，工学院改为理工学院，并计划筹设医学院、农学院等。鉴于院系增加，校址必须扩充，于是学校制订了校址扩充计划。

1935 年中，省立云大将校址扩充计划呈请省府核准。9 月，省府 443 次会议决议："将昆华中学（即今师大附小一片）全部拨作省立云南大学校址，附近民房如有于学校有碍者，准酌以陆续收买。"1936 年 4 月，学校再呈教育厅，请其对所拟扩置计划及校舍摆布概要核示。概要并就接收所拨地址、收买民房后的全部地面及原有校舍的情况，提出了新建校舍的四点布局计划：其一，拟先就学校东大门起，顺围墙巷至"昆中办公厅"前面，向西筑一宽 20 英尺之汽车路，作为校内交通干道；其二，干道以南拟建理工学院、医学院及其附设医院，向东与会泽院、科学馆平列，并在院、馆之间添建图书馆，而将其北面的木工厂、铁工厂迁至拟建的理工学院西面，以上地区"统作为教学之部"；其三，干道以北，自原有的运动场（今映秋院处）起，拟将场西的木工厂、铁工厂厂址另建体育馆，馆东与运动场相接，馆西与李家花园相连，自花园西依次建教职员俱乐部、男生宿舍、学生食堂、教员住宅等，女生宿舍则改建第一宿舍（今东号舍）充之，以上"统作为生活之部"；其四，昆中南院（原为成德中学校舍，即今师大附小南部）拟全部作为附属中学校址。此一计划，规模较大，布局严整，教学区与生活区分开，既有利于教学，又方便于生活，实为高瞻远瞩。其后，学校即依省府议决，将大学西部公私地址蓝印图呈请教育厅示核，并派员向昆华中学索取该校全图，及查明附近民房，分别注册，所欲购者，即请教育厅转昆明市府分别收买，以便设计兴工。7 月，教育厅核准后即训令昆明市府、省会警察局，希其分别派员会同云大办理征用民房估价事宜。昆明市长翟恽、省会警察局局长岳树藩遵令，各派出主任范延庆、技士赵聪和三署署长周维准、保安科员张其光，会同云大代表，三方共同进行。但是，种种原因，结果仅收买了部分民房，昆中校址也未拨归，西部地界只是略为扩大，以作 1937 年成立的医学院的早期院址，而今工会、物理馆及其西、南，均为校外单位管有。

1938 年，因学生增加，宿舍不敷分配，学校再谋请拨教育厅经费管理局所辖之今枇杷园一带，以作建筑宿舍之用。5 月，校长熊庆来领衔，秘书长徐纯祖会衔呈函教育厅："该地东至李家花园（约今钟楼以西），西至陈姓地（约今留学生楼），北至城墙（今物理馆一线），南至各家民房（今南学楼），先是昆华中学管有，后经呈请省（教育）厅拨给（云大），实为教育厅经费管理局管有。经查勘，管理局所管之地，系租与农户耕种。应请贵厅主持，令行教育经费管理局，先行拨归本校，作建筑宿舍之用，以解决目前之困难，而于将来理工学院建筑，也可通盘计划，顺利进行。"但此呈无果，直到 1940 年，上述地面均未移交。

（三）北门外校址的扩充

学校自创办以来，校址主要局限于旧贡院一隅。而十多年后，学校日益发展，人员不断增加，原有房舍、设施等，日感不敷应用，校舍之东为圆通山，之南为民房与翠湖，均难以扩张，之西也多为民宅地基，虽经数次筹拨，但却效果甚微，惟有其北，多为荒冢野地，较易扩充。于是，学校决定向北门外发展。

1937 年 11 月 5 日，学校直呈省主席龙云，请将北门外（今三十中、省杂技团以北）大片荒地拨归学校，以为学校发展之用。呈文如下：

呈为拟具扩充校地计划，请予鉴核事：

查本校校址，系就清代贡院旧址改造，虽新建筑有会泽院，但年来院系逐渐扩充，颇感不敷。

钧座有鉴及此，经决定收买民房，并同昆华中学校址收归大学，建筑志成院（即理工学院），以奠理工教学之鸿基，高瞻远瞩，无任钦仰。惟继是发展更须于图书馆、大会堂、博物馆、各专门学馆、各研究室、体育馆、大运动场、天文台、气象台、气象园、植物园、莳花暖室、农事实验场、各项实习工厂、教职员住所、学生寝室及种种附属机关，有广阔而适宜之地面。主席锐意发展本校，以求振兴西南文化，本校地位之增高自可立待。是应早定广阔之地域，俾能即作久远之计划。斯意曾经面陈，得蒙嘉纳。查本校地基，东西、南北不足，而南方为街道居民所限，不易扩充，惟有向北城外发展，较易为力。

兹经详加勘测，将布置情况，绘具略图，拟恳钧座准将：南至城墙，北至绿线，东于莲花池村路，西至通富民大路一片地段拨归本校。莲花池村民房屋，可照旧不加收买，其他多系公有义地，收买尚易为力。至于与城内交通，拟于志成院后墙开一缺口，建立铁栅门，以资启闭，于城防方面并无问题。窃以国外著名大学，占地亘在数千亩以上，而法国之巴黎大学城，规模尤大，盖非此则无以树百年之大计，而促进学术之研究也。所有拟请扩充校地各缘由，是否有当，理合具文连同测图呈请钧座衡核令遵。

谨呈

云南省政府主席龙　　计呈图一份

校长　熊（庆来）　秘书长　郑（崇贤）

中华民国二十六年十月三十日

此次请扩北门外校址，规模浩大，地亩辽阔，基本包括今日云南大学之校本部北半部、东一院、北院，云南民族大学之本部、北院，昆明理工大学之本部，云南师范大学之本部等大片地区，足见学校当局雄心勃勃，目光远大。

对于此呈，省府甚为重视，仅隔半月，即以龙云名义指令云大：“学校所请，应俟发交市府审查，与市区有无妨碍，答复再凭提会核示。”12 月，省府训令云大，其中转述了市府的意见。训令说：市府认为“省立云南大学此次扩充校址计划……其校址面积之广袤，系为事实上所需要，职府并无成见”。但有三点，其一，改筑环城马路（今一二一大街师大至民大一段）事，因其“工程浩大，需时最长，不惟需款甚钜，自改筑后路线似不整齐”，要求此段经过校区的马路“仍旧保留”；其二，改修大门路线事，原图欲改西侧路线，因“此段坡度较陡，改筑费工，且文林街为西北交通干道，车马频繁”，宜于大门东西两栅子起直达文林街修一直路；其三，莲花池涉及鱼塘、游泳池事，认为因该地有民房而不相宜，请改建“教职员、学生住室，以其繁荣该村”。省府认为，市府“所呈不无理由，应由熊校长与该市长妥商具复，再凭核示”。1938 年 1 月，云大致函市府，并附一图，对其所提意见基本同意，但对第二点，关于拆除东西栅子而筑一路直达文林街事，认为“两栅子之间，街路所取直线，则校前过促，有碍观瞻。须修成弧线，如附图所示，于本校台阶最下级前面，酌留二丈七尺之弧形地，俾便设置围栏，开门出入。似此，市街与学校，均能兼顾”。同月，市府即复学校，对此修筑路线“均表赞同”。后来实际筑路时，又往南移了一段。

关于向北扩充一节，1938 年 1 月，学校再呈省府，请其转饬市府，将扩充范围内“所有基地、建筑，派员调查列册，属于官有公有者，分令拨归本校；属于私有者，照估定价值发款收用”。“第一期先从沿环城马路以南，城墙以北一带（即今校本部北半部一片）着手，所需款项仍由筹定大学建筑经费内暂行提拨。将来建筑经费不敷，并恳延长（因筹建志成院而抽收的）一平浪盐捐抽收年限。”2 月 16 日，省府发出指令，正式批准云大扩充北门外校址。令称：云大“所请扩充该校校址范围，应予如呈照准”。同时还令“昆明市府照办，并分令财政厅审计处知照”。5 月，云大校长熊庆来、秘书长郑崇贤致函昆明县政府，请准行所辖农会将划归本校校址内的租户辞退，并派人会同学校拟定先拨部分，正式移交，以便接收管理。函云：“查北门外东至莲花池村路，南至城墙，西至通富民大路，北至绿线一片地段，经呈奉省政府批准，拨归本校作扩充校址之用。查内有沿北门至西门城墙脚一带地面，毗连本校新辟便门，为本校交通要道及布置防空洞地段，自应尽先收回以便建筑。昨经呈请省政府令县转行农会，将租户辞退，将租出地面正式移交本校管有，以便展布。”市府接函后，即派出范延庆、赵聪，会同云大所派庶务课主任唐永权，管有该地面的第三区公所郭其栋，三方协商后，发出布告，晓谕民众，令各业主限期登记报价，否则即按无主土地、坟墓、坟地论处。布告发出后，有关业主陆续前来登记，登记结果分为三类：其一，有主坟墓：计有 1365 冢，每冢付给迁移费石坟新币 16 元、土坟 8 元，共合 11048 元，坟地 1102 方丈，每方丈付给地价 5 元，共合 5512 元，两项合计 16560 元。其二，无主坟墓：计有 12921 冢，每冢支迁移重葬费 1.2 元，共合 16705 元，拟重葬于莲花池村所有之破荷叶山顶，为此选定 2 块墓地，面积为 14.8 亩，最低地价按每亩 50 元计，则合 742 元，两项合计 17447 元。其三，耕地：计有 50.3 亩，每亩地价 400 元，共合 20153 元。三类总计 54161 元。后来终于拨得部分土地。

此次扩充校址，虽未按图所示完全如愿以偿，尤其自北城墙脚至大西城脚，及城壕内之耕地，因分属县农会及市府苗圃而未入云大“版图”，但已共得 200 余亩，其“疆域”已远远超出旧贡院范围，较前大为增加，为日后学校之建筑和发展创造了甚为有利的条件。

（四）南城脚地产的结束

私立东大时，省署曾拨南城脚西起正义门，东至护国门间部分地产归学校，以为永久产业，借以生息助学。1932 年，市府在该地修建新市场（即今南屏街商业区），占去学校大部地产，经过协商，市府允拨铺面 20 间予学校作为抵偿。学校拟在该地建造教职员俱乐部，但因所余地面不敷建造，遂于 9 月致函市府，希其增拨地基一方，以补不足。函云："前经贵府函，呈准（省府）拨用本校所管护国门公地筹建新市场，由是处市场拨给本校铺地二十间，俟基础划定，即请派员接收管有等由。当以拨给铺地不敷使用，请于所拨铺地二十间之后面，再拨地一方，以供使用在案。查本校为云南最高学府，教职人员来自各方，亟应有一适当处所，以为游息研究之地。兹决定建一教职员俱乐部，以供此项使用。惟校址狭窄，难敷展布。查新市场地址适中，甚合筹建教职员俱乐部，应请即于拨给本校铺地后方，再行拨给地基一块，以备建盖。本校对于此项俱乐部，拟以西法建造，务求美观，期与新市场相得益彰，聊为市区建设之一助。"同月，市府函复学校："该处地基前商妥拨定后，即布告人民认购，业经各商民先后全部认定，缴过定款……现已无余剩可拨"，"实属爱莫能助"，而予拒绝。但是，学校仍持原议，经过反复交涉，市府最终设法拨给房屋地基一小块予学校。学校获此地基后，校务会议议决：此项地基，前经议定作本校教职员俱乐部，应即根据成议，以地基一半，掉换现成房屋作为俱乐部，其余一半变卖现款，放商生息，作俱乐部维持费。并推事务主任杨维浚分别接洽受主。此次拨换，市府曾发学校以执照，其文如下：

执　照

> 某年，省政府核准，将正义门与护国门之间城墙拆卸，并同城外东陆大学原管公地一并拨交本府，开辟新市场。惟此项公地有关大学经费，拨交之后，经费将受影响。奉令会商筹补办法，当经遵照函商决定，由本府以所辟新市场铺地二十间，无价拨给大学，以资弥补。

所拨20间房铺中，为街道南廊10间，分别坐落于同德栈后、阿迷（今开远市）会馆后和蔡公祠后；街道北廊10间，分别坐落于天宁寺巷、财神宫前和登仕街。所拟建的教职员俱乐部（又名健行社），却因乏款，迟未兴工。后来学校曾与庾园园主议妥，拟以该项铺面地基与庾园南楼掉换，但经呈报省府后，省府认为："关系校产，不许轻易变更。"而未邀允准。

1937年10月，省财政厅欲征用云大新市场铺面地基，为此致函学校，谓：铺面中七间"因有用途，愿出价照规定数，全数承购"。云大接此，即请省府核示。同月25日，省府以"主席龙云"名义指令云大："如无妨碍，则分售亦可，应由该校自行妥为斟酌办理。"据此，学校行政会议议决："应行分售……请照市府原日作价办理。"原来每间地价定为旧票1.2万元，7间共计8.4万元，加上铺面余地之地价，两块共合新币2.1万元，经扣除市府前向财厅所领铺后余地地价0.63万余元外，财厅应付云大地价1.49万余元。1938年1月，学校以校长熊庆来、会计课主任方际熙的名义，由方际熙将款领回，经此出售，云大南城脚地产遂再减少。

1938年，南屏街一带已在大兴土木，纷建高楼大厦，而云大所属铺面地基，仍因经费无着，难以兴工。因此之故，6月，市府致函学校："查南屏街（即前新市场）路面、沟道及街沿等，（经）积极整理，不日即可全部完竣。所有两廊铺面，现已纷纷动工。务请贵校，迅予兴工。"对于此函，6月22日学校秘书组签批意见道："此项铺面学校一时不能建筑，可否登一布告，承租与商人建盖，明定期限：若干年后，银无利，房无租；若干年后，酌付租金；若干年后，即收回。抑将此项地基出售，请酌定。”同日，校长熊庆来批示：“函商陆厅长（即省财政厅长陆崇仁），除留两间租与商人建盖外，愿将此项地亩售给财厅。”学校之所以决定将南屏街地产大部出售，是：一因无此项专款，难以自行兴建；二因当时拟添建校舍，须在学校附近以款收买地基；三因政府库款拮据，学校不便多事请求；四因一面出售，一面购买，为以公济公，两相便利，学校并就此意呈报省府。8月，省府训令云大，对其意见表示“照准”。之后，云大即请陆崇仁代寻买主，以为办理，价格则按市府定价，每间旧币 1.2 万元。不久，所余铺面 17 间即全部售出，分别售以源信号、田澜泉、张质斋、张湘记、刘桂生和李味石斋等六姓。至此，学校所有的南城脚地产已基本处理完毕。

云大南屏街校产中的房产售完后，尚余房后地基一块，位于近日楼东侧，面积 21.86 方丈。原系背静之区，故而久置未用，随着新市场的开辟和南屏街的建设，该处渐成黄金地带和繁荣之所，该地基也成了富商大贾争相购买的对象。

1939 年 5 月，昆明金城银行致函国立云大校长熊庆来，表示拟以该地基建筑房屋，不付地租，10 年后则将房产交归学校。学校认为，对于此议似可考虑。但是正商议间，即因日本飞机开始空袭昆明，故无结果。1941 年时，该行再函云大，欲以该地改建“简单房屋，以租地造屋方式，照纳租金，期以十年”。不久，兴文银行也函云大：愿本“辅助云大，以公济公之义”，以每方丈 4.5 万元之高价全部购买地基，而当时市场地价仅为每方丈 2 万 ~4 万元。学校就此即报教育部请示，教育部也批示“予以照准”。但是不知何故，事终未成。直到 1943 年，学校为了扩充校舍，决定“将南屏街地皮变卖，以所得价款建筑教职员宿舍”，并就此呈部请示。6 月，教育部明令：“南屏街校产可先行招标出售。”于是，学校制定了《变卖昆明南屏街地产招标办法》，并作“标售公告”，载诸报端，以为招标出售。公告刊登之后，各界争购者络绎不绝，纷纷投标抢购。10 月 4 日，学校代表会同审计部监标员李登栋，在会泽院接待室当众开标。结果，中标人为兴记商号代表李辉山，标额为国币 218.72 万元，旋由会计室、庶务组与之办理了一切手续。至此，历经私立、省立、国立三个时期，管有整整 20 个年头的南城埂脚——新市场——南屏街校产，终于变迁殆尽。

（五）南菁学校借用地基

私立南菁学校（即今昆明三十中的前身）位于云大校本部东侧，与云大仅一墙之隔，两校之间，互为紧邻，向来友好相处，关系融洽。1938 年 4 月，南菁校长张邦珍致函云大，告以“学生人数过多，以致宿舍异常拥挤”，加之“西隅房屋数间，现告坍塌”，“原有地基过狭，不敷分配”，要求云大划拨“废园一角”，以便扩充。学校接函后，考虑到划拨校地，事关校产，碍难进行，但邻里有求，理当照应，遂改拨为借，于同月复函南菁，表示：“划拨校产，应呈经政府核定后，始能照办。惟贵校目前急需，自应于本校无碍范围内，暂允借用，以后本校需要时，仍应归还，以期两全。”对于云大的“宽宏大量”，急人所难，南菁学校甚为满意，不再坚持划拨要求，而改为借用。并即立下借据，借用云大原附中所在地，即今东宿舍北面地基一方，暂为使用。其借据如下：

立借据人：私立南菁学校。今因翻造房屋，地面不敷，向云南大学商借地基一方，面积计一九九·二八五平方公尺（四至详见借图）。此项地基自承拨借之后，即由本校建屋使用，将来俟本校另建新舍及不需要时，仍行照图归还。恐后无凭，特立借据存照。

私立南菁学校校长　张邦珍（章）

中华民国二十七年四月　日（校章）

学校地基的外借，充分体现了云大当局讲信修睦、以邻为友的可贵精神。但从此，该地基却似断线风筝，有去无还，此即今日昆明三十中学“深入”云大腹地之来由。

（六）校园面积的增加

私立东大八年期间，学校校址仅以贡院为限。省立东大和省立云大时期，由于校址较大规模的扩大，面积有了较大增加。据1936年统计，详况如下：

表2－4　省立云南大学土地统计表

土　地	面积（亩）	价值（元）
建筑基地（原有）	75.05	135090
建筑基地（新增）	62.45	112320
园地	113.30	135960
农场	25.00	45000
运动场	33.00	29700
合计	308.80	460770

由上可知，这一时期校外地产虽有所失，但校舍面积却增加了将近一倍，且较为集中，这对日后的校园规划、校舍布局和教学、生活的安排均大有裨益。

三、学校经费来源

（一）省库拔款与学校预算

省立东大和省立云大时期的经费，主要依靠省库拨款，其次是社会募捐和各种补助。

学校由私立改为省立后，从此董事会再未设立，经济独立也已取消，主要经费改由省库教育经费项下支拨。1931年时，学校造报的经费预算为：每月经常费6.3万元（旧滇币），全年即合75万余元。但因其时龙云政权成立未久，各业开支较巨，故省府只核准每月2.5万元，全年30万元。另由财政厅每年支给临时费5万元。这比私立时期每年平均经费10万～15万元虽有增加，但因学校发展，员生增多及物价波动等，校中经费，仍非宽裕，甚至有时因故核减。如同年5、6月两月，即因筹建“中山纪念堂”而各核减一成。

1932年，成立不久的云南师范学院并入省立东大，改称教育学院，其原领每月经费（另说系开办费）1.61余万元也并归学校。

1931年秋，学校添办数理、法律两系，原请月发经费3893元，但被核减为2700元。次年开办医学专修科，原请月发经费2628元，也被核减为1800元，另给开办费1万元，可见省财政之窘困。

如同私立时期一样，省立时期的学校经费，时有增减，恒无定数。直到省立后期，龙云政权比前稳定，生产事业有所发展，财政收支因有好转，学校经费才较为固定，且有增加。如1937年，省府议决：省立云大经费每年增至国币25万元，约当新滇币50万元。其中经常费15万元，按时摊发，临时费10万元，经呈准后，再为动支。此外，为了照顾贫困学子，政府还定期支发奖助学金、学生津贴等。

关于经费的支取，每月均由校长领衔，会计主任会衔，向省政府呈送请款凭单和领款总收据，经核准后，再为支取。款领到后，由学校事务部、会计股负责保管、发放，每月终了则造具支付预算书，呈请省府核销。

为了撙节经费、计划收支，学校每年均要编造年度预算。如1933年的经常费预算如下：

表2-5　省立东大民国二十二年经常费预算表

单位：元

款项目	科　目	金　额
第一款	岁入	
第一项	政府支发经费	
第一目	教育厅支发	378258
第二目	财政厅支发	378258
第二项	政府支发奖助学金	46800
第三项	政府支发学生津贴	45500
第四项	基金之息金	12000
合　计		860816
第二款	岁出	
第一项	俸给费	
第一目	职员俸给	32700
第二目	教员俸给	426168
第三目	员司及校工工薪	26484
第二项	办公费	20640
第三项	设备费	
第一目	图书	85644
第二目	仪器标本	78600
第三目	校具	86280

续 表

款项目	科 目	金 额
第四项	特别费	
第一目	奖助学金（发给本科生）	46800
第二目	学生津贴（发给专科生）	45500
第三目	西书补助（发给各院学生）	12000
合 计		860816

省立云大时，经费主要仍由省财政支给，其年度预算也举一例如下：

省立云大民国二十三年度支付预算书

单位：元

第一款　本校经费：141600

第一项　俸给费：97730

第一目　俸薪：82699

第一节　职员月薪俸：19752

职 别	员 额	薪 俸	公费、津贴	备 注
校长	1		80	院长兼代，不另支薪俸
文理学院院长	1	100	40	
工学院院长	1	100	40	
教育学院院长	1	100	40	
事务主任	1	80	40	
庶务股长	1	70	20	
会计股长	1	70	20	
会计员	1	50		
注册股长	1	70	10	
斋务股长	1	70		
秘书处主任	1	80	20	
图书室主任	1	80		
理化室主任				工学院教授兼代，不支薪
体育部主任	1	80		
文牍员	1	20		
图书管理员	2	—40 —36		

续　表

职　别	员　额	薪　俸	公费、津贴	备　注
校医	2	各 30		
训育部副主任	2	各 80	各 30	
注册股事务员	1	40		

第二节　专任教授月薪俸：37560

院　别	员　额	薪　俸
文理学院	4	一 260，一 220，一 180，一 60
工学院	6	三各 390，一 300，一 240，一 100
教育学院	3	一 220，一 0，一 180

第三节　兼任教授月薪俸：25387

兼任钟点总时数	小时薪额	小时数
文理、工、教育三院共计 846	2	270
	2. 4	254
	3	322

第二目　薪工

第一节　雇员薪水及津贴：6564

职　别	员　额	薪　水	津　贴
理化室雇员	1	30	10
图书室雇员	1	21	
会计室雇员	2	一 25，一 23	
庶务股雇员	3	二各 24，一 23	
书记长	1	26	
书记处雇员	9	二各 22，二各 17，三各 16，一 14，一 13	
英文打字员	4	一 11，一 10，一 9，一 8	
稽查	2	各 16	
矿山实习场经理	1	25. 6	
矿山雇员	21	各 4	

第二节　校工工食及津贴：5016

职　别	员　额	工　食	伙食津贴
快足	1	14	3
校工	31	二各 14，三各 11，十各 10，十各 9，六各 8	全部各 3

第三节　校警及号兵工食：691.2

职　别	员　额	薪　水	工　食
校警长	1	18	
校警	3	各 9	
号兵	1	12.6	

第二项　教务费：18465

第一目　报纸刊物图书费：10521

第一节　报纸：585

第二节　刊物：1200

第三节　图书：8736

第二目　讲义费：2904

第一节　讲义印刷纸张费：2904

第三目　理化实验费：3000

第一节　理化实验费：3000

第四目　体育器械费：1680

第一节　体育器械购置费：1680

第五目　编辑刊物费：360

第一节　刊物印刷费：240

第二节　校稿费：120

第三项　事务费：14275

第一目　庶务费：14275

第一节　文具：1992

第二节　邮电：276

第三节　薪炭：264

第四节　灯油：1200

第五节　茶水：1992

第六节　购置：744

第七节　交际：1872

第八节　修缮：1536

第九节　杂支：1735

第十节　自习汽灯及水油费：720

第四项　医学专修科经费：11128

（二）社会募捐

省立东大和省立云大时期，学校继承了私立东大的传统，为了弥补经费的不足和学校发展的需要，曾先后多次发起募捐活动。

1931 年，学校以校长华秀升的名义，发起了奖学基金的募捐，所发《云南省立东陆大学募集奖学基金启》云："人才消乏，举世同慨。丁兹革命建设时期，事业的推进什百倍于曩昔，则人才之需要亦什百倍于曩昔。于是人才之供给，遂成当前之重大问题。""在生产落后，经济枯滞之我国，能受中等教育者，已居极少数。若夫高等教育，则更非一般人所能问津。英俊之士，坐视而埋没井里者，不审凡几。""本校自开创以来，学费取之极微，书籍半价而售，地方皆有津贴，政府复予奖金，其清寒者，则介绍课余职业，甚且供给食宿。然资力有限，故其利不溥，而收效终微。""唯是，经费微薄，仅敷开支，免费势所不能，奖金力有弗逮。窃维教育乃社会事业，人才为国家桢干，匡辅培育，社会有责，是用厘定章程，募集基金，以其孳息，作免费奖学之用。撮其要者，约有两端：一曰特种奖学金，用以资助家境清寒，无力卒业之学生；一曰成绩奖学金，用以奖励学业优良，操行纯谨之学生。各种奖金，悉有定数，捐款一听自由，用途可以指定。"启事最后写道："诸君热心公益，志宏乐育，尚祈慨然捐助，俾资奖进，为教育解决问题，为国家培植人才，异日俊实辈出，效劳建设，岂徒个人之幸，国家社会交蒙其利矣。馨香沐手，毋任翘企。"同时，学校还制定了《云南省立东陆大学奖学基金章程》，包括总纲、奖学基金委员会、奖学金审查委员会、基金之募集、奖学金之分配、纪念和附则等项，共 7 章 45 条，详尽地规定了有关募捐及对捐款者的褒扬等事项。

募捐启发出不久，即得社会各界积极响应，初期便募得 5.36 万余元，学校专门组织保管委员会保管，并聘袁嘉谷为该会委员长，萧扬勋等为委员，严燮成为会计。

省立云大后期，熊庆来继何瑶任校长后，为了改学校省立为国立，促进学校较大发展，计划增建图书馆 1 座、医学院 1 座、工学院 1 座、实习工厂 2 座、女生宿舍 1 楹等，估计需费上百万元。时值抗战开始，国家财政紧缩，难望政府拨款，只得募捐社会。1937 年 12 月，省立云大以校长熊庆来名义发出《募集建筑设备费启》。募捐启追述了学校的创办与发展、政府历年的资助、当前面临的困难。其中写道："云南幅员广袤，山水阻深，气备三带之长，地兼高下之用，矿产蕴藏丰富，生物种类亦繁，诚可为一研究自然科学之中心，发展轻重工业之良区也。""唐公蓂赓及滇中人士，鉴于培育人才之不可缓，乃有东陆大学之创设。""溯自本校创立，赖政府当局之热心扶护，主持诸公之惨淡经营，与夫社会人士之群力赞助，幸已具有相当规模。此年省主席龙公图治精勤，百政俱举，对于扩充大学，尤属不遗余力。……是本校设置，已略具基础。惟是本校范围已大，学生人数激增，目前需要，应付既已维艰，以后充实，距离理想尤远。而滇省素称贫瘠，欲由省库再拨巨款，甚非易事，以是已定计划，尚多搁置。"启事最后写道："素稔先生心怀国事，见义勇为，对于百年树人之大计，必予深切之同情。敢望鼎力赞襄，解囊惠助，俾得早日实现预定之计划，使本校得臻健全，而成一良好学府。岂惟西南学子得食贤者之赐，民族复兴之大业，实利赖焉。"

在发出募捐启的同时，学校还宣告了《建筑设备计划大要》，主要内容为：建筑图书馆，其建筑费、设备费、图书费共83万元；建筑医学院，其建筑费、设备费共30万元；建筑工学院，其建筑费、设备费共22万元；建筑实习工厂，其建筑费、设备费共26万元；建筑女生宿舍，其建筑费、设备费共2.5万元。以上5项共需国币163.5万元之巨。

为了褒扬捐款者，学校又制定了《捐款纪念办法》，共6条。内容如下：

一、认捐某项建筑物全部建筑费者，学校将呈请教育部援例褒奖，由捐款人对该项建筑命名纪念，在建筑物内悬挂捐款人放大肖像，设立铜碑，碑镌捐款人传略，以垂永久，并送金章一枚，以志谢意；

二、认捐5万元以上者，除呈部褒奖外，也悬其肖像，镌其略历，并送大银尊一座；

三、认捐1万元以上者，除呈部褒奖外，也悬其肖像，铜碑勒名，并送大银盾一座；

四、认捐5千元以上者，除呈部褒奖外，铜碑勒名，并送银盾一座；

五、认捐1千元以上者，除呈部褒奖外，铜碑勒名，并送银质珐琅章一枚；

六、认捐设备费1万元以上者，除呈部褒奖外，由其命名该设备处所。

为使募捐卓有成效，俾得巨款，学校除了公开发出募捐启事外，还特别制定了《云南大学分发各处募捐册及收据登记》共100号，分别送交政界首要如省主席龙云、教育厅长龚自知、财政厅长陆崇仁、建设厅长张邦翰等，商界巨子如缪云台、董澄农、黄子衡等，以及驻外使领馆，请其代为募捐，并均随册附上一函。其函略云："敝校远居西南，较为安定，为适应各方学子求学，增进教育效率起见，因发起募捐，用收群策群力之效。素稔×××望重乡邦，心宏乐育，敢盼鼎力为助，分向各方进行募集，则本校学生同拜嘉惠，即抗战建国前途，亦深利赖。"此外，熊庆来并以个人名义致函有关诸贤，请其从旁相助，积极劝捐。每函均词情恳切，寓意尤深。如其致滇籍要员、前国民党陆军大学校长、中华民国驻苏联大使杨杰将军之函如下：

耿光先生勋鉴：

京门一晤，倏尔经年，每怀高标，信深仰止。弟承乏云大，年来承政府当局之提携，各界贤达之赞助，得稍稍扩充院系，增聘师资，并于建筑、图书、仪器、标本各方面，得有相当之充实，不过距离理想较远。当此财政紧缩之际，政府既兼顾为难，用是发起募捐，呈请各界人士群力相助。素稔台端勋望卓著，登高一呼，定卜响应。……兹送上募捐册一份，敢望鼎力为助，俾将来计划，得以实行。则全校学子，咸拜嘉惠，西南文化学术，亦食报于无暨矣。

专函奉恳，顺叩勋祺。

弟　熊庆来　拜启　二七年五月

募捐启和募捐册发出之后，社会团体、各界人士，尤其滇籍人士，无不积极响应，踊跃认捐劝捐，以示热爱桑梓、重视教育之情。如远居海外的越南西贡堤岸中华总商会会长陈立矩、中国驻西贡领事陈忠钧等，均为募捐倾其全力，而且成绩斐然，对此熊庆来曾分别致函称谢。其致陈立矩函云："先生商界泰斗，侨胞领袖，遥仰英声，致深倾慕，比维履祉绥和，誉驰中外，良以为颂。来前托代向西贡侨胞为敝校募集捐款，承台端热心赞助，负责进行，引领贤劳，深拜嘉惠。西南文化及建国前途，良深利赖，当勒石留名，永资纪念也。”其致陈忠钧函云：“天逸领事先生勋鉴：久慕英名，时物葵向，祗以云山遥阻，识荆无缘，至以为憾，弟前托代向西贡侨胞为敝校募集捐款事，深承执事热心赞助，至为欣慰。不仅本校学子，同拜嘉惠，即建国前途，亦深利赖，自当勒石纪念，与捐款人同垂不朽。”

此次募捐，既轰轰烈烈，又扎扎实实，省内外、海内外，尤其滇籍人士，或争相认捐，或积极劝捐。募捐结果，惜未见载，但从一些残篇断简之中，即可窥见一斑。例如仅金汉鼎一人即代捐得1300元之多。由此观之，募捐所获，当不在少数。

（三）各种团体补助

1. 中英庚款补助

学校继私立时期争取到中华教育文化基金董事会，即中基会，也即“庚款”中的“美款”的补助后，省立时期，经过多方努力，积极运作，又相继争取得教育部、管理中英庚款董事会（简称中英庚款）、资源委员会、中法教育基金董事会（简称中法庚款）等的补助。

1935年初，省立东大改为省立云大后，学校为了扩展建筑、添置设备等因，曾按中英庚款之规章，拟就请款书和造具表册，径呈该会。为了请款成功，学校复四处求人，请其鼎助。2月，校长何瑶分别致函教育部长陈立夫、陆军大学校长杨杰等，请其“预为疏通”，“力勋玉成”。如其致陈立夫等函如下：

立夫、养甫仁兄勋鉴：

曩者京华晤聚，备承教益，雅谊拳拳，至今感佩。别后公私庞冗，未获常通尺素，致候兴居。然翘首海天，未尝不时劳梦想也。敬维春祺懋介，勋向日隆，引领新猷，曷颂快颂。

兹有恳者：滇居边徼，教育落后，对于各种建设人才，异常缺乏，本省政府，爰有大学之设立。创办以来，虽已历时多年，而以地当边远，经济拮据，校内设施，往往心余力绌。今者，乃照章备具各项手续，请求中英庚款委员会拨款补助。昨已将各项表册、请求书径寄至会，并分报教育部考查，计日已将到达。此事关于本校之发展至钜，弟忝长校务，亟盼能如愿做到。

伏念吾兄党国先进，领袖群流，对于本校此项请求，务恳力勋玉成，与庚委会各关系方面藉重鼎言，预为疏通，俾提出得邀核准，圆满通过。

斯不仅本校拜受嘉惠，即边省教育、国防大计，亦均利赖无穷。

临书专恳，敬颂

勋安　并祈

惠复

愚小弟　何瑶　手肃　二月十二日

其致杨杰函如下：

先生大鉴：

敬恳者，本省大学创办至今，已历年所，因限于经济，各项设备不能尽力扩充，实为边地文化建设之憾事。晚猥以轻材，忝长校务，心余力绌，抱歉良深。中英庚子赔偿自归庚款委员会保管后，有补助各省教育之规定。今年春，爰由校照章备具各项手续，函请庚款委员会照章拨款补助，并分呈教育部考查暨分请各方尽量赞助，俾底于成硕。兹事体大，且请求补助者，闻已超过分配定额甚多，而本省又系初次办理，恐手续或有未周暨主持不力，不能达到圆满要求。素仰我公，领袖乡邦，关怀桑梓，此次本校请求庚款补助事项，务请借重鼎言，向各有关方面力赐虚植，使所请得邀允准。斯不独本校之幸，即全省教育事业亦拜受嘉惠于无暨矣。临书无任屏莹恳求之至。敬请

道安

竚候示复不备

云南大学校长乡晚　何（瑶）　谨拜　二月十二日

经此种种努力，事属有幸，当年即得中英庚款补助国币 1 万元，尤为重要的是，开了日后继续补助的先例。

1936 年，为了添置采矿冶金设备，学校特向中英庚款申请补助 8 万元。此次申请，数额巨大，为了请款玉成，学校分别致函教育部长、交通部长，该董事会各董事及有关人士，强调“蒋委员长莅滇，驻节校中，对于理工科之扩置，尤蒙关注，并面饬着重理工实用人才之培养，以开发云南富源，而达我国工业中心区之企图”，请其“提会审核，鼎力维持，赐予补助，造福边疆”。此外，校长何瑶还以个人名义特别致函国民政府行政院秘书长翁文灏、陆军大学校长杨杰等，请其“主持”。3 月 16 日，翁文灏复函何瑶，表示“遇便亦当代为询明”。其函如下：

元良先生惠鉴：

伏诵大函，承示贵校扩置理工科，已由省府拨款建筑，内部设备所需尚多，拟分年向中英庚款委员会请求补助。该会于文化及教育事业夙所注重。尊处既已备具请款书寄会审核，当能酌定。弟遇便亦当代为询明，以副谆嘱。耑泐奉复，敬颂台祉。

弟　翁文灏（章）　拜启　三月十六日

何瑶对此复函甚为重视，亲批“提会报告”。3 月 19 日，杨杰也复函云大，表示“棉薄所及，自当为力”。其函如下：

乐育英才，久钦伟划。适献翰，备增快慰。承嘱，棉薄所及，自当为力。以后羽邮有便，尚希教言时赐为荷。专复并颂

教祺

弟　杨杰　拜启（章）　三月十九日

几经努力，请款终于大功告成。7 月，云大旅沪人士张启贤得悉后，即电学校：“云南大学何校长，庚八万，分两年付。”在此前后，学校还根据该董事会关于《协助科学工

作人员领受协款规则》，争取到为期一年的协款补助，领受人员和每月金额为：丁道衡200元，张维华120元，费孝通120元，单粹民120元，宓贤章100元，岑家梧80元，江应樑80元，白寿彝80元等。此外还得补助“教习五座”，每座1万元，用以聘请省外知名学者来校授课。

2. 中法庚款补助

云大省立以前，从未与“中法教育基金委员会”即中法庚款联系。1935年5月，“蒋委员长在滇时，主动表示嘱请中法庚款补助云大”。此后，学校几经了解，始得《中法教育基金委员会补助款项标准及请款截止日期办法》，遂于1936年中向中法庚款委员会呈缴了详尽的《请款书》，要求每年“中法庚款六万元，补助云大医学院之建筑及设备费，继续三年”。与此同时，何瑶还亲函留法归国的滇籍旅京要员、时任清华大学算学系主任兼理学院院长、素来关怀桑梓教育的熊庆来，请其特以留法之关系鼎力为助。7月14日，熊庆来亲笔详复何瑶，告以事“甚可能”，且“坦率言之”有关高等教育的一些重要原则问题。该函云：“云大近为当国重视，发展可期，良足庆幸。嘱及之事，弟自乐为尽力。……弟曾与该会干事李润章（书华）君谈及，渠与弟交甚厚，磋商颇为恳切，渠谓补助甚可能。……（渠个人甚愿为云大说话）故即允准补助，款数亦不适（啻）为六万。请求时，数稍多无妨。”函中尤其写道：“弟觉国内大学，大都所定范围过大，而力不足以赴之。于是求充实不能，欲收缩亦不可，而形成敷衍之局面，即中大、北大、清华，亦不免此病。现四川大学似亦复走此已错之路，可惜吾滇筹款较难，亟宜注意。及之国难严重，尤不容不力求实效，弟意因地治（制）宜，吾滇应特别发展理工……尽力改进，使之臻于完善，而成为国内第一等之学府。若是，则不独培育桑梓人才，外省学子亦必自远而至，影响于国家学术建设乃大。”熊庆来最后写道：“弟尚有进者，学制宜参考各国者酌定，不必拘于美制。教员宜提高待遇，慎重聘致第一流之能力者。现国内各著名大学，讲师教授薪金多半由二百八十元至四百元，甚至五百元，故以前函所示之标准论，至难物色硕学。若为教授一、二年级之课，则聘留学生之庸常者，尚不若聘国内毕业生之优秀者为善。未识尊意以为然否？谊属重深，事关桑梓，鄙见所及，敢为坦率言之。”此番申请中法庚款补助，因系初次，又其时医学院尚未正式成立，故效果不佳，但却为日后不久改立的国立云大争取中法庚款起到了铺路搭桥的作用。至于熊庆来函中所表露的教育思想，实为他行将开始的长校云大的原则和方针的先声，也反映了熊庆来的云大“因缘”。

3. 中基会补助

抗战开始不久，即因大批国土相继沦丧，致使邮路不畅，印花特捐锐减，因此云南教育经费被迫紧缩，并为此制定了《教育经费减缩开支暂行办法大纲》。然而，新任校长熊庆来领导下的省立云大，仍在力谋发展，建筑、仪器、药品、图书等，亟欲增加。因此，继私立东大之后，学校复向中基会（美款）申请补助。1938年3月，学校以熊庆来的名义，将请款书寄予上海该会干事长孙洪芬及“学界泰斗”蔡元培，请其转呈。该书谓：“云南幅员广阔，地形复杂，矿产丰富，生物繁滋。值兹抗战，尤为后方重镇。云南省政府……于理工学院尤力谋发展，并将医学专修科扩充为医学院。”“惟是理工、医方面，设备需款浩繁，所有建筑、仪器、药品、图书各项，大体计划，至少非百万元不能树立相当基础。”“素稔贵会对于全国文化教育事业，提倡赞助，不遗余力，拟请一次补助七十一万六千五百元。……如承慨允协助，则不独边疆教育得以促进，即于民族复兴亦将影响匪浅。”同时附去一份金额巨大的请款概数清单，其内容为：天文学系3.65万元，物理学系2万元，化学系5万元，生物学系1万元，工学院30万元，医学院15万元，图书费10万元，附中补助费5万元，共计71.65万元，后又增加为76.72万元。为了玉成此事，熊庆来特于4月7日以“后学”的身份，致函著名教育家、中央研究院院长、“硕德重望，万流仰镜”的蔡元培，请其“鼎力主持，予以赞助”。其函如下：

孑民先生道席：

日前备具请求补助计划书，请中华教育基金会补助敝校理工、医各学院建筑、设备经费七十六万七千二百元，当荷先生鉴查。值兹抗战时期，云南尤为后方重镇，敝校所负使命已觉重大，有急待充实之必要。

先生硕德重望，万流仰镜。特恳鼎力主持，予以赞助，则不独边疆教育良深利赖，于民族复兴亦必裨益匪浅也。

专函奉恳，敬颂

道绥

后学　熊庆来　拜启　四月七日

此次请款，虽经多方努力，但因数额过巨，既不现实，也难奏效。6月，中基会复函云大，谓：所请补助76万余元事，“经提请第十四次董事会讨论后，佥以敝会为财力所限，对此巨量补助，甚愧无以报命。惟鉴于滇省矿产丰富，矿冶工程教育之亟应促进，特议决自（民国）二十七年七月起至二十八年六月止，补助贵校国币十万元，以为发展矿冶工程教育之用。”即便如此，此数也为当年矿冶系经费5000元的20倍之多。

4. 教育部、省政府等临时补助

早在1931年，学校因学生多为出身贫寒，难负重费，即请省府予以学生专项补助。11月，云大呈文省府：“本校学生大多来自各县，家道寒微，对于学、膳、用各费，已筹措不易，而于书籍用费，尤觉难以负担。缘本校所授学科，较为高深，国内尚无出版书籍，必须向欧美采购。”似此价高费昂，学生实难承受。请求省府援照前例，经由个旧锡务公司减法汇水，每年代汇书籍费国币1万元，以恤清寒。此呈蒙准，自是，学校每年增获学生困难临时补助费1万元。

1935年，红军长征过西南时，国民政府军事委员会委员长、中央政治会议主席蒋介石偕夫人宋美龄，为了“围剿”红军，于5月2日自贵阳飞抵昆明，以云大为行辕，驻节会泽院。其间蒋介石曾接见云大兼代校长何瑶，“高兴地表示，因为云南‘矿藏丰富’、‘全省气候良好’、‘如果我们要建设工业，应当从云南入手’”，“训勉”云大应当加强理工人才的培养教育，以便积极开发云南矿产资源，把云南建成一重要的工业区。蒋介石并“主动表示，嘱请中法庚款补助云大”。此后不久，省府即遵示于8月举行会议，议决拨发省款新滇币60万元给学校，以作建筑理工学院及学生宿舍之用。后来理工学院终未建成，此款大部移作扩建科学馆之用。

同年12月，教育部视察西南教育专员陈礼江奉命视察云大，也对学校采矿冶金教育甚表重视，建议对其加紧充实，以期日臻完善。学校当即拟就扩充计划书和请款补助概要，面交陈礼江转呈教育部。其中计划建筑理工学院等，约需国币125万元，购买仪器设备等，约需97万元，共计200余万元之巨。为了获得这笔巨款，次年初，教育厅长龚自知前往南京，多方奔走，四处游说，但因种种原因，收效不大。至1937年，才由教育部、中法庚款得了部分补助，具体数额未见记载。同年4月，学校还呈请教育部，请求拨给图书馆建筑、充实设备费33.5万元，以及不敷的经常费每月0.72万元。

5. 资源委员会补助

为了发展采矿冶金教育，培养矿冶人才，1938年4月，熊庆来致函经济部资源委员会，请予矿冶教育以专项补助。5月，经济部长翁文灏复函云："中华教育文化基金会议议决，每年补助采冶系经费为数较多，本会不再分年补助。惟当贵校矿冶系开始充实之时，本会深愿酌量协助设备费用。"不久，资委会翁文灏、钱昌照等再函熊庆来，重申协助之意："如果设备方面尚感不敷，仍当勉力协助。"学校对此称谢不已。其后，资委会正式通知学校："贵校采冶系，有关采冶工程试验设备尚付缺如，本会为培植边疆矿冶人材起见，拟补助设备费二万元。"经此诸多努力，为蒋介石重视的颇具地方特色的云大矿冶系，仅1938—1939年度所得补助即为：中英庚款4万元，中基会10万元，资委会2万元等，这些补助无疑对该系的发展起了较大的促进作用。

6. 认捐中山纪念堂建筑款

学校经费也有核减之时，如认捐中山纪念堂建筑款时，即临时减去一成。孙中山先生是中国伟大的民主革命家，他把毕生精力无私地献给了中华民族的解放事业，深受国人的崇敬和爱戴，被尊奉为"国父"。1925年孙中山逝世后，全国各地纷纷以各种形式为之纪念，如命名街道、建造堂馆等。1930年，昆明也计划筹建中山纪念堂。为了筹集建筑款项，省政府特发起募捐活动。对此，滇中各界，三迤父老，无不闻风而动，踊跃认捐。如模范工厂捐100元，制革厂50元，东陆大学200元，东大教职员中何瑶50元，范师武20元，赵子艺20元，邵润12元，等等。

后来，省民政厅商转财政厅，将中山纪念堂捐款照各机关、团体员工月薪实数认捐一成，为期六个月。对此，省府"未便照准"，而是改将各机关、团体、军政各费核减一成，为期二个月。于是，1931年5、6两月，东大经费其5万元中，照案核减一成，合5000元。种种原因，中山纪念堂虽未建成，但从其捐款热情之中，足见云南各族人民，包括东大教职员工等对孙中山先生无比景仰之情！

四、校舍的修建

（一）两次修理会泽院

1. 初修会泽院

云大主体建筑会泽院，自学校成立时建造以后，至省立时已历十载，其间风吹、雨淋、日晒等，屋顶已有严重破损。1931年初，学校决定予以修理。为慎重计，经校务会议议决，专门成立了“会泽院屋顶工程委员会”，推定萧扬勋、赵家遹、何瑶、毕近斗、张子俊、杨维浚等6人为委员。修理费约需4万元，但省府仅拨2万元。为此，华秀升代校长于2月致函财政厅长陆崇仁，表示“不敷之数，务祈准予补发”。3月，学校代表代校长华秀升、事务主任杨维浚与承修厂商代表永固建筑厂彭禄炳工程师，双方订立了《包工合同》，共8条，具体规定了工料价银、修理内容、完工日期、保固年限、领款时间等项。后因款项未齐，工程延至1932年始行开工。开工后，所需铅瓦铅片因从越南进口，须纳“入口特捐”。为了免却进口捐税，学校曾致函“云南特种消费税局”，提出请求。但省府认为：“入口特捐一项，系因向外购料所必须……不得希冀减免，以示限制而维税收。”6月，工程完工后，学校呈请省府派员验收。验收结果，省府认为：“工料尚属坚实，开支亦无浮冒。”

2. 再修会泽院

省立东大修理会泽院主要是修理屋顶。至省立云大时，会泽院楼下教室又多有破损。1935年，学校呈文教育厅，谓：会泽院自1929年“七一一”火药震灾后，屋基颇多影响，教室楼板偏倚不平，顶板泥沙剥蚀下坠，师生作息其间，危险甚虞。“左右教室计八间，建筑之初，系用横木过梁，未用铁筋，今欲修理加固，每间估计工料价490余元。”教育厅接呈后，同意修理，但核准每间工料价仅400元，8间共3200元，不敷之数，只得由校自行筹集。1936年3月工程完竣后，“工头”吕云光出具《保固切结》，保固10年。教育厅旋派员会同云大验收完毕。

（二）食堂的修理

古云：“民以食为天”；又云：“兵马未动，粮草先行”。创办大学，如同其他团体一样，吃饭当为首要问题之一。私立东大创办之初，即设学生食堂于贡院至公堂后之衡监堂内。至省立东大时，因建筑久远，加之风雨侵蚀，该堂多有毁损，致成危房。1933年7月，东大呈文教育厅，谓：“本校学生食堂，系以原旧贡院之衡监堂修理充之。年湮代远，椽梁墙壁大都朽圮，日来大雨续降，大有崩陷之虞。当即一面迁移学生食堂，一面招工拆卸修理，藉防危险。不料拆开检视，不徒墙倾榫脱，即椽子、圆梁、挂枋、大过梁亦俱腐朽。若不从速修葺，必致全院倒塌。兹经招工估计，计修西两间、东三间，需费一共四千五百元。”未几，食堂西部竟至坍塌，招工修理刻不容缓，教育厅也即核准照办。约经月余，工程告竣，学校呈请教育厅验收，并附呈监修、督工、保固切结各一份。校长何瑶出具的《监修结》云：“当由校长照章监修，所有工料等项均照揽约履行，并无偷工减料情事。”事务主任杨维浚、庶务股长包崇仁共同出具的《督工结》云：经过“照章督工，所有一切材料及应行施工地方，均经督饬承揽工人照约修理，并无偷工减料情事”。揽头出具的《保固结》云：“所有修理方法及应用工料均照揽约履行，不敢偷工减料。修价四千五百元，业已领清。照章保固五年，自核准验收之日起，在保固期间如有坍塌、倾斜、破损情事，甘愿负责修理复原，不另求修费。”

（三）筹建理工学院（志成院）

云南位于云贵高原之上，云岭之南，境内多属崇山峻岭，矿产资源极为丰富，尤以个旧之锡、东川之铜最为著名，号称“有色金属王国”。作为云南最高学府的云南大学，向来甚为重视理工学科的教育和理工人才的培养。私立东大成立之初，即设有工科，后改为工学院，再改为理工学院，下设采矿冶金等系。1935 年，蒋介石来昆时，对云南有色金属矿藏及云大工科教育颇多看重，并允拨款助其发展。此后，省府议决云大新建理工学院院舍，又名志成院。关于经费，省府决定拨款新滇币 50 万元为建筑费，其中先由教育经费项下拨用 10 万元，其余 40 万元由省府陆续筹拨。关于院址，云大于 9 月呈文教育厅，认为：本校周围，北界城垣，南滨翠湖，东有附中校址已借南菁，唯有西面与省立昆华中学及部分民房毗连，向西扩置事属较易。经校长实地勘查，昆中大门内较适合建盖理工学院。又由于此地段东至天君殿巷，西至小雅巷，南至文林街，地位翠湖之西北高处，志成院若建于此，则院宇显露，与会泽院东西互相辉映，规模更为宏壮。关于建筑样式，学校根据教育厅长龚自知“学院建筑应采外中内西形式，以壮观瞻”的指示，已请工学院建筑教授彭禄炳绘具了该院南面立视图及第一层平面图，且一并呈报。9 月，省府 443 次会议对志成院建筑一事特作如下议决：“将昆华中学全部拨作省立云南大学校址。附近民房如有于学校有碍者，准酌予陆续收买。至理工学院应建于何处……总须本整齐划一之旨，以期适用美观。所绘理工学院建筑设计，尚属合宜，应准照用。”至此，志成院建筑的经费、院址、式样等问题似已解决。

但是好事多磨，事与愿违。首先，关于院址，直到 1938 年 5 月，学校虽派建筑工程主任张用之与昆中徐校长接洽勘界、划址、栽桩等工作，但最终昆中校址仍未拨成。文林街民房民地收买事，省府曾指示由昆明市政府会同省会警察局代为进行。经勘察后，应行收买之文林街北面的民强巷、顺德巷、天君殿巷、小雅巷和城墙脚等共约 60 家民房民地，需款 13 万～19 万元，而此专款迟迟未能拨到。其次，关于经费，省府原定拨款 50 万元，并先拨 10 万元，所余 40 万分由财政、教育两厅陆续各拨 20 万元。但是直到 1939 年，云大仅获财政厅所拨 11 万元，而教育厅却分文未拨。原来，早在 1937 年学校议改省立为国立时，教育厅即认为：“该大学不日即将正式改组国立，所有该大学各项工程事务，为明系统而免窒碍，拟请拨交该大学直接主持办理，藉资策进而明责成。”意即云大即改国立，教育厅不再负责学校的建筑经费等项。对此，学校曾多次呈文，据理力争。教育厅所属之教育经费管理局认为，云大须到教育厅直接交涉。而教育厅又称已饬经管局拨发，厅、局之间互相推诿，难明个中情由，致使经费脱节，终未全数兑现。再次，关于设计，因为院址、经费一直未落实，故也多受影响。先由学校自行设计，后奉省政府令，改由“省会省立中等以上学校建筑工程处”“主办”，但是主办来主办去也无任何结果。1938 年 6 月，在全国各埠均设有事务所、办事处的基泰工程司所属昆明办事处“专函自荐”，致函云大，表示愿意承担志成院等的设计绘图工作，函称：“特求鼎力照拂，俾得参与服务，不胜恳祷之至。”鉴于该司曾设计、监造过南京金陵大学图书馆、昆明昆华医院、个旧地方医院等工程，驰名全国，信誉卓著，设计水平和技术力量较强，1939 年 9 月，云大遂与之签订了《国立云南大学建筑和约》，共 14 条，规定由其担负志成院等的设计工作。11 月，设计告一段落后，基泰工程司昆明办事处致函熊庆来，谓：“台端努力后方文化建设，敝处特减收公费，拟以建筑费百分之五为公费率，用表赞佩之忱。”并表示工程即可兴工。对于此函，熊庆来异乎寻常地批示了两次，先批“经费尚未筹妥，一时不能兴工”，后批

“因时局关系，尚须稍缓动工”。并复函表示：“敝校荷蒙贵司热忱赞助，殊为感谢。惟现因时局严重，经敝校考虑，拟稍缓动工，一俟稍为平静，当再商洽着手。”自此以后，即无下文。从这一先一后的批示和复函中，完全可以看出，筹划已久的志成院终于未能建成，直接原因在于院址、经费等问题未获解决，而根本原因却是“时局关系”“时局严重”和“所有大建筑尚需稍缓”等。当时正值抗战，国家财政拮据，志成院建筑遂“胎死腹中”。国立时期，虽曾发过“理工学院建筑费”，但终未建成，这在云大校舍建筑史上实为一大憾事。

（四）筹建图书馆

图书馆作为学校，尤作为大学必备的机构之一。省立云大在筹建志成院的同时，也在积极筹建图书馆。原来，私立东大之初，曾以会泽院二楼西边一间权充图书室，沿用多年。随着学校的发展，图书的增加，原室日感不敷应用。1937 年 4 月，校长何瑶呈文教育部长王世杰，请款 33.5 万元，拟在会泽院西另建新馆。该呈云：“窃查云南地处边疆，国防至要。曩者，孙中山先生曾指云南为我国次大之省，而矿产之富，则称为全国第一。上年蒋委员长莅滇，又称云南为我国唯一之重工业区域。环顾境内，山川纵横，民族复杂，气候优良，生物繁衍，实为研究自然科学之最好场所。”“本校为云南最高学府，自成立至今，为期虽浅，实负有培养各种专材，以开发边疆而巩固国防之职责。”“再以本校现况论，图书馆之新建与扩充，需要尤为迫切。盖本校现有图书馆系暂用会泽院楼层之一部，规模既狭，行政管理诸多不便。兹本专门图书馆为大学教育重要工具之原则，拟于年内另建独立之馆舍，以资应用。特组织图书新馆设计委员会，绘拟图案，工料约需国币一十六万五千元。既建独立之馆舍，则馆内设备亦亟应充实，举凡避火之书库、书架，合理实用之桌椅、目录橱暨通风、照明诸项设置，均宜增置。……设备费约合国币五万元。至图书为图书馆之灵魂，图书之实力与效用，全视其图书之数量及内容而定。……增购各科专门图书一项，约需国币二十二万元。以上关于图书馆之建筑、充实设备各费，拟请钧部核准，由国库于年内补助临时费三十三万五千元，以为建筑及充实图书馆之用。……敬祈钧长体念云南在国防上地位之重要，及蕴藏之亟待开发，对于本校图书馆之建筑充实及经费之增加，分别优予补助，俾内部设备得以早日完成，则来日边地文化之提高，边疆建设之发展，实利赖之。”学校并随呈文附去《拟建图书馆简略说明书》一份，内容包括：地址：拟用会泽院西南空地，以居会泽院及筹建中的志成院之间，因其地势高峻，“颇具高屋建瓴之势”；交通：到馆借阅之校内读者用校内通道，校外读者用校外通道，均甚方便；款式：新馆与会泽院平列，故款式与会泽院略同，仅稍为修改，前面正中建钟鼓楼一座，“高达八十七尺六寸，内设钟一座，数里以内，皆可见闻，藉以报知时间”；内部布置：共分六层，一楼分为儿童阅览室、阅报室、采购室、招待室、参考室、藏书室等，二楼为杂志室、图表室、办事室、取书处等，“两部皆有避火梯，用手摇升降机运送书籍”，三楼仅有中部，前面作会议厅，后面作研究室，第四、五、六楼皆为钟楼，“设地板门及轻便铁梯连通之”；结构及材料：所需砖瓦木石本省皆产，水泥、钢铁则须仰给于外，因价值奇昂，故尽量采用本地出品者，墙壁概用砖砌，地面或筑水泥三合土，或用本地花砖铺面，楼板用厚木板，屋顶盖筒板瓦，各门多设“避火装置，以防火警”；估价：约需国币 16.5

万元。就当时而言，此种设计不可谓不科学、不先进。

图书馆与志成院一样，同为省立云大时期较大规模的建筑计划之一，由于同样原因迟迟未能兴工。1940 年 3 月，承担图书馆设计监造任务的基泰工程司曾致函学校，敦请早日兴工建筑，学校仍以“时局关系”复函该司，而最终也未能建成。

（五）建造临时教室

私立东大和省立东大时期的教室，主要在会泽院一楼。省立后期，随着学校的发展，学生不断增加，班次增至 22 班，教室甚感缺乏，以致不得不或合班上课，或校外上课。有鉴及此，学校决定增建临时教室，以解燃眉之急。1937 年 10 月，学校为此呈文省府：“原有教室、寝室，容纳旧有学生已感逼促。本学期因扩充院系，添收学生、转学生、补习生达三百多人，又收容战区寄读生约五十人，尤感不敷。前蒙钧府拨借遗孤院全部，仅勉足容纳附中学生。近复再借获通志馆一部、圆通山仓房全部，宿舍问题差可解决，但尚有多数学生未得住校，教学训管，难收统一之效。……兹拟于衡鉴堂西偏暂建临时教室十一间，约需新滇币二万元之数，恳请钧府令饬学校建筑工程处，就大学建筑经费内，迅予招工承建。”此呈蒙准，12 月，省府训令云大：“准照复估数新币一万八千七百七十一元一角，发给兴修。”1938 年 2 月，会计室主任方际熙领到此款。关于建筑地址，原拟的衡鉴堂西因位城墙以内，以备日后建造女生宿舍为宜，故改在北门外偏西的基地内（约今校医院南），俾能向城墙外发展，且合防空原则。

经费、地址既已落实，学校遂制定了有关建筑的《招标公告》《投标办法》及《工程说明书》等，并于 3 月 14 日在《云南日报》上登载公告。此为迄今所见的云大最早的建筑招标文告，故分别赘录、赘述如下：

省立云南大学建筑招标公告

本大学拟建造临时教室四所，总价约国币一万元。所有建筑图样及说明书、标单，限三月二十日起至二十五日止，向本校秘书书领取，随交图样费国币一元。投标日期定于三月二十八日，于三月二十九日午后二时当众开标。

其《投标办法》共 14 条，主要内容为：①依照建筑图案及说明书，切实估计，慎重投标；②将估计工料价款，详列清单而投入；③投标后，经本校分别审查、亲询明白，即定中标人名；④标券内各项须用毛笔填写明白；⑤第一中标人不能建造时，递推以下次，或另行招标；⑥中标人中标后三日缮写揽约三份，铺保签名，送本校后签订合同；⑦合同签订后三日内动工；⑧如不能依限交工，每逾五日，罚标价百分之二；⑨如不依图建筑或偷工减料，应勘酌其情，扣除标价；⑩学校如变更建筑，得酌以加减标价；⑪中标人不得依工料价值及币价变更而变更标价；⑫建筑期间如有倒塌毁损事，本校概不负责，但意外的天灾人祸得酌予救济；⑬中标人如领款避匿、偷工减料及延误完工，及保固期内发生毁损情事时，应由保人负责赔偿；⑭本办法投标人应确切遵守。

其《工程说明书》共 13 条，主要内容为：①位置：本工程建于北门城外，本大学运动场之西；②地脚：先将原土夯实，上盖太平石二尺半；③墙工：除大梁担墙外处用青砖外，余用土砖（即土墼）；④顶篷：各顶均吊小阁栅栏，再钉板条抹灰；⑤抹灰：各墙内外先抹白灰沙子，再抹纸筋灰；⑥房顶：均用上等木料，上铺筒板瓦；⑦雨水管：檐前檐后均装铅铁卧沟及水管；⑧水泥地：屋内地面、屋外道路均做洋灰面；⑨门窗：均用上等松木；⑩油粉：门窗均油漆，顶篷、墙壁刷白粉浆二遍；⑪五金玻璃：门窗均用五金玻璃；⑫阴沟：房屋四周均置阴沟及下水管；⑬草地：依图辟建草地，先松原土，易以上等泥（肥）土。

工程如期开标，本有多家建筑厂商投标，但因工料价格上涨，竟无一家中标，工程遂告停顿。

1939 年 8 月，改国立后的云大旧事重提，仍然登报招标以建临时教室，结果振业营造厂以“估价较低，资本充足，铺保殷实，较其他各投标人为可靠”，而以 2.75 万余元中标。1940 年 1 月，云大（甲方）与振业厂（乙方）订立工程合同 12 条，旋即动工兴建。至此，筹议于省立云大，定案于国立云大的临时教室的建筑终得实现。

（六）兴建校长室

1938 年初，省立云大决定兴建校长室 4 间、训委会办公室 4 间，扩建科学馆 4 间。建筑经费由出售南屏街新市场铺面地基所获款项内开支；建筑地点为校长室位于今映秋院以西，训委会办公室位于“校长室之西首”，科学馆则就原馆向东扩张；建筑样式为训委会办公室“以校长室相同”，科学馆“以原科学馆相同”，惟“该馆原为越（南）瓦”，扩建部分则改为本地产筒板瓦。为了保证工程顺利进行，学校建筑委员会主席杨克嵘、委员张正平、顾宜荪、夏昌槐、张子俊、李颂鲁等召开专门会议，制订招标、投标办法，并印刷了《云南省立云南大学标卷》等。开标结果，陈本祥因标价最低而中标，标额为旧滇币 6.54 余万元，保人为筐宝云米店、赵永清木行。2 月，中标人写具《承揽约》，具体规定所建房屋的开间、进深、高度、式样、工期、保结等项。同时保人出具《保结》，内称：“愿保陈本祥按照图样及说明书，认真建盖，遵守条件，切实履行。不能敷衍草率、偷工减料及拖延日期、任何亏欠或拐款逃逸等事。倘有上述情形，保人等自愿同负完全责任，不致推卸。所具保结，担保是实。”尔后随即开工，10 月前后，工程全部告竣。

（七）校舍的统计

省立东大和省立云大时期历时八年，因其两度改组，领导易人，尤以抗战爆发，经费紧缩，校舍建筑方面，不仅工程浩大的志成院、图书馆终未建成，其他建筑项目也是为数不多。据 1936 年统计，当时的校舍略如表 2－6：

表 2－6　省立云大校舍统计表

校　舍	院　数	价值（万元）	校　舍	院　数	价值（万元）
会泽院	1	30.00	志成院（计划中）	1	20.00
科学馆	1	3.00	至公堂	1	1.50
食堂	1	1.20	木工厂	1	2.50

续 表

校 舍	院 数	价值（万元）	校 舍	院 数	价值（万元）
铁工厂	1	2.50	第一宿舍	1	1.00
第二宿舍	1	1.00	第三宿舍（计划中）	1	5.00
校务处	1	1.00	冶金室	1	0.60
试金室	1	0.60	其他	16	2.00
合计	29	71.90			

五、图书设备的增添

（一）设备委员会及其规则

省立东大和省立云大时期，为了满足教学、科研和实验、实习的需要，学校继续添置图书、仪器和设备。根据《云南省立云南大学组织大纲》第二十一条之规定，还专门成立了设备委员会，以与图书室、庶务课、会计课等部门负责图书设备的采购、保管和配置等工作。该委员会制定《省立云大设备委员会规则》如下：

省立云大设备委员会规则

第一条 本委员会根据本大学组织大纲第二十一条组织之。

第二条 本委员会为临时委员会。

第三条 本大学庶务课及会计课主任为本会当然委员。

第四条 本委员会主席由本会委员中推定。

第五条 本委员会计划整理全校设备事宜。

（二）图书设备的购置

1. 理化仪器药品的采购

省立时期，有关图书设备采购的资料较少，仅举数端。1935 年，学校请准中英庚款补助国币 1 万元，以作理化仪器药品添购经费之后，于次年 2 月委托“主持本省经济建设，造端宏大，对于美国行商谅多认识”的云南全省经济委员会，代向上海、香港各英商分别采购。此次所购货品计 32 箱，购定后交由转运公司，分别自沪、港经海道运至法属越南海防上岸，再由滇越铁路转运到昆。1937 年，在学校由云大、省经委、教育厅和美国驻滇领事等代表会同验收，点交完毕。

2. 医药设备用品的购置

1932 年，省立东大始设医学专修科。因系初创，医药设备甚感缺乏。1936 年，省教育厅拨发国币1万元，交由校长何瑶负责购办医药器械用品，以供东大医专科、省立高级护士助产学校、教育厅卫生教育委员会共同使用，并与全省卫生实验处合作组织诊疗机关，借供云大、护校两校学生实习及省立各校学生就诊之用。为此，学校曾与德商广州兴华公司（亦称兴华洋行）驻滇代表洽商购买。10月，双方订立购货合同，规定：货品价值5000元；由广州经海路运至海防，再经滇越铁路运至昆明交货；学校先交保险费及货款定银共2000元，余数3000元俟货品到昆验收无讹后照付等。所购医疗器械、医药用品，经医专科主任秦光弘、护士学校校长姚寻源“会同设计决定”，主要者有：

血压具	听诊器	耳镜
电气视镜	尿道探针	食道探针
体高体重测量器	手术台	旋转凳
高压灌肠器	高压蒸气消毒器	煮沸消毒器
膀胱镜	人工气胸术器	立可得之注射器
胃管	佛兰克氏取血针	血球计
暗视野集光镜	哥里氏消毒布	镊子
哥里氏肠夹	弯形肠夹	直形肠夹
骨钳	比儿氏针	鼻喉科用注射器
吸引器	导尿管直肠洗涤器	
各号橡皮手套	两屈子宫轮	环形气枕
各号肠线	各号生肠线	各号蚕肠线
各号直缝针	各号半弯缝针	各号弯缝针
电气灯头	方麻醉罩	打诊锤
外科用小刀	白内障刀	大小创钩
腹壁持器	直形脉夹	弯形脉夹
解剖镊	有钩镊	外科剪
外科秃头剪	外科秃头弯形剪	尖头直形眼科剪
微弯扁桃线剪	白金烧灼器	骨凿
半圆凿	肋骨剪	手动圆锯
导子全套	扩张器	有钩直镊
微弯有钩镊	刻度子宫消息子	直形子宫夹
弯形子宫夹	大小生产钳	持眼睑器
眼睑内翻夹	耳凿	耳镊
两屈骨膜拨离子	齿钳	配光用镜片
视力表	电气检眼镜	耳肉茸切除钳
移植刀	眼用消息子	球形钳
结石钳	握力计	拉式握力计
吸引测验器	假性同色色盲表	

1937年，所购货品陆续运抵交收。此次采购的大批医疗器械，对于学校医科的教学科

研、学生实习及疾病治疗等条件均大有改善。但是好景不长，同年8月，云大奉命改教育厅管辖为直隶省府，同时何瑶辞校长职，而由熊庆来接任。8月6日，教育厅即函云大，称："现省大自八月一日起，已改为直隶省府，不属本厅管辖。为厘正组织系统，划分事权款产起见，经本厅长面商省大熊校长，取得同意，协定办理如次：一、此项业经购办到省之医疗器械，着全部拨归省立高级护士学校所有；二、拨领专款中尚未动用之国币二千一百余元，着全数拨归省大，作医学院补充设备之用；三、至合作一层，由省大与原有之三机关另案商定办理。"依此，市第一卫生所主任徐彪南即到学校，将拨归护校之器械接收运走。无疑，这对学校的设备添置造成了或多或少的不利影响。

3. 显微镜、投影器的购置

根据前述协定，所购医疗器械拨归护校，剩余款项2000余元则归云大。1937年，学校即用此款再向德商兴华洋行购买莱慈投影计数新式教学用显微镜1具，价值沪币1189元，教室用一灯投影器1部，价值沪币820元，并先由昆明法国东方汇理银行汇去定款850元，余款货到验收完竣后再一次付清。该器具欲从广州取道安南海防，再经河口、蒙自等海关运昆交货，因系教学器具，为了免缴关税，学校特呈请教育部核转财政部，以发给免税护照。对此，教育部即予同意。8月27日，财政部核准后，也即发给云大免税护照一份。其文如下：

护　照

财政部为发给护照事：

兹有云南大学购置显微镜等二件，由蒙自进口，运至昆明起卸。经教育部审核函转到部，合行填给护照，仰沿途关卡局所遵照，一经验明货照相符，即予免税放行。如有夹带、影射等情事，仍照各该关局向章办理。须至护照者。

计开

附表一份

右照给云南大学收执

中华民国二十六年八月二十七日

财政部印（章）

9月3日，教育部经部长王世杰钤印后，也对云大训令说：云大购运显微镜等一批的免税护照，"兹准财政部咨送护照一纸过部，合行令发收执"。由于有了财政部所颁免税护照，故所购物品到滇时，经海关验收后，货照相符，均予免税放行，顺利运抵学校。进口关税免了，但仍须缴纳消费税。为此，1938年8月，学校又致函省消费税局，陈以实情，请其查照减免消费税。此请获准，消费税遂也免除。

4. 购置西书

私立东大创办以后，所聘教员多属留洋归国学者，故学校所用教科书及参考资料等多为西文书籍，或教员回国时随身带回者，或教员自编自撰者。至省立时，由于院系扩充，学科增加，原有图书，日感不敷应用，于是学校决定从临时费中拨款增购一批西书。1937

年12月，学校呈文省府："西文书籍为研究近世学术重要之工具，本校原有西书，为数甚少，且多陈旧不适于用，无论教员或学生，均感受参考之缺乏。本年度扩充院系后，学科逐渐增加，对西书之使用，益感迫切。兹为便利教员及学生双方之研究，以增进教学效率，拟就英、美、法三国出版书籍杂志中，择要购置，以资应用。"计划向英国伦敦福爱尔公司等购买书籍250种、杂志11种，约需150英镑；向法国购买书籍135种、杂志62种，约需55638法郎；向美国物理学会、纽约斯塔克公司、威尔声公司等购买书籍150种、杂志49种，约需900美元。以上三项共合国币11497元。所购书籍、杂志，皆系学校现有学科所必须，内容包括历史、哲学、政治、经济、法律、数学、理化、植物、采矿、冶金、土木工程等诸方面。拟请省府准就学校10万元的临时费中照数核发，以便支付。学校并随文附呈购书单及详细书目各一份。1938年1月，省府对云大所呈发出指令，认为购置西书"应俟发交财、教两厅审查具复后再夺"。财政、教育两厅经审查后具复省府称：云大"所拟定购书籍杂志，事关学术研究参考，自有相当购置必要，拟请准予购置。惟现在库款支绌，拟分四批充实，以纾财力"。对此，省府于4月批示云大：财、教两厅"议拟各节，均尚可行，一并准如所拟办理"。既然如此，其购置费只好分批领取，所需外汇，则由省进出口管理委员会核发准单后，再行换取。

1939年，所购西书，先后到齐。原拟购535册，但因外汇上涨，财力不济，实仅购到英、法、美三国及国内东亚书社、北京图书公司等处西文书籍389册，购书费则分别向财政、教育两厅共支国币11497元，实支出11493元。书到后，学校呈请省府："派员验收，并予核销，以清手续。"12月，省府指令：准令饬省教育经费委员会暨财政厅派员，会同省审计处，与云大四家"切实验收具报"。

（三）学校出版物

省立时期，学校继续自行编撰、出版了一批书籍和刊物，其中最具价值的当为《云南大学一览》。该书于1936年由云大编辑委员会编辑，1937年4月出版，省主席龙云署名，全书共359页，约30万字，内容包括云南大学校址平面图、校景、校历、校史概略、学校组织大纲、学校规则、课程纲要、课程说明、规章、推进计划、各种统计表、附属中学、现任教职员一览、历届在校职员一览、历届毕业学生一览、（民国）二十五年度在校学生一览等共17项，颇为详尽地记载了云南大学自创办至1936年间的历史与概貌，内容丰富，资料翔实，是研究云大校史的一份不可多得的珍贵材料。其次还有1932年出版的《东大特刊》、1936年出版的《云南省立云南大学便览》、1937年出版的《云大特刊》等，同为重要的校内出版物。

（四）图书设备的统计

省立时期，通过对私立东大的接收，及一系列新的购置，学校的图书、仪器设备比前较有增加。据1936年统计，其书籍、教具、校具和图书分类统计分别如表2－7、2－8：

表 2－7　省立云大图书设备统计表

类　别	名　称	分类数目（种）	总数（种）	价值（元）
书籍	中文	36756	42052	124343
	西文	4803		
	日文	493		
教具	仪器	766	7648	348288
	标本	23		
	模型	76		
	机械	26		
	实验用品	5182		
	运动器具	50		
	乐器	10		
	其他	1515		
校具	木器	1568	4122	68062
	竹器	152		
	铁器	25		
	铜器	24		
	陶器	550		
	玻璃器	45		
	其他	1758		

表 2－8　省立云大图书分类统计表

单位：种

类　名	册　数		共　计	备　考
	中国文	外国文		
总类	4561	180	4741	
哲学	384	20	404	
宗教	160	8	168	
社会科学	4857	2616	7473	
语文	406	269	675	
自然科学	650	492	1142	
应用技术	594	622	1216	
美术	173		173	

续 表

类 名	册 数		共 计	备 考
	中国文	外国文		
文学	1107	920	2027	
史地	830	169	999	
经史子集丛书	23034		23034	
总计	36756	5296	42052	
总计价格	124343			

六、后勤办事规程及其工作

（一）后勤事务办事规程

私立时期，学校的后勤日常工作主要是在校董事会和校长的直接领导下，分别由事务处下设的会计长、庶务长具体负责。省立前期，改由事务部下设的会计股、庶务股、斋务股等负责，负责人主要为事务部主任杨维浚，会计股长先后有张恩寿、方际熙，庶务股长包崇仁，斋务股长李焜等。省立后期，则由会计课、庶务课等负责，负责人主要为会计课主任方际熙，庶务课主任杨维浚等。

省立时期的后勤工作，分工较前为细，职责更趋明确，各课均订有办事规程，具体规定了各课的组成、职责等。兹将迄今所见的云大最早的两份后勤工作办事规程赘录如下：

云南省立云南大学会计课办事规程

第一条 本课依据本校组织大纲第十一条之规定，设主任一人，秉承校长办理本课一切事宜，设置会计员一人，办事员二人，分掌各项事务。

第二条 本课职掌如左：

一 请领本校经费，保管学生缴纳各费。

二 致送本校职教员薪俸及支发雇员、校工薪津。

三 支发本校一切教务费及事务费。

四 登记本校一切收支款项账目。

五 办理本校月领经费支付预算书及月领经费支出计算书。

六 办理年度预算及决算。

七 保管学生膳费并登记公布之。

八 关于本校其他会计事项。

第三条 本课设置财厅印制各种账簿如左：

一 现款出纳簿。

二　分录簿。

三　总簿。

四　各种辅助簿。

第四条　本规程自核准之日实行，得随时提请修正之。

由上可知，当时会计课的职掌基本上包括了日后财务科、处的全部工作。

云南省立云南大学庶务课办事规程

第一条　本课依据本校组织大纲第十一条之规定，设主任一人，秉承校长办理本校庶务事宜；（设）事务员一人至三人，辅助主任分任本课各项事务，并得（依事繁简）酌用雇员。

第二条　本课职务如左：

一　校舍、道路、亭园之布置、修缮及清洁事宜。

二　校具之购置、保管及修理事项。

三　公共卫生、消防及警卫（警卫事项与军训会会同办理）事项。

四　雇员、校工之指导、管理、考勤及训练事项。

五　一切学校用具之统计、登记及支配等事项。

六　管理学生膳宿事项。

七　关于本校饮料及照明事项。

第三条　本规程自核准之日施行，如有未尽事宜得提请修正之。

由上可知，当时庶务课的职务基本上包括了日后校园管理、校舍修缮、治安保卫、膳食宿舍、设备动力等科的全部工作，与庶务名实相符。

（二）其他后勤工作

1. 学生膳食

《云南省立云南大学学则》第二章第十三条规定：“本大学学生膳食概须自备，由学生组织膳食委员会经理之。”大学部学生膳食如何办理，未见具体记载。中学部则规定：本校学生膳食，由学生自行办理，意在培养学生普通生活之知识及经验。其组织机构为膳食委员会，每班选出 6 人，两班共选出 12 人为委员，推 1 人为主席，下分文书、采买、保管、监察等股，由委员分任各职，每月更换一次，以使人人均有实地练习之机会。大学部可能与中学部略同。关于膳食，《各级学生用费预算表》规定：大学本、专科生，全年每生 100 元，中学生 80 元，终了决算，多退少补，每生每月约合 8 元。

2. 学生宿舍管理

学校人员之主体为教职员工与学生，而学生又居多数。因此，学校管理的主要内容为学生管理，而学生管理的主要内容之一又为学生宿舍管理。私立时期，设有训育主任、学监等职，专司学生之教育管理，其时学生数少，管理较易。省立时期，先后设有训育部、学监、训导委员会等，因其时学生增加，故管理较前不易。当时男生均住校内，女生均为

“通学”（住校外）。为加强男生宿舍之管理，学校特制定了有关规则，兹将所见最早之一种赘录如下：

省立云大学生宿舍规则

第一条 本大学宿舍专供本校学生寄宿之用。

第二条 寄宿生须将每学期应缴各费一律缴清，呈验会计课收据，由训导委员会指定宿舍号数，方得入舍。

第三条 每间所住人数由训导委员会指定。

第四条 宿舍用具均由庶务课配定，非经训导委员会许可，不得随便迁出或迁入。

第五条 每室电灯不得超过规定度数或件数。

第六条 室中用具如有损坏或遗失者，均须照价赔偿。但无人负责时，应由同室之人共同赔偿。

第七条 暑假及寒假期中学生如欲住校者，须填具住校请求书，经许可后方得住校。

第八条 住校各生除有特别事故经训导委员会允许外，不得在外住宿。

第九条 宿舍内不得携入一切违禁物品。

第十条 寄宿舍内不得留住外客、接见女客、蒸食、洗涤、赌博、饮酒、任意吐痰。

第十一条 宿舍校工举动如有不合，应报告训导委员会处理，不得径自辱骂或殴打。

由上可知，当时学校对学生宿舍的管理是较严格的。另外，学校卫生、师生浴室则由体育课负责管理。

3. 学生军训

云大学生军训，始于私立东大时期。省立时，军训仍在继续，尤其后期，因为抗战爆发，为了反对侵略，保卫祖国，以备投笔从戎，效命疆场，军训甚有增强之势，力图把学生培养成为能文能武的有用之才。为此，学校特设有军事教官、军事训练助教等职，并制定了《军训管理》。其文如下：

省立云大军训管理

甲、本校现因寝室不敷分配，女生暂行通学，其男生一律住校。

乙、本校男女学生在严格组织管理之下，力行军队生活，养成军队纪律化。

丙、每周星期日放假前，举行内务清洁检查。

丁、每日早、晚举行升、降旗礼。

戊、每周除星期日放假外，一律严禁外出。

己、本校学生，无论在校内及校外，概着军训制服，女生着看护训练服。

由上可知，其时云大学生的军事训练、日常管理等，甚属严格。为了搞好学生军训，提高军训效果，增强军事素质，学校还将全校男女学生加以军事编制。其中三、四年级男生编为一中队，二年级男生编为二中队，一年级男生编为三中队，全校女生编为看护中队，男生各中队长由教官担任，女生中队长由校医担任。军训内容包括上军事课、操演队列、练习瞄准、实弹射击等。所需枪弹，有属学校者，有向外借用者，概由后勤人员专司清点、保管、分发和收回。每当军训时，教官身跨战马，手舞战刀，学生也戎装打扮，着制服、扎绑腿、跨弹袋、握钢枪，甚有赳赳之气，实可谓："戎马生涯"！

4. 校医设置

人食五谷，孰能无病。为了保证员生健康，以利教学，学校历来重视医疗保健事业。大学创办伊始，即设校医，专司其事。

私立东大时，先后聘有名医获法国医学博士的秦教中、毕业于香港大学医科和美国宾夕法尼亚大学眼科的王承才、法属甘美医院院长穆理雅等为校医。

省立东大时，改聘毕业于上海震旦大学医科的缪安成、添聘毕业于北平大学医学院和北平协和医学院研究院的苏树德等为校医。

省立云大时，复聘王承才、续聘已任市立医院院长的苏树德等为校医，苏树德还兼云大附中卫生教员。

当时校医，多为兼职，只是按时来校开诊，甚或由病员前往其寓所、诊所就治。医疗用品也较缺乏，偶染微恙，尚可应付，遇有沉疴，则须到医院求治。

第二篇　国立云南大学时期（1938—1949）

一、国立云南大学的改立和发展

（一）国立云南大学的改立

省立云南大学改为国立云南大学的酝酿始于1935年。是年5月，为了指挥“围剿”长征途经云南的工农红军，国民政府军事委员会委员长蒋介石偕夫人宋美龄，自黔莅滇，驻节云大。其间，对云大的工科，尤其矿冶教育甚为重视，并允资助。于是，校长何瑶即萌改省立为国立之念。9月，省立湖南大学改为国立之举，促使云大当局改立之心更切。9月4日，校务会议首次正式提出“改省立为国立”之提案，省主席龙云对此也甚支持，意欲改国立后争取中央政府更多支持和提高云大的社会地位。但兹事体大，非一蹴而就，故改立事曾予搁浅。

1937年8月，即熊庆来执掌省立云大后不久，省政府与云大多次酝酿后，正式呈文教育部，以云南地处边陲，资源丰富，文化不兴，经济落后，而欲谋发展等为由，请将云大由省立改为国立。呈文云：“查云南介居英法两属，远处西南极边，地当要冲，镇重国防，加以山丘磅礴，蕴藏丰富，自然资源亟待开发。民智浑噩，族系纷繁，文化建设，尤不容缓。故是早年设有省立大学一所，藉为人才策源、学术研究之计，历年惨淡经营，规模多具。惟是地方财政支绌，师资缺乏，欲谋充实改进，势须仰赖国家。查大学之设置，以原则言，以力量言，以责任言，均应以国立为主。京、沪、平、汉一带，国立大学林立，足见国家兴学育才之盛。惟是边远省区，独付缺如，以言平衡发展，尚待补偏救敝。则闻大部规划全国大学分期，预定云南设一国大，嘉猷远滇，闻者奋兴。省立云南大学，设置既有基础，为避免力量分散、设置重复计，应请即自二十六年度起，将省立云大改为国立，由教育部派员接办。”教育部将此转呈行政院。是月，龙云到南京参加“国防会议”，期间，专程拜访了教育部长王世杰，再次提出改云大为国立的请求。9月1日，行政院发出训令：省立云大改国立案，“应准照办，令行遵照”。9月18日，再发训令，明确表示：“兹定自二十七年七月一日起改该校为国立。”云大改国立事，至此遂成定案。据此，10月28日，省主席龙云发布命令，令省立云大遵照行政院令改为国立。1938年初，因国民党中央政府改组，2月21日，熊庆来专程飞往汉口，与教育部商洽云大改国立一事，部长陈立夫表示：“不致改变成案。”熊庆来才放心回昆。

1938年6月18日，教育部以部长陈立夫的名义，训令组织国立云南大学筹备委员会，并聘请上任不久的省立云大校长熊庆来，以及教育厅长龚自知，财政厅长陆崇仁，建设厅长张邦翰，省经委主任缪嘉铭，滇黔监察使任可澄，西南联大校委蒋梦麟、张伯苓、梅贻奇（兼联大校长），中法大学校长李书华，省立云大教务长何鲁等11人为筹备委员，而以熊庆来为筹备主任。筹委会成立后，随即开始了紧张的改立筹备工作。

1938年7月1日，国立云南大学正式宣告成立，并改直隶省政府为直隶教育部。云南大学的历史又翻开了新的一页。

（二）国立云南大学的发展

国立云大成立后，即于1938年8月制定了《省立云南大学改为国立云南大学办法》，共5条。第1条经费，定每年由国库、省库各支25万元，共50万元；第2条院系编制，定设立文法、理、工、医4学院共9系；第3条学生，除原有的教育系并西南联大外，其余均为国立云大学生；第4条校址，即以省立云大校址为国立云大校址；第5条校产，省立云大校产一律移交为国立云大校产。10月25日，国民政府发布命令，正式任命熊庆来为国立云南大学校长。11月7日，熊庆来遵国民政府令，正式就任国立云南大学校长。

熊庆来（1893—1969），字迪之，云南省弥勒县人，中国现代著名数学家、教育家。早年留学法国，专攻数理，曾先后获得蒙柏里大学数学硕士和法国国家理科博士学位。回国后历任国立东南大学（即后来的中央大学、南京大学的前身）算学系主任，国立清华大学算学系教授、主任兼理学院院长，中国数学会理事等职，学识渊博，才干独具。早在省立云大后期，1937年校长何瑶因故辞职后，龙云为谋学校的发展，正在慎选新校长之际，得其夫人顾映秋女士和建设厅长、熊庆来留法时的同学张邦翰等的极力保荐，断然决定聘请远在北平清华大学供职的熊庆来继任云大校长，并允为其办学尽力予以优惠和支持。热爱三迤父老子弟、关怀桑梓文化教育的熊庆来，在龙云的盛情邀请之下，毅然决然，放弃了清华的优越条件，决心力肩巨任，服务乡里，于是风尘仆仆，远道返滇，于8月1日就任省立云大校长。

熊庆来自1937年掌校云大，至1949年离职，凡12年。其间正值连续不断的抗日战争和第三次国内战争，他在极其艰苦困难和错综复杂的条件下，率领和依靠全校师生员工，以清华为榜样，励精图治，惨淡经营，守业创业，开拓进取，到1946年时，云大已跻身于全国名牌大学之列。全校包括：文法、理、工、医、农等5个学院，拥有文史、外语、法律、经济、政治、社会、数学、物理、化学、生物、矿冶、土木、铁道、航空、机械、医学、农艺、森林等18个系，电讯、采矿、蚕桑等3个专修科，西南文化、文史、航空等3个研究室，以及实习工厂、附属医院、西郊疗养院、凤凰山天文台、附属中学、先修班、农场、林场等附属部门，成为西南地区首屈一指的多科性综合性的高等学府。在学校当局和熊庆来重视知识、重视人才的思想指导下，先后应聘来校任教的专家教授、学者名流，数十成百，枚不胜举，形成了群英荟萃，人才济济的大好局面。当时报纸所载19所国立大学招生名录时，云南大学被赫然排在"排行榜"中第十座次的显要位置。由此可知，当时云大已跻身于国内大学十强之列。至1949年时，在校生已增至1500余人之众。云南大学达到了她创办以来前所未有的鼎盛时期，并被后人誉为云南大学史上第一个"黄金时代"。

二、总务处的成立及其工作

(　) 总务处的成立

国立初期，学校行政组织和后勤机构与省立后期略同，但也有某些重大变化。1939 年初制定的《国立云南大学组织大纲》第 3 章“组织”第 14 条，即对后勤机构作了明确规定：学校设秘书处，置秘书长 1 人，下设文书、庶务、出纳、斋务 4 课，各置主任 1 人，由校长分别聘任。其职掌是商承校长、秘书长之命，分掌各课事务。会计室仍属校长之下。但不久，教育部即以国内各大学行政组织多不统一，不利工作，而作了统一规定，其中之一即是应设总务处。同年，即 1939 年，学校遵照布令，改秘书处为总务处，此即云南大学总务处正式成立之始。其下则设文书、出纳、庶务、工务 4 组，各组置主任 1 人。总务处成立后，置总务长 1 人，与教务处、训导处地位平等，号称“三大处”。总务处及各组即负责全校后勤工作。

国立云大的首任总务长为徐纯祖（1939—1940），继任或兼任的有张福延（1940—1941）、柳灿坤（1941—1944）、蒋蕙荪（1945—1948）、诸宝楚（1949）等。下属各组主任主要有：文书组徐嘉瑞、虞唐等；出纳组陈鸿藻等；庶务组唐永权、张用之、沈秉彝、陈隆、李怀等；工务组刘治中、张用一等。

(二) 总务处及其各组办事规程和细则

国立时期，因为院系扩充，学校发展，师生员工不断增加，后勤事务也因之骤增倍蓰。总务处及各组为了搞好本职工作，以更好地为教学、科研服务，先后系统完善地制定了各种办事规程、办事细则和考勤规则等，具体规定了处、组的组织、编制、分工、职掌等，以资共同遵守和有章可循。因其内容时至今日仍有重要的参考借鉴意义，故不厌其烦，赘录于后。

1. 总务处办事规程

总务处既为全校教务、训导、总务三大处之一，其责任之重大，任务之繁杂，自不待言。为了保证全校后勤工作的正常进行，学校特制定了办事规程如下：

国立云南大学总务处办事规程

第一条　本处依据本校组织大纲第三章第十一条之规定组织之。

第二条　本处设总务长一人，商承校长办理本处范围内一切事宜。

第三条　本处设干事一人，组员及司事各一人，办理左列事项：

1. 收发分配文件事项。
2. 记录教职员进退事项。
3. 职员考勤事项。
4. 编制报告事项。

5. 食粮代金清册事项。

6. 本处调查统计研究事项。

第四条　本处依据本校组织大纲第三章第十二条之规定，分设文书、出纳、庶务及工务等组。

第五条　本处各组各设主任一人，干事一人，组员、助理、书记及司事各若干人，秉承总务长办理各该组事宜。

第六条　本处由文书组办理左列各事项：

1. 撰拟、缮校、保存文件事项。

2. 公布法令事项。

3. 典守印信事项。

4. 编制报告事项。

5. 其他该组应办事项。

第七条　本处由出纳组办理左列各事项：

1. 请领并保管本校经临各费，保管不属于经临各费之收入及学生缴纳各费事项。

2. 致送本校教职员薪俸及支出雇员、校工、校警薪津。

3. 支发本校一切教务费及事务费事项。

4. 购买外汇。

5. 登记本校现金出纳帐、银行往来帐及货款各帐。

6. 制造现金收支对照日记表及薪俸表。

7. 每学期终了结算学生应退各费事项。

8. 其他该组应办事项。

第八条　本处由庶务组办理左列各事项：

1. 校具之购置、保管及修理事项。

2. 校舍、道路、亭园之布置、修缮及清理事项。

3. 公共卫生及消防事项。

4. 校工之分配、指导、管理及训练事项。

5. 一切学校用具之统计、登记及支配事项。

6. 本校饮料及照明事项。

7. 其他该组应办事项。

第九条　本处由工务组办理左列各事项：

1. 本校各处建筑工程事项。

2. 校舍、道路之建筑及修缮事项。

3. 建筑图案之审核及保管事项。

4. 工人之雇佣及监督事项。

5. 材料保管及购置事项。

6. 其他该组应办事项。

第十条　本处各组办事细则另订之。

第十一条 本处依据本校组织大纲第四章第二十条之规定设处务会议，由总务长、各组主任及干事组成之，以总务长为主席，讨论总务处一切进行事宜，每两周举行一次，遇必要时得临时召集之。

第十二条 本细则如有未尽事宜，得由处务会议修改后，提请校务会议修正之。

第十三条 本细则经校务会议通过之日施行。

2. 文书组办事细则

文书组主要办理总务处有关制定文件、公布法令、保管印信、编制报告等。其办事细则缺如。

3. 出纳组办事细则

出纳组主要是配合会计室请领、保管各项经费，致送薪金饷项，支发各项费用，编造账册等。其办事细则如下：

国立云南大学总务处出纳组办事细则

第一条 本细则依据本校组织大纲第十二条总务处办事规程第五条之规定，设主任一人，秉承校长、总务长办理本校一切出纳事宜；设置干事一人，辅佐主任办理本组事宜；组员若干人，助理若干人，司事一人，分掌各项事务。

第二条 本组之职务如左：

1. 接受会计室通知，请领并保管本校经临务费，及保管不属于经临各费之收入及学生缴纳各费。
2. 依据会计室通知，致送本校教职员薪俸及支发雇员、校工、校警薪饷。
3. 依据会计室通知，支发本校一切教务费及事务费。
4. 依据会计室通知，购买外汇。
5. 登记本校现金出纳帐、银行往来帐及代收款各帐。
6. 制造现金收支对照日记表及薪俸表。
7. 保管学生缴纳各费并登记、清算公布之。
8. 每学期终了结算学生应退各费。
9. 遵照部令核发学贷金、奖学金。

第三条 本组设置各种簿记如左：

1. 现金出纳帐。
2. 银行往来登记账。
3. 代收款现金出纳帐。
4. 代收款总清帐。
5. 各种辅助簿。

第四条 本细则自核准之日实行，并得随时提请校务会议修正之。

4. 庶务组办事细则

庶务组主要办理器物的采购、保管、分发、校园管理、治安保卫、学校照明、开水供应、信函收发等事项。其办理细则如下：

国立云南大学总务处庶务组办事细则

第一条　本细则依据本大学组织大纲第十二条总务处办事规程第五条之规定订定之。

第二条　本组设主任一人，总揽本组一切事务；干事一人，协助主任处理本组事务。其下设组员若干人，秉承校长、总务长之命办理本组一切事务。

第三条　本组之职务如左：

1. 关于器物之购置及修缮事项。
2. 关于器物之出纳及管理事项。
3. 关于饮料及照明之办理事项。
4. 关于校工、校警之管理事项。
5. 关于亭园之布置事项。
6. 关于事务上对外接洽事项。
7. 关于由外寄来挂号信件之收发事项。

第四条　本组为办事便利起见，得分左列六股，分别设员处理之：

1. 采买股。
2. 器物管理股。
3. 工警管理股。
4. 技术股。
5. 杂务股。
6. 邮电收发股。

第五条　采买股设组员、助理员各一人，采购全校器物，报送单据及登记备用金簿。其报送单据须编制清单二份，盖章后送主任核阅，一份存查，其他一份连同全部单据送会计室报帐。

采购器物办法规定如左：

1. 凡须填具请求购置单而本市商店可以购得之物品，须自请求购置单批准之日起两日内办到（星期日、例假除外）。

2. 经常消耗物品，由物品管理股于每日初将该日应行添购数列表送请主任核定后，一次购齐，以备各处领用。

3. 各处所需特别用品，须于两日前用书面通知，经审查核准后照购。

4. 凡所需物品有时地限制或特殊情形者，其办法与期限临时决定之。

第六条　器物管理股设组员二人、助理员一人，管理消耗物品之出纳、流动用具之增减等事项。其办法如左：

1. 器物购入时，需依据凭证、单据如实点收盖章，并分别器物性质登入财产登记簿及各该户之领物栏内。

2. 发出器物悉凭领物凭单（各处领用物品应先填具领物凭单正、副两联，经主管人员核章后，送物品室领取物品），将实发数量（由主任核定）填入实发数量栏，然后将副联退还领物人。并凭正联将领用日期、领用单号数、实发数量及价值，填入物品明细账中该物品户之领用项下各相当栏内。领用者如为购置项下之物品，则将领物单号数填入财产登记簿该财产户之领物单号数栏。

3. 流动用具之登记除财产登记簿外，并须依陈置处别制备考片，如有增减流动，须随时登记之。

4. 每月终了根据物品明细分类账及财产登记簿，编制物品出纳表及财产增损表。年终时并须根据财产登记簿编制财产目录，各缮三份，盖章后送请主任转呈校长、总务长阅。一份存查，其他二份送会计室。

第七条 工警管理股设主任一人、助理员一人，办理工警之进退、训练、管理等事。其规定如次：

1. 工警遇有缺额应设法招收补充之。

2. 工警之考勤、奖惩（办法另订）、调动，于每月月终报请主任查核。

3. 管理工警并指导其生活。

4. 工警之指挥、监督及办理工警有关之一切布置事项。

5. 训练工警服务之能力及道德（校警之军事训练则由军训组负责）。

第八条 技术股设组员一人，办理全校电器、五金用具及饮料之设计、亭园之布置、器具之修缮等事项。

第九条 邮电收发股办理全校公文件及教职员、学生信件及汇票、电报之收发事宜。

1. 其收发如为公文件则送文书组，其挂号快递之信件，属于教职员者派人送递，但须盖章始得领取。属于学生者先公布其姓名，然后凭学生证及私章具领之。

2. 每日收到挂快邮件，列单送主任核阅转呈总务处存查。

3. 其挂快信件无人具领者，如三个月以上时即退回原处。

第十条 杂务股设组员一人，办理提货报阅以及对外接洽等事项。

第十一条 本组每月举行组务会议一次，由各股负责人轮流报告工作进度情况及推进各股工作。

第十二条 本细则自核准之日实行，如有未尽事宜得提请校务会议修正之。

5. 工务组办事细则

工务组主要办理学校的建筑修缮、图案审核保管、工程招工监督、材料保管及下水道等事项。其办事细则如下：

国立云南大学总务处工务组办事细则

第一条 本组依据总务处办事规程第十条之规定组织之。

第二条　本组设主任一人，商承校长、总务长之命办理本组范围内一切事宜。

第三条　本组设干事、组员、司事各一人，办理左列事项：

1. 本校各处建筑工程事项。
2. 校舍、道路之建筑及修缮事项。
3. 建筑图案之审核及保管事项。
4. 工人之雇用及工程之监督事项。
5. 材料保管事项。
6. 本校下水道之整理事项。
7. 本校零星修缮事项。
8. 其他本组应办事项。

第四条　本校之建筑工程依据教育部（三十二年二月）颁发所属及各学校建筑暂行规则，先绘制图案，拟定工程说明书及工程概算表，呈总务长、校长核准后登报招标。其办法根据审计部修正审查机关稽查各机关营缮工程及购置、变卖财物办法，及稽查须知之规定另订之。

第五条　建筑工程承揽人既经决定后即行兴工，至全部工程竣工后，呈请审计机关监视验收。如有不符揽约或与图案不符，即饬承揽人更正，经复验后始核办尾款。

第六条　本校零星修缮，由承揽人拟具估计单呈请校长、总务长核后即行兴工。

第七条　本校工程修理完工，即由有关之院系处组验收始发尾款。

第八条　本校建筑若系省款开支，事后即呈请省府核销。若系部款，事后即呈部核销。

第九条　承揽人领取工程费时，由承揽人呈具领单，经经手人核后呈请主任及总务长、校长复核后，交会计组登记，再由会计组通知出纳组，承揽人即可向出纳组领取。俟工程竣工，由承揽人立正式收据呈校，以便汇转核销。

第十条　工程在十日内不能包工者，得雇用临工，但每日应填具工单，送呈总务长核阅后，由庶务组付工资。

第十一条　本校零星修缮事项，如工程须一日经费三百元内者，由组决定办理之。若时间十日经费万元者，得签请校长核准后动工之。

第十二条　每工程工作情形及材料之消耗应逐日填报。

第十三条　凡属私人工作，无论大小除校长、总务长之条渝外，不得接手办理。

第十四条　本规则自核准之日施行。如有未尽事宜，得呈请总务长提交校务会议修正之。

（三）职员任职资格、编制标准及考勤

国立时期，为了保证各院、系、处、室等职员的业务素质、队伍精干和勤奋工作，学

校对其任职资格、人数标准和考勤等均作了明确规定。

1. 职员任职资格

关于任职资格，主要是规定教职员必须具有一定的学历、服务年限及工作实绩。其关于一般职员的规定如下：

国立云南大学教职员资格审查暂行规程
（职员部分）

第八条 司事须具左列资格之一：

1. 小学或同等学校毕业，成绩优良者。
2. 同等学历或在本校为工友服役十年以上，成绩优良且识文字者。

第九条 书记须具左列资格之一：

1. 初中或同等学校毕业，成绩优良者。
2. 文理清顺，字迹端正或曾在机关服务多年，成绩优良者。

第十条 助理员须具左列资格之一：

1. 高中或同等学校毕业，成绩优良者。
2. 同等学历或服务多年，成绩优良者。
3. 任书记三年以上，著有成绩者。

第十一条 组员须具左列资格之一：

1. 大学或同等学校肄业二年以上，成绩优良者。
2. 同等学历或服务多年，而成绩优良确有能力者。
3. 任助理员四年以上，著有成绩者。

第十二条 干事须具左列资格之一：

1. 大学或同等学校毕业，成绩优良者。
2. 同等学历或服务多年，而成绩优良确有能力者。
3. 任组员四年以上，著有特殊成绩者。

第十三条 主任须具左列资格之一：

1. 具有干事第一款资格，确有才力能胜任者。
2. 同等学历或服务多年，而成绩优良确有才能者。
3. 任干事四年以上，著有特殊成绩者。

2. 人数标准

职员、工警人数主要规定须与学生人数成一比例，以免“僧多粥少”，人浮于事。职员比例如表 3－1：

表 3 – 1　职员人数标准表

单位：人

学生人数	得用普通职员人数	学生人数	得用普通职员人数
100 以下	20	101 ~ 200	21 ~ 28
201 ~ 300	29 ~ 36	301 ~ 400	37 ~ 44
401 ~ 500	45 ~ 52	501 ~ 600	53 ~ 58
601 ~ 700	59 ~ 64	701 ~ 800	65 ~ 70
801 ~ 900	71 ~ 76	901 ~ 1000	77 ~ 82
1000 以上	83		

工警人数标准：以教职员人数 1/4 与学生人数 1/20 之和为最高额。

3. 职员考勤

关于职员的考勤分为学校职员考勤与总务处职员考勤两种。均对其上班、下班、签到、事假、病假、婚丧假、生育假、奖惩等作了具体规定。分别如下：

国立云南大学职员考勤规则

第一条　本校各部分职员考勤事宜概依本规则办理。

第二条　本校各部分职员办公时间，应照规定时间遵行。但遇有赶办事件不在此限。

第三条　本规定统一签到簿式样分发各部分照印应用，各部分应经常派定一职员经理签到事务，并每周一派监视员监视之。

第四条　凡本校应行签到之职员，须于上、下午到公时间最初十分钟以内亲到签章。如逾十分钟者为迟到，逾二十分钟者作未到论。每日以两次计算，积迟到四次作未到一次论，积未到两次作旷职一日论（如遇警报，在警报解除后一小时半内，仍须到校签到，否则仍照上项规定办理），经理及监视签到人员，须于到公后二十分钟时收取签到部呈核，不得循情延迟。倘发现有挖补、涂改及延迟情事，即从重议处。

第五条　应行签到之职员，如逾办公时间半小时以内仍能到校工作者，经申明理由，得各主管人员勘酌情形以迟到论，但每周只限一次，并须在签到簿内注明以资查考。

第六条　早退以下公时间为准，与迟到同一办理。

第七条　本校职员非因不得已事故或疾病，不得请假。

第八条　职员请假规定下列四项：

1. 事假日假每月以三日为限，请时假者每七小时折合一日，连同日假计算，每月仍不得超过三日。

2. 病假每年不得逾三十日，重笃者得给予特假，但均须呈送医生证明书，或足资证明之方剂候核。

3. 婚丧假，父母或承重祖父母及配偶丧，得请丧假，以十五日为限。如遇本人及子女婚嫁，以十日为限，并按路程远近酌给程途期假若干日。

4. 生育假，女职员因生育得请生育假二月，但须取具医师或助产士之证明书。

第九条 请假在一日以内者，应呈请各主管人核准。一日以上三日以内者，各组职员应先呈准各主管处长核准。各院系及会计室职员，应呈由院长、系主任或会计室主任核准。在三日以上，无论事假、病假，均须呈验足资证明之证件或方剂，由各主管人员签注意见转呈校长核准。

第十条 请假不论久暂，均须将经办事项委托同事代理，经核准后方得离职，并须按时销假，否则即以旷职论。

第十一条 职员请假逾规定日期者，须按日折算扣薪。情形特殊者查明属实后，得减免其扣薪处分。

第十二条 未经准假而旷职者，应按日折算扣除薪俸及各项津贴。

第十三条 职员连续未到至一星期者，得予记过、降级或解职处分，并扣其未到期间之薪金。

第十四条 本校规定考勤月报表，由各部分经理人员根据签到簿详细填报，连同签到簿送总务处登录，并呈送校长核阅及公布之，以作考核根据。会计室职员除依前期办理外，由校函请教育部会计处备案。

第十五条 凡本校职员继续按时到公退公不请假满三个月者，传谕嘉奖。满六个月者，除记功外并将罚金总额按人数平均分配，作为奖金。继续满一年者，除记大功一次及领上项奖金外，另给薪金一个月，以最后一个月薪额为准，并给假三日以示鼓励。其有特殊成绩者，则列入年终考核，另予增薪或升级。

第十六条 本规则由校务会议议决通过后施行。

第十七条 本规则有未尽事宜，得随时经校务会议修正之。

国立云南大学总务处职员考勤规则

第一条 本处职员考勤事宜依照本校考勤规定执行外，概依本规则执行之。

第二条 本处职员每日午前八时到公，十二时退公，午后二时到公，五时退公。遇有赶办事件未在此限。非常时期中，本处办公时间应随全校随时更订之。

第三条 凡应行划到之本处职员，均应按照规定办公时间，于划到表上亲自签章，不准请人代为划到。

第四条 1. 本处应行划到之职员，须于到公时间最初十分钟以内，亲到划到处签章。如逾十分钟者，作为迟到；如再逾十分钟，即作未到。至有挖补、涂改字迹，应将本人及监视、经理员分别议处。2. 在到公时间最初十分钟后，应行划到之职员若尚未到，即在其名下盖“未到”戳记，迟到之员得于“未到”上加盖名章作为迟到。再延十分钟，即由监视、经理员将划到表送呈总务长转呈校长核阅。

第五条 经理划到事务，由总务处派职员一员经常担任之，并派各组主任一员为监视划到员，每周轮换一次。

第六条 经理划到事务之职员及监视划到员，应按时加盖“未到”戳记，收取划到表。如查有徇情情事，即由总务长酌量轻重呈请校长分别议处。

第七条 凡本处职员因婚丧（丧以直系尊亲，婚以自身及子女为限）或有特殊事故请假者，经总务长转呈校长核准后，以特假论。如有重笃疾病必须长期请假者，经总务长查明属实，转呈校长核准仍以特假论（请短期病假者，仍照事假论，以杜取巧之弊）。

第八条 凡请日假在两日以内者，须先一日将假单呈由主管主任转呈总务长核准。其请假在三日以上者，并须经校长核准。

第九条 凡请时假者，须先时（午后请假应于午前呈送，午前请假应于先一日呈送）经各主管主任核准。

第十条 本处应行划到之职员，除特假外，以不请假为原则。若必须请假者，一月内不得超过三日（每七小时折合一日），并不得超过六次。其时数逾限者，即以所得月薪计算扣除。其请假次数逾限者，每次作半日论。如日数次数均逾限者，从重议处。扣除之款，作按时到公人员之奖金。

第十一条 应行划到职员，三月以上确守时间（不请假，不迟到，不早退）者，得奖励之。其奖励方法规定如左：

1. 继续按时到公满三月者，给罚金结存总数百分之五；继续满六月者，除给罚金结存总数百分之五外，记小功一次，并得休假三日。

2. 继续按时到公满一年者，除给罚金积存总数百分之五为奖金外，记大功一次，并得休假一星期。

3. 上列二项所记之功，由各组主任送总务处并入年终考核，呈请校长晋级加薪。

第十二条 本处应行划到职员，不按照规定时间到公者，得酌量惩戒之。其惩戒方法规定如左：

1. 凡一月内请假过三日者，按照本规定第十条之规定办理。

2. 凡一月内迟到二次者，作一未到论。

3. 凡一月内未到一次者，扣月薪六十分之一。

4. 凡划到簿记盖未到章之职员，如仍到公服务者，经主管人员证明后，仍作迟到论，但每月一次，余仍以未到论，且须在到公半小时内，否则仍作未到。

5. 凡一月内扣薪至四分之一者，记小过一次；扣薪至二分之一者，记大过一次；至二分之一以上者，降级或撤差。其办法由各组主任签请总务长待请校长核定之。

6. 上列各项所记之过，由各组主任、总务处并入年终考核，签请校长议处，不再扣薪。

第十三条 本处考勤结果，由总务处每月根据划到表公布一次，每届三月呈请校长分别奖惩之。

第十四条 凡请假人员，须将经办事件托人代理。

第十五条 各组职员因公外出时，干事以下由主任核准，主任须经总务长核准，始得盖公出戳记，否则以未到论。

第十六条 凡未经请假而擅离职守，或假期已满仍未销假回处服务，及不续假者，均以未到论。但有特殊情形者，由各组主任签请总务长酌定之。

第十七条 凡职员请假、迟到未到次数，应由经理划到人于年底开单呈总务长，以作年终考核之根据。

第十八条 本规则自总务会议通过后，呈请校长核准公布实行。如有未尽事宜，得随时依法修正之。

由上可知，总务处职员考勤规则是比较全面、严格、详尽和细致的，同时也是切实可行的。它贯穿了一个原则：奖勤罚懒，赏罚分明，从而保证了全校后勤工作的正常进行。

（四）教职员的退休和抚恤

学校实行教职员退休、抚恤制度，并制定了相应的条例，对其退休年龄、在职时间及其待遇等作了明确、具体的规定。具体事务由总务处负责执行办理。其条例如下：

国立云南大学教职员退休抚恤条例

第一条 本校教职员依本条例规定得请退休及抚恤。

第二条 教职员连续服务十五年以上，不任其他职务，有左列情形之一者，得请领退休养老金：

1. 年逾六十岁，自请退休者。
2. 年逾六十岁，由学校请其退休者。
3. 未满六十岁而身体衰弱不胜任务，经医生证明属实者。

第三条 教职员如因公受伤，以至残废不胜任务时，虽服务未满十五年，亦得请领退休养老金。

第四条 专任教职员（年）退休养老金照下列标准给予：

单位：元

最后月俸 / 退休养老金 / 在职年数	300以上	200至300	150至200	120至150	90至120	60至90	60以下
20年以下	900	735	648	594	540	462	381
20年至35年	1050	840	715	660	594	544	413
35年以上	1200	945	810	726	648	546	445

第五条　兼任教职员退休领养老金，按其最后三年内年薪平均数给予百分之二十。

第六条　凡连续服务十五年以上之教职员，依第三条之规定退休者，其退休养老金照左列标准给予之：

1. 专任教职员之退休养老金，除依第四条给予外，并按其最后年薪加给百分之十。

2. 兼任教员之退休养老金，按其最后三年内年薪平均数，给予百分之三十。

第七条　退休养老金之支给，自退休之翌日起，至死亡日止。

第八条　教职员在职死亡而有左列情形之一者，得由法定承领人请领恤金：

1. 连续服务十年以上者。
2. 连续服务十五年以上者。
3. 连续服务二十年以上者。
4. 因公致死者。
5. 因公受伤或罹疾致死者。

第九条　专任教职员恤金给予之标准如左：

1. 合于前条第一款者，照最后年薪之半数。
2. 合于前条第二款者，照最后年薪之额数。
3. 合于前条第三款、第四款或第五款者，照最后年薪之倍数。

第十条　兼任教员恤金给予之标准如左：

1. 合于第八条第一款者，照最后三年内年薪平均数百分之三十。
2. 合于第八条第二款者，照最后三年内年薪平均数百分之四十。
3. 合于第八条第三款、第四款或第五款者，照最后三年内年薪之平均数。

第十一条　教职员退休后，依本条例领受退休养老金未满二年而死亡者，得由法定承领人请领前两条所定恤金额之半数。

第十二条　承领恤金之顺序如左：

1. 死亡者有配偶时，其配偶。但死亡者之夫以残废不能谋生者为限。
2. 无前款遗族时，其未成年之子女。
3. 无以上遗族时，其未成年之孙子暨孙女。
4. 无以上遗族时，其父母。
5. 无以上遗族时，其祖父母。
6. 无以上遗族时，其未成年之同父弟妹。

第十三条　教职员退休养老金或恤金，呈请教育部照教职员恤金条例由国库支给。

第十四条　请领退休养老金或恤金，应由本人或其法定承领人，开具履历事实、请领金额，连同服务证明文件，呈校长转呈主管教育行政机关核给之。

第十五条　校长退休养老金或恤金之请领，由本人或其法定承领人依前条规定，由继任或代理校长核给。

第十六条　本条例公布以前之教职员服务年数得予追溯计算，但以依规定资格任用而有证明者为限。

第十七条 有左列情事之一者，其退休养老金应即停止发给，并追缴其领受凭证，呈报主管上级机关备案：

1. 背叛中华民国经通缉有案者。
2. 褫夺公权者。
3. 丧失中华民国国籍者。
4. 违反本条例之规定，退休后再任其他职务者。

第十八条 领受退休养老金者死亡时，应由其遗族呈报主管教育行政机关，并缴还其领受凭证。教育行政机关接受前项呈报后，除将凭证注销外，应即呈报上级主管机关备案。

第十九条 恤金之法定承领人有左列情事之一时，其应领恤金由次顺序之法定承领人具领之：

1. 背叛中华民国经通缉有案者。
2. 褫夺公权者。
3. 丧失中华民国国籍者。

第二十条 退休养老金自该教职员退休之翌日起，恤金自该教职员死亡之翌日起，二年内不请求者，其权利消灭。

第二十一条 本条例施行细则由本校拟定，呈请教育部核定之。

第二十二条 本条例自公布之日施行。

三、会计室的成立及其工作

（一）会计室的成立、编制及职责

关于会计制度，就全国而言，始行较晚。原来民国以来，由于军阀纷争，内战频仍，统一的会计制度长期以来未能也无法实行。直到1931年，国民政府才确立“超然主计制度”，即在中央设立主计处，直隶于国民政府，在地方各级政府机关、社会团体等各部门，则设立会计处、会计室等，以实施统一的财务管理。对合乎主计资格的人员，先以考试，后以培训，然后分派各地任职。

云南大学的会计工作，为了管理财务，使其一清二楚，自始至终均设有会计一职。早在大学筹备时期，即聘有会计。私立东大时，事务处下设有会计长。省立东大时，事务部下先设有会计，后设有会计股。省立云大时，事务部裁撤，改为秘书长下设会计课。改国立后，为实施会计制度，政府饬令另组会计室。《国立云南大学组织大纲》第十五条因之规定：“本大学设立会计室，其组织依（国民政府）主计处之规定行之。”据此，学校于1938年12月开始筹备，1939年1月1日，云南大学会计室正式宣告成立。

会计室成立后，设主任1人，总理全室工作。下设佐理、事务员、统计员等若干人，秉承主任分头办理全校会计事务。

云大会计室首任主任为国民政府教育部任命的路祖焘（1939—1943），继任者为王鹤轩（1934—1944），全云寰（1944—1949）等。

会计室的编制恒无定数，时有增减。但其职责均有明确分工，各司其事。如 1943 年时，除主任外，有佐理员 2 人，其中 1 人襄理主任处理一切岁计会计事项；1 人复核传票报表。又有事务员 5 人，其中 1 人登记普通明细账，制订各种明细表；1 人登记总账及预算明细分类账，编制平衡表及经费累计表；1 人保管收支凭证；1 人登记现金日记簿及分录簿，并抄写各项图表；1 人办理各项经费支出的报销。又如 1947 年时，除主任外，有佐理 5 人，佐理主任办理账务等；事务员 4 人，经营账务之登记事项等；统计员 1 人，办理统计等事项。

此外，有些部门如农学院、农场、实习工厂、附属医院等，均另行设有会计，以独立核算其经费。

（二）会计室初期的工作

1939 年会计室成立初期，其工作基本上分为三部分：一是会计方面，包括编制传票、核签凭单、登记账簿、编造报表等；二是岁计方面，包括编制预算、造送计算等；三是其他方面，如拟定章则、招考会计等。

会计室成立后的一年之中，即制具记账凭证，计有收入传票 1001 张，支出传票 2097 张，转账传票 149 张，并装订成册，备用查考；核签收入凭单 4 笔，合国币 7 万元；会签支付凭单 410 笔，合 111 万余元；计划增设各院系分户账；并按日登记序时账簿，如现金日记账、分录日记账；分类账簿，如总分类账、岁出预算明细分类账、以前年度岁出应付款明细分类账、其他明细分类账；备查簿，如保留数登记簿、银行往来登记簿；编制现金出纳表，计有岁入、经费、专款 3 类各 180 份，资力负担资产负债综合平衡表 70 份，各项明细表及其他附表共 668 份，年度报告等；编制（民国）二十八年度（1939）经费、专款两类支出预算分配表；造送经费累计表 132 份，以前年度支出应付款余额表 36 份，拟定了《结束二十七年度以前收支办法》《国立云南大学教职员出差旅费规则》《支出凭证单据应行注意事项》等；因采矿冶金系疏散到一平浪后，收支账目尚无专人管理，故经登报，招考会计 1 名派往该地工作等。

（三）会计室日常的工作

国立云大时期，会计室的日常工作主要是：在校长领导和学校经费稽核委员会等的配合下，办理有关的岁计、会计、审计、调查统计、什件、密件、账务等事务，实际包括财务所属的会计及部分出纳两大类，具体分为五大项若干小项。分述如下：

（1）账簿类：包括现金日记簿、分类日记簿、总分类账、岁出预算明细分类账、专款类岁出预算明细分类账、普通明细账、各院系分类账、银行往来簿、保留数备查簿、中基会补助费账等。

（2）书表类：包括现金结存表、资力负担资产负债平衡表、经费累计表、经费类现金出纳表、岁入类现金出纳表、专款类现金出纳表各项明细账等。

（3）传票类：包括收入传票、支出传票、转账传票等。

（4）其他类：包括请求购置单、教职员调遣单、工警调遣单等。

（5）杂件类：如俸薪清册、工饷清册、学术研究费收据、存款通知单、学生补助费收据、膳食补助费收据、图书单据、仪器单据、送邮单据等。

兹就资料所及，各予举例说明。

1. 编制预算、核算

如1938年下半年度全校经常费为20万元，其中国库拨7.5万元，省库拨12.5万元。其支付概算共分2款，即大学本部经费和附属中学经费；6项，即俸给费、办公费、购置费、营造费、学校研究费和特别费；26目，即薪金、饷项工资、文具、邮电、消耗、印刷、修缮、旅运费、杂支、器具、服装、舟车、图书、仪器标本、讲义印刷、实验费、体育费、研究调查、学生补助、学生杂项、特别办公费、汇费、医药费、招待费、抚恤费和其他等。其下又分为51节。详况如表3-2：（按：当时正处筹备成立国立云大时，故此表以筹委会的名义负责编制）

表3-2　国立云大民国二十七年下半年度支付概算书、支出经常门

单位：国币元

科　目	半年数	每月数
全校经常费	200000.00	33333.33
第一款　大学本部经费	187500.00	31250.00
第一项　俸给费	102000.00	17000.00
第一目　薪金	98430.00	16405.00
第一节　职员俸	18429.96	3071.66
第二节　教师俸	80000.04	13333.34
第二目　饷项工资	3570.00	595.00
第一节　饷项	1170.00	195.00
第二节　工资	2400.00	400.00
第二项　办公费	18000.00	3000.00
第一目　文具	2400.00	400.00
第一节　纸张	1200.00	200.00
第二节　笔墨	360.00	60.00
第三节　簿籍	420.00	70.00
第四节　杂品	420.00	70.00
第二目　邮电	900.00	150.00
第一节　邮费	420.00	70.00
第二节　电费	480.00	80.00
第三目　消耗	6000.00	1000.00

续　表

科　目	半年数	每月数
第一节　灯火	2400.00	400.00
第二节　茶水	600.00	100.00
第三节　薪炭	2100.00	350.00
第四节　油脂	900.00	150.00
第四目　印刷	1800.00	300.00
第一节　刊物	1200.00	200.00
第二节　杂件	600.00	100.00
第五目　修缮	2700.00	450.00
第一节　房屋	1800.00	300.00
第二节　器具	300.00	50.00
第三节　舟车	180.00	30.00
第四节　器械	420.00	70.00
第六目　旅运费	1200.00	200.00
第一节　旅费	600.00	100.00
第二节　运输费	600.00	100.00
第七目　杂支	3000.00	500.00
第一节　广告	300.00	50.00
第二节　报纸	300.00	50.00
第三节　杂费	2400.00	400.00
第三项　购置费	9000.00	1500.00
第一目　器具	1920.00	320.00
第一节　家具	600.00	100.00
第二节　器皿	420.00	70.00
第三节　机件	600.00	100.00
第四节　杂件	300.00	50.00
第二目　服装	600.00	100.00
第一节　服装	600.00	100.00
第三目　舟车	6480.00	1080.00
第一节　车辆	6480.00	1080.00
第四项　营造费		
第五项　学术研究费	42500.00	7083.33

续 表

科 目	半年数	每月数
第一目 图书	10000.00	1666.66
第一节 图书	10000.00	1666.66
第二目 仪器标本	16000.00	2666.67
第一节 仪器	12000.00	2000.00
第二节 标本	4000.00	666.67
第三目 讲义印刷	1500.00	250.00
第一节 讲义印刷	1500.00	250.00
第四目 实物费	3500.00	583.33
第一节 实验用品	1000.00	166.66
第二节 实验消耗	2500.00	416.67
第五目 体育费	1500.00	250.00
第一节 军训设备	300.00	50.00
第二节 运动用品	900.00	150.00
第三节 体育设备	300.00	50.00
第六目 研究调查	10000.00	1666.67
第一节 研究调查	10000.00	1666.67
第六项 特别费	16000.00	2666.67
第一目 学生补助	4000.00	666.67
第一节 学生补助	4000.00	666.67
第二目 学生杂项	1800.00	300.00
第一节 学生杂项	1800.00	300.00
第三目 特别办公费	3000.00	500.00
第一节 特别办公费	3000.00	500.00
第四目 汇兑	600.00	100.00
第一节 汇水	600.00	100.00
第二节 亏耗		
第五目 医药费	1500.00	250.00
第一节 药品	900.00	150.00
第二节 医药用品	600.00	100.00
第六目 招待费	1500.00	250.00
第一节 招待费	1500.00	250.00

续　表

科　目	半年数	每月数
第七目　抚恤费	600.00	100.00
第一节　抚恤费	600.00	100.00
第八目　其他	3000.00	500.00
第一节　其他	3000.00	500.00
第二款　附属中学经费	12500.00	2083.33
合计	200000.00	33333.33

国立云南大学筹备委员会筹备主任　熊

委员　蒋

同期设备费为10万元，其概算分：3项，即图书费、仪器费和建设费；11目，即文法学院、理学院、工学院、医学院、农场等的图书费，理学院、工学院、医学院等的仪器费，扩充校址购地费，水电木器设备费和建筑费等；其下又分为21节。详况如表3-3：

表3-3　国立云大民国二十七年下半年度设备费概算书、支出临时门

单位：国币元

科　目	半年数
全校设备费	100000.00
第一项　图书费	14000.00
第一目　文法学院图书费	5000.00
第一节　文史学系	2000.00
第二节　法律学系	1000.00
第三节　政治经济学系	2000.00
第二目　理学院图书费	5000.00
第一节　理化学系	2000.00
第二节　生物学系	2000.00
第三节　算学系	1000.00
第三目　工学院图书费	1000.00
第一节　土木工程学系	1000.00
第二节　矿冶工程学系	
第四目　医学院图书费	2000.00
第一节　医学系	2000.00
第五目　农场图书费	1000.00

续 表

科　目	半年数
第一节　农场	1000.00
第二项　仪器费	35000.00
第一目　理学院仪器费	10000.00
第一节　理化学系	6000.00
第二节　生物学系	4000.00
第二目　工学院仪器费	10000.00
第一节　土木工程学系	10000.00
第二节　矿冶工程学系	
第三目　医学院仪器费	15000.00
第一节　医学系	15000.00
第三项　建设费	51000.00
第一目　扩充校址购地费	18000.00
第一节　购地	18000.00
第二目　水电木器设备费	10000.00
第一节　水电设置	4000.00
第二节　木器设置	6000.00
第三目　建筑费	23000.00
第一节　工厂建筑	15000.00
第二节　教室建筑	5000.00
第三节　零星房屋	3000.00
合　计	100000.00

国立云大筹委会筹备主任　熊

委员　蒋

1939 年度又追加经费 7 万余元。其概算如表 3－4：

表 3－4　国立云大民国二十八年度追加经费概算书

科　目	年概算数	月概算数	备　考
追加经费	74756.00	6229.56	末位以十进计算
第一项　俸给费	18120.00	1510.00	
第一目　俸薪	13920.00	1160.00	
第一节　讲师俸	9600.00	800.00	拟聘 4 人，人月 200

续　表

科　目	年概算数	月概算数	备　考
第二节　助教俸	4320.00	360.00	拟聘3人，人月120
第二目　饷项工资	4200.00	350.00	
第一节　饷项	1800.00	150.00	增校警5名，人月30
第二节　工资	2400.00	200.00	增校工8人，人月25
第二项　办公费	25736.00	2144.65	
第一目　文具	5352.00	445.99	
第一节　纸张	1900.00	158.33	
第二节　笔墨	800.00	66.66	
第三节　簿籍	2652.00	221.00	全年所需试卷
第二目　消耗	9384.00	782.00	
第一节　灯火	3600.00	300.00	一年电费
第二节　茶水	264.00	22.00	
第三节　薪炭	5520.00	460.00	新炉两所日需炭600斤
第三目　租赋	6000.00	500.00	
第一节　房屋	6000.00	500.00	租用宿舍2所
第四目　修缮	5000.00	416.00	
第一节　修缮	5000.00	416.00	
第三项　购置费	10900.00	908.25	
第一目　器具	10500.00	874.92	
第一节　家具	9800.00	816.66	购双架床、桌椅等
第二节　器皿	200.00	16.66	购时钟、叫人铃等
第三节　杂件	500.00	41.60	购浴室设备、餐具等
第二目　服装	400.00	33.33	
第一节　服装	400.00	33.33	购工警服装、大衣等
第四项　建筑设备费	20000.00	1666.66	
第一目　建筑费	15000.00	1250.00	
第一节　宿舍	15000.00	1250.00	学生增加，拟建宿舍
第二目　设备费	5000.00	416.66	
第一节　理化仪器	5000.00	416.66	不敷应用，拟予增加
合计	74756.00	6229.56	

国立中期，物价上涨，货币贬值，所拨款项票额虽高，而币值却低。如 1944 年度经常费为 600 余万元，会计室于 3 月 7 日编制了分配预算，详如表 3 –5：

表 3 –5　国立云大民国三十三年度经常费分配预算表

单位：国币元

本大学经常费：6097734 元。

项	目	科　目	全年度预算数	备　考
一		俸给费	1043700	占全额 17% 强
	一	俸薪	898560	
	二	会计室用人费	24000	
	三	工饷	121140	
二		办公费	1112360	占全额 11% 强
	一	文具	300000	
	二	邮电	12000	
	三	消耗	558000	
	四	印刷	24000	
	五	租赋	6000	
	六	修缮	120000	
	七	旅运费	60000	
	八	杂支	32360	
三		购置费	150646	占全额 2% 强
	一	器具	120000	
	二	其他	30646	
四		学术研究费	1278000	占全额 22% 强
	一	图书	60000	
	二	仪器	60000	
	三	体育军训费	48000	
	四	研究费	804000	
	五	实习费	216000	
	六	调查费	60000	
	七	训育活动费	30000	
五		特别费	572200	占全额 10% 弱
	一	特别办公费	148200	
	二	医药卫生费	84000	

续　表

项	目	科　目	全年度预算数	备　考
	三	员工膳食补助费	120000	
	四	其他	220000	
六		附属中学经费	720000	占全额12%弱
七		保留数	1220828	

国立后期，物价狂涨，货币更加贬值，且币制混乱，政府改行金元券。如1948年上半年度经常费为国币116310万元，下半年度则为12526.67金元。会计室将两2项分别预算，各分6大项。又，每次预算均附有教职员俸薪及工役工资等表。详况如表3-6：

表3-6　国立云大民国三十七年上半年度经常费分配预算表

单位：万元

科　目	金　额	占全额百分比
经常费	116310.00	奉教育部核定
第一项　俸给费	8033.52	7%
第二项　办公费	46542.00	40%
第三项　购置费	11631.00	10%
第四项　学术研究费	29270.16	25%
第五项　特别费	17446.50	15%
第六项　附属中学经费	11340.00	9.8%

说明：当时学校有5院，18系，3专修科，共有学生1070名，先修班正式生88名，旁听生86名。附属中学共有学生568名。

附表1：教职员俸薪表

单位：万元

说明：云大（民国）三十七年上半年度，员额奉核定为456人，内因包括附属医院68人，附属中学52人，其俸薪应由各该单位在其经常费内分配列支，故本表仅列校本部人数及俸薪额。

职　别	俸薪额	人　数	小　计	备　考
校长	720	1	720	原支680，今按功加俸
教务长	640	1	640	
训导长	640	1	640	
总务长	640	1	640	
秘书	600	1	600	
教授	600	94	56400	最高640，最低560

续 表

职　别	俸薪额	人　数	小　计	备　考
副教授	480	48	23040	
讲师	380	40	15200	
助教	240	30	7200	
训导员	360	5	1800	
会计主任	430	1	430	
会计佐理	200	5	1000	
会计事务员	120	5	600	
室主任	400	2	800	人事统计室
组馆主任	400	10	4000	总务、教务、图书、训导各组
干事	320	10	3200	
组员	240	24	5760	最高380，最低200
事务员	160	17	2720	最高300，最低120
助理员	140	15	2100	最高260，最低100
书记	140	10	1400	最高160，最低120
练习生	120	8	960	
司事	100	7	700	
合计		336	130550	

附表2：工役工资表

单位：万元

说明：云大（民国）三十七年上半年度，工役名额奉核定为247人，内因包括附属医院19人，附属中学25人，校本部计合203人，另有核定技工1人，共204人。

职　别	俸薪额	人　数	小　计	备　考
技工	40	1	40	
工役	18	100	1800	包括校警班长、校警
工役	16	50	800	包括校警
工役	14	13	182	
农工	14	20	280	
农工	12	20	240	
合计		204	3342	

附表3：特别办公费

单位：万元

说明：奉教育部训令转奉行政院核定调整特别办公费而列支。

职　别	标　准	员　额	小　计	职　别	标　准	员　额	小　计
校长	48	1	48	教务长	30	1	30
训导长	30	1	30	总务长	30	1	30
秘书	18	1	18	各院院长	30	6	180
副院长	24	1	24	系科主任	18	26	468
会计主任	18	1	18	组馆室主任	9	12	108
附中校长	18	1	18	厂班场主任	18	7	126
合计						59	1098

表3－7　国立云大民国三十七年下半年度经常费分配预算表

单位：金元

科　目	金　额	占全额百分比
经常费	12526.67	奉教育部核定
第一项　俸给费	0.05	8月以后奉令停支
第二项　办公费	4986.00	40%
第三项　购置费	2493.00	20%
第四项　学术研究费	2493.00	20%
第五项　特别费	2494.62	20%
第六项　附属中学经费	60.00	8月以后奉令解散

附表1：教职员俸薪表

说明：云大（民国）三十七年下半年度员额奉核定为468人，俸薪工饷总额为国币190935元。除附属医院、附属中学俸薪外，本表仅列本部教职员348人俸薪总额136890元。

职　别	俸薪额	人　数	小　计	备　考
校长	720	1	720	以国币为单位，下同
教务长	640	1	640	
训导长	640	1	640	
总务长	640	1	640	
秘书	600	1	600	
教授	600	98	58800	最高640，最低560
副教授	480	52	24960	

续 表

职 别	俸薪额	人 数	小 计	备 考
训导员	360	5	1800	
会计主任	430	1	430	
会计佐理	200	7	1400	
会计事务员	120	3	360	
室主任	400	2	800	人事室、统计室
组馆主任	400	10	4000	总务、教务、训导、图书共9组
组员	280	36	10080	最高320，最低200
事务员	180	34	6120	最高200，最低120
雇员	100	25	2500	最高120，最低70

附表2：工役工资表

说明：云大（民国）三十七年下半年度工役名额奉核定为247人，技工1人，除附属医院19人、附属中学25人外，本表仅列204人。

职 别	工饷额	人 数	小 计	备 考
技工	80	1	80	金额国币
工役	18	100	1800	包括校警班长、校警
工役	16	50	800	包括校警
工役	14	13	179	
农工	14	20	280	
农工	12	20	240	
合计		204	3379	

因物价上涨，经费不敷，同年下半年度又追加37580金元。对此单独预算，也分6项，详如表3－8：

表3－8　国立云大民国三十七年下半年度追加经常费分配预算表

单位：金元

科 目	追加预算数	占全额百分比
追加经常费	37580	奉教育部核定
第一项　俸给费		照案不列
第二项　办公费	14960	40%
第三项　购置费	7480	20%

续　表

科　目	追加预算数	占全额百分比
第四项　学术研究费	7480	20%
第五项　特别费	7480	20%
第六项　附属中学经费	180	仅列7月，8月交省

同年下半年度，建筑设备及扩充改良费为27800金元，其预算分为4项。详如表3－9：

表3－9　国立云大民国三十七年下半年度建筑设备及扩充改良费分配预算表

单位：金元

科　目	分配预算数	备　考
分配数	27800	奉教育部核定
第一项　校舍修建费	18000	
第二项　图书仪器设备费	5500	
第三项　器具设备费	2500	
第四项　扩充改良费	1800	

2. 编制各种明细表

关于明细表、明细账，一般是逐年逐月登记做出，但也有按专款做出的。如1939年秋，为避免日本飞机空袭，学校先迁矿冶系至广通县舍资镇。1940年因空袭严重，奉教育部令疏散，学校又迁理学院于嵩明县马坊镇，迁工学院于会泽县。直到1942年，迁出的院系才陆续迁回。在这些迁出迁入的过程中，迁建费用耗资甚巨。为此，学校先编制了《迁建费预算书》，计分4项15目，其中第1项迁移费182900元，第2项迁移办事处经费1000元，第3项建设费65000元，第4项特别费1100元，4项共计25万元。1941年1月22日，学校呈教育部请增拨迁移费15万元。2月19日，教育部指令学校，称“姑准增拨5万元，仍仰撙节支配”。因所拨款项甚少，学校不得不更加精打细算，压缩迁移费用。疏散工作结束后，学校编制了《疏散费明细表》。内容如下：

表3－10　国立云大疏散费明细表

单位：元

科　目	金　额	备　考
运输设备费	38350.30	买卡车1辆，修配汽车等
运输费	129833.03	运输用汽油、机油及租车等
装箱费	3854.50	买木箱、洋钉、稻草、棉花等
员生补助费	949.36	协助迁移的员生的伙食补助

续 表

科　目	金　额	备　考
步行团经费	910. 75	学生步行的膳食
旅查费	4517. 46	查勘新校址所用旅费
什支费	3522. 62	公路捐税等
会泽办事处经费	55. 99	茶水、薪炭、租金、什用等
顺龙桥办事处经费	519. 90	同上
羊街办事处经费	45. 00	同上
新校舍修建费	55055. 93	东川及顺龙桥分校修缮等
新校舍设备费	8913. 09	添置器皿和教学设备等
其他	708. 60	各分校招待当地士绅等
合计	247236. 53	

由表可知，整个迁建费用，尽管精打细算，厉行节约，但仍高达近25万元之巨。

关于按年按月作出的明细表，如1945年12月的如下：

表3-11　国立云大民国三十四年度十二月份明细账

单位：元

摘　要	金　额	
	借　方	贷　方
所得税		1544. 97
印花税		137769. 91
体育费		101603. 66
讲义费收入		491172. 73
赔偿费收入		657049. 74
澄农馆建筑费		1000. 00
党员月捐		3936. 95
理工学院建筑费		513562. 54
空袭赈济费		10416. 54
女生宿舍建筑费		165381. 47
教育部研究边疆补助费		23345. 77
西书补助费		55610. 00
建筑女生宿舍押金		200. 00
押金		10040. 00

续　表

摘　要	金　额	
	借　方	贷　方
工警卫生费		4574.96
滇籍生奖学金		30805.00
鲁苏战区总部		300.00
大学丛书编撰费		25750.00
学生保证金		160000.00
灯油费		375000.00
实验费		71500.00
军训教官薪金	4658.15	
公利互助社教职员股金		59240.00
侨生补助费		2500.00
恤金		3000.00
公利互助社款		846.99
学生公利互助社股金		8400.00
代收款		2619658.30
图书费		75000.00
特别费收入		31660.10
学生证收入		7590.00
土地售价收入		2187250.00
特别费——其他		156920.00
美国捐赠款		746400.00

明细表又有按各类经费、专款逐日作出的。如 1947 年度的明细表即分为经费类、临时费类和学生学杂费类等。详况分别如表 3－12：

表 3－12　1947 年度 2 月份经费类明细表

单位：元

科目及摘要	金　额	
	借　方	贷　方
应付未付薪饷		
应付未付薪津		21883719.70
应付未付工饷		333659.91

续 表

科目及摘要	金 额	
	借 方	贷 方
合计		22217379.61
应领经费	63124.99	
预计领用数		24080000.00
应付短期借款		
教育厅借支经费		15000.00
教育部借支经费		300.00
财政厅借支经费		100000.00
兴文银行借支经费		190000.00
合计		305300.00

表 3－13 1947 年度 2 月份临时费类明细表

单位：元

科目及摘要	金 额	
	借 方	贷 方
暂付款		
边疆教育补助费	10000.00	
西南文化研究费预支	581900.00	
生物系预支	3392813.00	
公粮费预支	12214843.80	
研究费预支	4090000.00	
医药费预支	467933.33	
学生膳贷预支	49018017.00	
1945 年米贷金溢支数	8637.20	
学生特别费预支	1220000.00	
利息	132062.40	
产假代理薪预支	60000.00	
实习旅费医药费预支	810000.00	
实习参观旅费预支	801700.00	
1945 年修建设备费	3080000.00	
修建费预支	50778860.00	

续　表

科目及摘要	金　额	
	借　方	贷　方
修建会泽院预支	80517500.00	
还乡旅费预支	320000.00	
合计	207504266.73	
以前年度学生膳贷及公费		39329150.79
1946 年度学生膳贷及公费		22371907.00
1947 年度学生膳贷及公费		20000000.00
全公费	8207670.00	
半公费	1997000.00	
合计		71496387.79
1946 年度应付未付膳贷		1664265.00
1947 年度应付未付膳贷		24800.00
合计		1689065.00
1945 年度修建扩充改良费		37100.00
1946 年度修建扩充改良费		12500000.00
建筑费		8643880.00
修补费		1799208.00
扩充改良费		3278042.50
图书仪器补助费		303080.00
差额		1524210.50
1945 年度增班经费		32740.00
1946 年度增班经费		
建筑设备费		387200.00
差额		387200.00
1944 年度技术人员训练费		53415.19
1945 年度技术人员训练费		8500000.00
建筑设备费		6701970.00
合计		1798030.00
1946 年度技术人员训练费		11000000.00
建筑设备费		7988200.00
差额		8011800.00

续 表

科目及摘要	金额	
	借 方	贷 方
1946 年度校舍修补费		7000000. 00
1946 年度添建费		433000. 00
机械系经费		498900. 00
修建费		100000000. 00
1946 年度学生宿舍建筑费		10360351. 00
1945 年度修建设备费		
建筑购置费		769501. 00
仪器费		2000000. 00
图书费		1341350. 00
工厂设备费		370000. 00
体育器械		82200. 00
实习材料		1069700. 00
差额		3189349. 00
以前年度生活补助费		3035068. 08
1946 年度生活补助费		
基本数		66907405. 64
加成数		4219500. 00
差额		71126905. 64
生活补助费		300359400. 00
基本数		79752000. 00
加成数		181985945. 36
差额		38621454. 64
复员费		
教职员返乡旅费		51676900. 00
学生返乡补助费		818562. 50
差额		52495462. 50
1945 年度生活特别补助费		3523954. 82
1945 年度公粮费		22149937. 89
学术研究补助费		
以前年度		975907. 73

续　表

科目及摘要	金额	
	借　方	贷　方
1946年度		12615500.00
1947年度		15200000.00
差额		26839592.27
教员奖助金		40250.00
学生奖助金		89201.63
学生特别补助费		2416000.00
代管款		
所得税		8567758.50
印花		448217.91
党捐		6900.15
特别费	1699339.90	
代收款		34716582.46
卫生费		7535.46
中正奖学金		20000.00
学费收入	500.00	
体育费		101603.66
澄农馆建筑费		1000.00
空袭救济费		10416.54
女生宿舍建筑费		15988.09
教育部研究边教补助费		23345.77
西书补助费		8110.00
滇籍学生奖学金		30805.00
大学丛书编撰费		25750.00
侨生补助费		2500.00
公利互助社款		236126.99
美国援华会捐款		296400.00
特别费其他		156920.00
利息收入		1095008.59
文化事业费收入		695320.00
注册费收入		137700.00

续 表

科目及摘要	金 额	
	借 方	贷 方
物品售价收入		108108.93
差额		45042288.15
特别周转救济金		
特别周转救济金		7964.12
医药补助费		63333.33
生育补助费		8000.00
差额		47369.21
捐赠		
中基会补助费		542275.93
龙氏讲座金		67579.00
滇越铁路补助费		825437.44
水利讲座金		44800.00
川滇铁路补助费		1950000.00
冠群奖学金		759571.35
中英庚款讲座金		80299.72
罗氏基金补助费		20894.09
中法文化基金补助费		51513.30
农民银行补助费		566.44
西南文化研究室经费		29418.60
龙主席矿冶系补助费		66787.61
伊斯兰讲座金		7920.00
水力实验室补助费		92990.00
南园讲座金		6000.00
农学院图书补助费		30000.00
实习医院捐款		26309.00
其他捐款		383366.89
经委会纺织厂补助费		1103397.00
侨生补助费		6400.00
资源委员会补助费		11697.38
其他收入		324347.60

续　表

科目及摘要	金　额	
	借　方	贷　方
租金		363642.71
扣罚薪饷		200.00
中基会暂存款		2000.00
考勤罚薪		1109.81
差额		6449545.87
学生杂费		
实验费		189000.00
学杂费	68750.00	
学生证费		110531.00
讲义费		1204372.73
赔偿费		1061299.74
图书费		236500.00
保证金		306750.00
照明费		2135500.00
差额		5175203.47
医学卫生人员特别津贴		58741.00
公医生补助费		19308.00
边疆建设讲座补助费		359180.00

表3-14　1947年度上学期学生学杂费明细表

单位：元

科　目	小　计	科　目	小　计
学费	341500.00	图书费	136600.00
讲义费	683000.00	实验费	288250.00
保证金	212000.00	赔偿费	278750.00
照明费	2016000.00	学生证	35400.00
合计			3650000.00

表 3－15　1947 年度先修班学杂费明细表

单位：元

科　目	小　计	科　目	小　计
学费	16320000.00	讲义费	8220000.00
体育费	2740000.00	杂费	13600000.00
合计			40800000.00

3. 编制其他账表

会计室还定期编制其他有关账表，如现金收支报告表、经费累计表、收支对照表、现金出纳表等。兹各举例说明。

现金收支报告表今举 1947 年 2 月份经费类的为例：

表 3－16　1947 年度 2 月份经费类现金收支报告表

单位：元

科　目	金　额	
	小　计	合　计
收方		
上月结存		263263930.17
现金　经费存留数	263263930.17	
本月收入		182630489.43
暂收款	51556300.00	
预计领用数	11540000.00	
暂付款	42497350.00	
岁出分配数	122044.00	
应付未付薪饷	5444922.00	
岁出应付款上年度	398156.00	
学术研究补助费	640000.00	
学生膳贷及公费	5000000.00	
应付未付学生膳贷	87105.00	
学生杂费	24200.00	
生活补助费上年度	5718780.00	
生活补助费	2054500.00	
代管款	16652142.43	
捐赠	1019620.00	

续　表

科　目	金　额	
	小　计	合　计
复员费	39875370.00	
收项总计		445894419.60
付方		
本月支出		
暂付款	76889471.00	
岁出分配数	16974515.39	
岁出分配数先修班	1580.00	
岁出分配数电专	1272474.00	
应付未付薪饷	6373310.80	
岁出应付款上年度	112.00	
岁出应付款上年电专	1420000.00	
兑换盈余	637588.48	
学术研究补助费	7640000.00	
学生膳贷及公费	10204670.00	
应付未付学生膳贷	32260.00	
学生杂费	835960.00	
生活补助费上年度	49280.00	
生活补助费	123155361.36	
代管款	10585281.89	
复员费	219000.00	
捐赠	12600.00	
本月结存		189591014.68
现金　经费存留数	189591014.68	
付项总计		445894419.60

经费累计表举1947年2月份为例：

表3－17　岁出预算经常门经费累计表

（1947年2月1日至2月28日）

单位：元

科　目	支出数		未支之分配数
	本月暂付款	至本月累计数	
经常费	16852471. 39	28057839. 86	28057839. 86
俸给费	102492. 39	208684. 86	208684. 86
俸薪	89337. 00	182422. 00	
会计室用费	1580. 00	3160. 00	
工饷	11575. 39	23102. 86	
办公费	12162088. 00	18953478. 00	18953478. 00
文具	2207570. 00	3012660. 00	
邮电	276850. 00	562225. 00	
消耗	2230267. 00	5505132. 00	
印刷	327800. 00	884000. 00	
租赋			
修缮	5795467. 00	6959767. 00	
旅运	355120. 00	675280. 00	
杂支	969014. 00	1354414. 00	
购置费	1848650. 00	2383950. 00	2383950. 00
器具	1848650. 00	2383950. 00	
服装械弹			
舟车牲畜			
学术研究费	1005025. 00	3273085. 00	3273085. 00
图书	482725. 00	686385. 00	
仪器		784200. 00	
体育军训	10800. 00	464000. 00	
研究费	384200. 00	609200. 00	
实习费	127300. 00	729300. 00	
调查费			

续　表

科　目	支出数		未支之分配数
	本月暂付款	至本月累计数	
特别费	1734216.00	3238642.00	3238642.00
特别办公费	1280000.00	2530000.00	
医药卫生费	15000.00	15000.00	
其他	439216.00	693642.00	
农林场经费			
附中经费			
合计	16852471.39	28057839.86	28057839.86

收支对照表举1948年下半年度为例：

表3－18　1948年7月至12月份收支对照表

单位：元

收　入	摘　要	支　出	
		小　计	合　计
	经费		
	收入之部		
50106.67	教育部核定岁出预算数		
	支出之部		
	俸给费	0.08	
	办公费	64071.58	
	购置费	11159.07	
	学术研究费	12970.84	
	特别费	5746.78	
	附中经费	240.00	
			94188.35
44081.68	超支		
94188.35	总计	94188.35	
	特别办公费		
	收入之部		

续 表

收 入	摘 要	支出	
		小 计	合 计
12360.00	教育部拨发款		
	支出之部		
	补发5至6月份	8.38	
	7月份	5.82	
	8月份	910.00	
	9月份	940.00	
	10月份	920.00	
	11月份	2300.00	
	12月份	2300.00	
			7384.20
	结存		4975.80
12360.00	总计		12360.00
	学生学杂费		
7066.86	收入之部		
	支出之部		4535.83
	结余		2531.03
	先修班学杂费		
3787.48	收入之部		
	支出之部		
	结余		3787.48
	代管款		
17653.16	各项所得税印花等		
	结余		17653.16

4. 会计凭证簿籍报表

关于学校的经常费、临时费、专款等类的会计凭证、簿籍、报表等，种类繁多，数量很大，但会计室均依制按时登记、统计、编订成册。1940—1949年间会计凭证簿籍报表归档情况详如表3-19：

表 3－19　1940 年至 1949 年岁入经费、专款、临时等类会计凭证、簿籍、报表目录

年　度	名　称	数　量
1940	收入传票	1053 号
	支出传票	2440 号
	转账传票	143 号
	原始凭证	12 宗
	现金出纳表	36 份
	资力负担平衡表	12 份
	经费累计表	12 份
	以前年度岁出应付款余额表	32 份
	明细表	103 张
	总账	1 份
	明细账	1 份
	现金日记账	1 份
	预算明细账	1 份
1941	收入传票	1257 号
	支出传票	2126 号
	转账传票	141 号
	原始凭证	12 宗
	现金日记簿	2 份
	总账	1 份
	明细账	1 份
	预算明细账	1 份
	岁出应付款明细账	12 份
	现金出纳表	61 份
	资力负担平衡表	12 份
	经费累计表	12 份
	以前年度岁出应付款明细表	30 份
	明细表	155 份
1942	收入传票	653 号
	支出传票	1243 号
	转账传票	74 号
	原始凭证	12 宗

续 表

年 度	名 称	数 量
1942	现金日记簿	1份
	总账	1份
	明细账	2份
	预算明细账	1份
	岁出应付款明细账	1份
	现金出纳表	30份
	资力负担平衡表	10份
	经费累计表	12份
	以前年度岁出应付款明细表	19份
	明细表	169份
1943	收入传票	983号
	支出传票	1869号
	转账传票	50号
	原始凭证	12宗
	现金日记簿	1份
	总账	1份
	明细账	2份
	预算明细账	1份
	岁出应付款明细账	1份
	现金出纳表	9份
	资力负担平衡表	9份
	经费累计表	9份
	以前年度岁出应付款明细表	13份
	明细表	156份
1944	收入传票	970号
	支出传票	1789号
	转账传票	8号
	原始凭证	12宗
	现金日记簿	1份
	总账	1份
	明细账	3份

续　表

年　度	名　称	数　量
1942	预算明细账	1 份
	总账科目月结表	1 份
1945	收入传票	755 号
	支出传票	1456 号
	转账传票	1 号
	原始凭证	12 宗
	现金日记簿	3 份
	总账	1 份
	明细账	2 份
	预算明细账	1 份
	岁出应付款明细账	1 份
	现金出纳表	12 份
	资力负担平衡表	12 份
	经费累计表	12 份
	现金库存表	11 份
	总账科目月结表	12 份
1946	收入传票	845 号
	支出传票	2101 号
	原始凭证	12 宗
	现金日记簿	3 份
	总账	1 份
	明细账	2 份
	预算明细账	1 份
	岁出应付款明细账	1 份
	现金出纳表	12 份
	资力负担平衡表	12 份
	经费累计表	12 份
	现金库存表	12 份
	总账科目月结表	12 份
1947	收入传票	972 号
	支出传票	2660 号

续 表

年 度	名 称	数 量
1947	转账传票	6号
	原始凭证	12宗
	现金日记簿	1份
	总账	1份
	明细账	3份
	预算明细账	1份
	岁出应付款明细账	1份
	现金出纳表	6份
	资力负担平衡表	12份
	经费累计表	12份
	现金库存表	12份
	总账科目月结表	12份
1948	收入传票	1320号
	支出传票	3085号
	原始凭证	12宗
	现金日记簿	1份
	总账	2份
	明细账	5份
	预算明细账	1份
	岁出应付款明细账	1份
	现金出纳表	10份
	资力负担平衡表	12份
	经费累计表	12份
	明细表	10份
	总账科目月结表	12份
	现金库存表	12份
1949（至9月止）	收入传票	860号
	支出传票	1563号
	转账传票	45号
	原始凭证	9宗
	现金日记簿	1份

续 表

年 度	名 称	数 量
1949（至9月止）	总账	2份
	明细账	7份
	预算明细账	1份
	现金收支报告表	9份
	半开现金收支报告表	5份
	银币现金收支报告表	4份
	美金现金收支报告表	4份
	港币现金收支报告表	4份
	资力负担平衡表	9份
	半开负担平衡表	5份
	银币负担平衡表	4份
	美金负担平衡表	4份
	港币负担平衡表	4份
	总账科目月结表	9份
	半开科目月结表	5份
	银币科目月结表	4份
	美金科目月结表	4份
	港币科目月结表	4份
	明细表	9份
	半开明细表	5份
	银币明细表	4份
	美金明细表	4份
	港币明细表	4份
	经费累计表	9份
	银币经费累计表	3份
	现金库存表	9份

5. 编定教职员工待遇

国立云大时期，比之于私立、省立时，社会之动荡，经济之下降，物价之上涨，货币之贬值，均有过之而无不及，因此教职员工的工资及各项待遇随时均有变化。1944年会计室曾依政策编制了《教职员工俸给标准》和《特别办公费标准》。另还制定过《教职员服务暨待遇暂行规程》。教职工待遇情况分别如下表：

表 3－20　教职员工俸给标准（民国三十三年）

单位：元

职　别	员　额	每人薪额	职　别	员　额	每人薪额
校长	1	640	秘书	1	380
教务长	1	600	训导长	1	600
总务长	1	600	会计主任	1	400
总主任	8	360	干事	7	200
佐理员	5	200	组员	32	155
事务员	17	120～180 不等	助理员	10	100
书记	24	80	司事	18	70
练习生	10	60	教授	65	370～600 不等
副教授	20		讲师	20	
兼任讲师	10	240	专任教员	12	360
助教	50		警长	1	80
班长	3	60	校警	21	45
技工	10	60	校工	102	45

表 3－21　特别办公费标准（民国三十三年）

单位：元

职　别	员　额	每人薪额	职　别	员　额	每人薪额
校长	1	1300	秘书	1	300
会计主任	1	300	教务长	1	550
训导长	1	550	总务长	1	550
院长	5	550	系主任	13	300
厂场主任	6	300	附中校长	1	350

国立云南大学教职员职务暨待遇暂行规程

第一条　本大学所称教员分为教授、副教授、讲师、助教等类。

第二条　本大学教员薪俸及研究补助费暂定如下表：

等别	级别	一级	二级	三级	四级	五级	六级	七级	八级	九级
助教	研究补助费	200	190	180	170	160	150	140		
	月　薪	160	140	120	110	100	90	80		
讲师	研究补助费	250	240	230	220	210	200	190		
	月薪	260	240	220	200	180	160	140		
副教授	研究补助费	300	290	280	270	260	250	240		
	月薪	360	340	320	300	280	260	240		
教授	研究补助费	360	350	340	330	320	310	300	290	280
	月薪	600	560	520	480	440	400	370	340	320

第三条　本大学初任教员以最低起薪为原则。曾任教员或有特殊情形者，得自较高级起薪。其任教著有成绩者，每年得酌予晋级。

第四条　本大学教员以专任为原则，如在校外兼职、兼课者，须经校长许可。

第五条　本大学教员因事、因病请假以两周为限。请假在两周以上者，应请人代课，代课期间薪津即由校致送代课人。

第六条　本大学教员之薪给概以每年十二个月致送。兼任教员之待遇标准另定之。

第七条　本校于每学年开始即发聘书及应聘书，该项应聘书应于送达后两星期内填就送校。

第八条　本校发出聘书统一在每年七月底。如在七月底尚未接到聘书即作不聘论。

第九条　本大学教务、训导、总务三处分设教务长、训导长、总务长各一人，由教授兼任之。处以下组或馆设主任一人，干事、组员、助理、书记等若干人。其待遇暂定如下表：

等别	级别	一级	二级	三级	四级	五级	六级	七级
书记司事	研究补助费	130	120	110	100	90	80	70
	月薪	70	65	60	55	50	45	40
助理	研究补助费	170	160	150	140	130	120	110
	月薪	100	90	80	75	70	65	60
组员	研究补助费	210	200	190	180	170	160	150
	月薪	180	160	140	120	100	90	80

续 表

等别 \ 级别		一级	二级	三级	四级	五级	六级	七级
干事	研究补助费	250	240	230	220	210	200	190
	月薪	260	240	220	200	180	160	140
主任	研究补助费	300	290	280	270	260	250	240
	月薪	360	340	320	300	280	260	240

第十条 本大学初任职员代理者以自第七级起薪、试用者自第六级起薪为原则。惟书记可自较高级起薪，或者特殊情形者例外。

第十一条 每年终由学校考核成绩优劣，得酌予晋级或予降级之处分。

第十二条 本大学职员以专任为原则。其必须在校外兼职者，应得校长之许可。

第十三条 本大学职员除主任由校函聘外，干事以下均由校委任，任期不定。

第十四条 本大学职员请假在两日以上者，须经校长许可。在两星期以上者，须请人代理。除因特别等故经特许者例外，代理期间不得超过一月。

第十五条 女职员在分娩期间准请假一月，并领该月份薪金。

第十六条 本大学新委用职员，应按照本校职员资格审查暂行规程，验明证件而定等级任用之。

第十七条 本规程经校务会议核准后实行。

（四）公务员制度的推行

民国时期，曾在政府机关、社会团体等内推行公务员制度，至于始于何时，未见记载，但据有关资料，至迟当在1940年前即抗战时期。为了推行公务员制度，国民政府考试院和铨叙部先后制定了一系列相关的法令、条例、规则、细则等。如《公务员任用法》《公务员登记规则》《公务员进修规则》《公务员退休法》《公务员抚恤条例》《公务员恤金条例》《非常时期公务员考绩条例》《公务员战时生活补助办法》《公务员支给薪俸限制办法》等，由行政院明令公布，全国遵照执行。

云大何时实行公务员制度，也未见记载，但知会计室每半年依制向教育部会计处呈报一次有关学校公务员员额俸薪报表。该表将全校各部门的教职员按内部组织、职别、任别、姓名人数、俸薪等项登记而成。如1942年10月25日会计室填报的该年上半年学校公务员员额俸薪报表如下：

表 3－22　国立云南大学民国三十一年上半年度公务员员额俸薪半年报表

填报日期：民国三十一年十月二十五日
填报员：张天玉
会计主任：路祖焘

内部组织	职　别	任　别	姓名人数	俸　薪	备　注
校长室	校长	简任	熊庆来 1 人	1000	内办公费 400
	秘书	聘任	赵康节 1 人	320	
	佐理秘书	委任	冯嘉英 1 人	250	
总务处	总务长	聘任	柳灿坤 1 人	760	
	干事	委任	刘维聪 1 人	160	
	助理	雇用	赵格康 1 人	95	
文书组	主任	聘任	虞唐 1 人	285	
	组员	委任	周保康等 3 人	120 ~ 135	
	助理	雇用	宋为藩等 5 人	75 ~ 115	
	书记	雇用	庄国珍 1 人	75	
	试用组员	雇用	李仲良 1 人	95	
出纳组	主任	聘任	陈鸿藻 1 人	295	
	干事	委任	苏蓁 1 人	170	
	组员	委任	冯光等 4 人	100 ~ 140	
	助理	雇用	刘宝琼等 5 人	80 ~ 190	
庶务组	主任	聘任	沈秉彝等 2 人	295	
	干事	委任	李怀 1 人	190	
	组员	委任	王以忠等 8 人	70 ~ 135	
	助理	雇用	魏芝麟等 3 人	60 ~ 65	
	司理	雇用	章诚宗等 21 人	36 ~ 201	
	机匠兼司事	雇用	陈书林 1 人	320	
工务组	干事	委任	郑世昌 1 人	140	
	组员	委任	邵明书 1 人	90	
	试用组员	委任	李尊贤 1 人	70	
教务处	教务长	聘任	何衍璿 1 人		院长兼不支薪
	试用干事	委任	杨绩彦 1 人	130	

续　表

内部组织	职　别	任　别	姓名人数	俸　薪	备　注
注册组	主任	聘任	张友铭 1 人	295	
	组员	委任	梁生兹等 3 人	100 ~ 130	
	助理	雇用	吴栋臣等 3 人	60 ~ 105	
	试用助理	雇用	刘君印 1 人	60	
	书记	雇用	金蕙芬等 4 人	50 ~ 80	
出版组	主任	聘任	张森 1 人	285	
	组员	委任	童玮等 4 人	90 ~ 115	
	助理	雇用	熊勋武等 3 人	55 ~ 70	
	试用助理	雇用	杨培 1 人	70	
	书记	雇用	杨芪之等 2 人	90 ~ 100	
	石印员	雇用	梁德祥等 5 人	80 ~ 350	
	油印员	雇用	杨增福 1 人	80	
图书馆	主任	聘任	彭元士 1 人	295	
	馆员	委任	曾以厚等 3 人	80 ~ 145	
	试用馆员	委任	陈溶等 2 人	70 ~ 80	
	助理	雇用	段宝珍等 3 人	85 ~ 95	
	编目	聘任	沈晓春 1 人	50	
	西文编目	聘任	李继先 1 人	275	
训导处	训导长	聘任	张福延 1 人		教授兼不支薪
	训导员	委任	武臣奭 1 人	150	
	女生指导员	委任	陶芳辰 1 人	200	
	事务员	委任	李蕙卿 1 人	100	
	试用干事	委任	戴铨苍 1 人	120	
	学生助理	雇用	张恕 1 人	40	
体育卫生组	主任	聘任	涂文 1 人	410	
	专任讲师	聘任	杨元坤 1 人	245	
	教员	聘任	张汝汉等 2 人	150 ~ 160	
	讲师	聘任	侯洛旬等 2 人	128 ~ 204	
军训组	主任	聘任	杨文杰 1 人	200	
	教官	聘任	魏巍等 2 人	190	
	助理员	聘任	周华 1 人	100	

续 表

内部组织	职 别	任 别	姓名人数	俸 薪	备 注
会计室	主任	荐任	路祖焘 1 人	360	
	佐理员	委任	王鹤轩 1 人	200	
	代理佐理员	委任	周佩仪 1 人	90	
	事务员	雇用	张天玉等 6 人	60 ~ 130	
其他	文史系书记	雇用	陈家骅等 2 人	50 ~ 100	
	体育组书记	雇用	杜志高 1 人	85	
	校医室护士	雇用	马惠芳 1 人	60	
顺龙桥分校	庶务员	雇用	张立诚 1 人	125	
	庶务助理	雇用	钱春深等 2 人	60	
	特务干事	雇用	把尚贤 1 人	70	
	事务员	雇用	常芷若 1 人	70	
	校医	雇用	易煜 1 人	100	
	学生助理	雇用	黄锦焕 1 人	50	
文法学院	院长兼教授	聘任	姜寅清 1 人	460	
文史系	教授兼主任	聘任	楚图南 1 人	400	
	教授	聘任	方国瑜等 5 人	340 ~ 420	
	副教授	聘任	白寿彝等 3 人	300	
	校秘书兼教授	聘任	徐嘉瑞 1 人	400	
	兼任教授	聘任	赵澍等 2 人	64 ~ 200	
	专兼任讲师	聘任	冯友兰等 10 人	64 ~ 170	
	讲师	聘任	邵循正等 6 人	96 ~ 160	
	文牍兼讲师	聘任	陶秋英 1 人	240	
	研究室助理	聘任	范乐山 1 人	90	
	助教	聘任	尚健庵 1 人	180	
	学生助理	聘任	缪鸾和 1 人	50	
	代授文法学	聘任	袁同功 1 人	120	
政治系	主任兼教授	聘任	林同济 1 人	485	
	教授	聘任	王赣愚等 3 人	360 ~ 420	
	进修教授	聘任	范师武 1 人	400	
	专兼任讲师	聘任	李德家等 4 人	120 ~ 230	
	助理	聘任	熊锡元 1 人	50	

续 表

内部组织	职 别	任 别	姓名人数	俸 薪	备 注
经济系	主任兼教授	聘任	沈来秋1人	400	
	教授	聘任	伍纯武等3人	340～420	
	副教授	聘任	齐祖诒1人	360	
	专任讲师	聘任	路祖焘等4人	96～220	
	助教	聘任	杜润生1人	50	
法律系	主任	聘任	王伯琦1人	400	
	教授	聘任	饶重庆等2人	320～400	
	副教授	聘任	王仲恒等2人	300～315	
	讲师	聘任	朱观等5人	64～256	
社会系	主任兼教授	聘任	陶云逵1人	420	
	教授	聘任	费孝通等2人	340～420	
	讲师	聘任	李树青1人	96	
	专任讲师	聘任	李有义1人	285	
	兼任讲师	聘任	吴富恒1人	120	
	助教	聘任	田汝康等4人	150～190	
	学生助理	聘任	安庆澜1人	40	
医学院	院长兼教授	聘任	范秉哲1人	380	
	副院长兼教授	聘任	姚碧澄1人	485	
	教授	聘任	杜棻等7人	315～440	
	附院院长教授	聘任	戴练江1人	760	
	兼任教授	聘任	缪安成1人	300	
	副教授	聘任	刘学敏1人	300	
	专兼任讲师	聘任	刘玉素等3人	96～230	
	助教	聘任	庄豪等3人	100～140	
	校医	聘任	王苏宇1人	320	
	解剖技术员	聘任	姚仰文1人	200	
	绘图员	聘任	赵竹�1人	170	
	助理	雇用	叶景森1人	70	
	学生助理	雇用	田武香等2人	50	
	练习生	雇用	余馨1人	90	
农学院	院长兼教授	聘任	汤惠荪1人	485	

续　表

内部组织	职　别	任　别	姓名人数	俸　薪	备　注
森林系	主任兼教授	聘任	张福延 1 人	485	
	教授	聘任	陈植等 5 人	330 ~ 440	
	兼任教授	聘任	贾海义等 3 人	100 ~ 160	
	专兼任教授	聘任	秦秉中等 2 人	160 ~ 230	
	助教	聘任	袁同功等 3 人	160 ~ 180	
	助理	雇用	严发春等 4 人	60 ~ 115	
	技术员	雇用	赵子孝 1 人	120	
农艺系	主任兼教授	聘任	徐季吾 1 人	240	
	教授	聘任	郭文明等 3 人	180 ~ 380	
	兼任教授	聘任	黄日光 1 人	200	
	副教授	聘任	杜修昌 1 人	295	
	专任合作讲师	聘任	诸宝楚等 3 人	200	
	助教	聘任	王光正等 7 人	80 ~ 180	
	农林场助理	雇用	李嘉泰等 7 人	50 ~ 105	
	农场技术员	雇用	金孟有 1 人	140	
蚕桑专修科	主任兼教授	聘任	常宗会 1 人	220	
	教授	聘任	王世中 1 人	180	
	兼任教授	聘任	朱新予等 2 人	120	
	副教授	聘任	陆星恒等 2 人	300 ~ 315	
	讲师	聘任	李宪之等 2 人	120 ~ 250	
	教员	聘任	蔡克华等 2 人	80	
	助理	聘任	洪雪芳 1 人	80	
理学院	院长兼教授	聘任	何衍璿 1 人	485	
	教授	聘任	赵雁来等 4 人	350 ~ 465	
	讲师	聘任	顾建中 1 人	200	
	英文讲师	聘任	殷炎麟 1 人	230	
	助教	聘任	杨桂宫等 6 人	100 ~ 170	
	司药兼注册	聘任	雷孟宛 1 人	140	
	实验管理员	聘任	袁俊春 1 人	90	
	练习生	雇用	沈家敬等 3 人	40 ~ 50	

续 表

内部组织	职 别	任 别	姓名人数	俸 薪	备 注
生物系	主任兼教授	聘任	崔之兰 1 人	420	
	副教授	聘任	徐仁 1 人	315	
	助教	聘任	潘清华等 5 人	100 ~ 195	
	助理	雇用	吴绍良 1 人	75	
	练习生	雇用	杨绍先等 2 人	50	
	图书管理员	聘任	刘春芳 1 人	50	
数学系	主任兼教授	聘任	王士魁 1 人	400	
	教授	聘任	庄圻泰 1 人	370	
	副教授	聘任	陆子芬 1 人	315	
	讲师	聘任	朱德祥等 4 人	200 ~ 250	
	助教	聘任	吴宝静等 2 人	100 ~ 120	
	助理	聘任	苗华殿 1 人	50	
工学院	院长兼教授	聘任	杨克嵘 1 人	485	
土木系	主任兼教授	聘任	丘勤宝 1 人	465	
	教授	聘任	曾国琦等 5 人	360 ~ 400	
	专兼任讲师	聘任	何淑梨等 3 人	230 ~ 290	
	助教	聘任	孙守哲等 3 人	105 ~ 190	
矿冶系	主任兼教授	聘任	石充 1 人	500	
	教授	聘任	蒋导江等 3 人	360 ~ 480	
	副教授	聘任	王敬甫等 6 人	160 ~ 300	
	讲师	聘任	熊先桂 1 人	230	
	助教	聘任	于秀客等 6 人	100 ~ 150	
	会计员	聘任	纪国钊 1 人	115	
	舍资留守助理	雇用	肖粹彰 1 人	60	
采矿专修科	兼主任	聘任	石充 1 人	140	
	兼教授	聘任	蒋导江等 3 人	60 ~ 220	
	兼副教授	聘任	张文奇 1 人	100	
	兼讲师	聘任	熊先桂 1 人	60	
	专兼助教	聘任	于秀客等 3 人	20 ~ 100	
	教员	聘任	冯金兰 1 人	140	
	文书事务员	雇用	雷震春 1 人	85	

续　表

内部组织	职　别	任　别	姓名人数	俸　薪	备　注
铁道系	教授	聘任	许靖 1 人	400	滇越铁路补贴
先修班	主任	聘任	何衍璿 1 人	140	
	专兼教师	聘任	张友铭等 8 人	20～120	

四、校产和校办产业

国立云大时期，学校为了适应发展和教学的需要，通过请拨、购买等方式继续扩充校址，增加校产。同时，为了增加办学经费，服务社会，还结合教学与科研，先后开办了一些实业性产业，有的还办得卓有成效。

（一）北门外苗圃、荒地、寄柩所、英国花园

1. 北门外苗圃

早在省立时，北门外东至莲花池村，南至城墙，西至通富民大路（今地台寺），北至绿线一片地区，包括今校本部北半部、北院、西院、云南师大本部等片，省府即核准拨归云大，作扩充校址之用。但因条件限制，学校迟未开发利用，多属荒地、坟场、农场、苗圃等。有的还未按时办理移交手续，而仍为外单位管有。1938 年 7 月，学校呈文省府，谓："北门外至西门城墙脚一带地面，大部分系由昆明县农会管有，设有县农会苗圃在内，苗圃除植苗外，尚有多数余地，租给农民种植。"此部分"适在本校新开城墙便门以外，为本校与城外交通要道，及布置防空洞地段，拟请正式移交本校管有，以便展布"。8 月 16 日，省府指令学校："如呈照准。"至此，今日西院一片，正式归入学校范围，后来农学院即移于此。但移交仍不彻底，县农会仍留苗圃一部分，至使今日西院内仍有一部地面属市园林局管有。

2. 请拨北门外荒地

北门外城壕一带，即今东一院一片，原为清末劝业道植树地段，省农业学堂建于旧贡院后，拨归该校作试验农场。1914 年昆明县农会成立，又转为该会苗圃。省立云大时期征用北门外荒地时，尚有一片为市政府、省会警察局造林区。国立时欲征用该造林区，市府、省警局提出由学校"酌给相当地价，付给秧苗损失费"为条件。1939 年 2 月，学校呈省府，认为"此段造林区拨归职校，原系用以扩充校址，发展教育，因公拨用，应请免付地价。树秧价值一项，职校应承认归偿，希望切实计算，以便归付"。此后又拖了年余，到 1940 年 7 月，省县政建设实验区、昆明县政府又提出由学校"补偿苗圃垦荒损失及迁移费国币陆仟元"。对此，学校仍表异议。后经昆明县长高直青"持平结束"，照该会要求数目减半，补偿 3000 元，另酌给迁移费了事。至此，今东一院一带最后归入云大。

3. 征用寄柩所计划

寄柩所原为五福寺，位于今云南师大本部偏西地台寺一带，原系莲花池村私有产业，

后由省会警察局借用，设立第三寄柩所。1938 年 9 月，学校致函省警局，谓："法国墓地（今云师大内）西侧有贵局所属寄柩所一院，适在本校工学院新建筑计划区内，请拨归本校使用。"并表示：若"属于公有地产，应无条件拨归学校。属于私有地产，得估价收买"。10 月，省警局复函学校，表示："此地划入建筑范围，自应照拨。"但系借用于莲花池村，该局无有产权。后来几经交涉，因"产权阻滞"和该地离校较远，而未拨成。

4. 征用英国花园计划

英国花园位于今昆明理工大学校本部东南，为英国驻滇领事馆墓地。1938 年中，学校通过外交部驻云南特派员办事处（公署）与英国驻滇领事馆交涉，办事处向英领馆提出，拟以其他适当地点与该墓地交换。9 月 5 日，英领事达维森函告办事处："兹奉本国外交部指令，准许本总领事开始商洽，以此项地基与接近城市之真正适当地址相交换，但须面积相等，环境适宜。"对此，熊庆来于 9 月 17 日呈报龙云，请其定夺。呈文云："现本校教职员宿舍，急待建筑，自应恳请钧府主持，转行外交特派员公署，正式照会英领，将园地交归本校接收使用。至英领要求条件能否允许，或拨给何项地面各节，并恳鉴核办理，以期早日解决。"省府考虑因无适当地点与之交换，故决定备价收回后再定。但后来却长期未予收回，学校计划终未实现。

（二）联大借地、医学院院址、呈贡农场、小东门校产

1. 联大借地

抗战爆发后，北京大学、清华大学和南开大学南迁昆明，于 1938 年合组国立西南联合大学，以今云南师大为校址。因其地域狭小，不敷展布，1939 年 3 月，联大常委梅贻琦、蒋梦麟、张伯苓等联袂致函云大，以借地基而建实验室。其函云："径启者：查本校需在昆明建筑校舍，惟征收三分寺地亩不敷应用，拟借用位于该处附近之贵校空地一段建筑理化实验室二十二间，相应函达，并附上兰色地图一份，即希查照惠允赐复为荷。"按图所示，即欲借今云大西院东北一片。既是兄弟院校需要，云大当即应允。

4 月，云大复函联大："查划借地段，目前敝校尚未应用，自应暂时照借，借期以抗战时为限。"两校随即办理了借用手续。

抗战胜利后，联大三校复员北迁，同时将所借地基归还。但在 1946 年 7 月 31 日联大致云大函中说："原借贵校地亩一段建筑本校南区校舍，兹因本校结束，依约应将该区地亩连同房屋移交贵校接收。兹查该区房屋，除坐落东北角之校医室及生物实验室已经商准贵校，由国立师范学院留用外，其余应予移交。"由此可知，移交并不彻底，此即今日云大西院有一地基属云南师大之由来。

2. 请拨医学院院址

云大医学院原来计划建于圆通山西部，后因故未成。1937 年，医学院正式成立。其时圆通山西部地基已不属云大，学校遂呈准省府，拨给昆华中学北面旷地十数亩，即今物理馆和枇杷园西，以建造医学院院舍，包括教室和解剖、细菌、生理组织，药物及生理、物理化学等实验室，后来澄农馆也建于此。这样，校本部西部校址又有扩充。

3. 创办呈贡农林场

1939 年，云大农学院成立前学校即创办了农林场，以为成立农学院之准备。一为扩充地亩需要；二为避免日机空袭，学校决定农场办在昆明远郊。先是派员前往东郊呈贡火车站一带实地查勘，经勘查后，认为该地“土地宽阔，地势平坦，土质攸宜，环境优良”，离昆仅 12 公里，建有铁路，交通便利，遂决定在该地对角村附近征购土地，以为场址。旋在该村三官庵设农场临时办事处，由技士丁振麟负责。6 月 2 日，学校呈报省府，谓：“职校于本学期呈转教育部筹设农学院，以其预储人才，以应时势之需要。最近筹办伊始，关于农场之购置，自应择相当地点，以资创设。”拟在呈贡购地 500 亩，作为农场场址。“其四周界址，计东自对角村后至火车站对面镇屋后面之横小道为界，南自呈贡车站至县城大道止，西以水沟为界，北与建设厅呈贡果树园艺试验场为界。”6 月 27 日，省府指令：“应予照准。”创办之事既定之后，学校即制订计划和着手征购土地。

农场初期计划包括 4 项：①组织：计分农艺、森林苗圃和园艺，由学校聘任教授 1 人为主任，另设技士 1 人，具体主管农场事务，下设助理 4 人；②经费：每年拨款 1.2 万元，加产品销售收入约 0.4 万元，共合 1.6 万元；③面积：约 200 亩，其中属研究试验者 30 亩，普通栽培者 170 亩；④人事：工作人员 5 人，农工 10 人，农忙时则雇用短工。征购土地结果，约有 250 亩，加上农学院院舍，共约 300 亩。1947 年，又租到建设厅农林改进所呈贡果树园艺试验场之土地约 60 亩，共 360 亩。

农场开办后，采取因地制宜，多种经营方针，将全场分为苗圃、果树园、蔬菜园、茶园等试验地，少部水田种植水稻，部分地亩种植经济作物。以 1945 年为例，该年除以 100 亩为试验地外，其余土地广种蔬菜。蔬菜分夏作与冬作两项，夏作计叶菜类 5 亩，茎菜类 35 亩，根菜类 10 亩，果菜类 45 亩，荚菜类 55 亩，共 150 亩；冬作计叶菜类 60 亩，根菜类 20 亩，茎菜类 40 亩，荚菜类 30 亩，共 150 亩。其产品除部分供给农学院各膳团外，多予外销。

农场每年均作经费预算，成本、产品核算。其经费除部分由校补助外，多是以场养场，自负盈亏。如 1947 年的经费预算计分 3 项：①设备费：农具费 40 万元，耕牛役马费 60 万元，看守房建筑费 30 万元，粪池建筑费 50 万元，蓄水池建筑费 20 万元，共 300 万元；②经营费：职员薪津 60 万元，长工工资 360 万元，短工工资 27 万元，种苗费 15 万元，肥料费 300 万元，杂费 8 万元，共 770 万元，两项合计 1070 万元；③收益估计：蔬菜 150 亩，依据当年亩产、总产、市场价格计算，约可收入 1292 万元，收支两抵，略有盈余。可知，农场已可自立，无须学校补助。

呈贡农场和稍后成立的农学院还积极开展对外业务交流活动，以求取长补短，共同提高。1941 年 9 月，国立中央大学农学系来函，以“他山之石，可以攻玉”，希农场告以“大概情形”，“俾便参考，以资借镜”。11 月，军政部兵工署驻昆办事处马龙林场来函，因“素仰（云大）农学院为农学最高学府，研究指导，素具热忱”，要求“检寄各项花卉蔬菜种子”。同年，国立中正大学农学院也来函征集农林种苗，希农场“不吝珠玉，愿赐若干”等。同行所求，理当必应。农场先后为兄弟校、场寄去优良种、苗，如桉树、无患子、云南松、华山松、冲天柏等树种，以及来杭、武当、九斤黄、狼山等鸡种和美利奴羊种。与此同时，云大农场也积极争取“外援”，如向中央大学等征购福禄考、金鱼草、美国石竹、五采石竹、金鸡菊、美女樱等花种。1947年，当得悉日本柞蚕专家田中义磨博士曾到辽北省立农事试验总场工作时，即致函该场，意欲聘请田中博士来校任职。但该场函知："日本九州大学农学院教授田中义磨博士，虽数度来东北调查指导柞蚕事业，但仅一时工作而未久留。"聘请未果。

经过苦心经营，农场规模渐具。至1947年时，其设备除房舍外，余如木器有桌椅床凳、升斗盆桶；杂件有风琴、汽灯、马灯、油灯、马锣；自卫枪械有毛瑟枪2支、卅年式步枪1支、驳壳十响枪1支；农具有抽水机、洋犁、牛车、水车等。但因该地风沙较大，风季长达半年，又降雨稀少，气候干旱，水源缺乏，灌溉困难，仅能靠天吃饭，生产效率低下，故难期发展，仅能作维持状。

4. 小东门校产的另租

学校原在小东门珍珠塘一带，即今青年路小花园东有地产一区，西至城墙，东至城河，东西宽20余丈，南北长250余丈，计14亩2分9厘。私立东大时由省署拨得，初为苗圃，种有桑树、白杨，养有柏秧，种有蔬菜等。省立时租与雷玉清使用。后雷玉清在该地违约，擅自私建房屋转租他人，以收房租。1939年9月9日，熊庆来手谕："小东门与大东门间城外菜地，租借违约，造屋情形，希秘书长亲往查明，俾须决定续租办法。"次日，秘书长郑崇贤即遵谕与庶务组主任张用之亲往查勘，发现雷玉清在小东门城墙脚添建房屋2间，与原来的7间转租他人住坐；在大东门与小东门之间老鸦箐侧建屋2间，转租予人弹棉花；在大东门城墙脚建屋2连4间，此系转租地面予棉絮铺建盖，又由棉絮铺再转租予人住坐。郑崇贤与张用之勘查后认为，该地"土地肥沃，水源便利，颇堪作为农场育苗之用。若仍图些许租金收入，再经数年，将致主权旁落，无法整理。似应早日收回，并暂设一苗圃，委人管理保护，以重公产"。对此中肯意见，学校颇以为然。9月14日，熊庆来即批示道：由秘书处即设法收回，作本校苗圃。后即收回，部分拨交蚕桑专修科作蚕桑试验场，但多余部分仍另予出租，其出租场号编为50号，租户共51户。租户或直接租用已有房屋，或租地皮自建平房、楼房。租金先收国币，后改为大米。租额多为每间每年大米1公石左右。

（三）天君殿巷、开远农场、实习工厂、日机轰炸

1. 请拨天君殿巷计划

天君殿巷位于文林街北，学校本部西南，原有房舍、地基一片，向为教育厅教育经费管理局管辖。1940年1月，学校为建宿舍而致函教育厅，请拨该地。6月，教育厅复函学校，以该地云大曾于民国"二十七年份占用一部，尚未正式办理移转手续"为由，认为"此项续拟拨用之地，应以西至李姓民房为界"。即今南学楼一线，而不包括天君殿巷。学校再函教育厅力争，函说："本校范围逐渐扩大，地址亦次第扩充，现虽暂时拨至李姓房为界，但将来不敷，势必再行请拨，手续既以滋繁，公文亦复辗转。本校为一劳永逸计，拟请即将该局管有之地面全数拨给，以便将来建筑志成院。再则志成院地位，经（龙）主席面谕，向北移挪，将来建筑其势亦非占用管理局经管全部地面不可，为此特函贵厅，请予同意，并恳即转饬教育经费管理局遵照办理，以便一并办理转移手续。"但教育厅对此

仍予拒绝，致天君殿巷终未并入云大“版图”。

2. 开远酒精原料农场的创办

原先经济部资源委员会与云南全省经济委员会在开远大庄合办有云南酒精厂，也称开远酒精厂，利用当地盛产的甘薯、甘蔗、玉米、高粱等生产酒精。为了保证该厂原料供给，1940 年初，云南酒精厂与云大农学院拟合办酒精原料农场。2 月，农学院制定了农场组织大纲，共有 9 条。其文如下：

第一条　云南大学农学院受经济部资源委员会、云南全省经济委员会合办开远酒精厂之委托，办理供给制造酒精各项原料栽植事宜，特设本场。

第二条　本场经费全部由开远酒精厂供给。

第三条　本场土地按照实际情形分别租领或出资收买之，由开远垦殖局及蚕桑新村公司协助进行。

第四条　本场得分设技术、推广、事务、会计四组。

第五条　本场设主任一人，技师二至三人，由云南大学农学院征得开远酒精厂同意后，由云南大学聘任之。各组设组长一人，除会计人员由开远酒精厂派充外，余悉由本场委任之。

第六条　本场总场面积先以二千亩为度，嗣后逐年扩充。

第七条　本场所栽植之制造酒精原料为甘薯、甘蔗、玉蜀黍、木薯等各项作物。

第八条　本场作物收获后，按本估价另加利十分之一作价移开远酒精厂应用。

第九条　本场盈余提十分之四补助云大农学院扩充设备之用，十分之一供全体职员奖励金及公积金之用，其余十分之五留供本场扩充事业之用。

2 月 7 日，云大代表、农学院院长汤惠荪（甲方）与云南酒精厂代表魏岩寿（乙方）签订合同草约 5 条。主要内容为：

一、云大农学院受云南酒精厂委托，设立农场栽植农作物，并从事推广，以供制造酒精原料之用。

二、农场每年甘薯产量暂以一万五千吨为度。

三、农场产品价格依照生产成本及市价由双方酌定。

四、甘薯一项每吨暂以国币六十元计算，每年全额估计国币九十万元，由乙方分四期拨付甲方。

五、本合同有效期限暂定为五年。

3 月，一切筹备就绪，农场宣告正式成立。场部设于滇越铁路蒙自草坝车站附近，离酒精厂约 15 公里，租定开蒙垦殖局土地 1360 亩。大庄则设分场。5 月进行基本建设，9 月全部告竣，计有办公室楼上楼下 22 间，农工宿舍 3 间，农具、农产储藏室等 6 间。并购置农具一批，招雇农工数十人。初期人事组织为：农场主任陈植，技术组长肖泽，推广组长蔡克华，会计组长黄光祖，事务组长徐寿龄，下分技士、助理员、事务员、会计员、技术员、推广员和练习生、农工等。农场经费共分二项：经常费：由厂方按月于收料费项下划支应用；临时费：由资源委员会一次性拨借，农场分年偿清。

农场成立后，其经营方式有自产自销、贷款收购等。如1941年，大庄分场自栽高粱159亩，甘薯192亩，又贷款2.4万余元给附近农户，栽种甘薯971亩。当年分场自产甘薯10.62万公斤，向外收购14.84万公斤，大部制成干片以供酒精厂之需。农场还结合教学进行科学试验，如曾经分别与呈贡农场、草坝中央农业实验所合作，举行甘薯、马铃薯、玉米等的品种比较、栽培方法、肥料施用等试验。

不幸的是，农场成立不久即遇天灾人祸。1940年夏7月，草坝地区大雨连绵，农场因“地势低洼，排泄不易，致积水甚深，几成泽国”，自种的350亩作物被淹180亩，农户代种的1800亩被淹1100亩，甘薯、高粱损失无数。尤其10月，日军进攻越南，“越局紧张”，而酒精厂、农场所在地大庄、草坝离中越边境仅200余公里。为防人员伤亡及财产损失，酒精厂即迁至昆明东郊大板桥另设新厂，是为总厂，大庄酒厂则改为分厂。为供应原料便利起见，1941年4月，酒精原料农场也自草坝迁至大板桥，新设总场，草坝余地613亩并给大庄，改为大庄分场，草坝总场遂告结束。

酒精厂迁昆以后，生产不甚正常，作为原料供给地的农场因之亦然，一直处于苦苦撑持之中。至1943年9月，酒精厂致函学校，决定停止合办农场。其函云：“案查本厂前与贵校农学院合办酒精原料农场，以越南事变影响，办理结束，业经函达在券。所有房屋空歇未用，现拟交由贵校接受使用，应相函请查照点收，惠予立册见复为荷。”学校随即派员点收完毕。至此，创办仅3年的酒精原料农场宣告结束。

3. 实习工厂的出租

1939年云大工学院实习工厂新建后，学校委托大东工厂为之设计安装，除将原有设备移入其中外，又制造机件一批，计有3类32种若干件，另由大东厂代向香港旗昌洋行订购各种马力的马达4台。工厂初分铸铁、锻铁、机械、木工4部，旋撤销木工部。厂设主任1名，由教授兼任，先后为李清泉、胡宗璞、郭佩珊等。各部有教授1名，负责指导，工头1名，余为货仓管理员、看更夫、杂役等。初定开办费3.8万余元，年开销3.7万余元。

工厂设备安装初具规模后，旋因日本飞机袭扰昆明，工学院奉部令疏散离昆，工厂因难以随迁，学校遂决定将其租予大西机器厂生产经营。1941年10月，云大代表总务长柳灿坤与大西厂代表及保人周自新共同订立《租借工厂合同》，共19条，详细规定了租借的有关问题。合同全文如下：

租借工厂合同

一、校方将厂房两幢、瓦房两间，连同地基及机器、工具租与厂方使用。

二、厂方应邀工商界名人负责担保，并以价值一万元之资产作为抵押。

三、校方学生得到厂实习，所耗工具、材料由校方自理。

四、校方员生及来宾得到厂参观，但不得妨碍工作。

五、每月缴租金国币五千元，按月交付。

六、除租金外，厂方将每半年所得净利百分之八酬谢校方。

七、校方得派员到厂查看机器之使用是否得当。

八、租赁物因不可抗力或事变（如空袭等）而受损时，校方不得要求赔偿。

九、如双方因事争执，得请求市政府仲裁而遵照之。

十、如因时局严重须将机件迁徙时，或迁回时，所需费用统由厂方负担，拆卸装配期间，校方不取租金。

十一、厂方如因工作需要而欲有所设备、修建时，须经校方同意。

十二、如因厂方人事之不慎致使机件、厂房受损时，校方得要求赔偿。

十三、厂区范围经校方指定，由厂方筑篱隔离。

十四、所需配件，由厂方自行购配。

十五、电力接火手续由校方办理，工料费用由厂方负担。

十六、如因停电等致使机器无法开动继续五天以上，相应得扣除租金。

十七、经试验证明机件并无损坏，即行起租。

十八、租期预定三年，续租与否，须于租满前三个月通知。校方如不收回自用，厂方有续租之优先权。

十九、本合同共二份，校方、厂方各执一份。

此次工厂出租，所租出的设备大小共47项。主要者有：

大车床	1部	小车床	10部	牛头刨床	1部
龙门刨床	1部	钻床	1部	砂轮机	1架
地轴钢条	1副	地轴轴承	13副	挂轴	11副
地轴皮带轮	16只	大老虎钳	12只	大铁锤	6只
小铁锤	6只	火钳	7把	大小齿轮	83只
跑马架	5个	中心架	1个	马达	2只

1942年2月，双方又订附加条款，将学校储藏机器房屋1间，瓦房1间，东西长25公尺、南北长70公尺的地基1块，淬火炉1座等租予大西厂，租金为每月1000元。

大西厂租用工厂后，经营有方，连年盈余，不仅按时缴纳租金，且还依约按时拨交红利。如1942年上半年拨交红利10855元，下半年又拨交10574元。

1944年8月，其时工学院已自会泽迁回昆明，而且工科系别学生陆续增加，实习任务相应增多，同时工厂租期已将届满，学校拟将实习工厂收回自办，特聘请丘勤宝、章辑五、王鹤仙等为收回大西厂调查委员会委员，会同调查设备情况及负责移交事宜。9月16日，机件移交清楚，收回完毕。工厂收回后作了改组，计分车工、钳工、锻工、铸工、木工等部和工具材料室，主要任务是服务教学，专供学生实习，修理本校仪器，制造实习工具等，其次也对外服务，加工零配件等。

国立云大后期，为了加强对实习工厂的管理，工学院于1949年7月召开院务会议，作出决议5条。具体如下：

一、成立实习工厂管理委员会，委员十一人，内院长、五系一科（即土木、矿冶、机械、铁道、航空等系与电讯专修科）为当然委员，外加聘工厂主任一人、有经验之教授三人等为委员。

二、工厂主任由院长推荐，提请校长聘任之。

三、院长为管委会主任委员，机械系主任为副主任委员。

四、管委会组织章程及办事细则提交院务会议决定后，再呈教育部备案。

五、除主任委员、副主任委员与当然委员请校长加聘外，拟请聘李清泉等三教授为委员，郭佩珊为工厂主任兼委员。

对此决议，熊庆来批示："如拟照办。"8月5日，学校即以校长熊庆来之名义，由总务长诸宝楚签发，对上述委员发出聘函。

国立时期，学校实习工厂先是对外出租，后是对内供学生实习，既为学校增加了收益，又对工科人才的培养起了积极作用。

4. 日机轰炸及其损失

抗战爆发后，日机迭次袭扰昆明，狂轰滥炸。在不到一年之间，学校先后3次被炸，公私财产蒙受巨大损失。

1. 第一次被炸

1940年10月13日午后，日机30余架进袭昆明，学校首次被炸。早在1939年7月1日，行政院即发出训令："查前以抗战迄今，前方后方直接间接公私损失，亟应详细调查。各地方每遇敌军进攻或遭敌机轰炸一次，即应将人口伤亡及财产直接损失查报一次。"学校被炸后，遵其训令，即对损失情况初步勘察，并于当月以快邮代电国民党中央，进行会报。其电如下：

重庆军事委员会委员长蒋钧鉴：本月十三日午后，敌机三十余架进袭昆明，狂施轰炸，其惨烈为前数次所未有。计在本校范围内投弹大小近30枚，校舍泰半破坏，有历史价值之至公堂（即本校现在大礼堂）中弹全毁，实验科学工作所在之科学馆崩裂，不可复用，落成未久之医学院屋宇大部夷为平地，巍峨宏壮之会泽院屋檐亦中弹，并四面被炸损伤，其他各屋宇仰尘门窗多已残破，教职员及学生宿舍与零星房屋被震化为瓦砾场者，计五六十间。图书仪器大部分虽已迁出，而存校部分也颇有毁损。总计建筑约在一百五十余万元，图书仪器约在十余万元，校具约在七万元。幸本校全体员生闻警报迅速疏散，尚属无恙。但所有书屋损失殆尽者近二十人。

对于学校被炸，11月中旬，国民政府文官处来电表示慰问，其电云："主席至为系念并以诸君经此激刺，愈益奋励，深为嘉许。"教育部、省政府、兄弟院校、社会各界等均纷纷来电慰问。

云大被炸不久，学校组织专人对其损失情况作了详尽调查，结果是：建筑部分计至公堂5间，西寝室30间，科学馆36间，会泽院1/10幢，旧女生宿舍洋房1幢，西式教室及印刷室1幢，晚翠园屋宇21间，医学院南舍13间，北舍教室、医学院铝顶大教室2幢，围墙80丈，澄农馆屋顶、门窗，教职员西宿舍、南宿舍，学生会客室，校长室，新建女生宿舍，东寝室，理化实验室等均遭不同程度毁损，估价为 117.18 万余元。其余损失估价分别为器具 7.78 万余元、图书 4.32 万余元、仪器 4.56 万余元、药品 0.56 万余元、教职员 2.51 万余元、学生 0.27 万余元、校警工友 0.3 万余元，总计 137.5 万余元，另伤职员 1 人，工友 2 人。

学校将损失汇报后，曾蒙行政院副院长孔祥熙汇来救济费 1 万元，教育部长陈立夫汇来 6000 元等，虽属杯水车薪，然也可解燃眉之急。

2. 第二次被炸

1941 年 5 月 12 日，日机袭昆时云大再次被炸。敌机在学校范围内投弹 10 余枚，计会泽院屋顶中 1 弹洞穿，医学院炸毁澄农馆一部及教室、院舍一部，映秋院前落 1 弹，部分房屋被震崩塌，十六教室及学生食堂中弹炸毁，大门内亦中 1 弹，北门外临时宿舍侧面落 2 弹，校内图书、仪器、标本、用具、器物等均有损失，员生幸无恙，但伤校工 1 人。

学校再次被炸后，即向国民政府军事委员会委员长昆明行营主任兼省主席龙云汇报了毁损情况，并请拨款救济。龙云当即允拨国币 2 万元。5 月 17 日学校收款后，熊庆来即函申谢，其函云："云大十二日被敌机惨炸，损失严重，主座龙公，至深系念。昨特饬行营拨给国币二万元，一部分用于员生工警生活方面之救济，一部分用于学校教育方面之救济。"

3. 第三次被炸

1941 年 8 月 14 日，日机又狂炸省市学校区，云大第三次被炸，再遭破坏。此炸计实习工厂屋顶洞穿数处，校本部东北角小屋之瓦顶及围墙数丈被毁坏。幸大部师生无恙，惟校工一人杜瀛洲震伤后亡故。

1943 年 8 月 16 日，教育部代电云大，谓："联合国战后救济及复兴协定业已签订（按：联合国是 1945 年 10 月 24 日二次大战后始正式成立）。查我国沦陷区内教育文化机关遭受之损失极大，复原自多困难，将来势必有赖于联合国家之协助与合作。美国政府将于今秋召集会议，讨论一切。……抗战期间如有损失，应即详晰查明其现值，倘有复原之必要，所需费用（若干），克日呈报，以凭汇转。"学校接电后，总务长即批示："事关重大，提呈（校长）亲核批办。"熊庆来批示后，立即派员依电重新调查估计损失及所需修复情况。10 月 6 日，学校以校长、总务长名义呈文教育部："本校过去曾遭敌机轰炸二次（按：实为三次），被毁建筑物及图书仪器药品约计达现值一四七四八七二二五元之谱，损失严重，战后势非设法恢复不可。"并随文附云大损失清单一份如下：

表 3－23 国立云南大学财产损失清单

单位：国币元

被炸损失分类	现值金额	备 考
建筑物	50000000	科学馆全毁，需全部建筑
建筑物	25000000	会泽院修理费
建筑物	1000000	学生红屋宿舍修理费
建筑物	12000000	至公堂修理费

续 表

被炸损失分类	现值金额	备 考
建筑物	1100000	西宿舍修理费
建筑物	13000000	医学院修理费
图书	7882500	图书损失费
仪器	13218000	仪器损失费
器具	22542375	器物损失费
药品	1744350	药品损失费
合计	147487225	

填报者：国立云南大学校长

（四）矿山实习场、附属医院

1. 矿山实习场

1925年私立东大开办本科时，即设有工科，工科之下又设有采矿冶金系。1939年国立时又增设采矿专修科。为了培养合格的矿冶人才，必须要有矿山实习场所。几经周折，学校在著名的锡产地个旧建立起了矿山实习场。据1941年该场经理于耀庭报告，该场包括本部、蟠村、新村等处，当时财产除设备外主要有三类：

房舍：正房6间、耳房12间、厨房1间、仓房1间、仆役住房2间、马房8间、三层炮楼1座、炭房3间、石灰房1间、厕所2间、柴房2间、围墙1周、洗矿棚1个、洗矿塘4个、机器房2间、泼炉水塘2个等。

山场：祭天山、打矿山、蚂蝗箐、陡普箐、张聋子坑、打矿山下、公司面前、阿拖倮北箐等20处。

森林：款庄属浑水塘、公司附近、鲁南芒全地等处。

2. 附属医院的创办及其善举

云大医学院自1937年成立以后，学校自身迄无实习医院，这于教学实习殊为不便。1941年4月，学校呈文教育部，请准设立实习医院，以利学生实习，复可收治病人。呈文说："查本校医学院自设立迄今，已历三年有余，而教学必须之实习医院，亦因经费拮据，尚未筹设。本校前不得已暂借甘美、慈群两医院为学生实习处所，颇不易作充分之实习。兹查该院高年级学生，仅两年半即届毕业，若不急速（筹设），则该生等毕业后虽有理论上之智识，而少临床方面之经验，万一发生医疗上之错误，不惟贻误病人，学校方面亦有责任。（今）以本校北门外房屋及新建实习工厂（空闲），又该院范院长愿将私人新建房屋（建筑费十万余元）借校应用二、三年，不取租金，而省立仁民医院亦愿补助贫民药费……有此良好机会，拟将该实习医院立一初步基础。"此呈蒙部允准，但因抗战，国帑支绌，仅年拨经费2万元，由学校在自给自足的基础之上尽先成立。学校无奈，拨给北门外旧房舍20余间（今校医院一带），权充病房，另又拨款7万元，加建简易门诊部、手术室、临产室等10余间，以为院舍。7月1日，云大在《云南日报》《民国日报》《朝报》等报刊载《通告》云："该校医学院为便利病人求诊及学生见习起见，业在该校北门外筹设附属医院，兹已筹备完竣，拟定于七月七日先行开放门诊部。"7月5日，学校再请中央通讯社、云南通讯社等登载《启事》一例，谓：附属医院"门诊于七月七日先行开幕，医生均由该校医学院教授兼任，皆学研深粹、经验宏富之专家。院长，已聘定戴练江博士，外科医生由范秉哲博士、戴练江博士、沈福彭博士担任；内科医生由姚碧澄博士、赵明德博士担任；产妇科则有杜棻博士，眼耳鼻喉科有李枢博士，皮肤花柳科和泌尿科有程一雄博士，小儿科有刘学敏博士等"。80多年前，云大附属医院草创伊始，内、外、妇、儿、五官及皮肤等科均同时设立，且由清一色的留洋（多为留法）博士担任医师，足见其门类之齐全，科别之完善，阵容之强大，医术之精湛！

7月7日，云大医学院附属医院，即今昆明医学院第一附属医院的前身，正式宣告成立。7月9日，熊庆来特函省主席龙云，请其书赐"云大医院"匾额一方，每字1.8平方公尺左右，龙云颀然题赐。从此，云大医学院附属医院又称云大医院，此亦即后来由云大医学院独立建成的昆明医学院附属第一医院仍称云大医院的由来。

附属医院成立后，并无固定经费，除学校少有拨款外，主要靠社会捐赠及自身筹集。房舍也因陋就简，凑合使用。其创业之艰辛，不言而喻。在如此艰难困苦的条件下，医院除供本校医学院学生实习外，还积极开展对外服务。尤可叹者，医院曾本救死扶伤的人道主义精神，增设免费病床和收治男女乞丐。1941年8月，医院本"力求优待贫苦病人，以完成慈善使命"之精神，发出《征募免费病床医药费启事》，拟增设免费病床50张，分为甲、乙二种，凡患重病无钱医治而取得贫寒证明书者，可按贫寒状况分别给予甲种或乙种床位，以施行救治。其中，甲种床位病人之医疗膳费全部免除，乙种床位病人则免半费。

1942年12月，医院首任院长戴练江辞职，医学院院长范秉哲继之兼任。范秉哲兼任伊始，即致函熊庆来，建议医院收治男女乞丐，其死亡者则由医院备棺掩埋。其函如下：

> 窃职院为造福人群，服务社会，及解除无力医病流浪街头之男女乞丐痛苦起见，可以免费施诊。如已死亡而无亲属掩埋者，职院可施舍棺木装埋。兹届严冬，致病死街头之乞丐，每有所见。病者街头号痛，无人过问，死者往往暴尸数日，无亲属收埋，为状至惨！请函知云南省警务处转饬本市所属各警察局，如遇有病倒街头及死亡而无亲属医治及掩埋之乞丐，可随时送来北门外云大医院施诊，或通知施棺掩埋。
>
> 　　谨呈
>
> 校长　熊
>
> 职　范秉哲　谨呈

此函读来，催人泪下！个中情状，惨不忍闻！医院善举，感人肺腑！救死扶伤，胜造浮屠！云大医院前辈诸公高尚之医德，救贫之精神，人道之信仰，社会之责任，不仅跃然纸上，而且发人深省！对此呈请，12月21日，熊庆来亲批："准照，函请总务处。"1943年1月7日，总务长也批："文书组办。"1月16日，经校长熊庆来、附属医院院长范秉哲和总务长柳灿坤签名钤印后，学校即以熊庆来的名义正式致函省警务处李处长，请其转饬所属各警察局，日后遇有男女乞丐患者，可径送附属医院诊疗，如已死亡者，并可给予棺木安葬。云大医院救死扶伤之人道主义精神，直可彪炳于云南大学史册！

1944年初，因西郊鱼街子疗养院落成，范秉哲改主其事，附属医院院长一职由赵明德继任。赵明德继任后，对医院进行了整理。第一期整顿院务：将旧有房屋加以整修，扩充病床为50张，调整会计事务，明确各人职责，并就收入所余，渐次充实设备；第二期扩充房舍：利用撙节余款，添建楼房一幢，划为头、二等病房，共28间；第三期完成设备：承各方捐助，已有X光机等主要器械。人事方面也有部分变动：加聘张瑞纶博士兼任副院长，内科赵明德兼，外科除范秉哲外，并聘刘崇智博士为主任，而妇产科杜棻、小儿科刘学敏、眼耳鼻喉科李枢等仍旧，牙科梁家椿博士担任，理疗科张蓬羽博士担任。各科主任均为专家教授。

4月28日，虽然任职不长，但对医院建设却颇多建树的赵明德突然提出辞职，其辞呈云："窃职自接任本院以来，仰承校长、院长多方指导，并赖各同仁随时协助，应得安然维持。……幸无大误，尚堪自慰。近因身心不能兼顾，难以继续支持，恳请准予辞去院长兼职，以便专心授课。"对此请辞，医学院副院长姚碧澄批示："请校长极事挽留。"院长范秉哲更为斩钉截铁，断然批示："绝不准辞。"校长熊庆来也批示："恳切挽留"，并以个人名义，于5月13日致函赵明德，深情挽留。其函云：

明德院长仁兄大鉴：

附属医院承吾兄主持，年来蒸蒸日上，进展颇速，良用佩慰。来教所云，未免过事谦抑。当此国家艰危，医学教育千钧一发之际，一切规划整顿，正有赖于贤劳。遽尔请辞，万难遵命。用特耑函恳留，尚祈俯如所请，是所盼祷。

专此致颂

教祺

熊庆来 谨复

从上述一辞一留之中，足见学校当局对人才之渴慕，对知识之尊重，对事业之重视，对"贤劳"之仰赖。赵明德见校长如此深情恳留，感动莫名，遂消辞意，继续供职。

1945年4月，新建病房大楼落成，赵明德即向医学院继任院长杜棻报请：定4月20日，即校庆纪念日开始收容病人。杜棻当即呈请熊庆来批准。从此，附属医院有了正规的较先进的住院部。

附属医院除了本院外，1942年还在西郊鱼街子（今昆明电缆厂处）建有分院，即鱼街子疗养院，并在华山南路建有市中心门诊部。

为了便利城区市民就近诊治，附属医院又于1947年10月在云瑞西路增设分院一所，其"房舍及设备均甚新颖"，即今日云南中医学院附属医院所在地。

云南大学医学院附属医院的创办，不仅以其高尚的医德、精湛的医术博得社会各界的好评，而且为今日昆明医学院第一附属医院的建立和发展奠定了初步而坚实的基础。

（五）昆明经济农场

早在省立时期，学校即征拨得北门外、今校本部北半部、北院、东一院大部分土地。

但因限于财力、人力，除本部东北建有房舍，东一院建有运动场外，其余或予出租，或仍放荒，多未开发。1940年农学院成立后，除原有的呈贡农场外，始在今西北片建立五福寺实习农场和蔬菜园艺场。

1943年1月，为了教学实习的需要和增进学校经济计，学校将五福寺农场和园艺场改组为昆明经济农场，也称昆明农林场或实验农场。全场面积约120亩，分布于环城公路两旁，其南称南区，其北称北区。农场建立后，即积极开展基本建设，共分4项：第一，筹集资金：农场原来仅有农工米贴及些许地租收入，为数甚微，难求发展。当年即向中国农民银行贷款18万元，贷期1年，月利1分2厘；第二，开垦整理：南北两区均有荒地，杂草丛生，砖石遍地，南区城壕原垦5亩，再垦1亩，北区坟地，经过开垦，得地数亩；第三，浚塘凿井：南区城墙脚原有水塘数个，积水无多，经过浚深，水量有所增加，北区原仅有水井1口，再凿2口，均深3丈4尺，出水虽不甚涌，但已可满足饮水及秧苗之用；第四、开沟编篱、建看守房：南北两区，原来均无藩篱，人畜极易闯入，窃贼尤难防范，农产损失不在少数。为防备计，先就农场四周冲要之处开挖沟道200余丈，宽6尺，深3尺，耗资2万余元，以防人畜，但效果不佳。继之编围竹篱，两区共编500余丈，耗资18万元。但是不久，竹篱被拆，木桩被拔，仍不见效。再建草顶看守房4间，瓦屋碉楼1所，耗资11万元。如此布局，已是煞费苦心，但因场地广阔，照顾难周，防不胜防，更无良策，仅能勉力防范。

农场经过整理，渐有起色，种植作物多种多样，经济效益有所提高。如国立初期某年的种植情况和收支情况分别如表3－24、3－25：

表3－24　昆明经济农场种植情况统计表

夏季作物				冬季作物			
品　种	亩　积	数　量	收入（元）	品　种	亩　积	数　量	收入（元）
南瓜	45	12000斤	37809	小麦	30		2950
东瓜	2	2400斤	9518	大麦	8		
西瓜	1	200斤	2685	白菜	5	5000株	43902
黄瓜	0.2	150斤	1328	苦菜	2	5000株	14980
蕃茄	3	2500斤	25215	菠菜	3	1500斤	4476
大豆	6	5石	2050	花椰菜	1	700株	8075
赤豆	10	9石	1200	莲花白	8		
马铃薯	5	3500斤	13494	莴苣	1	2000株	3573
四季豆	2	8斗	103				
玉蜀黍	7	6斗	18715				
荞麦	10	18石	3995				
向日葵	5	5斗	11863				
高粱	2	4石					

续　表

夏季作物				冬季作物			
品　种	亩　积	数　量	收入（元）	品　种	亩　积	数　量	收入（元）
莲花白	2	2500 斤	30050				
土瓜	0.5	50 斤	201				
茄子	0.5	300 斤	1649				
辣子	0.8	150 斤	2526				

表 3－25　昆明经济农场收支情况统计表

单位：元

收　入		支　出	
项　目	金　额	项　目	金　额
产品收入	264413.00	长工工资	208758.30
农工米贴	144368.96	短工工资	40338.00
地租	44150.00	设备费	292561.00
房租	3710.00	农具费	10690.00
银行借款	180000.00	禽畜费	6310.00
上年移交	11661.15	储蓄券	2500.00
其他	17900.00	补助联欢会费	10000.00
		办公费	23707.00
		种苗费	12535.00
		购置费	13699.00
		肥料费	80.00
		糖厂股金	22500.00
合计	666203.11		643679.00
收支两抵，结余	22524.11		

说明：未出售之产品和未收获之作物均未列入产品收入栏内。未出售之产品计有大豆 5 石，赤豆 9 石，荞麦 15 石，辣子 80 斤等；未收获之作物计有小麦 30 亩，白菜 2 亩，莲花白 8 亩等。

由上可知，经济农场成立不久，其经济效益比较可观。尽管如此，但是因为场地多为开垦坟地荒地而成，既多杂草砖石，又缺水源灌溉，“若是粗放经营，则遍地杂草；若是集约经营，则城工太夥”。故需继续整理，以改善生产经营条件。所以后来几年，修了土墼围墙，增凿水井 2 眼，收购五福寺房屋基地，建造大门 3 间，厩舍 9 间，为了科学实验，还建温床 5 床，条件逐渐改变，管理日益提高。经济农场初期多种杂料，后因美军来昆，蔬菜供不应求，遂改广种蔬菜。其次也种花卉、树苗等。农场为了提高效益，也实行多种经营，全面发展。国立后期，增添了酿造与畜牧2个部门。所酿之“云农酱油”，味醇色佳，颇受消费者青睐。畜牧则偏种畜的繁殖。

人事、经费方面，农场常设主任1人，技工2人，助理2人，长工约20人。其薪津学校拨给，事业费则由产品收入项下开支。历年均有盈余，其中部分提供学校和农学院作福利金及设备费之用，大部分则用于农场自身的建设，以便扩大再生产。

经济农场是农学院所办经济实体中效益最为显著的一个，至1949年底农场奉命移交时，其财产甚为丰富。计如表3-26：

表3-26 云大农学院昆明经济农场财产统计表

种 类	各种数量
建筑物	瓦房35间，草房10间，北区围墙230丈，洋灰酱池12格，发酵室1间，特建锅灶3座，水井7口（其中石砌1口，砖砌3口，土井3口），三合土天井1块，烤房1座，温床5个
场地	北区41亩，南区30亩，后并入的小东门外14亩
器具	880件
农具	583件
仪器	85件
图表	6册
表册	若干本
产品	加工组：酱醪101缸，酱色225斤，豆瓣酱615斤，豆豉1180斤，饴糖673斤，鸭蛋330个 畜牧组：公马1匹，公猪4只，母猪10只，育肥猪5只，仔猪11只，公鸡4只，母鸡9只，鸽子20对 苗木组：扁柏21667株，刺柏628株，有加里170株，白杨11354株，楸木2000株，梧桐296株，白果196株，核桃100株，棕榈645株，圣诞82株，刺槐20株，女贞44664株 蔬菜组：白菜6000棵，苦菜8000棵，萝卜20000个，韭菜2亩，莴苣1000棵 花卉组：洋玉簪球根25000个，夜来香4000丛，草本花414盆，木本花190盆，大理花球茎80丛 特务组：除虫菊干花2斤，美烟叶210斤，二年生除虫菊3亩，一年生除虫菊6亩
原料	黄豆3公石，小麦18公石，粹米20公石，大麦4公石6公斗，硫酸铔3磅，粉盐172市斤，玻璃瓶350个，豆瓣酱罐430个
饲料	粗麸620公斤，蚕豆5公石
现金	总计银元1340.92元。其中结存银元424.17元（内有杂板银元24枚），应收未收货款210.53元，暂付款706.22元
图记	木质方形图记1颗，橡皮图章5颗
土布	18匹（留作工人年终奖品）

（六）木棉场、抗战期间损失、航空研究所

1. 弥勒木棉场

木棉又称海岛棉，是一种长纤维作物，原产于南美洲，早年传入我国，尤以滇南种植较为普遍。学校为了科学试验和增加经费，决定建场试种，并作推广。1944年2月，校长室致文总务处，建议在弥勒县朋普镇十里碑坡（又称十里铺）地方，请领荒地千亩，建立棉场。2月11日，经校长、总务长钤印后，以校长名义致函建设厅长杨文清："弥勒县属朋普镇南十里碑坡有荒地约千亩，系属公有，尚未开垦。该项坡地，土质深厚，种植木棉，极为适宜。我国自抗战以来，重要棉区相继沦陷，各纱厂所需原料至感缺乏。当兹建国与抗战齐头并进之时，若不亟谋补救以奠定纺织工业之基础，则将来战事结束，将无法与列强竞争而求工业上之独立。本省土质气候于棉作尚宜，亟应推广种植以谋自给自足，藉塞漏卮。敝校有鉴及此，爰拟就该处荒地开垦，设一农场，种植木棉。一作品种病虫害之改良研究，二为本校百年之计奠一经济基础，三亦不无小补于国家生产之增加，四并有裨益于吾滇学术之发展。经费方面，农民银行已允赞助。请其核准，并希同意后呈请省府转饬弥勒县，将其地拨归学校以作实验，此请蒙建设厅允准。"

在此之前，云南全省经济委员会也在该县领得荒地以建棉场，学校恐双方地垠有所冲突，3月上旬，熊庆来特以系弥勒县籍之关系，以个人名义致函该县县长蒋子孝，预为知照。其函如下：

子孝县长仁兄勋鉴：

台端学优识远，且抱建设宏愿，往长吾邑，吾邑之兴可拭目待，甚幸甚颂。敝校拟在朋普领十里碑坡公荒千亩，设木棉场，但闻经济委员会已径向县府领得，但属事实而无法变更，则敝校只得另于他处具领。……务请执事予以保留。

敬颂

勋祺

弟　熊庆来　顿

3月21日，蒋子孝复函学校，告以"朋普东南三岔口、刘家坡及朋普北四简标有公荒约五百亩，拟均由校具领垦殖"。因学校请领之地确与省经委收花处所领之地发生冲突，后由收花处邢主任、云大农学院与省合作金库合办的朋普合作实验糖厂厂长陈克功、弥勒县建设科长山之寿三方会勘，决定十里铺及小红沟荒地归收花处领用，而三岔口、刘家坡私荒约200亩，四简标人行路以西公荒约200亩、私荒约300亩，共约700亩，归云大领用。领用荒地事既定之后，5月23日，熊庆来与农学院教授曾勉之等不顾炎夏，风尘仆仆，驱车前往朋普地方亲作最后之实地考察。不久，即办理了承领手续。与此同时，农学院制订了木棉场实施计划。其文如下：

国立云南大学农学院弥勒木棉场事业实施计划

一、引言：木棉为云南特产，纤维细长，为吾国唯一之细纱原料。年来因云南省木棉推广委员会在滇南一带之提倡、推广，耕种面积已达数万余亩，结果极为良好。农民以投资轻而获利厚竞先垦植，逆料将来栽培面积势必逐渐增加。惟木棉栽种问题甚多，必须试验研究，方能根本解决。本校农学院为西南最高农业学术研究机关，负有改进农业责任……考本场设置之最后目的，一在举行试验研究，谋木棉栽培方法、品种改良及病虫害防治问题之解决；一在举行合理的经济栽培，以作公私棉场之示范。

二、事业进行原则：本场事业分为二部分：一为试验研究；二为经济栽培。（下略）

三、事业进行步骤：本场试验研究及经济栽培二部分，期以三年有成。（下略）

四、组织及人员：本场隶属于云南大学农学院，设主任一人，秉承农学院长主持场务；下设技士二人，一负试验研究责任，一负经济栽培责任，并各以助理员一人协助之；另设事务兼会计一人，负事务及经济出纳之责。至经常场工暂定十名，由农学院就农林总场农工抽调之。

五、经费来源：本场经常费除由云南大学按月拨付外，并请求农林部补助试验研究经费。至经济栽培部分之事业费，则向中国农民银行息借。

六、事业结果之预期：预定于三年内对各项试验研究工作有初步之结果，以供公私棉场之参考，能将经常支出及临时事业费收回，而入于自给自养之阶段。第四年起棉花大量生产，除维持经常开支外，将所有盈余以一部分补助当地小学，一部分提供农学院作学术研究费用。

5月底，一切筹备工作就绪，弥勒木棉场正式宣告成立。地址设于朋普镇南皇粮田村，距该镇约5公里。木棉场主任由农学院长蒋蕙荪兼任，代理负责人为陈佑兴，场内驻技术员1人，先后为叶树藩、戴桥松、聂鑫等，助理时设时撤，初期长工2人，最多时为8人，农忙季节加雇短工，人数视实际需要而定。

经费一项，除由学校拨给8人薪津外，概由农民银行昆明分行蒙自区办事处贷款扶助及产品售款以为维持。其贷款情形，计1944年度贷得国币45万元，1945年度120万元，1946年度137万元，1947年度1350万元，后加金元券700元。利息多为3分6厘，外加1厘推补费。货款及售款主要用于征购土地、建造房舍、购买耕牛、制办农具、雇用临工、积聚肥料等项。关于事业费，每年均作预算，如1946—1947年度的预算如表3－27：

表 3-27　弥勒木棉场事业费预算表（1946—1947 年度）

单位：万元

种　类	支出预算		收入预算	
	面积（亩）	金　额	数　量	金　额
木棉	250	238.00	800 斤	40.00
烟草	20	149.00	2000 斤	300.00
辣子	10	35.00	1500 斤	75.00
甘薯	10	24.90	8000 斤	32.00
芋头	5	18.00	5000 斤	20.00
芝麻	5	4.50	4 斗	8.00
除虫菊			5 斤	2.00
合计		469.40		477.00

按此计算，收支两抵，略有积余，棉场是可维持，当然实际情况会有变化。

木棉场实行以木棉种植为主，多种经营的方针。建场当年，即垦荒约 300 亩，种植木棉约 3 万株。次年初收籽棉 60 斤。至第三年，产品售款即可维持经常费开支，创办农场，初见成效。1947 年，仅冬季花即收籽棉 980 斤，经验试，上等花为 23.7%，中等花为 22.4%，质量尚可。其他作物方面，曾种过除虫菊、小麦、蚕豆、美烟、甘薯、荞麦、美国花生、芝麻、芋头、藠头、辣椒、果苗、麻栗及松树等。木棉场也曾试图繁殖优良种猪，1947 年特地从昆明县农会购买英国约克种猪 1 对，携至农场饲养，惜因“天候干燥，病菌飞扬，气温较热，环境不适；附近村中，猪瘟甚炽，该猪抗病力弱，时疫猖獗，防不胜防，先后瘟毙”，殊为可惜。据不完全统计。木棉场历年种植情况略如表 3-28：

表 3-28　弥勒木棉场历年主要种植统计表

单位：亩

种类 / 年度	木　棉	除虫菊	烟　草	甘　薯	荞　麦	辣　椒	花　生	芋　头	芝　麻	藠　头	果　树
1944	200 余	4	10				50				10
1945	同上		60	25	15						同上
1946	略少		12	10		7		5	5	8	同上
1947	同上		20	10		10	75	5	5	3	同上
1948	同上		25			3	53				同上
1949	同上						35				同上

财产方面，木棉场苦心经营至 1949 年时，约有土地 300 亩，其中购于私人者 10 余

亩，私人捐赠者 20 余亩，余为公荒。木棉近 3 万株。修建楼房 3 间，以作办公、宿舍、仓库之用，另有厨房及瓦平房牛舍 5 间。其余设备如办公用品、饮具食器、家具农具等基本齐备，可供职员 3 人、工人 10 人应用。关于“棉场之生命线”耕牛，1948 年时最多，共有 6 头，分别命名为当家牛、罗汉牛、文山牛、子孙牛、高山牛、大肚牛等。后来文山牛“归途中不知下落”，子孙牛、大肚牛等 3 头因牛瘟相继不治而亡，最后仅剩 2 头。

弥勒木棉场建场以来，生产日益发展，效益不断增加，如 1946 年收入 419 万元，支出 388 万元，盈余 31 万元。农场曾将所余拨予农学院森林系作充实设备费用，但因朋普地方较开远气温为低，病虫害颇烈，虽竭尽防治之能事，主要作物木棉产量“仍距预期远甚”；复因自 1948 年开始，“地方治安不靖，业务无法进行”，农场不得不呈准学校暂停工作。1949 年秋后，中共地下党领导的朋普区人民政府曾将棉场接管。为时未久，“国军”二十六军开拔而来，对“场中器物，滥肆破坏，（棉场）损失惨重，呈奄奄之势，无人管理”。学校只好“作撤退计”，将全部公物及剩余产品移至朋普镇上，仅留工人 3 名，1 名看守物资、饲养耕牛，2 名看守场内，直到 1950 年移交给当地政府。

2. 抗战期间的公私损失

日本帝国主义侵略中国长达 14 年，在这期间，云大与全国一样，公私财产蒙受巨大损失。早在 1944 年 10 月 17 日，即抗战胜利前不到一年，国民政府行政院即发布训令：“查抗战以来我国人民伤亡及公私财产损失严重。值兹胜利在望，亟须加紧调查登记。”并在行政院下设立“抗战损失调查委员会”，专司其事，又制定了《抗战损失调查办法及查报须知》。11 月，教育部也发出训令，望全国学校“遵照办理”。1945 年 4 月 14 日，云大发出通知，决定由总务处会同有关各处、院、系，对抗战期间学校的公私损失进行详尽调查。结果分别如表 3－29、3－30：（按：因情况复杂，故历次调查结果难免不一）

表 3－29　国立云大被炸损失统计表

价值：国币元

项　目	数　量			合　计	价　值
	一次被炸	二次被炸	三次被炸		
房舍	140.8 间	65 间	（缺）	205.8 间	
围墙	80 丈		（缺）	80 丈	1799307.40
器物	2572 件	2991 件	（缺）	5563 件	150282.50
图书	4270 册	315 册	（缺）	4585 册	52550.00
仪器	4246 件	9 套	（缺）	4255 件套	88120.00
药品	2510 件	1 批	（缺）	2511 件批	11629.00
总值	1344131.90	757757.00	（缺）		2101888.90

表 3-30　国立云大教育人员财产损失汇报表

价值：国币万元

时间	共计价值	房屋		器具		现款	服着物		书籍		古物		其他	
		间数	价值	件数	价值		件数	价值	册数	价值	件数	价值	数量	价值
1937	1282. 433（含伪币 0. 03）	30	1203. 2	432	1. 1948	0. 05 伪币 0. 03	909	32. 0198	1520	30. 52	2	0. 02	5354	15. 4284
1938	218. 1508	20	6. 1	32	57. 31		24	70. 5108	40	80. 2			1320	4. 03
1939	671. 65	14	586. 85										40	84. 8
1940	367. 0892	7	41. 6	1	0. 0198	0. 085	91	4. 3844	300	15			100	306
1941	4971. 07	45	3603	29	150				21	861			649	357. 07
1942	32. 3			29										32. 3
1944	30												600	30
1945	250	5	250											
总计	7822. 693（含伪币 0. 03）	121	5690. 75	494	208. 5246	0. 135 伪币 0. 03	1024	106. 915	1881	986. 72	2	0. 02	8063	829. 6284

关于教职员等的个人损失，1947 年教育部又发训令，令各校单独统计呈报。9 月，学校呈报了刘文典、王景贤、饶重庆等 18 人的损失情况。11 月，教育部代电云大，谓刘文典所遗书籍已查到下落，望办手续呈报领取，随即刘文典即将遗失情况报总务处转呈学校，学校即呈部请其代为办理，该呈云："案据本校文史系刘教授文典函，为该员有书籍两大箱，抗战时期于香港沦陷时遗失。顷奉钧部本年十一月三日代电，以该项书籍现存日本东京上野图书馆，按照规定具中英文申请书各四份，请转呈交涉归还等情，前来理合检同原呈、中英文申请书备文转呈，请祈钧部鉴核办理示遵。"最终书籍未能领回。

3. 清华大学所赠航空研究所

西南联大之一的清华大学曾在昆明北郊白龙潭建有航空研究所 1 座。抗战胜利后，清华复员北返，特将该所房舍、地基及不便运走的航空器械等移交云大使用。1946 年 9 月，该所所长庄前鼎与云大航空系主任王绍曾等办理了移交手续，其中房地计有：地基 1 块，新瓦房 16. 5 间，双层楼房 1 座 2 间，土墙瓦房 18 间，土墙草房 7 间，木板墙草房 8 间等。

（七）作物试验场、学潮损失、厂口林场、蚕桑场

1. 作物试验场

1939 年农学院成立前后，学校曾分别在呈贡和昆明建有农场，但多为旱地，无法进行水田作物之试验。今之东二院一带，原为昆明市政府所属之实验救济院（也称示范救济院、养济院）管有之地，有水田百余亩，于是学校决定请租该地以建稻作试验场。

1947 年 11 月，校长熊庆来、总务长蒋蕙荪会衔致函市府，谓："本校农学院农场，原在呈贡，大半系属旱地，水田甚少，不敷稻作试验之用。自去年农学院迁返昆明校本部（今西院）后，稻作试验场之设置，刻不容缓。惟于院址附近无相当水田可资应用。北门外运动场侧环城公路（今圆西路）东北边，有贵府实验救济院所属水田百余亩，地点临近，管理方便，堪资应用。该项田亩，租给农民耕种。兹为发展农业教育，以期实地试验，而资改进农作起见，拟向贵府租用，辟作试验场，并为教学实习之所，为期二十五年至三十年，按年完纳租谷。"此请蒙市府同意。1948 年 4 月，学校与养济院议定，以每亩年租白米 1 公石，租得北门外、小菜园两村公用水田 80 亩，以作本省小麦、水稻之试验、改良及良种繁殖推广。5 月，云大农学院作物试验场正式成立。随即农学院制定了《作物试验场组织条例》，共 11 条。其文如下：

国立云南大学农学院作物试验场组织条例

第一条　为研究改良本省农作，增加生产，并使学生有良好之实验场所，便利教学工作起见，特设立作物试验场。

第二条　场址设于昆明市北郊莲花池。

第三条　工作范围：一、研究实验及改进全省农作品种；二、各农作之选种、施肥、栽培方法；三、防治病虫害；四、示范推广优良品种及确具成效之栽培方法；五、农作的分级和运输；六、研究全省作物生产状况及农作制度；七、其他有关农作改良之研究事项。

第四条 暂设稻作组及麦杂粮组。

第五条 设主任一人，由农学院长于现任教授中荐任，请校长批准，总理全场一切事务。

第六条 设技师或技士二至五人，办理各项技术事宜。

第七条 设组主任二人，分掌各组技术事宜。

第八条 设事务员一至二人，办理庶务、文书，及银钱出纳事宜。

第九条 设会计一人，由云大会计室派员充任，办理经费收支、财产、生产收益之登记、报销、编制预算、决算等事宜。

第十条 设场工十五至三十名，视需要可增减。

第十一条 经费由场编造预算呈农学院核转云南大学，列入总预算内，呈请教育部核发。

农场既已成立，条例既已制定，农学院即荐该院教授诸宝楚兼首任场主任，后改聘肖煜东代理，技士为孙奎铖，事务员兼会计为宋凤娇等，人事编制，遂得安排妥当。

农场成立当年，为赶节令，即推广良种水稻39亩，种植荞麦3亩。金秋收获脱粒后，计产净背子谷115公石3公斗，小白谷3公石7公斗5公合，荞麦7公石2公斗，产量、品质均称优良。近者莲花池，远者小马村等地村民，皆闻讯纷纷前来请求换种，农场本负推广优良品种之责，故莫不予以尽量满足。一日之内，即换出背子谷种4公石7公斗7公升1公合。作物试验场初创伊始，即旗开得胜，社会效益甚佳。

2. “七一五学潮”损失

1948年7月15日前后，云大师生与全市人民一道，掀起反对美国扶持日本军国主义的斗争热潮，省府当局出动大批军警进行弹压，师生以会泽院为据点奋起自卫，双方对峙两天一夜，此即“七一五学潮”。学潮期间，学校财产蒙受很大损失。事后，由熊庆来主持，总务长蒋蕙荪负责，分由各部门负责人，即会计室全云寰、庶务组李怀、工务组张用一、物理系张其濬、生物系潘清华、土木系丘勤宝、社会系陈年榜、数学系陈筼谷、图书馆彭士元，教务处、人事室、校友会、校刊编委会、建筑委员会、邮电收发室等单位的代表，以及教授会代表李吟秋、监视机关、省审计处代表等，分别就房舍、仪器、器物的损失情况进行详尽调查，尔后编制了《国立云南大学三十七年七月十五日学潮会泽院房舍毁损清册》《毁损仪器清册》《毁损器物清册》。据其记载，“七一五学潮”损失情况主要如下：

国立云大“七一五学潮”损失统计概略

第一项　会泽院房舍毁损情形

一、会泽院一楼

玻璃窗8樘全部	玻璃窗19樘部分	玻璃门11樘部分
沙灰平顶9.57英方		污损墙壁129英方

二、会泽院二楼

玻璃窗1樘全部	玻璃窗33樘部分	玻璃门2樘全部

玻璃门 19 樘部分　　　　　　　　　　　　　　污损墙壁 137 英方

三、会泽楼三楼

玻璃窗 17 樘部分　　玻璃门 10 樘部分　　　　衣钩 36 个部分

木扶梯 1 座部分　　　　　　　　　　　　　　房顶拉条 200 余根全部

包檐墙掌木 10 余根部分　　　　　　　　　　水落 11 个部分

平台边栏 18.5 英丈全部　　　　　　　　　　污损墙壁 138 英方

以上损失估计约合国币 40 亿元。

第二项　各部门仪器毁损情形

一、物理系试验室

螺旋测微计、游标尺、铜尺、米达尺、纸尺、分析天秤、单滑车、温度计、磁铁、伏特计、耳机、三棱镜、望远镜、放大镜、电子管、光电管、真空管等 96 种共 191 件。

二、生物系

解剖刀、骨锯、软骨剪、解剖镊子、绘图器、角匙、温箱、显微镜、切片刀、标本瓶、果蝇瓶、接目镜、接物镜、注射器、烧杯、量管等 103 种共 893 件。

三、土木系

道路实验器、材料实验机、绘图板、保温箱、天秤、丁字机、模型、书籍杂志等 8 种共 298 件。

以上大小仪器共 1381 件，估计约合国币 347.3 万余元。

第三项　各部门器物毁损情形

一、校长办公室

玻璃立橱、螺丝旋椅、白皮箱、布告牌、叫人铃、钢笔架、洋锁、关门机、电石灯、洋铁水壶、挑水桶等 38 种共 58 件。

二、人事室

印泥盒、墨盒、中国锁等 3 种共 3 件。

三、校长会客室

胶木灯头、铜灯头、洋瓷茶盘、洋瓷面盆、洋瓷痰盂、铜马、玻璃砖、洗面架等 16 种共 20 件。

四、教务处

立橱、六屉办公桌、九屉办公桌、黑皮箱、洋瓷文具盘、米达尺、洋锁、美国锁、土茶杯、洋铁撮箕、年月印、橡皮西历印等 38 种共 46 件。

五、土木系

洋锁、弹簧门锁、吸水器、玻璃驮橱、漆布旋椅、100 瓦灯泡等 15 种共 26 件。

六、物理系

木橱、玻璃橱、美国锁、中国锁、二号水缸、水桶、铜茶壶、瓷茶杯、实习桌等17种共35件。

七、生物系

第一、二、三、四、五试验室长条桌、大阅览桌、小绘图桌、办公桌、三柱椅、扶手椅、圆凳、方凳、显微镜橱、黑板、小黑板、板锄、铁铲、洋铁水壶、大瓦缸、皮线、花线等50种共124件。

八、生物系预备室

文件橱、小绘图桌、洋瓷面盆、洋瓷痰盂、铜墨盒、铜灯头等14种共19件。

九、社会系办公室

三柱椅、方凳、胶木灯头、50瓦灯泡4种共6件。

十、数学系办公室

立橱、二屉办公桌、六屉办公桌、扶手椅、漆布靠椅、叫人铃、铜笔架、铜墨盒等18种共24件。

十一、校友会办公室

二屉办公桌、三屉办公桌、方凳、书架等4种共9件。

十二、校刊编辑委员会

二屉办公桌、三柱椅、文件橱、叫人铃、墨海、洋铁茶壶、裁纸刀、弹子锁等15种共18件。

十三、图书馆

玻璃立橱、二屉办公桌、大阅览桌、三柱椅、藤椅、书架、报夹、镜框、像框、洋瓷盆、洋锁等24种共264件。

十四、建筑委员会

二屉办公桌、三屉办公桌、木靠椅、扶手椅、三柱椅、洗面盆等7种共11件。

十五、第一、二、三、四教室

讲桌、讲台、双人课桌、双人桌凳、黑板、黑板架、手摇铃、胶木灯头、灯泡、洋锁等11种共143件。

十六、土木系绘图室

油印机、绘图桌、绘图椅等3种共64件。

十七、庶务组

黄卡叽布幕、花布幕、麻袋、钢铃、弹子锁、国锁、火印、茶杯等8种共31件。

十八、合作社

靠背椅、实习桌、工作衣、吹风机、糖果玻璃缸、蓝色磁盘、小钵子、磁饭盘、铁锅、年月印等20种共80件。

十九、学生自治会

灯泡、胶木灯头、花线等3种共20件。

二十、其他教室

四人课桌、八人课桌、长条桌、扶手椅、扶手长椅、黑板、黑板架等7种共96件。

二十一、校警室

白方锁、铁锁等2种共3件。

二十二、邮电收发室

瓷盒印泥、电木盒印泥、钢夹、讲义夹、电筒、火盆、裁纸刀等11种共13件。

以上大小器物共1589件，估计约合国币579.7万余元。

三项损失总约合国币40927万余元。

“七一五学潮”过后，学校呈请教育部“酌拨美援补助，恢复旧观”。但是行政院美援运用委员会认为：因为中美双边协定对于美援运用范围规定，仅及于稳定金融及工业建设、乡村建设三类，而无法办理。改由教育部拨专款国币200亿元修补。至年底，修理房舍用去4500余金元，补充器物用去1600余金元，补充生物仪器用去800余金元，补充物理仪器用去900余金元，几项共用去7900余金元，折合国币238.67亿元。（按：当时正值第三次内战方殷之际，国民党统治区币制极度混乱，故有此“错乱”数据。）

3. 厂口林场

厂口位于昆明城北30余公里之北新乡阿拖罗村附近。私立东陆大学时，曾在其地征购农户土地、山林约2000亩，成立东大公司以开采铅矿，但是效果不佳。1942年矿山经理于耀庭病故后，矿业完全停歇，从未再派专员驻理，仅留少量工人看守山场、森林，如1948年时为海万顺，场业呈自生自灭之势。同年，森林系请准学校，将其改为林场，学校委任张鸿清为林场技术员，负责筹办。之后即着全力于房屋之修建、场地之整理、道路之开辟、荒地之垦殖等，并实施造林育种工作，以备森林系学生实习之用。然新垦荒地，土质瘠薄，而未能全部育苗，兼之树种稀少，不敷栽种，故将部分垦地间作玉蜀黍、油菜、花生、大豆等，借资利用。但因地力所限，生长发育极为不良，年收入仅半开数十元，尚不足一个月之工饷。又林场开办时，适值学校经费支绌，并未领有开办费及办公费，仅由学校拨给工人6名，因此无力改变生产条件，大有“捉襟见肘之虞”。

4. 实习蚕桑场

蚕丝在五大纤维即丝、毛、棉、麻、人造纤维中向居榜首，其特质是柔和美丽的光泽，自然伸缩的张力等，素为贸易出口的大宗。云南气候温和，环境优越，早有栽桑养蚕的传统。抗战以还，蚕丝主产区江南相继沦陷，滇省蚕桑事业尤显重要。1940年，云大奉部令成立蚕桑专修科，隶属于呈贡农学院内，分别在呈贡农场和小东门校产内植有桑树。1946年，蚕桑科随农学院迁返昆明后，原有桑园甚感不敷，而另植桑15亩，是为实习桑蚕场，以供桑蚕饲料及学生实习之用。

（八）向整理委员会移交

1949 年 9 月，“九九整肃”之际，云南绥靖公署主任兼省政府主席卢汉发表《告云南人民书》《告保安官兵及青年学生书》等，宣布昆明戒严，云大解散，成立以卢汉为主任委员、刘英士为副主任委员的整理委员会。12 日，教育部也发出训令，以行政院政务会议决议，云大应予解散，连同其他国立校院由部会同云南省政府切实整理。28 日，整理委员会函嘱云大：务于 10 月 15 日以前将所应移交事项全部准备完竣。10 月 31 日，云大经签熊庆来校长章（熊庆来已于此前的 8 月离开学校，并被国民政府免去校长之职）和诸宝楚总务长章后，咨报整理委员会：已将应行交代事项分别造具册表完竣，并备文送请该会查照接收。计送册表如下：

1. 印章明细表 3 份
2. 各费内资力负担交待平衡表 3 份
3. 现金结存表 3 份
4. 现金出纳总表 3 份
5. 经常费计算表 3 份
6. 应领经费明细表 3 份
7. 暂付款余额明细表 3 份
8. 各项会计凭证簿籍报表目录 3 份
9. 财产目录 3 份
10. 教职员名册 3 份
11. 工资名册 3 份
12. 历届毕业生人数总册 2 份
13. 历届学生学籍表总册 2 份
14. 在校学生名册 3 份
15. 学生成绩总册 2 份
16. 公费学生名册 2 份
17. 奖学金学生名册 2 份
18. 救济金学生名册 2 份
19. 南洋奖学金学生名册 2 份
20. 鲁籍农学院寄读生救济金学生名册 2 份
21. 建筑余存材料清册 2 份
22. 修缮余存材料清册 2 份
23. 用存物品表 2 份
24. 卷宗总册 2 份，每份付清册 16 本
25. 会计室卷宗清册 2 份
26. 未办文件清册 2 份
27. 图书目录 1 份计 14 册

以上共27种，内容全面，名目繁多，不及一一细列。仅举印章明细表一项，借窥一斑。该表载有当时学校所用印章达129种，计如表3－31：

表3－31 国立云南大学印章明细表

（民国三十八年九月十三日编制）

编号	印文	质料及种类	字体	备注
1	国立云南大学关防	铜质长方章	篆	校长办公室
2	国立云南大学校长	铜质方章	篆	
3	国立云南大学	角质方章	篆	
4	国立云南大学	橡皮椭圆章	仿宋	
5	校长办公室	木质长条章	正楷	
6	国立云南大学教务长章	牙质方章	篆	教务处
7	国立云南大学教务处图记	木质方章	篆	
8	国立云南大学教务处	橡皮圆章	仿宋	
9	国立云南大学附设先修班	橡皮椭圆章	仿宋	
10	国立云南大学教务处注册组	橡皮椭圆章	仿宋	注册组
11	国立云南大学教务处注册组主任章	角质方章	篆	
12	国立云南大学教务处注册组骑缝章	橡皮椭圆章	仿宋	
13	国立云南大学教务处注册组	木质长条章	隶	
14	国立云南大学教务处注册组收文章	橡皮椭圆章	仿宋	
15	国立云南大学招生委员会三八年度	橡皮椭圆章	仿宋	
16	国立云南大学招生委员会	木质条章	仿宋	
17	国立云南大学招生委员会验讫	橡皮椭圆章	仿宋	
18	国立云南大学教务处注册组招考股	橡皮椭圆章	仿宋	
19	国立云南大学教务处注册组注册股	橡皮椭圆章	仿宋	
20	国立云南大学教务处注册组课程股	橡皮椭圆章	仿宋	
21	国立云南大学教务处注册组成绩股	橡皮椭圆章	仿宋	
22	国立云南大学招生委员会招生办事处	橡皮椭圆章	仿宋	
23	国立云南大学	钢质圆印	仿宋	
24	国立云南大学附设员工子弟学校	橡皮椭圆章	仿宋	
25	国立云南大学教务处出版组主任章	角质方章	篆	出版组
26	国立云南大学教务处出版组图记	木质方章	篆	
27	国立云南大学教务处出版组	木质长条章	隶	

续 表

编号	印文	质料及种类	字体	备注
28	国立云南大学教务处图书馆图记	木质方章	篆	图书馆
29	国立云南大学教务处图书馆	木质长条章	隶	
30	国立云南大学训导长章	牙质长章	篆	训导处
31	国立云南大学训导处图记	木质方章	篆	
32	国立云南大学训导处章	木质条章	隶	
33	国立云南大学生活管理组主任章	角质长章	篆	
34	国立云南大学训导处生活管理组图记	木质方章	篆	
35	国立云南大学训导处生活管理组章	木质条章	篆	
36	国立云南大学课外活动组主任章	角质长章	篆	课外活动组
37	国立云南大学课外活动组图记	木质方章	篆	
38	国立云南大学训导处艺术研究班图记	木质方章	篆	
39	国立云南大学训导处体育卫生组图记	木质方章	篆	体育组
40	国立云南大学体育部主任章	木质方章	篆	
41	国立云南大学训导处体育卫生组	木质条章	仿宋	
42	国立云南大学校医室	橡皮椭圆章	正楷	校医室
43	国立云南大学总务长章	牙质方章	篆	总务处
44	国立云南大学总务处图记	木质方章	篆	
45	国立云南大学总务处	木质条章	隶	
46	国立云南大学人事室	木质条章	隶	人事室
47	国立云南大学总务处文书组主任章	角质方章	篆	文书组
48	国立云南大学总务处文书组图记	木质方章	篆	
49	国立云南大学总务处文书组	木质条章	隶	
50	国立云南大学文书组收文章	橡皮椭圆章	仿宋	
51	国立云南大学总务处出纳组图记	木质方章	篆	出纳组
52	国立云南大学总务处出纳组主任章	角质方章	篆	
53	国立云南大学总务处庶务组图记	木质方章	篆	庶务组
54	国立云南大学总务处庶务组主任章	角质方章	篆	
55	国立云南大学总务处庶务组	木质条章	隶	
56	国立云南大学邮电收发室文件章	橡皮椭圆章	仿宋	邮电收发室
57	国立云南大学邮电收发室经收邮汇章	角质方章	篆	
58	国立云南大学收取包裹印刷文件图记	木质方章	篆	

续　表

编　号	印　文	质料及种类	字　体	备　注
59	国立云南大学总务处工务组图记	木质方章	篆	工务组
60	国立云南大学总务处工务组	木质条章	隶	
61	国立云南大学总务处工务组主任章	角质方章	篆	
62	国立云南大学建筑委员会	橡皮椭圆章	仿宋	
63	国立云南大学会计主任	铜质方章	篆	会计室
64	国立云南大学会计室	橡皮椭圆章	仿宋	
65	国立云南大学文法学院院长章	牙质方章	篆	文法学院
66	国立云南大学文法学院	木质长章	隶	
67	国立云南大学文史学系图记	木质方章	篆	文史系
68	国立云南大学文史学系	木质长章	隶	
69	国立云南大学法律学系	木质长章	隶	法律系
70	国立云南大学法律系图记	木质方章	篆	
71	国立云南大学政治系图记	木质方章	篆	政治系
72	国立云南大学政治系	木质条章	隶	
73	国立云南大学经济学系章	木质方章	篆	经济系
74	国立云南大学社会学系图记	木质方章	篆	社会系
75	国立云南大学外国语文学系	木质方章	仿宋	外语系
76	国立云南大学外国语文学系	木质方章	英文	
77	国立云南大学理学院院长章	牙质方章	篆	理学院
78	国立云南大学算学系图记	木质方章	篆	数学系
79	国立云南大学化学系	木质条章	隶	化学系
80	国立云南大学化学系主任章	角质方章	篆	
81	国立云南大学理学院化学系	橡皮椭圆章	仿宋	
82	国立云南大学化学系仪器药品室	橡皮椭圆章	仿宋	
83	国立云南大学理学院物理学系章	橡皮椭圆章	仿宋	物理系
84	国立云南大学生物系	木质条章	隶	生物系
85	国立云南大学生物系图记	木质方章	篆	
86	国立云南大学工学院	橡皮椭圆章	英文	工学院
87	国立云南大学工学院院长章	牙质方章	篆	

续 表

编 号	印 文	质料及种类	字 体	备 注
88	国立云南大学土木系图记	木质方章	篆	土木系
89	国立云南大学土木系	木质条章	隶	
90	国立云南大学土木系主任章	木质方章	篆	
91	国立云南大学矿冶系图记	木质方章	篆	矿冶系
92	国立云南大学矿冶系主任章	木质方章	篆	
93	国立云南大学铁道管理系	木质条章	隶	铁道系
94	国立云南大学铁道管理系图记	木质方章	篆	
95	国立云南大学铁道管理系主任章	木质方章	篆	
96	国立云南大学工学院机械系	木质条章	隶	机械系
97	国立云南大学工学院机械系主任章	木质方章	篆	
98	国立云南大学工学院机械系图记	木质方章	篆	
99	国立云南大学工学院机械工程学系藏书	木质条章	宋字	
100	国立云南大学航空工程系	木质条章	隶	航空系
101	国立云南大学电讯专修科图记	木质方章	篆	电专科
102	国立云南大学实习工厂主任章	木质方章	篆	实习工厂
103	国立云南大学实习工厂公用章	木质圆章	英文	
104	国立云南大学医学院院长章	牙质方章	篆	医学院
105	国立云南大学医学院之章	木质方章	篆	
106	国立云南大学医学院	木质条章	隶	
107	国立云南大学医学院附设医院图记	木质方章	篆	附设医院
108	国立云南大学农学院图记	木质方章	篆	农学院
109	国立云南大学农学院	木质条章	隶	
110	国立云南大学农学院院长办公室	木质条章	宋字	
111	国立云南大学农学院院长章	牙质方章	篆	
112	国立云南大学农学院农艺系图记	木质方章	篆	农艺系
113	国立云南大学农学院森林系图记	木质方章	篆	森林系
114	国立云南大学农学院森林系	木质条章	正楷	
115	国立云南大学农学院蚕桑学系	木质条章	隶	蚕桑系
116	国立云南大学农学院蚕桑学系图记	木质条章	篆	
117	国立云南大学农学院蚕桑学系实验蚕桑场图记	木质方章	篆	蚕桑场

续 表

编 号	印 文	质料及种类	字 体	备 注
118	国立云南大学农学院呈贡农林场	木质条章	隶	
119	国立云南大学农学院呈贡农林场图记	木质方章	篆	农林场
120	国立云南大学农学院呈贡农林场	橡皮椭圆章	宋字	
121	国立云南大学农学院实验农场	橡皮方章	宋字	
122	国立云南大学农学院实验农场	橡皮条章	宋字	实验农场
123	国立云南大学农学院实验农场收发章	木质椭圆章	隶	
124	国立云南大学农学院厂口林场	木质条章	隶	厂口林场
125	国立云南大学农学院厂口林场图记	木质方章	篆	
126	国立云南大学农学院弥勒木棉场图记	木质方章	篆	弥勒木棉场
127	国立云南大学农学院弥勒木棉场	木质条章	隶	
128	国立云南大学农学院作物试验场图记	木质方章	篆	作物试验场
129	国立云南大学农学院作物试验场	木质条章	隶	

五、学校经费的筹集

国立云大时期的经费来源基本上可分为三大项：政府拨款、社会捐赠、专项补助。其中政府拨款，因学校已改国立，故主要是教育部拨发，其次是省政府拨给。教育部和省政府拨款仍然包括两大类，即经常费和临时费。临时费又包括各种临时所拨的专款，如建筑设备及扩充改良费、增级费、修缮费等。社会捐赠包括学校募捐及社会各界的主动捐助等。专项补助包括中基会、中英庚款、中法基金、联合国有关机构和有关国家（主要是美国）、社会各界的常年补助、临时补助，以及奖励金、救济费、生活补助费等。

国立时期学校的经费有四个特点：第一，因抗日战争和国内战争的影响及学校的不断发展，其数额变化不定，总的是呈逐年增加的趋势；第二，由于物价飞涨，导致通货膨胀，货币贬值，其面值有惊人的增加；第三，由于学校院系增加及举办各处建设、实业等，各种补助名目繁多，渠道不一；第四，因为社会动荡，时局不稳，其经费常有入不敷出之虞。

（一）政府拨款

1. 经常费

1938 年学校由省立改国立时，核定经常费为每年国币 50 万元，分别由国库和省库各拨半数，但因抗战已经开始，拨发时却有减少，如该年下半年度经常费即由 25 万元减为 20 万元，其中国库又仅拨 7. 5 万元，省库拨 12. 5 万元。

另由教育部拨设备费 10 万元。1939 年，因增设农学院，全年经费也只定为 42 万元，后来才又追加 7 万元。

以后几年，物价上涨，货币贬值，但1940年也只维持42万元不变，致使当年出现亏欠12万元，后经追加，始渡过难关。是年教育部另拨增级费2.88万元，先修班经费1.68万元，采矿专修科经费2.64万元。当时岁出，行政费约占总经费的19%，教员俸给占40%，购置费占5%，学术研究费占20%，特别费占7%，会计室经费占1%强，农林场经费占2%，附中经费占6%。以院系而论，文法学院占30%，理学院占25%，工学院占20%，医学院占15%，农学院占10%。

1942年度预算为140万元，后亦不敷。

1943年物价暴涨，核定经费为300万元，至年底却发不出教职工薪津，只好东挪西垫，才勉强维持。

1944年度，经费为609万余元，但因物价继续上涨，货币贬值，至年底，累计差额反而达到800万元之数。对此，教育部只追加200万元，学校不得不向学生家长求援。

至1945年，经过多次追加，才补上上年亏欠。

1946年，教育部核准经费为1117.3万元，实际仍然不敷支出。

1948年，因物价断线风筝似的狂涨，币值急剧下降，上半年度教育部核定经费为116310万元，其面值大得惊人，但实际购买力并不高。下半年，因推行币制改革，改发金元券，其经费定为12526.67金元，按1金元等于300万法币之比，则合356.8亿元，尽管如此，仍然入不敷出，后又不得不追加37580金元。

1949年时，国民党统治行将结束，国统区经济面临崩溃，学校经费更加困难。5月，学校只得先后两次向财政厅共借半开（即银币，按规定2枚半开换1银元）34692元，以维持教职工的最低生活和学校运转。

2. 临时费

国立时期，因校址的扩充，校舍的建筑，图书仪器设备的购置，新院系、新班级的增加，教职工生活的困难等，政府也因之拨有各种临时费。

1938年，学校初改国立，需增加设备，教育部曾拨发设备费10万元，省政府另拨仪器费5.5万元，经济部资源委员会也曾拨给1万元。

1940年2月，教育部根据“边疆教育研究工作（补助费）计划”，拨助学校3000元。3月，教育部又据“国立专科以上学校增级费（教员薪俸与添置设备等）之规定”，拨给学校2.88万元。10月13日，日机首炸学校后，行政院副院长孔祥熙汇发救济费1万元，教育部长陈立夫拨发6000元。次年日机再炸学校后，省主席龙云拨发救济费2万元，教育部拨仪器补助费美金8000元。

1941年，为避日机轰炸，部分院系奉命疏散外地，教育部拨发疏散运输费5万元。同年，呈贡农学院扩建校舍，总价8万元，其中教育部补助特别费5万元。11月，教育部汇发空袭救济费5万元。是年，教育部又支拨仪器费美金2万元。

1942年，教育部先拨本年度添班费12万元。后来核定云大上年被炸的空袭救济费为65万元，除已发之5万元外，另补发60万元。

1943年，省政府发给理工学院（即志成院）建筑费国币138万余元。

1944年度情况不详。

1945年教育部拨发修建设备费308万元，扩充改良费3万元。

1946年，教育部初定本年度修建扩充改良费1250万元。后有追加，实发校舍修补费700万元，学生宿舍建筑费1036万元，添建费43万余元，又拨技术人员训练费1100万元。该年因建附属医院X室，造价1100万元，除学校自筹300万元外，其余800万元由教育部拨款。因大修会泽院，教育部先拨1亿元，复因工料涨价，后又追加6000万元。加上其他修建和购置，是年教育部所拨建筑扩充设备费共约6亿元。

1947年初，学校鉴于抗战时期蒙受了巨大损失，时已抗战结束，欲图恢复和发展，需款甚殷，故于1月呈请教育部拨款以应急需。呈文如下：

> 本校在抗战期间，曾将理、工两院及附属中学疏散于嵩明县属之马坊，及广通县属之舍资与会泽县、路南县等处。适战事结束，着手办理复员，仅请领过迁移费六百万元。但因物价高涨，前疏散在外之物资未能全部迁回，现计在外器物与接收航委会及救济总署之物资，全部搬运至校本部尚须运费约二千万元。又查本校在抗战期间三度惨遭轰炸，被毁损之校舍至今多未修复，胜利复员，应即谋恢复旧观。惟仰念国家财政拮据，未敢多事恳求，仅为先修复会泽楼请领修建费一亿元。但因物价上涨，单作修复是楼被炸损部分之需，已虑不敷应用。至于其他被炸毁之房屋，如教职员寝室轰炸后虽曾勉强修葺暂用，但已年久料旧，若再经雨季，势必有倾圮之虞，实非彻底修理不可。又如至公堂系有历史价值之宏大建筑，于二十九年十月被敌机轰炸，屋顶揭破，地基陷落，当时曾有代电呼吁，钧部有案可稽，后赖捐款得以极简便之工料，从权修理，以图短时期之过渡，迄今已六年有余，若再经雨水，亦属危险。该堂为本校之大礼堂，举凡纪念周各种纪念大会、学术演讲与学生会考均集合于该堂，设有意外，实属不堪设想。再如科学馆自二十九年十月被炸后，全部崩毁，因经费拮据，后仅建一临时房舍暂用，其时各院系多疏散外县，实验所需地点，勉可应付。今各院系迁回，且又增设物理、机械等系，实验室之扩充至是迫切。且简陋之屋于仪器之保管妨碍甚大，故科学馆急应从速恢复旧观，以应急切之需要。
>
> 综计上述物资迁运费及各项房屋修建费，按目前物价估计，总共约需国币七亿元。事属急切需要，无可再缓，用将实际情形备文呈请钧部鉴核，于追加之复员费项下如数核准拨给，俾利办理，并祈示遵。
>
> 谨呈
>
> 教育部部长　朱（家骅）
>
> 国立云南大学
>
> 民国三十六年一月

此呈蒙教育部允准拨款6亿元，较估计数减少1亿元。

10月，学校再呈教育部，列出急需待建的9项工程，共约需款46亿元之多。12月，教育部代电云大，仅允拨7亿元。是年上半年，教育部分配云大仪器费美金1.4万元，下半年又分配2万元。

1948年临时费核定数不详，但得设备仪器费美金共5笔，即上半年0.35万元，下半年0.35万元，10月0.28万元，12月1.43万元，年底0.6万余元。同年因发生“七一五事件”，学校受损，教育部拨给修建设备费国币200亿元。

3. 现金出纳情况

关于国立时期的现金出纳情况，1949年10月，学校曾以卸任校长熊庆来、会计室主任仝云寰的名义编制了《现金出纳总表》，包括1939—1949年，即整个国立时期历年的岁入、经费、专款、临时等，共4大项，十分全面。详如表3-32：

表3-32 国立云大现金出纳总表

（自民国二十八年一月一日起至民国三十八年九月十三日止）

单位：元

科目	合计	其中部拨
一、前任移交	77488.23	
岁入	663.28	
经费	78554.95	
专款	1730.00	
二、任内收入	203115702701.92	
二八年度	1287845.41	
岁入	56247.87	
经费	776296.72	
专款	455300.82	
二九年度	2163064.38	
岁入	235337.12	107000.00
经费	1181951.60	540150.00
专款	745775.66	648018.00
三〇年度	3504699.22	
岁入	395296.27	386254.32
经费	2434529.95	1026944.00
专款	674873.00	400873.00
三一年度	10410553.21	
岁入	1823867.75	753298.71
经费	7563145.30	2692107.68
专款	1023540.16	720045.16
三二年度	34943315.50	
岁入	10511289.32	4983755.46
经费	20621124.59	4856759.47

续　表

科　目	合　计	其中部拨
专款	3810901. 59	2660148. 19
三三年度	154756437. 81	
岁入	46016066. 39	42093972. 51
经费	88323435. 37	
专款	13670102. 11	53100954. 23
临时	3388125. 72	
战时	3358707. 22	6994283. 00
三四年度	720513242. 47	
岁入	246780892. 35	246176403. 67
经费	477014840. 00	4342200. 00
专款	25140255. 45	
临时	11825182. 67	
战时	282772072. 00	
三五年度	2409439450. 80	
岁入	321038414. 57	271452831. 49
经费	472644687. 78	135156000. 00
专款	85431955. 21	
临时	1530414393. 24	1421975394. 81
三六年度	17363561530. 99	
岁入	136696126. 26	29095650. 90
经费	4522050376. 59	172310000. 00
临时	12704814728. 14	12038283777. 14
三七年度	416426072656. 03	
岁入	602293849. 50	531680000. 00
经费	144904494134. 29	6978600000. 00
临时	270919284672. 24	270757770571. 84
三七年度	1267724. 89	此栏为金元券数
岁入	1. 20	
经费	976475. 6147	472851. 26
临时	291248. 08	280472. 42
三八年度	203113659268. 12	

续 表

科 目	合 计	其中部拨
岁入	10484487204.88	104844872.00
经费	175901830816.06	154493922506.00
临时	16727341247.18	3679524605.00
三、任内支出	204043175999.39	
二八年度	1154451.42	
岁入	31457.39	
经费	702095.75	
专款	420898.26	
二九年度	2204352.24	
岁入	201042.20	
经费	1253473.97	
专款	749836.07	
三〇年度	3298111.34	
岁入	453219.91	452764.91
经费	2170018.01	
专款	674873.42	254657.30
三一年度	10580711.50	
岁入	1802069.83	187492.38
经费	7737920.23	2770649.98
专款	1040721.44	260160.60
三二年度	34205690.64	
岁入	10474307.71	2566250.60
经费	19989840.21	14013169.54
专款	3741542.72	1247700.46
三三年度	149393602.34	
岁入	50408292.38	24252461.50
经费	85467966.02	59940207.33
专款	7785896.04	
临时	5731447.90	1465984.23
三四年度	708451732.16	
岁入	230498915.63	230484415.63

续　表

科　目	合　计	其中部拨
经费	72443701.61	48537964.45
专款	18009712.07	
临时	66066861.69	32481877.10
战时	33432541.16	275984344.73
三五年度	2302245892.55	
岁入	275430692.14	242666067.53
经费	450907159.78	139637427.48
专款	57577652.74	
临时	1517330387.89	1299575741.32
三六年度	16994765844.36	
岁入	171193475.89	98035480.00
经费	4455941583.01	1266275844.51
临时	12367630785.46	10480778750.73
三七年度	335526646358.12	
岁入	606556372.99	591950000.00
经费	144034562307.56	4603915544.85
临时	190885527677.57	188425574333.84
三七年度	1148278.29	此栏为金元券数
岁入	0.42	
经费	728005.65	
临时	420272.22	251707.86
三八年度	203041909143.79	
岁入	10480000035.43	10480000000.00
经费	175898936454.10	124098627145.56
临时	16662972654.10	10707639247.05
四、结存	71896702.56	

卸任　熊庆来

主管　全云寰

民国三十八年十月制定

（二）社会募捐

1. 学校募捐

国立云大时期，学校继承私立东大、省立东大和省立云大的传统，为了弥补经费的不足和促进教育的发展，曾多次发起募捐活动，并深得社会各界的响应，从而得以不断增加经费和改善办学条件。今所知者，主要有4次。

（1）为矿冶系募捐

矿冶系为学校最早成立的工科系别之一，担负着矿冶人才培养的重任，历来为社会各界所重视而纷纷慨捐巨资，予以扶持。为谋其进一步的发展，1940年6月1日，省府有关各厅厅长即教育厅长龚自知、财政厅长陆崇仁、实业厅长李培天和省经委主任缪嘉铭、云大校长熊庆来，以及建设厅长张邦翰等，曾会衔发起募捐。其文如下：

为云南大学矿冶系建筑校舍募捐启

总理有言："矿业为物质文明与经济进步最大之主因。"又云："农矿一兴，则凡百事业皆由之而兴矣。机器为近代工业之树，而矿业者又为工业之根。"吾滇蕴藏之丰富，堪号国内宝山。

总理实业计划第六计划谓："云南西北、昭通产铜已数百年，中国向来通用钱币几乎全是云南铜。应采用新式机器开采，俾能大量生产。"

委座前次莅滇，亦以云南为发展工业最良好之区域。惟是开发之先务首在人才之培养。滇省自主席龙公秉政以来，励精图治，敬教劝学。因力谋生产建设之推进，对实业人才之培养甚为重视，云南大学向休斯旨，于理工科特别注重。改为国立以后，更积极充实设备，以求养成实用人才。矿冶学系受多方面之特别赞助，尤得有加速发展。中英庚款董事会尝补助该系设备费八万元，资源委员会补助二万元，中华教育基金会自二十七年度起，每年补助经常及设备费国币十万元至十五万元。系中设备已颇充实，教授亦多良师。惟是该系补助经费虽多，均指定用途，不能变更。现实缺陷最大而需要最感迫切者，为一适当讲习之所。盖矿冶系原在校本部已无相当校舍，现迁舍资，更未得良好屋宇，精细仪器多属搁置，实验工作每难推动。且以缺乏电力之故，已购至之选矿设备无法利用，甚为缺憾。同人等感于矿冶教育之切要，及云大矿冶系使命之重大，爰为发起募集款数，兴建适合需要之校舍，以期补其缺陷，促其进步，而为国家树人大计之一助。校舍建筑现由基泰建筑公司设计，建筑费约定为国币四十万元，地址则勘定西山山麓，不独风景优美，环境良好，宜于弦诵，且近有工厂，便于实习，枕山面湖，敌机空袭，复可避免危险。惟成裘有赖集腋，众擎方能易举，尚冀

社会硕彦，实业巨子，解囊捐助，早观厥成。行见：白鹿洞旁学府宏开，西唐山下广厦新成。不但青年学子有如皈之乐，而于抗建大业贡献亦匪细也。敬启。

发起人：龚自知　陆崇仁　李培天

缪嘉铭　熊庆来　张邦翰

民国二十九年六月一日

（2）筹设附属医院募捐

1940年，医学院第一、二班学生行将毕业，为了满足其实习的需要，学校决定筹设附属医院，但教育部仅每年拨款2万元，甚感不敷，于是学校决定求助社会，发起募捐。12月，学校印制了《国立云南大学医学院筹设实习医院募捐册》，内载《募捐启》及《捐款纪念办法》。其《募捐启》云："吾国自七七事变以后，外谋抗战，内求建设，专门人才日感缺乏，医学方面可谓尤甚。"今欲建一实习医院，所缺款项15万元，"拟向社会人士劝募，冀能集腋成裘，克期完成计划"。"实习医院不仅为造就医学人材之所，兼为救济贫寒病人之地。此举既应医学教育之需要，复树慈善事业之基础，实一举而两得。素仰先生乐育为怀，恫瘝在抱，必肯优以同情，既然解助，俾观厥成。此不独本校之幸，裨益国家社会将匪浅鲜也。引启。国立云南大学校长熊庆来，医学院院长范秉哲，副社长姚碧澄（章）。"其《捐款纪念办法》共有5条，内容略为：第一，认捐3万元以上者，呈请教育部褒奖，院内悬挂放大肖像，纪念碑上镌刻姓名略历纪念，赠送大银盾1座；第二，认捐1万元以上者，呈部褒奖，悬挂肖像纪念碑勒名，送银盾1座；第三，认捐5000元以上者，呈部褒奖，纪念碑勒名，送银盾1座；第四，认捐1000元以上者，呈部褒奖，纪念碑勒名；第五，对捐款劝募鼎力赞助者，学校酌致酬报外，在院勒碑志念。

募捐一开始，经募人积极劝捐，捐助者纷纷解囊，效果颇佳。如经募人胡郁荪督办在边城江城、佛海（今勐海）即募得6000元，其中江城步兵营长王六邦捐1000元；陈德斋募得1.7万元，其中时佩琨捐1万元，正义新药行捐3000元，均益肥皂公司捐3000元，陈德斋本人捐1000元；上海商业储蓄银行昆明分行捐5000元；李崇年募得5800元，其中李崇年捐2000元，李子静捐2000元，饶幼怀捐1000元；白世俊募得1200元等。此外，木锦春捐1000元，朱宝亭1000元，张西林5000元等。美国红十字会和卫生署也捐赠药品一批。对于上述捐助，学校均致函申谢，赞其"佳惠士林，复护学校，热心教育，惠允捐赐"之热诚。正因社会各界的同情和支持，附属医院始得如期成立。

（3）附属医院募捐

1941年7月7日云大医学院附属医院正式成立，其草创伊始，即为"为求优待贫苦病人，以完成慈善使命"，拟办免费病床。为此，8月6日，以云大校长熊庆来、医学院院长范秉哲、副院长姚碧澄、附属医院院长戴练江的名义发出募捐启事。其文如下：

国立云南大学医学院附属医院征募免费病床医药费启

窃抗战以还，百物腾贵，而医药用品，仰给国外者，价值尤昂。中产之家，偶罹重病，医药所需，已难应付；贫病交迫者，其病苦更不堪问，往往因就医无力，呻吟床笫，任病魔之压迫，听命运之支配，甚或因一人之病卧或死亡，举家生活陷于绝境，人世之惨痛，孰过于此！此实热心社会事业者所应亟图拯救者也。查昆明市内医院固已林立，惟为平民设立而以救济为最高目的者尚少，论者每以为憾。本校医学院现谋划创设附属医院，一则使学生有良好之实习机会，俾造成切实之医师；再则力求优待贫苦病人，以完成慈善使命。惟人力方面本校教授同人，差可应付。而经费方面，因国帑支绌，学校预算有限，不能不求助于社会。爰有募集免费病床之发起。素仰贤者乐育为怀，恫瘝在抱，必乐慷慨解助。

但本校计划得赖鼎力而实现，则患者固已食赐，而学生亦蒙惠于无穷也。

国立云南大学校长　熊庆来
医学院院长　范秉哲
医学院副院长　姚碧澄
附属医院院长　戴练江

与此同时，学校还制定了《免费病床之捐募及免费办法》，主要内容有：“1. 附属医院拟设置免费病床50张，分甲、乙2种，甲种床位所收病人自入院至出院，医疗膳食等费全免；乙种病床所收病人，得免半费；2. 按目前生活估计，每病人每日最低医疗膳食费12元，全年共4400元。今暂定甲种病床每床捐款每年4400元，乙种病床2200元。3. ……4. 患重病须住院者，取得贫寒证明书，经本院医生之许可得入院救治，并按贫寒状况给予甲或乙种床位。5. 凡惠捐免费病床者，除由本院呈请教育部照章颁奖外，（1）由本校在院内将芳名勒碑纪念；（2）……（3）若捐款在万元以上，将捐款人放大肖像一帧悬挂于本院内。”此次募捐也深得社会各界的赞助，如某县县长郑容卢即捐4000元，另法国驻滇领事署所办之甘美医院更捐5万元等。

（4）建筑学生宿舍募捐

云大校舍本不充裕，学生宿舍尤感不敷。抗战开始以后，云南为抗战之大后方，战区及外省学子负笈来校求学者更是络绎不绝，一时之间，学生宿舍十分紧张，虽有建盖，但仍不敷应用。1944年，学校决定再建学生宿舍数幢，以解燃眉之急，但是大部款项均无着落，于是又一次发起募捐活动。其文如下：

募集学校建筑费启

本校创立于兹凡二十二年，由私立而省立，而国立，基础日固，规模日宏，已渐为西南之一重要学府。饮水思源，不能不深感唐公蓂赓之创立于前，主席龙公之扶植于后，与夫地方贤达之热忱赞助于其间也。抗战以还，我政府于作育专才，视为急务，本校发展，俞见蓬勃。今者言组织：则已有五院十四系，专修科二，先修班三，附属中学一，医院一，工厂二，农场三；言课目：则有三百余种；言学生名额：则于大学近千人，于附中有六百余人；至教职人员，计凡三百余人，可称整齐。设备经历年增置，亦尚充实，其中且有至足珍贵者。教学工作已易推动，研究风气渐见养成。惟是学校迭遭惨炸，复经疏散，物质大受损失。就校舍言，虽力事修葺，且稍添建，仍不敷用，目前尤感需要者，为学生宿舍。近拟兴建简单宿舍四幢，每幢九间，俾能容纳三百余人，其一幢工程已在进行中。惟政府所拨发之建筑费仅四百万元，不敷约尚二千万元，不得已拟向学生家长及社会人士，求予补助。庶众易举，早观厥成，以庇多士。素仰贤者乐育为怀，敢盼鼎助，慨然解囊。倘荷同情，则于人才之作育裨益实非浅鲜也。

国立云南大学校长熊庆来　谨启

此举也得学生家长及社会人士的热情赞助，加上政府拨款，拟建的学生宿舍得以如期落成。

2. 社会捐助

除了学校发起的募捐活动外，几乎整个国立时期，社会各界均对云大给予了积极的支持和热情的赞助。如：

1938 年，省主席龙云的夫人顾映秋女士捐建女生宿舍一院，即今映秋院。初期估价 2. 5 万元，后又追捐 4 万元，共合 6. 5 万元之数。

1939 年，云南军政要员卢汉的夫人龙泽清女士捐建女生食堂 1 座，即今泽清堂。初期估价 2 万元，后又追赠 2 万元，共合 4 万元之数。同年，中国农民银行捐款 1 万元，作云南境内农村社会经济调查费用。次年该行又捐 1. 5 万元。

1940 年，云南义协祥总号艾志诚捐赠 1 万元，以作购置图书之资。

1942 年，因修理被炸的会泽院，各界又予大力支持。其中艾志诚捐款 1 万元，郑益斋 1 万元，董祥和 1 万元，杨树人 1000 元，王吉甫 1000 元等。同年，国民党云南省党部执委赵公望捐助 1200 元，作为购买党义书籍之资。又郑瑞捐赠 10 万元与云大和附中，作购置图书之用。董澄农捐建西郊渔街子疗养院 1 院，其房屋造价约合 71 万元之巨。建水富商黄美之遵其太翁遗言，捐 10 万元。

1943 年，省电话局局长赵述完捐赠 1. 55 万元，以购置英文书籍。同年，周润苍、杨镜涵捐建农学院“仙舟图书馆” 1 座，其造价当不在少数。

1946 年，联合国善后救济总署赠给中国美金一笔，云大分得其中一部分。

1948 年，法国外交部捐赠中国 28 万余法郎，以购买法国图书，云大也分得一部分。同年，云南人企公司捐助仪器款美金 2 万元等。

（三）专项补助

云大在私立、省立时期，即分别得到中基会、中英庚款、中法庚款等机构的专项补助。至国立时，这些补助多在继续，另还增加了一些新的专项补助。

1. 矿冶系经费补助

矿冶系长期以来即受中基会、中英庚款、经济部资源委员会的专项补助，国立时期，补助依然。如 1938 年所受补助分别为：中基会 10 万元，中英庚款 4 万元，资委会 2 万元，另加学校拨款 5000 元。1939 年为：中基会 5 万元，外加美金 1. 5 万元，中英庚款 4 万元，资委会 2 万元，另加学校拨款 5000 元。1940 年仅下半年，中基会即补助 14 万余元。

1941 年，学校为谋求矿冶系的进一步发展，需款孔急。2 月 4 日，校长熊庆来、总务长张福延联袂致函中基会，请予补助国币 15 万元。其函云：“查本校矿冶系于二九年蒙贵会继续补助十四万余元，使该系于教学及设备上具有长足之发展，立于永久坚固之基础。……关于矿冶系经费，务望贵会仍本过去扶植之盛意，及已拟定之十年计划，惠予补助，俾能从速发展。”并随寄该系 1941 年度请求补助费预算书一份，内开：“第一款　矿冶系经费 15 万元。第一项　俸给费 71760 元；第二项　设备费 45000 元；第三项　学术研究费 25000 元；第四项　办公费 4800 元；第五项　特别费 3440 元。”5 月 8 日，中基会复函云大，核准补助14万元，比预算数略有减少。

1942年，因物价高涨，教授待遇增加，学生实习费用提高，以及学校需安装电灯等，总务处于4月致文学校，请函中基会追加补助经费5万元。6月4日，熊庆来、张福延又会衔致函重庆中基会执行委员会主席翁文灏，以“年来滇省物价继涨增多，复以该系设备应加充实，致开支浩繁”为由，请将1941年度补助矿冶系经费追加6万元，1942年度增为30万元。6月11日，中基会复函云大，表示同意1941年度追加5万元，1942年度补助20万元。此数虽离学校请款数相差较大，但比前仍有较大增加。

2. 其他系补助费

学校除矿冶系享有多方补助外，其他系也有补助者。如1939年，中法基金会补助医学院美金0.24万元，罗氏基金会补助理化系美金0.3万元，补助生物系美金0.2万元，中国农民银行补助社会系国币1万元，补助农学院0.5万元。1940年，中英庚款补助理化系4万元，中法基金会补助医学院2万元。1943年，中法基金会补助医学院设备费国币2.65万余元，云南企业局补助农学院烟草栽培试验费10万元等。

3. 科学研究补助

国立云大前期，中英庚款董事会（董事长朱家骅）曾拨款协助教师和学生进行科学研究工作。如1938—1939年度，云大教师每月享受该会“协款”者为：丁道衡200元，张维华120元，单粹民120元，费孝通120元，宓贤章100元，岑家梧80元，江应樑80元，白寿彝80元等，共8人，每月共支900元。学生方面，1938年中英庚款委员会曾制定了《设置科学研究助理规则》，规定：“本会为奖励青年科学人才继续从事学术工作起见，在国内国立、省立、私立大学、独立学院及研究机关，按照其学术设备情形，酌设科学研究助理。”“科学研究助理每名每月津贴四十元，以一年为限，按月照付。”云大经各系推荐，专家审定，决定1937年度毕业生中政经系黄光陆、法律系田雨农、土木系谢毓寿等3人为科学研究助理，1939年学校即收到该会汇来上半年度研究经费720元。同年，因物价腾贵，生活费昂，每名每月增加10元，即为50元。

4. 学生困难补助

云南地处极边，经济向为贫困，不少学子，出身寒门，生活学习，甚为窘迫，因此，政府与社会每有救济与补助。如1944年，西南联大和云大曾奉行政院令，谓：“蒋主席拨款40万元，救济两校贫苦学生，联大30万元，云大10万元。”学校决定，大部分款项发予学生，以恤清寒；少部分款项则作“员生公利互助社”基金，藉资生息，以应急需。学生困难补助则有各种名目，如学生奖助金、学生特别补助费、空袭救济费、西书补助费、侨生补助费、医药补助费、公医生补助费等。

5. 其他补助和收入

国立时期的经费，除了上述各项外，还有其他名目繁多的补助和收入，有的定期，有的不定期，有的一次性补助，有的连续数年补助等，各各不一，今所见者多达数十种。分别举例如表3-33：

表 3－33　1939—1944 年各种补助费累计表

单位：元

科　目	合　计
中华教育文化基金会矿冶系补助费	246225.40
中法基金会医学院补助费	50958.83
（美国）罗氏基金会理化系补助费	20894.09
罗氏基金会生物系补助费	6600.00
中国农民银行社会系补助费	24957.69
中英庚款协助科学工作人员经费	820.00
中英庚款讲座俸给费	15571.00
中英庚款理化系补助费	52961.26
中英庚款科学研究助理费	350.00
滇越铁路公司学校补助费	112647.30
中国茶叶公司农学院补助费	73.81
滇越铁路公司实习工厂补助费	1627.60
教育部研究边教补助费	2499.75
教育部边疆文化研究费	2860.50
中国银行学校补助费	2316.10
酒精农场补助费	3000.00
蚕桑新村公司蚕桑科补助费	25466.90
中国合作协会农学院补助费	800.00
边疆教育研究费	2985.52
龙氏讲座俸给费	367101.00
西南文化研究室经费	467550.60
教员讲助金	26250.00
建筑工学院捐款	100000.00
社会系边疆建设研究费	8000.00
云南企业局补助费	175041.09
理工学院建筑费	375615.19
中基会补助学校经费	156000.00
龙主席矿冶系补助费	138510.00
龙主席附中补助费	250000.00
边疆讲座补助费	15000.00

续 表

科 目	合 计
部发充实设备及修建费	44603.00
伊斯兰讲座费	4840.00
土木系水力实验室修配装置费	127380.00

表 3－34 1943 年 3 月云大应领补助费

单位：元

科 目	合 计
中法基金会医学院补助费	26500.00
中基会矿冶系补助费	50000.00
中英庚款协助科学工作人员经费	700.00
中英庚款科学研究助理经费	400.00
中英庚款讲座俸给费	2500.00
酒精农场补助费	3000.00
罗氏基金生物系补助费	6600.00
教员讲助金	60000.00
云南省企业局补助费	100000.00
滇越铁路公司学校补助费	60000.00

表 3－35 1945 年 12 月各种补助费和收入

单位：元

科 目	金 额	科 目	金 额
所得税	1544.00	印花税	137769.00
体育费	101000.00	讲义费	491172.00
赔偿费	657049.00	党员月捐	3936.00
空袭赈济费	10416.00	教育部研究边疆补助费	23345.00
西书补助费	55610.00	滇籍生奖学金	30805.00
鲁苏战区总部补助	300.00	学生保证金	160000.00
侨生补助费	2500.00	恤金	3000.00
特别费收入	31660.00	学生证收入	7590.00
土地售价收入	2187250.00	美国援华会捐赠款	746400.00
图书仪器补助费		增班经费	
中正奖学金		利息收入	
文化事业费		注册费收入	

表 3－36　1947 年 2 月临时费收入

单位：元

科　目	金　额	科　目	金　额
中正奖学金	20000.00	龙主席矿冶系补助费	66787.00
美国援华会捐款	290000.00	伊斯兰讲座金	7920.00
医药补助费	60000.00	水力实验室补助费	92990.00
生育补助费	8000.00	南园讲座金	6000.00
中基会补助费	542275.00	农学院图书补助费	30000.00
龙氏讲座金	67579.00	实习医院捐款	26309.00
滇越铁路补助费	825437.00	其他捐款	383366.00
水利讲座金	44800.00	经委会纺织厂补助费	1103397.00
川滇铁路补助费	1950000.00	侨生补助费	6000.00
冠群奖学金	759571.00	资源委员会补助费	11697.00
中英庚款讲座金	80299.00	租金	363642.00
罗氏基金补助费	20894.00	考勤罚薪	1109.00
中法文化基金补助费	51513.00	公医生补助费	19308.00
农民银行补助费	566.00	边疆建设讲座补助费	359180.00
西南文化研究室经费	29418.00		

此外，还有一些临时性的杂项收入。如 1943 年成立昆明经济农场时，农行贷款 18 万元；弥勒木棉场 1944—1947 年间，农行贷款 1672 万元；1945 年后勤司令部租用学校房舍，年租金 200 万元；教职员生活补助费，1944 年及以前 303 万余元，1945 年 352 万余元，1946 年 7112 万余元；学术研究补助费，1945 年及以前 97 万余元，1946 年 1261 万元，1947 年 1520 万元；学生特别补助费，1947 年为 241 万元等。

六、校舍的大规模建筑

国立云大时期，一因历时较长，凡 12 年，二因学校发展，员生大量增加，从而办公、教学、生活等用房均有较大建设。不仅在校本部，而且在今北院、西院、东院及东郊呈贡、西郊渔街子，乃至州县地方，可说大小建筑，连年不断，或先后兴工，或同时并举。国立时期，乃是继建校初期营建校舍后的第二个营建高潮时期。各年建筑大略如下：

（一）1938 年的建筑

1. 《招标办法》的制定

为了保证建筑顺利及工程质量，国立初期学校即制定了《招标办法》，以资遵守。其文如下：

国立云南大学建筑校舍招标办法

一、本校新建校舍数幢，特定本办法招标承建。

二、此项建筑工程概依照本校所订图样、施工说明书及施工规范书办理。

三、此项建筑所需材料泥木、五金、玻璃等项，或由校供给全部或一部分，于决算后决定之。各按其估计单价扣减，投标人不得拒绝。

四、投标人合于下列条件者，方能应标：

甲、须在建设厅登记，领有甲等营业执照者。

乙、在本埠或外埠，其建筑成绩有人证或物证可资证明者。

丙、有建筑经验，在本市有建筑成绩，经本校认可，能请得殷实铺保者。

五、凡合于前条中任何一款之厂商，有意承办此项工程者，应先办理下列各项手续：

1. 先至本校工程处登记，缴纳图说费（不中标者，退回图说时如数退还。中标者，按工程总价缴纳千分之五图说费，预缴纳数仍照退还。）领取图说估计表，查看施工地点，详加计算，列入表中。其有应行补充者，亦可另纸书写，加入估计以资参考，但须注明理由，估计单内须附详细之工料分析预算表，以资审核。

2. 押标金于投标前缴付（以现款为限，支票不收），须取标券，将总价填入，连同估计表密封投标。不中标者，于三日内凭据退还。中标者，俟工程完毕验收后照退。

3. 设计监工费，由工程总价内扣付百分之三。

六、开标：登记厂商在三家以上，即按预定日期开标，否则酌量顺延。开标时由本校建筑委员会会同审计处监标员，及投标厂商，当同开启，宣布各标总价。

七、决标：由本校会同监视机关代表，依下列标准研究决定之：

1. 估价单价与当时物价较为接近，无大出入者。

2. 无漏帐及估计错误者。

3. 其单价与预估较近，无大出入者。

八、承办手续：投标厂商，既经本校决定予以承做，即不得拒绝。倘于三天以内不办承揽合同者，本校得没收其押标金，及顺序递补第二标承建之。承建厂商须依下列两点办理：

甲、觅取妥保经本校认可者（一家或二家，视工程之大小临时酌定）。

乙、按照本校所订合同条款，切实履行。

九、投标开标日期：定于　　月　　日午后　　时在本校举行。

十、本办法自公布之日起实行。

以后学校的各项工程建设基本按照这一招标办法实行。

2. 女生宿舍映秋院和女生食堂泽清堂

云大自成立之日起，即同时招收男女学生。男女同校，这是云大历史的一大特点和一大优点。至1937年时，全校女生已达160多人，但因房舍不敷，直无女生宿舍，故女生一律“通学”（住宿校外），而这对于其学习、生活及管理等，均有诸多不便。于是建筑女生宿舍，刻不容缓。约在1937年底或1938年初，省主席龙云的夫人、“关怀桑梓教育，同情女界学子”的顾映秋女士，得悉此情，遂“慨允捐款，修建女舍”。学校获此喜出望外，即请著名古建筑学家、中国营造学社研究员梁思成及其夫人林徽因女士，担任绘图设计重任。梁氏夫妇也愿作“纯友谊的协助”，迅将图纸精心设计完毕。据该设计图，宿舍为一四合院式建筑：东为走廊；南为平房，内走道；西为楼房，外走道；北为楼房，内走道；东北有月宫门，西南有高达三层的瞭望塔。整个建筑，古朴典雅，中西合璧，蔚为大观，足见设计者独出心裁，别具匠心。1938年5月7日，熊庆来致函龙夫人，随呈图纸，请其核定，以便招工承建。其函如下：

> 龙夫人映秋女士大鉴：前承慨允捐建敝校女生宿舍，热诚厚谊，全校同钦。即请梁思成先生及林徽因女士共同设计，（该建筑）具有中式建筑优美的兴趣及西洋近代建筑适用之特长，且充分利用本地建筑材料，以求经济。梁氏夫妇苦心经营，将来建筑落成，不仅莘莘学子得沾蔽荫之惠，而营造设计另辟蹊径，在云南建筑史上亦可放一异彩。估计（建筑）价值约为国币二万五千元。建筑名称拟为映秋学舍，聊表纪念之意。专函奉达，即颂大安。
>
> 熊庆来　五月七日

龙夫人接函、图后，对其设计甚为赞许，当即首肯。5月9日，学校致省府《顾女士映秋捐建女生宿舍呈报省政府备案由》，汇报了建筑的缘起、图纸的设计、工程的估价等。尤请省府转呈教育部请转国民政府，对龙夫人的慨捐巨资依例予以褒奖。《顾女士映秋捐建女生宿舍呈报省政府备案由》如下：

> 查本校自二十六年度起，各院系女生已增至一百六十余名，因学校无宿舍准备，致令该女生等全数通学，不惟往返需时，于上课多所妨碍，且学校各项训导，亦均难以实施，是本校女生宿舍之建筑，实属需要迫切。顷承龙夫人顾映秋女士，慨允于本校衡鉴堂西偏捐建女生宿舍一座，现已由营造学家梁思成、林徽因两先生热心襄助，代为设计图案。估价约需国币二万五千元，不日即可招标建筑。龙夫人关怀桑梓教育，同情女界学子，慨认巨款，成斯美举。此日高山仰止，威响往以景行；他年广厦落成，庇观颜于寒士。宜崇褒扬，用之矜式。除胪列事实，呈教育部依照捐资兴学条例，转请国民政府褒奖。并于建筑物落成后，由捐款人命名纪念，及由学校在该项建筑物内悬像镌碑，以垂永久。

为了保证工程质量，学校特别制定了《云南大学建筑女生宿舍投标简章》共9条，其中规定：建筑地点在至公堂迤西空地；投标人须在实业部，或省建设厅、昆明市政府注册登记过；曾经包造过价在国币3万元以上之楼房，资本殷实，经验丰富者；承包人的选择，其以往的成绩、经验为重要因素之一，而并不以标价最低为主等。

为了选择技术优良的承建者，学校还专函邀请龙夫人、梁思成夫妇、校建筑委员会委员夏昌槐、杨克嵘等，届时参加开标。

经过慎重的招标、开标，最后云盛建筑工厂中标。7月，云盛厂制定了《云南大学建筑女生宿舍估计单》共5项，总价估计合48394.9元，并与铺保共同订立《承揽建筑国立云南大学工程契约书》共12条。主要内容有：工期290日；保固10年；分6期领款；建筑时，承揽人与工人“各安天命，如有伤亡，与学校无涉”等。8月，铺保立具《保结》，保证承揽人“照约履行，遵限完成，倘有拐逃及违约等情，甘愿具结负担完全责任”。一切手续办理完竣不久，工程即行开工。

在建筑过程中，一因物价飞腾，二因学校欲另建女生食堂，熊庆来又于1939年5月9日致函龙夫人，请其再认捐5000元，并请代为转达卢汉总司令的夫人龙泽清女士，请其认捐食堂建筑费。其函云：“卢夫人平素对妇女教育及妇女社会事业，异常热心，重以尊托，必能慨然应允，俾本校女生，叼托庇荫，奠定基石，垂诸久远，则感荷者，不止一人已也。”卢夫人对此求请，慨允捐赠2万元，且后来又有追加，实共捐新币4万元。为表谢忱，1940年3月28日，学校致函卢夫人，谓：“夫人惠捐巨资，女生食堂得以兴工建筑，早观厥成，嘉惠青年，全校师生，同深感荷，佥谓宜泐诸贞石，以垂永久，拟即题为泽清堂，以志不忘之意。”犹是，映秋院之建筑又引出泽清堂的建造，学校可谓左右逢源，举一得两。

但是工程进行中，因物价飞涨，云盛厂无力如期交工，且发生多处质量问题，工程不得不改由景记工程事务所承揽续建。5月，学校与景记所新订《建造云南大学女生宿舍合同》共10条。续建过程中，因物价继续上涨，工程造价大大增加，及抗战方殷，日机频繁空袭昆明，学校奉令疏散外地。9月10日，教育部代电云大：“该校奉令迁移，女生宿舍建筑工程应暂停止进行。”但是，面临此种困难局面，学校仍在苦苦支撑，不致工程中辍。经费除龙夫人捐2.5万元，卢夫人捐2万元，省府批准挪用男生宿舍建筑费5万元外，尚不足8万元之巨。几经呈请省府，准由原理工学院建筑费项下拨用5万元。正当工程因建筑费不足而进退两难之时，1943年2月，又准龙夫人捐送国币4万元，为建映秋院不敷之数。学校雪中得炭，感激莫名，3月15日，熊庆来再函申谢。其函如下：

龙夫人映秋女士勋鉴：

近承夫人继续慨捐国币四万元，作敝校映秋院修建不敷经费之用，祗领感荷！敝校因学子激增，房舍不足应用，又限于经费，修建维艰，曩承关怀，惠捐巨款，于女生宿舍，得着手兴建。虽物价不断高涨，致超过预算甚多，然宏丽之建筑，卒观厥成，莘莘学子，得蒙广厦之庇，饮水思源，无不感激！本应早日专函拜谢，因赴弥勒调查农产，刻始返省，至歉。建筑费开支情形，当编为报告送呈。台端嘉惠学子之盛意，除呈报教育部外，专此谨表谢悃。

敬颂

曼福

主座前并请代为致敬。

熊庆来顿　三二年三月十五日

映秋院及泽清堂，几级波折，终告完工。其建筑，历时二年余，耗资 17 万元，蒙龙、卢二夫人慨捐巨款，得名家梁思成伉俪代为设计，它的建成，不仅解决了女生住宿之难，且为云大增一景观。此后风风雨雨，半个世纪，两建筑直巍然屹立，是为云大校舍营建史上重要的一章。

3. 实习工厂

学校创办之初，即设文、工两科。为了工科学生实习之需，曾在今映秋院西北角建有实习工厂 2 座，省立时期，沿用未改。改国立后，工科系别增加，实习工厂日感不敷，遂有增建之议。1938 年 7 月 1 日，学校呈文省府："本校理工学院成立数年，尚无相当实习工厂，不惟教学效率难期增进，且旧日置备之车床、钻台、马达等项机件，亦难以保存，将至锈蚀、废坏。而新近由中英庚款委员会补助项下购置之仪器、机件，将来到滇，亦无安设之所。就本校需要言，应有实习工厂八座，现拟暂建二座，以应急切之需要。建筑费约需国币一万零五百四十四元之数。拟恳钧府核定，由本校临时费十万元项下，饬财、教两厅各拨半数，俾利进行。"此呈蒙准，同月，省府议决："实习工厂诚属必须，应照准所拨，由财、教两厅各发半数，以资建筑。"但对建筑费款数略有减少，"准予以国币一万元为范围"。经费既已核定，学校便于 8 月发出招标布告如下：

招标布告

本校现建盖平房实习工厂一座，共二十二间，业经呈奉省政府核准，由校招标办理。兹定于本月二十日起至二十五日止为招标日期，如有愿意承建者，希即于限期内到校领取标券，及图样说明书等项，并缴纳投标费国币二元（中标与否概不退还），并定于本月三十日午后二时，当众投标，即日开标。

此布

中华民国二十七年八月十九日

投标者共有 7 家，开标结果，云盛建筑工厂中标，标额为 12980 元。9 月，云盛厂与铺保成合木行共同制定了《承揽国立云南大学建筑实习工厂工程契约书》共 11 条。主要内容为：承建实习工厂 1 座，计瓦平房 22 间，分为两排，每排 11 间；建筑工期自当年 9 月 15 日至次年 2 月 15 日止，共 153 天；保固 10 年；领款办法分为 5 期；逾期一月罚包价 5%，二月罚 10%，多则类推等。契约书签订后，工程即行开工。后因学校又加建工厂茶房、围墙、厕所等，故工期有所延长，经费也有所增加，实为 19708.5 元。

1939 年 10 月工程完工。此工厂建于北城外马路边，即今校本部东北角，校医院以北化学馆外。新实习工厂的建成，为工科学生的教学与实习创造了较好的条件。

4. 自建砖瓦窑

学校改国立后，规模日益扩大，建筑日益增多，所需砖瓦若仍照前出资购买，则开支必增，耗资必巨。学校为了少花钱，多办事，以节省经费起见，决定在附近地方自建砖瓦窑数座，招工承办，就地烧制，以应建筑之需。后来有些建筑，其所需砖瓦即由学校烧制自给，从而降低了造价，节约了经费。

当时凡承揽为学校烧窑者，均需请保出具保结，以严其责。如曾有张国正承包烧窑，而由明兴祥等商号作保。其保结如下：

保 状

具保状人明兴祥袁子明、荣春园解遇春，现（分别）住本市玉溪街二十一号布铺、桃园口九十一号食店行

今于

云南大学具结力保事：实保到张国正承揽烧窑，所领预支货价国币三千元，由保人一力负责，依照承揽约履行。如有违约情事，保人等认负完全责任，中间不虚，具保是实！

右呈

云南大学钧览。

附呈领单一张。

中华民国二十七年八月十七日

具保状人：袁子明（章） 解遇春（章） 呈

（二）1939 年的建筑

1. 医学院院舍

滇省僻居边徼，民族众多，山高谷深，气候多变，自古以来，疾疫丛生，素为“瘴疠之区”。东大创办之初，即有设立医科之议，惟因经费、人才所限，迟迟未果。延至1932年，省立东大时，始办医学专修科，此为云南地方自办高等西医教育之嚆矢。1937年省立云大末期，即改国立云大前夕，将医专科改为医学院，并呈准省府拨发建筑费国币9380元，以建校舍。1939年，复蒙省府拨给昆华中学北面旷地十数亩（即今南学楼一带），以建学院临时教室。1940年10月，工程完工即将验收之际，适遭日机轰炸，计炸毁7间，炸坏6间，后经修复，12月验收投入使用。该院舍计分两连，北教室约今物理馆处，南教室约今南学楼处。自是，东陆校园遂为边疆西医人才之摇篮！

2. 农学院院舍、农场

学校创办之初，即在北门外分设农场和林场，既增经济效益，尤为设立农学院张本。1939年云大农学院成立，为谋发展计，院址选于宽阔的昆明城东呈贡火车站附近对角村一带，在其购地约300亩，当年即建农学院楼房1座，平房1院，此为农学院和呈贡农场的首批建筑。

（三）1940 年的建筑

1. 澄农馆

医学院成立后，为教学、科研计，欲建细菌学馆，但苦经费无着。1940年初，对云大早有捐赠的“商业巨子”董澄农闻此，即向医学院院长范秉哲表示，愿捐国币6万元以为

该馆建筑之资。对此慨捐，学校甚表欢迎。3 月 7 日，熊庆来即函董澄农，以申谢意，并告以即将估价兴工。其函如下：

澄农先生惠鉴：敬启者，敝校医学院拟建筑细菌馆一所，以作细菌研究及各种病菌、血液排泄等检查之所。惟当此工料高昂之际，实觉心长力绌，非得社会人士热心毅力之赞助，何能成此大厦？

先生对教育事业平时即热心赞助，此次敝校复蒙慨允捐助国币六万元，不但嘉惠青年，有功学术，抑且惠及恫瘝，造福梓桑，垂诸永久。……刻已命设计者，从速估价，以便进行。特先布达，敬申谢忱。并颂仁安

国立云大　熊庆来　敬启

3 月 16 日，董澄农复函熊庆来，告以捐资助学，分所应尽，尤嘱对其捐助，切勿鸣谢，更勿登载报端。足见其胸怀和风节。其函如下：

迪之校长仁兄有道：昨奉华翰，敬悉一是。吾省大学，自兄主持以还，除陈布新，力加整饬，教育进步，一日千里。仰见才识宏富，令人敬佩。现既有兴办事件，需为效力，自应尽其天职，以副雅望。且病菌之研究，于吾人健康有重大关系。吾兄既提倡建馆检查于前，弟当竭其棉力以助于后，俾增学子研术之兴趣，而冀有所发明也。昨允捐助之款……但此桑梓义务，份所应尽，弟虽于大理及其他各校略有赞助，均未敢藉以沽名，咸请守密，祈勿鸣谢。此次捐款，亦同此心，仍请勿登报端，或公开发表，是所盼祷。耑函布意，敬颂道安。诸希亮照不戬。

弟　董万川　敬启　二九年三月十六日

熊庆来接函后，对其急公好义，深为感佩。3 月 22 日，再函董澄农，对其仁者精神，坚持必要广为传播，以励各界。其函如下：

澄农先生惠鉴：敬启者，顷奉来函，敬悉一切。吾兄慨捐巨资，兴学育材，现已与秉哲兄从事设计建筑。澄农细菌室落成以后，不但嘉惠青年，抑且造福痌瘝，非高瞻远瞩，曷克臻此？顷读来教，嘱勿登报申谢，益见吾兄劳而不伐，为而不有，谦挹为怀，弥深钦佩。惟报馆方面，已先有访稿，不及阻止。而仁者服务梓桑之精神，亦岂可湮而弗彰？况急公之风，将自此愈振，表扬之意义，尚不止此也。特此奉复，敬申谢忱，并请

仁安

弟　熊庆来　敬启　三月二十二日

与此同时，学校积极招工承建。经过投标，上海振业营造厂以 77092.3 元中标。不敷之数，董澄农概以认捐。3 月，学校与振业厂、铺保陆根记营造厂共同订立《国立云南大学建筑董澄农先生纪念大楼承揽合同》共 11 条。主要内容有：工程总价 77000 元；建于校内医学院教室旁（即今物理馆西侧）；120 日晴天完工等。不久即行开工。

正当工程即将完工之际，10 月 13 日，多次进袭昆明的日机，首次对云大狂施轰炸，

会泽院、至公堂、医学院等多处中弹，澄农馆也未能幸免。为了安慰对学校在建工程的捐资者，以免其悬念之心，11月1日，熊庆来分别致函董澄农、顾映秋、龙泽清等，告以：日机轰炸，“澄农馆房瓦稍有震破，女生宿舍均尚完好”。11月19日，学校复支振业厂另订修理澄农馆合同，总价1800元。不久，澄农馆即告完工。澄农馆落成之后，云大特请滇中名流、曾任北京政府代总理、时任云贵监察使的国民党元老、腾越李根源题赐馆名。李根源欣然首肯，挥就：“澄家馆　李印泉书”。工匠将其以凸形镶铸于门楣之上。

早在6月中旬，工程还在进行之中，学校即呈教育部，请对董澄农捐资兴学义举照章褒奖。该呈如下：

> 本校医学院自成立以来，以限于经费，设备未能完善，而建筑一项，尤为缺乏。兹有本省缙绅董澄农先生，慨认捐建该院细菌学馆一幢。……董澄农先生热心教育，慨捐巨款，正属难得。除由校将该馆命名澄农馆以资纪念外，理合备文呈请钧部鉴核备案。并恳照章赐予褒奖。
>
> 谨呈
>
> 教育部部长陈（立夫）

11月上旬，教育部对云大呈请事，决定予以“捐资兴学一等奖状”，并由学校代为颁发。对此褒奖，学校特拟新闻一折，分送云南通讯、《云南日报》、《民国日报》、中央通讯社、《中央日报》及《朝报》等予以刊载。

后来教育部又将董澄农捐资事呈请行政院转呈国民政府，请予明令嘉奖。1941年4月17日，教育部训令云大：“……兹奉行政院训令，内开：准国民政府文官处公函开奉‘……查民国二十九年内，捐资兴学在三万元以上者有胡翔云、朱敬堂、董澄农三人，核与《捐资兴学褒奖条例》……应予明令嘉奖，以昭激劝。’”学校接令后，当即函知董澄农，并致祝贺，同时又送各报馆新闻一折。其文如下：

董澄农氏捐资兴学　国民政府明令嘉奖

> 本省缙绅董澄农氏，热心教育事业，前曾独资捐助国立云大建筑医学院细菌学馆一所，业于二九年内完成。当经由教育部予以嘉奖，并颁发“捐资兴学一等奖状”在案。现教育部复呈请行政院转呈国民政府明令嘉奖。兹闻行政院已训令教育部，以转准国民政府……令，应予明令嘉奖，以昭激劝。并闻教育部奉令后，已令云大转知董氏云。

澄农馆的建造，为医学教育提供了一个重要的科研实验场所。半个世纪以来，它一直是云大的重要校舍之一。

2. 农学院院舍

1940年12月，呈贡农学院又新建学生宿舍10间，每间可容学生10人；学生食堂5间，围墙80丈。其中材料费13669.2元，人工费4385元，两项合计18054.2元。

（四）1941 年的建筑

1. 附属医院

为适应医学院师生教学实习，与附近居民看病之需要，1941 年学校筹设医学院附属医院。因值抗战，库帑支绌，仅就北门外（今校医院一带）原有旧房及闲置的实习工厂房舍暂充院舍。4 月，学校呈请教育部发给修建费用，教育部却指令说："惟库帑支绌，能否核定，实难悬揣。"迫不得已，学校只好自谋办法。5 月，学校与统一行建筑部签订《承揽据》11 条，由该部承建附属医院办公室 1 间，临时教室 1 间，修理门诊室、添盖走廊檐头等（今梓园），价 36691 元。7 月，又建仆役室 2 间，厨房及食堂 3 间，价分别为 3200 元和 4800 元。

2. 修理会泽院

1940 年 10 月和 1941 年 5 月，日机袭昆，会泽院两次中弹。为及时修理，5 月 30 日，学校与建昆营造厂订立《修理会泽院屋顶工程合同》12 条。主要内容为：将东面屋顶改建成铅铁皮，西面屋顶炸坏处修复；修理青筒板瓦屋顶、楼地板；将训导室、图书馆被炸洞穿部分修成三合土屋面；修理沟道、铅铁皮水落；所用铅皮业主供给；总价 27600 元等。工程进展较为顺利。

3. 农学院临时礼堂、教室、蚕室

呈贡农学院自 1939 年成立后，至 1941 年时拟扩建院舍。9 月，学校与协记建筑公司订立《国立云南大学农学院建筑临时礼堂、教室、蚕室工程合同》8 条，规定造价 82180 元，工期 60 晴天，保证人为昆明国华企业公司工程部。建筑费来源为：教育部特别补助费 5 万元，蚕业新村公司补助 1.5 万元，提前支用下年度建筑费 1.5 万元。

4. 农学院教职员草房宿舍

同年底，农学院因教职员增加，需加建宿舍，又限于经费，故决定建为草房。先由蔡克华设计，计划如下：①共建 16 间，其中 8 间较大，各住 3 人，8 间较小，各住 1 人。②占地面积共 28.8 方丈。③宿舍高分别为 16 尺和 12 尺。④所需工料计乱石 200 车，值 3000 元；土基 40000 块，值 2800 元；木料若干，值 9900 元；稻草 20000 斤，值 3000 元；石灰 10000 斤，值 3000 元；粗细沙 100 车，值 300 元；洋钉 30 斤，值 600 元；牛胶 5 斤，值 50 元；压条 600 根，值 240 元；垫子 12 条，值 600 元；其他 500 元，合计 23900 元。所需人工计木工 280 工，值 2800 元；泥工 450 工，值 4500 元；草工 70 工，值 700 元；小工 100 工，值 600 元，合计 8800 元。间接费（购料旅费等）300 元。三项共计 32890 元。12 月 22 日，胡亮、何凤昌分别立约承揽木工工程和泥工工程，均包工不包料，包价分别为 3500 元和 4500 元，期限均为 45 晴天。工程完工后，虽系茅屋陋室，教职员均欢天喜地乔迁新居，无甚怨言。由此也可窥见，云大先辈们艰苦奋斗，为国育才的优良作风和高贵品质。

（五）1942 年的建筑

1. 修理至公堂

至公堂惨遭日机炸毁后，限于经费，直未修理。年初，幸得社会各界慨捐巨资，始行修葺。捐资者计艾志诚 1 万元，郑益斋 1 万元，董祥如 1 万元，杨树人 1000 元，王吉甫 1000 元等，对各位捐资者，学校除拟稿登报鸣谢外，并以熊庆来名义特函申谢。其函如下：

××× 惠鉴：

查本校至公堂被敌机炸毁，本校以经费支绌，迄今无法修复。此历史悠久之建筑，一任其毁坏，极为可惜。兹蒙台端慨愿捐资国币××元，俾资在雨季前修理，恢复旧观，热忱文化，本校全体师生，至为感佩。

校长　熊庆来　三十年三月六日

5 月，学校与庆记营造厂订立《国立云南大学修理至公堂工程合同》共 9 条。主要内容有：工料总价 32000 元；工期 28 天；保固 2 年。另订《工程做法说明书》，其中规定：天沟用锌片照原样制置；屋架、房柱用原料，但破损腐朽者应予修补；屋顶用本地青瓦，嵌瓦概用沙灰而不得用泥土，以免生草；窗棂照原样制作，需用优质柯木等。同时还订有《估价单》共 5 项，分别为：青瓦屋面 21000 元，铁皮水落 3600 元，双扇窗子 1600 元，四扇窗子 2800 元，修墙粉刷 3000 元，总价 32000 元。施工中，基本按以上规定进行。

3. 西郊渔街子疗养院

是年，多次捐赠云大的董澄农又慨捐昆明西郊渔街子地皮 1 块（今昆明电线厂处），及捐建房屋 1 所，为附属医院的疗养院。学校得此捐赠，大喜过望，拟在该地建盖门诊部，头等、二等、三等病房，院长室、医生宿舍、看护宿舍、临床教室、隔离病房、饭堂、厨房、汽车间、太平间等全套医疗房舍，特请声誉卓著的兴华工程司担任设计，不敷之款通过募捐而得。4 月，学校代表、附属医院院长范秉哲与承包人赵培仁订立合同，规定总造价 71 万元，工期 4 个月。

7 月 17 日，工程落成前，熊庆来曾致函教育部长陈立夫及转请行政院长于右任，请其题写院名和匾额。其函如下：

立公部长钧鉴：

敬呈者，兹有滇省缙绅董澄农先生，热心公益，前曾捐建本校细菌学馆。兹复承慨允捐建本校房屋一院，约值国币百万元，作为本校附属医院之一部分，名曰国立云南大学附属医院西郊分院，该项建筑不日即可落成。窃以该绅如此热忱，实属难能。为纪念该绅，藉昭光宠起见，拟请钧长俯赐题书（小字）“国立云南大学附属医院西郊分院”、“澄农院”及年月题款等字样匾额一方，匾用直形，长八英尺，宽一英尺五寸五，每字方一尺五寸，发交刊镌，以资矜式，而留纪念。再查本校并另请

于右任院长赐题“澄农院”三字，敬恳钧长便中再为面请，惠予赐题。实深

仰祷，耑肃敬请

崇安

校长　熊庆来

陈立夫、于右任赐题与否，未见记载。渔衙子疗养院的建成，对于医学院的教学、实习，及当地居民的医疗均提供了不少方便。该院停办后，1948 年时，云大附中初中部曾由东郊龙头村迁往该处办学。

3. 其他建筑

是年还增加了水力实验室、试金实验室、选矿实验室，修理了被炸的生物系实验室、医学院实验室、学生西宿舍等。

（六）1943 年的建筑

1. 科学馆的重建

科学馆即理学院理化实验室，始建于私立东大时期，因遭日机轰炸，几为平地，是年学校决定重建。8 月 15 日，学校代表、理学院院长赵雁来与承修厂商大康合记营造厂、保证人昆明三兴东营业部签订《工程合同》共 8 条。主要内容为：工程地点被炸科学馆旧址；工程范围理化实验室 1 所；工程总价 1109187 元；工期 42 个工作日，雨天、警报除外；保固 3 年等。同时还制定了《估价单》和《施工说明书》。合同订立后，即行开工。工程进展较为顺利，11 月初完工。科学馆的重建保障了理学院各系教学实习的正常进行。

2. 云大附中教室

云大附中始建于 1927 年春，时称东陆大学附属中学，附设于大学校园内。1930 年，学校改为省立东大时，奉命办专本科，附中并入省立第五中学。省立云大时，1936 年初，奉命增办高中部，附中得以重新恢复，仍附设于大学校内。1937 年 8 月，因学校发展，房舍不敷，遂迁附中至小东门内原昆明县衙门旧址，即滇黔绥靖公署所属之官兵遗族教养所。1938 年 9 月，日机首次空袭昆明后，附中奉命疏散路南，以该县城东门外文庙为校址。1943 年回迁至昆明东郊 20 公里外的龙头村（今龙泉镇医院处），以村后宝台山上的宝台寺为校本部及男高中部，山下的响应寺为女高中部，村西的麦地村为初中部，教职员家属则分住于龙头村、麦地村、瓦窑村等处。

附中迁至龙头村后，因校舍分散，不便教学和管理，又所用寺庙多陈旧腐朽，危险堪虞，故该校校长杨春洲呈请云大拨款，以建校舍。云大允拨国币 100 万元，以作购地、建屋及围竹篱墙之资。8 月上旬，经招标后，由华记工程处承包。拟建瓦平房 4 联，每联 6 间，每 3 间成 1 教室，则共 8 间，安豆腐框窗子，总价为 89 万元。开工之初，建造尚称努力，后以工价日涨，竟致拖延，因此愈加倍亏，虽经一再催促，仍未奏效，迫不得已，学校乃请将该包工寄押镇公所内。其时包工之款已付 85 万元，工程尚差 1/10。学校遂将剩余木料变卖，得款 2 万元，另由保人赔偿 1 万元，共计 3 万元，以作未完工程之资。尔后慎重招工续建，由报价最低，而又妥实的申贵清以 9 万元之包价负责完成。延至 1944 年 2 月，工程告竣，共计支出 919630 元。附中教室之扩建，基本满足了教学的需要。

3. 其他建筑

是年，周润苍、杨镜涵捐赠巨款，建农学院仙舟图书馆。又改建扩建校本部农林场和蔬菜园艺场为经济农场，建造了大门、厩舍及温床等。

（七）1944 年的建筑

1. 附属医院产科病房

附属医院自1940年7月7日创建以来，迄未专设产科病房，这于产妇及乳婴的护理和哺育，甚为不便。学校决定增建产科病房1幢，全部建筑费用均由附属医院收入项下专款开支。经招厂商估价，惟振业营造厂造价较廉。9月，附属医院产科医院与振业厂订立《工程合同》共6条。主要内容有：在北门外云大医院内建土基楼房1座；总造价国币300万元；120日完工（雨雪、冻天、警报照扣）；如遇空袭而受损，由业主负责等。工程开工后，旋因物价猛涨，振业厂一再要求追加工价，学校先后2次分别追加47.5万元和32.5万元，至1945年4月始告完工。产科病房的建成，大大改善了产妇和婴儿的护育条件。

2. 其他建筑

年初，泰来营造厂承建教职员宿舍2幢，铺保为建国商行，总价为国币63.4万元。年中，太原营造厂承建学生宿舍、医学院教室各1幢，初因天旱，井水枯竭，自来水又价昂，继因雨季来临，连绵月余，复因兵役，漆匠被拉，致使工程多方受阻，迟迟难以完工。

（八）1945 年的建筑

1. 新组建筑委员会及拟订修建计划

1945年时，学校本部及呈贡分校已拥有教室37间，可容学生千余人；实验室19个；教职员宿舍40间，可容100人；学生宿舍81间，可容600人；工警宿舍8间，可容40人。此前建筑设施已有较大增加，但因学校发展，仍不敷用，故拟进一步修建。为此，5月24日，学校重组建筑委员会，聘请丘勤宝、蒋蕙荪、杨克嵘、殷之澜、张福延及李吟秋等为委员会，而由校长熊庆来任召集人。对所聘者，均发聘书如下：

> 兹敦聘
> ×××台端为本校建筑委员会委员，即希察照惠允，担任为荷。
> 此致
> ×××先生
>
> 校长　熊庆来

5月，新组建委会开会议决：以后勤司令部租用房地补助费200万元，及教育部拨发本年度扩充设备费50万元，在泽清堂前建五开间教室1幢；以本年度加班费400万～500万元，于后门外围墙内建四开间教员宿舍2幢。建筑图样均由工务组绘具。为请省府拨款，6月25日熊庆来亲往拜谒龙云，龙云面允补助学生宿舍建筑款300万～500万元。7

月2日，熊庆来又致函龙云，以表谢意，并请拨款。其函如下：

主席钧座：

致函者，日昨晋谒

崇阶，恭聆训示。对于添建学生宿舍筹款问题，叨蒙钧允拨款补助，仰见关垂教育，庇护学子之殷厚，感奋莫名。……

钧座补助之款，但荷早日发下，俾工程得积极进行，则多士可早沾庇复之德，尤深感幸。专肃致叩

崇安

熊庆来 谨具

此后不久，省款拨发，修建计划得以实现，在泽清堂前建教室5间，北门外农场内建学生宿舍9间，预计工料价1000万元。6月30日开工，原定8月底完工，但因时值雨季，工程受阻，延至10月15日方告完工。

2. 围墙工程

自从学校于北门外开办农场后，先编有篱笆墙，因其易朽易毁，致使农产时有丢失，为防范计，学校决定建筑围墙。10月，承揽人王国中订立《工程揽据》。内容为：北门外农场筑围墙1段，计35丈；做法是石脚入土1.2尺，除墙之位置外，内外各有1寸走水基础，其上沙灰砌砖3层，再上冲板墙7尺，内外各抿灰泥，外刷黄土，顶上戴帽板瓦，瓦盖塔灰；工料是每丈14工，每工1200元，即每丈合1.68万元，总计58.8万元。工程顺利完成，自此农场及学校的治安有所改善。

3. 全校大修计划

是年夏秋之际，省垣大雨滂沱，校舍多处受损。先是8月3、4两日，龙头村附中校舍相继倒塌4处，“压毙新生1人，重伤1人，毁坏器物一批”。为此，附中校长杨春洲急呈云大校长熊庆来，直谓：对此惨祸，“职负主持责任，尤为惶恐。如钧座不予设法，职实不敢再尸位素餐，贻误青年。应请钧座即日飞电中央，或函呈省府，请即拨给修缮费国币一千万元。亡羊补牢，犹未为晚”。另大学校本部、呈贡农学院等校舍也倒塌无数，情势尤为严重。10月1日，学校急电教育部，如实汇报灾情，请速拨款修葺。其电云：“昆明本年，雨水过多，尤在八月间，几整月大雨滂沱，市区附近洪水成灾，为近数十年间所未有，房屋倾圮倒塌者不可胜计。本校围墙倒塌二十余丈，房屋如泽清堂、衡鉴堂，农学院教室、宿舍等，也有倾圮之虞，其他细部应需修理者尚多。又附属中学原疏散市郊龙头村，全系借往寺庵，因经费支绌，无力彻底修理，教室、宿舍、围墙于八月三、四两日，一共倒塌四处，毁损器物甚众，设不加以修葺，势必继续倒塌，影响教学。兹拟就各部分择其主要之处，简单修理，见滥补滥，估计约需修理费国币八百八十一万三千五百五十元，应请钧部准予照数拨发，俾便兴修。”同时随电附呈详尽的修补校舍工料估计清册一份。要者略有：大学部分：医学院北排、南排教室房顶，澄农馆房顶，教员住室房顶，晚翠园住室，泽清堂房顶，庶务组房顶，工务组房顶，出纳组房顶，职员住室房顶，总务处房顶，大食堂房顶，映秋院房顶，西宿舍房顶，东宿舍、茶房及卫兵室，校本部筑土基、

板墙，青云路围墙加修基址，农学院草房房顶、瓦房房顶，围墙等处各项修理费用。附中部分：宝台山高中部男生宿舍，厢房，厨房，中殿，观音殿，初中部宿舍，教职员宿舍，教职员食堂，校办公处，医药室，女生部，高中女生寝室，高三教室，女生部围墙，女生部厨房等处各项修理费用，总计如上数。此次呈请，蒙部允准，遂予拨款修理。

（九）1946 年的建筑

1. 附属医院 X 光室

年初，联合国善后救济总署捐赠附属医院的医疗器械运交学校，其中有 X 光机 1 台，因该机系精密器械，要求安置的房舍条件很高，学校又无适当房舍，故决定建 X 光机室。3 月，学校呈请教育部拨款修建，呈云："查善后救济总署此次拨赠本校之病床及 X 光设备，惟本校原有手术室及部分诊查室系临时房舍，无法装置此项设备。兹拟另建 X 光室及手术室一幢，其建筑费估计约需一千一百万元，已由校自行筹获三百万元，其余不敷之八百万元，拟请钧部准予拨发，俾便兴建。"此请蒙部允准。为了保证工程质量及符合该机要求，学校特别制定了《招标办法》共 7 条，及《工程施工说明书及规范》共 12 条，予以公布，对承建厂商和工程质量提出了特殊要求。

经过慎重招标，最后以成绩斐然的协成工程公司中标承建。5 月，学校（甲方）与协成（乙方）、铺保利兴砖瓦厂订立《工程合同》11 条。主要内容有：建造 X 光室共 5 间；地点在附属医院内（即今卫生科 3 幢）；总价国币 806. 82 万元；工期 40 晴天；材料由乙方采购，但需经甲方查验后方能使用；保证人应保证乙方恪遵合同；合同一式 4 份，甲、乙双方各执 1 份，其余 2 份分呈教育部和审计机关等。为了保证质量，学校特聘杨铭鼎教授为监工员，专司监工之职。6 月，工程开工。之后，学校考虑到 X 光能穿透薄墙，及为防潮起见，将原定之半砖墙改为全砖墙，另将手术室部分原定的石灰瓦渣地面改为水磨石子地央，以及加建清洁室等，至 8 月 13 日始告完工，工料价也增为 1106. 125 万元。验收证明，工程质量上乘，确如协成公司所叹："对于该室工程，用料绝对严格，工作亦极优良，至亏本达百万元之巨。"

2. 会泽院大修及加建三楼

云大主体建筑之一、学校首脑机关所在地会泽院，自 20 世纪 20 年代初建成以后，历经 20 余载，其间虽有修葺，但是风吹雨淋日晒，地震破坏，尤其日机 2 次狂炸，加之当年建造时，基坑所浇灌混凝土中错用了圆滑的鹅卵石，其时已是墙倾梁曲，雨漏泥落。为安全计，学校决定进行大修，并添建三楼，以增加使用面积。5 月 20 日，熊庆来呈文教育部，缕陈修建原因，请款以便兴工。呈文如下：

> 查本校会泽楼乃前云南故省长唐继尧将军建盖，为昆垣有数之大建筑物。民国二十九年及三十年，日机肆虐，两度遭受轰炸，每次均有数弹落于周近，并有一弹正中，洞穿屋顶、楼板以达地面，屋顶加盖之铅片（因平顶昔经地震漏雨，修补不易，盖以铅片）毁折大半，内部横梁亦多损裂，檐口被毁四丈余尺。抗战期间，库帑支绌，未蒙核拨必要之修复款项，故仅作临时之修葺，每值雨季，仍多漏雨之处，且不时泥土随之而下，危险殊甚。又被震损裂之铁筋洋灰大梁四

根，日见下曲，现暂用木柱支撑，将有倾圮之虞。万一倾覆，不仅员生性命难以保障，而修复则非数十亿巨款不可，情形极其严重。本年雨季前不得不认真彻底修理，实难再延。经确切估计，工程费用仍需国币一万万二千万零七十一万八千二百五十元，应恳钧部迅赐照拨，俾可早日动工，以策安全。……上述修建费均系依照目前物价实况估定，无法再行低减，务恳俯予核拨，以便着手兴修。否则工程困难进行，员生安全，殊为可虑，校长责任攸关，不敢不据实缕陈。

谨呈

教育部部长朱（家骅）

国立云南大学校长　熊庆来

民国三十五年五月二十日

呈文据实志书，情词剀切，得蒙教育部允准，遂拨款1亿元，以作修建之资。因会泽院工程甚为重要，故由熊庆来亲自决定设计监工人选。10月22日，熊庆来致总务处条谕："关于会泽楼修理工程，请（土木系）王景贤教授负责设计及监工，即备函敦请。"总务长蒋蕙荪遵谕，即于次日以校长名义发出聘函。其文如下：

敬启者：查本校会泽院大楼，现已呈奉核准修理。素仰台端经验宏富，关于该项工程之设计、监工事，宜兹敦聘台端负责办理。尚须愈允，并早日设计，俾便兴工，毋任企感。

此致

王景贤先生

校长　熊庆来

王景贤欣然应聘，即着手设计事宜。因工程较大，故分2期进行，一期安装玻璃、油漆门窗，二期加盖三楼。经过慎重招标，由兄弟营造厂承揽。11月，学校与兄弟厂、铺保同益大药房订立《国立云南大学安装、重修会泽院门窗玻璃、油漆合同》共12条。主要内容为：门窗玻璃安装，木质油漆贴金；总价1365.144万元；期限20天；质量则玻璃整块安装，有花部分补贴上等金箔等。所需材料，水泥大观楼提货，钢筋安宁提货，而油毛毡，因昆明无货，虽可定制，但系纸质而非毛质，对此，熊庆来亲批："会泽楼工程重要，极宜由沪购置美国油毛毡应用，免有问题。"于是决定在上海采购美国德士古油毛毡130卷，万弗脱防水漆3桷。几经周折，在沪所购材料始运抵学校交付使用，一期工程得以顺利完成。

1947年初，二期工程的设计已完成。为慎重计，学校先后制定了《招标启事》《招标办法》《工程估价表》和《施工说明及规范书》等一系列文件。其中工程估价即分为25项之多，总价高达10073.34万元。规范书更为详尽，共分6章29条，即第1章总则3条，第2章材料11条，第3章垣墙2条，第4章混凝土工程6条，第5章房架及屋面2条，第6章地板及门窗油漆5条等，全面规定了工程范围、做法、所用材料、质量要求等项事宜，足见学校当局对于此项工程的高度重视和负责精神。招标开始后，因工程浩大，包价额高，省垣各大建筑厂商无不争先恐后，竞相投标。经过激烈竞争，最后以经验宏富、实力雄厚的永记营造厂中标承揽。1月中旬，学校与永记厂、铺保海云木行和济兴祥记订立了

《国立云南大学修缮会泽院工程合同》共13条。主要内容为：工程范围包括会泽楼上、楼下及屋顶的修理和加建；工程总价为国币5106.05万元；竣工期限为120个工作天；付款办法分为5期付清；工程材料除钢筋、水泥、油毛毡、铅瓦由学校供给外，其余由厂方自行采购等。合同订立后，工程即行开工。后因学校增加工程，4月4日，再订《国立云南大学修缮会泽院工程副合同》，总价1064万余元。

兴工以后，因金融波动，物价狂涨，工资增高，致使厂商亏折奇巨，难以完工，一再要求追加价款。经校建筑委员会讨论，佥以物价增长，实难照原包价完工，经呈准教育部，同意追加6000万元。即使如此，因物价继续猛涨，厂商继续亏折，致使工程时断时续，到期根本未能告竣。学校迫不得已，遂将工程收回，另觅厂商续做，且又追加经费，直到1948年5月，工程才算完成，7月验收完毕。

此次会泽院大修及加盖三楼工程，是为该院落成以来最大的一次修建。自1946年部分兴工，1947年全部动工，1948年最后完工，历时2年余，先后耗资30532万余元。经此修建，不仅增高一层，且使该院整旧如新，重放异彩。

3. 教职员及学生宿舍

1. 教职员宿舍

本年所建教职员宿舍主要有：6月，兴业厂承建1幢6间，地点校内，总价199万余元。7月，联威厂承建4幢，地点校内，总价785万元。12月，永昌厂承建二层楼房6间，地点后门内，总价985万余元。某月，永昌厂承建3幢，地点后门内，总价1370万余元。

2. 学生宿舍

学校自1922年创办至1946年初，所有学生宿舍及住宿情况是：东宿舍，3幢计67间，住男生134人；南宿舍，1幢计9间，住男生45人；西宿舍，1幢计16间，住男生48人；北宿舍，1幢计9间，住男生45人；医学院，1幢计5间，住男生32人；映秋院，1幢计32间，住女生96人。总共9幢138间，住男女生400人。其未住校者，均为通学，甚为不便。3月，学校呈请教育部拨款增建。其呈云："查本校学生正式宿舍三处，仅能容纳学生四百三十二人，甚感不敷分配，以致五分之三以上学生，或暂住于急需腾空之临时房舍，或无宿舍可住。寄宿校外者难于管理。……又西宿舍原系工厂改充，不过一时权宜之计，现屋顶已全部破烂，椽梁腐朽，须完全拆卸兴修，是以需要房舍，至为迫切。"此请蒙部允准，拨款1800万元以为修建费用。此年，兴建学生宿舍3幢，即：年初，永昌厂承建学生新宿舍第二幢，总价517万余元；9月，联威厂承建学生新宿舍第三幢，总价706万余元；9月，永昌厂承建学生新宿舍第四幢，总价706万余元，地点在经济农场内。这一时期的修建工程，因时局动荡，物价飞涨，造价多屡屡追加，工期多旷日持久。

4. 中正图书馆建造计划

1946年，时任国民政府主席的蒋介石届六十寿诞，云南省政府主席卢汉亲自发起，拟在云大校内建立图书馆一座，以资纪念。因蒋介石原名中正，故即取名为中正图书馆。为此，云南各界代表曾拟就《创建缘起》。全文如下：

云南各界庆祝元首载诞
特于云南大学创建中正图书馆缘起

盖闻石渠天禄，式昭文教之昌明；麟阁兰台，允表声施之布濩。是以崇儒重道，西园称翰墨之林；稽古右文，东观号图书之府。百家腾踔，翻学海之波浪；四部纵横，履文坛之阃阈。听遗诗乎逵路，群士之德素可观；采逸礼于残编，国俗之盛衰斯睹。若乃表彰经籍，盛文史于三冬；考定篇章，藏典坟于二酉，斯固先王之盛轨，前典攸高；往代之隆规，昔贤所重者也，至若恢复土宇，欣海内之清平；茂育群生，庆寰中之安泰。不有润色鸿业之方，因时建德之事，何以抒下情而尽忠孝，宣上德而扬盛美乎？今者搀枪迅扫，旬始靡余，区夏又宁，众庶悦豫。值海宇重光之会，璇历才周；当河山再造之秋，圣人载诞。德音秩秩，万民扬和乐之声；盛礼莘莘，多士献升平之颂。元首膺九州之国籍，却四海之贡琛。捐金沈璧，昭节俭于来兹；菲食卑宫，法劳谦于往古，为而不宰，襄城之妙道可追；有而弗居，赤水之玄珠斯在，虞舜巡方之岁，凤历重还；唐尧在位之年，麟图未远。明明文德，既四远之来宾；赫赫武功，复万方之率俾。某等恭逢令节，幸值明时，仰赞鸿谟，俯从群议。敢献南山之寿，嵩祝千龄；式撷東序之英，云萦万拱。是以滇中冠带之伦，海内缙绅之士，望觚棱而共仰，瞻魏阙以知归。钱输赤侧，庆諴尧旬，金辇紫磨，欢腾舜历。咸以为云南大学者，学术之渊丛，文章之苑囿也。□王远迈，群玉为藏策之山；老氏遐征，蓬莱号聚书之室。张华三十乘，方此犹轻；郭太五千编，比斯为细。乃室宇卑陋，度藏无所。遂使牙长寿籤玉轴，委同孔壁之书；添字韦编，烂若汲冢之简。是以三迤耆旧，望痒序而翘心；六诏名贤，想成均而动色。考周规于藏室，法汉制于兰台。开基九达之衢，版筑三蕎之暇。德因时立，芳流诞庆之辰；名为功成，运属文明之会。行见金铺玉磩，共宝算而长新；琼宇雕檐，与仙龄而并永，华封祝圣，愿上寿之无疆；箕子陈谟，锡洪范于有截。

谨启

事情既定之后，学校即积极筹款，未雨绸缪。一面呈请教育部拨款，一面多方募捐集资。教育部虽允4亿元辅助建盖，但此数就当时物价而言，与实际所需相差尚远。而募捐也需费时日，甚属不易。故建筑款迟迟难以凑齐，兴工之事也迟迟难以动手。直到1947年底，学校得闻省垣市区城墙将尽行拆除，即请省府将学校范围一段城墙拆除后的城砖基石全部捐赠学校，以作该图书馆建筑之用。为此，12月6日，熊庆来呈文省府。其文如下：

敬启者：查去年国民政府主席蒋公六十诞辰，贵府卢主席曾发起于本校建盖中正图书馆，以纪念蒋公丰功伟业，奠立西南文化教育基础。本校亦复呈请教育部核拨专款，补助建盖。旋奉令核准补助建筑费四亿元。惟是数目有限，与建筑费总数相差甚巨，而本省捐款筹集亦尚需时，只得设法逐步进行。顷闻市区城墙将全部拆除，为使此图书馆能减少筹款困难，拟请贵府准予拆除城墙时，将北城墙起至凤翥街东口，属于本校范围内一段之城砖基石全部捐赠本校，充作中正图书馆建筑材料之用，以成兹不朽盛事。是否可行，相应备文函达。

敬希贵府查照办理，见复为荷。

此致

云南省政府

校长熊庆来　四六年十二月十六日

省府对此呈文如何“查照办理”，未见记载，但中正图书馆，最终并未建成。

1947年，云大医院为了保证工作、生活用水，还在医院北面建筑水井一口。该井凿成之后，结果“出水甚勇”。

（十）1947年的建筑

1. 附属医院病房大楼

云大附属医院创办以后，业务不断扩大，房舍也日感不敷，学校决定增建砖墙楼房1幢共5间。1947年初，经过招标，由协成工程公司承建。1月21日，学校与协成经理钱伯琴订立合同12条。主要内容有：建造病房大楼1座，地点附属医院内（即今卫生科2幢）；总价1949万余元。开工不久，即因物价飞涨，厂商亏折，致使工程停工。学校不得不将工程收回，另由兴源营造厂续做。11月12日，学校与兴源厂、铺保元记营造厂重订合同10条，规定所需材料概由校方供给，厂方仅受工资款2411万元。但兴源厂接做后，也因“物价节节上涨”，厂商“赔累甚巨”，一度请求增加工资款。尽管如此，因当时物价已犹断线风筝，直到1949年10月，工程总价先后累计高达11238万元之巨，仍未竣工，成了“胡子工程”。

病房大楼在施工中曾发生诉讼案。原来1947年工程停工后，7月，学校曾依法向昆明地方法院民事法庭提起诉讼，请求收回工程及所余材料，并按物价指数向协成公司追偿损失。法院当即受理，经过辩论之后即将宣判之际，因法院人事变动，诉讼遂成悬案。1948年1月，熊庆来致函法院，谓：“敝校前为医院病房工程向贵院控诉钱伯琴，请判令赔偿损失费……照现时物价指数，应改为赔偿一亿五千万元方能抵补本校损失。”但仍无结果，又过去一年，1949年8月，学校再函地方法院，但因此时熊庆来已离开云大，并被免去校长之职，又9月卢汉宣布解散云大，成立“云南大学整理委员会”，故法庭开庭时，被告钱伯琴的律师提出，熊庆来既被免职，其先所委托之诉讼代理人已无权参与诉讼。对此法庭予以认可。12月7日，整委会主任卢汉重新任命前代理人王承忠律师为诉讼代理人，工务组主任张用一为学校代理人，准备参与诉讼。但仅隔一天，即12月9日，卢汉即宣布云南和平起义，时局大变。至此历时2年多的诉讼未能结案，也成了“胡子诉讼”，赔偿之事，不了了之。

2. 机电馆

为了解决电讯专修科的房舍问题，学校决定建造机电馆共2幢，即电专三层楼房和电专二层楼房。

电专三层楼房：由建中营造厂承建。7月4日，学校与建中厂、保证人志华商店与允升恒酒店订立合同，规定建砖墙三层楼房3间，造价5443万元。开工后因物价上涨，又追加1600万元，但仍难完工。后建中厂自愿申请按约由校方收回自做。12月，工程改由中大营造厂续做，1948年5月底完工。总造价累计达35685万元。

电专二层楼房：由永记营造厂承建。7月4日，学校与永记厂、保证人明华机器厂与海云木行订立合同，规定建土基墙二层楼房6间，造价4806万余元。后因物价上涨停工，改由包商李家明续做，包价2792万余元，11月续做完毕。

3. 飞机棚工程

1944年奉教育部令成立航空工程学系后，先后蒙各方拨赠各种飞机若干架，须建飞机棚以资停放。飞机棚工程规模较大，设计独特，质量要求较高。为此，学校特聘“经验宏深”的土木系助教黄宝泉担任设计工作。4月19日，熊庆来、教务长何衍璿发出聘书，其文云：“敬启事：查本校航空系飞机棚亟待建盖，夙仰台端经验宏深，谨敦请代为设计建筑图样。相应函达，查照惠允为荷。”黄宝泉欣然应命，即着手设计事宜。

9月3日，经过慎重招标和严格审查后，决定由兴源营造厂承建，学校（甲方）与兴源厂（乙方）签订了《国立云南大学兴建飞机棚合同》共12条。主要内容有：工程地点校内（即今文渊以北，化学馆处）；总价国币10654万余元；甲方供给铅瓦；期限60晴天；如乙方违约停工，甲方得收回自做，而乙方须放弃抗诉权等。9月22日，工程开工。但因该地土质松软，挖深约四五尺，尚无硬土，于是加打杉松桩600余棵，又挖填土方约350立方公尺，加砌石脚18立方公尺，因此而追加工料款960万余元。整个工程进展较为顺利，12月20日工程完工。验收证明，质量尚可。该棚计进深44英尺，间宽34.9英尺，3间共长104.7英尺，占地47.78平方公尺英丈，外场子为29.01平方公尺英丈。

4. 矿冶馆

矿冶馆又称红房子，共分南北二幢，初为私立东陆时的实习工厂，后改为学生西宿舍，原为平房。9月3日，学校与中大厂订约，拟将北边一幢（即今文津楼13栋处）改为二层砖房，总价11556万余元。同月25日开工，1948年1月8日完工，加上加账、自备材料款等，总价实为23611万余元。南边一幢保持未变。

5. 学生宿舍二层楼房

7月14日，元记营造厂立约承建学生宿舍二层楼房2座，地点后门内，总价13000万元。开工后因物价上涨，又追加3000万余元。10月完工。

6. 其他建筑

是年，建筑主要还有：1月，永昌厂第二次续建教职员宿舍3幢，造价1142万余元。5月，衡昌厂承建体育场大门1道，造价800万元。同月，永昌厂加建校长住室（所谓熊公馆）楼房1间，造价1383万余元。6月，永昌厂第三次续建教职员宿舍，造价1142万余元。同月，永昌厂第四次续建教职员宿舍，造价1370万余元。同月，衡昌厂承建教职员宿舍楼房5幢，造价4992万余元。同月，李家明承建后门外教授住宅，每幢造价951万余元。7月，衡昌厂承建农学院（即今西院）内教职员住宅，每幢造价951万余元。9月，清顺祥泥木工程处徐耀清承建平房6间，造价2999万元。12月，徐耀清又承建学生膳堂平房4间，造价3699万余元。

7. 建筑材料的订购

1947 年云大校舍大为发展，多处施工，所需建筑材料，为数甚巨。为满足需要，学校大量采购砖瓦、石灰等。为此，6 月 23 日，学校代表熊庆来与元兴石灰砖瓦庄代表马云龙订立采购合同。其文如下：

合　同

立合同人：国立云南大学和元兴石灰砖瓦庄（以下简称甲、乙方）。兹甲方向乙方订购 8×3、$\frac{3}{4}\times1\frac{1}{2}$标准青砖一十四万块，$7\frac{1}{2}$筒板瓦六万片，块灰四万老斤。议定青砖每块价国币一百九十元，筒板瓦每片价国币一百六十元，块灰每老斤价国币九十元，共计合国币三千九百八十万元正，款数一次付清。自订立后乙方即按期如数交付甲方验收，不得稍有延误或短少，或藉词要求增加价款。各料运至指定地点，应依照规定堆齐，以便验收。但各料运到时，甲方也应当日验收，不能藉故延误，交货期限，二十五晴天（阴雨除外）交货完毕，逾期一日罚款总价千分之五，不得异言。如有歪扭、泡松或裂瓦、断砖，不得搀入。担保品，乙方以有价证券作为抵押，到期不能交清，甲方得将其拍卖，作为损失赔偿。

附批：乙方附呈昆明市第四区篆塘新村宅地一亩二分所有权状 1663 号一纸，上述各货交清后退还乙方。

合同订立后，乙方即陆续交货。验收结果，除因其时阴雨连绵，马车行走困难，运输受阻而超出期限，及青砖质量不符约百分之五而外，其余筒板瓦、块石灰的质量尚无不符，且数量还略超出合同规定之上。此次建材采购的成功，保证了学校各项工程的正常施工和顺利完成。

8. 建筑统计

1943—1947 年间，学校建造房舍多处，据当时统计，略如表 3－37：

表 3－37　国立云大近年新建筑一览表

年　度	建筑名称	数量（座）	面积及容量（英平方公尺）	高　度	用　途	地　点
1943	实验室	1	9.6	平房	矿冶系用	晚翠园
1944	教员住宅	2	6，可住 4 家	平房		晚翠园
	教室	2	23.46	平房		医学院 1 南教室 1
	教室	1	8.5	平房	航空系、铁道系用	至公堂右侧

续　表

年　度	建筑名称	数量（座）	面积及容量（英平方公尺）	高　度	用　途	地　点
1944	教员住宅	2	10间，可住5家	平房		晚翠园1 医学院1
	学生宿舍	2	27.45，可住128人	平房		城外西宿舍
1946	X光室	1	11.5，5间	平房	附属医院用	附属医院内
	教室	1	14，6间	2层	电讯专修科用	
	教员住宅	8	3.25，可住6家	2层		北门外
	学生宿舍	2	23.46，可住128人	平房		城外西宿舍
1947	病房	1		2层	附属医院用	附属医院内
	职员宿舍	1		2层	附属医院用	
	教员住宅	17	3.56	2层		北门外
	教员住宅	3	12	平房		北门外
	会泽院修建		48			
	机电馆	1	10.89	3层		
	机电馆	1	14.5	2层		
	矿冶馆	1	36.38	2层		红房子
	飞机棚	1	47.48	平房		校本部
	学生宿舍	2	27.54	2层		北门外

（十一）1948年的建筑

1. 修理会泽院

1948年，昆明“七一五”运动事件在云大发生，会泽院一、二、三楼门窗、玻璃、房顶、墙壁、扶梯、包檐、墙撑、水落、平台、边栏等多处遭受严重毁损。事后不久，学校呈请教育部拨款修理，教育部允拨200亿元作修理房舍、补充器物及仪器等用。会泽院修理8月动工，9月竣工，共支修理费4500余金元，折合国币约为135亿元。这是会泽院建成以来，中华人民共和国成立以前对其最后一次修理。

2. 农学院温室

农学院为了科学实验而决定建造温室1座。10月4日，学校与承建者永新营造厂订立合同9条。主要内容有：工程地点在实验农场内（今北院）；总价金元1660元；所需玻璃由学校供给等。该温室计一大间，占地3.04英方丈，进深20英尺，开间14.8英尺，三面砖墙，正面安玻璃窗，前面檐口高 6.4 英尺，后面高 12 英尺，屋顶用枋钉成条格，再安玻璃，侧面左边安玻璃门一道，屋顶上面及正面当窗均拉铁丝网，地面锤三合土，木质部分内面刷火酒色，外面油刷银灰色，正面玻璃窗安成翻窗，花台安钢精盖板。开工后因物价上涨而追加 95 金元。12 月完工验收。

3. 土木馆建筑计划

土木工程系为云大最早设立的工科系别，但是一直无专用馆舍，学校拟将红房子南幢改建充之。先请杜彦耿工程师为之设计，并制定了《投标须知》《施工章程》《合同规范》等。10 月 16 日招标结果，同昌营造厂承建，双方曾订立合同准备兴工。后因学校“经费万分窘迫”及“物价飞涨，行市混乱”等，以致同昌厂“避而不敢前来领款”动工。11 月 19 日，学校呈部请款修建，但 12 月 22 日，教育部却指令学校：“所请暂从缓议。”终因款项无着，计划遂告夭折。

4. 体育组宿舍、浴室

“七一五”运动事件后，位于龙头村的附中奉令停办，部分校舍予以拆除。10 月 8 日，建筑委员会决议，将其所拆材料移建体育部房舍 12 间，其中以 8 间为教职员宿舍，4 间为沐浴室。10 月 20 日，学校与承建厂商众成厂、保证人泰和米店订立合同，规定于北门外体育部建造平房 12 间（即今东一院、体育馆处）；造价金元 13338 元；木料砖瓦学校供给等。开工后，众成厂又包建晚翠园内浴室 2 间及为刘文典教授建正房、厨房等（今南学楼）。但不知何故，体育部 4 间浴室结果却未建成。

5. 教职员、学生宿舍 12 幢计划

是年底，昆明生活费用高涨，房租急剧增加，教职员生住校外者，纷纷要求入校住宿，学校房舍更趋紧张。于是校行政会议议决，请部增拨经费，以资兴建。11 月 30 日，建筑委员会决议，再建教员住宅 10 幢，学生宿舍二层楼房 2 幢。为此，特向教育部请款金元券 69 万余元，但因请款未果，计划最终未能实现。

6. 其他建筑

2 月，徐耀清承建平房宿舍 5 间，价国币 5946 万余元。4 月，徐耀清承建平房宿舍 4 间，平房 1 间，价国币 5919 万余元。7 月，徐耀清承修实习工厂平房 5 间，价国币 29935 万余元。

（十二）1949 年的修建计划

1. 教授房建造计划

国立云大前期，正值抗战，库帑支绌，学校住房，甚感紧张，教授住房，也无从谈起。抗战胜利后，政府虽作出优待边疆教育人员办法，但因时局关系，难以实行。早在 1946 年 12 月 21 日，校长室即致文总务处，谓：“边远省区大学，延致教授，至感困难。全国教育善后复员会议所通过之优待办法，至是必要，现未能完全实行，已是缺憾。关于住宅之供给一点，不可再缓。如在昆明房租，现尚高于战时，同人无法负担，拟即建筑简单住屋三十幢，每幢五百万元，共合一亿五千万元，即呈请总务处查照。”总务处据此，拟就呈文，于当年12月28日以学校名义呈交教育部，云："迩来昆明物价日益高涨，房租在战时每间三万元者，现已增至五万元，且尚又加无已。同仁月俸所得有限，实属无法负担。为解决居住困难，以符教育复员会议通过之优待边疆教授办法起见，拟建筑简单住屋三十幢，每幢按目前物价估计，需国币五百万元，共合一亿五千万元。拟在明年雨季以前建筑完成。现冬季将近，春晴为日不多，亟应从速兴修。理合备文呈请钧部鉴核，俯准拨款办理。"此请未获允准。尔后数次请求，均无结果。

光阴荏苒，暑去寒来。时过两年余，除为教授建有部分住房外，整个计划未能实现。1949年5月，学校迫不得已，断然决定将仅有的轿车、卡车各一辆变卖，以将所得之款权作建造之资。为此，曾呈文教育部说明原委，教育部对此也是智穷计尽，别无良策，竟至"照准"。6月17日，教育部指令云大，称："所请标售轿车、卡车得价款悉数充作教授住屋建筑费一节，应予照准。"并望"仰将标售情形，报部备核"。但是种种原因，车未卖成，建房计划也因之落空。其后，云大与南方各院校仍在向教育部请款。8月2日，已随因内战中军事败北而南迁的国民政府到了广州的教育部，自穗发出统一的手写油印的"穗高第7656号电"，云："查该校（院）周转金近经另案核拨在案。现以时会艰难，国库支绌，该校应暂维持现状，一切修建及扩充事宜均暂从缓议。关于各校本年度建筑及扩充改良费，前经本部汇案呈院，未奉核拨，本部已无余款可资挹注。该校所请各款均应择其紧要者，在前项周转金内统筹，樽节匀支。"至此，酝酿多年的30幢教授房计划终成泡影。

2. 东宿舍翻修计划

东宿舍为旧贡院建筑之一，落成以来，已数百年。1949年3月，总务处报告学校："本校学生东宿舍年久失修，屋顶已有多处倾倒，曾经压伤学生，实已不堪居住。经查勘该舍楼上非全部翻修不可，应即具情呈请教育部拨款，以凭办理。至需用修建费（以米为计算单位），可与工务组会商办理。"3月19日，总务长诸宝楚在此条上批示："文书组办"。

4月26日，经校长熊庆来、会计室主任、总务长签章后，学校呈报教育部请款。其呈云："查本校学生东宿舍，系前清贡院遗屋，为旧式楼房，计一大幢楼底两层，共隔有宿舍六十间，可住学生一百八十余人。因其建筑年代久远，椽梁多已朽坏，前经一再呈请钧部拨款翻修有案，无如战时库款奇绌，未蒙核准。兹已倾圮不堪，三月九日，因受暴风侵袭，曾倒坍一间，学生一人受伤。嗣又于同月十二日，倒坍一间，幸学生及早发觉迁出，并未受伤。似此危险，若再不彻底翻修，万一继续倒坍，不仅学生无法容纳，且生命攸关，责任难负。兹经检查，全部屋面须更换椽梁十之八九，屋瓦十之三四，全部修理费估计约需滇铸半开银币二八五九．九〇元，按四月二十四日每半开一元换金元券二十万元比率，约合金元券五七一九八万元。恳请钧部准予照数核拨，俾资修理。又目前金元不断贬值，如款项未到以前半开续涨，并请准予比照追加，以利办理。"6月7日，教育部复电学校，称："现以时局动荡，中央财政极度困难，该校修建事项，应以从缓为宜，如属必须，亦应力从节省，即在最近拨发该校扩充改良费内统筹。"学校接此，深感失望，熊庆来也无可奈何，只在电文上简单批了"存查"二字。翻修计划，亦成泡影。

七、图书设备的大量增置

国立云大时期，随着院系的扩充，学校的发展，图书、仪器设备也作了较大的增置。其所需经费一则来自学校的常年经费和临时费，一则来自社会各界的捐助。其图书、仪器设备的来源，或自行购置，或请予拨赠，或接受捐赠，或自行编著，或自己制作等。至1949年国立末期，学校及各院系的图书、仪器设备已具规模，基本可供教学实习之用。

（一）自行购置

1. 订购手续的制订

1938年3月，为了事权专一，学校制定了《国立云南大学各院系订购仪器药品手续》共6条，明确规定一切订购统一由总务处负责办理。同时还规定了统一的订购表格式样，让全校遵照执行。其手续和表格分别如下：

国立云南大学各院系订购仪器药品的手续

一、为统一事权，以免紊乱及迟滞起见，同各院系订购仪器药品统归总务处办理。

二、凡欲订购仪器药品之各院系，须先填具请求购置单四份，经校长批准并将批准之购置单，连同订购货单中西文各一份，及填就之订购仪器药品总表（格式见附表）一并送交总务处，以便办理请求外汇及免税护照，并函寄订购。

三、若与定公司系在本市，须订立合同，由各院系主管人与公司直接办理。但须备副张四份送交总务处，以便分发有关各部分存案。

四、货品发单若系于订立合同后在本市取得，须索取副张四份送交总务处，以便转发有关各部分付款及报销。

五、支付货价（在本市支付或汇寄）之一部或全部时，照会计室规定须有收据。若与订公司收款后始能将收据交来，则于付款前由各院系主管人负责先出具临时收据，将款提出，俟有正式收据再为撤回。

六、若所购仪器药品经费来源未定，或已定而款未到校须先由校垫支者，须经校长批准，再通知总务处办理。

附：订购仪器药品总表

国立云南大学		院	系向		订购仪器药品总表				
货　别	品　类	数　量	价　值	用　途	起运者	接收者	取　道	经过关局	到达日期

以后的采购基本安这一规定和格式进行。

2. 国立初期的采购

1938 年学校初改国立后，教育部、省政府和社会各界纷纷资助设备费，以立学校根基。主要有：教育部 3 万元，分别由医学院向礼和洋行订购显微镜一批，土木系向慎昌洋行订购自动水力试验机、水平仪等；省政府补助 5.5 万元，分别由植物系向礼和洋行订购显微镜、切片机，土木系向慎昌洋行订购经纬仪，向兴华公司订购材料试验机、水力试验机等；资源委员会补助 1 万元，由理化系向兴华洋行订购理化仪器一批；中英庚款补助矿冶系 4 万余元，由该系分别向美国某科学社订购矿物标本、兴华公司订购标本仪器、慎昌洋行订购地质测量器、礼和洋行订购显微镜、中央玻璃厂订购玻璃仪器等各一批。

1938—1940 年间，图书馆或代各系，或自行向英国福爱尔公司、美国威尔逊公司、斯戴克脱公司订购图书 4 批，价值分别为 348 英磅、8752 美元、874 美元。

3. 1940 年各院系采购

1940 年 5 月 13 日，各院系向各洋行、公司订购了大批仪器药品，以满足教学实习的需要。其采购的物品名称、价值、定购洋行、公司等详况如表 3－38：

表 3－38　1940 年各院系采购情况

物品名称	价值（元）	定购洋行、公司
一、医学院		
生理誊写器等	国币 2500.00	北平德聚工厂
酸类及其他	越币 470.90	
化学实验用品	法郎 3383.95	
化学药品	法郎 5411.93	
染色剂及仪器	越币 199.79	
电力离心器及天秤	美金 383.00	礼和洋行
医用物理仪器	法郎 40556.00	
解剖器械	越币 529.10	
染色剂及药品	法郎 9300.88	
蒸气消毒器、电力常温箱等	美金 339.20	礼和洋行
基础代谢测定仪器	美金 275.00	波弥文洋行
切片机等	越币 818.00	加波公司
显微镜 20 架	411.18	礼和洋行
二、理化系		
无线电仪器	港币 251.40	香港通明无线电公司
同上	港币 600.47	香港中华百货有限公司
物理仪器	国币 1808.00	上海大中科学仪器公司

续 表

物品名称	价值（元）	定购洋行、公司
物理仪器	美金 1578.75	美国中央科学公司
同上	马克 1669.75	兴华公司
化学药品	马克 2880.00	同上
物理仪器	美金 2900.04	美国中央科学公司
硫酸	越币 1127.50	加波公司
物理仪器及化学药品	美金 1887.28	美国中央科学公司
三、生物系		
显微镜 40 架	英镑 650.69	礼和洋行
研究用显微镜 1 架	77.14	同上
切片机、刀及药品	美金 492.76	同上
双筒解剖显微镜 1 架	29.14	同上
显微表尺 1 具		同上
显微镜 12 架，测量天秤等	美金 1690.00	同上
解剖器	美金 30.59	同上
化学药品	美金 220.00	同上
四、土木系		
材料试验机、水力试验机	马克 21950.00	兴华公司
经纬仪、子午仪、六分仪等	美金 1133.77	慎昌洋行
五、矿冶系		
矿物标本	美金 1200.00	美国华尔兹自然科学设备公司
吹管分析、制岩石片用具等	美金 3990.00	兴华洋行
显微镜、照相机等	国币 4000.00	同上
气压表、经纬仪	美金 388.50	慎昌洋行
气化铝等 36 种	马克 207.74	兴华公司
醋酸等 18 种	美金 241.76	同上
坩埚等 30	马克 3542.25	同上
试金天秤等 2 种	马克 1495.00	同上
化学药品 66 种	美金 306.96	慎昌洋行
矿冶仪器及其他	美金 1035.61	同上
选矿机器及零件	美金 1000.00	同上
试金及化学药品	美金 2128.00	同上

续　表

物品名称	价值（元）	定购洋行、公司
测量仪器 21 种	美金 1296.23	同上
采矿冶金用仪器	美金 585.52	悦和机器有限公司
压缩空气机及岩钻等	美金 3775.50	同上
测量仪器 11 种	英镑 300.00	泰慎洋行
选矿机件及用具	美金 1348.50	飞轮洋行
测量仪器零件 3 种	美金 72.00	礼和洋行
蔡司经纬仪等 4 种	英镑 136.10	同上
显微镜及磨光仪器	美金 1295.45 国币 296.65	泰慎洋行
折光率标准轴	美金 77.50	美国 XX 公司

4. 国立前期部拨美金的采购

1940 年 6 月，教育部电告学校：因“各校院设备简陋，亟待充实，经呈奉核准支拨美金二十万元，充国立各专科以上学校购置图书仪器之用，由部统筹支配”。云大拨得美金 8000 元，即将此款分配各院系使用。分配情况如表 3－39：

表 3－39　1940 年美金采购各院系分配情况

单位：美元

院　别	系　别	图书费	仪器费	合　计
文法学院	文史系	300		
	政经系	300		
	法律系	300		
	社会系	300		
理学院	数学系	300		
	理化系	300	700	1000
	生物系	300	700	1000
工学院	土木系	300	700	1000
医学院		400	1100	1500
农学院	农艺系	300	700	1000
	森林系	300	700	1000

1941 年 4 月 3 日，教育部又电云大，拨给美金 2 万元，仍作补充图书、仪器之用。学

校决定仍分配给各系使用。分配情况如表 3－40：

表 3－40　1941 年美金采购各院系分配情况

单位：美元

院系别	图书费	仪器费	合　计	院系别	图书费	仪器费	合　计
文史系	600		600	政经系	700		700
法律系	600		600	社会系	600		600
数学系	600		600	理化系	600	600	1200
生物系	600	800	1400	土木系	600	800	1400
矿冶系	100	300	400	医学院	1500	6000	7500
农学院	1400	3100	4500				

5. 善后救济总署专款代购

1946 年 4 月 17 日，教育部电告学校：为补充公私立专科以上学校暨研究、编译机关教学研究设备起见，已向善后救济总署（按：全称为联合国善后救济总署，简称“联总”，1943 年 11 月成立于华盛顿）商妥，指定专款由该署向英美大量订购图书仪器。希望学校就实际需要尽量开列英文清单迅速报部，以与该署参酌办理。学校闻此，惊喜不已，当即转知各院系，嘱其“迅速开列清单送交总务处汇集呈办”。各院系也以此次良机，实属难得，即刻开具清单交总务处。所开清单页码之多即有：外语系 10 页，经济系 40 页，法律系 45 页，工学院 50 页，土木系 50 页，矿冶系 50 页，铁道系 40 页，航空系 35 页，物理系 45 页，化学系 170 页，生物系 140 页，医学院 65 页，农艺系 55 页，森林系 28 页，实习工厂 5 页，无线电训练班 10 页，共计 898 页。此外，尚有政治、社会、数学等系的清单未按时送交。

此次代购，一是数量多，如经济系 40 页，清单中前 9 页，即开列图书、仪器 222 种；二是金额大，如仅物理系所需实验仪器，即共值美金 2 万元之巨。

6. 国立后期部拨美金的采购

1947 年 2 月，教育部拨美金 1.4 万元给学校。学校委托农学院长张福延赴南京教育部领取支票，转赴上海提取款项后交云大驻沪代表——总务处干事黄绵龄办理。黄绵龄委托美国中央科学公司驻沪独家经理人即中和有限公司，向美国订购图书、仪器共 15 箱，由洛杉矶起运，经海路运抵上海，由长江水路运至南昌，再由中国旅行社运至柳州，最后由裕成商行运抵昆明交货。

4 月，学校向上海龙门联合书局购得影印图书 5 件，共 28 种数百册，价值 47 万余元。主要者有《飞行和飞行原理》《驾驶错误某些原因》《无线电航空学》《高空氧气供应问题》《航空发动机之起动》《驱逐机射击方法》《轰炸机射击方法》《美国 F-80 飞机介绍》等。

7 月，教育部又拨美金设备费 2 万元，学校由理学院杨桂宫代为拟定长达 51 页的购置图书仪器药品清单，分别向美、英等国购买。

1948 年上半年度、下半年度，教育部分配部属机关、学校美金一案，学校分得 7000 元，径向上海中央银行业务局洽办，仍由黄绵龄在沪委托中和公司代向外洋采购。

同年 10 月，教育部电告云大，联合国教育科学文化组织本年度拨给我国紧急援助款 3. 97 万美元，以供各重要文教机关购置图书、仪器之用。云大分得 2800 美元，根据规定，20% 图书费分予文法学院，80% 分予各系购置仪器。

12 月，教育部又告云大，分配美金 1. 43 万元，希委托学校在美采购机关径向中国驻美大使馆洽领。学校委托香港中和公司广州分公司驻港代表俞履基代为办理，并致函华盛顿中国驻美大使顾维钧告以此事，请大使馆"俟该公司前来洽领时，即请查案取据照发。"

（二）请予拨赠

1. 请拨图书

1940 年，学校得闻英国捐赠中国各大学书籍一批，且有的已运抵昆明西南联大。为争得一部分，6 月 28 日，熊庆来致函国外征集图书委员会主任兼西南联大常委张伯苓商洽，其函如下：

伯苓先生道席，敬启者：英国方面慨允捐赠吾国各大学图书一批，顷闻已有一部分，送达昆明西南联大，且有一部分系重复本。查敝校藏书无多，不敷应用，而经费困难，未能多购。拟恳贵委员会将英国方面捐赠之书划拨一部分与敝校应用。倘荷俞允，此间学子受惠实多。专此奉达，不胜盼祷。

致颂

道祺

弟　熊庆来　拜启

果然，联大将其转送部分予云大。

2. 请拨航空器材

1944 年，学校奉部令成立航空工程学系，成立之初，设备奇缺，教学实习，甚感困难。1945 年，抗战胜利结束，原驻昆美军奉调离省，遗下大批航空器材，学校闻此，即想趁机请拨一批。10 月，校长室呈文熊庆来，提出此意。熊庆来甚为重视，当即亲批："总务处查照速办。"10 月 17 日，总务处即以校长名言致电航空委员会，请予拨赠。其电如下：

重庆航空委员会公鉴：

案查敝大学前遵奉教育部电转委员长蒋谕，饬设置航空工程学系。时以物资困难，设备多付缺如，教学上甚感不便。近又奉令增设物理学系，特别注重电讯气象等科，以与航空工程学系配合。惟所需器材，目前罗致匪易。拟请贵会将此次昆明美方遗下或接受美方之仪器、飞机及器材等，择有关可供航空、电讯、气象等教学需用者，分别拨赠敝校一部分，以应急需。事关教学设备，谅荷惠允，特此电达。即希查照电知昆明办事处，予以办理，无任感纫。并附请拨器材单一纸。

国立云南大学校长　熊庆来

为了请拨成功，熊庆来又指示总务处，尚须致函驻昆第五路空军司令部司令官晏玉琮。总务处即刻遵办，又以校长名义同样致函。

10月31日，熊庆来更以个人名义致函航委会主任周至柔上将，复申前请。此举果然奏效。11月17日，周至柔即复函熊庆来，欣然同意所请。其函如下：

庆来吾兄大鉴：

十月三十一日惠书奉悉。

贵校成立航空工程系，嘱拨赠美国移交器材一部，自应协助。惟所缺何项设备器材，尚未详悉。请将所需器材之名称、种类、型别及规范、数量等，详细列单寄下，俾可酌办为荷。专复顺颂

公绥

弟　周至柔　书（章）　十一月十七日

学校接此，甚为高兴。熊庆来即去函申谢，并附上请拨名目单一纸。其函如下：

至柔主任仁兄勋鉴：

承赐复函，敬悉一切。吾国航空事业之发展，诚非由教育研究着手不为功。执事高瞻远瞩，乐予翊助，至弥感佩。兹特抄陈各项器材详单一纸，即须鉴察。并乞电令昆明主管部分速为拨赠，俾敝校教学便利即得增多，研究基础亦得树立为幸。

又前晤台端，承面告经费亦可补助，今另有公函商请，亦祈惠予考虑，决定示知，俾计划能早日推进。此不独弟个人之幸，建国前途所受之影响，应非浅鲜也。专此敬颂

勋祺

弟　熊庆来（章）敬上　十二月五日

请拨器材名目单如下：

国立云南大学航空工程系商请拨赠器材

（1）气冷发动机

a. 单星式1架或2架，牌号不拘。

b. 双星式14缸者2架，18缸者2架。

c. 直列式气冷低马力发动机1架。

（2）液冷发动机正反V式、W式、H式、X式1架或2架。

（3）活叶螺旋桨三叶、四叶两种，钢制及铝制各1具。

（4）机身，包括除发动机外之部分。

新式轻飞机（驱逐机或战斗机）1架，重飞机（轰炸机）1架，连带起落机、测速管、无线电定向仪，而不拘牌照。

（5）仪　表

速度指示器，上升速度指示器，高度指示器，侧叙指示器，马达转速指示

器，压力表，温度指示器，罗盘等。

(6) 自动补漏油箱1只，高压气象瓶1个，呼吸面罩1具，降落伞1个，机内用低压发电机1具，自动驾驶器1具。

(7) 完整之小型过时飞机1架或2架。

(8) 关于两种发动机的说明书。

此外，航空系附设之航空无线电研究室请拨器材共有3大项16种。

1946年2月6日，周至柔复函熊庆来，对所请拨大部同意，并指定由昆明第二航空器材总库、第十航空修理工厂、空军第五总站及成都通讯器材库等直接筹拨。学校则由航空系主任王绍曾、教授张文渊负责洽领。

2月12日，晏玉琮也复函云大，对所请拨，愿意“尽力拨助”，并由昆明第十飞机修理工厂办理。熊庆来也致函申谢，表示对其“盛意云情，弥深钦感”。尔后，所拨器材陆续运抵学校。

又此时，王绍曾获知本系同仁郭景纯曾任职航委会（贵州）大定空军总司令部第一发动机制造厂，经其商请，复拨得该厂自制新装赛克隆航空发动机1部，及拆卸工具大小33件。

3. 拨赠游览机

1947年6月14日，学校意外收到空军驻昆第十飞机修理工厂函，内称：“现有游览机一架，奉令拨交贵校，请即派员前来洽领。”云大获此，真是喜从天降，熊庆来即于当天指示：“送航空系洽领。”紧接着，学校即派航空系郭景纯持函前往领回。

4. 请拨P51飞机

原来沾益机场存有美军所交破坏P51飞机1架，第五空军军区司令部沈慎副处长曾面告云大，愿将该机拨予学校以供学生实习，后来该机运至昆明第十飞机修理工厂。1947年10月，学校致函该厂，请予拨交。但该厂厂长陈鸿汉却复函告以：“经呈奉上峰批示，因本军目前配件奇缺，可用者无需拆用”，故“歉难照拨”。于是请拨未遂。

5. 请拨直升机

1948年8月17日，王绍曾致文总务长蒋蕙荪，告以昆明空军第十飞机修理工厂欲迁并杭州空军军官学校，请其致函空军总司令部，将其不必迁移之旧飞机及零星器材拨赠本校航空系。学校认为，机会难得，甚属必要。8月19日，即以校长名义致函空军总司令部，请其拨赠。所请幸获允准。该部特发训令，命空军第五军区司令部：“直升机001和002两架，由该厂就近拨赠云南大学作研究之用。”云大获悉后，即派王绍曾负责接收。此次拨得国内仅有的直升机2架，对于学校航空系的教学、科研和实习，乃至对全校师生的观摩、扩大知识、开阔视野，均属意义重大。因此，9月23日，学校特拟一较长的新闻稿送交昆明各大报予以刊载，以表致谢及广为宣传。其文如下：

空军拨赠云南大学直升飞机

本市空军第十飞机修理工厂奉空军总司令部命令，将直升飞机两架拨赠国立云南大学航空工程学系，备作研究之用。按该机为目前国内仅有之两架直升机，原系美军撤退时加以破坏后遗弃于罗平等机场者。当时共有三架，经空军第十修理工厂运来昆明，试加修理。虽各机破坏过甚，零件缺损者极多，但该厂人员对此工作甚感兴趣，在厂长陈鸿汉中校领导之下，排除万难，努力工作，无法补充之零件，试行仿造，始修复两架。其一架已作初步试飞，结果甚为满意。现该厂奉命归并空军军官学校，一切器材须迁移杭州，所修复之直升机两架，因不便迁运，空军总司令部本军事与教育合作作国防科学研究之旨，令该厂拨赠云南大学作研究参考，并藉资宣传，以引起民众对此种飞机之兴趣。闻昨日已办理移交手续，云大当将飞机运回校内，陈列于航空系飞机棚云。

6. 接收破损器材

1948年10月1日，第十飞机修理工厂厂长陈鸿汉致函学校，称奉空军军官学校训令，转奉空军总司令部代电，“饬拨国立云南大学航空实习器材一部”。学校接函后，即派航空系助教王卓凡前往领取。此次接收报废器材共有10项，详如表3-41：

表3-41　1948年接收破换器材情况

名　称	数　量	名　称	数　量
飞机机身	1架	发动机翻修架	1个
发动机修理架	1个	机翼	1副
发动机吊架	1个	工字钢	2根
降落架	1副	机尾	1副
副翼	1副	压力筒	1个

上述器材，虽是破损报废，但于教学实习，仍是大有裨益。

7. 接收滑翔机

1949年4月29日，空军第一飞机制造厂郑厂长函告云大：“奉赠旧滑翔机二架。”学校大喜，即于5月5日，复函该厂，表示：“盛意自感，自应照办。”并派王绍曾持函前往洽领。同时还接收了航空图书杂志695册。不久熊庆来亲往该厂，一则表示面谢，一则拟趁该厂即将迁移离昆之机，再求请拨其他器材。果得该厂长面允“酌量拨赠”，但须开具清单。学校当即开具请拨器材10项，计有A7-6飞机机翼1副，手摇起重机2具，手推车1具，铁条凳4个，发动机机架2具，发动机机架支持架1具，三层板数块，铅片数块，飞机汽化器、磁电机、起动机，材料试验机等。但因此时已届国共内战末期，此次请拟，似未实现。

8. 请拨医疗器械

约1945年底或1946年初，学校得悉驻昆美军某医院欲将一批医疗器材移交中国（善后）救济总署，又美国援华会运来大批农业物资赠予中国，因总署署长蒋廷黻前曾应邀到云大作过讲演，早与学校有缘，于是熊庆来在呈部请拨的同时，也致函蒋廷黻，请将上述器材和物资分赠学校一部。其函如下：

廷黻署长吾兄勋鉴：敬启者，敝校以医学院设备简陋，前闻美军昆明第一百七十二医院器材，交由尊署接收，并分配与医药教育机关。曾于上月28日电请尊署，优予分配，谅邀鉴察。

顷闻美国援华会运来大批农产物资，可赠送农业机关及学校。敝校农学院亦希望能接收一部分，俾能充实教学研究设备及附属之生产事业，如农林场、畜牧场及农产制造厂等。吾兄对于敝校，关怀素切，想必乐于注重也。

专此奉恳　　敬颂

勋祺

熊庆来　敬启

此请蒙准，救济总署同意拨赠物资，共8卡车之多，其中尤有给水设备一批，正是学校之急需。原来学校虽早有自来水，然因地势高峻，水流困难而时断时续。但总署通知，该器物须在“三月底前运完，否则即另处置”，而学校“仅有卡车一辆，又破旧不能用”，只好先后向陆军总部后方勤务司令部、西站第十一招待所、筑路机械训练班等处承借“坚固十轮卡（车）”4辆，起重机1辆，以为运输，直到3月28日，即离期限仅2日时方告运完。

又4月底，交通部保密公路新工总处油管工程处（位于金马山）允拨油管400套，作安装自来水设备用。学校即雇马车15辆将其运回使用。自此学校自来水设备已较齐全，供水情况有所好转。

（三）接受捐赠

1. 1940年捐赠

1940年初，国际学生服务社美国分会与世界基督教学生会美国各大学基督教委员会合组的美国远东学生服务社基金会函知云大，望开送各院系学生所最急切需要之课本及杂志，以便捐募。学校即通知各院系如期开列寄发。最后得书籍、杂志一批。

3月，云南义协祥总号艾志诚捐赠国币1000元支票1张，以作学校图书馆购书之资。对此，熊庆来致函申谢，表示：“足下热心文化事业，此次慨捐巨资，使本校图书设备更为充实，师生教学裨益实多，拜领之余，五中铭感，谨代本校致谢。”

6月，中法教育基金委员会致函学校称：为沟通中法文化起见，拟“购买本年度法国杂志（自然科学及社会科学）赠送（中国）国内各大学及各研究机关”，嘱其开列清单，以便购买。学校各院系即自行选定所需杂志，每类2种，寄去购置。

8月，北平图书馆2次赠送学校西文图书共8挑。

8月20日，袁屏山（即袁嘉谷，字树五，号屏山，前清经济特科第一，曾为云大国文教授）先生纪念刊编委会致函学校称：“屏山袁树五先生，道德文章，世所推崇，不幸于民国二十六年忧国成疾，遽尔逝世，门人痛泰山之失，仰望梁木而兴悲，爰发起编印《屏山先生纪念集》，承先生友好及我同门诸友惠赐鸿文，捐助刊资，得以集事……相应函送一部，至祈鉴收存览，以资永久纪念。”随送《屏山先生纪念集》一部。9月17日，熊庆来函谢该编委会，谓：“袁屏山先生道德文章，久为吾滇人士所钦仰。兹承贵会惠赠纪念集，业已拜收，并谨存图书馆以备阅览。用特函复，并申谢忱。”

云大在接受捐赠的同时，也主动赠予兄弟院校有关书籍，以加强联系，互通有无。如1940年即送国立中山大学书籍一部。为此，4月9日中大师范学院史地学会曾函谢云大："本会草创伊始，规模初具，辱蒙贵校爱护，宠赐《云南大学学报》第一卷一期共一册，得馆藏充实，学有所据，拜赐之余，谨此函谢。"

2. 1942年捐赠

5月30日，国民党军委会中缅运输总局特别党部致函云大，欲赠送图书一批。其函云："本部奉令结束，本部图书馆所有图书数2950本，现已点存，第念目下图书价昂，购置不易，深恐丧失。素仰贵校图书馆琳琅满目，保管得法，经决定全部移赠贵校图书馆。……即希派员来黑林铺本部洽领为荷。"6月6日，学校函谢该党部，表示对其"爱护本校，嘉惠学子之热忱，至为感佩"。旋即派人领回，并拟新闻一折，登报鸣谢。

8月15日，玉溪名儒郑一斋之第三子郑瑞，代表六位兄弟致函学校，谓："先严府君，早年出身教育界，曾执教有年，专精训诲，一以启迪为己任。壮岁改业以后，对社会文化教育事业仍未尝一日放弃，先后尽力，不止数端。乃所志未竟，遽被汽车撞伤，弃养弥留之际，以不克多尽力帮助文化事业为憾，谆嘱瑞等勉力以家产凑集国币三十万元，内以十五万元分捐贵校及附中暨求实中学各五万元，作补助购置图书之用，以十五万元捐助原籍玉溪县作建筑图书馆之用，以了夙愿。瑞等痛先人之遽逝，奉遗嘱而弥悲。敬谨遵行，除积极设法筹措，节约治丧并分函外，特此奉达。敬请贵校将需要图书即为计划赐示，以便洽商购奉为盼。"学校闻此，即于8月28日函复郑瑞，对其先父不幸伤逝深表痛悼，对其遗捐巨资谨表谢忱。其函云："一斋先生早年治学夙负清望，乃岁厄龙蛇，竟殒天年，骤闻噩耗，惊悼良深。而弥留之际，复以文化事业为重，尤足为世楷。……（谨）专函致唁。"随之开具所需图书计划一纸，请其购买。

12月31日，国民党云南省党部执行委员赵澍（赵公望）致函云大，愿将三个月月薪（每月418.56元）捐助图书馆，作为购买党义书籍之用。学校复函称谢，云："足征台端热心党务，至为佩仰"。

是年，美国红十字会捐赠中国药品一批，如奎宁等。教育部商准卫生署拨一部给学校，云大也在受拨之列，即由因公赴渝的吴文藻教授代为具领。

3. 1943年捐赠

8月，省电话局局长赵述完捐赠国币1.55万元，以购置英文书籍。熊庆来函谢称，此举"嘉惠士林，功在教育，曷胜钦仰。"

12月8日，即护国纪念日（12月25日）前夕，护国运动的亲历者、某处总监李鸿纶致函熊庆来，以"本省首义再造共和纪念瞬又届期"之故，将其所撰《民四云南首义再造共和节略》一书共30册赠送云大，以"使青年学生知其史实为本"。学校将其书分配图书馆8册，以供收藏、借阅，另送马坊分校、呈贡农学院各1册，其余分送各院系处存览。12月13日，熊庆来函复作者，称赞该书："发扬护国史实，拜读之余，无任钦迟。"

同年，学校得闻西南联大教授、著名物理学家陈省身私人藏书中的30余册，为省经济委员会所购得，即致函该会，称该书"均数理专著，殊堪珍贵，拟请全部借至（本校）算学系，以供同人等参考之需"，因其对"数学之研究，殊匪浅鲜"。此书借到与否，不详。

4. 1944 年捐赠

3 月 7 日，教育部训令云大："查《三民主义》为我中华人民共和国成立之最高准则，亦我全国国民信仰之所寄。所有全国民众，尤其政府公教人员，自宜人手一篇，研读力行。"特发起征印《三民主义》100 万册运动，征求各机关团体学校大量认印。学校决定认印 5 部，价合国币 500 元，由总务处庶务组通过昆明农民银行汇往重庆中国农民银行。

4 月 30 日，中国国学研究所致函学校，表示："送上敝所印行《世界大同论》一书。"5 月 18 日，学校函复国学所，表示谢忱。

8 月 7 日，国民党云南省执行委员会委员赵澍致函学校："《总理遗教》及《总裁言论》为我国立国之最高原则，际此抗战方殷，建国基础初立时，必须普遍散布，广为宣传，期使全国同胞均可研读而力行之。"特附函检送孙中山所著《三民主义》《建国方略》《建国大纲》及其重要讲演各一本，《蒋介石言论》一、二、三、四各一本给学校，"用资补充，以利教育"。

10 月 7 日，美国（驻昆）新闻处处长文生致函熊庆来，云："兹随函奉赠本处出版之《太平洋岛屿志要》及《美国在太平洋的任务》各一册，敬请指正。"对其友好赠予，熊庆来曾复函申谢。

5. 1945 年捐赠

1 月 23 日，昆明达文学校校董徐嘉瑞致函云大，转达该校校长李国清函，谓："关于柏老师（按：即柏励，又名柏西文，其父为法国人，其母为中国人）遗书处置办法，经去年十二月二十八日在西山墓地议决：……暂行寄存云南大学图书室，供众阅览。"对此，学校甚表欢迎，并复函李国清、徐嘉瑞云："柏先生执教滇中，乐育不倦，所藏多属有价值之书籍，存放本校，青年不仅得探研之助，复可以景仰前贤。该项书籍拟于图书馆内特置书架存放，供众阅览。"

5 月，昆明中法大学训导长罗喜闻赠送学校法律系极为珍贵的《大清律例》全部。6 月 8 日，学校函谢罗喜闻，表示"祇领之余，莫名钦感"。

9 月 12 日，昆明士人姚仲逵、姚蓬心兄弟致函学校，决定将其先父、著名元史学者姚静轩所遗有关元史的珍贵书籍捐赠学校。其书共有《新元史》60 册，《新元史考证》1 册，《元书》20 册，《元书考订》2 册，《元朝秘史》6 册，《元史译文补证》4 册，《元史新编》32 册，《元秘史李注补正》2 册，《元秘史译音用字考》1 册，《元名臣事略》8 册，《宏简正续录》120 册等。其函云："计十一部捐赠贵校，藉以纪念先考静轩公。此书本非名椠佳刻，但为治元史者之重要材料，滇垣坊中，向无售卖。抗战以还，文物散失，是项书籍，亦感罗致匪易，以故不敢自秘，敬谨捐赠，聊作贵校师生参考之资。先考不死之精神，亦得永久之纪念。"并嘱学校，"转知图书管理人员，请勿借出馆外，俾免散失，是为至要"。学校对姚氏昆仲捐赠如此珍贵的古代典籍甚为重视。9 月 15 日，熊庆来特函致谢，谓："顷承惠赠后列图书，以为令先君静轩公关护文化教育之纪念。璆琳下颁，缥缃增色，翘瞻隆情，感荷靡深。除编目珍藏，藉供员生参考，并遵命决不外借，以彰嘉惠外，谨此鸣谢。"并于 9 月 17 日，拟就新闻一则，送交昆明各大报予以刊载，广为宣传。其文云："本市武成路连陞巷姚仲逵、姚蓬心两昆玉，顷以家藏珍本元史资料二百五十余册，捐赠云南大学，作为其尊人静轩先生生前关护文化教育之纪念。此项书籍为治元史者之重要材料，战事以还，文物散失，罗致甚属不易。该校以姚君昆仲慨赠史籍，增色缥缃，特复函鸣谢，以彰嘉惠云。”

6. 1946 年的捐赠

7 月 31 日，西南联大常务委员梅贻琦、傅斯年、张伯苓会衔致函云大：“本校奉令结束，迁移复员，本校工学院尚有少量物品不拟随校迁运，兹敬以其中一部分奉赠贵校及贵校电讯专修科应用。”8 月 6 日，云大即派实习工厂主任李清泉等前往洽领。所赠有关土木、机械、航空等物品计有：抽水机 1 座，水管试验设备 1 套，曳水孔实验桶 1 套，马达 1 具，金工四英尺车床 3 部，木工四英尺车床 4 部，金木钳工桌 16 张，虎钳 5 部，鼓风机 1 部，锻炉 5 部，飞机发动机 2 具，木炭炉 1 具等 35 种。另联大工学院电机系赠送云大电讯专修科者，主要有各种蓄电池 29 个，电话机 1 架，耳机 3 副等 21 种。此外还赠送扶手椅 100 把。

9 月 7 日，联大清华大学航空研究所（位于白龙潭，今昆明卷烟厂处），向云大赠送大批航空器械，由其所长庄前鼎与云大航空系主任王绍曾办理移交手续。计有 5 英尺风洞 1 具，试验用机翼模型 3 架，飞机模型 2 架，螺旋桨 1 架，直流发电机 3 架，起动架 1 架，直升机旋翼模型试验架 1 个，航空发动机 5 台，机身 2 架，机翼 5 副，航空仪表及器材数十种，另还有家具数十件。21 日，该所又赠航空系中外文图书 30 余种共 348 册，主要有《航空杂志》《电工航空》《清华航研所报告》《航空仪器学》《中国气候图学》《航空机械》《降落伞》《中国滑翔》《航空工程名词》《防空》及多种飞机照片等。经此移赠，航空系图书仪器设备较前有了大幅度增加。

是年，西南联大北返后，其电讯专修科拨归云大时，也带来了一批无线电器材。

中央研究院所属凤凰山天文台改为与云大数学系合办，其设备主要有太阳分光仪、变星赤道仪各 1 座等。

联合国善后救济总署捐赠病床 100 张，X 光机 1 台及其他医疗器械等给云大附属医院。

7. 1947 年捐赠

年初，法国驻华大使馆捐赠云大医学院医书一批，先由海路运至上海震旦大学医学院存放。2 月 8 日，学校分别致函震旦医学院及旅沪的农学院院长张福延，请其洽领托运回昆。

2 月 11 日，教育部电告云大，印度帝国图书馆前曾捐赠教育部作者目录及附录多册，拟分配云大一批。

2 月 17 日，教育部电告学校：“本部在东北接收之《清实录》，现存于国立沈阳博物院筹备委员会，经决定分配于各重要教育文化机关，以供研究。”其中分配云大一部，望其径向该委员会洽领为要。该书极具研究史料价值。因其篇幅浩繁，寄程又远，邮寄费颇昂，云大先后 4 次汇出邮费、包扎费等，几经周折，始寄到学校。

4 月中旬，学校获悉教育部接收敌伪文物统一分配委员会和平津地区敌伪图书处理委员会两会会同清理北平日本图书 40 万册，复本甚多，国立院校可以申请分配复本，便于 5

月2日致函北平图书馆，请转呈两会，求其分配部分，以供参考。后结果不详。

5月，中央研究院分发云大附中该院物理研究所仪器工厂制造的高中化学示教仪器1套，初中物理实验仪器2套。

8月30日，学校收到教育部接收整理美国赠书上海临时办事处转送的法文书籍1箱86册，美国杂志8箱计37种1004册。

11月13日，国立中央图书馆出版品国际交流处函告云大，美国交换处赠送图书7包，请即派员持据前往上海和平博物馆内向该处上海办事处领取。学校即函告驻沪干事黄绵龄负责洽领。

12月4日，昆明中国留法比瑞同学会致函熊庆来，云："兹承朱伯奇先生惠赠下列法文书刊（计六种），因本会会址迄无专人照应，用敢奉请惠交贵大学图书馆陈列，以供众览。"学校表示欢迎，并致函申谢。

12月下旬，学校获悉云南人民企业有限股份公司藏有《美国工厂目录》一书，并拟赠送学校，即于12月29日致函该公司，主动请其惠赠。次年1月10日，该公司总经理缪嘉铭、副总经理金龙章联名函复学校，表示该书"贵校既属需用，本公司自当送赠"，且将该书共16册随函送到。

是年，财政部知令学校，决定捐赠史学名著《田赋会要》2部，希汇去邮包费以便函寄。学校求之不得，当即汇齐邮费。该书后由财政部总务司转往中正书局代为寄发。

8. 1948年捐赠

1月30日，教育部电告学校："由本部向国立中央图书馆（为云大）订购《玄览堂丛书》（近人郑振铎辑，专收元、明以来史部名著）一套，仰即备据径向南京该馆洽取为要。"并印附该丛书书目1份，内载：第一，书价每部预约160万元。第二，全书共20种，凡7200余页，装订120册，国产绵料纸影印本。第三，全书目录为：①《皇朝本纪》；②《洞庭集》；③《庐江何氏家记》；④《怀陵流寇始终录》；⑤《边事小记》；⑥《倭志》；⑦《虔台倭纂》；⑧《倭奴遗事》；⑨《总督四镇奏议》；⑩《大元一统志存》；⑪《寰宇通志》；⑫《炎徼琐言》；⑬《粤剑篇》；⑭《荒徼通考》；⑮《四夷广记》；⑯《国朝当机录》；⑰《嘉隆新例》；⑱《工部厂库须知》；⑲《龙江船厂志》；⑳《延平二王遗集》等。

《玄览堂丛书》为古籍中珍本，学校闻此如获至宝。2月28日，熊庆来特函在宁的资源委员会成员沈秉彝（字遂初），请其代为洽领。其函云："遂初吾兄伟鉴：缅念旧雨时切，停云遥维，起居佳胜，定付私颂。兹有恳者，敝校顷奉教育部代电，配发《玄览堂丛书》一套，饬向南京中央图书馆洽取具报。兹因乏便，拟烦吾兄代为具领寄校。有劳精神，容后图谢。"3月22日，沈秉彝复函学校：该丛书全部120册已于3月11日挂号寄交。

2月20日，教育部电告学校，拟分配英文名著10种，每种30册给学校。5月，学校领得《傲慢与偏见》等10种，实为252册。

2月25日，上海中国国际救济委员会函告学校："本会前为供应战时需要起见，创办影印大学教本一事，尚有少数教本，可资应用。如有需要，务须照章申请，以资统筹支配。"学校即复该会，并将所需种类数量一并寄去。该项书籍均为外文版本，计有工学院需用者5种共300册，结果实收252册。

4月2日，法国赠送云大医学院最新版本、精装《医学大辞书》1部，价值约2000美元。该书系医学名著，学校特于4月4日在各报分别刊登新闻和鸣谢启事各一则。其新闻云："法国政府顷赠云南大学《医学大辞书》一部，计二十九册，于昨由法政府驻越南高级顾问中将医罗伯尔先生及戴国栋（驻昆）总领事代表法政府，在法领馆举行赠送仪事，云南大学教务长张福延代表该校接受。闻此书为医学上极有价值之参考书，该校曾函复致谢云。"其启事云："此书备极珍贵，裨于学术，嘉惠青年，殊非浅鲜。除存备参考外，用特登报，以申谢悃。"

5月24日，教育部电告学校："由部向郑振铎君（为云大）订购《中国历史参考图谱》一套，仰即径向上海郑富洽取为要。"该图谱于史学之探究至为重要，学校即托人代为领取寄回。

9月16日，云南人企公司总经理缪嘉铭、副总经理金龙章会衔密函学校，谓原补助教育部考取自费留学生所节余之外汇美金2万元，经公司董事会议决，"拟全数捐助国立云南大学购买仪器"。学校得此巨款捐助，当即致谢。次年2月15日，学校荐派理学院院长张其濬、工学院院长丘勤宝会同人企公司代表，共同圈定所购仪器清单，后函请纽约华美协进社代为询价、采买。

12月31日，国防部以部长徐永昌的名义代电云大，谓："本部刊印之《何（应钦）上将抗战期间军事报告书》一种，特赠送一部，以资参阅。"熊庆来对此批示"图书馆编目存览"，并复函致谢。

是年，学校还接收了前军医学校所移交之医学书籍一批。要者列为表3-42：

表3-42　军医学校移交云大医学书籍

书　名	数　量	书　名	数　量
内分泌学	1册	诊断学	2册
外科总论	2册	新撰解剖学讲义	4册
生理学讲义	2册	临床病理学	1册
科学杂志	11册	重编人生指津	2册
病理总论	5册	近世病源微生物免疫学	1册
内科全书	2册	药理学	2册
人体解剖实习法	1册	皮肤病学	1册
病源细菌学	2册	教育杂志	7册
日语读本	4册	人体生理图	1套
验光（视力）表	1张	哈氏生理学	1册
细菌学实习	1册	小医化学实习	1册
生体物理化学	1册	组织学讲本	1册
茂木外科各论	3册	德罗英和医药大辞典	1册
无机化学	1册	有机化学	1册

续　表

书　名	数　量	书　名	数　量
生理与病理	8 册	卫生挂图	10 张
小解剖学	2 册	显微镜及使用法	1 册
输血法	1 册	简明胎生学	1 册
精神病学	1 册	解剖学	1 册
近世妇人科学	1 册	罗氏卫生学	1 册
毒物分析化学	1 册	肺结核近世疗法	1 册
薄氏耳鼻咽喉科	1 册	精神病简述	1 册
医学名词汇编	1 册	伤寒全书	1 册
新眼科学	2 册	近世小儿科学	1 册
病理各论	2 册	神经解剖学	1 册
产科学	1 册	肺痨病自己疗养法	1 册
脑	1 册	妇人科手术学	1 册
老人病学	2 册	小断食法	1 册
安产育儿法	1 册	强肺秘法	1 册
子宫输卵管造影术	1 册	脑溢血预防	1 册
日本内科全书	1 册	新撰儿科学	1 册
眼球图	1 轴	日本内科学会杂志	8 册
原文子宫癌肿	1 册	新撰视器一览图	1 轴
眼科屈折一览图	1 轴	实验医报	11 册
热带病学	1 册	人体解剖图	1 本

9. 1949 年捐赠

6 月 14 日，联合勤务总司令部兵工署第五十三工厂厂长周继建致函学校：愿意拨借机器，以利学生实习。学校除复函申谢外，即派人领回。计有报废卡车 1 部，六英尺废车床 1 部，手压板机 2 部，报废铣刀 20 把等。

（四）自编图书与自制仪器

1. 自编图书

云大教师和学生曾结合教学与实习自行编撰各类书籍，其所编图书或存于图书馆，或存于各院系室，迄无详尽统计。惟 1948 年 6 月前后，国立中央图书馆出版品国际交流处曾函学校，谓以编制我国官书目录，望学校填送学校出版品调查表。为此，6 月 17 日，教务处、图书馆曾做过甚不完全的统计。略如表 3－43、3－44：

表3－43 云南大学自编图书统计略表

书 名	编著者	出版年	出版者	文 别	装 订
东陆大学一览	东陆大学编辑委员会	1929	东陆大学	中文	平装
国内考察汇编	东陆大学学生考察团	1931	学生考察团	中文	平装
省立东陆大学校刊第六届毕业纪念号	校刊编委会	1934	东陆大学	中文	平装
云南大学民国二五级毕业纪念刊	二五级毕业同学	1937	二五级毕业同学	中文	精装
云南大学一览	云大编委会	1937	云南大学	中文	平装
云南大学第二届法律系毕业纪念册	云大第二届法律系毕业同学	1938	第二届法律系毕业同学	中文	平装
大学中级法文读本	陈定民	1941	云南大学	法文	平装
国立云南大学一览	云大编委会	1947	国立云南大学	中文	平装

表3－44 云南大学自编期刊统计略表
（均不定期）

刊 名	编著者	创刊年	出版者	文 别	备 考
云大特刊	云大编委会	1937	云南大学	中文	
云南大学学报	云大编委会	1939	云南大学	中文	第一类 第一号
云大医刊	医学院				
云大附中月刊	云大附中				
JOURNAL OF THE UNIVERSITY OF YUNNAN	云大编委会	1938	云南大学	英文	Series Bnumber Ⅰ
云南矿产志略	袁见齐 朱熙人 郭令智	1940	云南大学	中文	云南大学 丛刊第一号
国立云南大学十八周年纪念特刊	云大编委会	1940	云南大学	中文	
云南省米谷运销及价格之研究	汤惠荪 杜修昌	1940	云南大学	中文	云南大学 丛刊第二号
社会科学学报	社会科学学报编委会	1941	云南大学	中文	第一卷

2. 自制仪器

学校实习工厂除供学生实习及对外服务外，也为学校修理和制造一些简易仪器设备，因迄无单独统计，故此处从略。

（五）图书、仪器、药品、设备的统计

国立时期，云大学校及各院系图书、仪器、药品、设备概况，因随时添置，也随时减少，诸如日机轰炸、使用消耗、不慎毁损等，故难以计数。不过，1945 年初曾奉教育部令统计过，1947 年因编《国立云南大学一览》也统计过，另平时也有统计者，兹将三种情况略述，以见一斑。

1. 1945 年的统计

1945 年 2 月 2 日，教育部电示云大："奉委员长蒋三十三年十二月十八日手启，代电饬即将全国专科以上学校各科系仪器设备统筹计划，分类造册具报。"并制发了统一格式。为此，学校即于 4 月 19 日通知理、工、医、农各院系，图书馆，经济农场，实习工厂等，希其"将所有仪器设备及重要图书依式填送总务处，俾便汇报。"尔后，各院系厂纷纷清点统计所有仪器、设备、标本、图书等呈报学校。此次清点，因系奉蒋介石所示，故较为全面，甚能反映当时学校的实况。兹不厌其烦，赘录如下：

国立云南大学仪器设备图书杂志统计概况

第一部分　仪器设备标本

甲、理学院

（1）化学系

分析天秤（进口，东陆所遗）	3 架	砝码（东陆所遗）	4 盒
铂丝螺旋电极	3 个	铂钢电极	3 个
天气天秤（进口）	1 架	魏氏比重天秤（进口）	1 架
苏顿温度计	1 支	比客门温度计	1 支
电热箱（进口）	1 架	固体热量测定器（进口）	1 套
液体自燃点测定器（进口）	1 套	表面张力器（进口）	1 架
气体分析器（进口）	1 套	铂金坩埚	4 个
银蒸发皿	1 个	银坩埚	1 个

（2）生物系

玻璃器	3408 件	抽气筒	1 支
蒸汽消毒器	1 架	天秤	2 架
分析天秤（美制）	1 架	取吸针（德制）	1 支
喷灯	3 架	显微镜绘图器（进口）	1 套
离心机（德制）	1 架	穿孔器	1 套
木塞压榨器	1 架	盖玻片（德制）	298 盒
盖玻片镊子	28 支	钻石刀（英制）	1 把
解剖器（德制）	50 件	解剖盘	24 只

蒸馏器（德制）	1套	干燥温箱	1只
玻璃管	100支	血球计算器（美制）	1套
切片刀磨石（德制）	2块	比重表	2只
角匙	7只	孵卵器	2只
铁架	8架	切片机（美制）	2架
切片机（德制）	2架	切片刀（美制）	5把
显微镜（德制）	55架	研究显微镜（德制）	1架
解剖镜（美制）	1架	扩大镜	24架
温箱	4只	马氏荷氏簧夹	15只
显微测微计（德制）	1件	刀皮（德制）	1件
三脚架	10只	泥三角	10只
砝码	2盒	动物标本	250瓶
植物标本	200瓶	植物腊叶标本	4000号
动物切片	315张	植物切片	1763张
脊椎动物胚胎	1套		

乙、工学院

（1）土木系

经纬仪（东陆所遗）	10架	水平仪	5架
大平板仪	2套	小平板仪	7套
罗盘仪	7架	罗盘针	2个
手持水准仪	5个	真空气压机	2架
六分仪	1架	面积测量器	1个
求积仪	2盒	皮尺	7卷
钢尺	8个	测链	4副
手摇材料试验机（进口）	1架	电力材料试验机（进口）	1架
马达（进口）	1只	抽水机（日制）	1只
流速仪（进口）	1只	反系水轮（进口）	2座
冲系水轮（进口）	2座	水车（进口）	2座
水表模型（进口）	1只	孔口系数测量仪（进口）	1套
转数测量器（进口）	1只	水注反作用轮（进口）	1只
半径测量器（进口）	2只	水压表	2只
天秤	1只		

（2）矿冶系

蔡司经纬仪（进口）	1架	水平仪（进口）	2架
袖珍水平仪（进口）	6套	大平板仪（进口）	2架
小平板仪（进口）	4架	水平尺（进口）	6只
钢尺（进口）	5把	钢链	1只
铁锤	4只	标竿	12只

三棱尺	4只	布尺	6只
坐标纸	4卷	接尺器	1只
丁字尺	31只	画板	76块
金属三脚架	4架	双晶标本	1套
矿物标本	2套	假像矿物	1套
美国矿物标本	1套	岩石标本	11套
玻璃结晶模型	1套	小结晶模型	5套
木质结晶模型	1套	岩石片	2套
吹管	31只	镊子	18只
铁钻	8只	试管	79只
酒精灯	11只	钢锉	8只
表玻璃	40只	滴管	15只
瓶子	70只	钢锯	1只
红绿玻璃	24块	白金丝	2英尺
碳酸钠	5公斤	氧化铁	1公斤
硫酸钾	200克	柠檬酸铁铔	1磅
硝酸钴	2.5公斤	重硫酸钾	2.5公斤
加拿大树胶	1瓶	铁锤	5只
皮袋	2只	放大镜	14只
罗盘仪	4只	气压表	2只
摄影机	1只	磨片机	1架
光性显微镜	8架	晒蓝图框	2只
高铁氰化钾	4磅	金相显微镜	1套
分析天秤	4架	普通天秤	1架
分析砝码	17套	烧杯	75只
量筒	63只	滴定管	47根
喷灯	3盏	带塞量筒	3只
锥形瓶	170只	酒精灯	72盏
保干器	10具	钢水浴	17只
平底烧瓶	29只	圆底烧瓶	1只
磁研钵	9套	铁研钵	1套
磁蒸发皿	67只	带柄蒸发皿	18只
玻璃蒸发皿	39只	洗瓶	19只
量瓶	39只	坩埚夹	15把
木试管夹	50把	滴定管夹	8把
冷凝器夹	1把	节流夹	67把
试色磁盘	3只	三口武氏瓶	5只
温度计	4只	玻璃甑	1只

比重瓶	2只	马铁形磁铁	1块
12孔木架	1只	泥三角	70只
洗气瓶	3只	铁坩埚	9只
白金坩埚	14只	白金坩埚盖	2只
白金丝	6匝	木塞穿孔器	1套
镍坩埚盖	2只	磁坩埚	133只
磁坩埚盖	116只	吸滤瓶	41只
气体发生器	3具	分液漏斗	4只
蒸馏器	1套	试管	约800只
沙浴	11只	玛瑙研钵	5只

(3) 附属工厂

八英尺车床（进口）	1架	六英尺车床（进口）	10架
四英尺龙门刨床	1架	小牛头刨床（进口）	1架
立地钻床（进口）	1架		

丙、医学院

(1) 医学院本院

显微镜（德制）	20架	放射灯（德制）	1套
放大镜（德制）	1套	比色器（德制）	1架
放大镜	9个	比色器（美制）	1套
细菌计算计（美制）	1套	血清温暖器（美制）	1个
温度调节器（美制）	1个	分析天秤（美制）	1架
电气培养器（美制）	1座	离心器	1架
气炉	1个	分析天秤（德制）	1架
切片机（法制）	1架	组织切片	1盒
记描器	6套	纪录鼓	12个
肾容积器	4个	比重器	3支
比重计	5克	电炉	1个
听诊器	3副	蛋白测绘器（法制）	1个
抵抗尺	6套	红血球计算器	1套
玛瑙乳钵	1副	幻灯玻璃片（法制）	2盒
探针	4支	妇科咀	1个
大中小号解剖刀（德制）	18把	德国刀（德制）	4把
直剪（德制）	2把	弯剪	3把
肋骨剪（德制）	1把	血管钳	12把
镊子	10把	肠钳（进口）	2把
克氏定氮烧瓶	33个	量瓶	27个
外科解剖刀（越制）	1套	铜染色架	2个
孵卵箱	1架	华氏反映试管架（美制）	1套

细菌试管架（美制）	1套	索氏提炼器	1套
循环冷凝器	2支	移液管	63支
磁坩埚（美制）	6个	镍坩埚（美制）	1个
干燥器	3个	气体发生器	2个
称物器	9个	寒暑表	14支
比重表	4支	玻璃棒	15支
灵感器架	1具	无脑新生儿	1个
相等连合双胎	1对	梅毒性新生儿	1个
膝关节结核	1个	肺结核	1个
四个月胎儿	1个	二个月胎儿	2个
子宫外孕	1个	子宫良性瘤	1个
伤寒肠穿孔	1个	卵巢恶性瘤	1个
卵巢胚胎瘤	1个	乳房恶性瘤	1个
葡萄胎	1个	盲肠炎	1个
绦虫	1瓶	骨节拉	1瓶
白喉假模	1个	颈癌	1个
膀胱结石	1个	人体病伤切片	全套
附架半片骨头	1具	耳模型	1具
眼球模型	1具	半脑模型	1具
头颅骨	5副	人体全副骨骼	1具
(2) 医学院附属医院			
骨科器械（德制）	1套	眼耳鼻喉器械（美制）	1套
泌尿科器械（美制）	1套	血压表（美赠）	2件
蒸气消毒器	2件	盐水注射器（美赠）	1套
常温器	1具	血球计算器（美制）	1套
手摇沉淀器	1具	输血器（美制）	1套
胶质水袋（美赠）	1个	胶质冰袋（美赠）	1个

丁、农学院

(1) 农学院本院			
显微镜	12架	显微镜（进口）	6架
经纬仪（进口）	1架	怀中经纬仪（进口）	1个
木材切片机（进口）	1架	水银气压表（进口）	1具
酒精灯	8个	玻璃皿	4个
烧杯	7个	浸片缸	5个
培养皿	5个	钟罩	6个
圆底烧瓶	14个	容量瓶	1个
三角瓶	10个	吸氧三角瓶	5个
蒸馏瓶	3个	装置瓶	1个

广口瓶	15 个	细口瓶	20 个
色素瓶	8 个	标本瓶	4 个
果蝇瓶	200 个	干馏釜	1 个
抽出器	1 套	空气冷凝皿	1 个
干燥器	1 个	试管	120 支
冷凝管	2 支	V 形管	5 支
滴定管	2 支	移液管	4 支
发酵管	2 支	双球干燥管	5 支
单球干燥管	9 支	连接管	4 支
量筒	8 个	分液漏斗	2 个
长颈漏斗	12 个	漏斗	4 个
蒸发皿	2 个	表面玻璃	5 块
毛玻璃片	20 片	载玻璃片	50 片
盖玻璃片	40 片	比重计	3 个
比轻计	1 个	温度计	4 个
坩埚	3 个	乳钵	1 个
泥三角	4 个	滤板	1 块
磁盘	4 个	本生灯	1 个
酒精喷灯	2 个	酒精蒸馏锅	1 只
种子发芽器	1 个	抽气筒	1 个
粗天秤	3 个	钻孔器	2 套
水槽	2 个	剪刀	2 把
镊子	2 把	梯刀	2 把
锯子	1 把	斧头	2 把
S 形铁板	2 块	水浴铜锅	3 口
铁架	4 个	三脚架	2 个
马氏广夹	2 个	老虎钳	1 把
解剖盘	1 个	电木匙	2 反
试管架	7 个	种子发芽箱	2 个
种子箱	2 个		

（2）农艺系

打号机（德制）	1 架	打字机（美制）	1 架
种子天秤（美制）	1 架	麦类标本	20 盒
高粱标本	7 盒	玉米标本	12 盒
黄豆标本	100 瓶	稻禾标本	35 盒
棉木标本	2 盒		

（3）昆虫研究室

昆虫纲	6 个	毒品	6 个

标本盒	30 个	展翅板	6 副
小浸渍标本瓶	20 个	钟罩	1 个
量筒	2 个	酒精灯	2 只
氰化钾	1 磅	樟脑粉	半磅
酷性钾	半磅	单柠酸	1 磅
石碳酸	半磅	硫酸铜	5 磅
硫磺粉	1 磅	鳞翅目	400 头
鞘翅目	200 头	友翅目	100 头
半翅目	100 头	蜻蛉目	20 头
同翅目	20 头	华翅目	15 头
膜翅目	20 头	蔬菜害虫	8 种
果树害虫	12 种	稻作害虫	7 种

(4) 森林系

蜡叶标本	1250 件	木材标本	120 种
花果标本	50 件	种子标本	150 件
运木模型	1 架	小平板仪	5 套
干馏釜	1 个	蒸馏釜	2 个
蛇管冷却器	1 个	干燥箱	1 架
酒精蒸馏塔	1 架		

(5) 蚕桑专修科

长方饲蚕盘	260 件	圆竹蚕箔	50 件
桑叶箩	4 件	长圆箩	4 件
给蚕箩	7 件	给蚕架	4 架
瓦火缸	5 口	瓦缸	3 口
铜火缸盖	12 架	桑架	4 个
各种桑凳	3 个	波浪簇架	1 架
制种铝圈	2000 件	干湿器	5 套
高低温度表	1 件	催青箱	1 座
烧康器	1 件	切桑板	1 块
切桑刀	3 把	贮蚕铁桶	1 支
蜈蚣簇架	1 架	桑锯	1 把
桑剪	1 把	解剖刀	3 把
解剖盘	9 件	放大镜	3 个
解剖镜	1 个	圆标本瓶	49 个
酒精灯	1 架	三脚架	1 架
玻瓶	22 个	大玻璃皿	1 个
蚕卵形状	3 幅	蚕卵色	7 幅
茧色	7 幅	茧形	12 瓶

蚕斑纹	9 瓶	蚕之发育	1 套
丝	2 盒	桑树害虫	6 盒
桑品种	32 页		

第二部分　图书杂志

（1）校图书馆藏书（单位：册）

类　别	中　文	外　文	类　别	中　文	外　文
总类	28184	504	哲学	1475	330
宗教	843	108	社会科学	9675	2198
语言	2198	608	自然科学	6708	2810
应用科学	5825	1620	美术	1508	269
文学	13417	1458	史地	16025	1452
杂志	8763	4075			
合计	94612	15432	中外文共计	110044	

（2）政治系（单位：册）

类　别	中　文	外　文	类　别	中　文	外　文
政治	20	38	国际问题	25	70
历史	37	24	传记		8
哲学及心理	15	27	经济	135	29
国学	182		共计	610	

（3）矿冶系及采矿专修科（单位：册）

类　别	科　别	中　文	英　文	法　文	德　文	日　文	共　计
语文学	辞典	9	5		1		15
自然科学	数学		8				8
	物理学		6				6
	化学	23	79				102
	地质学	8	83				91
应用科学	采矿学	9	163			10	182
	选矿学		20				20

续　表

类　别	科　别	中　文	英　文	法　文	德　文	日　文	共　计
应用科学	冶金学	9	149	8		12	178
	土木工程学	11	69				80
	电机工程学	5	9				14
	热机学	2	21				23
总计		76	612	8	1	22	719

（4）农学院图书馆

图书：

万有文库　240 册　中国文学精华　64 册

杂志报纸：

农报	农报推广通讯	中华月报
农村建设	中华农学会报	农村新报
田家半月报	现代农民	中国农村
浙江农业	浙大园艺	农村通讯
协大农报	农业院讯	福建农业
新农季刊	川农所简报	安徽茶讯
陕农月报	湖南农业	广东农业
广西农业通讯	经济汇报	人与地
广西合库通讯	河南合作	中华英语
中英周刊	旅行杂志	宇宙风
新中华	东方杂志	科学文汇
时与潮半月刊	时与潮副刊	时与潮文艺
学生杂志	蒙藏月报	中央日报
大公报	云南日报	

其他各院系室的统计未见记载。此外，各院系尚有大批外文书籍杂志，此处从略。

2. 1947 年的统计

1947 年，学校编写《国立云南大学一览》一书。各院系对其图书、仪器、设备，也曾择其要者作过统计。详况如下：

国立云南大学主要图书仪器设备概况

甲、文法学院

（1）文史学系

（缺）

（2）外国语文学系

总的情况是，参考书籍由学校购置及各方捐赠，已渐完备。又向外国可购之关于语言文学书籍，正陆续起运中。

（3）法律学系

（缺）

（4）政治学系

西文参考书近30册，中文参考书500余册。

（5）经济学系

设立了经济资料室，广订国内外著名报章杂志。

（6）社会学系

西文书籍约150册，中文书籍约300册，西文杂志约100册。

乙、理学院

（1）数学系

主持学校与中央研究院合设之凤凰山天文台。该台有太阳分光仪、变星赤道仪各1座。

（2）物理学系

（缺）

（3）化学系

（缺）

（4）生物学系

普通显微镜40架，高级显微镜10架，复式研究显微镜1架，解剖镜1架，双筒解剖显微镜1架，放射机1架，显微镜绘图器1具，显微照相器1套，普通及分析天秤各1架，定温箱4只，美国制孵卵器1具，切片机3架，蒸汽消毒器1具，显微镜切片机附用仪器与解剖、采集用器千余件，玻璃器皿2千余具，动植物切片2千余张，动物液浸及剥制标本千余号，植物蜡叶标本及液浸标本1万5千余号。

丙、工学院

（1）土木工程学系

材料试验室：U·P·D35式、35公吨电力全能材料试验机1架，U·P·D3式、3公吨手摇全能材料试验机1架，Din1605标准式伸长测验器1架，钢片试验器、压缩试验器、交换力试验器各1具，挠曲器、压榨器等。

水力实验室：反击水轮2具，撞接水轮2具，水车2具，流速仪1具，万州里水表，水注反力仪，快水实验水槽，孔口反力实验器，孔口水速实验器，水表，水表模型，转速器，水压表，及各种尺寸的摩擦、弯曲、突变等之水头耗失实验管约30公尺。

测量仪器室：经纬仪13个，水平仪8具，大、小平板7具，罗盘仪10具，六分仪1具，手水年4具，真空气压器2具，视距仪1具，钢尺11个，皮尺12个，测链6条，测高仪2具，三臂分度1具，直角镜2具，求积仪2具，平积测量器1具，计算尺1具，制图仪器全套。

水文及气象测量仪器：雨量计，风速计，气压计，温度计，蒸发计等。

其他：道路材料实验及土壤实验仪器1部。

（2）机械工程学系

（缺）

（3）矿冶工程学系

选矿：浮游选矿机2部，选矿床1部，跳选机1部，球磨机1部，钻采机2部，离心分离机1部，马达6个，六千瓦交流电机1部。

分析：定性分析药品仪器，定量分析药品仪器，定炭仪，铂埚，二百分之一毫克电精细天秤等。

地质矿物：光性矿显微镜8部，矿床标本700种，矿物标本260种，岩石标本125种，学生实习用标本20套。

测量仪器：经纬仪，水平仪，平板仪，罗盘仪等。

试金：试金炉2座，精细天秤2架，分析全套，高温计2具。

金相：磨片机全套，洗相设备全套，金相显微镜全套。

采矿：压风机及零件全套，风钻2只。

图书300余册，杂志10种。

（4）航空工程学系

教练机2架，驱逐机1架，航空器材多种，五英尺风洞及附带设备。

（5）铁道工程学系

机车模型，铁道模型，号志道岔模型及钢轨模型各全副，经纬仪2架，水平仪2架，及附带测量器、用具等项。

图书杂志700余册。

丁、医学院

（缺）

戊、农学院

（1）农艺学系

（缺）

（2）森林学系

树木：蜡叶标本千余种，种子及花卉标本各数千种。

造林学：苗圃数十亩，温床数座，及种发芽器等。

森林经营：测量仪器及测树仪器10余种。

林产制造：木材干馏设备全套，林产制造物标本数十种。

己、专修科

（1）蚕桑专修科

设备方面逐渐充实，惟仪器尚感缺乏。

（2）电讯专修科

图书：200余部。

仪器设备：工具百余套，通讯机件700余件，100瓦特、30瓦特及10瓦特发电机各1部，长、短波接收机共3架，标准仪器约20种。

(3) 采矿专修科

(缺)

(4) 先修班

(缺)

庚、其他

(1) 附属医院

病床约百张，各科器材，X光机，其他药械等基本齐全。

(2) 昆明经济农场

温床5床，酿造器具、畜牧器具基本齐全。

(3) 实习工厂

修造部门：万能铣床1部，钻床1部，八英尺精细车床2部，三英尺精细车床1部，老虎钳6具。

金工部门：八英尺车床1部，六英尺车床13部，龙门刨床1部，牛头刨床1部，钻床1部，砂轮机1部，老虎钳16具。

锻工部门：打铁砧10个，锻炉4座，打铁手钳20把，鼓风机2座，大锤10把，手锤15把，模型锤80把。

铸工部门：500KG化铁炉1座，小型化铁炉1座，鼓风机2座，翻砂木箱38套，盛铁水铁桶2只，铁桶抬杠2副，铸工手工具20套。

木模型部门：制模工作台2张，木老虎钳8具，木刨6把，木锯2把，手木锯1把，木凿10套。

(4) 附属中学

中文图书65部，西文图书517册。

理化仪器258种，化学药品183种，生物标本300余件，矿物标本百余种，显微镜13架。

3. 平时局部的统计

仪器设备的统计，也有临时进行的，或因会报，或因移交等。如1940年个旧矿山实习场经理于耀庭向学校汇报时，其主要财产设备如下：

国立云南大学个旧矿山实习场财产设备统计

甲、窑房矿尖

烧砖窑	1座	煅矿窑	1座	装矿窑	1座
正矿尖	1个				

乙、设备器具

风箱	1个	风机	1套	水轮	1套
脚踏轮	1套	大米仓	1个	马槽	1张
牛槽	3张	牛车	2张	臊勺	1个

月亮扒	1个	黄铜水枪	1支	贡桌	1张
牌位	1个	土香炉	1个	水车	1架
矿灯	36罩	马灯	19罩	绞矿车	1架
中磨	1盘	国旗	2面	令旗	3面
白布马旗	1对	哔叽马旗	1对	大马铃	1对
叫人铃	1个				

丙、枪支弹药

十响手枪	2支	子弹	130发	拉七手枪	1支	子弹	153发
拉五手枪	3支	子弹	459发	年氏马枪	7支	子弹	304发
九响步枪	6支	子弹	1850发	单响步枪	20支	各种刺刀	26把
指挥刀	1把						

此外，1945年时，为了掌握全校学生实习场所的设备概况，以便安排实习，曾对其进行了专门统计。详况如下：

国立云南大学实习场所设备统计

甲、工学院

（1）附属工厂

有车床、钻床、刨床17部，及钳、锻、熔、铸等工具，可供三四十人实习。

（2）水力实验室

有小型水力实验机件全套。

（3）材料实验室

有材料实验机1座等。

（4）选矿实验室

有磨碎、洗砂、浮油等仪器7部。

（5）采矿实验室

有钻机1座等。

（6）冶金实验室

有火试金炉1座及电冶设备等。

上述各项实验设备，基本可满足工学院学生实验需要。

乙、医学院

（1）附属医院

有病床60余张，器材、药品亦较齐全，能容五年级学生实习。

（2）可供实习的医院

甘美医院可供10余人实习，仁民医院可供10余人实习，慈群疗养院可供10余人实习。

丙、农学院

（1）附设农林场

面积百余亩，可容60人实习。

（2）经济农场

面积80余亩，可容40人实习。

又1948年6月17日，专门对成立仅4年的航空工程系实验设备进行了统计。详况如下：

国立云南大学航空工程系设备统计

甲、飞机及发动机

（1）飞机棚1座

内有供给拆装、修理、实习用的飞机5架，其中计有美制、国产驱逐机各1架，美制教练机2架，英制游览机1架。

（2）发动机棚场1座

内有供给拆装、实习用的发动机13具，其中计有美制10具，英制1具，国产1具。

乙、航空仪表

内有无线电发报机1部，收报机2部，指向仪2部，高度表、空速表、精变倾斜仪、方向指示仪、温度表、压力表等30余件，日制轰炸瞄准器2套等。

丙、空气动力学

有五英尺直径风洞1座，其风速每小时可达90英里。

上述设备基本可供本系学生实习。

总的来说，到1949年12月国立云大结束时，其所拥有的图书、仪器、药品、设备等，基本可以满足全校师生教学、实习、实验的需要。就当时而言，这在全国均处于领先地位。

八、其他后勤工作

私立东大创办伊始，即设庶务长一职，总管一般后勤事务。省立东大和省立云大时，设有事务部，下分各课、组，分管后勤工作。国立云大时，总务处正式成立，下分文书、出纳、事务和工务4组，总管全校后勤事务。总务处与教务处、训导处合称三大处，总务长与教务长、训导长合称三大长，均在校长领导之下，主管各事。总务处所管范围基本包括总务、财务、基建、设备和保卫等五大部分，其职责范围广，职权较大。除了前述的校产、经费、基建、设备等而外，尚管一般后勤事务。

（一）总务工作

此处总务是指狭义的总务，即一般后勤工作，多由庶务组负责办理。《庶务组办事细则》第三条“职务”一项即规定：器物之购置、修缮、出纳、管理等，第四条规定该组设有采买股、器物管理股等，则可知学校教学、科研、生活等一般用品的采购、保管、修理、配发等，均由庶务负责。庶务组略当于今日之总务科。

（二）动力工作

私立东大设有工科，工科下设实习工厂，工厂拥有机器，机器必须用电，可知云大用电很早。《庶务组办事细则》规定有“照明之办理”，又下设技术股，以“管理全校电器”。又设有“电匠”，专司修理电灯电器事项。动力管理也规入庶务组。

（三）校医室的设置

有人存在即有疾病发生，因此私立东大之初即设有兼职校医，以后相沿不断，医疗制度是自费就医。国立时续聘兼职校医王苏宇医师及护士高琼1人，但校医不到校值班，员生患病即往其洋咸巷寓所就诊，或自费他医，殊为不便。1943年12月4日，教务、训导、总务三长会呈熊庆来，谓：“迭经同事及据学生面告，本校卫生室之设置，校医、护士均不住校，药物移置校外，尤属不合，师生罹病，将护无人。……（今）物价高昂，医药费用尤感其贵。拟请筹设卫生室，并将本校药物储备其中，应请校医、护士与其他职员同时到公退公，急诊更须不分时间，立即救治。其有必须移住医院者，另案与附属医院商定办法。”并指定了拟设卫生室的地点。熊庆来对此批示：“准设校医室，请校医王苏宇先生酌拟办法，房舍即用所指地点。”总务长也批道：“由庶务组查照办理。”尔后，熊庆来致函王苏宇：“本校学生患病径往尊寓求治，于兄处不免纷扰，于患者也觉不便”，现决定“设校医室于校内，指拨映秋院后之屋间应用，即请计划布置，并酌定诊病时间”。王苏宇欣然领命，即着手筹备。

1944年初，学校校医室开始筹备，并即开始诊治病人。总务处也发出布告：“一、校医定于每星期二、四、六等日午后1至2时到校新设医务室内诊病，廉价药物不另收费，较昂药物酌取成本，贵重药品须得自购，员生工警均同。二、护士住医务室内，办公时间与职员办公时间同。三、如遇急诊，可往青云街洋咸巷六号王校医公馆就诊，重诊住附属医院诊治。”4月，校医室筹备就绪，正式宣告成立，此时又新聘了代理校医王天祚医师。4月14日，学校发出布告：“查本校新设医药室，已筹备就绪，并据代理校医王天祚先生拟具诊病简例，自四月十七日起实行，仰本校学生一体知照。”《校医室诊病条例》共7条，内容为：“一、每周一、三、五下午1至2时各科诊察。二、每周二、四、六下午1至2时外、皮、眼科换药。三、药品来源不易，略收药资以备补充之用，贵重药品自外购买。四、诊病只限门诊，但不出诊。五、贫苦学生可至总务处申请免费治疗，惟贵重药品仍需各自设法。六、……七、按序诊治，不得争先，不得喧哗。”可知诊病时间比前增加。11月，校医室迁至西宿舍隔壁旧消费合作社房屋内，此时又新订《诊病简例》共5条，包括：“一、时间每星期二、四、六上午九时半至十一时半各科诊察。每星期一、三、五上午九时半至十一时半敷料换药，规定时间以外，概不应诊，并不出诊。二、患者用药略收药资，用水药时，收押瓶费。校医室未备之药品，由患者自行在外购买。三、凡非本校教职员工或直系家属，概不应诊。四、未经校医诊治之病，概不发药。五、校医室设备简陋，急诊患者，径送医院。”诊病时间又有了增加。

校医室除为全校师生员工诊病治疗外，还积极开展学校卫生防疫工作。如1945年春夏之交，气候炎热干燥，易发生传染病。王天祚特函总务处：“近日天气燥热，将届夏令，为免传染病传染起见”，请“尊处备函云南全省卫生处，请予免费拨发伤寒霍乱混合疫苗1500CC，俾同仁及学员得早日预防注射之用”。总务处当即呈请校长同意，以校长名义致函全省卫生处。4月，卫生处复函同意，并决定派员携疫苗会同校医对全校员生进行注射。

校医室成立后，隶属于训导处下的体育卫生组。1947年12月所订《训导章程·训导处组织大纲》第四条即规定，该处下设体育卫生等组。第七条体育卫生组更明确规定：本组校医室设医师2人，由校长聘任之；护士2人，司药、书记各1人，由校长委任之。其职掌共9条，即：“一、（缺）二、诊治学生疾病，办理全校卫生行政事宜。三、视察学校环境卫生状况，并谋改进。四、对于学生卫生教育与相当建议及辅助。五、施行学生健康检查。六、预防疾病传染。七、检查学生食品饮料。八、担任救护事宜。九、研究改进学生营养。”可见其职责范围是较广泛的。校医室即为后来卫生科的前身。它的成立，保障了师生的身体健康，从而促进了全校的教学等一切工作的顺利进行。

（四）校园管理

校务会议下曾设有校景委员会，负责学校校景的布置、建设事项。具体工作则由庶务组负责办理。该组《办事细则》即规定有：“关于亭园之布置事项。”云大建于明清贡院，环境本就幽雅宜人，复经历届领导的苦心经营，员工的辛勤培植和修饰，无论是校舍的布局、景点的配置、道路的修建、环境的绿化等，在当时省内各大、中学校中均首屈一指，甚至在全国高校中也久负盛名，为人所称道。

（五）车辆运输

学校在私立、省立时期，似无机动车辆，其运输或雇马车拉运，或雇夫役肩挑，致大件运输，则外借车辆，不仅工作辛苦，而且效率低下。何时拥有车辆，未见记载。

1940年7月22日，曾有“本校司机赵根生”报告总务处，谓其曾领有贵州公路局黔宁某号临时执照，其来滇时未予调换正式执照，而“不准在市区内行驶”。之后，学校曾致函云南公路总局，声请换发国字执照，以便驾车行驶。其时已有司机，但有否车辆尚不得而知。

1941年4月25日，庶务组报告学校：“本校急待运输（疏散至）一平浪的矿冶系物资及转运（至）会泽，兹向（车主）毛建邦借到万国牌三吨半卡车1辆，允为代运。”则知当时大批量、远距离运输尚须外借车辆。而同年5月8日，庶务组主任沈秉彝报称：“查本校前购卡车转让与王敏斯先生……”由此得知，至迟于1941年时已有过卡车。9月，“个旧锡务公司惠允捐赠本校煤油拖车二辆……赐交本校农学院”。至此又有拖车2辆。

1942年8月17日，学校“向云南物资运输处第四组购得国滇字12349号、引擎号码T18－30753号、1941（美制）道奇卡车一辆，为本校与各分校间交通运输之用。”据已退休的驾驶员丁兴华回忆，1946年他到学校开车时，仅有道奇卡车1辆，至1949年时，又增加美制吉普车、轿车各1辆，而驾驶员仅他一人。另有黄包车1辆，由陈明高拖拉，主要供熊庆来临时、短途乘用。当时，车辆较少，其管理和派遣均由庶务组负责。该组编制、职掌曾规定：设技术员 1 人，驾驶车辆等事项。据丁兴华回忆，他开车曾开出一段佳话：某年寒假，他驾车载熊庆来回其故里弥勒省亲，并与家人团聚，欢度春节。车至。适逢熊氏家人正写春联，丁见状即自告奋勇，毛遂自荐说：校长，请让我也来献上一副！熊庆来疑惑地点头应允，只见丁大笔一挥，即成一副，上联是：春来春去春不老，下联是：花开花落花常鲜。校长一看大惊：怎么你也会写春联？丁回复道：我在河南老家本为私塾先生，专教四书五经，日本侵略，才逃难云南，改学开车。校长听罢，嗟叹不已。真乃：人不可“职务”相，海水不可斗量！

（六）膳食工作

如同私立、省立时期一样，国立时全校学生的膳食或在校进餐，或居家就食，或别有他法。在校进餐者，由训导处下设的生活管理组管理，但总务处也参加管理，具体工作则由学生膳食委员会负责。当时仍无集体食堂，而由进餐者依其同乡同籍、经济水平、亲疏远近等关系，人员多寡不等，或数人，或十几个，或数十人自行组合成数十“膳团”，同在衡鉴堂内烹饪（泽清堂作为女生食堂而建，但终未成食堂），故有称“广东（籍）食堂”“四川（籍）食堂”某某食堂者。学生轮流值日采买，或自行执炊，或雇人代炊，各种各样，不一而足。学校《训育章程》规定以《学生食堂规则》维持正常秩序，具体如下：

国立云大训育章程（四）
学生食堂规则

第一条 本校学生在校内进餐者，应于每学期开始时向学生膳委会申请参加，由该会指定膳团就膳，膳费交由该膳团膳委收纳。

第二条 本校各膳团膳委应每半月填写训导处所发给之学生膳团检查表二份，该膳团保存一份，呈训导处一份。

第三条 本校各膳团应每月公布详确收支账目。

第四条 食堂及厨房内之设备用具清洁由学生膳委会负责管理检查之。

第五条 食堂及厨房内如有设备不尽善之处，由各膳团申请训导处检查转总务处添置或修理之。如遇有学生个人毁坏公物，由该膳团具报训导处查明令其赔偿。

第六条 厨工管理得由各膳团自行管理。如遇不能解决事宜，可随时具报训导处查明转总务处处理之。

第七条 会食时需按定时间各就桌次，不得喧哗紊乱及在外叫菜携进食堂。

第八条 各膳团学生不得私约外人来校开膳，倘经查出，除取消该膳团学校津贴外，并惩处引外人来校之负责学生。

第九条 本规经校务会议通过后公布施行，如有未尽事宜，随时提请修正之。

（七）电话设备

云大使用电话较早，始于筹备时期。当时拥有旧式磁机电话3具。私立东大成立，筹备委员会将其移交，作为校产。但至省立时，仅有2架，另1架何往，不得而知。且据主管部门云南全省电话局函称，此2架所有权均属该局，其中1架原安于庶务处，1架系1935年蒋介石来滇驻节云大时，设于“委员长室内，后即沿用为校长室电话”。1941年，学校改装自动电话2架，由省电话局负责，须交押金及安装费用。1943年，因电话局所有自动、磁石2种话机来源断绝，价值飞涨，原收押金虽经增加，仍不足以资保障，且盗窃电话时有所闻，电话局经呈奉省府核准，将2种话机押金增为每机国币1万元，并须请殷实铺保。果不其然，是年学校自动话机2架被盗丢失，虽迭经函请治安机关查缉，也无结果。不得已，只好向电话局另租新机2架。后来电话机有所增加，但却系串联，故有一处传呼，数处响应之“奇观”。

（八）保卫、枪弹

学校成立以来，多处政局动荡、社会紊乱之秋，加之学校地处城郊结合部，出入人众，难免杂而不纯，故治安状况，素为严峻。因此，学校从一开始即设有校警，并拥有枪械。国立时期，学校规模扩大，且有分校，人员增多，校警队相应扩充。队长（有时也称警长）为王建新，校警二三十人，统由庶务组工警管理股统辖。校警职责是，白天持枪警卫前后门，夜间携械巡逻校园，以防宵小，应付不测。

关于枪械，一因警卫需要，复因学生军训必备，故自私立东陆时起，学校即拥有枪械。其来源，或请领，或借用。初为土造毛瑟枪、空色弹等，需要时配发，不用时或不用者，则由庶务组保管，存于会泽院地下室内。1941年，庶务组新购十响木壳枪3支，号码分别为413841、185934和55833，各配子弹40发，经函请云南全省警务处办理持枪执照后，正式投入使用。同年又请领有单响枪数支，但因“锈滞不灵”，难以使用，学校呈报省府，请转咨滇黔绥靖公署，掉换成七九式步枪。后又呈准购领二八式七九步枪10支，子弹1千发。枪支转由电汽制铜厂售给，每支国币650元，子弹则由绥靖公署售给500发，每百发新币54元。另又有滇造勃郎宁手枪1支，号码为126063号，子弹25发。

国立时期学校共有多少枪弹，未见详载。1942年3月11日，云南省军管区司令部编练处学校军训科曾函学校，谓：“本部前以军编449号训令，为饬将各校现有枪支数目，据实呈报，并另具印领来部，以昭复实。……贵校原印领内填明单响枪150支，尚须清理，另具印呈报，以重公令，而照复实。”3月23日，庶务组清理核实后，据称：地下室所有枪支，计毛瑟枪68支，中正式步枪10支，十响木壳枪3支，土造六寸勃郎宁手枪1支，共82支，与“印领150支”相差甚大。对此，新任总务长柳灿坤批示：“事关军械，且数目相差甚大，拟请饬令先后经管人员，确切点验，明白呈复，以凭办理。”后即未见下文。但知1943年时，全校枪支可用者有中正式步枪10支，其中马坊分校借去6支，经济农场借去2支，本部卫兵室借去2支，其余均为土造毛瑟枪，并无枪照号码。同年1月9日，教育厅发文学校，称：“奉国民政府军事委员会委员长昆明行营训令……第三十六补训处编练新兵，亟需枪械配用，（望）将以前先后领发各学校之各种枪枝等收缴，以资分配新兵训练。”学校遵示，除余少许供校警应用外，大部则予上缴。至国立后期，学生运动风起云涌，滇中局势日益紧张，为防意外，学校枪弹基本上缴完竣。

（九）福利待遇

国立云大时期，正值八年抗战和三年内战，外族的入侵，内部的征伐，经济凋敝，物价腾飞，民众生计，难以维持。云大师生的衣食住行，也苦不堪言。为了改善师生生活待遇，政府也作些补助，学校建立了“消费合作社”“员工福利委员会”等组织，自力更生，多方自救。

1. 补助费制度

国立前期，政府实行补助费制度，对公职人员分别发给膳食补助费、生活补助费和特别生活补助费等。1940—1943 年学校所领补助费如表 3－45：

表 3－45　学校所领补助费

单位：万元

年　度	科目及金额		
	膳食补助费	生活补助费	特别生活补助费
1940	7.42	3.52	
1941	32.53	2.13	
1942	258.14	59.98	
1943	54.94		

2. 战时生活补助

抗战时期的战时生活补助，主要有食粮代金、战时生活补助费、生活津贴等。

关于食粮代金，1941 年 10 月，教育部训令颁布《非常时期改善教职员生活办法》及施行细则、《国立各学校学生膳食费用补助办法》及施行细则等，规定教职员工每月米贴之计算以年龄为依据，即 30 岁以上者 10 市斗，26 岁至 30 岁者 8 市斗，26 岁以下者 6 市斗，工警则不论年限概为 6 市斗。

关于战时生活补助费，政府曾制定了《全国中央机关公务员战时生活补助费基本数及按薪俸加成成数表》，自 1942 年起实行。关于云南地区规定如表 3－46：

表 3－46　云南地区战时生活补助费基本数及按薪俸加成成数

省市区	区　别	各区所辖市县	基本数	按俸加成成数
云　南	一	昆明等 33 市县	250	5 成
	二	蒙自等 30 县局	160	4 成
	三	保山等 50 县局	150	3 成
	四	昭通等 13 县局	130	3 成

由表可知，云大属于一等，基本数为250，按俸加成5成。当然具体执行中会有变化。

关于生活津贴，1943年教育部以部长陈立夫的名义代电学校，谓："熊校长转全体教职员……年来物价高涨，各校教职员薪金未随物价比例增加，生活之清苦，自不待言。诸君献身教育，与将士之效命疆场，功无二致。在拮据生活之中，为国家作育人才，安贫乐道，不稍游移，缅怀贤劳，诚不胜其感慰之忱。诸君之生活情形，虽诸君不言，立夫亦知之甚稔。立夫忝主教政，对于诸君之生活，固未尝一日去怀，时思有以改善。如教职员及家属膳食补助金之发给，以及薪金之十足支付，在政府其他机关，尚未实行。……生活津贴也自上年十月起增加二十元，自本年一月起可再增二十元。"生活津贴，何时始发，金额多少，未见记载，但知有此项津贴，且后来曾几次增加。

3. 火车优待证

学校因农学院建于呈贡火车站附近，酒精原料场建于蒙自草坝火车站附近，故在滇越铁路昆明—呈贡—草坝间常因公务而有人员往来。自1939年起，农学院员生即享有昆明—呈贡间乘车半价优待，而教职员因公可享受昆明—呈贡—草坝间免费优待。后滇越铁路收归国有（归交通部），优待取消，经学校函请交通部转滇越铁路滇段受理处，蒙准农学院院长、总干事、农艺系主任、森林系主任、蚕桑专修科主任等继续享受免费乘车优待。

4. 供应平价布

1943年12月，云南省临时征购纱布分配委员会制定了《公教员工及学生分配平价布实施细则》，规定："1. 大中小学教职员工学生配发平价布。2. 布类有蓝海昌、黄卡叽、花府绸、青府绸、青斜文、白斜文等。公教人员以分配杂色布料为主，学生及工役以分配白细布为主。3. 男性每人短衣1套，女性每人长衫1件。每人约合28平方公尺旧尺，价值约一百数十元，至五百数十元不等。"由总务处代为造册呈教育厅请领。

5. 员工福利委员会

国立时期，学校设有员工福利委员会，目的在于到外地、原产地购进低价粮食、面粉、食盐、棉纱等生活必需品，适当加以运价售给员工，以解除员工的后顾之忧，借以改善生活。1949年6月，该委员会移交时，尚存有部分物品。详如表3－47：

表3－47　发工福利委员会移交时尚存物品

品　名	数　量	品　名	数　量
澄江款庄红米	8.64公石	澄江款庄白米	3.55公石
田粮处代购食米	7.95公石	市购米	38.45公石
精盐	479包	永砖盐	141.5公斤
黑甲盐	1417公斤	黑乙盐	125公斤
大成红龙面粉	4袋	大成兰龙面粉	1袋
新滇红马面粉	1袋	五华棉纱	20古

尽管政府补助，学校自助，但师生员工的生活还是十分艰难。教职员待遇甚为微薄，

所入不敷所出，虽蒙政府一再调整生活补助费，但物价过昂，且不断上涨，生计仍难维持。以1945年而论，中等市米售价平均每石合3.8万元，而教员中最高薪者月入8.84万元，最低薪者则不过4.174万元，职员中最高薪者7.35万元，最低薪者3.872万元。衡之昆明当时物价，四口之家需米约8斗，房2间，仅食宿两项即需12万元左右，故工薪阶层“生活艰苦，实不堪言”。就学生言，当时学校有甲种公费生180名（包括公医生70名），乙种公费生211名，甲种自费生36名，甲种战区生60名，乙种战区生5名，共计公费、战区、自费学生492名。膳食学生自办，每日约需膳费4000余元。但公费生月领公费仅2900余元，尚不敷膳费，故“食难果腹，衣难蔽体”。

（十）战时公债

1940年，抗战正殷，军耗巨大，财政支绌，国帑奇缺，国民政府于全国发行战时公债，号召全国公职人员、社会各界，群策群力，捐资助战。云大全体教职员工，莫不以国事为重，节衣缩食，慷慨解囊，以实际行动支持抗战。学校接准战时公债云南劝募总队函请劝募公债国币1万元后，立即召开校务会议，议决以月薪200元以内者捐30元，200元至400元者捐60元，400元以上者捐90元，若有自愿多捐者，听其自便。决议一定，全校教职员等雷厉风行，纷纷认捐。认捐结果如表3-48：

表3-48 国立云南大学战时公债认捐统计表

（民国二十九年）

单位：元

姓名、职务或职称	金　额	姓名、职务或职称	金　额
大学部分			
熊庆来校长	90	何衍璿教务长	90
张福延训导长	90	柳灿坤总务长	90
路祖焘会计室主任	60	虞唐文书组主任	60
陈鸿藻出纳组主任	60	沈秉彝庶务组主任	60
张友铭注册组主任	60	张森出版组主任	60
彭元士图书馆主任	60	涂文体育组主任	60
杨元坤体育教员	30	金五一军事主任	30
胡小石文法学院院长	30	赵诏熊教授	60
陈逵教授	60	楚图南文史系代主任	60
徐嘉瑞校长室秘书	60	方国瑜副教授	60
王以中兼任教授	30	白寿彝专任讲师	60
陈定民教授	60	袁昌教授	60
陶天南法律系主任	60	饶重庆教授	60
王伯奇教授	60	何襄明教授	60

续 表

姓名、职务或职称	金 额	姓名、职务或职称	金 额
吴传颐副教授	60	林同济政治系主任	90
伍纯武教授	60	王赣愚教授	60
朱驭欧教授	60	徐纯祖兼教授	30
齐祖诒副教授	60	何永结教授	60
陶定逵教授	90	许烺光副教授	60
范秉哲医学院院长	60	姚碧澄教授	90
朱肇熙教授	60	赵明德教授	60
李枢教授	60	戴芳沂专任讲师	60
姚仰文解剖技术员	30	王苏宇校医	60
杜棻教授	60	沈福彭教授	60
刘学敏副教授	60	戴练江附属医院院长	60
汤惠荪农学院院长	90	陈植森林系主任	60
郑万钧教授	60	张光汉兼教授	30
诸宝楚副教授	60	庄圻泰教授	60
陆子芬副教授	60	王士魁主任	60
崔之兰教授	60	顾建中专任讲师	30
沙玉彦主任	60	田渠教授	60
王树勋教授	60	赵雁来主任	60
杨克嵘工学院院长	90	殷之澜教授	60
高錤教授	60	丘勤宝主任	90
蒋导江教授	90	石充代主任	90
周家模教授	60	张辉增教授	60
王炳章教授	60	章诚宗校警警长	30
李焕章校警副警长	30		
附中部分			
杨春洲主任	60	杨一波教导主任	60
徐谦兼军事教官	30	辛毓庄初中部主任	30
魏徐年童子军教官	30	王天祚校医	30
蔡超尘国文教员	30	李泳林文史教员	30
魏华灼英文教员	30	颜道岸数学教员	30
苏滋禄化学教员	30	于克之物理教员	30
陈登亿地理教员	30	鲁鸣瑾生物教员	30
丁素秋音乐教员	30		

以上捐款云大共计9660元，附中共计840元，总计10500元，超额完成了任务，充分体现了云大教职员工同仇敌忾、团结抗日的爱国主义精神。

（十一）捐赈湖南旱灾

云南大学在其历史上曾多次向省内外、海内外发起募捐，以集资兴学。同时对兄弟地区的困难，也视若己难，多次伸出援助之手。

早在1931年省立东大初期，全国不少地区发生水灾，滇省组织“云南各界全国水灾赈济会”代为募捐，学校华秀升等12人即各捐滇币50元，共600元，作为“集义赈会”捐助之款，汇往灾区。

1946年，抗战方告结束，湖南又逢大旱，土地干裂，颗粒无收，饿殍遍地，万户萧疏。在滇湘籍人士，立即组织“湖南旅滇同乡湘灾筹赈委员会”，以霍揆章为主任委员，何劲修、黄国瀛为副主任委员，发起募捐活动，并由左叔平、曾昭抡、霍揆章、何劲修、黄国瀛、沈从文等24人联名发出《湘灾筹赈会募捐启》。其文如下：

湘灾筹赈会募捐启

湘省自寇骑深入，兵祸连年，炮火横飞，赤地千里。繁盛之区，尽化为战场；蹂躏所及，几遍于全省。疮痍满目，庐舍为墟。加以天灾流行，旱魃为虐，流亡载道，耕种失时，供应频繁，担负奇重，造成空前之浩劫，亘古之奇灾。现据确实调查，全省灾民达一千一百余万，栖身于荒田野谷，托命于草根树皮，饥寒交迫，僵仆相望，惨不忍闻，笔难罄述。伏冀党国贤豪，乐善君子，恫瘝在抱，饥溺为怀，立沛鸿施，赞襄善举。散千钟之义粟，广种福田；洒一滴之杨枝，亦为甘露。庶几稍借西江余润，重苏涸辙之鱼；多活几个残黎，共拜仁人之赐。谨启。

其文如泣如诉，阅者无不心碎！4月中旬，该委员会更致函熊庆来校长，略云：“此次湘灾惨重，世所罕闻，兵祸甫休，旱魃为虐，流亡载道，饿殍遍野，灾祸已遍三湘，待拯何止千万？夙仰台端，恫瘝在抱，饥溺为怀，敬祈慷慨输将，并请广为劝募，薄济灾黎，则同拜鼎惠于无既矣。”

云大教职员等，出于同胞手足之情，甘苦与共之意，闻此迅疾行动，纷纷认捐解囊，不足旬日，即捐得国币12万元之数。详如表3-49：

表3-49　国立云大认捐湘灾统计表

单位：千元

捐款人	金　额	捐款人	金　额	捐款人	金　额	捐款人	金　额
熊庆来	3	柳灿坤	10	附属医院	10	云大农场	5
云大工厂	5	王绍曾	2	顾建中	2	张用一	2
张福延	2	张家谟	2	王树勋	2	温春融	1

续　表

捐款人	金　额	捐款人	金　额	捐款人	金　额	捐款人	金　额
黄锦焕	1	程力方	1	费孝通	1	李国宪	1
工　云	1	何丕丞	1	赵崇汉	2	陆钦墀	1
吴持慕	1	殷汝棠	1	陈世忠	1	马奉琛	2
朱杰勋	1	齐祖谊	2	章诚宗	1	陈　香	1
翁同文	1	王　康	1	吴冈□	2	庄圻泰	2
姜亮夫	2	王志诚	1	李淑贞	1	李为衡	1
陆忠义	1	刘崇智	3	许　杰	1	赵明德	3
鲁冀参	2	杜　棻	3	朱锡侯	2	张其濬	2
朱绍熙	2	姚碧澄	4	范秉哲	4	沈福彭	3
张瑞纶	2	黄万杰	2	程文熙	5	白英（外籍）	5

4 月 24 日，霍揆章致函熊庆来，对云大教职员等的扶危济困，同胞情谊，深为致谢。其函云："此次湘灾筹赈，深荷台端热诚赞助，毋任铭感。……惟灾黎嗷嗷待哺，为争取时间计，敬祈台端拨冗向认捐者代为催收，俾便早日将捐款汇往救济残黎。"救灾如救火。5 月 2 日，熊庆来即批准总务处："湘灾捐款国币一十二万元，准由校垫缴。"同日，总务长蒋蕙荪也批示，由"出纳组先垫付"，以便立即汇往灾区，救济灾民。出纳组得示后，即予照办。

九、管理体制与机构、人员

（一）组织系统

国立云大的管理体制、组织系统与机构人员的设置、安排等，基本仿照名牌清华大学的先进模式。由于校长熊庆来曾在清华供职经年，谙熟清华行之有效的管理体制，因此在其长校云大十二年间，苦心孤诣，锐意改革，使云大的管理和机构逐步制度化、固定化、科学化、合理化，日臻完善，渐至齐备。其特点是：机构严密，职掌明确，人员精干，效率显著。

云大的组织系统主要是：在校长直接领导下，设立三会：校务会，教务会，教授会；三处：教务处，训导处，总务处；三室：会计室，统计室，人事室；五院：文法学院，理学院，工学院，医学院，农学院等。其下又分设各种委员会、组、系、科、厂、场等。具体参见《国立云南大学组织系统表》。

校务会议的主席是校长，成员是三大处处长、五院院长、各系系主任等，下设经费稽核、聘任、招生、训育、毕业生审查、出版、建筑及其他等委员会，职责是审议并决议学校的人事、经费、建筑等重大事项。教务会议一般由教务长主持，各院院长、各系系主任参加，主要研究教学、科研等业务工作。教授会由正、副教授组成，主要作为咨询机构，对学校重大问题提出建议和意见，以体现教授治校的原则。

教务处下设注册组、图书馆、出版组，训导处下设生活管理、课外活动、体育卫生三组，总务处下设文书、出纳、庶务、工务四组。教务、训导、总务合称三大处。每处各设“长官”即教务长、训导长、总务长，合称三大长，均由教授担任。其下各组则设主任。各长及各主任具体管理日常的教务、训导、总务等事项。

会计、统计、人事三室各设主任，分管学校的账目收支、数字资料、人员管理等事务。

文法学院下设文史、外国语文、政治、经济、法律、社会6系；理学院下设数学、化学、物理、生物4系；工学院下设土木工程、矿冶工程、铁道管理、航空工程、机械工程5系及电讯专修科、实习工厂；医学院下设医疗1系及附属医院；农学院下设农艺、森林2系及蚕桑专修科、农林场。此外，学校还设有先修班、附属中学及各个研究室等。各院设有院长，各系设有系主任，均由教授担任。

1948年中，学校根据国民政府制定的《大学法》，曾组织行政会议以协助校长处理校务，成员为校长、三大长和各院院长。1949年初，由于第三次国内战争接近尾声，昆明地区形势大变，为了适应现实需要，校中一般教师、职员及工警等分别成立了讲师助教会、职员会和工警会，并与原来的教授会、学生系级代表会共同组成五联会，参与学校管理，尤其在监督学校财经制度及师生员工福利费开支方面，发挥了相当作用。

（二）主要职员

国立云大存在的1938—1949年十余年间，正值抗日战争和国共内战之际，由于全国大部地区或是沦陷，或是争战，而边陲云南是为相对“和平”之区，故国中各界精英多群集云南，尤其昆明。兼之熊庆来不惜卑礼厚币，千金市骨，多方罗致，广纳贤才，使得当时的云大名流荟萃，学者云集。主要职员均为知名教授兼任，主要教员多系学界俊彦充当。兹将国立时期的主要职员按其任职先后列表如下：

表3-50 国立云南大学主要职员一览表

（1937—1949）

单位	职务	姓名
国立云南大学	校长	熊庆来
教务处	教务长	何鲁 程仰秋 萧蘧 李季伟 何衍璿 张福延 王士魁
训导处	训导长	范锜 杨家凤 章辑五 丘勤宝 黄国瀛
总务处	总务长	徐纯祖 杨家凤 李达才 蒋蕙荪 诸宝楚
秘书处	秘书长	徐继福 章辑五 柳灿坤
文法学院	院长	林同济 萧蘧 胡小石 姜亮夫 梅远谋 方国瑜 李德家
文史学系	主任	闻在宥 胡小石（兼） 楚图南 徐嘉瑞 方国瑜

续 表

单 位	职 务	姓 名
西南文化研究室	主持人	方国瑜
文史研究室	主持人	刘文典
外国语文学系	主 任	先为组长：赵诏熊　吴富恒；后为主任：吴富恒　凌达扬
法律学系	主 任	陶天南　王伯琦　于振鹏　宋玉生
政治经济学系	主 任	林同济　萧　蘧　分系后如下：
政治学系	主 任	林同济　朱驭欧　李德家
经济学系	主 任	沈来秋　鲁冀参　梅远谋　秦　瓒
社会学系	主 任	吴文藻　费孝通　徐雍舜　梅远谋（兼）
理学院	院 长	赵雁来　熊庆来（兼）　何衍璿　张其濬
数学系	主 任	何　鲁　熊庆来（兼）　王士魁
化学系	主 任	赵雁来　王树勋　黄士辉　张瑞纶　王树勋
生物学系	主 任	严楚江　崔之兰　秦仁昌
物理学系	主 任	钟盛标　张其濬
工学院	院 长	杨克嵘　熊庆来（代）　冯景兰　孟宪民　丘勤宝
土木工程学系	主 任	李炽昌　丘勤宝　殷之澜
矿冶工程学系	主 任	张正平　蒋导江　石　充　卢焕云　黄国瀛
铁道管理学系	主 任	李吟秋
航空工程学系	主 任	王绍曾
机械工程学系	主 任	马光辰
电讯专修科	主 任	周荫阿
采矿专修科	主 任	矿冶工程学系代管　不设主任
附属实习工厂	主 任	胡宗璞等
医学院	院 长	范秉哲　姚碧澄　杜　棻
解剖学科	主 任	蓝　瑚
药理学科	主 任	朱肇熙
病理学科	主 任	刘学敏
生理生化学科	主 任	朱锡侯
内科学科	主 任	石毓澍
外科学科	主 任	刘崇智
附属医院	院 长	戴练江　范秉哲（兼）　赵明德

续　表

单　位	职　务	姓　名
西郊疗养院	院　长	范秉哲（兼）
云瑞分院	院　长	赵明德（兼）
农学院	院　长	汤惠荪　张福延
农艺学系	主　任	汤惠荪　王世中　林成跃　孙逢吉　段永嘉
森林学系	主　任	张福延　郑万钧　李达才　秦仁昌　蒋蕙荪
蚕桑专修科	主　任	蒋同庆
昆明经济农场	主　任	
先修班	主　任	杨春洲　何衍璿
附属中学	主　任	杨春洲　熊庆来（后改校长）

科一级的中级职员，兹也择要列表如下：

表3－51　国立云南大学中级主要职员一览表

单　位	职务、姓名	
校长室	秘书　柳灿坤	英文秘书　董公勖
教务处	注册组主任　张友铭 图书馆主任　彭元士	出版组主任　杨桂宫
训导处	生活管理组主任　周　耀 体育卫生组主任　杨元坤	课外活动组主任　邹景荣 校医室校医　王天祚
总务处	文书组主任　王纯尧 工务组主任　张用一	出版组主任　张家谟 庶务组主任　李　怀
会计室	主任　全震寰	
统计室	统计员　苏　蓁	

（三）主要教员

国立云大的教员，有本省籍者，有外省籍者，有西南联大聘请兼职者，有西南联大北返时留滇者，也有自西南联大和云大毕业后聘任者，其中多为留洋归国的专家和本国培养的学者，不少更是教育界之精英，学术界之翘楚，就其当时而言，几为国内一流。兹举先后在校各科执教的主要教员如下：

文科：吴晗、梅远谋、顾颉刚、郑天挺、张奚若、白寿彝、胡小石、尚钺、翁独健、闻家驷、刘文典、姜亮夫、余冠英、游国恩、魏巍、刘尧民、吕叔湘、冯友兰、方树梅、吴文藻、楚图南、费孝通、潘光旦、王赣愚、陶天南、王伯琦、于振鹏、朱驭欧、陈复光、朱炳南、潘大逵、沈来秋、鲁冀参、赵诏熊、吴富恒、凌达扬、邵可侣（法籍）、卡尔逊（美籍）、钱穆、金琼英、纳忠、李德家、杨堃、张若名、方国瑜、徐嘉瑞、刘尧汉等。

理科：华罗庚、严济慈、陈省身、何鲁、冯景兰、张瑞纶、崔之兰、郭文明、庄圻泰、何衍璿、王树勋、张其濬、秦瓒、朱彦丞、卫念祖、杨桂宫等。

工科：朱熙人、石充、黄国瀛、李清泉、丘勤宝、殷之澜、姚瞻、李吟秋、马光辰、杨克嵘、柳灿坤、王绍曾等。

医科：范秉哲、戴练江、赵明德、杜棻、朱肇熙、刘学敏、张蓬羽、秦教中等。

农科：汤惠荪、蒋蕙荪、张福延、段永嘉、秦仁昌、蒋同庆、诸宝楚、吴征镒等。

主要教员的详细情况，兹以国立后期1947年时在编者列表于下：

表 3－52　1947 年国立云南大学主要教员一览表

院别	系、科	职别	姓名	性别	年龄	籍贯	职称	学历	简历
文法学院	文史学系	院长	梅远谋	男	50	湖南黄梅	教授	法国巴黎大学研究员，法国南锡大学经济学博士	重庆大学、齐鲁大学教授，四川大学、东北大学系主任，川北农工学院教务长
		主任	方国瑜	男	44	云南丽江	教授	北平师范大学文学学士，北京大学研究所毕业	北平师大研究院编辑，北平民国大学教授
			刘文典	男	58	安徽合肥	教授		北平师大讲师，北京大学、清华大学教授
			钱　穆	男	54	江苏无锡	教授		北京大学、齐鲁大学、西南联大教授
			徐嘉瑞	男	54	云南昆明	教授		暨南大学、中国公学、复旦大学教授
			范　锜	男	52	广东大埔	教授	日本东京中央高师研究院毕业	日本东京帝国大学、美国哥伦比亚大学、哈佛大学研究员，中央政治大学训导主任，清华大学、中央大学教授，中山大学文学院长，云南大学训导长
			杨家凤	男	52	云南鹤庆	教授	武昌师大毕业	美国密苏里大学、乔治披波狄大学研究员，云南昆华中学、昆华女中校长，云南教育经费管理局局长，云南大学总务长
			袁丕佑	男	51	云南石屏	教授	北京大学文科学士，美国宾夕法尼亚大学教育哲学硕士	

续 表

院 别	系、科	职 别	姓 名	性 别	年 龄	籍 贯	职 称	学 历	简 历
文法学院	文史学系		徐知良	男	44	河北遵化	教授	北平师大毕业	西北联大讲师，西北师院副教授，贵阳师院教授
			马奉琛	男	42	河北静海	教授	南开大学、清华大学研究院毕业	华中大学副教授、教授
			李源澄	男	39	四川犍为	教授		浙江大学副教授，四川大学教授
			纳 忠	男	38	云南河西	教授	埃及 Al-Azhar 大学博士	中央大学、中央干部学校研究部教授
			朱杰勤	男	30	广东顺德	教授	中山大学毕业	南洋研究所主任，东方语专教授
			姚奠中	男	34	山西稷山	副教授	山西教育学院、苏州章氏国学讲习会毕业	女子师范学院、贵阳师范学院副教授
			吴乾就	男	35	广东新会	兼副教授	清华大学文学士，清华大学研究院史学部毕业	西南联大讲师，昆明师院副教授
			张友铭	男	37	河北献县	讲师		云南英语专科学校讲师
			傅懋勉	男	34	山东聊城	讲师	西南联大、清华大学研究院毕业	中法大学、东方语专讲师
			马 曜	男	37	云南洱源	讲师	上海光华大学、西南联大毕业	中学国文教员，时任省参议员

续　表

院别	系、科	职别	姓名	性别	年龄	籍贯	职称	学历	简历
文法学院	文史学系		全振寰	女	34	云南昆明	讲师	北平大学女子文理学院毕业	华北日报编辑，东方语专讲师兼图书馆主任
			李　埏	男	32	云南路南	讲师	西南联大、北京大学研究院毕业	浙江大学史地研究会编辑兼讲师
			李为衡	男	29	云南宁洱	讲师	云南大学毕业，齐鲁大学国学研究所肄业	齐鲁大学国学研究所助理研究员，中央民众教育馆研究员
			方龄贵	男	29	吉林	讲师	西南联大文学学士，北京大学研究院文学硕士	
			王宏道	男	34	云南盐丰	教员	北京大学毕业	
	外国语文学系	主任	凌达扬	男	54	广东	教授	美国耶鲁大学硕士，哥伦比亚大学硕士	东北大学、山东大学、中山大学外文系主任，西南联大英文教授
			柳灿坤	男	56	云南宁洱	教授	比利时列日百工大学航空、电机、机械系毕业，列日高等商校英文科毕业	军政部巩县兵工厂主任，云南普洱道尹公署和思茅区公路处一等技正，云南大学总务长，时任省参议会驻会委员
			孙永龄	男			教授	瑞士日内瓦大学教育学博士	
			吴文嘉	女	39	北平	讲师	北平女子学院、美国某大学毕业	美国华盛顿社会服务研究院研究员，南京市育婴所主任，昆华女中英文教员，云南大学女生指导员

续表

院别	系、科	职别	姓名	性别	年龄	籍贯	职称	学历	简历
文法学院	外国语文学系		王森堂	男	33	河北	讲师	清华大学毕业	西南联大外语系教员
			江汉章	男	36	广东	讲师	上海圣约翰大学文学学士	香港圣三一中学英语主任，贵阳大夏大学讲师，安顺陆军军医学校英语教官
			邱道生	男	68	广东	讲师	上海圣约翰大学、美国澳海汰大学毕业	上海青年会学校、圣约翰大学附中英文教员
			段惠仙	女	27	云南腾冲	助教	西南联大毕业	
	法律学系	主任	于振鹏	男	40	河北大兴	教授	法国国家法学博士	国际联盟秘书处合作员，中法大学教授
			饶重庆	男	63	云南蒙化	教授		昆明地方审判厅厅长，云南高等检察厅检察长，云南最高分院监督推事
			赵崇汉	男	40	河南淮阳	教授	法国里昂大学法学博士	
			宋玉生	男	45	江苏盐城	教授	厦门大学法学学士，法国里昂大学经济学硕士，比利时鲁文大学法学学士	东北大学教授，教育部学术审议会审定合格教授
			徐　靖	男	40	北平	教授		辅仁大学教员
			魏登临	男	35	北平	教授	法国里昂大学法学博士	
			彭望雍	男	38	江苏	副教授		巴黎大学比较法学院研究员

续　表

院　别	系、科	职　别	姓　名	性　别	年　龄	籍　贯	职　称	学　历	简　历
文法学院	法律学系		冯　浩	男	55	湖北蒲圻	兼任教授	湖北法政专门学校、第二届法官训练所毕业	云南昭通地方法院院长，云南高等法院庭长
			阮曾佑	男	54	湖北阳新	兼任教授	湖北法政专门学校、司法部法官政治党务训练班毕业	云南高等法院检察官、推事兼庭长
			孙希衍	男	52	江苏南通	兼任教授		云南高等法院院长
			吴薇生	男	49	浙江东阳	兼任教授		西南联大讲师
	政治学系	主任	朱驭欧	男	43	湖南零陵	教授	美国威斯康辛大学政治学学士、硕士、博士	中央研究院副研究员，行政院效率委员会委员
			陈复光	男	50	云南大理	教授	美国哈佛大学学士、硕士	清华大学、燕京大学、云南大学教授，陆军大学教官，国民参政员
			邹邦梁	男	41	江西高安	教授	美国斯坦福大学学士，威斯康辛大学硕士	
			陈人龙	男	37	江苏常熟	副教授	东吴大学法学学士，美国约翰霍普金斯大学硕士	中央政治学校研究员
			赵恩钜	男			教授		时任财政部云贵区货物税局局长
			赵康节	男			教授		时任昆明稽征处处长
	经济学系	主任	梅远谋	男	50	湖南黄梅	教授	法国巴黎大学研究员，法国南锡大学经济学博士	重庆大学、齐鲁大学教授，四川大学、东北大学系主任，川北农工学院教务长

续 表

院别	系、科	职别	姓名	性别	年龄	籍贯	职称	学历	简历
文法学院	经济学系		秦缜略	男	50	河南固始	教授		北京大学教授
			萧子风	男	44	湖南湘乡	教授	法国刚城（Caen）大学经济学博士	巴黎大学最高国际法学院研究员
			赵公望	男	44	云南保山	教授	美国密歇根大学经济学硕士	暨南大学、同济大学教授，国民参政员
			杨克成	男	38	云南大理	教授	中央大学毕业，美国哈佛大学工商管理硕士	云南省合作事业管理处处长
			韩及宇	男	35	山东栖霞	教授	日本东京商科大学、北平大学法学院毕业	国立编译馆编审，齐鲁大学、四川大学、东北大学教授
			钱德富	男	34	浙江鄞县	教授	上海光华大学商学士	经济部注册会计师，四川大学、东北大学、华西大学教授
			瞿明宙	男	45	江苏靖江	兼任教授	日本东京帝国大学硕士	中央研究院研究员，全国经济委员会专员
			陆忠义	男	34	江苏吴县	副教授	上海商学院毕业	上海商学院、江苏蚕丝专科学校教员
			周光倬	男	50	云南昆明	兼副教授	南京高等师范学校毕业	中央高等警官学校教授，中央军校、中央航校教官，外交部边地调查专员
			陈东凯	男	39	广东	讲师		军事委员会西南运输处总会计室专员，中央日报会计与工商栏主编

续 表

院别	系、科	职别	姓名	性别	年龄	籍贯	职称	学历	简历
文法学院	经济学系		张骙祥	男	35	江苏镇江	兼任讲师	清华大学法学士	交通银行昆明分行襄理
	社会学系	主任	许烺光	男			教授	伦敦大学人类学博士	美国哥伦比亚大学讲师，康奈尔大学、西北大学副教授
			金琼英	女	35	广东南海	教授	北平中法大学毕业，法国里昂大学哲学硕士	女子师范学院教授，台湾省编译馆编审
			杨怡士	男	44	安徽六安	教授	日本大学社会学科毕业	
			王　政				兼任教授		时任云南省教育厅厅长
理学院	数学系	院长	张其濬	男	47	安徽太和	教授	巴黎大学理科硕士	巴黎高等电机学校工程师，安徽大学理学院院长，北平师大、中法大学教授兼物理系主任
		主任	王士魁	男	43	广东凉山	教授	法国里昂大学数学硕士，法国国家天算博士	法国里昂天文台研究员，法国哥城测量技士
			何衍璿	男	48	广东高要	教授	法国里昂大学数学硕士	中山大学教授兼算学系主任、理学院院长
			张福华	男	34	云南昆明	副教授	北平师大理学学士	昆明师范学院兼任副教授
			张　燮	男	29	江西南昌	副教授	西南联大毕业，美国麻省理工学院硕士	

续表

院别	系、科	职别	姓名	性别	年龄	籍贯	职称	学历	简历
理学院	数学系		陈筧谷	男	54	河北丰润	讲师	北京大学毕业	南开大学、西南联大讲师
	物理学系	主任	张其濬	男	47	安徽太和	教授		巴黎高等电机学校工程师，安徽大学理学院院长，北平师大、中法大学教授兼物理系主任
			彭桓武	男		东北	教授		英国都柏林研究院副教授
			王明贞	女			教授	美国密歇根大学理学博士	
			杨桂宫	男	35	河北抚宁	副教授	北平师大毕业	军医学校讲师
			顾建中	男	35	贵州贵阳	副教授	北平师大毕业	云大理化系讲师、学生生活指导
	化学系	主任	张瑞纶	男	40	河北宛平	教授	法国里昂大学理学硕士；法国国家理学博士	云大医学院、理学院教授
			赵雁来	男	44	河北保定	教授	法国国家理学博士	法国里尔大学工程师，云大理学院院长
			王树勋	男	36	河北	教授	法国理学硕士、理学博士	中法大学理学院院长兼教务长
			李秉瑶	男	38	河北	教授		中法大学讲师，兵工署52厂工程师、制造所所长
			刘维勤	男	32	江苏吴县	讲师	清华大学毕业	中央军校教官，昆明师院讲师

续　表

院别	系、科	职别	姓名	性别	年龄	籍贯	职称	学历	简历
理学院	生物学系	主任	崔之兰	女	42	安徽太平	教授	东南大学农学学士，德国柏林大学哲学博士	
			朱彦丞	男	36	河北清苑	教授	法国大学理学院自然科学国家博士	
			萧承宪	男	38	江西	副教授	清华大学生物学系、清华大学生物研究所毕业	美国潘西威尼亚大学研究院研究员
			潘清华	男	32	江苏宜兴	讲师		
工学院	土木工程学系	兼代院长	熊庆来	男	55	云南弥勒	教授	法国孟柏里大学数学硕士，巴黎大学授予法国国家理科博士	东南大学算学系主任，清华大学算学系主任兼代理学院院长，时任国立云南大学校长
		主任	丘勤宝	男	41	广东梅县	教授	北洋大学工学学士，美国康奈尔大学土木工程硕士	钱塘江大桥工程师，中山大学教授，云南建设厅技正、顾问，云南公路局顾问，云南省政府设计委员，时任云南大学训导长
			王景贤	男	56	河北天津	教授	清华大学毕业，美国理海大学学士，康奈尔大学土木硕士	美国办省铁路公司顾问，东北大学、交通大学、中央大学教授，导淮委员会设计工程师
			姚　瞻	男	39	广东	教授	北洋大学工学士	国民革命军第一集团军总司令部中校技士，湘黔、广梅、滇缅等铁路工程司

续 表

院别	系、科	职别	姓名	性别	年龄	籍贯	职称	学历	简历
工学院	土木工程学系		高 錤	男	32	江苏	教授		法国桥梁学院工程司，滇越铁路工程司兼设计科科长
			马耀先	男	47		副教授	北洋大学土木工程科毕业	沈海、同蒲、琼崖、湘桂、滇缅铁路、军委会工程委员会58工程处工程司
			张正林	男	29	江苏南京	副教授	云南大学工学院毕业，美国普渡大学硕士	
			吴持恭	男	29	浙江	讲师	云南大学工学士	行政院水利委员会金沙江工程处工程司，中山大学土木科主任
			杜彦耿	男	53	上海	兼任讲师		执行建筑业务有30年
			杨祖海	男	30	云南	助教	云南大学工学学士	云南建设厅水利局技术室主任
			吴劭真	女	26	福建	助教	云南大学工学学士	华孚企业公司工程部工程司
			李榆仙	女	27	云南	助教	云南大学工学学士	云南建设厅水利局技正
	机械工程学系	主任	马光辰	男	43	江苏无锡	教授	法国笳罗拿勃大学电学院、比利时沙露涯大学机械系毕业	中央研究院工程研究所专任研究员兼中国电力制钢厂副总工程师
			杨克嵘	男	55	云南洱源	教授	美国普渡大学机械工程系毕业	云南兵工厂副厂长，云大工学院院长，第二路空军总司令部、云南省企业局、云南省建设厅等顾问
			张 经	男	39	河北宛平	教授	北平中法大学、法国里昂某大学毕业	军政部兵工署52厂制造所所长，联勤总部兵工署53厂工程师

续　表

院别	系、科	职别	姓名	性别	年龄	籍贯	职称	学历	简历
工学院	机械工程学系		王志民	男	38	北平	教授	北平中法大学、法国里昂大学、格城大学毕业	资源委员会全国水力发电工程总处副总工程师
			屈维德	男	31	广东顺德	讲师	中山大学工学学士	兵工署21厂工程师
			袁建坤	男	37	上海	助教	西南联大机械系毕业	资委会昆明炼铜厂、交通部云南公路总局、空军汽车修理所等技术员
	航空工程学系	主任	王绍曾	男	35	河北	教授	北平中法大学物理系毕业，法国理学硕士	法国某航空发动机厂工程师
			赵重哲	男	39	广东	教授	美国芝加哥航空大学毕业	美国芝加哥航空大学航空工程师，中国航空委员会第一飞机制造厂设计员及装配股股长
			郭佩珊	男	35	河北	副教授	武汉大学机械系、航空学校高级机械班毕业	空军技正
			陈乃隆	男	28	福建闽侯	副教授	西南联大航空系、空军机械学校高级班毕业	航空工业局、美国某发动机厂、某螺旋桨厂工程师，美国某航空协会会员
			凌云骏	女	32	广东钦县	兼副教授	中山大学化学系毕业	中山大学讲师，航空研究院副研究员
			凌云沛	男	28	广东钦县	讲师	中央大学航空工程系毕业	成都滑翔机厂设计股长，交通部中国航空公司驻印度机械员

续 表

院别	系、科	职别	姓名	性别	年龄	籍贯	职称	学历	简历
工学院	矿冶工程学系	主任	黄国瀛	男	53	湖南长沙	教授		湖南大学教授兼系主任，湘长煤矿公司董事长、总经理、总工程师，时任资委会湘江矿业公司董事
			靳树樑	男	48	河北徐水	教授	美国卡耐基大学毕业	汉阳、大冶、安宁钢铁厂工程师
			王源璋	男	38	山东黄县	教授	比利时列日大学毕业	比利时列日大学采矿工程师，上海光华大学教授
			李清泉	男	42	河北完县	教授	法国格来欧博大学毕业	法国工程师，上海市政府、云南省建设厅技正，资委会昆明电冶厂、军政部52厂、滇越铁路工程师
			谭寿田	男	52	河北吴桥	兼任教授	美国威斯康星大学、江斯浩肯斯大学理学硕士	北平师大、北洋工学院、北京大学、西南联大教授，北平研究院、中央研究院兼任研究员
			张文奇	男	33	河南南阳	副教授	北洋工学院矿冶系毕业	云南大学讲师，时在英国进修
			邓经邦	男	31	云南盐津	兼任讲师	云南大学工学学士	经济部采金局云南省金矿勘探队腾冲分队长，云南省地质矿产调查所所长
	铁道管理学系	主任	李吟秋	男	47	河北迁安	教授	美国伊利诺伊大学铁路工科学士，普渡大学建筑工科硕士	京奉铁路工程师，华北水利委员会委员，滇缅铁路、中印公路工程处长，天津市工务局长

续　表

院别	系、科	职别	姓名	性别	年龄	籍贯	职称	学历	简历
工学院	铁道管理学系		林炳钟	男	33	广东中山	教授	上海交通大学铁道管理学士，美国伊利诺伊大学工业管理硕士	津浦铁路、粤汉铁路查帐员，交通部桥梁设计处会计主任，邮电纸厂厂长
			唐永权	男	45	云南昭通	副教授	北京交通大学铁道管理学士	北宁铁路天津总站、川滇铁路昆明总站站长，云南财政厅专员，个碧石铁路公司协理
			贾荣轩	男	49	河北盐山	副教授		云南个碧石铁路公司工程师，滇缅铁路总段长，军委会工委会44工程处副处长
			安字明	男	32	湖北武昌	讲师		华中大学副讲师兼庶务处主任，云南大学生活管理组主任
医学院		院长	杜　棻	男	42	河北涿县	教授	北平中法大学理学院毕业，法国里昂大学医学博士	云南省立仁民医院院长
			赵明德	男	39	河北迁安	教授	法国里昂大学医学博士	云南省立隔离医院院长，云大医学院附属医院院长
			范秉哲	男	44	河北任邱	教授	法国里昂大学医学博士	云南省政府卫生顾问，云大医学院院长
			李　枢	男	44	河北涿县	教授	法国里昂大学医学博士	
			秦教中	男	55	云南呈贡	教授	巴黎大学医学博士	中国医药研究所研究员，广州湾赤坎法国医院院长，云南省政府卫生组副主任，云南省立昆华医院院长

续 表

院别	系、科	职别	姓名	性别	年龄	籍贯	职称	学历	简历
医学院			朱肇熙	男	43	江西南康	教授	法国里昂大学药学博士	云大医学院讲师、副教授
			张瑞纶	男	40	河北宛平	教授	法国国家理学博士	云大理学院教授
			刘学敏	女	35	河北任邱	教授	法国里昂大学医学博士	云南省立仁民医院内科主任
			缪安成	男	42	云南昆明	教授	上海震旦大学医学院毕业，美国哈佛大学公共卫生硕士	军医学校教官，云南省卫生试验所所长，云南省卫生处处长
			黄万杰	男	45	浙江乐清	教授		西北联大副教授，西北医学院训导主任，滇缅铁路督办公署卫生处专员，云南省卫生处技正，昆明市卫生局局长
			张蓬羽	男	40	四川江安	教授	法国里昂大学医学博士	个旧慈群医院儿科医师
			朱锡侯	男	34	浙江绍兴	教授	巴黎大学心理学学院毕业，里昂大学理学博士	中法大学教授
			刘崇智	男	33	河北任邱	教授	法国里昂大学医学博士	法国里昂医院外科医师，云南省立昆华医院外科主任
			郭文明	男	34	河北宛平	教授	巴黎农学院研究系毕业	法国都鲁司大学农艺工程师，云大农学院、中法大学理学院教授
			蓝　瑚	男	33	河北昌平	教授	法国里昂大学医学博士	天津市第三医院外科主任兼医务主任

续　表

院别	系、科	职别	姓名	性别	年龄	籍贯	职称	学历	简历
医学院			李念秀	女	33	河北滦县	教授	法国里昂大学医学博士	天津市第三医院妇产科主任
			叶日葵	男	34	广东文昌	教授	法国里昂大学医学博士	北平中法大学文学院教授
			石毓澍	男	30	河北天津	教授	法国里昂大学医学博士、理学硕士	
			姚金芝	女	29	安徽桐城	助教	云南大学医学院毕业	云南省卫生处技士，袖东医院妇产科主治医师
			李荫屏	女	25	云南宣威	助教	北平中法大学生物系毕业	
农学院		院长	张福延	男	55	云南剑川	教授	日本东京帝国大学农科大学林学科毕业	北京农政专门学校、中央大学农学院教授、森林科主任，全国经济计划委员会委员
	农艺系		段永嘉	男	39	辽北四平	教授	日本北海道帝国大学农学部农学硕士	江苏教育学院、湖南农业专科学校、广西大学教授
			曾　勉	男	41	浙江温州	教授	法国孟柏里大学科学博士	中央大学教授
			原颂周	男		广东	教授	留学美国	中央大学教授
			王仲彦	男		辽宁沈阳	教授	日本北海道帝国大学毕业	中山大学教授
			石坚伯	男			教授	留学日本	中央大学教授

续 表

院别	系、科	职别	姓名	性别	年龄	籍贯	职称	学历	简历
农学院	农艺系		诸宝楚	男	38	江苏无锡	教授	比利时圣律国家农学院农学学士	国立育种场研究员，云南建设厅稻麦改进所、农艺改进所所长
			昝维廉	男	35	北平	教授	北平农学院毕业	四川大学、贵州大学教授
			徐天骝	男	47	云南昆明	教授	法国农学院农艺工程师	云南东陆大学教授，农矿厅技正，开蒙区垦殖局副局长，烟草改进所所长
			刘致清	男	34	广东三水	副教授	中山大学农学学士	湖南农业专科学校副教授，广州商品检验局江门分处技正兼检验室主任
			黄邻宾	男	39	江苏溧阳	副教授	江苏教育学院教育学学士	云南玉溪农校教员，云南大学讲师
			蔡克华	男	38	江苏武进	副教授	江苏教育学院农科毕业	中央农业实验所技佐，云南大学讲师
			曹诚一	女	32	湖南长沙	讲师	中央大学农艺系毕业	四川农业改进所技士，昆华农校教员
			张励辉	男		广东	讲师	中山大学农学院毕业	县长，中学校长
			段理惠	女	35	辽宁四平	兼任讲师	日本女子大学肄业	桂林军委会日文讲习班教官，广西大学讲师
			孙　方	男	30	江苏	兼任讲师	北平大学毕业	中央农业实验所技士，云南木棉公司董事兼开远示范农场主任
			阮兴业	男	28	云南弥渡	助教	云南大学毕业	军事委员会上尉翻译官

续 表

院别	系、科	职别	姓名	性别	年龄	籍贯	职称	学历	简历
农学院	森林学系	主任	秦仁昌	男	49	江苏武进	教授	南京金陵大学林学士	英国皇家邱植物园、丹麦京城大学研究员，中央研究院、静生生物调查植物技师，庐山植物园主任
			秦秉中	男	42	云南呈贡	副教授	中央大学农学院毕业	农林部中央模范林管区管理员，昆华农校教务主任
			袁同功	男	36	江苏	讲师	中央大学森林系毕业	
			徐永椿	男	30	江西龙南	讲师	中央大学森林系毕业	中国木业公司技术员
工学院	电讯专修科	主任	周荫阿	男	44	河北安国	教授	巴黎中央无线电学校毕业	齐鲁大学教授，西南联大电讯专修科主任，昆明师院教授兼总务长
			刘赓声	男	29	湖北汉口	兼任教员	西南联大电机系毕业	交通部第五区电讯管理局收讯台主任，中法大学讲师
			梁家佑	男	26	广东	教员	西南联大电机系毕业	
农学院	蚕桑专修科	主任	蒋同庆	男	40	江苏涟水	教授	江苏劳农学院毕业	日本九州帝国大学农学部研究员，江苏教育学院、中山大学、四川大学、云南大学讲师、副教授、教授
			陆星垣	男	44	江苏江阴	教授	中央大学农学士	中国合众蚕桑改良会女子蚕桑学校教导主任，云南蚕桑改进所视察员，云大蚕桑专修科主任

续 表

院别	系、科	职别	姓名	性别	年龄	籍贯	职称	学历	简历
农学院	蚕桑专修科		李莘农	男	40	江苏武进	副教授	中央大学毕业	考试院检核及格蚕桑技师，江西女子职业学校蚕丝科主任，云南蚕桑改进所主任
			韩惠卿	女	40	浙江肖山	副教授	日本东京蚕桑专门学校毕业	四川丝业公司技师，合众蚕桑学校教员
			董载衡	男	37	广东花县	副教授	日本青山农科大学肄业，中山大学蚕桑系毕业	云南财政厅开文垦殖局蚕桑场技术主任，云南蚕业推广委员会昭通推广区主任
			钟家显	男	34	广东	兼任讲师	中山大学农学士	云南建设厅农业改进所技正
	先修班		余志震	男	27	浙江杭州	助教	云南大学外语系毕业	
			李隽	女	26	广东台山	助教	上海震旦大学女子文理学院教育家政系毕业	上海贫儿工艺学院主任兼教务长，华侨中学英文教员

云南大学党史校史研究室　编

云南大学行政后勤管理综述

（1922—1966）

下册

主　编：谭茂森
副主编：雷文彬
　　　　卫　巍

云南大学出版社
YUNNAN UNIVERSITY PRESS

图书在版编目（CIP）数据

云南大学行政后勤管理综述 ： 1922—1966 ： 全二册/
谭茂森主编. -- 昆明 ： 云南大学出版社, 2020
（东陆寻源）
ISBN 978-7-5482-3822-5

Ⅰ. ①云… Ⅱ. ①谭… Ⅲ. ①云南大学－行政管理－
研究－1922-1966②云南大学－后勤管理－研究－1922-
1966 Ⅳ. ①G647.2②G647.4

中国版本图书馆CIP数据核字(2019)第263906号

策　　划：朱　军
责任编辑：蔡小旭
装帧设计：刘　雨

云南大学党史校史研究室　编

云南大学行政后勤管理综述

（1922—1966）

下册

YUNNAN DAXUE XINGZHENG HOUQIN GUANLI ZONGSHU

主　编：谭茂森
副主编：雷文彬
　　　　卫　巍

出版发行：云南大学出版社
印装：昆明理煋印务有限公司
开本：787mm×1092mm　1/16
印张：31
字数：820千
版次：2020年11月第1版
印次：2020年11月第1次印刷
书号：ISBN 978-7-5482-3822-5
定价：160.00元（全二册）

社址：昆明市一二一大街182号（云南大学东陆校区英华园内）
邮编：650091
电话：0871-65033244　65031071
网址：http://www.ynup.com
E-mail：market@ynup.com

目　录

下　册

下　册

第四篇　社会主义改造时期（1949—1956）

1949年10月1日，中华人民共和国宣告成立，中国历史进入了一个新的时期，即社会主义改造时期。成立已有27年之久的云南大学也开始了一个新的发展阶段。这期间，云大经过中华人民共和国成立初期的接管、改造、院系调整后，由国立时的文、理、工、医、农等并重的综合大学逐渐变为文、理综合大学。行政组织、后勤系统为了适应学校发展的需要，也有了较大的发展和变化。

一、行政组织和后勤系统

（一）新校名的确定

中华人民共和国建立后，为了全国整齐划一，学校校名作了重新确定。学校自1922年12月8日建立之后，定校名为“私立东陆大学”。1930年，学校首次改组，改校名为“省立东陆大学”。1934年，学校再次改组，自9月16日起，再改校名为“省立云南大学”。1938年，学校第三次改组，自7月1日起，三改校名为“国立云南大学”。1949年中华人民共和国成立后，初期仍称国立云南大学。1950年6月13日，云南省政府发布训令：根据中央人民政府规定，全国大学、中学、小学学校，一律不再加以“国立”“省立”“县立”等字样，因此，国立云南大学定名为“云南大学”。从此，“云南大学”这一校名沿用至今。

（二）领导关系的变化

1950年2月，中国人民解放军第二野战军第四兵团，在陈赓司令员、宋任穷政委率领下进驻昆明。3月，解放军西南军区昆明市军事管制委员会宣告成立，主任陈赓、副主任周保中，下设七部，其中有文教接管部，部主任袁勃，云南大学即由文教育部负责接管和领导。8月，中央政务院（国务院的前身）公布《关于高等学校领导关系问题的决定》，其中规定：“中央教育部对全国高等学校均负有领导的责任，各大行政区教育部均有根据中央统一的方针、政策，领导本区高等学校的责任。”由此，云大改为西南军政委员会文教育部领导，是为大区部属学校。1953年3月，中央已设立高等教育部，西南军政委员会所属文教育部奉命结束，改设高等教育管理局和文化局，相应地云大由西南高等教育局领导。1954年10月，因各大行政区已撤销，政务院文教委员会发出《关于大区撤销后各项文教事业交接计划的指示》，具体规定云大由中央高等教育部直接管理。从此，云大成为中央部属学校，直到1958年。

（三）行政组织系统与负责人员

1. 五联会

建国前夕的1949年，正当新旧政权交接和嬗变之际，为了维护学校正常秩序的需要，云大教职员生工警分别成立了各自的组织，计有教授会、讲师助教会、职员会、学生自治会和工警联谊会等，各会定有会章，分管各自工作。同年5月，为了统一管理学校，维持校务进行，五会实现联合，组成云南大学五联会。至1950年11月，五联会活动结束。

2. 临时校务执行委员会和临时校务管理委员会

1949年12月云南起义以后，至1950年2月解放军进驻昆明以前，为了维护学校正常秩序和各项工作，学校于1950年1月21日成立了云南大学临时校务执行委员会，由秦瓒任主任委员。

1950年秋，此时昆明已成立了军管会，根据西南文教育部关于接管所辖公立学校的指示，市军管会文管部特派张一夫为联络员来到云大，负责接管工作。为了顺利接管，学校又成立了"云南大学临时校务管理委员会"。至此，前执行委员会工作结束。管委会活动至1951年10月，期间其组成如下：

云南大学临时校务管理委员会

主任委员：秦瓒

副主任委员：寸树声

委员：王士魁　张瑞纶　方国瑜　杨克嵘　杜棻　张福延　张一夫　陈复光　徐文宣　王祖烈　张永立　赵瑾　关学禹

管委会下设教务处、总务处、秘书室、人事室等行政机构，以及聘任、经济、图书、教学研究、修建、人助金评议等委员会。

秦瓒（1898—1988），字镇略，河南固始人。上海圣约翰大学毕业，留学美国，入哥伦比亚大学。回国后，曾任河南大学、北京大学、西南联大教授。

3. 校长负责制的建立

1951年10月5日，政务院为了使全国各级各类学校逐渐步入正规化，以推进教育事业的发展，决定学校建立校长负责制，为此，特命云南省政府副主席周保中兼任云南大学校长，是为云大历史上第五任，也即中华人民共和国成立后首任校长。

周保中（1902—1964），云南大理人，原名奚李元，白族，中共党员。云南陆军讲武堂毕业，曾任国民革命军副师长。后去苏联学习。回国后历任东北抗日联军第二路军总指挥、解放军东北军区副司令员、西南行政委员会政法委员会主任等职。从此，云大领导体制推行校长负责制，中国共产党云南大学委员会成立以后，则实行党委领导下的校长负责制。

1952年9月，经国家主席毛泽东亲自签署任命书，调清华大学副教务长李广田任云大副校长，主持日常校务。

4. 行政组织系统

1951年云大实行校长负责制，至1952年时，全校共有5院20系，及其先修科、先修班、干部班、附属单位等。共有教职员工616人，其中教师319人，职员135人，工警162人，共有学生2288人，其教职员工与学生之比约为1∶3.7，教师与学生之比约为1∶7.2，教师与职工之比约为1∶1，各种机构较为合理。同时期的校、处、院、系、科的主要行政负责人员略如表4－1：

表4－1　云南大学行政负责人员略表（1952年）

职　别	职　务	姓　名	职　别	职　务	姓　名
云南大学	校长	周保中			
	副校长	李广田			
	秘书长	寸树声			
教务处	教务长	刘绍文			
教务科	科长		出版社	组长	
图书馆	馆长		卫生教育科	科长	
总务处	总务长	张瑞纶			
总务科	科长	徐文宣	校产科	科长	徐家宝
文书组	主任	倪之桢	生产组	组长	
托儿所	所长	潘家凤			
人事室	主任				
文法学院	院长	方国瑜			
中文系	主任	刘尧民	历史系	主任	方国瑜
政治系	主任	陈复光	经济系	主任	秦瓒
法律系	主任	赵宗汉	社会系	主任	杨堃
外语系	主任	凌达扬	贸易专修科	主任	周光倬
理学院	院长	张其濬			
数学系	主任	王士魁	物理系	主任	张其濬
化学系	主任	王树勋	生物系	主任	朱彦丞
工学院	院长	杨克嵘			
土木工程系	主任	王景贤	矿冶工程系	主任	黄国瀛
铁道管理系	主任	李吟秋	机械工程系	主任	杨克嵘
有色金属专修科	主任	黄国瀛			
实习工厂	主任				

续 表

职 别	职 务	姓 名	职 别	职 务	姓 名
医学院	院长	杜棻			
生物化学药理学	主任	朱肇熙	外科学	主任	刘崇智
生物学	主任	朱锡侯	解剖学	主任	蓝瑚
医学专修科	主任	张蓬羽	云大医院	院长	杜棻
农学院	院长	张福延			
农学系	主任	段永嘉	森林系	主任	秦仁昌
蚕桑系	主任	韩惠卿	畜牧系	主任	王邦巩
园艺系	主任	郭文明	林技班	主任	秦仁昌
棉麻班	主任	段永嘉	附设农场	主任	蔡克华

（四）院系调整概况

1951 年 8 月，政务院通过《关于改革学制的决定》，其中规定："以培养工业建设人才和师资为重点，发展专门学院和专科学校，整顿和加强综合学校。"要求全国高等院校依此进行院系调整。云大的院系调整此前即已开始，并延续多年。为了搞好院系调整，学校奉命成立院系调整委员会，寸树声任主任委员，方伯仲任副主任委员。

1950 年，国立时期的电讯专修科停办，呈贡农林场、弥勒木棉场、厂口林场等先后移交当地政府，昆明作物试验场与昆明实验农场合并为附设实验农场，昆明五华学院并入云大，法国教会所办的甘美医院并归云大附属医院。

1951 年，航空工程系并入四川大学，不久后又并入新成立的北京航空学院；成立园艺系、畜牧兽医系；文史系分开为中文系和历史系。

1952 年，重庆大学有色金属系并入云大。

1953 年，贵州大学和贵州理工学院矿冶系、数理系、机械电机系、化学系并入云大，西康技艺专科学校部分师生也并入云大。同年，云大园艺系、蚕桑系并入西南农学院；畜牧兽医系并入四川大学；土木工程系分别并入重庆建筑学院和四川大学；铁道管理系分别并入北京铁道学院和中南土木建筑学院；政治系、法律系并入西南政法学院；社会系撤销。

1954 年，云大工学院独立建为昆明工学院，实习工厂随之隶属昆明工学院。云大则增办附设工农速成中学。同年，撤销院级机构，各系直属学校领导。惟医学院正酝酿独立建院，故医学院仍予保留。

1955 年，经济系、外语系停办。

1956 年，云大医学院独立建为昆明医学院，云大医院随之转属昆明医学院。至此，云大变为拥有中文、历史、数学、物理、化学、生物、农学、林学 8 个系，且以文理为主的综合大学。

关于校内机构的变化，主要有：1950 年，撤销训导处，实行教导合一。1953 年，教务处之下改设教务科、图书馆、出版科、印刷厂和体育部；总务处之下改设事务科、财务科、卫生科和膳宿股。同年增设教学设备委员会、生产实习科。1954 年增设面向全校的政治课教研室。同年成立政治辅导处，并将人事室并入该处，与教务处、总务处同级，下设政治教育科、组织科、青年工作科，负责全校师生员工的政治思想教育工作。

二、校产的变化

（一）校产的清点和校产管理办法的制定

1. 校产的清点

云南大学作为祖国西南地区的第一所高等学府，在历任领导和学校同仁的苦心经营下，至中华人民共和国成立前夕已发展成为一所驰名中外的多学科综合大学，共拥有 5 个学院 20 个系，即文法学院：文史、外语、法律、政治、经济、社会 6 系；理学院：物理、化学、生物、数学 4 系；工学院：土木、矿冶、航空、铁道、机械 5 系；医学院（分科不分系）；农学院：农艺、森林、蚕桑、园艺、畜牧兽医 5 系。附设单位则有：工学院实习工厂，医学院附设医院和西郊疗养院，农学院呈贡农林总场、昆明实验农场（今北院东半部）、昆明作物试验场（今东二院）、弥勒木棉场、厂口林场、蚕桑实习场等。校址范围不仅包括今校本部、北院、西院、东一院和东二院，还发展到昆明东郊、西郊、北郊乃至滇南等地。学校财产，包括校舍土地、房屋建筑、设备仪器、家具什物、图书报刊、器械车辆、农场作物、役使耕畜等，就当时而言，既称丰富，且也庞杂。中华人民共和国成立初年，当新旧政权交替之期，为了顺利移交，学校数次组织力量，对校产进行了清点和移交。

（1）整理委员会移交

在 1949 年 9 月，即云南和平解放前夕，国民政府行政院命令昆明地区的大中学校一律解散，进行“整理”。因之成立了云大、师院、中文学校三个“整理委员会”，云大“整理委员会”由省主席卢汉兼任主任委员。1950 年 2 月 8 日，云南已经解放，云大已成立了临时校务执委会，暂时负责领导学校，名实皆亡的“整委会”遂向执委会办理了移交手续，主要是移交有关学校的清册，共计 6 类 26 宗，即行政类：奉令解散整理、造报各项统计表册、先修班、招生、报送升学休学退学、医学院、农学院、英语专修科、行政会议等 9 宗；人事类：教职员进退、教员出国进修、毕业生等 3 宗；费款类：经费、薪饷、公费、学生缴费等 4 宗；财产类：财产 1 宗；营膳类：修缮 1 宗；其他类：赠送交换、警察驻卫、电灯电话、借用物品、学术团体往来、省内机关往来、身份证、杂件等 8 宗。这次移交可以说是旧云大向新云大的移交，是旧云南大学的最后结束，新云南大学的真正开始。

（2）第一次清点

同年 3 月初，市军管会发出公告：于本月 7 日起，开始（各单位的）接管工作。为了协助军管会顺利而彻底的接管，学校成立了协助接管委员会，并向校内各单位派出联络员，发起清点运动。3 月 5 日，协管会制定了清点的“具体办法”，共有 8 条，主要内容是把学校划分为 39 个单位，由各单位自行清点其财产、公文、档案、人事等，并造就清册，归纳清点结果。为了配合全省性的清点、移交和接管工作，《云南日报》仅在 3 月份内即先后发表了《陈赓主任对接管与移交的干部讲词》《广泛团结职工协助清点》《清点工作的主要关键》《不但要点、而且要清》等文章，指导清点工作。3 月底，学校的“清点工作已大多完成”实际上此次清点并不彻底，也未移交。

（3）第二次清点

同年 5 月，市军管会文教育部发文云大：对学校财产立即清点，以备移交。学校接文后，即成立了校产清点委员会，下分宣传、检查、清点等股，各股之下又分若干组，如宣传股下分采访、快报、总结等组，检查股下分校产、校具、仪器药品、图书卷宗、会计、监督、审核、复查、抽查、检举、调查、总结等组。此次清点范围共计 69 个单位，重点是医学院、附属医院、农学院、实验农场、图书馆、总务处、庶务组、教务处、注册组、航空系、化学系、矿冶系、生物系等。6 月 9 日，临时校委会致文总务处，立即布告学校：为争取按时完成校产的清点工作，自 6 月 10 日起各院系下午之课及实验暂停一周，并希全体师生员工踊跃报名参加清点工作。此次清点，由于领导重视，思想明确，组织得力，分工较细，故较为彻底全面，从而保证了移交工作的顺利进行。

（4）第三次清点

经过三年的艰苦努力，到 1953 年，国民经济不仅得到恢复，且有初步发展。这一年党中央提出了过渡时期的总路线，全国开始了第一个五年计划建设，第二次全国教育工作会议在北京召开，国家开始了经济建设和文化建设的高潮。为了适应这一新的形势和制定学校发展规划，6 月，学校奉财政部指示再次对全校财产进行清点、盘存、登记及估价等工作。先是成立了财产清理委员会，共由 14 人组成，李广田副校长任主任委员，寸树声秘书长任副主任委员，下设办公室、清点估价组、联络组等。

7 月上旬，制定了详尽的《清理财产办法》共 11 条，具体规定了清理的目的、范围、机构、日期、处理结果等。其具体如下：

云南大学清理财产办法

一、遵照中央财政部的指示精神，成立全校财产清理委员会，办理财产之盘存、登记及估价等工作。

二、财产清理委员会的工作范围：

甲、全校的物资包括：

（一）固定资产类：1. 房屋及建筑物；2. 土地及植物栽培；3. 仪器及机械设备；4. 医疗器械；5. 交通运输工具；6. 被服装具；7. 文物及陈列品；8. 图书；9. 办公及事务用设备及家具；10. 生产用牲畜。

（二）库存材料类：1. 教育科学试验及其他专用材料；2. 药品及医疗材料；3. 燃料；4. 修建材料；5. 食品；6. 缝纫材料；7. 办公及事务用品；8. 实验用牲畜；9. 饲料；10. 其他材料。

（三）未完基本建设工程。

（四）租赁使用及出租的财产。

（五）委托保管的材料。

关于固定资产和库存材料的划分，能耐用一年，单价满 10 万元者及单价小数量多，其总价满200万元者，均为固定资产；其余一切物资均为库存材料。

乙、全校的货币资金包括：

（一）库存现金。

（二）银行存款及支票。

（三）有价证券等。

丙、学校与外部的结算业务：

指对外往来的应收款和应付款性质的结算。

三、财产清理委员会由14人组成，设正副主任各一人，正主任由李副校长担任之，副主任由寸秘书长担任之，领导委员会工作之进行。委员会之委员，由正副主任委员聘请担任之。

四、在清理委员会之下设办公室、清点估价组、联络组等三个单位，其具体之分工如下：

（一）办公室：召集会议，保管资料、文件、报表，掌握工作进度，并负责编表工作。

（二）清点估价组：分别职掌实物的清点盘存，货币资金及外部结算业务，分别进行登记、编号工作，并对无价格者，按新旧程度结定价格。

（三）联络组：根据工作计划进行联络和重点复查等工作。

五、盘存的日期定为7月1日，在此前收到或入库的购进以及无价取得的实物，均应列入盘存财产的目录内，而在此之后收到或入库的实物，则应分开进行。货币资金及外部结算业务均由学校财务科结对正确，编表送审。

六、固定资产、库存材料、未完建设工程等财产的清点，事务科及各单位负责保管的人员，必须将已收到或已发出的固定资产、库存材料等财产账户的余额结出。清点时，要按每一个保管的地点分别进行，并且要有实物负责保管人在场。盘点结果，应依式填制盘存登记表。

七、固定资产、库存材料之核价，应以购入时账面价格为准，若系无价之财产则适当估定之。

八、库存现金、有价证券、银行存款等财产及对外的应收应付款项的清查，基本方法是检查账目。

九、清查结果的处理

清查所发现的差异，有关工作人员应向清查委员会提出书面说明，以供研究、处理参考。清查委员会经过研究后，提出处理意见，报告校长批准执行。并报西南高等教育管理局备查。

十、本办法不包括学校有独立会计之医院、农场，但医院、农场得适用本办法进行清理。

十一、本办法经校长核准公布施行，并报西南高等教育管理局备案。

此次清理，较为全面、彻底、详细、准确，经过清理学校对其家底，已心中有数。清理估价结果固定资产部分为：土地及植物栽培17004.5万元，房屋及建筑物1762502.6万元，仪器及机械设备751810.488万元，办公及事务用设备及家具234254.91万元，交通运输工具19035.81万元，医疗器械709.15万元，被服装具2314.6万元，图书233826.57万元，文物及陈列品200万元，总计3021658.64万元。按当时全校师生员工约有3000人计，平均每人约有固定资产1000余万元。

2. 校产管理办法的制定

学校因历史悠久，资产繁多，为了保证教学、科研及日常工作的正常进行，须对其资产进行妥善保管。为此，1951年3月，总务处拟定了《校产管理办法》共17条，提供首届师生员工代表大会讨论修改，经校委会通过后颁布施行。其具体如下：

云南大学校产管理办法

一、为切实管理本校人民公共财产起见，特制定本办法。

二、本校财产分为动产、不动产两种。除不动产管理办法另按规定外，本办法所指之财产系为动产。分类如下：

1. 办公文具；2. 家具；3. 陈设；4. 工具；5. 清洁用具；6. 交通用具；7. 电器；8. 饮食用具；9. 服装；10. 械弹；11. 牲畜；12. 仪器；13. 体育器械及用具；14. 图书。

三、财产之来源分为购置、自制、捐赠三种。

四、凡教职员生工警因办公需要而领用财产者，应先向保管股查询。

1. 所需之物系保管股存有者，即由需要人填写领物凭单，送请总务处校产管理科核批，保管股即凭批准领物单发给物品。2. 所需之物非保管股存有者，应由需用人填写请求购置单，送经总务长或正、副主委批准，财务股编号后由庶务股照购，交由保管股转发。

五、请购物品购到后，由请购人向保管股领用。

六、领用财产保管人应随时查点整理。遇有损毁，应即填报财产损毁单，送请总务长或校产管理科核批，同时将已损毁之器物连同批准损毁单，送交保管股销账，以清手续。

七、各部分公用之财产，其请购保管股之负责人，应由其主管人指定属员一人对总务处保管股负责。如保管人员遇有变动时，应由其主管人另行派员接替，并通知保管股登记，以明责任之转移，否则仍由原保管人负责。

八、凡学生领取或借用财产，须填具请求单，由生活股审核后，送经总务处或校产管理科批准，然后再照领物手续向保管股领取。

九、凡教职员生工警携带私物出校时，必须先向庶务股填写携物外出证盖章，学生须先到教务科生活股填写携物外出证盖章，然后送交保管股会章，经警卫查验放行，否则不予通过。

十、我校公物以不携出为原则。若必须携带公物时，须说明理由经校产科许可盖章。

十一、凡教职员生工警携带物品入校时，携物人若系学生，校警得检视学生证，若系教职员工，须凭校徽放行。但于必要时，校警也得检查携带物品或迳加阻止。

十二、各部人员所领财产，遇保管股须收回或移归其他部门使用，呈奉正、副主委或总务长核准时，原领用保管部分即应将该项财产归还保管股，以须调配。

十三、凡教职员工生工警领用财产于离校时，其手续不清者分别按照下列办法办理：

甲、教职员离职应将校产向保管股交清，取得保管股证明后，始能向财务股领取尾薪。

乙、工警离校时，应将有关校产手续向保管股交清，取得保管股证明后，始能向财务股领取尾薪。如有重大手续未清者，应追究保人赔偿。

丙、学生离校应将校产向保管股交清，否则得拒绝盖章于出校单上。

丁、师生员工离校时，应将图书馆借书还清。

戊、教职员生工警于离校时，如不将校产交清而情节重大者，除分别照甲、乙、丙之规定办理外，并由保管股签请总务长核正、副主任核办。

十四、凡购物单据（有财产性者）未经保管股登账盖章者，财务股可不予付款或报销，以免财产遗漏。

十五、凡修建股自制器物制造完成，即分别填具器物交换单交保管股接收管理。

十六、本办法如有未尽事宜得呈请修正之。

十七、本办法经校委会通过公布施行。

（二）校产的减少

1. 龙头街、鱼街子附中校舍的外借

云大附中始创于1927年，时称东陆大学附属中学。后来东大奉命改组，专办本科，附中停办，而于1931年归并省立五中。1936年附中恢复，仍设于云大内。1937年迁至小东门原昆明县县衙门旧址。1938年日机袭昆，学校奉命疏散，再迁至路南县文庙及原紫玉小学内。1943年因路南地方不靖，时有枪案发生，附中又迁回昆明东北部龙头村宝台寺、响应寺、麦地村等处。1947年，附中因故将初中部迁到西郊鱼街子，高中部迁到原农学院旧址（即今云大西院）。1948年7月，因学生参加“七·五”运动而被当局“明令解散”。之后，其龙头村和鱼街子校址基本闲置未用。

1950年，云南军区后勤部营仓修建管理处，先是借用了鱼街子房屋共66间。12月上旬，营建处再函云大，意欲再借用龙头村空置房舍大小6栋共14间。学校考虑到既是部队急需，理应积极支持，遂于12月下旬，由校主委秦瓒、新任总务长张瑞纶钤印后函复该处，表示：“我校同意将上项房屋借你处使用，即由我校派员连同你处现已借用之我校鱼街子房屋一并点交。”但明确表示：“如你处以后不使用该两项房屋时，应请仍归还我校。”12月27日，学校与营建处签订了借用合约，于是两处房舍就借予省军区后勤部。不想此后，由于种种原因，两处校址终未归还学校。

2. 弥勒木棉场的结束

1944 年，云大农学院为了教学、科研、推广和增加经费的需要，在滇南弥勒县朋普地方创办了木棉场。至 1949 时，解放军已进军西南，国共内战接近尾声，木棉场所在地方又为共产党领导的“边纵”游击队与国民党军队反复交战、进行拉锯之区，在此时局巨变的形势之下，木棉场生产也难以为继，“业务无法进行”，“呈奄奄之势”。1950 年时，亦复如是。1951 年初，其时云南全境已基本平定。2 月，学校根据弥勒县人民政府原来的通知：“将场内所有土地、农具、农产物等造册移交”给当地政府，所移交的财产计有：场房 8 间，水牛 2 头，自卫用土造拉七手枪 1 支，棉地 280 余亩，及棉株、果苗等。至此，木棉场正式宣告结束。

3. 云南纸烟厂租用上庄房舍

抗战时北大、清华、南开等校迁至昆明合组西南联大时，清华曾在昆明北郊上庄今白龙潭建有航空研究所。抗战胜利后，三校北返时，清华曾将该所交给云大航空系使用，但其房舍基本闲置。1950 年 12 月，位于该所附近的省工业厅轻工业管理局所属的云南人民企业股份有限公司，即云南纸烟厂致函云大，谓：“本厂现计划增产，原有房屋不敷分配，致职工住处无法筹措。查贵校航空系前在上庄设有航空研究所，仅有瓦房十余间，腾空已久，特函商请，赐借作职工宿舍，如荷愈允，当尽看护保养之责。”不久，轻工局再以同样内容函商云大。学校接函后，当即召开临时校务管委会会议，议决：“房屋作为售卖，致屋内之仪器及变压器等，运回校内保管，工友撤回。”学校并指示此事由航空系、校产科、总务科会同办理。19 日，学校将上述决议函复烟厂。烟厂则表示，关于售卖一事，“本厂目前资产短缺，尚无力购置房产。仍请赐借该所空房，或酌收租金”。1951 年 1 月，学校校务会议表示同意出租，并再次决议：“存该处仪器即日迁回，房地可予租用，惟需订立租用合同。”事之将成，烟厂遂将所拟租房合同草稿寄交云大。学校对其草稿基本同意，惟副主委寸树声亲笔加了一条：“未经乙方（即学校）同意，甲方（即烟厂）不得转租与其他人。”2 月，双方正式签订了《租房合约》共 8 条。其文如下：

租房合约

云南纸烟厂（以下简称甲方）今向云南大学（以下简称乙方）租用航空研究所上庄房舍，立约如下：

一、租用范围：包括前后院全部房屋土地（附平面图）。

二、租期：暂定一年，自 1951 年 3 月 1 日至 1952 年 2 月 28 日。

三、租金：全年食米 1500 市斤，依财政米价于立约日一次付清。

四、甲方根据需要之修缮，如补漏、开门窗及隔间，必征得乙方同意。此次修缮费用由甲方负担。

五、期满甲方就修缮后房屋隔间形状交还乙方，对修缮费不向乙方取偿，乙方并不要求甲方恢复租用前房屋原来隔间形状。

六、未经乙方同意，甲方不得转租与他人。

七、期满续租时沿用本约或另立新约由双方另议。

八、北院电表房旁木偏厦一间、瓦偏厦一间，及南院图书室草房四间，南院南草房四间，南院西草房六间，南院瓦厕所一间，现均破烂，如甲方不用，将来倒塌时由甲方通知乙方处理。

立约人

云南纸烟厂军事代表　　张　鹏
厂　　长　　王　廉
云南大学主任委员　　秦　瓒
副主任委员　　寸树声

公元一九五一年二月　日

其所租房屋名称、数量为：北院部分：风洞2层瓦楼房1间，电表房瓦平房2间，电表房旁木偏厦1间、瓦偏厦1间，北宿舍瓦平房3间，其旁瓦偏厦1间；南院部分：北宿舍下瓦平房5间，南宿舍瓦平房5间，图书室草房4间，瓦厨房1间，北宿舍瓦平房5间，南草房4间，西草房6间等。后因房舍年久失修，由烟厂出资修葺，故其租金曾减至6折计收。但按原议，租约必须每年重订一次。至1955年时，烟厂因生产发展，经济好转，曾函学校欲改租用为购买，借以转让房权。学校慎重研究后，于4月11日分别函知烟厂及其上级主管机关省工业厅，明确表示："关于房权，因我校将来尚有需要，不便转让"，但"租金可减至最低限度，租期仍以每年订立一次为原则"。此法日后沿用多年未变。

4. 小东门校产的结束

学校创办之初，即拨有小东门外珍珠塘至大东门（今青年路小花园以东）林地一块，约18亩，作为第一林圃。国立时期，其地大部出租与租户建盖房屋，以为居住。1951年，市建设局为改善东城区交通、环境卫生，决定拆卸该区城墙，修挖下水总干道，而决定征用该地。4月，该地所属之第二区公所致文学校，请派员与之商谈该地住户拆迁问题。商谈结果，由建设局酌给住户拆迁费。7月，建设局正式致文学校，决定征用该地基。8月，学校就此征用事呈报西南文教育部，请其将此项校产"准予注销"。至此，小东门校产遂告结束。

5. 厂口林场的移交

私立东陆大学之初，曾组织东大公司，于昆明北郊阿拖罗等村购置山地，建立厂口矿山，开采铅银矿产。初办时生产较有起色，未几，因矿藏量小，加之技术落后，管理不善等，矿业逐渐萎缩，学校扬长避短另辟蹊径，转而发展林业。1947年，学校正式将其划归农学院，改设林场，以供森林系教学实习之用。林场总面积约1300多亩，其中林地约600多亩。建场几年间，增植云南松4400余株，华山松1500余株，赤杨1300余株，油杉3000余株，其余小树约数万株，拥有场屋13间，另有屋瓦、木料等一批，各项建设，已具规模。1950年时，林场设技术人员1名，为张鸿清；守场工友1名，为耿柱和。

1951年初，正值土地改革运动时期，林场附近竟有村民等向当地农协会"控告"云大，谓："前东陆大学东大公司开办（矿山）时，霸占估强买人民之山场，开垦之土地，建房之瓦片。”要求学校如数归还，甚至有人私自砍伐林场林木。2月，张鸿清将此情状报告林场兼场长、森林系主任秦仁昌、农学院院长张福延、校主委秦瓒等。学校因其年代久远、人事更替等，转知校产科对厂口事进行详查。经查仅存有当年开采铅银矿区图、矿场施工设计图等，却无购买契纸等，但既称是“估买”，则为出价购买而非“霸占”当属无疑。3月，学校致函省农协会、昆明县政府，陈述了林场变迁前后的经过和来龙去脉，表示：“现该场系作我校森林学系教学实验之用，拟请你会、府代为向群众解释说服。”同时，农学院也分别致函省农林厅林业局和昆明县第六区厂口乡乡公所、乡农协会等部门，请其协助制止偷伐林木之事。但是，种种努力，均归无效，丢失林木，多有发生，场村之间，纠纷不断，加之地位较远，鞭长莫及，难于管理，有鉴于此，学校遂决定将其放弃，转归地方，并将此议呈报西南文教育部。8月，西南文教育部批复：同意学校放弃厂口林场。但是移交之事，迟未办理。直到1953年6月，学校再函昆明县农协、县政府，请其迅速派员接管林场。延至9月，才正式办理了移交手续。由王建勋、张鸿清代表学校将林场房屋、林地、森林、苗木等分别移交给新民乡政府和昆明县农协。存在三十年的厂口校产，至此遂告结束。

6. 呈贡农场的放弃

1939年云大农学院在呈贡所建农林场，主要目的在于栽桑养蚕，以供蚕桑系作教学实习之用。1953年初，根据院系调整的计划，已决定蚕桑系迁往重庆西南农学院，皮之不存，毛将焉附。蚕桑系既已决定迁往四川，则呈贡农场即失其存在的主要意义，加之农场离校较远，气候干旱，土质贫瘠，不仅实习不须，且经济效益亦差，学校也有放弃之意。3月初，农场兼场长秦仁昌致文农学院长张福延、学校秘书长寸树声、副校长李广田、兼校长周保中，认为呈贡农场“因蚕桑系迁川，已无继续办理之必要，且因其离农学院较远，土质稀薄，将来也很少利用价值，拟予放弃，移交呈贡县政府或垦殖机关接管”。学校经讨论后决定放弃该场，并报西南高教局核准。报告云：“呈贡农场共有面积约三百亩，现在利用的约百亩左右，有房舍六七十间，因距校较远，实习不便，过去每年管理费用亏贴两千多万元，现蚕桑系迁川，已无保留的必要，请准予放弃。”同时致函呈贡县告知欲放弃事，望其准备接收。4月，西南高教局复文批示，同意学校将农场交归呈贡县。同时，呈贡县请示农林厅后，该厅也表示：同意云大农学院蚕桑系试验场交由呈贡县建设科继续经营管理。事已至此，学校即委派校内实验农场主任昝维廉前往呈贡办理移交手续，其中房舍、土地、树苗等全部移交该县，农具、牲畜等收回学校交给实验农场继续使用，农场员工也调实验农场继续工作。呈贡农场就此结束。

（三）马瑞卿房产地基及甘美医院医疗设备的捐赠

马瑞卿，本名马毓祥，回族。祖籍云南寻甸，祖上家境贫寒，后到昆明谋生。20世纪初，时值云南修筑昆明至越南河内、海防的滇越铁路，马瑞卿曾为铁路工人。多年辛劳，渐有积蓄，后即与人合开东方公司，经营进出口贸易，其贸易地区远至日、美、德、法、土耳其等国，成为近代云南“国际贸易有才干的开拓人之一”。马瑞卿发家致富后，曾在昆明市北珠玑街和市南巡津街等处购得大批房地产，或自用，或出租。约1920年，马瑞卿将巡津街地皮一方租予希腊商人歌胪士建盖酒店，租约规定：租期30年，按年收取租金，期满其土地及所建房产全部归予出租人。但中途租赁人将租赁权转让给法国人所办的法国医院（旧址即今华山西路市妇幼保健院处），继办医院，并改名为甘美医院。后来该院“每月法领馆发滇币 10 万元充作经费”，“环境卫生佳良”，“各科设备均具规模，手术室设备完善”，院长有白莱特等，为当时外人在滇所办著名医院之一。

中华人民共和国成立后，中法两国外交关系即行中断，法国驻滇领事馆也停止其活动，法人纷纷撤离云南，加之原定 30 年租期已将届满，在此特殊情况下，1950 年，房地产主人马瑞卿激于爱国热情，多次表示愿将其坐落于巡津街的 33 号、53 号两处，即甘美医院院址房地产，无偿捐赠云大医学院。甘美医院院务委员会也致函云大医学院，表示愿将该院全部设备和医疗器材等无条件移赠云大，以作教学医院，并提出具体意见四项和应办手续两点。医学院闻此，大喜过望，旋将上述意见转报学校，认为：“本校附设的教学医院极感狭隘，不敷学生实习，本学年扩大招生，更有立即扩充的必要，是否可以接管，敬请指示。”学校对此无不赞同，即以临委会主任秦瓒的名义呈报市军管会文管部，转述马瑞卿、甘美医院和本校医学院的意见。呈文写道：“本校医学院的教学医院，房屋甚属简陋，实际情况需要充实，再则本校房舍不敷分配，倘能接管该项赠与，不惟可以扩充教学医院，解决学生的实习问题，同时本校房舍问题亦可解决。”学校亦明确表示：“该项赠与系甘美医院院务委员会的自愿赠与，似可予以接管。”市文管部遂转呈省政府。因为马瑞卿所赠的房产和地基系属中国公民的财产，省文教育厅即予同意接管。而甘美医院所赠医疗设备系属外侨财产，且与法领馆有关，情况较为复杂，为此，省府须得征询外事处意见。8 月，省政府发文云大，转述外事处意见：关于法领馆所属的甘美医院愿赠送云大一事，省府外事处认为：“因事关外侨，且与前法领馆有关，该处已就所知初步情况报告外交部核实，在未得外交部批准前，请告云南大学，暂勿进行接管。”事情通到中央，似乎变得复杂。但是不久，外交部即核实同意接管。

云大获此，迅即召开专门会议，制定了《云南大学医学院对于甘美医院拨赠医院全部设备作为教学医院的意见》。意见认为：“根据目前的需要，我们对于甘美医院拨赠全院设备作为教学医院的建议，我们愿意接管。”并拟定了整理归纳的办法 4 条，即：“一是接收后，将云大医院与甘美医院合并，以甘美医院地址加以整理充实，作为医学院的教学医院，现在的云大医院院址并入医学院应用。二是合并后，可扩充病床到 150—200 张，由医学院教授担任各科主任，并领导实习。三是接收后，对医院整理的办法为：1. 组织：拟采用民主集中制，设院长、副院长集中领导，另设院务委员会，由正副院长、各科主任等组成，掌管行政、人事、业务、经费等项事务；2. 科室拟采全科制，包括内、外、妇产、小儿、眼耳鼻喉、皮肤、牙、X 光、化验、药物等科室；3. 病床：甘美有 60 个，云大有 100 个，两院合并后勉强可作全科医院的规模；4. 人才的培养：医学院与医院应密切配合，对学生实习和毕业后的服务等级，略有规定；四、由于医学院学制从六年改为五年，及扩大招生，因此学生实习增加，在此国家财政困难的时候接管拨赠，确是解决实际情况的好机会。”8 月 30 日，云大主委秦瓒和医学院院长杜棻，联袂正式致函甘美医院院委会，对其赠与表示：“本院愿予接管，并致谢意。至于甘美医院之员工，本院将尽量酌才录用。”

9 月，云大正式接管甘美医院的房地产和医疗设备，捐赠者马瑞卿、甘美医院和接管者云大三方代表，举行了隆重的交接仪式。为了顺利移交，云大组织了临时院务管理委员会，主任石毓澎，副主任雷衡芳，下设医务、会计、保产、护士、总务等委员。

10月，云大医院总院、云瑞西路分院分别迁至巡津街与甘美医院合三为一，正式合并。云大医院迁至甘美医院后，街之东为门诊部，街之西为住院部，原总院移交医学院，分院移交省卫生处。同时，学校聘请医学院院长杜棻兼任新的附属医院院长，梁家椿任副院长。

关于马瑞卿所赠房地产，因其有“土地手续”而迟迟未能办理过户手续。1951年6月，业主马瑞卿与捐赠接管者云大主委秦瓒、副主委寸树声会衔致函市政府，谓：“一、市民马瑞卿为响应政府号召，协助培植医务人才，情愿将自置坐落五区巡津街33、53号两处房屋建筑及基地全部无偿赠与云南大学永远管业，作为附属医院院址；二、云南大学为附设医院业务上之需要，业经文教育厅同意接管上项赠与；三、请你府查核见示，以便办理过户手续。”所赠房屋中仅33号一处价值即合人民币81500万元。市府经调查后即复学校：“查马瑞卿在昆明县土地手续已清，对此项房屋之处理，我组无意见。”随即办清了过户手续。又延至1953年3月13日，云大医院出具收据一纸给马瑞卿，文云：“今收到马瑞卿先生交来捐赠我院巡津街33、53两号房屋命契老纸共一十六件，特此致谢。云南大学医学院附设医院（章）谨具三月十三日。”至此，延续近三年的马瑞卿房产地基和甘美医院设备器材的捐赠遂告办毕。

马瑞卿房产地基和甘美医院医疗设备的捐赠与接管，大大增加了云南大学的校产，为学校的医学教育与医院的医疗服务创造了较好的条件，尤其为云大医院及其后来的昆明医学院第一附属医院的发展进一步奠定了基础。

（四）鹏九植木场捐赠未遂

陈鹏九为著名实业家，青年时代原为皮鞋工人，及到中年，深谙以农立国之道，遂率全家于昆明北郊大马山、小马山、陈家箐、茨坝等地开山植树，建立林场，经数十载苦心经营，林场已初具规模。1950年时，陈鹏九因已年属老耄，难以为继，复以中华人民共和国成立伊始，百废待兴，于是遂有捐场云大之意。11月底，陈鹏九会见著名植物学家、中国科学院植物分类学研究所昆明工作站主任蔡希陶，表明心意，请其转呈云大。11月28日，蔡希陶致函云大农学院森林系主任秦仁昌（字子农），就陈鹏九捐赠林场事转嘱云大迅速作出决定。其函如下：

子农先生：

陈鹏九先生捐林场事，今天他来表示下列意见：

1. 房子归陈姓保留主权，惟校方工作人员可以分住，不收租钱。

2. 房子附近的少数风景树陈姓保留，备生活意外之支出。

3. 近日农民大肆砍伐（三、四十人），损失很大。请校方在大原则决定后，立即派人驻林场负责保护。

4. 公粮快要上缴了，陈先生意只有砍树卖了来缴纳。校方最好另想办法，不从砍树上来打主意。

5. 总之，目前情势很紧急。希望校方能迅捷处置，迟一天须多一天的损失。

专此。敬请

研安

蔡希陶　拜上

十一月二十八日

12月7日，秦仁昌经实地勘察后即致函学校，表示宜将该场予以接管。其函如下：

查陈鹏九先生尽毕生精力，于本市北郊黑龙潭附近经营有鹏九植木场一区，面积广袤，内计果园二百余亩，华山松林三山头，杂木林两箐沟，及荒山二十余架，兹为保存其一生劳动创造的成果起见，拟捐献本系作实习林场之用，经同人等会同总务处徐文宣科长前往初勘一次，并由本系系务会议决定，认为在替学校增加一部分切合需要的财产，而并不加重学校负担的前提下，拟考虑接管此项重大捐献。并在原则上同意陈姓所提下列两项要求：一、场内住宅一幢仍由陈姓保留，但学校派驻该场之工作人员可以借住，不收租金；二、场内住宅附近少数风景树木由陈姓保留，作为生活及准备意外之费用。但校方同意上述原则，则本系愿进一步前去结合地方农会会同洽商具体办法，测量林区面积，立木株树，拟具接收后的管理计划、人员设置及撤销厂口林场等意见，提请核议。当否，祈核。

此上

院长　张（福延）

校委会主委　秦（瓒）

森林系主任　秦仁昌　谨签（章）

对于上述呈请，秦瓒当即批示："提校委会研议。"学校研议后，认为可以接管，惟需呈报上级批准。正当此时，12月，陈鹏九直接致书云大农学院，正式表示愿将毕生经营的植木场捐赠云大。其书如下：

云南大学农学院公鉴：

鹏九原系皮鞋工人，中年即认识我们中国是农业立国，因而志愿农业、畜牧工作。以三十五年惨淡经营和全家的劳动，把原无一棵树的荒山荒地开垦，种植中外各种果树、花木，辛苦保护，培植建设，略见成效。现因鹏九年已七十有余，精力衰弱，无人管理。兹为使三十五年历尽辛苦的血汗成果，更能发挥其对中华人民共和国的效率，愿将大、小马山果树、松山两架等，及陈家箐二十余架山、茨坝林地等，捐赠云南大学农学院，作为教学及师生生产研究实验之用。并经双方商谈同意，立订捐赠合同，特函请您校查收接管，照约履行，并予函复是荷。

此上

云南大学农学院

鹏九植木场户主　陈鹏九　上（章）

一九五零年十二月廿一日

陈鹏九并随此书附上《捐赠意见书》和《捐赠合同》各一张，除了表示捐赠之意外，也提出了一些合情合理、切实可行的要求。其《捐赠意见书》如下：

鹏九植木场捐赠意见书

1. 鹏九植木场是创办人陈鹏九及其家属，倾毕生精力财富，惨淡经营，培植保护，辛勤建设起来的。为了使这三十五年来历尽千辛万苦的劳动成果更能发挥其对中华人民共和国的效力，陈姓愿将它（包括大小马山耕地、果树万余株、屋后三架山的森林，及陈家箐分场二十余架山、茨坝林地等）捐献云南大学农学院，作为教学及生产的研究实验之用。

2. 陈姓现有一家属十余口，因为别无其他产业、房屋及收入，希望院方将住宅及其周围的土地、树木（地区另行分划，细目详列附件）予以保留，以供居住、使用及作房屋修缮、婚丧、教育、医药等支出之用。

3. 为免陈姓家属生活失其凭依，云南大学对陈姓家属中有劳动力或职业技能者，应设法充分予以优先服务机会及生活保障，使其有用的能力贡献国家，不至荒废。至于老弱残废的家属，校方应按月补助生活资料（办法另行议定），以免冻馁失所。

4. 1950年的赋税，可由陈姓砍伐后山树木缴清，或由院方设法缴付。

5. 场中落果（被风、鸟、虫毁落地上的水果）准全由陈姓拾去喂猪，陈姓家属使用的燃料，准由后山修枝供给，不予禁止。

附：保留地区及树木细目

1. 现有房屋及地基。

2. 房子周围地区（北至北箐北边，南至南箐南边，东起后山车路，西至李姓松树址，包括竹园上之熟地、竹园、松树地、墓址、花园、菜园不熟地、南北箐等）之土地，及生长在此地基上之各种树木。（树木之生产即为修缮、婚丧、医药等用）。

3. 小马山兜肚地、阴地一块，正方形，每方五十丈。

其《捐赠合同》如下：

鹏九植木场捐赠合同（草约）

一、鹏九植木场是创办人陈鹏九及其家属们倾毕生精力财富，在原来没有一棵树的荒山旷野里，惨淡经营，培植保护，辛勤建设起来的。为了使这三十五年来历尽千辛万苦的血汗成果，更能发挥其对中华人民共和国的效率，陈姓愿将它（除第三条第一项所规定外，包括大小马山耕地、果树万余株、屋后北面两架山的森林，及陈家箐二十余架山、茨坝林地等）捐赠云南大学农学院，作为教学及生产的研究实验之用。（其业权归云南大学所有）

二、捐赠以后，鹏九植木场即改为云南大学农学院附属之鹏九植木场。（命名之沿用鹏九二字，其意义系纪念创业者之艰辛缔造，及堪为示范之捐产嘉谊）。对外一切权利义务，概由校方负责办理之。

三、在时代还未完全进入到“各取所需”的共产社会阶段，国家财经建设亦尚未能美满完成，从而普遍地照顾到每一个国民，使他们（尤其是老弱残废者）的生活都毫无忧虑之时，云大农学院对于失了凭依的陈姓家属，采取下列三次措置，以免其冻馁失所：

1. 校方因为陈姓现有家属十余人，但别无其他产业房舍及物资收入，故同意将现有住宅及其周围的土地、树木（地区另行划分，细目详见附件一）保留给陈姓家属居住、使用，并以其产品作为房屋修缮、器物置备、嫁娶丧葬、教育医药等生活支出之用。

2. 校方对于陈姓家属中有劳动能力者，应予以优先服务的机会。（其中四人每人按月津贴工薪大米 1 公石）。

3. 对于陈姓家属中劳动力比较薄弱的老弱残废者，可以做轻简的工作，如看守森林、果园等，其生活的维持得将：甲、全场修下的岔枝（人工由校方出）分五成给陈姓用；乙、在每年原有果树产品中（黄梨、板栗、枇杷等）提出百分之三十，以为补助；丙、被风、鸟、虫毁落地上的水果，准全由陈姓拾去喂猪。

四、校方为照顾陈姓生活起见，并得将熟地三十六亩借与陈姓耕种。

五、本合同一式三份，双方各执一份，另一份呈请政府备案。合同经双方及中证人签章后即生效力。

附件一：保留地区及其附属树木细目

1. 现有房屋及地基。

2. 房子周围及土地（四至为东起后山牛车横路；北至北箐全箐，连北箐上面头架山和树；南至南箐全箐——上由黄金树地，下至大路边堰塘；西迄菜园下李姓松树地边，包括竹园上之熟地、竹园、松树地、墓地、小棕树地、花园、菜园、菜园下熟地等）并生长在此地区上之各种树木。

3. 小马山兜肚地阴地一块，正方形，每方五十丈。

捐赠人：鹏九植木场户主　陈鹏九
接收人：云南大学代表
中证人：蔡希陶
李公策
佘嘉年
公元一九五〇年　月　日

学校接此函、《意见书》和《捐赠合同》后，认为事当可行，遂于 12 月 25 日以校主委秦瓒、总务长张瑞纶的名义呈报市军管会，并随文附上其函和《捐赠合同》。呈文写道：“兹据陈鹏九函称，愿以其三十五年惨淡经营，曾种有果树花木之大小马山、陈家箐、茨坝等处之山地林地捐赠我校农学院，以作教学实验之用。我校对陈鹏九先生此种捐赠是否接管，谨抄具其来函，检具其草拟合同，呈请你会审核示复，以便遵办。”但是，事情虽在努力之中，却因为当时正值新旧政权交替之际，学校忙于清点和交接，而尚无一远景发展规划；复因学校领导内部意见不一，有人认为该场距校较远，同时学校产业亦属不少，限于人力财力，难于管理，故接管鹏九植木场捐赠一事，功亏一篑，最终未能实现。

（五）房产的大量购置

20世纪50年代初，由于社会的巨变，昆明地区不少房主，或因欲转他业，或因身兼地主，欲作土改中的退赔，故而纷纷变卖财产，出售房屋。而云大也因学校日益发展，房屋不敷分配，急需大量购置房产，以作员工宿舍。1951年8月，学校呈报西南文教育部，请予提拨款项，就近购买房屋。呈文写道："我校因下学年度增收新生，教室宿舍均需扩充，而校内一部分教室及教职员宿舍，系抗战前西南联合大学所建之临时铅皮顶或草平房，现皆破朽不能再住，新建教室既不敷用，而计划兴建之房屋又缓不济急。""兹为应急起见，拟由教职员宿舍建筑费项下提拨三亿元，于学校附近购买适合教职员宿舍用之房屋数所，先将宿舍迁出校外，腾出一部分房屋修理作为教室。已调查得数家，房舍建筑坚固，将来学校自建宿舍后，此等房屋可以出卖，尚可得较高价。""呈请你部鉴核，准予提拨款项购买，以应急需！"

此请蒙部允准。后来所购房屋多在校本部和附属医院附近地区，大者如下：

1. 校本部附近所购房屋

1951年9月，购青云街丁字坡1号陈西伯房屋1院，计正房3间，瓦房6间，厅房3间，四角小楼房及平房9间，楼上楼下共24间，其东至丁字坡，南至警察守望所，西、北均至云大，价3700万元。10月，购青云街竹安巷2号詹质斋四合四天井房屋1院，计楼、平房大小共21间，其东至竹安巷，南至翠湖东路，西至詹姓水池，北至詹姓铺房，价5000万元。

1952年1月，购翠湖东路25号王九龄四合五天井式楼房1院共41间，其东至路，南至省学生会，价7000万元。2月，购青云街73—75号武德成三间四耳和298—300号四合一天井式房屋各1院。

同年3月，购青云街102号陈部四合三天井式房屋1所，其南、北至巷，西至侨务处，价1800万元；购青云街洋枧巷4号布浩然（秉武）三间四耳房屋1所，其东至洋枧巷，北至佛教协会，价1800万元。4月，购青云街22号李廷椿五间六耳房屋1院，价2250万元。5月，购地藏寺巷7号温陈正卿四合五天井中西式楼房1院，共25间，其东至巷，北至军事接管部，价2200万元；购青云街156—165号詹质斋西式住房1幢22间，西式铺面楼上楼下10间，价5100万元；购青云街349—352号杨和笙中西式楼房1幢24间，铺面3间，共27间，价3200万元；购青云街17—21号李永寿、李永清中式房屋2院，共25间，其东至玉龙堆，价750万元；购青云街顺德巷3号傅国樑三间六耳中式房屋1院，共21间，其西至军事接管部，北至民强巷，价1000万元。6月，购学校大门照壁下王家琳房屋1所，价400万元，刘吉轩房屋1所，价800万元，曾厚安房屋1所，价800万元，崔应吉房屋1所，价50万元。8月，购连云巷2—3号龚自知中式外院、西式内院住宅1所，其东、西均至巷，价4000万元；购打水巷4号邹姓中式楼房1所，价700万元；购地藏寺巷6号杨立逵三间四耳中式楼房1所，其东至地藏寺，价1500万元；购翠湖东路5号朱长龄三间两耳一天井中式楼房1院，其南至侨务处，西至翠湖东路，北至洋枧巷，价3500万元；购青云路10号冉道三间四耳一天井房屋1所，其南至科学馆，西至科普协会，北至云大，价1200万元；购玉龙堆18号张子山三间六耳房屋1院；购玉龙堆20—21号袁丕元、袁丕佑四合四天井、三间四耳房屋2院，其南至图书馆，北至玉龙堆。

1953年4月，购青云街314号雷继唐四合二天井中式房屋1院，连同铺面3间，共31间，其东至大兴街，西至青云街，价1400万元。5月，购玉龙堆18号房屋1幢，价2596.8万元。

1955年11月，购莲花池大昌巷18号张姓房屋1院。购买之前，该房曾借予学校充作养猪房之用。

此外，1953年3月，学校曾接收郑灿所捐北仓坡2号住宅1所。

2. 附属医院附近所购房屋

1951年10月，购巡津街27号房屋1幢。11月，购崇善街67号附1号杨炳麟房屋1幢。

1952年2月，购后新街58号柯啸秋、盘龙路19号方家治房屋各1院。4月，购巡津街34号马姓房屋1幢；购崇善街67号董曾秀媛中式楼房1幢，共30余间，价4000万元。9月，购后新南街8号蒋光泽房屋1幢，价1亿元。

1953年9月，购巡津街25号房屋全部。

此外，1951年1月，租赁得护国路385号即原护国医院的段姓房屋1幢。1952年1月，拨归得原属甘美医院的巡津街25、26号两院房屋。

学校在购房热潮中，曾发生一起令人遗憾的事情。原来前省长、云南大学创始人唐继尧，曾在学校附近的北门街建有一院私邸，号为唐宅，又号唐家花园、唐公馆。该宅院门雄伟，院墙高峻，房舍鳞次栉比，楼宇走马转角，花园奇葩异卉，道路纵横交错，占地面积六十余亩，大小房舍上百余间，东靠圆通山，西临翠湖水，其位置，其建筑，省垣之中，首屈一指，且与学校仅隔一街，遥为咫尺，若归学校，则不惟于学校之发展大有裨益，且为学校又增一大景观。

1951年2月，唐家后人主动致函学校，表示愿将该宅所有房屋售予云大，拟售价3亿元。学校接函后，甚为重视。3月，校委会特别召开第34次校务会议，专门讨论此事，为慎重计，会议作出决议：关于唐继尧家属“愿售房产，须先与市政府房产管理处、人民银行服务部等机构洽询，无问题后即……请（西南）文教育部拨款购买”。根据决议，学校即致函市政府房管处、人行服务部，谓：“我校各院系均奉命分期扩充发展，将来需要房舍正多，该项房屋接近本校，有收购之必要。”请其代为查明该项房屋有无问题。紧接着，3月7日，学校又呈文西南文教育部，请款购买唐宅。呈文写道：“我校邻近有唐继尧花园一所，面积约六十余亩，房屋百余间，建筑多系中西式楼房，甚为宽敞坚固，内植花木千余株，愿意作价三亿元售予我校。此项房舍收买以后，不惟可供各个专修科应用，且所有花木尚可作我校新增之园艺系实验之用。即请你部鉴核准予如数拨款购买，以利教学。”

但是，3月15日，市财政局却致函学校，未说别的，只说：“此项房屋应请你会暂缓收购为荷!”学校接此函后，为了购买成功，立即于3月17日再电西南文教育部，告知市财政局意见，请文教育部“鉴核”。3月19日，西南文教育部即自重庆发出寅皓电：希云大“速向教育厅洽借3亿，购唐继尧花园住宅全部”。可知文教育部完全同意购买，似乎大局已定。对于此电，总务长张瑞纶呈请学校："兹奉本电，应否分函洽商进行购买，祈示。"校主委秦瓒则批示："已请示马秘书长，俟（省）政府有决定后再行办理。"但是不久，即4月4日，省文教育厅却发出通知，称："奉到省财政经济委员会……通知，……今后各政府机关及公营企业部门之购买房地产事务，指定由市人民政府财政局负责办理。"此前，市财政局既已函复学校"暂缓收买"，于是购买唐宅一事，功败垂成，终未如愿，致使学校日后的发展大受影响。

（六）旷日持久的征地计划

早在国立时期，学校即已拥有今日之校本部、北院、西院、东一院和东二院大片地区，但北院西部、西院中部和东一院西部、西南部地区或为坟地，或为苗圃，或为菜园，或为荒丘，均不属学校管有，这对学校的建设、管理、规划和发展颇受影响。尤其中华人民共和国成立后学校日益发展，师生迅速增多，房舍甚为缺乏，故而迫切需要扩充校址。

1951年9月，学校首函市政府请予拨充土地，函谓："我校因院系扩充，学生人数增加，本年度已奉西南文教育部核拨建筑费，即将添建教室、宿舍及实验室等。惟校内地址已感狭窄，新建房屋尚无适当地区。查我校农场（今北院）西侧之坟地，与我校在同一区域，用作我校添建校舍颇为适宜，特函商请政府划归我校扩充校舍。"10月，经兼校长周保中、秘书长寸树声和总务长张瑞纶钤印后，学校以周保中的名义另函省文教育厅，以申前请，并随函附送征用土地图一份。未几，市财政局函告学校，谓所请征土地经查勘后，面积总计63亩3分，并表示："此次征用土地，已在郊区范围内，应由市郊土地改革委员会统一办理。"据此，学校遂转而与市郊土改委相商。正当此时，森林系主任秦仁昌致文学校，谓该系尚缺树木标本园，拟请征用莲花池附近的英国花园充之。学校认为此意甚当，遂于11月函省政府办公厅、市政府和郊区土改委，谓："学校范围太小，如森林系应设树木标本园，及蚕桑系应设苗圃作桑树品种示范。"经查，莲花池英国花园及附近墓地、法国领事馆耕地与英美公墓等地，"接近我校，适合森林系设置树木标本园及蚕桑系作桑园苗圃之用"，请"准予划拨我校应用，以利教学"。

原来，早在清末，英、法、美等国驻滇领事馆即在省垣北部等地租购有部分土地以作花园、坟地等。如所称"法国领事馆耕地"，即系清光绪二十六年（1900年），由法国驻滇领事馆代表法国交涉委员会与昆明县知事衙门签订租约所租，租期为30年，面积约14亩，位于昆明北部莲花池西、滇缅铁路北一片。该地部分原为私人坟地，部分原为莲花池村公产。出租后，租金由法领事馆按时交给县衙门，再转交农民。后来该地又由法领馆转租与农民耕种，农民每年曾交纳租米5老斗，合5公石约900斤。抗战胜利后，馆中有一中国籍信差蔡香亭，因年事已高，难以为生，法领馆"鲍领事认为，蔡香亭年老无力，给他一个证明收租，作为照顾"。1950年征收该地农业税时，因"该领事从事间谍活动，被我政府宣布驱逐出境"，法领馆即委托英领馆代办农业税手续，缴纳了480斤公粮。土改时，因有上述关系，该地未曾征收，也未没收，仍由农民耕种。其他外籍租地，情形各有异同。上函发出不久，学校即接省文教育厅通知，告以"昆明市政建设计划文化区系定在西北区，你校计划如何发展，需要郊区土地若干，希速根据实际情况，提出初步意见，并将所需地址、亩积、用途等造表送厅汇办"。

1951 年 11 月，学校即复文文教育厅，除重申前请划拨的农场西边、英国花园、法领馆耕地和英美墓地外，又再提出：“我校现在学生已达二千人，预计二、三年内文化高潮到来，必将增加至万人，校舍教室均不能不向西北扩张。为我校将来发展之整体计划预留土地起见，再请将虹山（又名刘家山）全部划归我校范围以内。”不久，体育组和学生会共同呈文学校，认为本校体育开展已上正轨，同学要求运动甚为迫切，而“校内场地已感不敷”，拟请学校将体育场周围，马路内的一切坟地及菜地征作校产，必须扩充运动场地。对此积极建议，学校当即采纳。11 月 30 日，学校再函省政府办公厅，谓：学校“现有运动场地，仅只校内的篮、排球场及此地外之体育场两处，在设备上颇感不敷应用。故北门外体育场急需从速计划，开辟各科球场，添建房舍及必需的设备。拟将体育场四周、马路以内的坟地征用，菜地收购”。对此一系列请征土地，除体育场边菜地（即今东一院宿舍区）约 17 亩，以每亩地价中米 12 公石，约合 192 万元而达成售卖协议外，其余各区土地，郊区土改委员会曾于 12 月召集会议，以协商解决。会上，市府秘书长方章表示：所征浙江同乡会墓地（即今北院西部），应照会馆处理办法办理；英国花园、法国领事馆耕地，因牵涉外交关系，应照外交手续办理；海关耕地，应直接向海关交涉；运动场附近墓地、英美公墓及刘家山等，因系荒山坟墓，不在土改之列，可照荒山坟墓处理办法处理。但“办理”数月，仍不得要领。

1952 年 4 月，省文教育厅又发出“通知”，转告市县土改委意见：“文教育厅所属机构需用土地，多系耕地，面积太广，且调拨已有困难”，经研究，决定“在不妨碍农事生产及发展文教事业双方兼顾的原则下，适当分配使用。希将目前不能及时兴建动工的，据实酌以缩减”。学校根据缩减精神，向市县土改委呈报了拟征土地范围：“第一区：1. 刘家山荒地，2. 英美墓地及其附近坟地，3. 英国花园，4. 美国花园北面墓地；第二区：1. 浙江同乡会宅地，2. 浙江同乡会墓地，3. 主教坟地，4. 慈善会坟地，5. 慈善会宅地，6. 碉堡炮台，7. 无主坟地；第三区：1. 运动场旁坟地。”上述范围大体包括今北院西部、东一院西南部、昆明工学院等片。报告认为：“经过缩减的地区，已酌之至再，且大多数均为荒山坟地。”若拨归学校，则“使无用之荒山坟地，变为有用之教学实习场所”。对此，6 月，市县土改委先后函告学校：“你校所需郊区土地，现已奉批核准，即请派员持图径与昆县农协商洽拨用。”“你校请求拨用郊区土地，已转知昆县农协照拨。”征地计划似将实现。不想 8 月，市财政局却函学校：“所请征用郊区土地，首先应俟文教育厅批准，再凭分别不同情形处理。”至此，学校征地几近一年，公文往返一十三次，参加会议已三四次，向各机关接洽多次，耗费人力物力不少，而问题仍属悬案，征地一事，呈胶着状态。

1953 年初，高教育部决定云大工学院独立建院。3 月，西南文教局直电学校明确指示：“你校工学院本年暑假独立成立昆明工学院，地址在大、小连山一带。”复经省府批准，学校请征“第一区”土地始获解决。4 月，市建设局会同市民政局、云大代表实地勘察大、小连山一带，最后确定所拨土地界址为：东以莲花池通往北校场马路为界，南以铁路为界，西以师院背面通至富民马道左首转大、小连山脚折向獭猫山为界，北以獭猫山脚为界，东北角与步校为领，包括刘家山、宝塔坟院、汤家桥、苏家塘等地，约当今昆明工学院院址。

1954 年初，因学校已于此前奉命创办附设工农速成中学，遂再函市建设局：“我校附设速成中学的建校任务于五三年十月下达，建筑面积为3000平方公尺，连同运动场等项建筑基地……基于上述情况，上次征用地段（即今北院西、北部）本年度应一次拨用。”因速中建校已成定局，且刻不容缓，故不久市政府也批准了学校请征的“第二区”土地，市房地产管理处正式函告学校：“你校申请拨给浙江义会全部土地，业经昆明市人民政府批准。”旋即办理了拨用手续。浙江义会又名浙江亭堂，即旅昆浙江人之墓地，其界址为：东至学校农场，南至环城马路，西至师院东边小路，北至铁路。

1955年3月，学校以“学生将近三千人……劳卫制（锻炼）已全面展开，锻炼场所实是不敷应用”为由，再函市建设局，请拨运动场边坟地、菜地，以作扩建运动场之用。市建设局函复学校，认为学校现已有运动场地36880平方公尺，以3000学生计，每生已有12平方公尺，按中央规定的每生4平方公尺计，已“超过甚多，故不再增拨”，而加以拒绝。

1956年初，学校接到高教育部、卫生部、国家体委、团中央等部委《关于加强领导，进一步开展体育运动的指示》，明确指出：“对于运动场的用地，学生数在四千人以下的，平均每人有十五平方公尺，还不能满足规定要求的学校，必须积极设法增设体育运动场地。”据此，学校于4月同时分别致函市人委、省人委文教办、市建设局和市房地产公司，上述中央新定标准，并云告以学校虽有运动场地37000余平方公尺，但有大半夏秋雨季积水，实际不过12000平方公尺，无论将来发展与目前需要，均须从速扩建，仍望批准征用运动场边坟地、菜地。此函有理有据，言之凿凿。5月，市建设局终于函告学校：同意征用所请“第三区”土地。办毕手续后，学校依市建设局地政科指示，旋迁场西无主荒坟1195塚于铁峰庵左侧象山核桃箐村后，补给虹山高级社场南11亩菜地3年产量价款807元，水塘2个挖工损失费29元，3户居民拆迁费172元，有主坟墓迁坟费2527元，并于场西南打筑土墼围墙一段计470米，拆除靠北门的校内城墙一段12米（宽8米）。

此次征地，始于1951年9月，终于1956年5月，耗时数载，交涉多次，所幸者终有结果。自此，除了大、小连山因工学院独立而划为该院院址外，今北院、东一院全部土地已为云大所有，为日后学校的建筑、管理和发展进一步奠定了基础。

（七）茨坝农场的建立

1954年10月，中央召开了第二次全国高等农林教育会议，对于各农林院校的农场、林场、牧场的扩建问题作了专门研究。会议同意各省可以根据学校的需要与困难条件，将靠近学校的各专州、县农场划拨学校接办，以便配合学校的教学试验、科学研究和生产实习工作的进行。12月，高教育部将上述会议精神转发给各有关学校。其中高教育部特致电云大：“根据今后高等农林教育任务和学校附属农场的方针任务，结合你校专业设置、学生农林牧渔场现有情况与实际条件的可能，希作成学校农场扩建、补充设备的计划报部，以便统一考虑。”其时学校原有的厂口林场、呈贡农林场、弥勒木棉场等均已停办移交，仅存学校附近的实验农场（今北院）和作物试验场（今东二院）。根据中央指示精神和考虑到教学实际需要，以及已在拟议中的农学院必将独立建院的情况，学校决定筹建新的农场。经考察后，计划在北郊黑龙潭茨坝中村地区（今昆明机床厂附近）建场。1955年2月，学校将此意正式呈报省、市人委。5月，又将《建场计划任务书》报文教育部。

6 月，市人委批复同意：在茨坝地区划拨土地 2000 亩予学校建场。8 月，高教育部指示同意拨发建场费 20 万元。场址、经费既定之后，学校委派蔡克华为农场负责人，随即开始了征地工作。学校计划征地分作三步：首先当年征用基建用地和水塘用地 150 亩；其次次年小春收割后再征 500 亩；再次大春收割后全部征完。以后，征地工作陆续进行。

1956 年初，农场基建工作正式开始，具体由工务科管培顺负责。工程分为两期进行：首期工程 2 月开工，4 月完工；二期工程 4 月开工，6 月完工。所建房舍计有：办公室 164 平方公尺、职工宿舍 182 平方公尺、仓库 278 平方公尺、农具室 235 平方公尺、食堂 193 平方公尺、厨房 90 平方公尺、马厩 165 平方公尺、猪舍 258 平方公尺、共 1565 平方公尺、均为土墼结构，另有厩舍草房 217 平方公尺、晒场 700 平方公尺、肥料地等。所耗材料计：石灰 11 万公斤，青砖 9 万块，筒板瓦 10 万块，勾头瓦 3000 块，木材 180 立方公尺等。延至 10 月，全部竣工。农场在建设过程中，即根据节令，边基建，边生产，种植作物，添制农具，如固盘耙、钉齿耙、三齿牛耕器、玉米脱离器、铡草机等；购买牲畜，如水牛 6 头，骡 3 匹，又拨得乳牛 140 头等。因其土地广袤，必用机耕，故曾派员到陆良机耕队培训。

正当农场刚刚建立，准备发展生产之际，学校却奉中央指示：农学院即需独立建院，院址经几番选择，最后定在距农场约 5 公里的落梭坡。又据省人委关于昆明市的规划，茨坝地区已列入新兴工业区，农场所在地则为 203 厂扩建范围。对此，学校为了保存农场，曾据理力争，但均归无效。1956 年末，高教育部又指示云大：农学院暂缓独立建校。于是农场得以照常生产和实验、实习工作，但因农学院独立大局已定，故农场仅作维持现状而未再事发展。直到 1958 年农学院最后独立，茨坝农场也随之结束。

（八）校舍的规划

1954 年和 1956 年，云大工学院和医学院相继脱离大学而独立建院。据此，学校曾对校舍作了两次规划。

1. 1954 年规划

1954 年 9 月，云大工学院独立，而在云大以北的莲花池西及大、小连山一带另建昆明工学院。于是，云南大学、昆明师范学院和昆明工学院三校校址遂成鼎足之势。为谋各校之发展，当年省领导曾与三校院领导就各校校舍的问题作过商讨。不久，高教育部费副部长视察云大时，也与省领导就云大和昆明工学院之间的校址问题交谈过，结果达成“五四年协议”：工学院以北的军区步兵学校迁往他处，工学院则迁至步校，而将军用公路（即今穿过工学院内的公路）以南地区（即今工学院之本部）划归云大。后因步校未能及时迁走，致使协议迟迟未予实现。

1956 年初，步校决定迁走，由此三校校舍问题再度提上日程。省人委召集三校和建设局领导会议，除了初步议定将文林街师院附小及幼儿园一片划归云大外，其余均无结果。5 月，云大报告省人委文教办，提出两个方案：第一，将附小、幼儿园一片划归云大，所需迁移民房和房屋交换问题，分别由市人委和省文教委负责解决；第二，鉴于第一方案需迁约 600 户居民，耗资约 72 万元，较难解决，又师院已征得地坛寺一片，其校舍已定，无须再向马路以南发展，因此建议将文林街地藏寺巷以东和原农林所以南之城墙、城壕划归云大。对此，省政府请云大与师院领导协商后，“初步议定”将天君殿巷以东作为云大发展的一部分。9月下旬，学校先后致函和报告市政建委、高教育部，再次提出三校校址问题，结果除将原农林所以南城墙、城壕划归云大，以建盖职工宿舍外，其余均不得要领。

2. 1956 年规划

1956年1月，党中央召开了关于知识分子问题的会议，充分肯定了知识分子在社会主义建设中的重要作用。4月，毛泽东同志在最高国务会议上，提出了文学艺术和学术研究中“百花齐放，百家争鸣”的“双百”方针。尤其9月，党召开了第八次全国代表大会，其中讨论了第二个五年计划建设草案，国家即将兴起经济建设的新高潮，相应地也将兴起文化建设的新高潮。加之9月，云大医学院继工学院之后已独立建院，因此学校再度对校舍的发展进行了规划。11月，制定了《云南大学校舍现有情况及发展规划》（以下简称《规划》）。《规划》系根据高教育部同年颁发的关于高校用地标准的通知，以及云大最大发展规模为拥有6000学生而制定。《规划》包括两大内容，即校舍土地面积和房屋建筑面积。关于前者，按6000学生中理科生占3/4，即4500人，每生教学用地应为35平方公尺，文科生占四分之一，即1500人，每生应为28平方公尺，另加理、文科生每生生活用地应为26平方公尺，则总共应为355500平方公尺，约合533亩。而当时实有土地面积，包括校本部154050平方公尺，运动场35666平方公尺，新宿舍及速中（今三十中）50752平方公尺，实验农场35351平方公尺，原农新村旧宿舍28051平方公尺，校外所购宿舍10571平方公尺，作物实验场39600平方公尺，共有343470平方公尺，尚缺12030平方公尺。关于后者，理科每生教学用房应为14平方公尺，文科每生应为8平方公尺，另加理、文科生每生生活用房应为16.5平方公尺，则总共应为174000平方公尺，尚缺96580平方公尺。

据此，《规划》提出三个调整方案：第一方案：分别调入运动场周围土地31677平方公尺，青云路18000平方公尺，军区速中5000平方公尺，共计54677平方公尺；分别调出因扩街所用的运动场周围9000平方公尺、环城北路民族学院至师院南沿10000平方公尺、民院至师院东北沿5000平方公尺、青云街东口至天君殿巷5000平方公尺，加上作物试院场因种水稻而难以使用的39600平方公尺，总计68600平方公尺，这样调入者少，调出者多，加上原来所缺，共缺25935平方公尺。此方案有两个难题：一是青云街居民约五、六百户，多系小摊小贩，其迁移费、房屋建筑赔偿费、就业安置费等约需百万余元，为数较巨；二是军区房屋赔偿问题，或可以其前所借用学校北郊龙头村、西郊鱼街子原附中校舍无偿抵换，或按现有房屋估价后照价赔偿，使其择地另建，但原借附中校舍问题应一并解决。第二方案：青云路靠街居民可不迁移，而是沿街向北深入15～20米划起，将其并归学校，这样可免其迁移、安置等难题。而天君殿巷内200余户居民，因其多系棚户，可随城市规划一起由市人委统一迁移、安置。但军区用房（原云瑞中学，今成都军区后勤部驻昆办事处招待所）仍需调入。第三方案：此方案于人力、物力和财力最为节约。若军区用房不能调入，青云路居民也不能迁让，则应重新调入学校的即有：第一方案应调入的25953平方公尺，补抵青云路的18000平方公尺，加上军区速中的5000平方公尺，共计48953平方公尺，唯有另行择地解决。这一规划曾分别呈报省、市有关部门，但因其问题本身的错综复杂及后来形势的发展变化，时至今日，规划的绝大部分均未实现，学校不得不另谋发展。

三、经费概况、工资制度、人助金制度、会计制度

1949年中华人民共和国建立后，学校由“国立云南大学”改为“云南大学”，隶属西南军政委员会（后改西南行政委员会，均驻重庆）文教育部，是为部属学校，因此经费即由西南文教育部核定拨发。按西南文教育部规定，学校及其附属单位每年均需按年按季造具收支预算报部核定，造报时间须于每季的35天以前送达文教育部，再汇转西南财政部转报中央财政部核准后，转知西南文教育部下达，西南文教育部领到款后即按月下拨。

这一时期，云大经费的预算单位基本为校本部、附属医院和实验农场，后又增加工农速中。经费类别基本作为经常费和临时费两大类。预算项目主要为教学行政费、科学研究费、基本建设费、工薪及生活补助费和人民助学金等。

关于货币单位，1955年以前，通用旧币以“万元”为基本单位，下分“千元”“百元”。1955年2月，国务院发布命令，全国从3月1日起改用新币，即1元新币价值等于1万元旧币，下分“角”“分”。这是中华人民共和国成立后币值的一大改革，也是唯一一次币值改革。

（一）历年经费概况

1.1950年度的经费

是年，因新旧政权交替，学校正处接管之中，似无全年预算，所需费用，多临时请拨，经费开支，也多临时报销。如4月17日，学校主委秦瓒、总务长诸宝楚为请款修缮等事，曾会衔代电市军管会，电云：“本校本学期业已开学，校舍方面急须修缮者，首要为翻修学生东宿舍……估计工价及补充材料费约需人民币1290万元，又本学期需修理校具如黑板、课桌、座椅等，约需工料费200万元，购置图书费约需500万元，合计共需人民币1990万元，恳请核拨，不胜感祷。”

当时所拨经费，主要为款项，但也有实物，主要为大米，或以实物折算。如本年全校有班级87个，学生2083人，教员254人，职员93人，工友122人，其4—7月学校经费报销即以大米折算，按当时比价，1斤大米约合840元。报销情况略如表4-2：

表4-2　云南大学1950年4—7月经费报销统计表

单位：市斤

月　份	工　薪	学术研究费	人民助学金	教学行政费	临时救济费
4	130096	50200	14020	19262	
5	120131	47650	20670	16612	
6	120157	47600	20048	8396	710
7	123332	46950	21445	10000	710

所拨经费除了全校性的预算而外，各院系、各部门也多进行单独预算。如本年度下学期经济系分配得经费5000万元，其预算如下：

表 4-3 经济系 1950 年度下学期经费预算表

单位：万元

项	目	科 目	金 额
1		行政费	120
	1	办公用纸张、纸笺、信封、墨水等	120
2		设备费	3030
	1	购置计算机 2 部	2000
	2	购置打字机 2 架	800
	3	购置算盘 50 把	200
	4	购置丁字尺 30 支、绘图板 30	30
3		图书资料及实习费	1850
	1	图书费	800
	2	会计文科学生实习用纸	550
	3	统计四科学生实习用纸	200
	4	会计表册、传票等用纸及石印费	300
总计			5000

2. 1951 年度的经费

本年度已有预算，全年核定预算数为 83. 77 余亿元。但执行中有追加，也有追减。追加部分分别为：会泽院修理费 1 亿元、航空系主任王绍曾赴京旅费 0. 11 亿元、生理生化细菌实验室经费 1. 2 亿元、房屋购置费 3 亿元、1950 年临时费超支款 0. 87 亿元、其他修建费 14 亿元、医药卫生设备费 0. 4 亿元；追减部分为：迁往四川的航空系经费 0. 36 亿元。全年经费实为 104 亿元。

全年经费预算核定后，每月支出均需按时报西南文教育部审核，由该部填具审核意见书。如本年 2 月的审核结果如下：

表 4-4 云南大学 1951 年 2 月教育事业支出审核表

单位：万元

送审单位	云南大学	月 份	2 月	费 类	教育事业支出
项 目	报销数		核准数		剔除数
1 工资	31336. 18		31336. 18		
2 供给生活费	76. 94		76. 94		
3 工资补助费			1697. 11		
4 公杂费	1900. 42		1700. 42		200. 00

续　表

项　目	报销数	核准数	剔除数
5 旅差费		3. 31	
6 文教补助费	3043. 80	3037. 50	6. 30
7 图书购置费	136. 18	136. 18	
8 科学实验用品费	1937. 64	1937. 64	
9 器具设备购置费	172. 41	172. 41	
10 修缮费	95. 25	95. 25	
11 建设资金	3672. 70	3672. 70	
12 其他支出	116. 09	116. 09	
合计	42487. 63	42281. 33	206. 30

本年度除经常费外，尚核准得临时费 9 亿元，加上该年经常费分配剩余的 4074 万元，二项共合 94074 万元。财务股根据西南文教育部“文教经费管理各项办法”之原则，经校委会、经济委员会会同，草拟了该款的分配书呈请西南文教育部核准执行。其分配书共分两项 25 目，具体如下：

表 4 – 5　云南大学 1951 年度临时费分配书

单位：万元

项	目	科　目	百分比	全年度预算数
1		临时费	100%	94074
		修造、设备、购置费	69. 3%	65174
	1	电灯电路装置、化学系水管费		13500
	2	房屋修缮费		5274
	3	课椅凳设备费		9720
	4	仪器修理设备费		3240
	5	农学院温室及二系设备费		5940
	6	铁道系设备费		2160
	7	医学院设备费		2700
	8	政治课图书费		1080
	9	自然科学图书费		2160
	10	文法学院图书费		2160
	11	理学院仪器药品费		2430
	12	工学院仪器药品费		2430

续 表

项	目	科 目	百分比	全年度预算数
	13	农学院仪器药品费		2160
	14	医学院仪器药品费		2160
	15	经济系设备费		1080
	16	新建设备机动费		1080
	17	出版组印刷设备费		5400
	18	其他设备费		500
2		研究、实习补助及其他	30.7%	28900
	1	参观、实习补助费及其他		3600
	2	政治课研究资料费		1800
	3	差旅费		7200
	4	学术研究刊物补助费		1800
	5	死亡抚恤医疗补助费		1800
	6	保险费		3000
	7	其他不能预料的开支		9700

3. 1952 年度的经费

本年度经费核定为139.78亿元，其中工资60.83亿元，人助金22.16亿元，教学行政费36.37亿元，建筑费25.73亿元，设备费11.32亿元。下半年因增加新生，西南文教育部又核定追加16.65亿元。因医学院办有医学专修科，又因西南卫生部核拨经费两笔，分别为1.64亿元和5亿元，主要用于工资、图书设备购置和基本建设等项。另因学校宿舍不敷应用，呈准拨给专款2.05亿元，作为购买宿舍作用。

学校的主要任务和中心工作是教学，因此学校经费中有相当部分属于教学经费及补助费，每年经学校核定后分配给各院、系、组、馆、厂、场计划使用。本年预算中，教学经费及补助费为192576.4万元，分配计划如表4－6：

表4－6 1952年各学系教学经费及补助费分配计划表

单位：万元

院	系 别	学生数	图书费	实习费	设备费	全年核定数
文法学院	中文系	148		2167.20		2167.20
	外文系	55		756.00		756.00
	历史系	62		1018.80		1018.80
	政治系	77		1384.80		1384.80

续　表

院	系　别	学生数	图书费	实习费	设备费	全年核定数
文法学院	法律系	57		1000. 80		1000. 80
	经济系	183		2515. 20		2515. 20
	社会系	66		920. 40		920. 40
	小计	698	2563. 20	9763. 2	3600. 00	15926. 40
理学院	数学系	20		564. 00		564. 00
	物理系	41		2282. 00		2282. 00
	化学系	61		3588. 00		3588. 00
	生物系	28		1593. 00		1593. 00
	小计	150	1740. 00	8027. 00	45000. 00	54767. 00
工学院	机械系	149		5514. 00		5514. 00
	土木系	107		4062. 40		4062. 40
	铁道系	131		4626. 00		4626. 00
	矿冶系	118		5726. 00		5726. 00
	有色专修科			1750. 00		1750. 00
	小计		2908. 20	21678. 00	48600. 00	73186. 20
医学院		316	1094. 20	11631. 00	5100. 00	17825. 20
农学院	农艺系	89		2551. 20		2551. 20
	森林系	42		1401. 60		1401. 60
	园艺系	40		1152. 00		1152. 00
	蚕桑系	23		650. 40		650. 40
	畜牧兽医系	30		864. 00		864. 00
	小计	224	792. 40	6619. 20	1400. 00	8811. 60
政治课教研组			960. 00	600. 00		1560. 00
体育组			1300. 00	7000. 00	8300. 00	
图书馆			3200. 00			3200. 00
附设单位	实习工厂			2000. 00		2000. 00
	实习农场			7000. 00		7000. 00
	小计			9000. 00		9000. 00
合计		1843	13258. 00	61618. 40	110700. 00	192596. 40

说明：每个学生每年图书费3万元，而实习费和设备费各院系多少不等。

4. 1953 年度的经费

本年度因院系大调整，如云大工学院、农学院准备独立建院，基建、设备等费耗资巨大，故经费概算大大增加，高达 1700. 38 亿元。后因农学院推迟独立及国家财力限制，全年预算核定为 468. 21 亿元，其分配计划各项所占百分比为：用人经费 21. 9%，人助金 10. 73%，教学行政费 11. 31%，基建费 55. 37%。后又追加基建费 29 亿元。

关于临时费部分，因工学院决定次年独立，未雨绸缪，须先基建，故本年度专款较多。主要有：工学院开办费 14. 75 亿元，基建费 224. 12 亿元（包括 1955 年度计划支用部分），教学设备费 30 亿元，医学院基建费 2. 3 亿元，学校教学设备费、重点修缮费、生产实习费等 67. 35 亿元，以及西南卫生局核发的附属医院建筑费 42. 94 亿元、添置 150 张病床设备费（每张 200 万元）3 亿元、重点教学设备费 4. 04 亿元、医学院房屋修缮费 1. 2 亿元、重点购置费 0. 6 亿元、跨年度购置仪器费 3. 55 亿元。此外，据中央卫生部决定，医学院调干生经费由该部拨给，每人每月 32 万元，全部 32 人全年则合 0. 14 亿元。

5. 1954 年度的经费

本年度预算总额为 567. 8228 亿元，其中校本部为 526. 8 亿元，速中为 41. 02 亿元。各项所占百分比为：基本建设费 52. 82%，教学设备费 16. 51%，用人经费 15. 89%，教学行政费 6. 64%，人助金 8. 55%，其他 0. 59%。具体分配如表 4 - 7：

表 4 - 7　1954 年度预算分配表

单位：万元

科　目	高等教育事业费	工农速成中学事业费
工资	854531. 00	9741. 80
职工福利费	38125. 00	436. 80
公务费	304419. 50	1982. 80
固定资产设备购置费	965856. 40	42200. 80
人民助学金	425063. 00	25600. 00
业务费	2632. 30	168. 80
基本建设资金	2669705. 20	330000. 00
其他费用	8464. 00	87. 60
合计	5268796. 40	410218. 60

实际核定数略有减少，大学部分除基建费外为 271. 02 亿元，基建资金为 210. 55 亿元，速中单独预算为 41. 02 亿元。后因增减变动，又略有增加，主要项目增加情况如表 4 -8：

表 4－8　1954 年度主要项目经费增加统计表

单位：亿元

项　目	核定数	实际预算数	超出预算数
用人经费	87.54	89.50	1.96
人民助学金	42.83	45.51	2.68
教学行政费	134.09	141.37	7.28

专款部分主要有高教育部核准分配的教学设备重点补助费 42.7 亿元，其中理学院 31.7 亿元，农学院 3 亿元，医学院 8 亿元。是年，建此学校，西南高教局批准基建专款 78 亿元。不久又增建物理馆、生物馆，分别追加 36 亿元和 7.04 亿元。同年 9 月，工学院独立，关于云大和工学院两校的经费划分问题，双方商定：经常费部分按照独立前实际预算执行结果的余绌，分别以两校的基数换算后进行划分；非经常性部分，凡属于工科原预算者，照 8 月底余额悉数拨交。

6. 1955 年度的经费

本年经费核定为 165.7 亿元，其中基建费 20 亿元，工资 72.72 亿元，工会办公费和员工福利费 3.01 亿元，教学行政费 33 亿元，人助金 36.3 亿元。后因教学设备购置较多，再向中央高教育部申请设备费 24.5 亿元，另有跨年度基建经费 37.46 亿元，则全年实为 227 亿元。

全年经费核定后，根据规定，学校须按季按月造报领款计划。如是年第一季度领款计划如表 4－9：

表 4－9　1955 年第一季度申请拨款计划表

单位：亿元

类　别	科　目	金　额	科　目	金　额
工资、行政	工资	1.86	生活补助费	0.22
	福利费	0.71	行政公杂费	0.96
	差旅费	0.33	修缮费	0.50
	公务费	3.72	实习实验费	0.96
	资料讲义费	0.39	其他教学费	0.11
固定资产设备	教学设备	3.65	体育设备	0.56
	图书购置	2.43	家具设备	0.84
	杂项设备	1.95		
其他费用	科学研究费	0.11	其他	0.14
人助金	人助金	9.01		

续 表

类 别	科 目	金 额	科 目	金 额
基本建设	物理馆	12.37	生物馆	2.50
	医学院	0.65	化学馆	1.50
	水道工程	2.62	煤气管	2.34
	电炉设备	2.00	蓄水池水塔	4.50
合计				94.30

说明：时有学生1867人，其中一般人助金待遇1535人，调干生336人，以上合计申请拨款94.3亿元，其中第一月请拨48.4亿元，第二月请拨25.7亿元，第三月请拨20.2亿元。

7. 1956年度的经费

本年经费预算数为317.86万元，实际核定数为271.97万元，核定数比预算数少45.89万元，即降低了14.4%。因是年国家不少地方遭台风、水灾等自然灾害，财政收入相应减少所致。后因图书购置费紧张，学校力争，请予追加，于是增加了6万元。又当年生物系奉准在西双版纳勐养地方建立生物采集站，得增拨建站费4万元。

学校经费除了全校性的收支预算外，其附属单位还单独进行核算，以便于经济管理。如云大医院自1950年10月从校本部迁往巡津街新址，至1956年随医学院独立而划出的几年间，其经费收支均有专人管理，并按时统计。具体情况略如表4-10：

表4-10 云大医院1951—1955年经费收支调查表

单位：亿元

收 入						支 出					
科目	1951	1952	1953	1954	1955	科 目	1951	1952	1953	1954	1955
上级拨入	6.54	0.00	11.20	6.40		工资	9.57	5.57	17.81	18.37	21.73
门诊收入	11.82	5.62	30.13	28.87	28.40	职工福利费			0.45	2.36	2.08
住院收入	23.81	11.52	26.79	25.21	24.80	公务费	4.78	1.83	10.18	5.57	3.36
上年结余		4.00				设备购置费	8.84	4.56	8.91	4.35	3.06
其他收入			0.85	0.67	0.62	业务费			19.51	19.43	20.84
						基建资金			2.90	15.27	0.01
						药品器材	8.85	5.64			
						病员营养	3.34	1.03			
						其他费用			0.31	1.56	1.88
合计	42.17	21.14	68.98	61.16	53.82	合计	35.41	18.65	60.10	66.94	52.98

由表可知，各年之中的收支两抵，多有积余，医院业务足可维持。

（二）错综复杂的工资制度

工资，在有剥削的社会里，是劳动力的价格；在无剥削的社会里，是按劳分配的主要形式。工资是一切领薪者，即“工薪阶层”赖以生存的最基本的物质基础。工资制度不仅体现着统治阶级的意志、社会经济发展的程度，同时也反映了广大民众的物质文化生活水平，因而引起人们的高度关注，古今中外，概莫能外。学校经费的很大部分即为教职工警的工资来源。

我国因国土辽阔，人口众多，历史悠久，行业纷繁等，自古以来，公职人员的薪饷制度即十分复杂。漫长的封建社会中，即有食邑食户者，有食俸禄者等，后期主要实行品级制度，稍有统一。近代以来，由于列强入侵，军阀混战，政局紊乱，政令不一，致使工资制度之复杂，有增无已。仅就名称而言，即有粮饷、军饷、俸禄、薪饷、薪金、工资等称谓。民国时期，全国各地，各行各业，也甚不统一。“四行二局”（即中央银行、中国银行、交通银行、农民银行、中央信托局和邮政储金汇业局）、海关、四大“铁饭碗”（即银行、海运、铁路和邮政）等工资较高，而其他行业和部门工资较低。

中华人民共和国成立初年，工资制度的复杂亦复如是。有自战争年代实行的供给制，有沿用民国时期的薪给制，有地方各级政府自行制定的工资制等；有发实物（主要是粮食）者，有发货币（如中华人民共和国成立前的银币“半开”）者，有兼发二者者，千差万别，等等不一。1950 年，国家为了统一全国工资制度的标准，中央财政部曾制定并颁发了一系列有关工资制度的文件，其中有《全国公教人员统一工资标准草案》。依此，西南行政区本着“工资亟需统一，以免高低互异”之精神，制定了《西南区文教人员工资标准草案》。其规定：工资标准分为国立、省立大专院校、大城市、中城市、小城镇等级别；工资标准不以米计算，而以“工资单位”计算，每一工资单位包含九二米 1.2 斤、芦雁白布 0.1 尺、熟菜籽油 0.02 斤、食盐 0.03 斤、合礳煤 1.5 斤；工资级数共为 27 级；各员工资通过评议而定，各校院设立“工资评审委员会”“工资评议小组”等，评薪以“德、才、资”三项所得分数为标准，三项各占总分的 25%、65%、10% 等。由是，该年学校曾“民主评议”过工资。工资标准的制定是工资制度的一大改革，使得全国各行各业各级的工资开始统一，有法可依。但是，民主评议未必科学、准确。1951 年，西南区所订学校的工资标准则以工资米数、系数和职务、职称等为内容，将工资级数分为 24 级，教职员工分为 11 类。

由表 4－11 可知，最低工资米数和系数分别为 120 和 100，最高则为 1800 和 1500，相差恰为 15 倍；最低工资标准为勤杂人员，其中又分为 5 等，最高为大学校长，其中又分为 4 等；各类人员中的等级互不相同，少则有 4 等，如校长，多则有 7 等，如教授，故其有一级教授、二级教授等之分；各类人员之间的工资互为交差，如副教授的工资有高于教授的工资者，讲师的工资有低于助教者；等等。这一工资标准的制定，虽也难免复杂之嫌，但却比前较统一全面，可以说它奠定了后来等级工资制的基础，因而其原则被长期沿用。1950 年底，学校依据上述精神，对全校各类人员进行了“民主评薪”，开了中华人民共和国成立后“民主评定”工资的先例。

表4－11　西南区国立大专学校、独立学院工作人员工资标准表

<table>
<tr><td>工资米数（斤）</td><td>一二〇</td><td>一五〇</td><td>一八〇</td><td>二一〇</td><td>二四〇</td><td>二七〇</td><td>三〇〇</td><td>三三〇</td><td>三六〇</td><td>四〇〇</td><td>四四〇</td><td>四八〇</td><td>五二〇</td><td>五六〇</td><td>六〇〇</td><td>六六〇</td><td>七二〇</td><td>七八〇</td><td>八四〇</td><td>九〇〇</td><td>一〇〇〇</td><td>一二〇〇</td><td>一四〇〇</td><td>一八〇〇</td></tr>
<tr><td>系数</td><td>一一〇</td><td>一二五</td><td>一五〇</td><td>一七〇</td><td>二〇〇</td><td>二二五</td><td>二五〇</td><td>二七五</td><td>三〇〇</td><td>三三三</td><td>三六七</td><td>四〇〇</td><td>四三三</td><td>四六七</td><td>五〇〇</td><td>五五〇</td><td>六〇〇</td><td>六五〇</td><td>七〇〇</td><td>七五〇</td><td>八三三</td><td>一〇〇〇</td><td>一一六七</td><td>一五〇〇</td></tr>
<tr><td rowspan="11">大学、独立学院及专科学校</td><td></td><td></td><td></td><td></td><td></td><td></td><td></td><td></td><td></td><td></td><td></td><td></td><td></td><td></td><td></td><td></td><td></td><td></td><td></td><td></td><td colspan="4">←校长→</td></tr>
<tr><td></td><td></td><td></td><td></td><td></td><td></td><td></td><td></td><td></td><td></td><td></td><td></td><td></td><td></td><td></td><td></td><td></td><td></td><td colspan="4">←院长及专科学校校长→</td><td></td><td></td></tr>
<tr><td></td><td></td><td></td><td></td><td></td><td></td><td></td><td></td><td></td><td></td><td></td><td></td><td></td><td></td><td></td><td colspan="7">←教授→</td><td></td><td></td></tr>
<tr><td></td><td></td><td></td><td></td><td></td><td></td><td></td><td></td><td></td><td></td><td></td><td></td><td colspan="7">←副教授→</td><td></td><td></td><td></td><td></td><td></td></tr>
<tr><td></td><td></td><td></td><td></td><td></td><td></td><td></td><td></td><td></td><td></td><td colspan="6">←讲师→</td><td></td><td></td><td></td><td></td><td></td><td></td><td></td><td></td></tr>
<tr><td></td><td></td><td></td><td></td><td></td><td></td><td></td><td colspan="6">←助教→</td><td></td><td></td><td></td><td></td><td></td><td></td><td></td><td></td><td></td><td></td><td></td></tr>
<tr><td></td><td></td><td></td><td></td><td></td><td></td><td></td><td colspan="7">←秘书及组主任→</td><td></td><td></td><td></td><td></td><td></td><td></td><td></td><td></td><td></td><td></td></tr>
<tr><td></td><td></td><td></td><td></td><td colspan="6">←组员及干事→</td><td></td><td></td><td></td><td></td><td></td><td></td><td></td><td></td><td></td><td></td><td></td><td></td><td></td><td></td></tr>
<tr><td></td><td></td><td></td><td colspan="5">←技术员→</td><td></td><td></td><td></td><td></td><td></td><td></td><td></td><td></td><td></td><td></td><td></td><td></td><td></td><td></td><td></td><td></td></tr>
<tr><td></td><td></td><td colspan="5">←事务员→</td><td></td><td></td><td></td><td></td><td></td><td></td><td></td><td></td><td></td><td></td><td></td><td></td><td></td><td></td><td></td><td></td></tr>
<tr><td colspan="5">←勤杂人员→</td><td></td><td></td><td></td><td></td><td></td><td></td><td></td><td></td><td></td><td></td><td></td><td></td><td></td><td></td><td></td><td></td><td></td><td></td><td></td></tr>
</table>

1951 年 7 月，西南文教育部针对民主评议工资中的问题发出指示，认为“民主评薪”对于调整工资和提高人们觉悟曾起过一定的积极作用，但易浪费时间、精力，甚至影响团结，因此“应停止民主评薪办法”，各校教职员工工资“由各单位负责人……按照教职员工本身条件斟酌拟定，报请上级文教机关批准后，在发聘书时即明定工资数目”。据此，学校工资的核定开始走上正轨。

1951 年 10 月，因当时物价波动较大，为了保证职工的稳定收入，经省财经委员会和省总工会筹委会等研究决定，昆明市自本月起试行“工资分制度”。由省人民银行按时公布工资分牌价，其牌价由人们的基本生活资料如食米、布匹、油脂、食盐、燃料等的价格算出，然后由领薪者各人的工资分数乘以发薪时的工资分牌价，即为应领工薪数。1952 年 3 月 29 日，西南文教育部明文云大，谓：“你校工资发放办法，准自五二年四月份起改为工资分发薪。……以不提高或降低原有待遇为原则。”自此工资分制度正式实行。按此办法，员工当月收入与当月物价较为协调，从而保证了员工的基本生活水平。工资分制度实行后，按西南高教局分配的标准，其概算公式为：全校教职员工工资分平均数乘以当月工资分金额，再乘以全年 12 月，因按 3 个学生负担一个教职员工计，故再除以 3，即得每生每年负担额。兹以 1953 年 8 月为例：工资分平均数 326 分 × 当月工资份额 2640 元 × 12 月

÷3 人 =3442560 元，此即每生每年负担额。关于发薪的次数和时间，初因“工资单位”与发薪时的生活必需品粮、油等的价格挂钩，而价格又时有起伏，为保证员工的实际收入，故发薪每月分为 2 次，分别在每月 10 日、25 日的前后 3 天，由各人持章到财务股领取。到 1952 年下半年，因当时“物价已基本稳定”，为了简化会计手续，西南文教育部通知：“自 9 月起，各校发放工资改为每月五日一次发给。”后又改为每月 25 日发放。自此，每月发薪一次遂成定制。

全校员工工资分为四大块，即教学人员、教辅人员、行政及事务人员、勤杂人员。如 1954 年上半年，全校工资预算数为 417811. 1 万元，占总预算数的 36. 72%；实际执行数为 416374. 8 万元，完成预算数的 99. 65%。执行数中教学人员占 62. 74%，教辅人员占 12. 16%，行政及事务人员占 11. 45%，勤杂人员占 13. 73%，后三者非教学人员共占 37. 25%。教学人员工资总额为 261246. 1 万元，其中教授、副教授计 130 人，占 48. 17%，平均每人为 1612009 元；讲师计 131 人，占 28. 80%，平均每人为 957255 元；助教计 172 人，占 23. 03%，平均每人为 583114 元。就工资分而言，教授、副教授约为 650 分，讲师约为 350 分，助教约为 225 分等。详况见表 4 – 12：

表 4 – 12　1954 年工资类别简表

类　别	职　务	级　别	工资分	级　别	工资分	级　别	工资分	级　别	工资分
教学人员工资	教授（医科）	5	820	6	760	7	700	8	650
		9	600	10	550	11	500	12	450
		13	425	不列级					
		1	810	2	750	3	700	4	650
	副教授（医科）	8	650	9	600	10	550	11	500
		12	450	13	425	14	400	不列级	
		4	450	5	600	6	550	7	510
教学人员工资	讲师（医科）	12	60	13	425	14	400	15	375
		16	350	17	325	18	305	19	285
		不列级							
		7	510	8	465	9	420	10	380
		11	355	12	330	13	310		
	助教（医科）	19	285	20	265	21	245	22	225
		23	210	24	195	25	180	不列级	
		14	290	15	270	16	250	17	230
		18	210						

续 表

类 别	职 务	级 别	工资分	级 别	工资分	级 别	工资分	级 别	工资分
行政人员工资		4	880	5	820	10	550	14	400
		16	350	17	325	18	305	19	285
		20	265	21	245	22	225	23	210
		24	195	25	180	26	165	27	150
		28	140	不列级					
卫生人员工资	（医科）	14	290	15	270	16	250	17	230
		18	210	19	190	20	175	21	160
工警人员工资		18	305	19	285	20	265	21	245
		22	225	23	210	24	195	25	180
		26	165	27	150	28	140	29	130
		30	120	31	110	32	100	33	90
		不列级							

说明：不列级者系指外出进修、病休和兼职等人员。

由表4－12可知，学校工资共分教学、行政、卫生和工警人员共4类；各类又按职务、职称分为若干级，如教授有5～13级共9级，副教授有8～14级共7级，讲师有12～19级共8级，助教有19～25级共7级；级别越高，级差越大，如5级教授与6级教授之间工资分差达60分，24级助教与25级助教之间工资分差仅15分；各级之间相互交差，如13级教授工资分仅为425分，而8级副教授却为650分；全校最高工资分为4级行政人员，达880分，最低为33级工警人员，仅90分，相差几近10倍。工资制度之复杂，于此可见一斑。

1955年，全国物价已经稳定，职工生活逐步提高，工资分不再包括职工生活的实际需要，加之混算烦琐等弊端，中央指示：自7月份起，废除工资分计算办法，改行货币工资制，这是工资制度的一大改革，且沿用至今。改行货币工资制后，职工货币收入比前有的增加，有的减少，这是因原来的工资分和工资分值不尽合理，与实际生活、物品价格不尽适应所至。对此，经中央批准，其超过者仍予保留，不足者则予补足。工资改革后，1956年学校曾对各类人员工资情况作了统计，略如表4－13：

表4－13　云南大学平均工资统计表

单位：元

职 别	人 数	工资总额	最 高	最 低	平 均	备 注
教授	54	11062.92	240.24	141.24	204.87	
副教授	37	5234.59	203.28	112.20	141.48	
讲师	136	13227.72	141.24	73.92	97.28	

续　表

职　别	人　数	工资总额	最　高	最　低	平　均	备　注
助教	172	10415.06	79.20	50.16	60.55	
处级以上	9	1906.08	261.36	155.76	211.78	
职员	256	15012.19	112.20	27.72	58.64	包括行政技工27人
工友	155	6012.28	52.80	27.72	38.79	
合计	819	62870.84			76.76	

学校的中心工作是教学，教学的主导力量是教师，教师的骨干是高职教师，因此政府尤为重视教授、副教授的“排队”、待遇等问题。1956 年下半年，教育部特发通知：“必须根据各地区的具体情况，统一掌握平衡本地区高等学校一、二级教授工资级别排队名单……经党委确定后，即可分别通知学校，通过学校行政领导研究执行。”遵此，经省高校党委研究后，对昆明地区各高校的正、副教授进行了“排队”。云大部分略如表 4－14：

表 4－14　云南大学正、副教授工资统计表

级　别	金额（元）	职　称	人　数	姓　名
五	240.24	教授	4	何衍璿　王士魁　张其濬[②]　寸树声
六	221.76	教授	18	凌达杨　张瑞纶　刘尧民　刘文典[①]　朱彦丞[②]　陈复光　秦仁昌[①]　秦　瓒[②]　卫念祖　肖文灿　张福华　张永立　方国瑜　杨桂宫　诸宝楚　王树勋　赵雁来　张福延
七	203.28	教授	9	张若名　纳　忠　江应樑　杨　堃　张　燮　肖承宪　段永嘉　郭文明　曲仲湘[②]
八	187.44	教授	8	昝维廉　李德家　金琼英　冯　竸　顾建中　徐天骝　陆忠义　肖常裴
		副教授	1	张德光
九	171.60	教授	4	翟明宙　徐永椿　杨元坤　汤鹤逸
		副教授	3	傅懋勉　陈贫谷　潘清华
十	155.76	副教授	3	王森堂　秦秉中　周润琮
十一	141.24	教授	3	张为骐　徐知良　韩及宇
		副教授	11	李　埏　鲍志一　任　伟　魏丕栋　王润苍　周光倬　李从弼　朱应庚　宿　藩　杨鹏魁　罗光心

续　表

级　别	金额（元）	职　称	人　数	姓　名
十二	128.04	副教授	11	江逢僧　刘继武　李为衡　郭树人　胡维箐　赵崇龄　宋文彪　蔡克华　薛纪如　王仲永　徐绍龄
十三	120.12	副教授	14	张友铭　全振寰　张家麟　王志导　王　锟　赵继舜　袁积藩　徐嵩龄　戴钟珩　曹诚一
十四	112.20	副教授	2	任运祥　马开樑
十五	97.68	副教授	1	王兰馨

注：①高等教育部拟提其为一级；②高等教育部拟提其为二级。

此外，兼职或专职党政干部中拟为高级别的有：秘书长寸树声四级，副教务长刘绍文、政治课教研室主任方仲伯六级，党委书记李书成、副总务长程明轩七级，人事处秘书周玺十级等。

（三）人民助学金制度

人民助学金简称为人助金，或助学金，它是学校经费中的重要组成部分之一。中华人民共和国成立后，随着国家建设事业和文教事业的发展，大批工农子弟、在职干部和家庭困难的青年，纷纷进入各类各级学校学习。为了解决他们的后顾之忧，保证其顺利完成学业，国家特设了人助金制度。它体现了国家对教育事业、人才培养的重视。

人助金基本分为两大类：一般学生助学金和干部学生助学金。细分则有一般大专学生、一般研究生、调干离职学生、产业工人学生、少数民族学生、资送出国留学生等助学金。此外，还有派遣来华留学生生活实习费等。人助金的内容基本有3项，即：伙食费，经常补助费和临时补助费，其中以伙食费为主，补助费则有医疗保健、疾重病、长期慢性病、被服、教科书、学习、零用、女生卫生、生育（按当时学校招收已婚学生）、子女保育、家属等项，名目较多。

人助金的经费，学校每年编制造报预算时即须作出，其依据是在校总学生数。如某年，根据上级制定的人助金概算标准，每生年计额为144万元，而西南高教局分配学校的标准却为156万元，每生年差额为12万元，学校不得不请其补助差额部分。每年人助金经费约为全校全年预算的10%～20%。如1952年全校预算数139.78亿元，其中人助金数22.16亿元，约占16%。1953年为10%，1954年为8%，1955年为18%等。

人助金的发放，初期虽系按人头拨给，但使用时须评定等级，享受者其金额多少不等。1952年9月，遵照政务院《关于调整人助金的通知》和《西南高校人助金使用办法的规定》，为改进学生健康状况，保证学生完成学习任务，以培养出有强健体魄的高级建设人才起见，其膳费部分不用评议，一律平均供给。但不久，因学生经济不一，困难不等，又恢复了评议制度。为了搞好人助金评议工作，尽力做到科学、合理使用，校、系两级均由有关人员成立了人助金评委会，专司此职。如1956年校评委的组成如下：

云南大学人民助学金评议委员会

主任委员：刘绍文

副主任委员：程明轩　周　玺

委员：常丕义　陈　捷　王少钦　吴占元　冯　洸　陆宗义　李耀均　严尔锐

李咏娟　杨　震

人民助学金的标准，包括拨款标准和享受标准，均依时间、国家经济状况、系普通学生或调干学生等的不同而变化，有时甚至一年数变，颇为复杂。其拨款标准，如1954年上半年，预算数为22.48亿元，实际执行数为20.05亿元，其中普通学生2023人，平均每人为12.39万元，调干学生273人，平均每人为28.86万元，两者各占总数的75.01%和23.57%。其支配用于伙食费者为71.01%，用于经常补助费者为22.65%，用于临时补助费者为6.34%。拨款标准的变化，总的呈上升趋势。如1956年12月，教育部曾发文通知：根据高教育部1956年10月函的规定，自1956年9月起，全国高等学校助学金按原标准每人每月增加10元。其享受标准，1952年9月以前不详，自9月起，普通学生每生每月伙食费9万元，12月起又增为10.32万元，后因厨工工资改行政费支出为人助金支出，又降为9.5万元（按当时昆明地区主要物价为：每市斤大米1100元，猪肉6660元）。调干生略高，如伙食费为11万元，且有较多补助费，如学习费6万元，零用费8万元，女生卫生费0.7万元等。评议制恢复后，评上者按等级享受，未评上或未申请者则不享受。如1954年云大工农速成中学首批招生68人，全系调干学生，均予享受，共分5等，其一、二等者未见，三等者每月29万元，四等者25万元，五等者22万元。此外，还有家庭困难、营养、胃病、差旅等补助费，女生则有生育费、保育费等。而产业工人学生人助金标准比此又要略高。

（四）会计制度的重新建立

办好教育的基础是经济，管好经济的关键是会计制度的建立和严格执行。云大历来十分重视会计工作。初创时即设有专职会计，国立时期更设会计室，直隶于校长或校长室之下，与财务科（股）负责统管财务工作。

中华人民共和国成立之后，为了适应新的形势，管好校产和经费，1951年6月，总务处总务科财务股重新制订了《云南大学暂行预算会计制度》（以下简称《制度》），呈报西南文教育部核准执行。《制度》共分8章71条，另加附件，内容十分详尽，条文十分清楚，为以后的财务工作奠定了基础。其主要内容为：

第一章　总则：指出《制度》系根据中央财政部及中央教育部有关会计制度的精神所制定。学校一切财务收支会计事务系依制度之规定办理。学校会计在业务上受西南文教育部一级单位会计之监督与指导，在行政上则受学校领导。学校会计事务包括：预算之编制、预算之执行监督、现金票券之出纳、财产之增减、债权债务之清理、计决算之编制和其他会计事项的处理、记录及报告工作。预算内收入与支出、预算外收入与支出均以12月31日为限。采用复式簿记原理和现金收付记账方法登记账目，以人民币为记账本位，以元为记账单位，实物及其他非本位币之收付，概以法定比价折合人民币记账。以自公历

1月1日起至12月31日止为一会计年度，其分季自公历1月1日起每三个月为一季，其分月也以公历所定。

第二章　会计科目：规定会计科目分为收入、支出、资产、负债和资产负债共五大类。收入类会计科目又分为预算内收入和预算外收入两种。支出类会计科目又分为预算内支出和预算外支出两种。资产类、负债内、资产负债共同类之下又分别设置若干项、目、节、条。会计科目之名称，除不能确定之明细科目外，其他科目一律不能添设。

第三章　会计凭证及簿籍：规定会计凭证分为原始凭证和记账凭证两类。原始凭证包括：经批准之预算书、计算书及决算书，经费支付通知书及预借通知书，经费之借据及领据，仓库存支之各种书据，应缴金库款之库据，暂收暂付之临时书据，各科定额费用单据，购置及建筑之各种契约及合同，所属机关会计报表等。记账凭证包括收入传票、支出传票、转账传票等。会计簿籍包括：序时账，其下又分现金收入簿、现金支出簿、分录簿等；分类账，其下又分总分类账、各种明细分类账；补助登记簿，其下又分固定资产登记簿、附属机关经费登记簿、编制人员登记簿、物品登记簿、院系开支经费登记簿等。

第四章　会计报表：规定会计报表包括日报、月报、年报三类。日报类报表以反映学校每日财务收支及库存数字为目的，如库存日报表。月报类报表以反映学校每月财务收支及库存计算数为目的，如月份岁入计算表、月份岁出计算表等。年报类报表以反映学校年度收支及库存决算数为目的，如年度岁入决算表、年度岁出决算表等。各类会计报表之报送份数、报送日期是：日报类编制二份，一份自存，一份于次日上午送学校主管核阅；月报类编制三份，一份自存，两份于每月终了后15日报西南文教育部；年报类编制三份，一份自存，两份于年度终了后30日内报西南文教育部。

第五章　会计事务处理程序：规定根据批准之预算领取经费后必须传入金库存款项下，并按现金收支计划支取。凡以支票支付的款项应由主管人员签名或盖章。一切款项之收付，均须根据原始凭证。每日根据传票记现金收入簿、现金支出簿，及明细分类账、总分类账，编制库存日报表。每月终了后，记总分类账，根据总分类账编制各种月报类会计报表。各种会计凭证、簿籍使用完毕后，应分别编号，装订成册，于总决算批准后移交文书组归档保管，按其重要性保存5年至10年，若需销毁时，须报西南文教育部核转西南财政部同意。

第六章　预算、计算、决算：规定所谓预算为季度事业费预算书和年度事业费预算书之编制。前者应于该季度开始前15天编就，后者应于9月15日前编就下年度预算。预算书内容应包括预算说明书、预算主表和预算附表。预算一经核定，各月之间报经上级同意，不得互相留用。凡特别建设或购置需大批经费者，应列入年度预算。所谓计算者，指月报类各科会计报表之编制，其编制应于每月终了15天内编就报部。办理计算、决算前，应尽量将应收未收、应付未付之债权、债务加以清理。办理计算应根据有关账目，编制总分类账科目余额表、各种月份岁入岁出计算表和收支对照表、预算外收支计算表。办理决算应根据有关账目，编制年度岁入岁出决算表及预算内支出、收支对照总表、年度预算外收支决算表、资产负债表。

第七章　会计交代：规定凡会计人员解除变更，或调动职务时，必须办理交代。会计主管人员交代时，由学校校长监交，必要时得请上级会计主管人员或财政检查人员会同监交。会计助理人员交代时，由会计主管人员监交。交代时，交代人须将其经管的会计凭证、簿籍报表、文卷图记等，悉数造具清册一式三份，由交代人、接收人、监交人三方分别盖章，一份移交人收执，一份接收人存卷，一份报上级机关备案。移交人交代不清致使国家财政遭受损失时，应交司法机关惩处。移交清算后三个月内，未发现疑义者，移交人员不负任何之责任，但情节重大者，不在此限。

第八章　附则：规定学校附设部门如附设医院、附设农场之会计制度，不适用本制度，其会计制度另行制定。如有未尽事宜，以暂行单位预算会计制度暨国家政府所颁各种财政法规为准。本制度施行后，原有会计制度、规定、章则等即须废止。本制度经校委会核准并呈报西南文教育部批准后，自1951年7月1日施行。

会计制度重新建立后，即对学校财经工作施行认真管理和严格监督。中华人民共和国成立初年，国民经济有待恢复，学校经费较为紧张。为了厉行节约，共渡难关，1951年，总务处曾详细制定了各院系处组室股核定月发办公消耗物品的标准，严格规定各单位只能按月在核定范围内领用，不得提前和超领。如有临时紧急而属必须者，需另请购而后办理，具体事务由财务科供应股办。兹以文书组所领范围为例：

表4－15　文书组月领办公消耗物品表

名　称	数　量	名　称	数　量	名　称	数　量
十行纸	4刀	贡川纸	4刀	复写纸	20张
信封	100个	信纸	200张	毛笔	4支
铅笔	3个月用一支	墨	3锭	云丰纸	20张
棉纸	10张	回形针	1盒	大头针	4包
蓝印油	1瓶	高粱扫帚	3个月用1把	麦面	1.5斤
公文封	300张	文文纸	300张	大字笔	2支
红印油	1瓶	竹料纸	6刀	订书钉	三分之一盒
酸矾	4两				

为了培养理论与实际相结合的建设人才，每年暑、寒假，学校均有不少教师带领学生到各工厂、矿山、农村等地实习。1954年暑假，矿冶系本科二、三年级，专科二年级学生，分别至东川因民、汤丹、落雪，个旧马拉格、老厂、大屯、炼厂，及昆明马街子冶炼厂等处实习；机械系本科二、三年级学生，至昆明机床厂、小石坝铁路机修厂、马街子发电厂、长坡制钢厂、安宁钢铁厂等处实习；物理系本科三年级学生，到昆明海口光学仪器厂实习；化学系本科三年级学生，部分到省外、部分到个旧及昆明实习；农学系本科二、三年级学生，到开远草坝农场实习；经济系本科三年级学生，到昆明马街子电工厂实习；社会系本科二、三年级及历史系修民族史的学生，到红河、新平、大理等兄弟民族地区实习；生物系本科二、三年级学生，到昆明市郊及大理、丽江等地实习；林学系本科二、三年级学生，到屏边金鸡纳农场实习；医学院本科四、五、六年级及专科二年级学生，也参加实习。实习如此之多，耗费必为不少。为了保证实习顺利和合理利用经费，财务科根据

有关规定，编制了严密的生产实习费计划表。兹录如下：

表4－16 1954年暑期生产实习费计划表

单位：万元

院系别	差旅费	实习补助费	指导实习酬劳费	其他费用	合 计
矿冶系	7530.40	2362.03	250.00	501.90	10644.33
机械系	500.00	3300.00	500.00	100.00	4400.00
物理系	48.00	222.75	100.00	150.00	420.75
化学系	300.00	277.20		150.00	827.20
农学系	400.00	385.00		200.00	985.00
经济系	146.20	491.70		120.00	757.90
社会系	1510.00	608.30		350.00	2468.30
生物系	3492.72	836.00			4328.72
林学系	1902.30	892.76		260.00	3055.06
医学院		19320.00			19320.00
共计	15829.62	28695.74	850.00	1831.90	47207.26

同年寒假，又有矿冶系学生15人，教师4人，赴个旧云南锡业公司实习；经济系学生69人，教师12人，赴昆明机床厂实习；社会系民族组学生12人，教师2人，赴峨山少数民族地区实习；劳动组学生7人，教师4人，赴昆明机床厂实习。财务科一仍其旧，对其实习费用作了如下计划：

表4－17 1954年寒假实习费计划明细表

单位：万元

系 别	差旅费	实习补助费	指导实习酬劳费	其他费用	合 计
矿冶系	364.28	68.20	50.00	20.00	502.48
经济系	179.20	393.80			573.00
社会系	739.80	178.20		52.00	970.00
共计	1283.28	640.20	50.00	72.00	2045.48

会计制度的重新建立和严格执行，促进了学校有限经费的合理使用和计划开支，从而为教学、科研和生产实习等工作的正常进行创造了良好的条件。

四、基本建设情况

中华人民共和国成立后，随着国民经济的恢复和第一个五年计划的进行，文教事业蓬勃发展，与之相适应，云大的校舍建筑也有较大发展。

（一）1950 年的建筑与统计

1. 国立云大所建房舍的统计

本年正处新旧交替、军事接管时期，各种事务多积如山，房舍问题即为其中之一。为了进行调整余缺、以多补少等，市军管会多次通知各单位进行房舍统计。7 月，市军管会主任陈赓、副主任周保中钤印后，通知云大等单位："为统一研究与解决房屋调整问题，特定于七月十四日在省府大礼堂召开会议，希各机关对现有住房作统一汇报。"后又通知："各单位住房情况（人数、间数、面积、中式、西式、设备、家具、居住时间等），尽一周内详明呈报本会。"对此，学校依其指示就现有房舍进行了详尽的多项统计，结果分别如下：

表 4－18　云大现有房屋类别、地点统计表

单位：间

类　别	校本部	农学院	类　别	校本部	农学院	类　别	校本部	农学院
平瓦房	439	72	瓦楼房	382	8	西式楼房	61	
铅瓦房	3	68	草房	25	2			
总计	1060							

表 4－19　云大现有房屋使用统计表

单位：间

用　途		类　别	校本部	农学院	类　别	校本部	农学院
教室及实习		平瓦房	49	36	瓦楼房	16	2
处所		西式楼房	38		草房	14	
		铅瓦房	1	12			
办公室		平瓦房	41	2	瓦楼房	30	
		西式楼房	16		铅瓦房	1	6
宿舍	教员	平瓦房	161	16	铅瓦房		45
		瓦楼房	203	6			
	职员	平瓦房	37		铅瓦房		4
		草房	2				

续 表

用　途	类　别	校本部	农学院	类　别	校本部	农学院
	平瓦房	98	1	瓦楼房	129	1
	草房	8	2	铅瓦房		1
	西式楼房	7				
食堂及厨房	平瓦房	30	8			
其他（茶房、厕所等）	平瓦房	23	9	瓦楼房	4	
	铅瓦房	1		草房	1	
总计	1060					

表4－20　实习工厂房舍分配情形

单位：间

类　别	用　途	间　数	用　途	间　数
西式平房	教授住宅	一幢计3		
平瓦房	厂房	13	航空器材室	11
	厨房	2	职工住宅	6
总计	35			

表4－21　实验农场房舍分配情形

单位：间

用　途	类　别	间　数	类　别	间　数	类　别	间　数
会客室	平瓦房	二分之一				
办公室	平瓦房	二分之一				
食堂	平瓦房	1				
工人宿舍	平瓦房	7	草房	1		
职员宿舍	平瓦房	2间半	楼房	4		
厕所及浴室	平瓦房	1				
加工室	平瓦房	1				
仓库	楼房	4	平房	2	楼底	1
猪舍	平瓦房	10	草房	9		
厨房	平瓦房	2				
压榨室	平瓦房	1				
发酵室	平瓦房	3				
制面室	楼底	1				
烤烟室	瓦房	1				
总计	51					

表 4－22　呈贡农林场房舍分配情形

单位：间

类别	用途	间数	用途	间数	用途	间数
草房	羊舍	3	马厩	3	工人宿舍	3
	牛舍	3	厨房	2	食堂	1
	放马车	1	烤房	3	空闲者	12
楼房	楼上宿舍	2	楼上储藏室	1	楼下宿舍	1
	楼下储藏室	2				
瓦平房	堆什物	8	堆树枝	4	羊舍	5
	农具室	4	宿舍	6	会客室	1
	事务室	3	食堂	1	厕所	3
	解放军借住	12	空闲	7		
总计	91					

表 4－23　云大学生宿舍可住人数统计表

单位：人

名称	间数	每间可住	合计	名称	间数	每间可住	合计
女生宿舍	36	大小不等	151	西一幢	17	4	66
西二幢	17	4	66	西三幢	17	4	66
西四幢	17	4	66	西五幢	33	4	130
西六幢	33	4	130	东宿舍	68	3	204
北宿舍	5	8	40				
总计	919						

附注：北宿舍系草房；全校学生 1025 人，尚有 100 余人无可住宿。

上述房舍即国立云大留给云大的“遗产”，不仅质量上多有陈腐，而且数量上不敷分配，难以适应新的需要。

2. 东宿舍的翻修

东宿舍原为明清贡院考棚，是为该院仅遗的房舍之一，云大成立后，经数度修葺，但因年深日久，难免墙倾梁斜。1950 年 4 月，训导处呈请学校：“东宿舍年久朽物，兹值风干燥热之时，恐木翘土落、顶板裂缝，或椽子朽坠，拟请由工务组派员前往通身检查一次，有修补者应加修补，以免危险。”校主委秦瓒当日即予批示：“交总务处核办。”次日，总务长诸宝楚也批示：“工务组分别签具意见呈核。”经检查后，决定翻修，由东海实业股份有限公司承修。经估价后，计需筒板瓦 17000 片、椽子 850 对、土钉 150 公斤、木枋150块、寸板3双丈、青砖7000块，工料总价约需1183万元，折合九二中等食米78公石5公斗3公升。6月，云大代表、代主委张瑞纶与东海公司（及保证人武库墨水厂），双方订立《工程合约》共11条，主要内容为：翻修16间屋面，总价九二中米78.53公石，工期45天，分三期付款，保固期一年等。合约订立后，即行开工。由于工程进展顺利，不久即予告竣。此为中华人民共和国成立之后，东宿舍的第一次修缮。

3. 云大附属医院水井工程

云大位于贡院坡上，因其地势高峻，历来用水较困难。云大医学院附属医院成立后，为了解决医生、病员饮水及医疗用水之难，曾于1946年11月在医院后面，即今校本部东北角开凿水井一眼。当时设计方案有二：一是唧（抽）水机式，其费用为井壁（国币）16万元、井栏1万元、井盖0.5万元、井台3.5万元、唧水机工0.5万元，共计21.5万元；二是辘轳式，其费用为井壁24万元、井栏1.2万元、井台3.5万元、棚架2万元、鱼鳞板1.6万元、辘轳0.8万元、水桶0.8万元，共计33.9万元。后按唧式将井凿成，勉可供用。

1950年初夏，一因天旱少雨，井水水位下降，更因医院发展，甚感井水供不应求，于是医院决定将井深凿，以增水源。几经斟酌，工程由“凿井老手”张镜璿承揽。5月1日，张镜璿与医院订立合同7条，规定：以现有之老井继续深挖，计由地面至井底深4老丈，由井底上砌片石1丈5尺，再接砌15号青砖制井口，井口上砌井圈，底口直径4老尺，上口直径3老尺，总价中白米14公石，米价折付人民币，工程材料校方供给，工期14天等。工程竣工后，井水犹涌，医院用水之难复得缓解。

4. 学生食堂及厨房的建造

中华人民共和国成立前，学校直无统一的食堂，学生开伙或在家，或在校外，或以地域以亲疏三五成群，自行组合成一膳团。中华人民共和国成立后，随着学校规模的扩大，学生人数的增加，学校管理的加强，建立统一伙食，实属必要，于是学校决定在本部西北（今科学馆处）建盖统一的临时食堂和厨房。12月，学校致函市建设局，说明原委，并表示：鉴于经费困难，拟将饭堂盖为草顶。建设局复函学校，不同意建为草顶，认为：屋面盖为草顶，与建筑条例中“凡建筑之屋顶绝对禁止使用可燃烧之材料覆盖”“市区内禁止新建草顶房屋”之规定不符。为一劳永逸计，仍以覆盖瓦顶适宜。学校研究后仍持原议，12月30日再函建设局，表示：“食堂因系临时性质，为经费所限，不得已盖用草顶。且草顶食堂与厨房隔离甚远，与其他建筑物相距更远，似无多大妨碍。”次年春，食堂、厨房相继建成，计面积1399平方公尺，造价1.73亿元。此为云大历史上第一座统一的食堂，它的建成，大大方便了师生生活，虽系草顶，倒也为“最高学府”的云大平添了几分“田园”色彩。

5. 其他建筑

是年的建筑还有：化学系教室748平方公尺；铁道系教室748平方公尺；单身教职员宿舍1170平方公尺；学生宿舍1332平方公尺；医学院浸尸室71平方公尺；配电室61平方公尺；米仓204平方公尺；厕所250平方公尺等。

（二）1951 年的建筑与房舍大检查

1. 礼堂—大课堂的建造

学校，尤其大学是为重要的教育场所，在其活动中、每每要召集大会，集体上课等，因而专门礼堂的配置必不可少。云大成立之初，即修葺旧贡院至公堂充作礼堂。鉴于学校规模及限于经费，二十余年沿用未改，东陆大学成立的庆典、蒋介石委员长的训话、美国副总统华莱士的演说、闻一多教授“最后一次演讲”等，均多出于此堂。

中华人民共和国成立后，学校规模日益扩大，师生员工日益增多，狭如弹丸的至公堂远远不敷应用。为了新建礼堂等，早在 1950 年 11 月 2 日和 3 日，学校临管会即分别呈报西南文教育部和市文管部，呈云：“学校是年遵照指示，扩大招生，计本年度已招新生七百余名，另招医学院、农学院、铁道系新生三百余名，共有学生一千八九百名”，原有房舍家具，颇不敷分配应用，请其拨款添建。此呈蒙准。建造礼堂工程浩大，学校领导甚为重视，几经研究，决定精心设计招标承建。经过慎重投标、决标，最后中标者为信誉较著、曾为学校成功翻修过东宿舍的东海实业公司。随即云大与东海公司签订了工程合同，规定：建筑地点在校本部西北靠环城公路处；砖木结构；面积 869 平方公尺；造价 4.63 亿元等。工程开工后，为了保证质量和进度，学校曾派专人负责工程之监督。整个工程进展较为顺利，基本如期竣工。该建筑坐北向南，正门前设有一宽阔平台，空间高大，窗棂尤多，光线充足，空气易于流通，内设有舞台和黑漆长凳 200 余条，可容千人以上，惟正面设计略差，缺乏特色，人们论及，不无微词。礼堂建成以后，除了开会、文艺演出而外，尚可作上大课之用，故俗称“大课堂”。从此，学校有了较为正规和先进的礼堂。

2. 再修会泽院

会泽院为学校的早期建筑和主体建筑，中华人民共和国成立前后，直为学校办公重地所在。当年建筑时，限于设计、施工等的水平，质量不无问题，尤遭日机数度轰炸后，内伤甚烈。1951 年，发现屋顶钢筋大梁呈现弯曲等，为安全计，须再修理。3 月，主委秦瓒和副主委寸树声会衔呈报西南文教育部，请款亿元，俾便修理。蒙部允准。当月，文教育部即拨款 1 亿元汇至学校。为了保证工程质量，学校专门制定了《修理设计图》《施工说明书》等。工程仍由东海实业公司承做，不久双方订立了修缮合同，规定修理内容三项：二楼西首原图书馆（其时图书馆已迁往至公堂）4 根大梁之中，将中间 2 根用 15 号水泥砌成砖墙以为支撑，从而隔成 2 间，中留走道；因屋顶漏雨，故加做 3 寸 2 号煤屑水泥屋顶，以求防水；修理其他楼楞、栅栏等。上项修理约需材料计为：油毛毡 185 卷，柏油 4500 公斤，水柏油 2500 公斤及砖、水泥等若干。工程开工后，进展较为缓慢，延至 9 月，始竣工验收完毕。

3. 全校房舍大检查

是年 6 月前后，重庆大学发生屋顶倒塌，压伤学生的严重事件。对此，西南文教育部甚为重视，6 月 9 日，即以部长楚图南的名义对四川、云南、贵州三省，川南、川东、川西、川北等四行署，及西南区各高等学校发出紧急“通报”，谓：“为了各校师生安全计，通知你校从速对校舍进行普遍精细的检查，并将结果报部备案。”人命关天，岂可等闲，学校闻报后，遂一面立即指示校产科负责经办校舍检查工作，一面发出布告："希全校师生员工对我校建筑物密切注意，如发现险象，随时通知校产科，以便妥慎处置。"学校随即组织力量开展了全校房舍大检查，重点检查旧房、危房。正检查间，7月14日，省文教育厅以厅长徐嘉瑞。副厅长张子斋、李群杰的名义发出房屋检查的"通知"，并附《房屋临时检查须知表》一纸，希各单位在检查时遵照执行。经过彻底、细致的检查后，学校均依上级指示对每幢危房认真填写表格，以备上级。今以所填教职员西宿舍的表格为例：

表4-24　云南大学房屋检查情况表

编制日期：（1951年7月20日）

房屋名称：教职员西宿舍	面积：6077.25平方公尺尺
位置：会泽院后	屋面：筒板瓦
屋架：旧式木屋架	墙：杂砖墙，砌法不规则
层数：平房	破烂程度说明：（见下）
1. 原建盖时可能很早，有翻修过的迹象。 2. 屋面（有）起伏不平现象，（及）雨水浸入室内。 3. 屋架倾斜腐朽，横梁多数均被屋面压弯下坠。 4. 山墙裂开。 5. 近年虽经小修理，但因过于陈旧，随时有塌下可能。 6. 椽子、桁条、瓦片，不时落下。 7. 一切装修均陈旧不堪。	

全校检查完毕后，8月，学校遵令将检查结果呈报西南文教育部，并随文附上《房屋检查报告书》《房屋检查结果及建议处理办法》《房屋修缮预算单》《排水沟修缮预算单》及有关的修缮蓝图等，请部鉴核，准予拨款修理，以策安全。但不知何故，直延至次年2月，文教育部始予批复："根据你校校舍检查情况表及修理预算表，请速拨专款进行修缮事，希本精简节约原则，对必要的修缮费用准在你校本年度核定经费项下支付。"学校依此，从实际出发，择其要者进行了修理。

4. 其他建筑

是年的建筑还有：工学院锻工车间43平方公尺；医学院教室748平方公尺；农学院温室114平方公尺，价2.36亿元；配电室1幢；价0.63亿元；教室1幢，价0.02亿元；教职员宿舍1幢，价3.04亿元；学生宿舍2幢，价3.94亿元等。

（三）1952年的建筑与统计

1. 云大大门的变迁与贡院照壁的拆除

云大自成立以来，曾有校门多道，首要者当推贡院坡脚、翠湖北路的正大门。原来贡院之正门本有东、西两道，其东门视青云街，西门向文林街，均为牌楼式建筑，各门又分别由三门组成，中间最大，以供通行，两旁较小，装成栅栏，古朴典雅，气势庄严。两门内侧门楣上分别书有“腾蛟坊”和“起凤坊”六个大字。后来，为安全计，将西门堵闭，仅留东门通行。云大成立后，随着校名的数度更改，先后在东门外侧右方砖柱上，悬挂过书有“东陆大学”“云南省立云南大学”“国立云南大学”等字样的校名木牌，门楣之上则镌有四个金色的楷书大字：“为国求贤”。此镌不仅笔法苍劲有力，而且寓意尤为深刻，行人至此，每每驻足仰视，低首沉思，不知鼓舞和激励了多少莘莘学子、热血青年，来此为国求学。西门内侧楣门之上，则刻有四个金色楷书大字：“明经取士”。连接两门的围墙之中，建有一方巨型照壁，壁高6丈，宽6丈，壁脊之上饰有飞龙，人称“飞龙走壁”。原来，中国古建筑中，凡宫廷、衙门、寺庙、宗祠，乃至达官贵人的官邸府第，绅耆富豪的深宅大院，往往在其正门之正对面筑一高大墙壁，俗称照壁，其意在正“风水”，而求天下太平、福祉安康。云南贡院本为宫廷式建筑，故有此壁。科举乡试后放榜时，其中举者的尊姓大名即张榜公布于壁之北墙上，所谓“金榜题名”，借供查阅，复以宣扬。云大成立，继其传统，于每年招生录取后，仍将所录新生姓名，沿梯搭凳，公布壁上，往往观者如云，众皆引颈翘首。

是年，因学校发展，人员、车辆增多，原门已不敷出入，而照壁又因年深日久，风吹雨淋，已是墙倾尘落，斑驳陆离，故学校决定将照壁拆除，改建为临时大门，以供人员、车辆通行。照壁拆除后，保留了原有的四个土基墩子作为临时大门的墩子，新装了三樘木板门，此即今日学校大门的雏形。又至1958年时，因雨水冲刷，四个墩子竟至倒却三个，且木板门也已腐朽，学校再做四个青砖墩子，重换新木板门，直到后来，拆除东、西两门，改建围墙，中门则换成铁门，始成今日之状。照壁应否拆除，见仁见智，时至今日，异议仍存。

2. 附设医院示教手术室的兴建

云大医学院附设医院自1950年迁至巡津街甘美医院原址后，随着医疗卫生事业和医学科学技术的发展，医院规模日益扩大，医疗项目日渐增多，原手术室已难适应需要，年底特新建示教手术室1幢。工程由省财政经济委员会建筑工程局第一工程处承建，面积346平方公尺，造价3.97亿元。内容包括：开刀室2间，看台2间，消毒室1间，洗手室1间，走廊1条，X光室1间，检查室1间，休息室1间，沐浴室2间，暗室1间等。工程于11月开工，工期原订110天，后略有延长，至次年3月工程告竣。此室的建成，使得云大医院的医学教育和医疗服务条件有了较大改善。

3. 各种房屋面积按结构的统计

1952年5月，西南文教育部对西南区各公私立高等学校发出紧急通知，希“文到一周内将各种房屋的面积（以平方公尺为单位）报部，务须从速造报”。云大接文后，迅速由校产科按结构对全校各种房舍的面积，进行了详尽到小数点后四位的统计。5月27日，由秘书长寸树声、总务长张瑞纶签署后呈报。统计结果详如表4－25：

表 4－25　云南大学各类房屋面积统计表

单位：平方公尺

房屋类别	面　积
瓦顶砖墙平房	2948. 9468
瓦顶土墼基墙平房	16375. 2613
瓦顶砖墙二层楼房	5631. 8442
瓦顶土墼墙二层楼房	3171. 5580
瓦顶土墼墙三层楼房	21. 2500
瓦顶砖墙偏厦	7. 5000
瓦顶土墼墙偏厦	2061. 5953
铁皮顶土墼墙平房	1305. 0985
铁皮顶砖墙平房	464. 2600
铁皮谷草顶土墼墙平房	110. 7840
铁皮顶砖墙二层洋楼房	16. 2000
铁皮钢骨水泥顶砖墙二层洋楼房	1755. 6000
铁皮顶土墼墙偏厦	150. 0100
铁皮土瓦顶土墼墙偏厦	43. 2000
草顶土墼墙平房	2301. 2750
草顶木板墙平房	561. 0970
草顶竹棚墙平房	380. 6400
草顶木板墙偏厦	6. 2500
草顶土墼墙偏厦	59. 6875
玻璃顶玻璃墙平房	126. 8100
玻璃顶砖墙平房	28. 1250
瓦顶亭子	31. 4160
油毛毡柏油木板顶平房	850. 7790
砖墙煮蛋灶	6. 2500
砖水塔	27. 1000

由表可知，当时学校的房舍有瓦顶、铁皮、草顶、玻璃顶、油毛毡、竹篷、砖墙、土墼墙、玻璃墙等，五花八门，应有尽有，甚至不应有也尽有。

4. 其他建筑

随着学生和开膳人数的增多，是年还增建 3 个学生食堂，共 760 平方公尺。

（四）1953 年的建筑与统计

1. 少量的建筑

本年正值全国高校院系大调整，系科变动较大，基建计划难以确定，故建筑较少。主要者有：3 月，新建学生食堂和厨房，10 月完工，工料费 2.27 亿元；9 月，医学院建狗房 3 间，以饲养实验犬，造价 0.28 亿元；同月，附设医院建大课堂 1 幢，以供实习学生上课之用，东海营造厂承建，9 月开工，12 月完工。

2. 各类房舍按用途的统计

是年，财政部为查询全国各主要企事业单位的某些典型调查材料，指示各大区进行汇报。为此，西南财管局函知云大，对有关项目和内容进行调查。学校接函后，对全校主要方面进行了调查统计。其房舍按用途的面积统计如表 4－26：

表 4－26　云南大学各类建筑面积统计表

编制日期：1953 年 12 月 26 日　　　　**单位：平方公尺**

建筑项目	基地面积	建筑面积			
		钢筋水泥石墙结构	砖木结构	瓦顶土墙结构	合计
教室	1100.300	671.000	505.900	624.100	1801.000
实验室	3420.787	2013.012	3350.780	801.590	6165.382
图书馆	1071.670			1071.670	1071.670
饭厅厨房	2366.590		1155.240	1211.350	2366.590
学生宿舍	4165.520		5572.354	917.600	5489.954
办公室	1617.760	1342.000	1301.980	687.163	3331.143
教职员工宿舍	11905.554		10300.756	6755.175	17055.931
福利及服务用房	2214.480			2214.480	2214.480
医学院尸池	69.040		69.040		69.040
实习工厂	627.990		627.990		627.990
大课堂	850.779		850.779		850.779
动物饲养室	64.000		64.000		64.000
矿冶系陈列室	237.600		475.200		475.200
农学院温室	138.160		138.160		138.160
工学院办公室	121.200		363.160		363.600
卫生科	84.296		84.296		84.296
水力试验室	62.275		62.275		62.275
合计	30127.996	4026.012	24922.350	14283.128	43231.490

校长：周保中，副校长：李广田，总务长：张瑞纶，事务科长：杨绍珠，财务科长：陆忠义

（五）1954 年的大规模建筑

1. 庞大的基建计划的制订

1954 年时，国家经过三年过渡时期，国民经济已经基本恢复，而且从 1953 年起，已开始实行第一个五年建设计划，急需大批高级专门建设人才，因此又将掀起一个文化教育建设的高潮。同时，经过 1953 年的院系调整，学校教育已基本走上正轨。加上 1954 年云大奉命将其工学院独立建为昆明工学院，及成立云大附设工农速成中学，以专门和加速培养高、中级建设人才等，因此，云大必将大大发展。与之相适应，学校也掀起了一个基建高潮。

早在 1953 年底，学校即制订了 1954 年的基建计划。详如表 4 – 27：

表 4 – 27　云南大学 1954 年基本建设计划表

单位：平方公尺

校本部扩建工程		工农速中新建工程		昆明工学院新建工程	
工程名称	面　积	工程名称	面　积	工程名称	面　积
化学馆	2613	教室、实验室	1226	教室、实验室	8968
有眷甲式教员宿舍	1674	学生宿舍	536	甲式教员宿舍	1920
有眷乙式教员宿舍	1079	教职员宿舍	600	乙式教员宿舍	1210
传达室	124	竹篱围墙	100	职员宿舍	805
学生宿舍	657	其他		工人宿舍	742
医学院学生宿舍	445			沐浴室、理发室	107
沐浴室、理发室	278			诊疗所	94
物理馆	6195			公共食堂及厨房	390
生物馆	2564			机械车间	660
医学院教室	672			铸工车间	266
医学院手术室	32			锻工车间	266
水塔、蓄水池	450			精密检验室	449
拆城墙（公尺）	283			电工实验室	424
竹篱围墙	20			采矿实验室	424
其他				选矿实验室	502
				热工实验室	272
				幼儿园、合作社等	
共计	21055	共计	3330	共计	22196
总计	46551				

由表4－26可知，建筑规模之大，在云大历史上是空前未见的。此计划上报后，西南文教育部作了压缩，最后核定为：校本部扩建工程，面积7950平方公尺，投资额83.55亿元；工农速中工程，面积3000平方公尺，投资额33亿元；物理馆工程，面积6500平方公尺，投资额78亿元；医学院教室实验室，面积760平方公尺，投资额7.04亿元。核定面积共计18210平方公尺，约为计划的39%，投资总额则为182.1亿元。尽管如此，计划仍属空前，当然，建筑过程中有所增减变化。

2. 库房的建筑

云大成立后一段时间内，一直无专用库房，各种物资多堆放于会泽院地下室及其他旧房之内，后因物料增多，曾依托城墙脚搭一草顶偏厦权充库房。如此存放，难免潮湿、分散、雨浸、零乱之嫌，殊为不便。为了集中存放，管理和便于取代起见，3月，学校在总务处对面兴建库房1幢，由工务科自行设计，杨尚书绘图，杨绍珠审核，省公安厅劳改处建筑工程队施工承建。该库房为土木结构，面积350平方公尺，造价1.54亿元。库房建成后，学校物资终于有了正规的“栖身”之所。

3. 校内城墙的拆除

在古代的中国，雄伟高峻的城墙及其脚下的护城河，既是拱卫城池的坚固防线，也是城池固若金汤的象征，所谓“钢铁长城”“金城汤池”。云大建于昆明城北、北城门以西的贡院坡上，其坡顶及其西即有一段城墙绵延于校园之内，可分东段、中段、西段，位置约当今日之老图书馆及其东至北门、西至理科三馆、科学馆和云大宾馆一线。中华人民共和国成立后几年间，社会已是国泰民安、河清海晏，千百年来城墙存在的军事意义已失。为了城市规划及市政建设的需要，修建已百年的省垣城墙已陆续拆除，护城河已陆续填平。是年，云大为了校舍建筑和校园整布，经报上级批准后，决定分阶段拆除校内城墙。第一阶段，先拆中间一段，体积约2.57万平方公尺，工程由公安厅劳改处工程队承包。3月，双方订立合同，规定3日后开工。为了施工安全，学校曾于开工前发出布告，云：“一、工地内除有关工程工作人员外，禁止师生员工及眷属进入，以免妨碍工作，或发生意外事故；二、希各家长严格约束孩童乱窜，若发生意外事故，自行负责；三、住晚翠园、澄农村之住户，注意关闭门窗，以免灰尘侵入。”工程进展较为顺利。

1955年10月，“为了扩大校园，增加园地，并使校址完整划一”，进行第二阶段，即拆除靠北门的东段一部分和靠天君殿巷的西段，两部分共长283公尺，投资3亿元，主要由师生开展义务劳动拆除。经市建设局批准，所拆土方归学校自行处理，城砖则作价分让学校以为修建材料。

1956年2月，因“修整校内环境”，经市建设局同意，进行第三阶段，即拆除东段所遗部分，该段计长12公尺，段厚8公尺，高7.8公尺，土石约700立方，所拆墙土归学校利用，墙砖由学校集中堆放。后以“废物利用”，竟用之于修建厕所。至此，校园内的城墙已被拆除殆尽，荡然无存。今日从历史学、博物学、古建筑学及旅游学等角度观之，作为云大“老古董”之一的此段城墙的全部拆除，似有遗憾之处。

4. 工农速成中学的兴建

为了加速培养中级建设人才，是年学校奉命成立“云南大学附设工农速成中学”，主要招收在职的工农干部和工农子弟，使其毕业后或直接参加国家建设，或升入大学继续深造。为了建校，上级并拨有专款。关于校址，几经研究后定在铁路以南、环城马路以北，即今北院内。学校因系新建，云大尤为重视，特请省内规模最大、设备最先进、技术力量最强的省建筑工程局所属的第一工程处负责设计施工，双方订立了第50—010号合同。当年主要建有教室实验室二层大楼1幢，钢筋混凝土结构，面积1499平方公尺，造价12.26亿元。5月开工，9月竣工。当时中国与苏联友好，全国正在向“苏联老大哥”学习，故该楼建为苏联式，其主要标志是楼的中间上部为一三角形，下部为四棵立柱，即当时云大附中的主楼。其次建有教职员宿舍5幢，面积共654平方公尺，造价5.36亿元，5月开工，9月竣工；学生宿舍1幢，面积800平方公尺，5月开工，8月验收。上述建筑均在9月初以前完成，从而保证了当年建校，当年招生。速中校址原有模范牛奶厂，即昆明市公私合营牛奶厂一家，为了保证建校工程的继续进行，经协商，由云大一次性补偿该厂迁移费1.8亿元，使其迁往东郊白龙寺重新建厂。1955年6月，该厂迁移完毕，学校正式接管其厂址，也直到此，今北院全部归入云大“版图”。

1955年，云大工农速中再建教室、学生宿舍各1幢。

后来，云大工农速中停办后，其校址先后为云大预科、云大附中、云大外语系和幼儿园等所沿用，直到今天又成为恢复后的云大附中的校址，因此可以说，速中校舍的兴建为今日云大附中的建设奠定了最早的基础。

5. 甲式、乙式宿舍的建造

中国素称“文明古国”“礼仪之邦”，中华民族素有尊师重教的优良传统。历史悠久的云大既为云南最高学府，向为专家学者荟萃、教授名流云集之所，故教授住房历为学校基建的一大重点。早在国立时期，即建有“八家村”“九家村”等教授住宅。是年，在基建高潮中，为了改善高级知识分子的住房条件，学校建造了一批高档住宅，分为两类：甲式教员有眷宿舍，西式平房，共15幢，各幢住2户，总面积1919平方公尺，投资额16.74亿元，专供教授居住；乙式教员有眷宿舍，西式2层楼房，共13幢，每幢住4户，总面积1199平方公尺，投资额10.79亿元，专供副教授居住。两类住宅均精心设计，精心施工，砖木结构，房前屋后带有花园，成别墅式，地点均在安静舒适、环境幽静的北院。工程于5月开始，约秋季完工，后来又增建了一批。时隔数十年，甲式、乙式房舍，仍是人们梦寐以求、争相居住的上等宿舍。

6. 庞然大“屋”——物理、化学、生物三馆的建筑

1953年暑假期间，时任高等教育部副部长、后任高教育部部长的杨秀峰率北大、清华、南开、南京、复旦等10所大学主要负责人莅临云大会泽院召开现场学习观摩大会。会泽院一楼西端两间物理实验室内陈列了云大物理系自制的上百套囊括力、热、声、光、电、电子、无线电、核物理等方面的崭新仪器，这批仪器之前曾送到北京检测，精密度已达国内先进水平，有的甚至达到了国际先进水平。加之在刚结束的高教育部面向全国高校物理系组织的期末统考中，四门重头基础理论课程，即理论力学、电动力学、量子力学和统计物理学，云大学生以两门第一、一门第二、一门第三的成绩名列前茅。云大物理系在教学和科研上的突出表现让在场的嘉宾赞不绝口。杨秀峰副部长当场宣布：“高教育部决

定，由西南高教局即时拨款为云南大学建盖一座教学实验综合大楼以示表彰。”

高教育部嘉奖政令一出，百万巨资旋即兑现。学校备受鼓舞，因此也非常重视大楼的建造。

经过多次研究和仔细论证，决定：建筑地点在校本部中心地带，即映秋园以西、澄农馆以东、大操场以南；承建单位仍为省建工局；大楼共分三个部分：东为化学馆，西为生物馆，中为物理馆，三馆之间建二天桥连接；此馆建筑为百年大计，为一劳永逸计，设计采取欧式，必须新颖独特；施工严格要求，必须保质保量等。一切准备就绪之后，各馆工程陆续开工。具体情况是：

化学馆：3层楼房，建筑面积3205.4平方公尺，计划投资26.13亿元，7月8日开工，11月20日完工验收，实际造价32.78万元（新币，下同）。

生物馆：3层楼房，建筑面积3205.4平方公尺，计划投资38.46亿元，10月5日开工，次年2月7日完工验收，实际造价30.13万元。

物理馆：4层楼房，建筑面积6947.56平方公尺，计划投资78亿元，10月20日开工，次年4月25日完工验收，实际造价83.22万元。

物理、化学、生物三馆有机地合成一馆，正称理科三馆，习称物理馆。各馆均包括有办公室、试教室、实验室等，最高4层，均为钢筋混凝土结构，统由省建工局第一工程处承建施工，工期自1954年7月8日开始，至1955年4月25日竣工，历时10个月；建筑总面积13358.36平方公尺，计划总投资142.59亿元，实际总投资146.13亿元，略有超出。尤值称道的是，该馆系由著名设计师，毕业于国立北洋大学的本校工学院前土木系主任姚瞻教授主持，参照国际著名建筑——爱尔兰国会大厦的蓝图设计完成。整幢大楼平面图形呈“H”字形，恰与会泽院相似，中为物理馆，高4层，东、西两边分别为化学馆与生物馆，各高3层，立面图形又为“凸”字形。物理馆北、南两面均设大门，北门为正门，共3道，每道2扇，门之两边各设窗棂1道，门之前为平台，台之前为石阶，台之上为柱基，柱基之上，6根巨型圆柱拔基而起，柱之上端饰有立体图案，柱之上建有一巨大的三角形饰物，柱之后与其相照应的墙壁中巧立6根方形巨柱，初视者往往误认为墙壁。整座大门，近观高峻雄伟，远眺气势恢宏。南大门除无圆柱外，其余与北大门略似，馆之东西分别建有侧门。化学馆之东与生物馆之西也各建有正门，门也各分3道，每道2扇，门之两边也各有窗棂1道，门之前为平台，台之前为石阶，台之上也各有6根巨型圆柱，拔台而起，柱之顶端也有图案，各建一巨型三角饰物，圆柱对应之墙壁也建有方形巨柱，两馆之西、之东分别建有后门。三馆之间各有天桥一道连接，每桥分上、下走廊，上廊两边砌有空心围栏，下廊两边各有小型圆柱6根，两端各有1根单柱，中间却为2根双柱，每两柱之上为一弧形拱券，两边共有6道。整馆的墙基，均由凸形清纯石料砌就，仅地面之上即有6或8层，墙身则为红色砖块砌筑，砖线清晰规整，房顶为红色西式瓦铺盖，尾檐为斗拱式，并呈多种图案。尤为令人惊叹的是，全馆外部共有巨型圆柱3排共18根，巨型方柱4排共24根，小型圆柱4排共24根，总计66根之多，排列有序，变化多端，既富实用性，且富艺术性。如此等等，足见设计者的独具匠心和高超水平。整幢大楼，占地广阔，楼层高峻，投资巨大，设计精良，布局多变，构思奇妙，其厚实的墙身，半圆的拱券，是为罗马式建筑；其修长的立柱，精美的雕饰，又为哥特式艺术，可谓集欧洲古典建筑艺术之精华。它是云大校舍建筑中继会泽院之后的又一上乘之作，是云南大学的又一象征，在建筑史上具有十分重要的意义。

宏伟的理科三馆建成后，大大改善了学校的办学条件，也反映了当时学校领导的高瞻远瞩和战略眼光。然而，就在当时竟有人认为：该馆的建筑，“由于领导思想不明确，在设计中盲目追求古典形式，讲究线条匀称，花样装饰，以致浪费了基建费用及水泥”。《云南日报》也曾载文对其提出“批评”，真乃短视之见，令人费解。但是，该建筑还是因其独特的建筑形式于2011 年公布为昆明市文物保护单位。

7. 其他建筑

是年的建筑还有：学生宿舍1 幢，砖木结构2 层楼房，面积975 平方公尺，造价6. 57 亿元，7 月开工；沐浴室、理发室，地点在校本部西，面积253 平方公尺，造价2. 78 亿元，7 月开工；附设医院学生宿舍1 幢，砖木结构，面积549 平方公尺，造价4. 17 亿元，8 月开工；瓦平房2 幢，共6 间，分建于校大门两侧，面积共156 平方公尺，造价1. 28 亿元，作邮电收发室、校警室、人民银行服务站、新华书店书亭、会客室、传达室等用，秋季开工建成；医学院教室及手术室，地点在今校医院西，面积760 平方公尺，造价7. 04 亿元，11 月开工，次年2 月竣工。

（六）1955 年的建筑与统计

1. 水塔——钟楼、蓄水池工程

理科三馆建筑时，按原设计方案，三馆屋顶均建有水塔，以供教学实验之用水。但因不合精简节约的精神，按照实际需要将三个水塔合并建成一个，且兼作钟楼，地点原定在三馆之南，约当今南学楼南侧，由屋顶水塔供水改为另建水塔由底层供水。后来为了提高水位，以便于供水，最后定在向泽馆以西的草坪内。因塔系底座小的高层建筑，故设计、施工均需严格要求。经有经验的工程师设计，塔高20 公尺，六楼一底，容量20 吨，建筑总面积265. 3 平方公尺，造价3. 86 亿元，省建一处负责施工，100 号青砖砌造，所用水泥标号为200 ~300 号，塔座为一平台，有石级上下，塔身为方形，安有窗棂，塔顶为平面，四周各建有3 道拱券，中间者大，两边者小，整个设计，独出心裁，不同凡响。其分级、窗棂等既为中式塔之风格，其方形、平顶等又有欧式塔之特色，真可谓中西合璧，土洋结合。1954 年底，水塔设计完竣后，学校曾报告省文教委员会，并附呈设计图一纸，请其批准施工。12 月，省文教委复函云大，谓：“我委同意你校基本建设水塔设计图，可即进行施工。但因水塔过高，设计基础时应特别注意，并应先进行钻探工作。”不久，云大与省建一处双方订立了工程合同，学校并将合同文本分寄省文教委、省建设银行和市建设局，“即请查核”。

1955 年1 月15 日，水塔工程正式开工。施工过程中，因昆明砖瓦厂所产100 号青砖供应脱节，承建单位拟改用彩虹桥砖瓦生产组所产之75 号青砖。尽管该砖声音、颜色、外表均符合设计要求，但学校坚持认为：水塔系高层、永久性建筑，原设计图样使用100 号青砖，考虑到风力荷重，是经过详细计算而得出的，如果改为75 号青砖，则水塔整个应力完全变样，不仅于质量有关，且有倾覆之虞。主张“仍用100 号砖施工，不仅保证质量，且对整个建筑物的安全有很大的作用”。因此一争，承建单位最后表示：“为了百年大计，以保质量，同意照原设计要求，全部照供100号青砖施工。”关于塔顶墩子拉杆，照图纸要求是直接穿过墩子的，因上空风力很大，如此方能发挥拉力，保证墩子不致偏斜。塔顶所用三角铁铆架则由市第四联合铁工厂精心加工制造。6月，在省文教委、省建设银行代表的参与下，工程完工并验收完毕。与此同时，在塔西另建了蓄水池。由于学校严把质量关，数十年来，水塔仍然屹立，纹丝未变。

水塔建成后，学校在塔的顶层挂了一节废弃氧气瓶当钟敲，因而水塔的建成，既解决了理科三馆的供水之难，又成为钟楼，为学校增添一景点。后来，塔顶塔身遍挂彩灯，其下则辟为花园，每当上下课时，那清脆悠扬的钟声，在云大及其附近上空久久回荡。学子游人也多到此或仰观其壮，或阅读吟诵，或玩耍嬉戏，或拍照留影。复因塔身高耸，且建在学校制高点贡院坡顶，大有直插云霄之概，远在翠湖之南，极目北眺，钟楼与会泽院，一高一低，一直立一横卧，互为交辉，相映成趣。尤其喜庆佳节，每当夜幕降临，那齐明的彩灯，犹如夜空中的串串繁星，配以湖中粼粼波光，别具一番良辰美景，常常令人流连忘返，思绪万千。

2. 女生宿舍的建造

云大向为男女同校，故女生宿舍素为校舍建筑的一大项目。早在国立时，即建有映秋院专供女生住宿。中华人民共和国成立后，女生大量增加，原有房舍甚感不敷。是年，学校决定在校本部东边建一3层女生宿舍（即学生四宿舍），砖木结构，面积2022.3平方公尺，投资15.98万元，由省建一处承建。计划经高教育部批准后，3月开工，6月验收。该舍施工过程中，因吸取理科三馆建筑“浪费”的“教训”，“尽量少用水泥或不用水泥”，“装饰线条等完全取消”，故“节省”经费2.5万余元。但是，建筑质量却未能保证。尤为严重的是，该宿舍设计时，竟无卫生设施，而将厕所另建室外，这给学生生活带来极大不便。

3. 煤气厂和煤气罐工程

理科三馆建成后，其化学馆需有大量煤气以供实验之用，每月约需用煤60吨。于是学校决定建1座煤气厂和2座钢筋混凝土的煤气罐。为了就近供气和节省土方起见，厂址定在物理馆西，罐址定在厂址以北的护城河沟内。所需设备如煤气炉、洗涤器、沉淀罐、井盖、打风机等，均由市第一机修厂承制，仅设备费一项即合6亿元。工程由省公安厅劳改处建工队承建，延至1956年上半年工程完工。

4. 其他建筑

是年的建筑还有：速中学生宿舍1幢，3层楼房，面积2124平方公尺，造价14.59亿元，3月开工，6月验收；速中教室1幢；中式铺面3间的合作社，面积78平方公尺，造价0.25万元。

5. 房舍统计

经过多年建筑和购置，学校房舍增加不少。是年底，学校对各类房屋按其建筑面积和使用面积进行统计，详如表4－28：

表 4－28　云南大学房屋建筑面积及使用面积统计表

编制日期：1955 年 12 月 30 日　　　　**单位：平方公尺**

项　目	类　别	建筑面积	使用面积	备　注
1	教室	7463	4970	
2	实验室	9782	7027	包括预备室、标本室
3	全校性行政用房	5944	4573	包括办公室、库房、收发室、校警室
4	各系行政用房	4998	3460	包括办公室、参考室、贮藏室
5	学生生活用房			
	其中：宿舍	9947	6395	
	饭厅厨房	2584	2324	
	沐浴室	429	326	
	俱乐部	218	168	
6	教职工生活用房			
	其中：宿舍	23289	16352	
	饭厅厨房	2673	2125	
7	全校服务用房			
	其中：图书馆	2447	1498	
	其他	729	560	包括合作社、银行、邮局、书亭
8	附设机构用房			
	其中：工农速中	3111	2037	
	幼儿园	394	309	
9	其他	5614		包括厕所、车房、炭房、作坊、猪舍等
	总计	79622	52124	

（七）1956 年的建筑与统计、基建委员会

1. 凤凰山天文台的修建

昆明东郊凤凰山天文台原为中央研究院所办，1946 年改为中研院与云大（数学系）合办，并由云大主持。中华人民共和国成立后，则为中国科学院（南京紫金山天文台）与云大合办，云大数学系系主任、教务长王士魁教授曾出任台主任。1950 年，紫金山天文台也曾委派技士陈展云来台工作。后来，又改台名为中国科学院（南京）紫金山天文台昆明天文工作站，仍由两家合办。关于经费，初期双方议定每三个月各拨 50 万元以为维持。1950 年初，该台因修缮曾借支云大款项 300 万元，后改由向云大报销。1952 年初，天文站因“房屋陈旧，亟需修理，宿舍屋樑，应即抽换，圆顶白铁，亦须接缝”。先由云大出面招工承修，工

料款计830余万元，但中科院所核定的修缮费仅为600万元，尚不敷200余万元。对此，1月，中科院办公厅南京办事处致函云大，请其“本合作之谊，所有超支款额，请由贵校负担”。云大以科研、合作为重，当即慨予同意。总务长张瑞纶批示：“同意由我校补助余额。”

1954年，天文站为了加强科学研究及发展科学普及工作，进口了1架德国制的赤道仪，即采取赤道装置的天文望远镜，因而急需建造赤道仪室，也即望远镜室。经学校自行设计，该室面积约80平方公尺，为2层混合结构，楼上为圆顶观测室，楼下为办公室，金属圆顶部分由南京机械厂制造提供。经承建单位省建工局预算，建筑费为1.81万元，外加从山下搬到山顶的器材搬运费15%，搬运损耗费5%等。对此，1955年11月，紫金山天文台函告云大：工程“奉院部核定……总造价25000元”，“报院为56年第一季度开工”。工程于1956年2月开工，6月验收完毕。不久又修理了天文站的活动屋顶，机械的制造和安装则由江苏机器厂负责。8月，全部竣工。天文台的多次修建，促进了祖国天文事业的发展，也体现了云大重视科学研究、重视友好合作的优良传统。

2. 中华人民共和国成立前后拥有房舍的统计

1956年4月，市人委发出《关于填报房屋调查登记表的通知》，谓：“为了贯彻全面规划加强城市建设的精神，充分发挥城市现有建筑功能潜力，合理规划远景建设，有计划的布置城市生产、交通、文化以及住宅、公用事业及建筑，以及加强城市建筑管理，保障公民合法权益”，决定对城区现有各类公私建筑房屋普遍进行调整。据此，学校对全校房舍按照类别、中华人民共和国成立前后等情况进行了调查统计。详如表4－29：

表4－29　1956年云大房舍统计表

单位：平方公尺

房屋类别	1950年前建	1950年后建	合　计	备　注
房屋总间数	1863	810	2673	
其中住宅间数	1486	512	2008	
房屋总面积	45095	32218	77313	
厂房	737	61	798	金工室、印刷室、配电室
仓库		359	359	供管科库房
办公室	3461	209	3670	
住宅	27790	8437	36227	
一层	10835	3172	14007	
二层	15987	3291	19278	
三层	968	1174	2942	
其中居住面积			17536	
教室	5053	4442	19495	
实验室	2101	2358	4459	

续　表

房屋类别	1950年前建	1950年后建	合　计	备　注
卫生室		341	341	
营业室		78	78	消费合作社
礼堂		869	869	
图书室	1493		1493	包括阅览室、书库
工会俱乐部	244	135	479	
幼儿园	253	142	395	
运动场	35666	13280	48946	不列入房屋总面积
食堂	625	2845	3470	包括厨房
其他	3238	1942	5180	沐浴室、理发室等

补注：住宅面积中包括教职工宿舍28228平方公尺，学生宿舍7939平方公尺，其中租借面积1279平方公尺；实际居住4112人，其中教职员工666人，其眷属1051人，学生1729人。

3. 教授住宅的继续建造

为了满足教授、专家的居住需要，学校又在北院继续兴建乙式住宅9幢。图纸自行设计，砖木结构，一楼一底，建筑面积共计1730.61平方公尺，经省城建局设计处预算，每平方公尺造价为45.24元，总造价为7.96万元，由该局一公司承建。9月开工，12月验收。后因工程有所增减变更，实际总造价为8.25万元。

迄至年底，全校房屋总面积为79904平方公尺，其中中华人民共和国成立后新建设及购置的为47997平方公尺，约为中华人民共和国成立前的1.5倍。又其中有混合结构18581平方公尺，砖木结构22955平方公尺，其他多为土木及简易结构。从使用情况看，教学、行政、生活用房仍感不敷，尤其无一专用之图书馆。

4. 基建委员会

云大自创办以来，历届领导对于基建工作都十分重视，几乎历年均设有专门机构负责，其成员多由学校领导、各部门负责人和有关专家组成，中华人民共和国成立后亦复如是。如1956年的基建委员会，其组成如下：

云南大学基建委员会（1956年）

主任委员：李广田（校长）
副主任委员：寸树声（副校长）
王士魁（教务长）
张瑞纶（总务长）
李书成（党委书记）
委　　员：张其濬（物理系教授）
刘绍文（副教务长）

程明轩（副总务长）
赵 江（团委书记）
杨绍珠（工务科长）
王少钦（教务处干部）
方仲伯（政治课教研室主任）

五、设备的管理和采购

（一）设备的管理机构和采购途径

中华人民共和国成立后，随着学校的发展，仪器设备也在逐年增加。学校成立了教学设备委员会，作为有关设备事宜的最高决策机构。教务处下设教学设备科，总务处下设物资供应管理科，简称供应科，具体负责仪器设备的采购、配发等。采购经费则由财务科支拨。一般程序是：各院、系、室等事先须将所需仪器设备制订计划，交教学设备科汇总、审定，再呈教学设备委员会最后核准，而后由财务科拨款采购，购置之后统交供应科按核定计划分发。所发者，由领取部门和单位负责保管和使用；未发者，则由供应科统一储存和保管。

教学、科研、实验室的仪器、设备和药品等，为了节约外汇，主要购自国内各省市区，其次购自苏联、东欧等社会主义国家，再次购自欧美等资本主义国家。

除了学校的统一计划、采购、配发和保管外，各院、系、室也有自行计划、采购、使用和保管者。这种事权不一、各自为政的做法，往往造成重复采购、不通有无，甚至闲置不用、自行损坏等积压浪费现象。

为了集中、统一、科学地管理全校设备，以使其更好地发挥为教学科研服务的作用，1955 年 6 月，校长办公室发布了《关于教学设备的计划及管理问题的决定》，对其采购、保管、调配和使用等作了明确的规定，使之逐步走上计划化和制度化。依此决定，各院系重报了所应设置的实验室名称及负责人，以便有专人负责。短期使用的药品、器具等作为消耗品则规定限额，长期使用的设备、仪器等作为固定设备须有计划。依此决定，教学设备科还规定了本科的任务和机构，以明确职责，加强领导。其规定如下：

教学设备科的任务、组织机构

（一）任 务

在教务处统一领导下，负责办理各系组室教学设备（仪器、化学药品、标本、模型、图表、实验材料、机器、工具材料）的计划审查、调配和保管，及学校指定的其他工作，为本校各专业教学计划的完成服务。

1. 经常研究本校各个基础课程和专业课程教学设备的需要标准和规格。
2. 了解和掌握各实验室（金工室）现有教学设备的种类、规格、使用情况和存在问题。

3. 协助各教研组、实验室（金工室）拟出教学设备的分期充实计划，并进行审查，提出全校的或各实验室（金工室）的采购计划或设备计划。

4. 组织教学设备的保管、保养和调配工作。

5. 办理学校指定的其他工作。

（二）机构和干部

1. 教学设备科由教务处领导。

2. 设科长一人，干事或事务员二至三人。干事须具有一定文化程度，对物理、化学、生物学和数学有相当的基础知识，并能认识、书写英文、俄文、德文各词者。

3. 教学设备委员会撤销后与各系组及研究工作的联系，由教务处按问题内容，分别召集各实验室负责人、各系事务员或有关管理工作人员会议研究。

教学设备科的职责、任务明确后，设备的管理渐有头绪。后来教学设备委员会撤销，同时，自 1955 年 11 月起，该科奉命兼管物资及直接采购，事权较为专一，管理也较便利。1955—1956 年，教学设备科在清理全校设备的基础上，先后完成了教学设备的分类统计，编印了化学试剂、教学器具、实验仪器等类目录，编制了化学试剂、机器工具、器具材料等类卡片，并制定了《教学用危险品暂行管理办法》。其主要内容如下：

1. 为提高革命警惕，保障教学和科学研究，对教学用危险品——剧毒品、爆炸品、易燃品、放射性物质及致病性细菌，特制定本办法。

2. 各项危险品的采购、保管、收发、报销，均须由人负专责。

3. 危险品须妥慎储藏，须有专用的房间或橱柜。

4. 剧毒品、爆炸品，原则上全校集中管理，使用单位当日领用，当日报销，剩余缴还。

5. 危险品的采购、收发，须严格按照计划处理。使用单位应说明领用时间、数量、用途、使用人。

6. 放射性物质及致病性细菌，由使用的实验室负责收发、培养、登记、汇报工作。

7. 危险品的管理人员、管理单位每月逐级向上汇报一次，学校每学期对其进行一次或数次检查。

8. 除以上危险品外，一般毒品、易燃品、强蚀品，照一般教学物资程序使用，但各使用单位应限制储量。

9. 各项危险品如附表。

10. 本暂行办法经校长批准后执行。

附表所列，剧毒品有：乙腈、乙稀腈、砷酸铵、亚砷酸铵、砷、砷粉、氰化镉、氰化钙、黄磷、红磷等 50 种；爆炸品有：氯酸钾、苦味酸、黑火药、猎枪弹、三硝基甲苯等 5 种；一般毒品有：酯酸、马钱子碱、咖啡因、汞、亚汞、硫氰化钾等 15 种；易燃品有：丙酮、乙醇、甲醚、汽油、树脂、黄磷、红磷等 23 种；强蚀性药品有：盐酸、硝酸、硫酸、过氯酸、氢氟酸等共 5 种。

为了分清教学设备科和物资供管科的职责范围，两科还协商制定了《教学设备处理暂行办法》，明确规定设备科在教务处领导下，处理教学、科研、实验设备的计划、采购、管理和调配工作，而经费及财产的处理则归总务处领导。其具体工作包括：资料工作如现有设备的清点统计，登记造册，了解有关设备的性能、规格、价格；计划工作如根据各单位所报计划拟具意见，呈请教务处审核；采购工作如了解市场、制造厂家、运输方法和路线，以便向国外、国内订购或本地现购；管理工作如配发、出纳、报销、盘点及积压设备的处理、调配等；协助实验室工作如帮其建立有关的规章制度等。总务处物资供管科则负责处理行政及一般教学用物资，包括：普通燃料如木柴、煤炭、汽油、煤油等；普通纸张如土纸、棉纸、牛皮纸、道林纸等；普通文具如铅笔、毛笔、粉笔、练习本、钢板、蜡纸等；普通货品如土钉、洋钉、竹箩、竹竿等；卫生用品如肥皂、毛巾、面盆、抹布等；饲料如蚕豆、玉米、稻草、麦秆等；电料如灯泡、花线、电筒、电池等；木器如课桌、课椅、黑板、文件柜等；实习用具如水壶、雨伞、马灯、汽灯等；布料如桌布、窗帘、幕布、围裙等；其他如打字机、计算机等。《教学设备处理暂行办法》将全校设备物资分为教学科研用和一般行政用两大类，分属两种管理，从而使设备的管理工作进一步科学化、合理化、制度化，更有利于教学和科研工作的进行。

1956 年 7 月，高教育部为了统一全国高等学校固定资产的管理，以“保护好学校的财产，充分发挥现有设备的潜力，以便更好地为教学服务”和克服“财产的积压、浪费、丢失、毁损等情况”，特制定和颁发了《高等学校固定资产管理暂行办法》，共分 6 章 30 条，即：第一章　总则；第二章　固定资产的范围、分类和作价；第三章　固定资产的采购、验收及登记；第四章　固定资产的清查、使用及保管；第五章　固定资产的调拨、报修、报废、报损及赔偿；第六章　附则。《高等学校固定资产管理暂行办法》极为详尽地规定了有关固定资产的各种问题，是一个指导性的重要文件。从此，学校的校产、设备等管理工作，比前更加有章可循、有“法”可依了。

（二）设备费的核拨

中华人民共和国成立后，云大的设备费与其他经费一样，全靠政府的财政拨款。设备费包括两项：经常费和专业设备费。经常费中用于采购设备的部分并非固定，而专业设备费则是专款专用。这一时期所拨专款有记载者主要为：1953 年 10 亿元，1954 年 66 亿元（此前为旧币），1955 年 43 万余元，1956 年 94 万余元，另有国外订货款 30 万元。

（三）历年拥有和采购设备概况

1. 1951 年的情况

1951 年，学校主要接收和继承了国立云大时期的全部旧有设备。另 1950 年 10 月，云大医院及其云瑞分院迁往巡津街甘美医院三院合并后，也接收了该院的全部医疗设备。如是年，云大医院的主要设备有：病床设备：共计 160 张，其中内科 40 张，外科 40 张，妇产科 20 张，小儿科 15 张，婴儿专用 15 张，眼耳鼻喉科 20 张，隔离病床 10 张；医疗设备：主要为 X 光室有 X 光机 3 架，化验室有冰箱 2 台、显微镜 5 台，理疗室有太阳灯 1 台，另细菌血清室、手术室、眼科手术室、普通外科、骨科、妇产科、产房等均有基本的手术器械。

是年，所购设备有记载者主要为：委托昆明骏兴贸易行向香港采购分析天平、显微镜一批，价7亿余元；向震旦机器厂订购消防器材一批，计二号人力帮浦水龙1部，麻帆布出水带100尺，出水接头2副，进水接头2副，橡皮进水管24尺，莲蓬头1只，价共计0.13亿元；向昆明天成玻璃厂购蒸馏水瓶2个，价26万元。

2. 1953年的情况

1952年，学校主要通过西南地方工业局驻京办事处向国外订购了一批国内尚缺的仪器，以后陆续运到。仅工学院所订部分到货情况即入表4－31：

表4－30　云大工学院1953年国外订货到货情况表

单位：卢布

仪器名称	数　量	价　值	仪器名称	数　量	价　值
直流电流表	3个	429	直流电压表	3个	498
万能表	2个	353	电流表	6个	3472
试件刻度计	1个	579	摆动冲击试验机	1个	2048
阴极线示波器	2只	1344	高周信号发生器	1只	1769
矩形波发生器	1只	650	正弦焊	1只	146
螺丝千分尺组	1个	728	精密卡尺	2个	152
电容电桥	2只	2488	电感电桥	1只	2905
以上为1953年所到之货					
霓虹管	100个	221	直流电流表	1个	143
瓦特表	6个	830	交流电压表	10个	1661
音频发生器	5个	7426	阴极线示波器	5个	20475
讯号发生器	2个	992	原子核计数器	1个	3420
感应电桥	1支	1363	万用电桥	1支	800
万用真空管伏特针	2支	2150	低周真空管电压计	1支	680
高周真空管电压计	1支	573	绝缘试验器	1个	257
大禾波器	1个		冲击电流计	3个	
以上为1954年所到之货					

国内采购、添置部分，仅以医学院为例：向北京百货公司文化服务部购切片机1台，价1380万元，运费150万元；为解剖学教学实习之用，报请民政厅批准，趁工学院独立建院而迁移虹山一带之机，从大批无主荒坟中搜集头骨一批，以作标本；因教学实习所需，经市郊金钱乡政府同意，在该乡捕捉青蛙约3000只；为了上实验课时维持学生安全和保护衣服，以免细菌沾染和血迹污损，而缝制白布工作服140件。

是年，因院系大调整，或调出或调入，为了合理分配财产，学校曾对全校的仪器设备进行了详尽统计。统计结果以部分院系为例：

表 4－31　云南大学各院、系、室仪器设备统计表

院	系	室	名　称	数　量	名　称	数　量
文法学院	社会系		算盘	30 架	油印计	1 架
			骨盆仪	1 个	温度计	1 支
			钢卷尺	1 个	布尺	1 个
			人类学挂图	1 套	从猿到人挂图	10 张
			世界人种风俗图	6 张	世界大地图	3 张
			年龄计算尺	2 个	指南针	2 个
	经济系		边疆民族文物	150 件		
			英文打字机	1 架	计算机	2 架
			打洞机	1 个	丁字尺	2 个
工学院	土木系	测量仪器室	示范算盘	3 架	算盘	93 架
			米达尺	1 个		
			各型经纬仪	16 架	各型水平仪	14 架
			各型大平板仪	5 套	各型小平板仪	45 架
			脚架	21 个	棱镜罗盘仪	4 个
			小罗盘仪	9 个	手水平仪	5 个
			水平尺	36 根	钢尺	25 把
			皮尺	31 把	花焊	97 根
			测铁	10 根	气压计	4 个
			求积仪	2 个	无液气压计	1 个
			步计仪	1 个	六分仪	1 架
			万能材料试验机	2 架	撞击机	1 架
		材料实验室	引伸计	1 套	跳桌	1 套
			维克试验器	3 套	水泥耐固试验器	1 件
		水力试验室	马达	1 个	抽水机	1 个
			铸铁管路装置	1 套	水表	1 个
			孔口试验仪	1 套	200 号磅秤	1 架
			路表	2 个	差压机	1 个
			水轮	2 个	反击水轮	2 个
			冲击水轮	2 个	反作用力计仪器	1 套
			高压抽水机	1 架	水管	1 套

续 表

院	系	室	名 称	数 量	名 称	数 量
工学院	铁道系	模型室	三孔石拱桥模型	1座	双轨轮式钢桥模型	1座
			双轨钢板梁桥模型	1座	木梁接头模型	2个
			双轨滑轮式钢桥模型	1座	双孔K式钢桥模型	1座
			双轨花式钢桥模型	1座	工程画制图	1套
			木材各种断面模型	1座	工厂钢铁屋架模型	1个
			千斤顶	4套	钢柱模型	2套
			各式铁路建筑样品	6盒		

3. 1954年的情况

经过1953年的院系大调整，是年学校开始进入稳步发展、较大发展时期，仪器设备订货较多，其中70%向国外订购，30%向国内订购。国外订货中，主要是向苏联、东欧等社会主义国家订购，总价约计36万卢布，按1卢布等于9000元计算，折合人民币为33.12亿元；其次是向欧美等资本主义国家订购，总价约计7400美元，按1美元等于30000元计算，折合人民币为2.23亿元。国外、国内订货详如表4－32、4－33、4－34：

表4－32　1954年国外订货明细表

单位：卢布

品 名	数 量	价 值	产 地	品 名	数 量	价 值	产 地
三犁	1架	1126	苏联	压油机	1合	20000	捷克
金属丝扭转试验机	1部	5300	苏联	自动调节冰箱	1个	2344	捷克
卧式光学比较器	1个	4000	苏联	拖拉机	1架	7857	捷克
辐射高温计	1套	370	苏联	侧齿千分尺	4部	372	捷克
恩格列拉式粘度计	1套	316	苏联	磨光砂纸	1000张	250	捷克
棉纤维长度分析器	1具	1984	苏联	大平板仪	2座	2848	捷克
引擎示功器	1套	2690	苏联	风速表	1只	302	捷克
电位计	1台	628	苏联	实体显微镜	6架	3584	捷克
秒表	3只	201	苏联	阿贝折光计	1个	794	捷克
铂铱环	3个	45	苏联	切片机	2架	1600	捷克
高阻电位计	1个	2231	苏联	高压釜	1座	1000	捷克
低阻电位计	1个	2767	苏联	标准温度计	12支	254	捷克
三滚筒研压机	1台	1000	苏联	恒温水浴	1付	648	捷克
真空抽气机	1套	3533	捷克	看谱仪带光镜	1套	8600	匈牙利

续　表

品　名	数　量	价　值	产　地	品　名	数　量	价　值	产　地
油扩散抽气机	1套	672	捷克	携带分光镜	5架	950	匈牙利
氢游子浓度测定器	1套	1269	捷克	标准筛	2套	3576	匈牙利
溶液传导测定器	1套	1418	捷克	全波精密波长计	1具	990	匈牙利
氢电极	10支	308	捷克	箱式电炉	1套	5800	东德
甘汞电极器	3只	121	捷克	真空光电池	10个	900	东德
玻璃电极	2个	96	捷克	汤姆逊电桥	6个	1664	东德
标准电池	16个	2596	捷克	高压电压表	1具	2470	东德
标准可压电容器	1个	640	捷克	标准频率振荡器	2台	1000	东德
电子开关与矩形波发生器	1个	2304	捷克	水动力机	1部	12902	东德
Q表	2个	4160	捷克	小号切片机	1部	1462	东德
种子水分测定器	2套	340	匈牙利	四轴磨片机	1部	1222	东德
小麦品质测定器	1套	3200	匈牙利	切割玻璃机	1台	1280	东德
晶相X光仪	1套	16284	匈牙利	手磨玻璃缘边机	1台	800	东德
牛顿环	5套	300	匈牙利	圆尺刻度机	1架	32000	东德
指示比较仪	2个	1892	东德	金相显微镜	6台	17900	东德
标准块	1套	1088	东德	手摇切片机	1架	1200	东德
冲击试验机	1部	1926	东德	显微镜用灯	5个	1327	东德
硬度试验机	1部	3370	东德	小型工具显微镜	2架	5200	东德
木材水分测定器	1架	950	东德	测量工具显微镜	6架	6000	东德
直尺刻度机	1架	27664	东德	卜尔夫立许光度计	3套	7900	东德
粘度计	1套	200	东德	旋光计	1套	900	东德
测振动器	1个	1620	东德	侵入折光计	1套	2077	东德
视距罗盘仪	8座	8760	东德	分光计	6架	4836	东德
地质罗盘	1个	157	东德	钠光灯	13架	5200	东德
测高计	1套	500	东德	反射光栅	10片	1000	东德
高度计	6只	495	东德	单色滤光片	5套	720	东德
记录式大气压力表	1个	380	东德	反射光单光器	1具	7700	东德
单筒显微镜	20架	15326	东德	水银弧光灯	5个	1848	东德
双筒显微镜	1架	2848	东德	热电偶	3付	540	东德
热电高温计	4套	4800	东德	喷油嘴试验台	1座	203	东德

续 表

品 名	数 量	价 值	产 地	品 名	数 量	价 值	产 地
变温计	1套	550	东德	标准矿物薄片	2套	1334	东德
高温指示表	1套	500	东德	费涅耳双镜	5个	150	东德
温度控制记录仪	1套	7800	东德	双棱镜	5个	150	东德
麦克劳低压力计	1个	206	东德	尼科耳棱镜	10片	192	东德
半微量分析装置	1套	990	东德	哥式阳极射线管	1个	1800	东德
奥氏气体分析器	1套	157	东德	光谱管组	5具	337	东德
冰点测定器	10付	250	东德	荧光矿石真空球	2个	50	东德
分析天秤	15架	7755	东德	透射光栅	10片	300	东德
半微量分析天秤	1架	1194	东德	X光管	4个	169	东德
比重天秤	1套	88	东德	克鲁克斯管	4个	69	东德
标准砝码	1付	29	东德	克式辐射计	1个	12	东德
电动研磨器	1套	600	东德	万能材料试验机	1台	25907	东德
贝氏温度计	6个	1200	东德	光较仪	1部	1500	东德
变速示功器	1个	1200	东德	偏光显微镜	1台	1100	东德
酸碱计	1架	1245	东德	工业用气压表	5个	117	东德

表4-33 1954年向资本主义国家订货

单位：美元

品 名	数 量	价 值	品 名	数 量	价 值
实验型磁力选矿机	1部	2500	表面张力测定器	1付	175
象限静电计	9个	1831	测定器用白金圈	5只	50
标准电灯泡	10个	3	甘汞电板器	1只	7
耒资偏光显微镜	1套	750	对一苯混合二酚电阻	3只	12
光谱仪	1套	526	传导器	10只	300
链式分析天秤	5架	950	燃烧热量计	1套	105
砝码	5付	190	化学试剂		33

表4－34　1954年国内订货明细表

单位：万元

品　名	数　量	价　值	品　名	数　量	价　值
福汀气压计	1只	200	电器冰箱	1只	500
阳极线示波器	1只	2000	万能电表	1只	1000
蓄电池	20只	1000	示教仪器		5000
普通工具		1000	钨灯整流器	1只	300
偏振光分析仪器	1套	1500	电PH计	2套	1200
光电式比色计	2套	1300	半微量分析仪器组	63套	3780
托盘天秤	10套	52.5	俄式喷灯	32架	784
称量瓶	40个	1.4	容量瓶	100个	127.5
漏斗	100个	7	比色管	10组	322
手提式凿岩机	1部		水平式凿岩机	1部	
上向式凿岩机	1部		打深眼凿岩机	1部	
电放炮器	2部		矿质合金钻头	2个	
金钢砂钻头	2个		面罩	2个	
平炉	4座	1800	马夫炉	4座	2600
烟囱	2座	2000	工具	40件	400
万能电压表	1只	150	可调节温度电热盘	10只	200
比重计	2只	100	金相用压模机	1部	500
反偏光矿相显微镜	1部	7500	双筒实体显微镜	2部	5400
电力轫	1部	12000	滚齿机	1部	13100
硬度试验机	1架	2500	平遥磨床	1架	2000
精测块	1块	800	插床	1部	750
德国工程学会月刊	全套	4000			

此外，有的院系还单独或补充订购设备，如矿冶系单独订货如表4－35：

表4－35　1954年矿冶系订购主要设备统计表

品　名	数　量	总　价	品　名	数　量	总价（万元）
滚齿机	1部	20500	凿岩机	1部	2500
球磨机	3部	2000	磁力选矿机	1部	1000
回旋粹矿机	1部	1200	振动筛	1部	700

续 表

品 名	数 量	总 价	品 名	数 量	总价（万元）
带式送矿机	1部	1000	各式浮选机	6部	4990
螺旋分级机	1部	1000	自动加药器	3具	750
跳汰机	1具	650	棒磨机	1部	3000
连续浮选机	17部	1037	各式碎矿机	3部	3580
倾角仪	19个	684	矿相显微镜	1部	3500
自耦补偿启动器	1部	1290	双鼠笼式马达	1部	2000

农学院各系又订有：比色计3套，价1313万元；双目显微镜1台，价1375万元；惠斯登电桥4支，价1600万元；20片圆盘耙1台，价3612万元；摇臂收割机1部等，各各不一。

农学等系也另订有设备，略如表4-36：

表4-36　1954年农学等系订购主要设备统计表

单位：万元

品 名	数 量	总 价	品 名	数 量	总 价
比色计	3套	1313	双目显微镜	1台	1375
惠斯登电桥	4支	1600	20片圆盘耙	1台	3612
摇臂收割机	1部		纤维强度试验机	1套	3151
日照仪	1个	459	超级恒温器	5台	6600
万能测长计	1套	8555	阿贝氏折光计	1套	1870
管式电炉	1台	1600			

除了教学实验设备之外，学校还根据实际工作需要，采购其他行政、生活用品。如中华人民共和国成立后，国家为了计划生产和保障供应，而长期对生活必需品粮食、油脂、棉布等，实行统购统销、计划供应政策，各部门、各单位如有特殊需要，则应提出申请，层层报批。9月，昆明市财经委转发了市棉布计划供应办公室的通知："为实行棉布计划供应，凡住我市范围的各机关、团体、厂矿、学校之公共用布，应本节约精神编制用布计划，报市商业局批准"，再予供应。据此，学校根据实际需要，编制了1955—1956年度用布计划表如下：

表4-37　云南大学1955—1956年度棉布用布计划表

单位：市丈

用 途	红 色	黄 色	蓝 色	天蓝色	白 色	黑 色	紫 色	备 注
工作服					60			清洁室、实验室用
沙发套			50					
桌布			5	10	10			

续 表

用 途	红 色	黄 色	蓝 色	天蓝色	白 色	黑 色	紫 色	备 注
窗帘	30			50		30		
麻布					90			实验室用
校警制服			25					
教学用小袋					30			
学生证等							30	
布标布	10	10			10			
合计	40	10	80	60	200	30	30	
总计	450							

1955 年 1 月，高教育部发出（55）39 号文《关于高等学校在本学年寒假期间开始对于教学设备进行检查清理工作的指示》。遵照指示，学校于 4 月成立了“教学设备清理委员会”。委员会主任委员李广田副校长，副主任委员张其濬副教务长、张瑞纶总务长、程明轩副总务长，委员寸树声秘书长、王树勋、朱肇熙、杨桂宫、朱彦丞、肖常斐等，办公室主任杨白纶，副主任李耀钧、余洁心。为了圆满完成清理工作，委员会制定了《检查办法》共 5 条。然后由教务处教学设备科、总务处财务科、物资供管科等牵头，召集各院、系、科、室有关人员，开会动员，布置清理。清理结果：至 1954 年底为止，全校教学设备总价值为 90 亿元左右，各院、系、科、室的已有设备按满足教学科研需要而言，略分为基本完备、尚需补充和基础很差三种情况。具体如表 4 – 38：

表 4 – 38 各专业、实验室教学设备情况

院系科室	基本完备	尚须补充	基础很差
物理系	基础课程	X 光实验室	光学实验室
	无线电实验室	磁学实验室	低温实验室
	真空实验室		分子物理实验室
			振动实验室
化学系	无机及分析化学实验室	物理化学实验室	胶体化学实验室
	有机化学实验室	结晶学示教仪器	专门化实验室
	化学工艺实验室		
生物系	动物学	植物生理实验室	人体解剖实验室
	植物学	微生物学实验室	遗体学实验室
			人体及动物生理学实验室
			农业土壤学实验室
			地质学及古生物实验室

续　表

院系科室		基本完备	尚须补充	基础很差
农学系		动物学及植物学	农业机械化课程	家畜饲养管理科
			气象学课程	微生物学实验室
				农产品储藏及加工
				物理化学测量学
林学系		森林植物实验室	森林利用实验室	造林森林实验室
		测量学课程	森林保护实验室	林业机械化实验室
			森林经理和测树实验室	基础课
医学院	寄生虫科		寄生虫实验室	
	解剖科		解剖实验室	
	细菌科		细菌实验室	
	组织胚胎科		组织学实验室	胚胎学实验室
				模型室
				动物饲养室
	生理科	基本仪器		贵重仪器
				条件反射实验室
	病理科		病理实验室	病理生理学
			教学标本、脏器标本	

4. 1955 年的情况

1953 年院系调整后，工学院所属土木、铁道等系调出云大。1954 年工学院独立建为昆明工学院，所余矿冶、机械等系随之调出，学校还有数学、物理、化学、生物等理科及农学、医学等系，教学设备仍在继续采购。兹以化学系为例，当年该系仅国外订货即如表 4 – 39：

表 4 – 39　1955 年化学系国外订货统计表

品　名	数　量	金额（卢布）	产　地	品　名	数　量	金额（卢布）	产　地
分子量测定器	2 套	549	东德	气体分析装置	1 套	826	苏联
惠司吞阻力电桥	1 套	169	东德	水分析比较器	1 套	1351	苏联
恒温水槽	1 套	1143	东德	马福电炉	1 个	1102	苏联
硒整流器	1 套	420	东德	硒整流器	1 个	2340	苏联
比重天秤	1 套	90	东德	石墨电极	4 个	18	苏联

续　表

品　名	数　量	金额（卢布）	产　地	品　名	数　量	金额（卢布）	产　地
热电偶温度计	1套	214	东德	气体流量计	1套	682	苏联
回转流量计	2具	360	东德	液体密度比重计	1套	122	苏联
温度计阻	4套	383	苏联	超燃点试验器	1套	400	捷克
水银温度计	4只	64	苏联	粘度计	1套	644	捷克
酒精温度计	2只	20	苏联	真空烘箱	1个	539	东德
毛发温度计	1个	57	苏联	电热烘箱	4个	2156	东德
气体分析器	2架	534	苏联	偏光分析器	1套	2160	捷克
自动温度调整器	1套	1625	苏联	金属分析比色计	1套	2683	东德
风速表	1个	161	苏联	微量分析设备	1套	9678	东德
电滴定器	1套	622	东德	可燃气体热量计	1套	662	东德
抽空设备	1套	4954	东德	筛子	1套	163	东德
铂螺旋电极	10个	155	苏联	米式蒸汽密度测定器	1套	449	东德
铂铑钯网电极	50个	1007	苏联	停表	10个	807	东德
压力机	1套		捷克	光谱仪	1个	252	东德
连续管式蒸馏器	1套	1130	东德	燃烧管	40支	1258	东德
粗焦油蒸馏器	1套	1086	东德	原子模型	1套	260	东德
标准温度计	20支	374	东德	降球式粘度计	1具		

又农、林等系所订购的设备主要如表4－40：

表4－40　农、林等系所订购的设备

品　名	数　量	性　能	产　地
摇臂收割机	1架	重470公斤，2～3马力	北京
奶油搅拌器	1架	重169公斤，容量50公升	杭州
牛奶分离器	1台		杭州
播种机	1台	24条	沈阳
施肥机	1架	载重500公斤	湖南
热电变温计	1具	20℃～1600℃	上海
惠斯登电桥	4只		上海

5. 1956 年的情况

是年继续向国内外订购设备，不过数量比前有所减少。如购东德产幻灯机 1 架，价 1200 卢布；匈牙利产光电比色计 1 套，价 863 卢布；还有马拉摩托喷雾机 1 台，金相显微镜 1 台等。

关于设备的运输问题，因云南地处内陆和边疆，当时除了滇越铁路可至越南河内、海防外，尚无出省铁路，而空运运费又高，故较为困难。一般情况是：国外订货多由海路运至上海、广州等海港城市，再由铁路运至贵州麻尾火车终点站，最后用汽车运抵昆明，或运至香港后再转运至海防，而由滇越铁路运抵昆明；国内订货，则由产地通过铁路、公路运至昆明。

这一时期除了大量添置教学设备外，根据学校的发展和实际的需要，也增加了不少桌椅板凳、床柜黑板等家具。是年，其详况如表 4 - 41：

表 4 - 41　云南大学教室、行政、生活用家具设备统计表

品　名	数　量	品　名	数　量	品　名	数　量
一抽桌	6 张	二抽桌	461 张	三抽桌	542 张
四抽桌	20 张	五抽桌	225 张	六抽桌	31 张
七抽桌	43 张	八抽桌	6 张	九抽桌	40 张
十抽桌	1 张	十二抽桌	3 张	二十抽桌	1 张
实验桌	594 张	方、圆桌	311 张	条桌	1221 张
阅览桌	76 张	八人课桌	20 张	四人课桌	157 张
双人课桌	576 张	单人课桌	745 张	皮靠背椅	24 把
弹簧椅	30 把	藤椅	151 把	靠背椅	2200 把
方、圆凳	2991 个	条凳	1300 个	大条凳	324 个
茶几	124 个	大书架	142 个	小书架	799 个
洗脸架	109 个	单人床	181 张	双人床	32 张
大床板	76 付	双台床	1145 张	木橱	406 个
玻璃橱	184 个	衣橱	25 个	种子橱	14 个
扶手橱	1056 个	木柜	65 个	黑板	160 块

这一时期的教学科研设备，除了大部分为采购外，也略有捐赠者。如 1952 年 4 月，医学院教员周润琮、刘鸿璧，曾将药橱 1 个、药架 1 个、检查台 2 张、妇产科检查台 1 张、手术灯 1 具等 8 种医药用具捐献校医室。对其义举，周保中校长曾特函称谢。其函如下：

润琮、鸿璧同志：

承捐献本校校医室的医药用具八项，已派人搬入学校应用，特函称谢，并致敬礼！

校长　周保中

五二年四月

云大的教学设备总的情况是：中华人民共和国成立前28年间，虽经多次添置，已有一定基础，但较陈旧、落后、简陋和零散。而中华人民共和国成立后6年间，所置设备即为中华人民共和国成立前的4倍，且较先进和适用，基本能满足当时教学、科研和实验的需要。

六、其他后勤工作

（一）膳食的办理和宿舍的管理

1. 膳食的办理

中华人民共和国成立前，一直无统一的食堂，教职工多在家开伙，学生除在家开伙外，多三五成群自办“膳团”，地点如衡鉴堂等处。

中华人民共和国成立后，学校规模扩大，师生员工增加，创办集体食堂，势所不然。1951年3月，建立大膳团，开办大食堂，开办费480万元。初由校工会、学生会（生活福利部）、总务处事务科（膳宿股）、卫生科等几家共同办理。自1954年1月起，学校正式“通告”，明文规定：“决定将公共食堂归并膳宿股办理。”1954年7月，职工食堂正式成立，而由工会主办，工作人员则由学校“妇联”委派。后来膳宿股一分为二，成立膳食科和宿舍管理科，全校师生员工的伙食开始统一由膳食科负责管理，另学生会、伙食管理委员会也参与管理。至1956年时，全校食堂发展到4个：员工食堂，开膳人数480余人，厨工13人；学生食堂，开膳人数2500余人，厨工33人；回族食堂，开膳人数41人，厨工2人；小灶食堂，开膳人数20余人，厨工2人。另又办有慢性病号的疗养食堂。全校开膳人数3000余人。

初期，除了管理人员外，所有厨工不属学校编制范围，其工资由开膳学生和教职员工膳费内自行负担。1953年11月高教育部指示：自10月起，将学生及职工膳团厨工正式列入学校编制之内，所需经费即由学校经费拨给。自此始有在编的正式炊事人员。

开膳办法为分桌进餐制，一般每桌7~8人，统一饭食，统一菜肴。如1954年时，学生食堂与员工食堂开膳桌数共计424桌，3000人左右。一日三餐，早点多为馒头、米、粥、一菜，午、晚两餐用米饭、三菜、一汤，饭不定量，各取所需，菜则限量，平均分配。元旦、春节、校庆、国庆等节假日，则另加餐。所需粮食，在1955年统购统销政策实行以前，员工眷属的曾由消费合作社代市粮食公司代购及行政代购，学生食堂的则由膳宿股采买。以后粮食定量供应，则按供应计划，向市粮食局购买。所需肉食，先是向合作社购猪自行屠宰，后为卫生起见，改由小东门屠宰厂供给，后又因供应时间、数量等不便，改为自行屠宰，学校曾在莲花池街设有养猪房和“汤灶房”。所需蔬菜，则自行采购。

膳费标准因时而异，学生多为每月（旧人民币）10万元。1953年12月以前，每人每月9.5万元，按人助金使用规定，由人助金内比照当地一般大灶膳费发给。后因肉食价格上涨，由每市斤0.64万元增为0.74万元。为保证学生健康所必须之营养，经上级批准，自1954年1月起，膳费增为10.5万元。当时膳费支出分配略如表4－42：

表4－42 膳费支出分配表

每人每日计；重量：市斤；单位：元

品名	重量	单价	金额
食米	0.86	1025	881.5
建设牌干面粉	0.22	1766	388.52
燃料、杂费	11.6	12	139
猪肉	0.186	7400	1376.4
猪油	0.72		
食盐	0.0173	1480	2.5

备注：1. 猪油为自办肥猪，不占支出；

2. 蔬菜1.5市斤，或豆腐0.2市斤，或鸡蛋0.3个。

这一时期因为物价较为稳定，故每人每月约10万元（或新币10元）的标准基本未变。如1955年的每人每日消耗如表4－43：

表4－43 膳食科学生大食堂主副食品及燃料消耗日计表

1955年9月22日

类别	所占百分比	品名	人天消耗（公斤）	单价（元）	金额（元）
主食品	31.88	中红米	0.39	0.105	0.0819
		建设粉	0.75	0.1766	0.02649
副食品	64.187	油脂	0.01	1.62	0.0162
		猪肉	0.1	1.0956	0.10956
		菜蔬	0.5		0.084
		酱油	0.022	0.208	0.004576
		其他香料			0.0002
		食盐	0.01	0.37	0.0037
燃料	3.75	柴煤	0.4	0.024	0.0096
		锯末	0.45	0.007	0.00315
其他	0.183	运杂费			0.000624
合计	100				0.34

由表可知，每人每日约0.34元，全月则10元左右。

办好伙食的关键是提高质量，即既吃得好，又吃得香。而提高质量的关键，一是市场供应的状况，二是管理工作的加强。这一时期，物资较为丰富，价格较为稳定，市场供应颇为充裕，因此关键是加强管理。食堂创办之初，几无经验，为了搞好膳宿工作，膳宿股曾派员到市内各工厂、学校参观学习，并油印了不厌其详的《膳宿工作调整征询表》50份，分寄全国各大学，借资学习参考。其文如下：

云南大学膳宿工作调查征询表

1. 你校管理学生膳宿的机构是统一由一个机构或分两个机构来办理？隶属学校何部门领导？内部如何组织？如何分工？

2. 你校学生膳宿是否统一办理？胃病、隔离、营养、长期休养的伙食如何办理？

3. 每生全月人助金膳费若干？胃病、隔离、营养膳等膳费的补助、经过的评比过程如何？补助的标准如何？是否也有由学生自己负担的？

4. 厨工有技术的是否照技术人员待遇？其工资最高最低若干？一般的厨工其工资最高最低若干？他们的膳费是自己出，还是由学校或食堂津贴？

5. 你校厨工同志的学习，包括思想、政治、文化、业务各方面，有无组织？如何领导？

6. 你校开膳每桌几人？共若干桌？是否同时一次开膳？分菜是按桌抑按每人分？如何克服冷菜的现象？

7. 开膳是否凭证开膳？席位是每餐凑好一桌就开？抑是按照院系年级固定拟好？多少时间编排一次？其中途停膳空出的席位如何补充？如何退膳费？

8. 你校学生食堂用具、消耗品与永久性器物如何划分？如何保管？其购买补充所需费用是否均由学校行政费开支？抑由人民助学金内专案开支？或哪些部分由膳费内开支？

9. 你校学生食堂厨工人数与开膳人数的比例如何？他们在工作中的分工和组织怎样？

10. 关于食用物品的采购、保管、使用工作如何配合？

11. 每餐几样菜？如何编拟菜目？请将一周菜目及菜金支付预算开示。

12. 最近一月的收支预算可否惠给一份，藉供参考。

13. 请将最近主要食物的价值开示。

14. 你校学生食堂所用饮用开水、洗碗水是否由厨房自理？抑由学校茶房供应？若系自理用什么炉灶来烧煮？

15. 你校厨房煮饭、烧菜、蒸面等各设炉灶几座？有多大的锅？用些什么燃料？每天需要若干？

16. 你校学生住学校宿舍是否学生自愿？迁入迁出应有些什么手续？

17. 学生宿舍是否依照院系？怎样编排？

18. 住校学生的户籍及户口异动的手续怎样办？由学校的哪个部门办理？

19. 关于患传染病学生的隔离和照顾怎样？

20. 住校学生携带物品出入学校是否管理？有些什么手续？

21. 关于膳宿规章制度，如有印刷好的规章表格请给我们一份，请将办理膳宿的经验多给些介绍。

搞好伙食必须降低成本，降低成本必须勤俭节约，尤其是粮食的节约。粮食是宝中之宝，所谓“兵马未动，粮草先行”“军无粮草，不战自乱”“谁知盘中餐，粒粒皆辛苦”等，均说明粮食的宝贵和来之的不易，因此学校对此甚为重视，抓得很紧。如1953年，当时粮未定量，饭食自取，则有不少学生任意浪费、糟蹋粮食，膳宿股经详细调查后，除将浪费实物实行展览公诸全校外，并报学校。12月1日，学校特发布告，对于浪费粮食的现象予以严厉批评。布告如下：

布　告

自开始国家过渡时间、总路线及增产节约的学习以来，我校师生员工大多数对粮食的节约都已知道重视。但仍有少数学生可能因阶级出身关系，对一粥一饭都是劳动农民的血汗、点滴浪费都是人民财产的损失，毫无认识。如用膳时取饭过多，并将剩饭故意倒入菜汤内，致使厨工无法处理，只好将好饭变作饲料，仅就膳宿股十一月二十八日晚餐后查觉，在学生食堂开膳的员工及同学所浪费的菜饭即有如下几桩，当即由膳宿股就现场附近展览计：

一、31桌剩饭菜一搪瓷菜盆，净重10公两。

二、胃病膳桌旁空闲餐桌上剩饭菜半搪瓷菜盆，净重4公两。

三、260桌剩菜饭半搪瓷菜盆，净重4公两。又剩菜饭一堆倒在桌上，净重3公两。

复于十一月二十九日晚餐后查觉，157桌剩饭大半碗，净重2公两4公钱。至于窃取食堂馒头随地抛弃的现象更为严重。据最近检查，发现餐室内外、宿舍角落、草地上、道路边，甚至厕所中均有完整的或只吃了几口就抛弃的馒头。有些餐桌吃馒头剥皮的恶劣情况亦再三发现。如此思想，如此作风，实为祖国人民所不容，学校纪律所不许。除将最近拾获馒头展览于中门城墙附近，俾全校师生员工给予批评、促其觉悟外，特此布告，并严予警告。倘以后再不知节约粮食，任意抛撒，当即查实桌号、姓名，予以应得处分。

为了搞好伙食，服务师生员工，膳食科每年都要制订工作计划，提出工作要点。如1956学年度的要点为：一是提高副食生产，扩大饲养猪只。鉴于当时肉食已限量供应，且供应不足，故决定生产组扩大养猪，计划年底达到150头，并逐年增加，争取年内筹划蚕豆、黄豆各3000公斤，以推豆腐、熬酱油、做豆瓣酱，改进伙食。二是改进烹调技术，使其美味可口。增加花色品种，改大锅煮菜为小锅炒菜。三是改良炊事工具，提高工作效率。尽量使用削刀、刨刀、丝刀、切肉机、磨肉机、切面机、馒头机等。

“他山之石，可以攻错”，为了取人之长，补己之短，继昆明地区兄弟院校总务长联席会议之后，膳食科也积极加强与兄弟院校同行的联系，以求互相学习，共同提高。如1956年7月，“昆明四大学膳食工作联席会议第二次会议”在昆明师院召开，出席者为云南大学冯洸、昆明工学院姜开英、昆明师范学院胡世贤及昆明医学院相关负责人，冯洸为主席。会议着重讨论了学生食堂早点、停伙退费退粮、校外人员搭伙、膳费盈余处理、物资采购供应、厨工生活福利及四校联系制度等问题。与会者各抒己见，相互切磋。此种会议，效果甚佳。

膳食工作作为后勤工作的重要部分，学校领导尤为重视，发现问题及时研究解决。1956年时，全校共有3000余人开膳，开膳人多，厨工人少，尤其仅有采购员一人。加之设备简陋，技术落后，管理不善，条件限制等因，致有油炼不透、米饭夹生、味道不鲜、品种单一等情况，员生对此意见颇大。为了解决问题，学校党委专门召开会议进行研究，并于9月作出了《中共云大党委关于改进伙食工作的意见》，指示三点：一是要求总务部门虚心听取群众意见，克服官僚主义，积极改进伙食中存在的问题；二是提倡合理化建议，向先进学习，增加炊事器具（如蒸笼、预备灶、菜锅、菜筒等），关心厨工的劳动和生活，发挥其积极性；三是要求师生尊重食堂工作人员的劳动，多提建设性意见，并进行增产节约、工农生活对比教育等，以“使总务处的工作在向科学进军中起到后勤部的作用”。

总的来说，由于领导重视、加强管理、物资丰富、供应充盈等，这一时期学校膳食工作搞得颇有成效。

2. 宿舍的管理

中华人民共和国成立后，随着学校的不断发展，不仅学生人数日益增多，而且因学生来自省内省外、四面八方，多为住校，故学生宿舍的管理日益重要。这一时期，学生宿舍先归总务处事务科膳宿股统一管理，后因膳宿股分别建为膳食科和宿舍管理科，即归宿管科管理。此外，由学生会生活福利部及各院系宿舍总舍长、每舍舍长协助管理。为了维护学校正常秩序，保证教学工作顺利进行，学校先后制定了有关学生宿舍管理的规章制度。如1953年8月，总务处膳宿股即同时拟订了《学生宿舍管理细则》和《学生宿舍暂行规则》，报经学校批准颁布执行。前者包括住校、退宿、床位异动、宿舍及用具、学生户籍等5个部分共22条；后者共14条，较为详尽地规定了有关宿舍管理的各项事宜。其文分别如下：

云南大学总务处膳宿股学生宿舍管理细则

一、住　校

（一）本校学生原则必须住校。但因宿舍准备不够，如有不愿住校者听便。

（二）如申请住校人数太多，宿舍床位不够时，根据团结互助精神，先尽昆明无家者住校。

（三）申请住校学生，必须通过该院系总舍长后，膳宿股始能登记其床位。

二、退　宿

（四）如因事故退宿，必须具退宿申请书，通过其院系总舍长及舍长，并将其使用之公物向舍长交代清楚，经舍长注明公物交代清楚，统一退宿签章后，再经膳宿股同意后，发给行李放行条或学生申请迁移及出境证通知单，注销其床位。

（五）退宿学生，其所使用公物应交待给舍长。如所用公物被其损坏、遗失等，须向舍长述明原因，由舍长酌情令其赔偿，或准其报毁，填报财产损毁单，经舍长签章证明，转送膳宿股了清手续后，方得退宿。

三、床位异动

（六）个别床位如欲搬动，须先征得总舍长同意，并到膳宿股登记同意后，始得搬动。

（七）个别学生因病需要较长时间之隔离，或病后需要较长时间之静养者，由卫生科指定其床位后，到膳宿股注销其原住床位。

（八）隔离或静养学生病已痊愈，可以搬回校本部宿舍者，由卫生科给予证明条，交膳宿股登记其床位。

（九）如整舍或整系在学期或年度中间有变动时，必须通过其院系总舍长、学生会生活福利部及膳宿股会商决定后，始得搬动。

（十）全校性宿舍调整，应由学生会生活福利部与膳宿股会商筹备，再请各院系总舍长、青年团及行政有关部门会商办理。

（十一）床位异动时，宿舍公物不得自由搬动。

四、宿舍及用具

（十二）全校男女生宿舍，除照管宿舍工友家眷报经膳宿股同意得住入校外，不得住入其他家眷。

（十三）已发作学生宿舍之房屋，其他单位如有特殊需要时，须先与膳宿股会商同意后，始得移作他用。

（十四）宿舍如有破滥必须修理者，由膳宿股通知事务科修理之。

（十五）各宿舍请求增加或补充合于宿舍必须器物设备时，由膳宿股通知事务科核发之。

（十六）宿舍安全检查，由事务科指派专人负责，随时检查修理之。

（十七）宿舍规则另订之。

五、学生户籍

（十八）凡经膳宿股登记住入之学生，其户籍即算落入本校。

（十九）住校学生住入学校时，须将其原住区发给之迁移证（落户证）转交膳宿股。

（二十）凡未将迁移证（落户证）转交膳宿股者，其户籍仍在原住处，算为寄宿生，为临时户口。

（二十一）申请迁移及出境证（落户证）学生，无论是个别或集体申请，均须先办退宿手续，由膳宿股填给申请迁移及出境证（落户证）通知单，由申请人持向秘书科办理之。

（二十二）其他有关户籍事项，由膳宿股与有关部门联系处理之。

云南大学学生宿舍暂行规则

（一）经学生会生活福利部、各院系总舍长及膳宿股编定床位后，即不得任意迁移、冒名顶替。

（二）床位编定后如个别迁移时，应通过其总舍长，并经膳宿股同意登记后始得迁移。如系个别相互调换，除先通过其总舍长外，并将领用之公物交给各该舍长，双方会同前来膳宿股办理登记手续后始得移动。如集体迁移时，须得学生会生活福利部、各该院系总舍长及膳宿股之同意后始得迁移。

（三）宿舍内外应保持清洁，以重卫生。并不准生火、抛掷烟头灰烬，以策安全。

（四）住宿学生不得留宿亲友。

（五）各院系应选总舍长一人，其职权如下：

(1) 调查研究反映本院系住区床位变动及安全保卫事项等。

(2) 每在清洁运动时间，负责布置检查本院系住区的清洁卫生工作，反映宿舍卫生情况。

(3) 与学生会生活福利部及膳宿股经常联系，处理或建议、反映住宿及退宿同学的要求事项。

(4) 协助各该院系住区舍长搞好宿舍工作。

（六）每舍应选出舍长一人，其职权如下：

(1) 舍长负责保管该舍学校财产，详文见《云南大学学生宿舍财产保管暂行办法》。

(2) 住宿学生如有急病或传染病，舍长应立即报告卫生科及膳宿股。如病况不及等待报告者，应先行设法护理之。

(3) 遇有住校学生晚间不回校而外宿时，应负责了解情况并向总舍长说明之。

(4) 留宿本校的学生，须先征得舍长同意。

(5) 如有不遵守本规则者，舍长应予说服或报告膳宿股处理之。

（七）住宿学生不得携带违禁物品及非必须之贵重物品入宿。

（八）教室及其他公共场所之公物，不得移入宿舍使用。

（九）宿舍内之公物不得搬动，如有必要调动时，经膳宿股同意后，由宿舍工友负责搬动。

（十）住宿学生用电，照《云南大学用电管理办法》之规定办理。

（十一）住宿学生需严守纪律，晚上自习时间内不得留舍，晚十时后及午睡时间不得唱歌或高声喧嚷。

（十二）如在楼上住宿者，行走时应放轻脚步，不在楼板上泼水，移动物品力求轻声。

（十三）本暂行规则经学生会生活福利部及事务科同意，并经领导批准后实行。

（十四）本暂行规则有未尽之处，得随时由膳宿股、事务科、学生会生活福利部会商修改。报请领导批准实行之。

上述规则的颁布和执行，使得管理工作有章可循，井井有条。

1956年时，全校共有男生宿舍9幢，女生宿舍3幢，另加速中宿舍，共有男生床位1692床，女生床位893床，总计2583床，基本可以满足需要。具体如表4－44（速中宿舍除外）：

表 4 – 44　1956 年学生宿舍容纳人数表

单位：人

性　别	幢　别	间　数	每间容纳	合计容纳	幢　别	间　数	每间容纳	合计容纳
男生	西一幢	17	4	68	西二幢	17	4	68
	西三幢	17	4	68	西四幢	16	4	64
	西五幢	33	4	132	西六幢	33	4	132
	西七幢	33	6	198	西八幢	32	6	192
	西九幢	40	6	240				
共计		238		1162				
女生	映秋院	60	约 6	365	向泽馆	28	约 7	182
	女生宿舍	66	8	528				
共计		154		1075				
总计		392		2237				

同一时期，全校各院、系学生住宿情况则如表 4 – 45（速中除外）：

表 4 – 45　1956 年学生住校人数统计表

单位：人

院系别	男　生	女　生	院系别	男　生	女　生	院系别	男　生	女　生
中文	103	31	外语	18	2	历史	105	25
经济	36	17	数学	109	32	物理	143	35
化学	127	67	生物	37	43	农学	102	49
林学	107	68	林技班	40	9	医学院	83	127
医训班	10	10	前毕业生	2	1			
总计	1022	516						

（二）医疗卫生

这一时期，云大的医学医疗卫生机构与国立时期基本一样。学校设有医学院，主要从事医学教育工作，直至 1956 年秋独立为昆明医学院而迁出学校。医学院有附设医院，即今云大医院，主要供本校医科学生临床实习和对外医疗服务，其次也为本校师生诊治危重疾病。1950 年，该院自校本部迁往巡津街新址，1956 年医学院独立时，随之成为昆明医学院附属医院。总务处下原设有卫生教育科，科下又分卫生股和医务室，前者负责公共卫生，后者负责员生疾病治疗，校医仍为王天祚。

1953 年，改卫生教育科为卫生科，负责全校的“疾病防治，医疗保健，公共卫生，健康普查”等，首任科长张友铭，自此校医务室撤销。卫生科成立之初，人员很少，至1956年时发展到21人，其中科长严尔锐，内科3人，外科1人，儿科3人，中医1人，化验员1人，药剂师1人，药剂士2人，护士5人，见习护士1人，办事员2人，病床20张。

初期，国家无统一的医疗制度，师生看病，沿袭国立时期旧制：小病免费，大病自理。1951年3月，总务处拟定了《本校同仁同学因病到附设医院就诊办法》，经学校批准执行。自此，师生患病凡经校医室证明者，即可享受该院优惠治疗。其办法如下：

本校同仁同学因病到附设医院就诊办法

第一条　凡本校同仁同学因病到附设医院就诊（包括门诊和住院），都依照本办法的规定办理。

第二条　凡有本办法以外的特殊情况须到附设医院就诊者，由校委会决定直接通知附设医院办理。

第三条　凡本校同仁同学因病须到附属医院就诊时，必须经过校医室诊断认可签发就诊证始能到医院求诊，享受优待，否则任何人前往医院均照普通病人收费。就诊证另订之。

第四条　本办法分门诊、住院两种：

一、门诊：凡本校同仁同学因病经校医说明，签发就诊证到附设医院门诊者，除挂号费外，其他医药费均照五折优待，由病人随时自行付款，医院收存就诊证，按月向校本部报销。

二、住院：凡本校同仁同学患病，经校医证明必须住院治疗时，始能签发就诊证。病人持证到附设医院经医院医生诊断决定住院时，方得留医，病人不得强迫住院。其记账优待办法：1. 同仁：甲、（包括直系亲属）因病持有就诊证到附设医院住院时，由医院凭其就诊证记账，按月结算，开列清单送财务股，在其应得工资下扣除转账；乙、住院的同仁得享受下列优待：（子）住院费免收，（丑）药费和其他治疗注射材料及手术等费按五折收，（寅）伙食费照收，（卯）免交住院预缴费。2. 同学持有就诊证向附设医院留医者，得享受同等优待。但于出院时，医药费由住院人自行结付，不得拖欠。

第五条　同仁同学前往附设医院诊病时（包括门诊、住院），应遵守医院的一切规则。倘有不听劝止，违反规章，扰乱医院秩序时，院方有权令其出院，并报告校本部处理。

第六条　在校女职员工或眷属分娩时，得照此项办法办理。

第七条　医院不准备的贵重药品学校得于可能范围内酌量补助。

第八条　本校同仁同学住院以三等病床为原则。如因病况需住一、二等床位时，按五折收费。

第九条　本办法有未尽事宜得提经校委会修正之。

第十条　本办法经校委会通过公布施行。

同年9月，总务处处务会议又规定：“本校校医室对教职员工诊病，配服药品，应遵上级指示，按成本收费，按月在各人薪金上扣除，以补充药品，并拟自10月1日开始实行。”自此，校医室诊治疾病也开始收费。

1952年，国家对医疗制度进行了重大改革，即在国家工作人员和高等学校学生中，实行公费医疗预防制度。云南省成立了“云南省公费医疗预防实施管理委员会”，自10月起，全省开始实行公费医疗。1953年1月，云大根据国家有关规定，拟定了《公费医疗预防实施办法》12条，规定自2月1日起，全校教职员工实行公费医疗。其办法如下：

云南大学公费医疗预防实施办法

一、应享受公费医疗预防人员：本校教职员工本人。

二、诊疗范围：除一般疾病外，性病、眼病、牙病（包括龋齿之填充）之诊治，特殊饮食疗治，女工作人员产妊，均包括在公费医疗预防之内。（镶牙、配眼镜不包括在公费医疗预防之内）

三、就诊单位：1. 门诊及住院均在云大附设医院（外科敷药、点眼药、注射及轻微疾病暂由卫生股代诊）。2. 中医就诊地点：卫生厅总门诊部（云瑞西路）。

四、住院手续：经医师诊断有住院必要时，由病者持医师诊断证件向卫生厅卫生科领取正式介绍入院文件（住院治疗）。

五、如系紧急伤患，可经医院同意后先行住院治疗，但须即补办手续。

六、凡住院之公医人员，必须遵守医院之各项规则，并应听从医疗人员之指导，不得提出非必要之治疗与特殊之要求。

七、凡住院之公医人员，经医生认为应该出院时（已过治疗期者），即由医院通知其出院，不得藉故拖延。否则，即停止伙食供给，并转有关机关处理。

八、住院公医人员之伙食费、就医旅费，概由病人自己负责。

九、住院公医人员如有死亡，由医院通知学校，按制度自行处理。

十、公医人员就诊或住院，必须携带《公医诊疗证》。

十一、凡享受公医人员，因公赴另一地区工作，得凭原发诊疗证及出差证明文件，经当地主管公费医疗预防之机关，介绍至指定的医院或门诊部诊疗，照章缴纳医药费用，凭所发单据向“云南省公费医疗预防实施管理委员会”报销。

十二、本办法自一九五三年二月一日起公布实施。如有未尽事宜，由卫生委员会商讨修改之。

同年4月，全校学生正式享受公费医疗预防。

公费医疗制度实施后，其公医费指标因时而异。如1953年为每人每月2万元，1954年则为1.5万元等，1954年公医费收入为5.68亿元，支出为4.74亿元，还略有积余。公费医疗制度体现了国家对人民健康的重视，但随着时间的推移，也出现了无病呻吟，小病大养，一人开药，全家服用，甚至滥开补药，致使医药费严重超支，造成国家负担严重的弊端。

卫生科除了为师生诊治疾病外，还负责健康普查等工作，并提出“医生深入院系，护士深入各村（住宅区），掌握健康情况，分科进行治疗”等口号。如1954年2月，曾对全校 2424 名学生和 391 名教职员工进行了健康普查。结果如表 4 – 46：

表 4 – 46　云南大学 1954 年健康普查统计表

学生（2424 人）						教员（391 人）		
病　别	人　数	占　%	患病种数	人　数	占　%	病　别	人　数	占　%
胃肠病	267	11.0	2	171	7.1	慢性病	91	28.3
神经衰弱	238	9.8	3	38		神经衰弱	24	6.1
关节风湿	94	3.9	4	8	1.6	胃肠病	27	6.9
肺结核	37	1.5	5	1				
心脏病	10	0.4						
气管炎	26	1.1						

从表可知，由于过去生活水平的低下和医学技术的落后，当时师生中患病率是较高的。

从 1952 年起，全国各地广泛开展了以“除四害，讲卫生，消灭疾病”为中心的爱国卫生运动，各级政府、各个部门均成立了爱委会，指导具体工作。为了搞好学校环境卫生，提高师生健康水平，卫生科经常配合校爱委会、事务科等部门，开展卫生工作，并制定了相应的措施和办法。如 1953 年，学校即拟定了《卫生清洁制度暂行办法》。其文如下：

云南大学 1953 年度卫生清洁制度暂行办法

为贯彻中央人民政府政务院关于一九五三年继续开展爱国卫生运动的指示，制定本办法。

一、全年举行全校性清洁大扫除二至六次，由爱委会具体布置。

二、建立经常性卫生清洁制度，分区分工负责。区域划分由事务科负责。

三、分工办法：1. 大扫除工作全校人员均参加；2. 员工及家属负责所居住所及其周围地区，同学负责寝室内外，各由校长、舍长领导进行；3. 工友除负责所工作处所外，另负责各划定区域的卫生；4. 食堂、厨房由食堂、厨房自行负责；5. 教室、厕所由事务科指定专人负责。

四、每周一下午课外活动时间为全校清洁卫生工作时间。

五、工警以小组，同学以院系，工属以村舍，教职员以院系科为单位推定卫生干事，协助各单位负责人布置清洁卫生工作。

六、经常进行捕鼠、灭蝇、灭蚊、灭蚤、灭蝨、灭臭虫等工作。每周一下午各卫生干事到爱委会汇报上周工作。

七、鼠、蝇、蚊等动物尸体应送至卫生科投入消毒桶内。

八、学生宿舍蝨、臭虫等要求短期内灭绝。

九、保护水源清洁，不在饮水井或池旁洗衣服、洗菜等。

十、垃圾堆、厕所、痰盂等须每日清除，阴沟每周疏通一次。

十一、鸡、鸭、狗应予圈养，如在公共地区发现，随时予以捕杀。

十二、养成个人良好卫生习惯，共同搞好公共卫生。

十三、建立经常检查会报制度。除由卫生科及爱委会检查外，各单位每月相互检查一次。

十四、每月月终由爱委会根据检查情况，表扬好的，批评坏的。

十五、本办法经行政批准后公布实行。如有未尽事宜得补充修订之。

为了持之以恒地开展卫生工作，学校历年均建立有爱委会组织，以专司其职。如1956年爱委会组成如下：

云南大学爱国卫生运动委员会

（1956年）

主任委员：寸树声

副主任委员：严尔锐

委员：吴占元　项万元　黄　震　洪　发　张桂华

（三）托儿所与幼儿园

中国历来重视幼儿教育。古人云：“教儿婴孩。”（颜之推：《颜氏家训》）近人云：“少年强则国强。”（梁启超：《少年中国说》）

中华人民共和国成立前，学校教职员家属中相当一部分为家庭妇女，故能自带孩子。中华人民共和国成立后，不少妇女积极走出家门，参加各种社会活动，因此深感孩子之累，迫切要求成立一托儿所。

1950年3月，云大妇女互助会为此呈文校主委秦瓒，呈云：该会会员表示愿意积极参加社会活动，“惟各会员皆有家庭儿女之累，时间精力常感不够，为此各会员迫切需要筹办一托儿所……初步登记，即有本校同仁儿童50余人”。关于经费，已在筹措；关于房舍，则请学校拨给西南联大所建的草顶、木板墙房，即“城外前学生服务处”空教室，以修理应用。3月30日，主委秦瓒、总务长诸宝楚签章复示，对所呈请表示同意。除拨所址外，并借给修缮费163万元，拨给幼儿教员2人。经过紧张的修缮、筹备后，6月1日，“云大妇女互助会托儿所”宣告成立。首任主席潘凤珍（潘家凤），并订“所章”，规定各项事宜。“所章”如下：

云大妇女互助会托儿所所章

一、名称：本托儿所定名为云大妇女互助会托儿所。

二、宗旨：为谋协助本大学同仁保育儿童，在有组织、有计划的生活下，养成儿童集体生活的好习惯，并使其智力与生活能力日渐增加和提高。

三、组织：

（一）由云大妇女互助会干事会推选会员五人，组织托儿所所务委员会，为本所决策及执行机关，内分：

1. 主席、副主席各一人。主席总理所务，并于主席不能执行职务时，副主席代行其职务。

2. 教导组：掌理一切有关儿童教学事项。

3. 保育组：掌理一切有关儿童保健事项。

4. 总务组：掌理经费出入、物品采购保管、所景布置及其他不属于教导组、保育组事项。

（二）所务委员会依据实际需要有聘请顾问、教职员及佣用工人之权。

四、学制：

1. 暂设三班：幼儿班，幼稚大班，幼稚小班。

2. 暂定为半日托。

五、经费：除要求本校拨给部分人员及所址外，向校内外热心社会事业人士捐募经费及应用物品。

六、本所章由妇女互助会干事会通过之日生效。

七、本所章如有修改并须经妇女互助会干事会通过。

所务委员会负责人名单：

主席：潘家凤

副主席：陈祐英

教导组组长：方笙筠

保育组组长：谭崇仁

总务组组长：宋凤娇

托儿所的创办，不仅使孩子们能够接受正规的教育，过集体的生活，从而受到良好的教养，而且解除了教职员工的后顾之忧，使其能够全力以赴地搞好本职工作。

1951 年春，托儿所曾兼办“附设员工子女小学”，招生一班，但半年后即告结束。此为今日赫赫有名的“云南大学附属小学”之先声。

1953 年，托儿所的孩子当中，有的已长成幼儿，为了教育的连续性，经过批准，正式成立了“云南大学附设幼儿园”，由学校组织科领导，女工委员会指导。其经费，经西南局指示，原则上由幼儿学杂费维持，学校由员工福利费内酌量补助；其房舍，则由大学拨用，仍在托儿所内。幼儿园初创时，一切都因陋就简，简单从事，后来均有所发展。组织方面：设园主任一人，有张春华，刘诗芬等，下分行政、教务、保健、总务、厨房、值日、监护等。政治方面：全体工作人员均参加学校的政治业余学校、工警业余夜校学习，以提高思想觉悟。业务方面：经常参加市文教局举办的保育工作讲座会等，以提高业务水平。其他方面：每月联系家长代表一次，定期召开家长座谈会，以听取意见，改进工作；每两周园主任出席校女工委员会，向学校汇报工作，反映问题；每周召开教务会议，总结、布置工作等。

关于人数和分班，1953 年收 70 多人，分为小、大两班；1954 年再收 50 多人，分为小小、小、中、大四班；1955 年又收数十人，根据全国初等教育分班年龄之规定，分为三班：3 岁至 4 岁半为小班，4 岁半至 6 岁为中班，6 岁至 7 岁为大班，以后遂成定制。关于入托制度，初期为上、下午“两段制”。作息时间如表 4－47：

表 4－47　云南大学附设幼儿园儿童作息时间表

上　午		下　午	
时　间	内　容	时　间	内　容
7：50—9：20	儿童入园	2：20—3：30	儿童入园
9：20—9：50	早操、早会	3：30—4：00	必修作业
9：50—10：20	户外活动、上厕	4：00—4：20	户外活动
10：20—10：50	早点	4：30—5：00	唱歌
10：50—11：20	户外活动	5：00—5：30	户外活动
11：20—11：50	必修作业		

后来改为全日制，即早上入园，下午放学。关于教学计划，“根据苏联幼儿教育十大原则教育儿童，培养儿童热爱祖国，热爱领袖，热爱解放军、志愿军，成为德、智、体、美全面发展的社会主义新成员”。依据儿童的年龄特点，及季节、时事、环境、节日进行教育，目的是“围绕大学的教学服务，使儿童的母亲及父亲能安心工作”。托儿所和幼儿园的成立，不仅解除了教职员工儿女拖累的后顾之忧，而且使得孩子们从小就受到正规的、科学的、严格的良好教养，使其茁壮成长，成为一代新人！

（四）治安保卫

云大位于城郊结合部，校门较多，可谓四通八达，常为校外人员穿梭而过的“终南捷径”，因而治安工作尤为重要。学校治安工作大体分为日常保卫和节假日重点保卫两部分。日常保卫由事务科所属的校警队负责，各门均有人日夜把守，轮流值班。门卫制度较为严格，师生出入校门必须佩戴校徽，或出示工作证、学生证，携物出校须有“放行条”。校外人员入校须有证明、介绍信，探访者须填写“会客单”等。节假日重点保卫除校警队担任外，学校还有专门机构负责。如 1951 年五一节时，因师生欲参加全市大游行，故先于 4 月 15 日成立了“云大保卫委员会”，就保卫事项与省公安厅、市公安局及三分局联系。为了节日安全，该会特作了如下布置：（1）5 月 1 日，应将校内所有水井全部封闭（以防敌特投放毒药）；（2）于 4 月 30 日晚以前，将校内所有防火水桶全部将水盛满（以防火灾）；（3）事先检查校园各地，守护配电室人员不得参加游行（以保证电路畅通）；（4）5 月 1 日，校医及汽车留在学校（以保证紧急救护和运输）；（5）留校人员须准备盛水器具，留校工警应准备斧子、梯子（以备救火）；（6）节日期间，各单位应派定留守人员（以加强保卫）等。措施之严密，可谓滴水不漏，万无一失。

后来，学校还奉命成立了“治安保卫委员会”，简称治保会，由学校、各系、各部门有关人员组成，以加强学校的治安保卫工作。如 1956 年的治保会成员组成如下：

云南大学治安保卫委员会成员各单

（1956 年）

主任委员：方仲伯

副主任委员：周　玺　张瑞纶

委员：尤　忠　马庆华　尚　珂　杨绍珠　李　森　余炳权　王建勋　党金水　张志龙　黄绍根　杨惠英　杨体诚　李世昌　黄元昌　谢恩堂

总的来说，这一时期由于人们的政治觉悟较高，思想教育较好，社会较为安定，道德风尚较淳，物质财富较多，加之措施得力，因此学校的治安状况较好，基本未出大的问题。

（五）车辆运输

中华人民共和国成立后，云大接收了国立时期陈旧的卡车 2 辆，黄包车 1 辆等，全校车辆运输由事务科管理。

1950 年 10 月，接收甘美医院时也接收了一辆吉普车。照公路局规定，车辆交接须登报声明，方能凭报纸办理更换执照及过继户口等手续。为此，学校在某报上连登声明 3 天。其文如下：

云南大学声明

前甘美医院全部财产由我校接收，内有 1945 年福特厂小吉普车一辆，牌号 18－0648，引擎号码 PW211478，除向公路局申请过户、换取新牌照外，特此声明。

后来车辆略有增加，但多系旧车，难以正常行驶。如 1954 年曾购吉普车 1 辆，价约 9000 万元；又因贵州大学部分系并入云大工学院，而由该校拨来卡车 1 辆。是年，共有吉普车 2 辆，仅 1 辆能行驶；卡车 4 辆，其中 1 辆机车已坏，1 辆先曾报废，后经机械系修理后，勉可行驶，作该系学生实习之用，“但无驾驶室及车箱”，残缺不全，不伦不类。另有马车 1 辆，除负担清除校内垃圾外，尚拉运采购物品、邮寄包裹、新到人员的行李家具、实习同学的行李等，可谓马不停蹄、车负重任，忙得不亦乐乎。为了缓解运力紧张，是年经呈报西南高教局同意后，增购马车 1 辆，马 1 匹，价约 250 万元。

1955 年 11 月，学校呈报高教育部，谓：鉴于学校发展，首长增加，运输繁忙，涉外事务增多；学校地处城郊，员生生病，须送医院；生产实习较多，运量增大；原有吉普车年久陈旧，大修小修不断，耗油量大；常有国际友人、专家学者，莅校参观，接送困难等因，“根据需要，请添置校首长专用车一辆”。此请蒙部允准，遂以 1.65 万元，向昆明中国交通电工器材公司购得全新波兰产华沙牌小轿车 1 辆，以供使用。

1956 年时，全校共有大小车辆 9 辆：道奇 T118 汽油卡车 1 辆，依发 H3A 柴油卡车 1 辆，吉普车 2 辆，轿车 1 辆，消防车 2 辆，救护车 1 辆，加热托 25 型拖拉机 1 辆等。其中，吉普车 1 辆和救护车归云大医院使用，拖拉机归农学院作教学、农场耕地及临时运输之用。

七、工学院独立为昆明工学院

（一）工学院的创办与发展

1954 年，奉中央高教育部指示，云南大学工学院独立建为昆明工学院。

原来，1923 年，私立东陆大学创办之时，仅设二年制预科，分为文预科和理预科。1925 年，学校始办本科，分为文本科、工本科。其中，工本科包括土木工程和采矿冶金二系，工科首任主任为萧杨勋，二任主任为杨克嵘。此为云大创设工科之始。

1931 年，省立东陆大学时期，学校奉令改科为院，其中工本科改为工学院，仍辖土木工程和采矿冶金二系，首任院长为何瑶。此为云大创设工学院之始。

1934 年，省立云南大学时期，工学院改为理工学院，下辖数理、土木工程和采矿冶金三系，院长为兼代校长的何瑶担任。1937 年，熊庆来出任云大校长后，进行院系调整，复将理工学院分为理学院和工学院，工学院仍辖土木工程和采矿冶金二系，院长先后为杨克嵘、熊庆来（代）等。

1938 年，省立云南大学改为国立云南大学之后，工学院奉命先后于：1941 年增设铁道管理学系、1944 年增设航空工程学系、1946 年增设机械工程学系。由此成为一院辖五系，另有电讯专修科及附设实习工厂，直至中华人民共和国成立以后。中华人民共和国成立之前，工学院及所属各系先后的负责人主要如下：

工学院院长：何瑶、杨克嵘、熊庆来（代）、冯景兰、孟宪民、丘勤宝

土木系主任：李炽昌、丘勤宝、殷之澜

矿冶系主任：张正平、蒋导江、石充、卢焕云、黄国瀛

铁道系主任：李吟秋

航空系主任：王绍曾

机械系主任：马光辰

电专科主任：周荫阿

中华人民共和国成立后，国立云南大学改为云南大学。1950 年，电讯专修科停办，不久增办了采矿专修科。1951 年首次部分院系调整时，航空系迁出并入四川大学，不久后又并入新成立的北京航空学院（即今北京航空航天大学）。1953 年再次全面院系调整时，铁道系所属管理组并入北京铁道学院，工程组并入中南土木建筑学院，另土木系并入重庆建筑学院和四川大学。至此，云大工学院仅余矿冶系、机械系、采矿专修科及实习工厂等。院长仍为杨克嵘。

（二）工学院独立的酝酿与昆明工学院的筹建

1. 工学院独立的酝酿

中华人民共和国成立初期的院系调整中，为了加强培养高等工科人才，以适应经济建设的需要，国家即有将综合大学中的工科院系独立建校的计划。1952 年 4 月，教育部公布了《全国工学院调整方案》，其中就决定：以云大工学院矿冶系、机械系为基础，加上贵

州大学工学院矿冶系、机械系，重庆大学冶金系有色冶金部分和西康技艺专科学校的部分教师，合并组建昆明工学院，成为以有色金属采矿和冶炼为重点的多科性工科院校，隶属中央教育部领导。

1953 年 7 月，“全国高等工业学校行政会议”在北京召开，高教育部部长马叙伦在会上作了《关于全国高等教育的基本情况和今后方针与工作的报告》。该报告认为：“从一九五三年起，（国家）进入了经济建设的新时期，开始了第一个五年建设计划，集中力量发展重工业。……培养德才兼备、体魄健全，即既具有高度政治觉悟，又能掌握现代科学技术的专门工业建设人才，正是我们高等工业学校的任务”，并明确提出了“以培养工业建设人才和师资为重点，发展专门学院，整顿和加强综合大学”的方针。为了筹建工学院而自贵州大学校长任上调入云大的赵凤歧，参加了“全国高等工业学校行政会议”，并在会上代表云大就云大工学院独立问题提出了书面意见。不久，高教育部就云大所提问题复函云大，明确提出：“昆明工学院最好明年暑假正式成立。现在就应组织筹委会，加紧教学、基建、行政等等方面的准备工作。”至此，工学院独立建院已成定局，且刻不容缓。8 月 28 日，学校遵示正式成立了“云南大学昆明工学院筹备委员会”。其组成人员如下：

云南大学昆明工学院筹备委员会

主任委员：李广田　云南大学副校长
副主任委员：赵凤歧　云南大学副校长、原贵州大学校长
委　　员：寸树声　云南大学秘书长
竺良甫　云南大学工学院教授
王源璋　云南大学工学院教授
张瑞纶　云南大学总务长
杨　涛　原云南省工业部干部

筹委会建有办公室，下设基建处、教务处、教学设备采购小组等。筹委会成立后，即加紧昆明工学院的筹建工作。

2. 工学院院址的确定和基建的进行

关于新院址。省文教委和教育厅根据昆明市发展规划中市西北将建成文教区的原则，指示大体在云大以北、民族学院至北教场以西、昆明师院以东的地区，包括旧英国花园、虹山一带，面积共计 56 万多平方公尺，其地多为平矮山丘、坟地，小部为农地。后来考虑到工学院的近期建设和远景规划，几经实地踏勘和测量，最后具体确定为：“东以莲花池通往北教场马路为界，南以滇缅铁路为界，西以师范学院背面通至富民马道左右，沿大连山脚折向獭猫山（即虹山）脚为界，东北角与北教场为邻。”据此，新院址的四至即为北至第三步兵学校（北教场），西接有色金属学校（今昆明高等冶金专科学校），南界昆明师范学院（今云南师大）、云大工农速成中学（今北院），东临莲花池乡及云南民族学院，而“旧军用公路”则从院址中心穿过。院址确定之后，筹委会计划将北部建为实习工厂区，西部建为教员住宅区，南部建为运动场。但后来将运动场改建在北部，而将南部建为教学区。

关于基建。昆明工学院是中华人民共和国成立之后国家在云南建立的第一所高等院

校，对其院舍建筑，有关领导甚为重视。为了保证工程质量，在筹委会领导之下，又成立了“建筑工程计划委员会”，且主要负责人多由筹委会负责人兼任，专负院舍建筑之责。“建工委”组成如下：

云南大学昆明工学院建筑工程计划委员会

主任委员：李广田　云南大学副校长
副主任委员：赵凤岐　云南大学副校长
寸树声　云南大学秘书长
张瑞纶　云南大学总务长
王士魁　云南大学副教务长
委　员：杨克嵘　云南大学工学院院长
黄国瀛　云南大学工学院矿冶系主任
王景贤　云南大学工学院原土木系主任
李吟秋　云南大学工学院原铁道系主任
姚　瞻　云南大学工学院原土木系主任
冯　兢　云南大学工学院土木系教授
杨世杰　原贵州大学土木系讲师
徐家保　云南大学工学院土木系讲师
王秀彰　云南大学工学院土木系助教

建委会下设三部：

建筑部：主　任：王景贤（兼）
副主任：姚　瞻（兼）、杨世杰（兼）、王秀彰（兼）
材料部：主　任：徐家保（兼）
副主任：杨尚书　云南大学总务处事务科干事
财务部：主　任：张瑞纶（兼）
副主任：陆宗义　云南大学总务处财务科科长

建委会“由张（瑞纶）总务长负责具体领导”，各部则分头负责，专司其职。

建委会成立之后，原请承建单位云南省建工局代为设计工程蓝图，但因该局工作繁忙，无法兼顾，改由本校工学院设计专家、理科三馆的主要设计者姚瞻教授主持，自行设计。1953 年 4 月底，设计告竣，即呈报西南高等教育局审核。5 月，高教局复函云大，谓：“基本上我们同意你院设计蓝图，希速与施工单位订立协议书或签订正式合同。”5 月 21 日，云大与省建工局签订了首批工程合同。全部建筑经费，则由西南高教局核拨。一切准备就绪之后，工程即行破土动工。整个工程共分 3 期，具体如下：

第一期工程：开工日期为 1953 年 7 月 10 日，建筑面积为 15780 平方公尺，投资总额为 224.12 亿元（旧人民币，下同），建筑内容包括教职员宿舍、男生宿舍、女生宿舍、学生食堂等，同年 9 月 28 日全部竣工。

第二期工程：开工日期为1953年10月12日，建筑面积为10484平方公尺，投资总额为120.24亿元，建筑内容包括教室实验室大楼、教员宿舍甲式、教员宿舍乙式、职员宿舍、工人宿舍、诊疗所、配电所、沐浴理发室等，1954年7月24日全部竣工。

第三期工程：开工日期为1954年4月6日，建筑面积因有临时增减而未详计，投资总额为76.55亿元；建筑内容包括教员宿舍甲式、教员宿舍乙式、职员宿舍、工人眷属宿舍、各种车间和实验室等，同年9月9日全部竣工。

在筹委会的领导和建委会的监督、管理之下，学院的首批院舍建筑自1953年7月10日开工，至1954年9月9日全部竣工，得以保质保量顺利完成任务，从而保证了昆明工学院的按时成立。

3. 行政组织系统和人员编制的制定

为了即将成立的工学院能够正常开展教学、行政、后勤等各项工作，在进行基建的同时，筹委会参照云大的现行组织和编制，结合新建工学院的实际需要，分别制定了《行政组织系统表（草案）》和《行政人员编制表（草案）》，分别如下：

表4－48　昆明工学院行政组织系统表

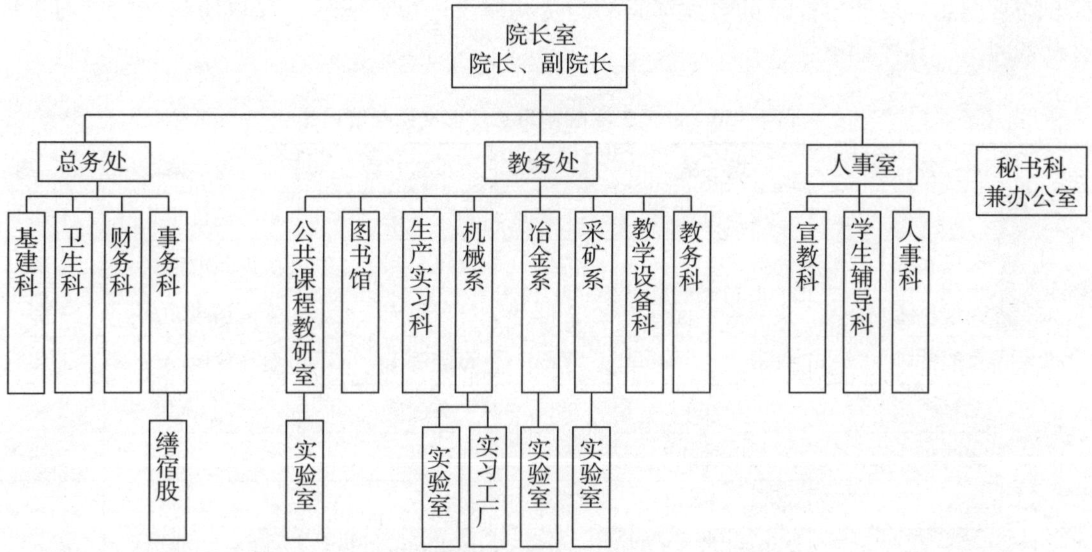

表4－49　昆明工学院行政人员编制表（草案）

<table>
<tr><td>部　别</td><td colspan="2">院长室</td><td colspan="5">秘书科</td><td colspan="5">人事室</td><td colspan="11">教务处</td><td colspan="6">总务处</td><td>总　计</td></tr>
<tr><td>职　别</td><td>院长</td><td>副院长</td><td>科长</td><td>秘书</td><td>档案员</td><td>打字员</td><td>收发员</td><td>主任</td><td>书记</td><td>人事科</td><td>学生辅导科</td><td>宣教科</td><td>教务长</td><td>书记</td><td>采矿系</td><td>冶金系</td><td>机械系</td><td>公共课程教研室</td><td>教务科</td><td>教学设备科</td><td>生产实习科</td><td>图书馆</td><td>实习工厂</td><td>总务长</td><td>书记</td><td>财务</td><td>基建科</td><td>卫生科</td><td>事务科</td><td></td></tr>
<tr><td>人数</td><td colspan="2">2</td><td colspan="5">5</td><td colspan="5">13</td><td colspan="11">68</td><td colspan="6">70</td><td>158</td></tr>
</table>

昆明工学院行政组织系统表中，各科均设科长、副科长、干事等职。财务科另设审计、会计、出纳等，基建科另设工务员等，卫生科另设医生、护士、司药、事务员等，事务科另设膳宿股，有股长、事务员、炊事员等，其他工友中尚有配电工、电话工、泥工、木工、花匠、通讯员、司钟、司机（全院共有大、小汽车各1部）、开水房工友、公务员等。各系均设主任、副主任、秘书、政治辅导员、行政干事等；教务科另设调度员（排课）、讲义绘图员、文印工人、晒图工人等；图书馆设主任、馆员等。总的来说，机构精简，职责明确。关于人员的来源主要是：院级领导由中央任命，其他教员、职员、工友等，则由云南省委调配和云南大学、贵州大学调整等。

4. 经费、校产的划分和移交

关于经费、校产的划分，除了上级拨予工学院的专款归其支配外，由云大预算内划拨一事，筹委会作出以下办法：一是固定资产设备部分，属于工科专款购置者悉数拨交，其余如家具、器皿、实验材料、工具器械等，按照工学院的实际需要，以不影响云大供应为原则进行划拨。二是经费部分：在独立后的1954年9—12月，按照实际预算划分，独立前的同年1—8月，则根据预算执行结果，按照各项费用的余绌，分别以两校的基数换算后进行划分；其他经常费部分，属于工科原预算者，照8月底余款全数拨予。对此办法，双方均甚满意。旋即学校派员对欲移交的经费和财产进行了清理。仅以所移交的实习工厂的设备为例，具体如下：

表4－50　云大工学院实习工厂移交设备统计表

工　别	名　称	规　格	数　量	名　称	规　格	数　量
机工	六尺车床	全齿箱电动式	7部	六尺车床	半齿箱皮带式	1部
	六尺车床	皮带式	7部	八尺车床	半齿箱电动式	2部
	四尺车床	皮带式	1部	三尺车床	半齿箱电动式	1部
	万能铣床	皮带式	3部	万能铣床	全齿轮电动式	1部
	工具磨床		1部	牛头刨床		5部
	龙门刨床	八尺电动式	1部	联合机		1部
	钻床		2部	台钻		2部
	插床	（待修）	1部	炮弹车床	（待修）	2部
	冲床	（待修）	2部	六尺车床	（待修）	4部
	龙门刨床	（待修）	1部	自动车床	（待修）	
钳工	老虎钳		30套	钳工手工具		30套
锻工	空气锤		1座	煨铁炉		4盘
	铁钻		4个	锻工手工具		4套
木工	木车床		4部	锯木机		1部
	木工手工具		18套			
铸工	三节炉		1座	铸工手工具		15套
焊工	电焊机		2部	气焊机		1部

1954 年 5 月，筹委会制定了《云大工学院迁校工作计划要点》，共分 10 项，即：做好迁移工作；8 月完成基建；尽速配备干部；购妥必要器具；增购教学设备；妥善解决膳食；拟定迁校办法；做好搬迁准备；拟订搬迁计划；加强督促检查等。约 8 月，开始了校产的移交和搬迁工作，昆明工学院成立在即。

（三）昆明工学院正式成立

1954 年 4 月 23 日，筹委会办公室致函中央高教育部，请中共中央毛泽东主席、朱德副主席和政务院周恩来总理，于百忙中为即将成立的昆明工学院题写院名。5 月 14 日，高教育部办公厅复示筹委办，谓：题院名事，“经与中共中央办公厅联系，据告，毛主席、朱副主席、周总理政务均极繁忙，对一般题字的请求不拟代为转呈等语，并查过去北京气象专科学校等曾有同样请求，已经谢绝。特复。”请求未遂。

同年 5 月，西南高教局通知云大：正式批准使用学院开办费 6.15 亿元，以作成立费用。7 月，再通知：“赵凤歧同志为昆明工学院院长，希先行到职”开展工作。8 月 7 日，西南高教局向云大发出高教（54）人字第 1612 号《通知》，正式批准云大工学院独立建校。《通知》云：“接中央人民政府高等教育部（54）厅秘崔字第 219 号通知略称：今年暑假全国高等学校院系调整方案，业经政务院批准你区云南大学工学院独立建校，成为以有色冶金和采矿为重点的多科性工学院，定名‘昆明工学院’，即希布置实施。关于昆明工学院的印信，希你局代我部就近刊发等语。兹特函准你校知照，并随函将代刻之‘昆明工学院’印信一颗颁发，请该院于启用时将印模呈报中央高等教育部备案。附昆明工学院印信一颗（另寄）。”8 月 17 日，中央人民政府委员会办公厅秘书处通知高教育部，正式任命赵凤歧为昆明工学院院长。通知云：“中央人民政府委员会第三十三次会议通过，任命赵凤歧为昆明工学院院长。”高教育部即转知西南高教局，高教局转知昆明工学院。不久，政务院又任命竺良甫为昆明工学院副院长，高教育部任命王源璋为教务长，杨涛为总务长。

在此前后，为了将来的各项工作有章可循，顺利开展，筹委会曾组织人力，详尽地拟定了《昆明工学院暂行学则（草案）》，及有关教学、科研、实验、实习、学生、行政、后勤等的学则、办法、规则、规定、条例等，共计 26 种，近 400 条。

昆明工学院按计划订于 1954 年 9 月 1 日正式成立，15 日开学上课。但因准备耗时，庆典曾两次延期，先为 9 月 6 日，后为 9 月 7 日。此前，工学院曾向有关单位发出红底金字的请柬，欢迎届时光临。其文如下：

请 柬

谨订于五四年九月六日（星期一）上午九时举行我院成立大会，恭请惠临指导。

昆明工学院

地址：本市北郊莲花池

9 月 1 日，云南省第一所新型的高等工科院校——昆明工学院，经过两年的紧张筹备和全院师生员工的共同努力，正式诞生了。

9 月 7 日，昆明工学院举行了隆重的成立大会。参加大会的来宾，有省、市党政军学各界领导、各民主党派负责人、机关团体、兄弟院校的代表及全院师生，共1100多人。来宾中主要有：中共云南省委常委兼省政府副主席郭影秋、省政府副主席龚自知、解放军云南军区副司令员秦基伟、省委宣传部副部长袁勃、国民党革委会云南省分部筹委会召集人张天放、民主同盟云南省支部主任苏鸿纲、省学生联合会主席尚星一、昆明市副市长曾恕怀、昆明师院院长方章、高教育部计划教育司副司长张健，及知名人士、专家学者寸树声、方国瑜、杨明、杨克成、安朗、方仲伯、杨春洲、杨青田、纳忠等。会场内外，旗帜飘扬，可谓嘉宾云集，盛况空前。大会主席台正中高悬毛泽东巨幅画像，两边各挂五星红旗，庆典由首任院长赵风歧主持。大会开始后，首先由云大昆工筹委会主任、云大副校长李广田致辞，他说：昆明工学院是在党和政府的领导与支持下正式成立的，“希望该校在今后的工作中，获得新的成绩”。接着郭影秋讲话，他代表省委和省政府对工学院的成立表示热烈的祝贺，要求工学院全体教师，“必须继续批判资产阶级思想，学习苏联先进的教学经验，用马克思列宁主义的、共产主义的观点、方法教育学生，并进一步加强团结”。龚自知、秦基伟、袁勃、张天放、苏鸿纲、尚星一、曾恕怀、方章和张健等也先后发表讲话，表示热烈祝贺。最后由赵风歧致答词，他表示：工学院“将要按照中央的文教方针与任务……做出成绩，来答谢党和人民政府对昆明工学院的期望与关怀”。

9月8日，《云南日报》头版以“适应有色金属工业建设发展需要　昆明工学院已正式成立”为题，对昆明工学院的成立作了较为详细的报导。

9月中旬，高教育部部长杨秀峰即到新建的昆明工学院进行视察，指导工作。

自此，每年9月7日即定为昆明工学院的院庆日。

云大工学院的独立与昆明工学院的成立，标志着存在30余年之久的云大工科院系和工科教育的结束，同时也说明昆明工学院与云南大学有着源远流长的“亲缘”关系，正如人们所戏言：云大是在“母鸡下蛋”！后来，昆明工学院与云南工学院合并，成为今日的昆明理工大学。

八、医学院独立为昆明医学院

（一）医学院的创办与发展

1956年，奉中央高教育部指示，云南大学医学院独立建为昆明医学院。

原来，云南地处边陲，且多瘴雨蛮烟之区，历来医疗卫生条件甚差，滇民中患病率、死亡率均较内地各省为高。为了改变滇省缺医少药的状况，增进滇民的身体健康水平，私立东大创办之时，即有设立医科之议，只因条件限制而未果。

1932年，云南省政府根据国民政府“整顿高等教育”的命令，议决“整理云南高等教育案”。省立东大根据此案先行创办了四年制医学专修科，此为后来筹设医学院的基础。医专创设于圆通山脚下的忠烈祠，后移入本部会泽院，首届招生35人，聘周晋熙为首任主任，1934年后，改聘秦光弘继任。此即云南高等医科教育之发端。

1937年省立云大时，熊庆来出任校长后，为了推动学校发展而进行了院系调整。此时医专首届学生已届毕业，加之其他条件渐臻成熟，遂在医专基础之上正式成立了医学院，学制6年。熊庆来以留学法国同仁之关系，聘请范秉哲博士为首任院长，姚碧澄博士为副院长，戴练江、杜棻、李枢、赵明德诸博士等为教授。1944 年，杜棻继任院长。医学院诞生之时，正值全面抗战初兴、国难当头之际，幸赖前辈诸公艰苦创业，复蒙社会团体乐予翊助，故惨淡经营十数载后，无论师资、设备、房舍、实验等均有所发展。尤以师资为最，如 1947 年时师资状况略如表 4 – 51：

表 4 – 51　民国三十六年云大医学院教师名录

职　别	姓　名	性　别	年　岁	籍　贯	简　历	到校年月
教授兼院长	杜　棻	男	42	河北涿州	北平中法大学理学院毕业，法国里昂大学医学院医学博士，云南省立仁民医院院长	26 – 09
教授	范秉哲	男	44	河北任邱	法国里昂大学医学院医学博士，云南省政府卫生顾问，云南大学医学院院长	26 – 08
教授	李　枢	男	44	河北涿州	法国里昂大学医学院医学博士，波尔多大学医学院进修	26 – 08
教授	张瑞纶	男	40	河北宛平	法国里昂大学理学硕士，法国国家理学博士，云南大学理学院教授	27 – 08
教授	赵明德	男	39	河北迁安	法国里昂大学医学院医学博士，云南省立隔离医院院长，云大医院院长	28 – 08
教授兼主任	朱肇熙	男	43	江西南康	北平中法大学理学院毕业，法国里昂大学医学院药学博士	28 – 02
教授兼主任	刘学敏	女	35	河北任邱	法国里昂大学医学院医学博士，云南省立仁民医院内科主任	31 – 04
教授	缪安成	男	42	云南昆明	上海震旦大学医学院毕业，美国哈佛大学公共卫生硕士，云南省卫生试验所所长，云南省卫生处处长	31 – 01
教授	黄万杰	男	45	浙江乐清	国立西北医院学教授兼训导主任，滇缅铁路卫生处专员，昆明市卫生局局长	31 – 09
教授	张蓬羽	男	40	四川江安	上海震旦大学医学院毕业，法国里昂大学医学院医学博士，巴黎大学医学院进修	33 – 08
教授	秦教中	男	55	云南呈贡	巴黎大学医学院医学博士，中国医药研究所研究员，广东赤坎法国医院院长，云南省立昆华医院院长	34 – 02
教授兼主任	朱锡侯	男	34	浙江绍兴	巴黎大学毕业，法国里昂大学理学院理学博士，巴黎大学生理心理学研究生，中法大学教授	34 – 08

续 表

职 别	姓 名	性 别	年 岁	籍 贯	简 历	到校年月
教授	刘崇智	男	33	河北任邱	法国里昂大学医学院医学博士，里昂市立医院外科医师，云南省立昆华医院外科主任	34 - 08
教授	郭文明	男	34	河北宛平	法国都鲁司大学农学院工程师，巴黎国立农学院研究系毕业，云南大学农学院教授，中法大学理学院教授	35 - 08
教授兼主任	蓝瑚	男	33	河北昌平	法国里昂大学医学院医学博士，天津市立第三医院外科主任兼医务主任	36 - 08
教授	李念秀	女	33	河北滦县	法国里昂大学医学院医学博士，天津市立第三医院妇产科主任	36 - 08
教授	叶日葵	男	34	广东文昌	法国里昂大学文学院博士，北平中法大学文学院教授	36 - 08
教授	石毓澍	男	30	河北天津	法国里昂大学医学院医学博士，里昂大学理学院硕士	36 - 08
助教	周润琮	男	30	云南邓川	云南大学医学院毕业	33 - 08
助教	刘鸿璧	女	29	贵州平越	云南大学医学院毕业	34 - 08
助教	陈留余	男	28	云南昆明	云南卫生试验所细菌病理课课长	33 - 10
助教	姚金芝	女	29	安徽桐城	云南大学医学院毕业，柚东医院产妇科主治医师	36 - 01
助教	李荫屏	女	25	云南宣威	北平中法大学毕业	36 - 08
助教	易淑懿	女	26	河北	云南大学医学院毕业	34 - 07

由表4－51可知，当时云大医学院师资多为留洋博士，尤为留法博士，其阵容之强大，队伍之齐整，确为海内学校所少见，滇省医界所仅有，也因此而形成“法语（模式）教学之特殊系统，实为国内法国医学推进之嚆矢”。

医学院仅设医疗一系，学科则分6科：内科，主任石毓澍；外科，主任刘崇智；病理科，主任刘学敏；药理科，主任朱肇熙；解剖科，主任蓝瑚；生理生化科，主任朱锡侯等。实验方面初具规模，除供教学、科研、实验之外，尚可对外服务，如“尸体之解剖检查，病理之组织切片检查，细菌之研究培养，生理化学之实验”等。所谓“名师出高徒”，在高水平教师的培养下，医学院学生在校外医院实习时，“备受欢迎”。毕业后，“因在校时受严格之训练与实习，于执行医务时，均能胜任愉快”。

1941年7月，为了适应医学院师生教学实习，与附近居民医疗之需要，云大于校本部今文渊楼北部一带创设了“国立云南大学医学院附属医院”，因省主席龙云题赐院名“云大医院”，故民间一直习称为“云大医院”。初期，聘本校医学院教授戴练江兼首任院长。1942年，继聘范秉哲兼二任院长。1944年，复聘赵明德兼三任院长，张瑞纶兼副院长。各科主任也均为留洋归来的博士、医学院教授兼任。如40年代后期为：医科主任蓝瑚教授，内科主任石毓澍教授，外科主任刘崇智教授，妇产科主任李念秀教授，小儿科主任刘学敏教授，理疗科主任张蓬羽教授，药剂主任朱肇熙教授等。这在当时省市各级公立、私立、国人、外人所办医院中，确是首屈一指，绝无仅有的。后来，又增加了牙科、眼耳鼻喉科、肺痨科、皮肤花柳科、精神病神经病科等，成为一所医疗科室较为齐全的综合性医院。

此外，1942年，得“商业巨子”董澄农捐赠，建“西郊疗养院”，院长初为范秉哲兼，后为徐肇彤。但为时不久，1944年该院即因故“结束”。1947年，为了便利城区患者就近诊治，又在云瑞西路建“云大医院分院”，分院长为赵明德兼，医师也多由“总院”医师兼任。

中华人民共和国成立后，医学院仍为云大五学院之一，院长仍为杜棻，仍设医疗一系，不过学制改为5年。后经1951、1953年两次院系调整，1954年8月，学校撤销院级建制，但因医学院正议独立，故院名仍保持未变。1950年，因云大医院迁出校外，学院即由晚翠园（约今物理馆处）迁至梓园（约今文渊楼处）一带。由于国家对医学教育甚为重视，医学院师生员工均有大幅度增加，课程设置也较前完备，并建了教室、实验室，增购了大量教学设备等。到1956年独立时，全院学生总数为679人，比中华人民共和国成立前增加1倍。其中，五年级43人，四年级58人，三年级103人，二年级116人，一年级359人，又其中男生293人，女生386人，女生比男生多93人。各科教师分布则如表4－52：

表4－52　云大医学院1955—1956年教师分布表

单位：人

课　程	教授、副教授	讲　师	助　教	合　计
临床内科	1	3	12	16
临床外科	4	3	12	19
妇产科	1	3	11	15
儿科	1	4	4	9
眼科	1	1	3	5
耳鼻喉科	1	2	2	5
牙科	1	1	2	4
精神及神经病科	1		1	2
放射科			3	3
皮花科	1	1	1	3
解剖	1	2	2	5
体育			2	2

续 表

课　程	教授、副教授	讲　师	助　教	合　计
政治				
俄文			2	2
拉丁文			1	1
生物			1	1
化学		1	4	5
总计	13	21	63	97

实验室除原有的生理学、解剖学（附尸池）、病理解剖学、组织学与胚胎学、微生物学、寄生虫学、药理学及生物化学等8个外，又增加了公共卫生学、外科手术学等实验室。

医学院附设的云大医院总院及云瑞分院，于1950年10月迁往巡津街原甘美医院院址，实行三院合并，院长仍由杜棻兼任，副院长为梁家椿。此后不断发展壮大，至1956年随医学院独立时止，全院设有院长办公室，下辖秘书室、医务部、总务部。医务部下又有门诊部、住院部、护理部。门诊部临床科室有内、外、妇、产、儿、眼、耳、鼻、喉、牙、皮花、脑、胸外等科；医技科室有X光、手术、化验、敷料、营养、图书等室和药房等。住院部病房略与门诊科室互相对应。护理部则分管门诊、各科、公共卫生等护理工作。全院的医疗水平和医技能力均处于全省领先地位。医院除了供学生实习和对外服务外，还参加各种社会医疗卫生活动。

（二）医学院独立的酝酿和昆明医学院的筹建

1. 医学院独立的酝酿

为了培养大批高水平、高质量的医药专门人才，以改变和提高云南边疆的医疗卫生条件，中华人民共和国成立不久，国家即有将云大医学院独立建院的设想。

早在1951年，为了妥善解决云大医学院及其教学医院独立建院，及中国科学院冶金陶瓷研究所昆明工作站建站的征地计划问题，省人委文教办即于10月分别约集云大、冶研所、昆明站、省卫生厅和市市政建委等单位，召开会议，进行协商。会议结果，“按照保证各项事业发展之需要，又照顾节约用地与便于各单位合理的部署建筑物之原则，同时也考虑到可供建筑之地有限，取得一致意见。”1952年10月，西南卫生部和文教育部曾会衔发文云大：“请从速勘定医学院永久院址。”11月，该两部又联合致函云大：“为着准备今后院系划整工作，希你校医学院将独立建校计划连同院址蓝图一并测绘报部为荷。”1953年初，学校即将《新建医学院1953年基建初步计划》报呈，其内容包括新建项目办公室、课堂、图书馆、礼堂、宿舍、食堂等13项，建筑总面积224.4万平方公尺，总造价1122亿元。为了学院的独立建校，1954年年中，医学院曾详细编订了《医学院组织编制标准（草案）》，送呈大学副校长李广田审阅。该标准包括两套各有特点的组织系统及其相应的行政组织工作职责。两套组织系统分别如下：

表4－53　医学院第一套组织系统表

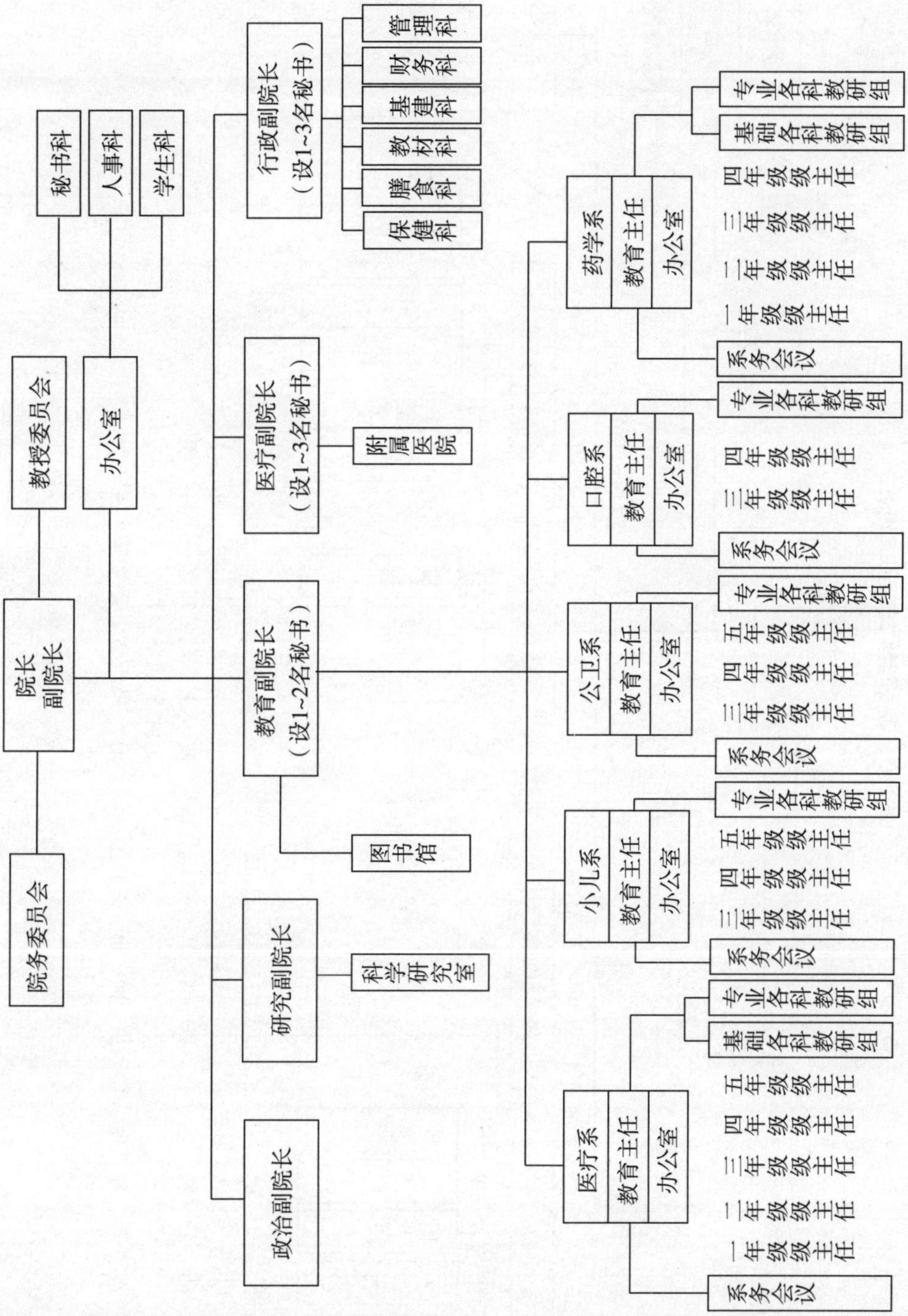

表 4－54　医学院第二套组织系统表

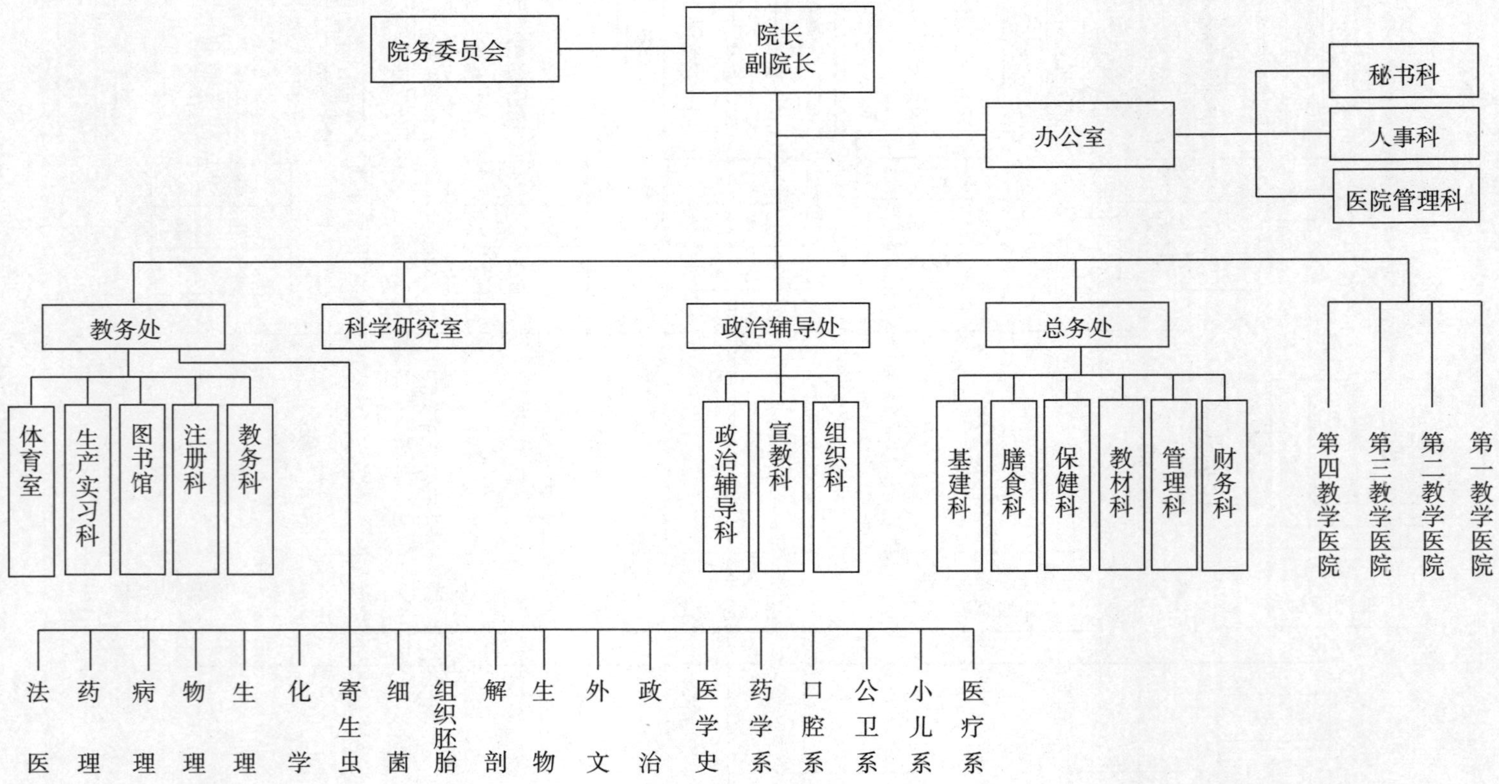

上述第一套组织系统系根据苏联莫斯科第一医学院的组织系统而编制，将学院组织分为院、系、年级三级制，不设政治、教务、总务三大处，如此可减少领导层次，党、团、工会等未列入系统，但为其保留编制。第二套组织系统根据国内各医药院校的组织系统而编制，将学院组织分为院、处、科三级制，有机关组织形式，行政人员较多，但易于执行。两者各有优缺、长短。医学院独立后，即综合其优点、长处，而制定了新的组织系统。

1955 年 9 月 20 日，中央高教育部和卫生部联合发出 788、1160 号文，明确通知云南省人委和云大："云南大学医学院于一九五六年在昆明开始独立建校，定名为昆明医学院，由你会负责领导。……并希你会会同云南大学责成有关部门人员，成立昆明医学院筹备委员会，由你会负责领导建校的各项工作。"至此，医学院独立时间，新校院名、领导关系均已确定，筹建工作即须开始。10 月 28 日，省人委遵示正式成立了"昆明医学院筹备委员会"，其成员中，有云大的 7 人，省委调派的 11 人。筹委会组成如下：

昆明医学院筹备委员会

主任委员：刘希玲　省人民政府文教办公室主任

副主任委员：李广田　云南大学副校长

杜　棻　云大医学院院长、兼省卫生厅副厅长

委　　员：王天顺　省卫生厅厅长

黄　平　省卫生厅常务副厅长

薛汉鼎　昆明市副市长

张瑞纶　云南大学总务长

梁家椿　云大附属医院院长

姚　瞻　昆明工学院教授

筹委会成立后，随即开展筹备工作，并定期发出"工作简报"，以通报工作的进展情况。

11 月，昆明医学院筹委会办公室成立，下设四组，各司其职，负责具体筹建事宜。其组成、职责如下：

昆明医学院筹备委员会办公室

主　任：张瑞纶　云南大学总务长（后为耿先果）

副主任：梁家椿　云大附属医院院长

秘　书：魏书均　云大医学院教学秘书

总务组：组长王云，负责有关征用土地、对外联系、基建财务、基建统计等工作。

基建组：组长王秀彰，副组长刘汉钧，负责校舍总体布置、分年建筑计划、联系施工单位、检查工程质量等工作。

教学设备组：组长杨伯仑，副组长袁彭年，负责计划、购置、保管昆明医学

院的教学设备等工作。

编制组：组长周玺，负责研究制订昆明医学院的组织机构、人员编制等工作。

昆明医学院筹委会及其办公室成立后，筹建工作正式展开。

2. 新院址的确定和基建的进行

医学院的新院址，早在1952年就曾计划选在市西北文化区靠近云大的北门外莲花池一带，后因该地划为昆明工学院院址，只好作罢。旋因推迟建校，选址事遂搁置。1954年秋，卫生部医学教育司负责人面示医学院院长杜棻：应于最近期间为学院的建院、迁院准备条件。为此，9月，云大邀请云南省文教委、省卫生厅、省建工局，昆明市卫生局、市建委等负责人，召开会议，讨论院址问题。会议认为：第一，为学生见习、实习和教学、医疗计，医学院与附设医院应相互联系；第二，鉴于医学院与教学医院的特殊性，应考虑病人来源和交通条件，与一般医院建于人口稠密、交通要冲地区不同，应予适当避免；第三，有人谈及的东南郊南太路与拓东路之间，因将成为闹市中心，人口过密，人声鼎沸；第四，东北郊莲花池以南，因有滇缅铁路、昆沙（朗）公路，车水马龙，川流不息，且马路高低不平；第五，唯有西郊篆塘西北，省建工局与广播电台之间，环城马路以西地区，临近市区，交通方便，非市中心，环境安静，且靠大观楼风景区，利于疗养，相比之下，故较适宜。上述意见，确系远见卓识，省卫生厅也表示同意。11月，省文教委致文云大，请再派员参加座谈会，“研究云南大学（医学院）及附属医院院址问题”。会议基本维持前议。

1955年11月，此时昆医筹委会已经成立，省人委发出（55）会文办第4号文，明确指示：“一、云南大学教学医院建院地址，在环城路以西、鱼池区以南、冶陶所昆明工作站以东，以利市民就诊，其地基尚有不足之数，可按需要斟酌在冶陶所昆明工作站西南面加以补足；二、云南大学医学院建校地基（址），在冶陶所以西、鱼池区以南，以照顾学校与医院必须毗连，而免教职员、学生往返实习、浪费时间、影响教学效果之要求。”文中所述地段，当时为市第四区近华乡、第二区红联乡所属的六合村、棕树营一带。至此，新建医学院和附设医院的院址终成定局。

基本建设包括两大部分：医学院建设和附属医院建设。1955年11月初，筹委会向高教育部、卫生部、省人委呈报了《昆明医学院一九五六年开始独立建校筹备情况》，其中“基建部分”认为：根据中央指示，医学院最大发展规模为3150名学生，总建筑面积为77490平方公尺，准备五年内建筑完成；附属医院计划开设病床500张，各主要房舍准备三年内建成，以供学生临床实习及接收病人。首批建筑原计划为：医学院的教室、实验室、行政用房、阅览室、宿舍、风雨操场等，附属医院的大教室、宿舍、库房、洗衣房、动物饲养室、殡舍等。后因征地误时，及中央关于首先解决教学用房的指示精神等，计划有所增减。全部工程均由省城建局）（后改各建工局）设计，该局“一公司”（后改名“一处”）施工。

1955年12月1日，附设医院工程先行正式开工，先建家属宿舍南面6幢、北面4幢等。1956年7月23日，门诊部、住院部等继之动工。首批工程至1957年底完成，计建筑总面积为27230平方公尺，教学用房136平方公尺，科研用房70平方公尺，生活用房5346平方公尺，辅助用房3330平方公尺等。

因征地延迟等1956年3月，医学院工程才正式开工。该年度计划建筑面积为14125平方公尺，总投资为91.8万元（新人民币）。但是开工之后，建筑材料，尤其钢筋、水泥等供应困难，致使造价升高，如教学楼，每平方公尺高达65元。因此，不得不修改原计划。如改钢混结构为砖木结构、缓建地下室等，而将原所需钢筋113吨、水泥855吨，分别降为60吨和652吨。尽管如此，首批工程延至1957年年中，即建院后整整一年，方才迟迟完竣。首批工程情况如表4－55：

表4－55　昆明医学院首批建筑工程统计表

面积：平方公尺；造价：万元

工程名称	建筑地点	结　构	幢　数	建筑面积	合同造价	开工日期	完工日期
生理药理楼	六合村	混合	1	5581	31.32	57年初	57年底
解剖化学楼	六合村	混合	1	5581	31.32	56年初	57－01
眷属宿舍	棕树营	砖木	1			56年初	
眷属宿舍	棕树营	砖木	3	1800	6.67	56年初	57－08
眷属宿舍	棕树营	砖木	3	1716	6.57	56年初	57－08
眷属宿舍	棕树营	砖木	1			56年初	
学生宿舍	六合村	混合	1	3516	16.72	56－09－13	57－05
厨房	六合村	砖木	1	257	16.62	56－03	
食堂	六合村	砖木	1	648	16.62	56－03	
尸池房	六合村	砖木	1	97		56－10	57－01
卡车房	六合村	砖木	1	79		56－10	57－01

3. 设备、图书的采购和校产的划分

云南大学医学院独立之前，除了专用的医疗设备属该院拥有之外，其他基础课如生物、物理、化学等，均与大学共用，即将独立，则须重新购置。

1955年底，筹委会即提出“教学设备配置计划”。根据每年招生630名，拟分为3个大班36个小组，按照轮流使用设备计算，应有实验室数为生物4个、物理4个、化学8个；设备套数为生物4套、物理4套、无机化学4套、有机化学6套、分析化学8套、物理胶体化学6套、人体解剖学8套、组织胚胎学6套、寄生虫学4套；至于显微镜，已有137架，应再增150架；其他设备器具，计划为卡车1部、小包车或吉普车1部；另办公室、实验室和教职员工宿舍用具的费用，估计需费19万元。至于图书，医学院曾报告大学：“医学院的图书很贫乏，应有计划、有领导地大量补充。”并建议成立“医学院图书管理审核小组”，由秦作樑、梁家椿、朱肇熙、刘崇智、蓝瑚和崔毓宇等6人组成，秦作樑任组长。设备购置费，学校曾报请高教育部核拨50.7万元，结果核准为35.12万元。

采购结果："因市场货源奇缺，有许多仪器和标本尚未买到"，"尚须（云大）物理、化学、生物各教研组，大力支持"。最后，双方本着"友好协商，平等互利"之原则，进行了有关财产的划分和移交。仅一般家具、设备，即移交了 7 大类，价值为 37950.92 元。具体如表 4－56：

表 4－56 一般家具设备移交清册

全额单位：元

名 称	数 量	全 额	名 称	数 量	全 额
交通运输工具类					
手摇电话机	1 架	52.50			
被服装具类					
雨衣	1 件	3.00	白工作衣	261 件	605.52
窗帘	5 块	54.72	尸衣	10 件	171.31
方、圆顶蚊帐	211 顶	1279.93			
印刷设备类					
油印机	2 架	33.80			
工具及器具类					
钉锤	1 把	1.65	双台床	156 张	6660.74
教学用家具类					
药品架	3 个	58.65	手术台	3 个	88.83
单人课桌	8 张	66.24	挂骨架	5 个	21.45
实验桌	117 张	4489.29	卡片橱	7 个	548.80
扶手椅	157 张	1392.59	挂图架	3 个	30.00
X 光桌	1 张	33.24	显微镜架	3 个	36.00
标本架	11 个	387.31	英文打字机	1 架	337.00
黑板	52 块	687.21	尸钩	3 把	15.00
讲桌	1 张	10.00	尸箱	2 个	9.00
双人连凳课桌	40 张	934.00	骨头箱	29 个	87.00
解剖桌	20 张	400.00	卡片箱	2 个	50.00
标本箱	2 个	20.00	图表橱	1 个	36.00
看尸木架	4 个	20.00	横木橱	1 个	40.80
白药桌	1 张	30.86	换药架	1 个	14.42
蒸馏水架	1 个	6.89	切片橱	4 个	164.48
五斗橱	2 个	50.00	帆布担架	1 个	15.00

续　表

名　称	数　量	全　额	名　称	数　量	全　额
行政用家具类					
方桌	20 张	274.00	木架	3 个	12.00
洗脸盆	48 个	121.92	茶几	11 个	82.50
茶壶	4 把	33.20	大汽油桶	8 只	324.00
靠背椅	212 把	1649.36	长条椅	105 张	1697.85
一抽桌	1 张	9.80	二抽桌	41 张	803.60
三抽桌	18 张	2798.96	四抽桌	3 张	75.00
五抽桌	18 张	655.20	七抽桌	5 张	252.10
九抽桌	2 张	108.84	玻璃橱	15 个	808.35
床头架	4 个	20.00	弹簧椅	1 把	18.30
藤椅	5 把	27.95	长靠椅	3 把	64.50
单人沙发椅	7 把	87.50	方凳	266 个	510.72
条凳	203 条	544.04	圆凳	369 个	1468.62
单人床	31 张	627.44	单人板床	22 张	226.60
单人棕绷床	2 张	50.00	双人棕绷床	2 张	70.00
汽油桶	3 只	10，50	洋铁桶	1 只	3.50
玻璃台板	19 块	100.89	火盆	6 个	16.50
木橱	53 个	1615.44	木柜	7 个	224.70
标盘	5 把	15.00	文件橱	2 个	80.60
铁床	1 张	30.00	钟	4 架	129.32
五公斤杆秤	1 把	3.31	茶水桶	8 只	268.80
中文打字机	1 架	210.00	皮箱	1 只	26.46
磅秤	1 台	40.00	台灯	1 个	3.50
铁铲	1 把	2.60	耐酸池	1 个	9.86
洗脸架	29 个	169.65	布告牌	1 个	2.50
碗橱	1 个	12.00	圆桌面	1 个	12.00
木箱	2 个	6.00	太师椅	1 把	15.00
洗澡盘	1 个	27.33	床板	388 块	135.80
磁洗手盆	1 个	12.00			
低值易耗品					
油布	39 床	158.34	雨帽	29 顶	26.10
总价	37950.92				

4. 人员的调配和搬迁的进行

新建医学院的人员调配，除了原有的师生员工全部调入之外，院级领导由中央任命，其他人员则由省里和云大调配。其中云大调配的教职员工计有：政治课教研室1人，俄文教研组2人，体育教研组1人，生物系2人，物理系1人，化学系2人，教务处1人，教务科3人，图书馆2人，财务科3人，工务科3人，膳食科2人，事务科1人，组织科2人，出版科3人，配电室2人，炊事员28人，共计59人。

1956年7月，即离所建医学院成立和新学期开学不到两月之时，筹委会制定了《昆明医学院搬迁工作计划》，凡9条，并由学校、学院、医院、工会、学生会、治保会等联合组成工作机构，具体领导搬迁工作。《昆明医学院搬迁工作计划》既定：所迁教职员工共132人，家属118家，学生284人，教研组14个，教学行政单位11个；鉴于学院院舍基建尚未完工，先行借用医院已完工的房舍，因此决定教学单位迁至医院门诊部，学生及炊事员迁至医院宿舍，教职工眷属迁至学院宿舍，院领导及教授、副教授迁至医院新购的广播电台宿舍，及所调拨的原公安厅宿舍；搬迁时由学校派卡车2部协助；搬迁时间自7月中旬至8月底等。7月16日，搬迁工作正式开始，车载人扛，好不热闹。延至8月底，搬迁基本结束。

（三）昆明医学院正式成立

1. 各项经费的筹拨

医学院既独立建院，经费必然耗资巨大。独立建院前夕的1955年，全院经费仅为31.66万元。独立建院之当年，即1956年，财政部下达计划指标则为177万元之巨，其中新校基建费为136.8万元。后又追加改革工资制的工资款1.53万元，附加工资款0.3万元，体育设备费3万元，新生教学设备费7万元，院舍勘测设计费2.5万元，大型基建临时设施费3万元，共计高达194.34万元。该年经费预算如下：

表4－57　昆明医学院1956年经费预算表

单位：万元

科目名称	预算数	科目名称	预算数
高等教育经费	194.34		
基本建设资金	126.23		
工资	11.34	补助工资	0.08
职工福利费	0.92	公杂费	1.01
房屋修缮费	0.00	差旅费	0.41
被服、器具、设备购置费	18.99	教学、科研、医疗设备及图书购置费	25.42
教学费及实验实习费	2.00	人民助学金	4.41
其他费用	3.49		

新学院开办费，经核定为20万元。其预算如表4－58：

表4－58 昆明医学院开办费预算表

单位：万元

科目名称	预算数	科目名称	预算数
卡车1部、小车1部	5.00	学生用家具	7.54
有眷教员宿舍用家具	2.93	单身教员宿舍用家具	0.68
有眷职员宿舍用家具	0.84	单身职员宿舍用家具	0.14
有眷工友宿舍用家具	0.39	单身工友宿舍用家具	0.14
实验室、办公室等用家具	6.60		
共计	19.27		

关于建院招待费，1956年8月，筹委会曾呈报卫生厅，谓：“昆明医学院订于九月一日举行独立建校典礼及开学仪式，届时拟邀请各有关单位人员莅临指导，特请各领导机关首长给予训勉，因此预计开会时间较长。兹为了节省来宾往返时间，拟开支伙食招待费用，以40人计，每人0.50元，共计20元，及香烟2条，共计6.60元，总计26.60元，拟请核准。”此请蒙准。一个大学的建校招待费仅是如此，其艰苦奋斗、勤俭办学之精神，不仅跃然纸上，而且发人深省。

2. 新印信、新校徽的启用

1956年7月6日，经筹委会呈报后，省卫生厅致电卫生部，请发给昆明医学院新的印章。7月10日，卫生部发文卫生厅：“昆明医学院印章，经我们与高等教育部联系，据悉最近期内由该部制发，本部不另颁发。”7月12日，高教育部即对筹委会发出《关于颁发新校印及启用新印的有关事项的通知》，云：“兹随文颁发你院院印一颗，文为‘昆明医学院’，希查收启用。”并通知有关事宜5点。7月21日，高教育部即以“邮包挂号”形式将印章寄出。9月1日，学院成立后，即正式启用。

云大医学院师生员工原来佩戴“云南大学”校徽，现既独立，校徽即需更改。为此，医学院特于8月29日在昆明报刊上登了“启事”。其文如下：

昆明医学院启事

我院订于九月一日正式成立，并自即日起佩用新院徽，即“昆明医学院”，教职工用红底白字，学生用白底红字。原所佩挂云南大学校徽自佩挂我院院徽之日起，一律收回。

3. 党政机构的建立和主要干部的任命

为了加强对医学院的领导，中央和省里对其各级干部的人选十分重视。在其筹备过程中，即成立了筹委会和党组。成立前后，又分别任命了各级主要干部。1956年6月，省委文教育部发文医学院党组：经省委常委六月十三日会议同意，李建平任教务长，李树森任副总务长（后为总务长），耿先果任人事处长，刘崇智任（院）教研室副主任。8 月，预先任命原云大医学院院长杜棻为昆明医学院院长，昆明市副市长颜义泉和云大医院前副院长梁家椿为副院长。不久，文教育部正式通知医学院："经中央批准，杜棻任昆明医学院院长（仍兼云南省卫生厅副厅长），颜义泉任昆明医学院副院长，免去昆明市副市长（职），梁家椿任昆明医学院副院长。"

关于党的领导机构，8 月 4 日，省高校党委发出"批复"，主送昆明医学院党委会（党组）和抄送云大党委会，谓："经省委八月三日批准，你院成立党委会，由颜义泉同志为党委书记，李建平、李树森、耿先果、周克敏、陈瑜、王芸等六同志为党委委员。"8 月 31 日，学院召开第一次党委会议，讨论委员分工问题。分工结果为：宣传委员李建平、陈瑜，组织委员周克敏、耿先果，纪律委员周克敏、耿先果，统战委员王芸，保卫委员李树森，院办公室主任为王芸等。会议并决定成立教师支部、职工支部、一年级学生支部；党委会两周召开一次，逢双周举行等。这样，昆明医学院最早的党、政组织及其成员即已确定，分别如下：

中共昆明医学院首届委员会

党委书记：颜义泉
宣传委员：李建平　陈　瑜
组织委员：周克敏　耿先果
纪律委员：周克敏　耿先果
统战委员：王　芸
保卫委员：李树森
党办主任：童景明

昆明医学院首任行政领导

院　　长：杜　棻
副 院 长：颜义泉　梁家椿
教 务 长：李建平
总 务 长：李树森
人事处长：耿先果
院办副主任：陈　铮

4. 昆明医学院隆重成立

1956 年 9 月 1 日，昆明医学院宣告独立建院，新校成立。

是日上午，昆明医学院筹备委员会在其附属医院（因医学院院舍正在紧张施工之中）新院舍礼堂（即后来昆医附一院幼儿园），举行了"昆明医学院独立建校典礼及 1956～1957 学年度开学仪式"。出席典礼和仪式的有：副省长龚自知，省委宣传部部长袁勃，高校党委、教育厅、卫生厅领导，昆医筹委会委员，云南大学党委书记李书成、昆明师范学院（今云南师范大学前身）院长方章、昆明工学院（今昆明理工大学前身）院长赵凤岐，省、市有关机关、团体和社会各界代表，昆明医学院及其附属医院党政领导、教师职工、医护人员、学生等，共千余人。是时，春城地区，秋高气爽；棕树营里，热闹非凡；会场内外，旗帜飘扬；广播喇叭，乐声嘹亮；盆盆鲜花，竞相开放；嘉宾贺喜，主人欢畅，一派节日景象！

庆典开始，昆医筹委会副主任、云南大学主持校务的副校长李广田首先致辞，热烈祝贺昆明医学院的成立，并宣读了中央、省里对医学院首届领导班子的任命书；接着知名教育家、副省长龚自知，代表省府作长篇讲话；省委宣传部部长袁勃，对医学院的成立表示热烈祝贺；昆明医学院首任院长杜棻、首任党委书记颜义泉讲话，并表示，一定要在上级的领导和各界的支持下，把昆明医学院办得更好；各界代表相继宣读了热情洋溢的贺词，共祝昆明医学院的成立。整个庆典，庄严、简朴、热烈、隆重，充满欢乐喜庆的气氛。

9月3日，《云南日报》在头版以《昆明医学院正式成立——并已于9月1日开学》的标题，突出报道了昆明医学院的成立。其文如下：

昆明医学院正式成立
并已于9月1日开学

本报讯　昆明医学院独立建校典礼及1956~1957学年度开学仪式，于9月1日在新校址潘家湾举行。

该学院的前身是云南大学医学院，它创立于1937年，至今已有19年的历史。在解放前的13年中，该学院的毕业生大约共有90名左右，平均每年的毕业生还不到7名。在教学设备方面，全学院只有很少的仪器，就连教学所必须的显微镜也只有20架，教学病床只有40余张。自从解放后，该学院的情况即起了显著变化。7年来，全学院毕业生即共有539名，几乎等于解放前13年来毕业生的6倍。在教学设备方面，也不断地得到了补充。现在，每个学生在实习时都可以有一架显微镜。另外，全学院还添置了双、单筒高倍显微镜、手提X光机、巨型磁石、新陈代谢测定器、角膜显微镜等多种贵重仪器。教学医院的病床也增加到250余张。为了进一步满足我省各族人民对卫生工作的需求，根据中央决定，该学院自1956年即正式由云南大学分出独立建校。今年招收医疗系新生360名，从明年起，还将逐步增添卫生系与干部训练班，以便为国家培养更多更好的医务卫生人员。

〔木风〕

昆明医学院成立后，中央高教育部、卫生部特委托云南省人民委员会代为管理。

昆明医学院成立时，全院共有教职员工334人，其中教学人员138人（包括教授11人、副教授7人、讲师40人、助教80人），教辅人员47人，党政职员66人，工勤人员47人，其他人员36人；共有医疗系医疗专业学生679人，其中男生293人，仅占43%，女生386人，却占57%，具体分布为一年级359人，二年级116人，三年级103人，四年级58人，五年级43人。

1956年9月1日独立建院的昆明医学院，是继1923年4月20日云南大学、1946年8

月 1 日昆明师范学院、1954 年 9 月 1 日昆明工学院等先后成立以来，在云南地区创办的第四所正规的、完整的高等学校；也是 1932 年省立东陆大学成立的医学专修科、1937 年省立云南大学成立的医学院的继续和发展。作为云南地区首座高等医科专门学校，昆明医学院的成立，不仅是云南教育史上，也是中国教育史上的重大事件，必将永远载入史册！

从此，昆明医学院开始了新的发展时期。

九、行政、后勤机构的变化及其工作的开展

（一）行政、后勤机构的变化

这一时期因处于新旧政权交替、接收管理、院系调整之际，因此学校行政机构及后勤机构均变化较大。例如行政机构，国立时期为校长领导下的训导、教务、总务三大处及文、理、工、农、医五院制。中华人民共和国成立后训导处撤销，增设人事处。院系调整后，院级机构撤销，校长之下即为各系，但医学院仍旧保留。至 1956 年下半年，工学院、医学院相继独立后，学校行政组织大略如下：

表 4－59　云南大学组织系统表

（1950—1956）
（秦瓒主任委员、周保中兼校长、李广田副校长时期）

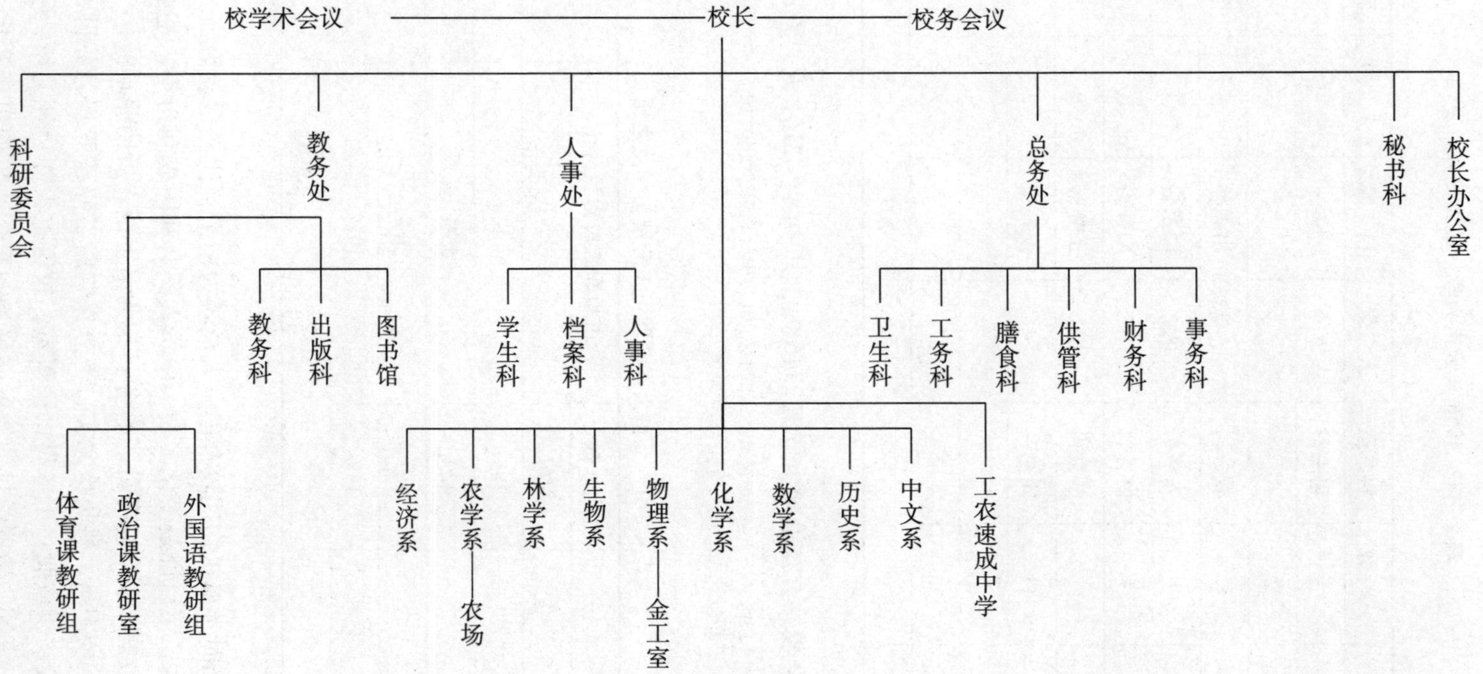

根据上述组织系统，当时全校行政人员207人。其分布如表4－60：

表4－60　1956年云南大学行政人员分布表

单位：人

处委室系	人数	科室	人数	科室	人数	科室	人数
校长办公室	5	秘书科	5				
科研办公室	2						
教务处	11	教务科	4	出版科	4	图书馆	29
人事处	1	人事科	9	档案科	5	学生科	9
总务处	4	财务科	10	事务科	10	供管科	5
		膳食科	11	工务科	9	卫生科	19
党委会	11	团委会	5	校刊室	2		
夜大学	1						
各系	36						
合计	207						

1956年时，全校共有在编师生员工2946人，其中学生2161人，教职员工785人，又其中教师429人，行政人员207人，工勤人员149人。教职员工分别与学生之比略如表4－61：

表4－61　云南大学教职员工分别与学生之比

类别	人数	占教职工总数百分比	各与学生之比
学生	2161		
教职员工	785		约1∶3
其中：教学人员	429	55%	约1∶5
行政人员	207	26%	约1∶10
工勤人员	149	19%	约1∶16
共计	2946		

由表可知，当时学校机构比较合理，人员较为精干，比例也较恰当。

关于后勤机构，可以说是变化多端。中华人民共和国成立初年，基本沿用国立时期的处—科（组）—股三级制。总务处，总务长初为诸宝楚，后为张瑞纶，下有办公室；文书组，主任倪之桢；校产科，科长徐家宝，下分保管股、修建股；总务科，科长徐文宣，下分财务股、庶务股、供应股；工务科；校医室，校医王天祚；托儿所，所长潘家凤；生产组，主任陈云浦；等等。随着学校的发展，事务的繁杂，机构也多变化。如1951年7月，总务处第八次处务会议才提出："财务股业务已渐繁多，为健全组织，俾利工作，拟将股改设为科。”可是时仅两月，9 月，第十次处务会议又认为：“为健全我校财务行政机构，拟将财务股改组为会计室。”后来，校产科撤销，总务科改为事务科，财务股升格为财务科，膳宿股一分为二，分别升为膳食科和学生宿舍管理科，库房独立升为物资供应管理科，新设的卫生教育科改为卫生科，股一级也撤销等。约至 1953、1954 年，机构基本成型稳定，为一处辖一室六科。处、室、科及其先后负责人主要如下：

总务处：总务长诸宝楚、张瑞纶，副总务长程明轩
办公室：主任
财务科：科长陆宗义
供管科：科长
事务科：科长杨绍珠
卫生科：科长张友铭、严尔锐
工务科：科长杨绍珠
膳食科：科长陈永年

（二）总务工作方针、任务的确定

总务工作作为学校的后勤工作，历来具有十分重要的意义，它是学校教学、科研这一中心工作得以正常开展的基础和保证。中华人民共和国成立后，随着社会主义改造的进行和第一个五年计划的执行，国家经济建设事业蓬勃发展，高等教育事业也迅速发展。云大和全国一样，经过接管、改造和院系调整，学校规模日益扩大，师生员工不断增加，总务工作的任务也日益繁重。

1954 年 6 月，中央人民政府高等教育部发出（54）计财刘字第 118 号文《关于高等学校总务工作的指示》，这是中华人民共和国成立后中央对高等学校总务工作所作的第一个纲领性的指示。它明确写道：“高等学校的基本任务，是要遵循国家过渡时期总路线和第一个五年计划的基本任务，有计划地按比例地培养为社会主义工业化和社会主义改造服务的各项专门建设人才。”对于总务工作，它指出：“根据高等教育的方针任务，高等学校总务工作的方针任务应该是：根据国家培养高等建设人才的计划和人力、物力、财力的可能条件，在校院长统一领导之下……更好地为教学工作服务。”其具体任务是：一是管好财务；二是做好基本建设；三是管好财产物资；四是管好生活事项；五是做好卫生防病治疗；六是做好职工教育。由此，总务工作的方针更加明确，任务更加具体。归根结底：为教学科研服务！为师生员工服务！

根据上述方针、任务，学校总务处每学期开学前，均要制订工作计划要点，作为工作的指示。每学期结束后，均要做出工作经验总结，以不断改进、指导将来。如《1954—1955 学年第二学期云南大学总务工作要点》（以下简称《要点》）即明确规定：总务工作的中心内容：为教学服务，保证教学需要。在人力、物力、财力的可能条件下为教学服务，使教学工作在物质上、事务工作上得到方便，要主动地供应必要的人力与物资。《要点》还明确规定了各科的具体任务如下：

一、财务科

1. 经管学校经费，进行预算、决算等工作。

2. 协助总务长审核各项采购计划及经费的收支计划。

3. 发放工资。

4. 办理各项财务收支。

5. 办理财产统计记录及其他会计工作。

6. 督促检查各单位经费计划执行情况。

二、物资供管科

1. 采购全校物资。

2. 验收、入库、保管、修补、发放全校物资，及人助金补助学生之实物。

3. 调查统计全校物资（种类、数量、规格、价格）。

4. 进行全校物资的调配工作。

5. 督促检查各单位物资保养情况。

三、事务科

1. 进行全校工友同志的教育，保证全校环境卫生，搞好教室、宿舍、公共房屋等的管理工作。

2. 负责管理全校公共房舍、教室之家具、器皿设备以及其他事务用品。

3. 领导校警，搞好治安保卫工作。

4. 管理全校水电，以及沐浴室、开水房等公共福利事业。

5. 管理全校交通运输，协助各单位进行运输。

6. 进行校园绿化工程。

7. 招待来校人员，布置全校性活动的会场。

8. 登记户口，管理房舍，分配房舍。

9. 人民助学金统计造册等工作。

四、卫生科

1. 全校师生员工的保健、卫生、疾病预防和治疗工作。

2. 掌握全校职工及学生的公医费。

3. 协助各单位搞好环境卫生、营养、保健等预防工作。

4. 进行卫生保健的宣传工作。

五、工务科

1. 计划全校基建工作，进行有关基建的计划、设计、备料、施工等一切事宜。

2. 在财务科统一掌握原则下，负责实际开支基建经费。

3. 修建全校房屋。

4. 添制或修理全校的各类家具。

六、膳食科

1. 掌握全校开膳人员的膳费，拟定开支计划，进行各项开支。

2. 领导炊事员做好膳食的烹饪及厨房用具、膳食等的卫生工作。

3. 经常联系群众，倾听群众意见，研究改进伙食，以保证伙食质量。

4. 有计划地进行副食生产，以改善伙食。

《要点》还规定健全会议汇报制度。决定除处领导依据分工经常到各科指导工作、了解情况外，定期每周召开一次处务会议，各科科长参加。内容为：汇报上周工作，布置下周工作，解决存在问题。各科也每周召开一次科务会议，全科科员参加，集体研究工作。

《要点》还附有整学期的工作日程表，具体规定了各月应做工作、负责人员、完成日期和联系单位等。

根据处的工作计划，各科也相应地制订了本科的工作计划，更加具体、明确、细微、详尽地规定了本科应开展和完成的工作任务。

学期终了，处及各科须做出工作总结，汇报一学期来所做的工作，取得的成绩，存在的问题，以及改进的方法和努力的方向等。通过计划和总结，使得全校千头万绪的后勤工作能够有条不紊地开展和进行，井井有条。

（三）后勤工作的开展

总务处除了完成日常工作外，还对全校性的有关事务参与管理、制定规章制度等。例如，早在1951年3月，总务处即拟定了学校职员办公、请假及会客的规则，提交首届师生员工代表大会讨论修改后，再经校委会通过，公布施行。其规则如下：

云南大学职员办公、请假及会客规则

兹为确立本校行政秩序，增强工作效率，凡职员办公、请假及会客应确守本规则。

一、办　公

第一条　本校办公时间定为上午八时至十二时，下午二时至六时。

第二条　各单位设置到退签名簿，由单位主管人监视，按时签名到退，月终如有迟到早退者，应汇表交人事室稽核。

第三条　办公室内除工作外如有剩余时间，应阅读有关时事或政策之文件，及进行有关业务之检查或学习。

第四条　办公室内不得高声谈笑，并严禁会客。

二、请　假

第一条　本校职员非因重大事故，以不请假为原则。

第二条　凡请假须具有下列原因：

甲：婚丧；乙：疾病；丙：生育；丁：特别事故。

第三条　凡请假者须备假单，说明理由，经核准并托人代理职务后方得离职。

第四条　来不及事先请假者，事后须陈明理由、补假，但不得超逾半日之时间。

第五条　请假在一日以下者，签请各行政单位主管人核准；一日以上三日以

下签请教务长或总务长核准；三日以上须签请正、副主任委员核准。

三、会　客

第一条　凡来客须在传达室填写本人姓名，及欲访人姓名，经传达后方得引进会客地点。

第二条　严禁在办公室内会客。

第三条　在学校未设定会客地点时，须自行选择会客地点，以不妨碍课堂及办公秩序为原则。

第四条　会客时间不得超过十五分钟。

本规则经校务委员会通过公布施行。

总务处围绕全国、全校性的中心任务，开展工作。如1955年党的八届二中全会提出，在全国开展增产节约运动。学校为此成立了“节约运动爱护公物工作委员会”，以领导运动。总务处也成立了“精简节约委员会”，并做出工作计划要点，规定：一是目的和要求：通过运动，贯彻勤俭办学的方针。二是组织领导和职责：委员会下分设办公室、总务工作组、教务工作组、人事工作组，各组之下又设小组，分工合作，各负其责。三是工作方法和步骤：方法为领导与群众相结合，点与面相结合，日常工作与运动相结合。步骤为报告动员，小组讨论，检查工作，提出改进意见等。四是各组任务：总务组包括财务、物资等方面，教务组包括仪器设备、教学用房等方面，人事组包括人员编制、工作量、调配等方面。五是工作阶段：分为宣传教育、检查工作、汇报总结三个阶段。六是备注。

在这一计划的指导下，运动开展得既轰轰烈烈，又扎扎实实。全校各院系、各科室纷纷找出存在的浪费现象，并加以改进。经此运动，增产节约、勤俭办学的思想逐渐深入人心。

取人之长，补己之短。为了搞好本校后勤工作，作为老牌学校云大的总务处，放下架子，虚心求教，主动向兄弟院校学习。总务处曾向昆明师范学院、刚独立不久的昆明工学院、昆明医学院建议，召开四校院总务长联席会议，以交流经验、研讨工作。1956年11月，首次联席会议在云大召开，莅会者有云大总务长张瑞纶、师院总务长周荫阿、工学院总务长王晓坤、医学院总务长李树森等。会议着重讨论了如何贯彻高教育部关于高等院校总务工作的指示精神，也讨论了一些具体问题，如膳食、房租、水电、家具、烤火、学生用热水等。会议决定联席会议应形成制度，每月召开一次，轮流在各校召开，必要时可扩大会议。会上，与会者纷纷畅所欲言，各抒己见，达到了交流经验、统一步调、取长补短、共同提高的目的。

第五篇　社会主义全面建设时期（1956—1966）

经过1949—1955年的社会主义改造以后，从1956年起，国家开始了社会主义全面建设时期。云南大学与全国各高等学校一样，在“教育为无产阶级政治服务，教育与生产劳动相结合”这一方针指引之下，各个方面均在继续发展，并取得了一定成绩。但因指导思想上“左”的错误，过多的政治运动，过多的生产劳动，严重违背了教育事业发展的客观规律，云南大学的各项工作，包括行政后勤工作，也经历着艰苦曲折的历程。

一、行政组织和后勤系统

（一）领导关系的改变

1958年2月，全国人民代表大会第一届第五次会议通过决定，高等教育部与教育部合并成为教育部。因此，原属高教育部领导的云大，相应地改为教育部领导，仍为部属重点大学。

1958年8月，教育部根据中共中央《关于高等学校和中等技术学校下放问题的意见》，及中共中央、国务院《关于教育事业管理权力下放问题的规定》的精神，发出通知：云南大学由教育部直接领导改为下放归云南省人民政府领导。从此以后，云大即改为省属重点大学。

（二）校长人选的变更

1957年5月24日，国务院经全体会议通过，任命原来主持工作的云大副校长李广田为云南大学校长。李广田是为云大历史上第六任，也即中华人民共和国成立后第二任校长。前兼校长周保中，则另调他任。

李广田（1906—1968），字洗岑，山东省齐东（今邹平）县人。原来姓王，因过继其李姓舅家而改姓李。早年毕业于北京大学外语系，但对散文、诗歌等却情有独钟。中华人民共和国成立之前，先后在西南联合大学、南开大学、清华大学等校任教。中华人民共和国成立之后，继任清华大学文科教授、中文系主任、副教务长等职。1952年9月，毛泽东主席亲自签署任命书，委任李广田为云南大学副校长兼中共云大党组书记，主持学校日常工作。从此，他把毕生精力贡献给了云南大学，直至“文化大革命”之中惨遭迫害，含冤去世，饮恨九泉。他在供职云大期间，曾经忍辱负重，为国为民，与其后继者高治国等，励精图治，锐意进取，继熊庆来校长时的“第一个辉煌时期”之后，共同开创了云大史上“第二个辉煌时期”。李广田，是中国现代著名的诗人、散文家、民族民间文学家和著名的高等教育家。

后来，国务院又先后任命云大秘书长寸树声及杨黎原为云大副校长。

1960年1月，经中共中央批准，任命高治国为中共云南大学党委书记兼校长，以接替已被错划为“右倾机会主义分子”的李广田。高治国是为云大历史上第七任，也即中华人民共和国成立后第三任校长。

高治国（1914—1999），字建卿，山西省五台县人。少有大志，习文练武。青年时代，从军报国。1937年，加入中国共产党。历任解放军山西新军决死三纵队、第二野战军的团、旅、师政委等，躬历淮海、渡江、进军西南等诸战役。中华人民共和国成立以后，先后担任西南电力管理局局长、中央电力工业部部长助理、云南省水电厅厅长、云南省建筑委员会副主任等职。其担任校长期间，坚定不移地主张“学校工作必须以教学为中心”“办好学校必须调动教师的积极性”，按照教育规律，在李广田的全力协助下，依靠全体员生，再创云大历史辉煌。后任中共云南省委常委、宣传部长、书记等职。“文化大革命”之中，未能幸免于难，备受残酷斗争，惨遭无情打击。高治国治校时间虽然不长，但其业绩有口皆碑，实不愧为著名高等教育家。

1964年12月，经中共中央批准，高治国调离云南大学，重新任命昆明师范学院党委书记胡泮生为中共云大党委书记兼校长。胡泮生是为云大历史上第八任，也即中华人民共和国成立后第四任校长。胡泮生长校之后，正欲大展宏图之时，“文化大革命”便已开始，云大与全国一样，陷入一片动乱之中。

1966年3月，经中共中央西南局批准，杨桂宫任云大副校长。

（三）党务、政务、后勤组织系统

1. 中国共产党党务组织

中华人民共和国成立以前，中国共产党在云大先后建有支部委员会、总支委员会等。

中华人民共和国成立以后，中共在云大重建支部、党组。1953年5月，云大成立党总支，方仲伯任总支书记。1955年6月，云大先是成立分党委会，后即改为党委会，但是直到1956年4月，中共云南省委才任命李书成为云大首任党委书记。

1956年8月，云大成立第一届党委会。其组成如下：

表5-1　中共云南大学第一届委员会（1956）

党委书记	李书成
党委委员	李书成　李广田　程明轩　刘绍文　杨绍珠　周　玺　王兰馨　任文丑　柴希孝　赵江　西竞强
常委委员	李书成　李广田　刘绍文　程明轩　周　玺

1959 年 1 月，云大成立第二届党委会。其组成如下：

表 5－2　中共云南大学第二届委员会（1959）

党委书记	李书成
常务委员	李书成　李广田　杨黎原　程明轩　周　玺

1960 年 1 月，经中共中央批准，高治国任中共云大第一党委书记兼校长，李书成改任第二书记。

1961 年 9 月，经中共云南省委决定，施群任中共云大党委副书记兼副校长。

1962 年 7 月，经中共中央批准，免去李书成中共云大党委第二书记职务。

1962 年 10 月，云大成立第三届党委会。其组成如下：

表 5－3　中共云南大学第三届委员会（1962）

党委书记	高治国
党委副书记	施　群
党委委员	高治国　施　群　李广田　赵　季　王　新　戴钟珩　杨桂宫　王兰馨　黄琴竹　李一鸣　程明轩
候补委员	吴道源　西竞强
常委委员	高治国　李广田　赵　季　程明轩

1963 年 2 月，因党委副书记施群前已调走，经云南省委批准，袁光任云大党委副书记。

1964 年 8 月，云大成立第四届党委会。其组成如下：

表 5－4　中共云南大学第四届委员会（1964）

党委书记	高治国
党委副书记	袁　光
党委委员	高治国　袁　光　李广田　赵　季　杨桂宫　王　新　黄琴竹　戴钟珩　尤正发　程明轩　张德光　吴道源　西竞强
常委委员	高治国　袁　光　赵　季　程明轩

1964 年 12 月，经中共中央批准，高治国调任云南省委常委兼宣传部长，免去云大党委书记兼校长职务。胡泮生任云大党委书记兼校长，免去昆明师范学院党委书记职务。

1966 年 3 月，经中共中央西南局批准，赵季任云大党委副书记。

2. 校务委员会组织

1959 年 5 月，云大遵照 1958 年 9 月中共中央、国务院发布的《关于教育工作的指示》

的规定："在一切高等学校中，应当实行党委领导下的校务委员会负责制"，成立了第一届校务委员会。其组成如下：

表5-5　云南大学第一届校务委员会（1959）

主任委员	李广田（校长）
副主任委员	寸树声（副校长） 杨黎原（副校长）
委　员	李书成（党委书记） 程明轩（总务长） 周　玺（人事处长） 吴道源（教务处长） 刘尧民（中文系主任） 张德光（历史系主任） 卫念祖（数学系主任） 杨桂宫（物理系主任） 王树勋（化学系主任） 朱彦丞（生物系主任） 曲仲湘（生物系教授） 赵雁来（化学系教授） 顾建中（物理系教授） 张永立（物理系教授） 方国瑜（历史系教授） 金琼英（政治系教授） 刘庆娴（化学系讲师） 陈　彪（数学系讲师） 张文勋（中文系讲师） 戴钟珩（政治系代主任） 李从弼（外语系副主任） 魏丕栋（体育课教研室主任） 常丕义（云大附中校长） 李为衡（历史系副教授） 刘委山（校团委书记） 谢本书（校学生会主席） 庄永华（校长室秘书）

1961年5月，为了加强对校务的集中领导，云大成立第一届校务委员会常务委员会。其组成如下：

表5-6　云南大学第一届校务委员会常务委员会（1961）

主任委员	高治国（校长）
副主任委员	李广田（副校长） 寸树声（副校长）
常务委员	程明轩（总务长） 李一鸣（人事处长） 杨允中（教务处长） 卫念祖（数学系主任） 杨桂宫（物理系主任） 王树勋（化学系主任） 朱彦丞（生物系主任） 方国瑜（历史系教授）

1963年5月，根据《高校六十条》之规定，为了加强党委领导下的以校长为首的校务委员会负责制，充分发挥校务委员会的行政领导力量，学校对校务委员会组织作了调整。调整后其组成如下：

表5-7　云南大学第一届校务委员会（调整后）（1963）

主任委员	高治国（党委书记兼校长）
副主任委员	李广田（副校长，中共党员） 寸树声（副校长，民主同盟盟员）
委员	袁　光（党委副书记） 程明轩（总务长，中共党员） 刘尧民（中文系主任，中共党员） 张德光（历史系主任，中共党员） 李从弼（外语系副主任，中共党员） 戴钟珩（政治系代主任，中共党员） 卫念祖（数学系主任，民主同盟盟员） 杨桂宫（物理系主任，中共党员） 王树勋（化学系主任，民主同盟盟员） 朱彦丞（生物系主任，民主同盟盟员） 方国瑜（历史系教授，九三学社社员） 曲仲湘（生物系教授，九三学社社员） 赵雁来（化学系教授，民主同盟盟员） 张永立（物理系教授，民主同盟盟员）

云大校务委员会自1959年成立以后，曾对学校校务工作的开展起过积极作用。“文化大革命”开始后，校委会无形中停止，直到30年后，即1988年，才重新成立，开展工作。

3. 其他主要行政机构

教务处：一仍其旧，从未改变。教务长主要为朱彦丞，副教务长主要为刘绍文。

人事处：1956年7月，根据高教育部《关于全国高等学校的机构和编制》的规定，裁撤政治辅导处而成立，负责人事调动、学生管理和档案管理等事宜。

业余、函授大学：1960年，先后成立业余大学（即夜大学）、函授大学。寸树声兼任校长。

人民武装部：1963年1月成立，部长先后为赵季、郭畅声。

政治部：1964年5月成立。主任为赵季。

民兵师：1964年8月成立。师长兼政委为高治国，参谋长为郭畅声。

生产劳动领导小组：1965年1月成立。组长为寸树声，副组长为杨绍珠。

经费审查委员会：1965年7月成立。主任为寸树声，副主任为程明轩。

4. 总务处

总务处机构，一仍其旧，从未改变。总务长先为张瑞纶，后为程明轩。

1957年时，总务处下设财务、教学设备、工务、卫生、事务、膳食、供应管理等7科。1958年后，工务、事务、供应等科合为总务科，管理木工、机修、绿化、运输、理发、沐浴等事务。另增出版科，下设印刷厂等。又将学校生产处改为生产劳动科，隶属总务处之下。设备科则划归教务处。

1964年，总务处所属6科，人员编制有了较大变化。是年，学校根据中共中央、国务院《关于编制管理暂行办法》，及省教育厅下达的编制指示，积极贯彻精兵简政、勤俭建国的方针，作了《五年发展规划》。人员方面主要内容为：学生2500人，教职员工791人，两者之比为3.4∶1，其中教学人员占53%，约为420人；教辅人员占10%，约为74人；党团工会占5.4%，约为43人；行政职工占23%，约为183人；炊事服务人员占9%，约为72人。总务处各科占全校编制的1/3，约为243人，其中总务处4人，财务科5人，卫生科17人，膳食科75人，生产科22人，出版科13人，总务科84人等。

综上所述，当时主要行政、后勤系统大略如下：

表 5－8　云南大学行政后勤组织系统（1956—1966）

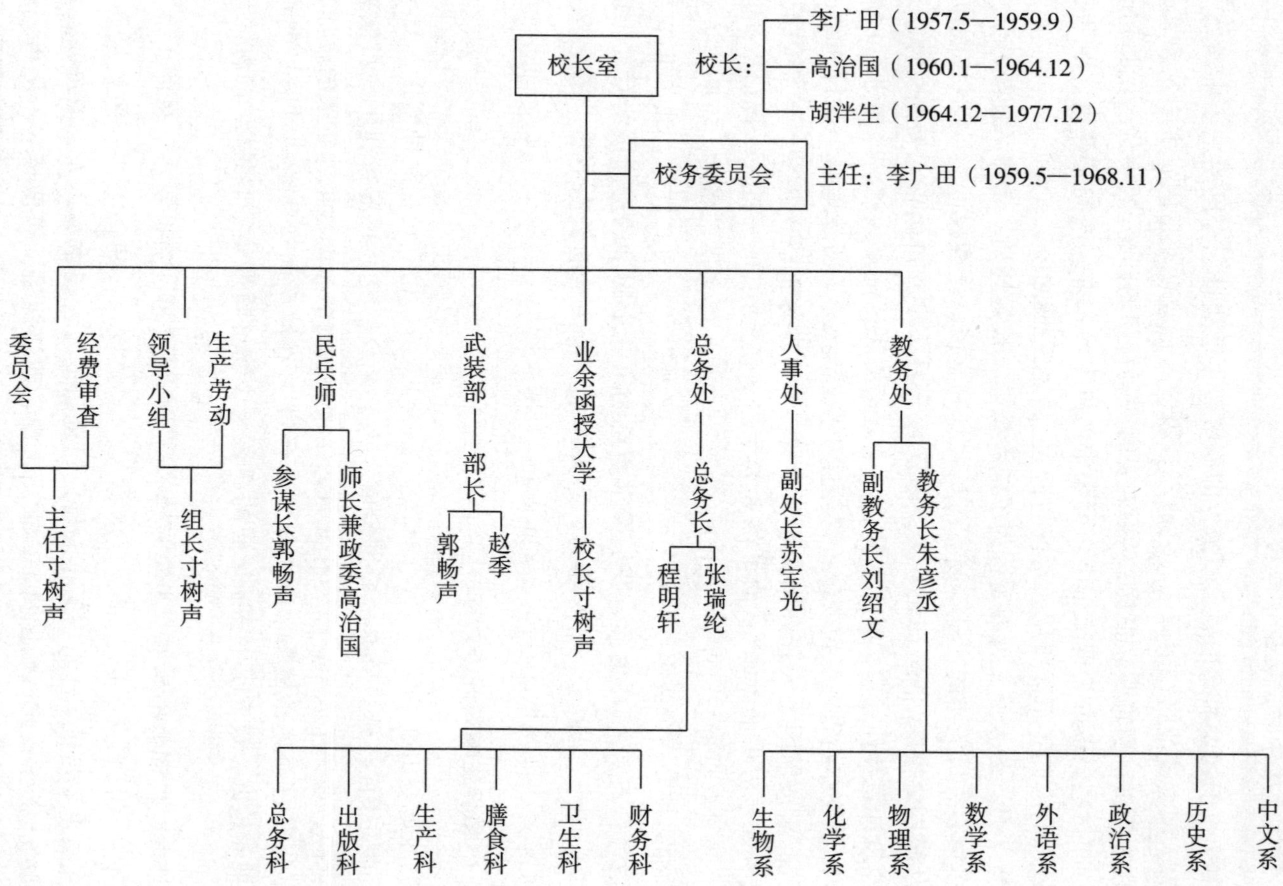

二、校产的变化

（一）请拨速成中学、云瑞中学校舍

速成中学位于云大本部东侧北门街，即原南菁中学故址、今昆明三十中学处。其校址之一部本为云南贡院范围、也即云大之地产。1938 年国立初期，因省主席龙云筹办南菁学校，云大暂为借出。南菁曾立借据：“不需要时，仍行照图归还。”中华人民共和国成立以后，云南省军区将其改办为速成中学。云瑞中学位于云大本部西侧文林街，即今军区后勤部招待所处，时亦归省军区所用。两校与云大，均仅一墙之隔。

1956 年 7 月，云大呈文省人委：为了扩大校址、长远规划，希将两址拨归学校。省人委文教办召集有关机关协商，基本同意将其“划归学校，作为校址”。军区代表也曾表示：愿意“听从政府调拨”。但后却无下文。1957 年 9 月，学校再函省人委办公厅：“现我校因作明年建筑计划及长远建筑计划，特再函请从速将决议批复我校，以便进行划拨手续。”同年 12 月，学校亦函省军区司令部：得闻速中拟迁他处，“所遗地址与我校连结，且此地区原属我校，解放前因龙云开办南菁小学而调出”，现你部既不需要，希望仍拨回我校，“以解决我校今后发展的需要”。但也仍无下文。又到 1961 年 7 月，学校员工增加，宿舍甚为困难，学校复呈省教育厅：“我校职工宿舍自 57 年以来迄未添建，而职工人数逐年均有增加”，加之部分宿舍或因使用年久而破烂，或因扩宽街面而拆除，或为非本校人员所占用等，宿舍愈来愈紧，“为此，我们要求将昆明第三十中学的房屋拨给我校，以解决职工宿舍不够的困难”。但是，种种努力，迄无结果。请拨给的云瑞中学，未能拨给；请拨回的速成中学，未能拨回，真是：时隔境迁，有借无还！

（二）小勐养生物站开办始末

云南高原地貌山高谷深，气候含有寒、温、热三带，植物动物品种繁多，号为“植物王国”“动物王国”，颇具研究、开发价值。为了充分研究、开发和利用大自然恩赐给人们的宝贵资源，造福于人类，1956 年 9 月，生物系在著名生态地植物学家朱彦丞、曲仲湘的指导下，成立了生态地植物学研究室，并于 11 月在滇南西双版纳州首府景洪县北约 30 公里处的勐养地方，成立了生物系所属的“云南生物材料采集实验站”，简称“小勐养生物站”。

勐养地方，四周群山环抱，中间开阔平坦，气候温和，雨量充沛，各种热带、亚热带林木、花卉，生长繁茂，风光旖旎，堪称天然的植物园。建站当年，拨得经费 4 万元。1957 年，“预算 29000 元，站内工作人员为管理员 1 人，技术员 2 人，工友 2 人。工资由学校列报拨发”。学校先后调派员工，征用土地，建造房屋，培植林木，几年之后，生物站里，“珍稀树种茁壮成长，奇花异卉竞相怒放，师生成批前往教学实习和科学研究”，既促进了学校的教学工作和科学研究，也产生了较好的经济效益和社会效益。

但是，好景不长。1964 年时，经过披荆斩棘、苦心经营、郁郁葱葱、规模渐具的生物站，因其地处边防前沿，为了战备的需要，首由昆明军区提出，“学校党委研究决定，同

意把这个生物站移交给 371 部队使用”。4 月，云大与军区后勤部 303 部队签订了《关于云南大学西双版纳小勐养生物站房屋家具移交 371 部队使用的协议》，共 4 条。主要内容为：一是房屋建筑：办公室、宿舍、食堂、会议室、洗澡间、围墙各一幢、间、院，面积分别为 226、235、105、21 平方公尺，原造价分别为 12474、12925、5775、2356 元，共计 33530 元。二是行政用家具：共有床、凳、桌、椅、柜、板等共 132 张（条、个），原价值 1955 元。以上两项均按 60% 折价，各为 20118 元和 1173 元，移交给 371 部队，而由 303 部队付款给云大。三是教学用家具：包括实验桌、凳、标本柜、书架等物资，及该站撤回人员，均由 303 部队无偿代运至昆。四是土地：云大所征用的土地，一并交给 371 部队使用。未久，双方派员办理了交接手续。至此，曾经办得万木葱茏、生机勃勃的小勐养生物站宣告结束，似为可惜。

（三）大办工厂

1. 背　景

1958 年 5 月，中共八大二次会议正式通过了毛泽东主席提出的“鼓足干劲，力争上游，多快好省地建设社会主义”的总路线。这条总路线反映了人们的一个迫切愿望，即迅速改变中国经济、文化的落后状况。但是它却“忽视了经济发展的客观规律，片面强调人的主观能动性，片面强调速度，没有注意有计划按比例综合平衡发展”。在总路线提出不久，就在全国各地，各个行业，“轻率地发动了‘大跃进’运动和‘人民公社化’运动”。

9 月，中共中央和国务院联合发出了《关于教育工作的指示》，正式公布了党的教育方针：“教育为无产阶级政治服务，教育与生产劳动相结合；为了实现这个方针，教育工作必须由党来领导。”这一方针，历史地看基本正确。但在“当时全局性的‘左’倾错误的影响下，在贯彻过程中，也存在片面性，如学校的社会活动过多，生产劳动过多，正常的教学秩序受到影响”等。

正是在上述总路线和教育方针的巨大影响下，云大与全国各大中学校一样，掀起了大办工厂的“热潮”。

2. 概　况

为了加强对大办工厂的领导，学校先后成立了生产管理委员会、勤工俭学委员会、生产处等组织机构。从 1958 年 5—8 月短短 3 个月间，全校各系、处、科等，先后创办、筹办了各种工厂 162 个，真是一蹴而就，遍校开花。其中，学校投资者 73 个，员工投资者 89 个；（当时）已投产者 29 个，试制出产品者 73 个，正筹办者 60 个；结合专业者 69 个，不结合专业者 93 个；各系所办者为数学系 15 个，物理系 7 个，化学系 38 个，生物系 8 个，中文系 17 个，历史系 57 个，农学、林学两系 15 个，另总务处 5 个。具体情况如下：

表 5－9　云南大学大办工厂一览（1958 年 5—8 月）

系	所办厂
数学系（15 个）	（缺）
物理系（7 个）	钢铁厂　仪器厂　无线电厂　电工厂　玻璃厂　低温厂　半导体厂

续 表

系	所办厂
生物系（8个）	细菌肥料厂　制药厂　血清厂　饲养场　植物园　生物标本制作厂　小勐养生物厂　丽江生物站
化学系（38个）	冶炼厂　有机合成厂　植物原料厂　试剂厂　硫酸厂　煤气厂　灯工室　炼铁厂　高温炼焦厂　赛璐珞厂　蓖麻油厂　氮化四苯砷厂　炼硅厂　炼铝厂　炼钙厂　糖醛厂　颜料厂　胺基塑料厂　提炼焦油厂　磷酸厂　农药厂　木屑制工酸厂　氮肥厂　电解钠厂　咖啡因厂　土耳其红油厂　草煤提石油厂　氨水厂　骨焦油厂　活性炭厂　松节油厂　无水酒精厂　乙醚厂　草酸厂　乙醛厂　电解厂　亚硫酸氢钠厂　玻璃纸厂
中文系（17个）	单车修配厂　塑料厂　木工厂　印刷厂　名贵花苗培育场　蔬菜场　新农具制造厂　东风炼油厂　东风桉油厂　东风酒精厂　东风造纸厂　东风人造棉厂　东风炼硝厂　东风墨水厂　东风编织社　东风文化服务社　东风家禽饲养场
历史系（57个）	草鞋厂　布鞋厂　木工厂　木工厂　木工厂　木工厂　木工加工厂　粉笔厂　粉笔厂　粉笔厂　粉笔厂　粉笔厂　草酸厂　草酸厂　草酸厂　水泥厂　水泥厂　水泥厂　铁工厂　五金加工厂　矿石机厂　炼铅厂　炼硝厂　土硝厂　硝厂　骨粉厂　颗粒肥料厂　颗粒肥料厂　棉织厂　棕绳厂　造纸厂　造纸厂　透明皂厂　肥皂厂　人造棉厂　人造棉厂　印刷厂　印刷厂　油漆厂　信封厂　信封加工厂　装订厂　装订厂　洋烛厂　臭水厂　酒精厂　酒精厂　颜料厂　毛刷厂　桉油厂　碎石场　养兔场　养兔场　养兔场　墨水厂　墨水厂　纸套信封厂
农学系、林学系（15个）	细菌肥料厂　化肥厂　生长刺激素厂　农药厂　农业用品厂　农产品加工厂　农具厂　松脂厂　桉油厂　造纸厂　草酸厂　刨花板厂　酒精厂　石灰厂　砖瓦厂
总务处（5个）	木工厂　印刷厂　农场　养猪场　医院
工农预科（4个）	（缺）

上述工厂，因既缺资金又缺设备，既缺技术更缺经验，多为一轰而上，仓促上马，故时隔仅两月，遂纷纷下马，而呈锐减之势。至10月，全校拥有厂数减为：数学系6个，物理系7个，化学系11个，生物系8个，中文系8个，历史系6个，总务处5个，预科4个，共计55个。（此时，农、林二系已独立建为昆明农林学院）即便如此，原来存在的问题，仍未根本解决。1959年以后，所办工业，再度重组合并、改弦更张为5个较有成效的工厂。具体如下：

物理系综合电子仪器厂：包括探测元件、探测仪器、无线电元件、无线电电子仪器、电子管、半导体等6个车间，主要产品为稳源电压、气化膜电阻等。

物理系科学仪器厂：包括金工、翻砂、锻工、电工、表面等5个车间，主要产品为台虎钳、真空泵、干涉仪等。

化学系化工厂：包括硫酸、煤气、乙醚、氨水、电解等5个车间，主要产品为乙醚、氨水、稀有金属试剂等。

生物系生物制品厂：包括校内厂、版纳野生植物加工厂等，主要产品为酵母、小球藻、赤霉素、土霉素、地霉素等。

总务处出版科印刷厂：包括检排、铸字、印刷等组，主要产品为学校用教材、讲义、各种表格等。

除了大办工厂而外，云大也曾自行发电。1958年，在“大跃进”的形势下，全国掀起大战钢铁运动，电力供应甚为紧张。上级决定，云大不属供电单位，所需电力自行解决。这给学校的教学、科研、实验、生产及生活造成极大不便。学校为了克服困难，渡过难关，发扬艰苦奋斗，自力更生精神，乃定自行发电，以供急需。同年5月，学校组织人力，先试制一小型供发电、煮饭的锅炉，结果获得成功。其后，“又经一月昼夜苦战，制成一大型锅炉，计高3米，直径1米，重1.5吨，可供七八千人煮饭及发电之用。接着还制成汽轮机1台”。后来，小型锅炉安装于员工食堂，大型锅炉安装于学生食堂。

云大除了自己办厂之外，为了解决资金筹措、原材料供应、产品销售等困难，还与校外单位合作办厂。如1958年8月，云大决定与昆明市商业局合办钢铁厂。为此，双方签订了《协议书》共6条。《协议书》开宗明义：“为了响应党中央‘全党全民办工业’、‘学校大办工厂’的号召……经双方同意合办云南大学、昆明市商业局钢铁厂，并达成以下协议……”《协议书》并载明：“建厂资金由双方共同负责”，“产品分配原则上各分一半”，“工厂管理由双方派干部共同负责”，等等。

3. 管　理

大办工厂（含大办农场）开始以后，学校曾提出了“学先进，赶先进，先进再先进，后进赶先进”等一系列号召。为了加强管理，提高效益，还制定了一系列制度、规章、规程、职责、办法等。如《工厂、农场经营管理办法（草案）》《劳动生产的管理安排和调动办法（草案）》《劳动保护和安全生产的几项规定（草案）》《关于固定资产管理暂行办法（草案）》《关于材料管理暂行办法（草案）》《关于工具管理暂行办法（草案）》《关于财务管理部门主要职责（草案）》《关于基本业务简易会计制度（草案）》等，可谓应有尽有，一应俱全。仅举一例，借窥全貌：

云南大学工厂、农场经营管理办法（草案）

（1961年4月制定）

1. 工厂、农场必须按年按季按月作出生产计划，交劳动生产办公室汇总上报各有关部门。每年9月底以前作出次年的生产计划，每季最后一月的25日以前作出下月的生产计划。

2. 工厂、农场对所需要的设备和原材料，须按年按季按月作出计划（作计划的时间与作生产计划的时间同），由劳动生产办公室汇总报各有关部门，列入物资计划，以便解决原材料及设备的供应和产品的销售。

3. 工厂、农场的生产情况报表必须按规定按时填报劳动生产办公室。

4. 工厂、农场应根据其不同的特点和情况，建立和健全各种管理制度，严格执行安全措施，加强思想教育工作，自觉遵守纪律，树立勤俭节约风气，对损失和遗失工厂、农场的工具或其他财产，应分别情况给予教育和赔偿。

5. 各工厂、农场财务上的收支，必须按照规定办理。各工厂、农场应采取各种措施，不断降低成本，提高产品质量和减少废品率。

6. 工厂的产品：主要生产学校教学、科学研究需要的仪器和设备，和中学需要的教学仪器、教具模型。农场主要是养猪、种菜，并适当发展其它副业，以满足师生在生活上的需要。

7. 工厂、农场及各部门之间的协作：为了管理好工厂、农场的成本核算，工厂、农场之间互相需要的产品和原材料，以及加工等，不能无代价的提取产品和加工。但产品的价格和加工费可适当降低。

8. 农场的各种产品，主要供应校内各伙食单位，产品价格可比市场稍低，但不得无价的供应，伙食单位更不得自由到菜地拔砍蔬菜。

9. 工厂、农场的产品要在市场上销售，事先应取得劳动生产办公室的同意，并要通过国家商业机构，并遵守国家的物价政策，不能进行商品性质的贩卖活动。

10. 工厂、农场对产品不能私自处理，或以物易物。

11. 各系到工厂、农场试验、劳动教学时，须先与劳动生产办公室联系，并保证生产任务的完成。影响生产计划完成时，由任课教师负责。损坏工具、生产废品，要说明原因。

12. 严格生产的经济核算。产品成本核算由工厂、农场提出意见后，送劳动生产办公室。

除了学校制定的统一的规章制度之外，各个工厂也制定了单独的、相应的规程、规则之类。兹也仅举一例：

云南大学科学仪器厂组织规程
（1960年3月6日制定）

我厂是（为了）贯彻党的教育方针，在校内的主要基地必须积极培养技术力量，向制造“高、精、尖”科学仪器的方向发展。任务是尽量满足教学和科研的需要，为不断提高我校的教学和科研水平服务。并要不断扩大生产，成为我校（教学、科研与生产）三结合的主要基地。

一、办公室组织

我厂在党支部领导下，设立厂长办公室，由厂长、供销员和计划员组成。另成立生产革新小组，吸收有关干部和先进的工人参加，由厂长领导，定期召集会议，研究有关技术革新的一切问题。

1. 厂长职责：在支部领导下，负责全厂行政工作，领导组织全厂同志，为贯彻党的教育方针服务。

2. 供销员职责：根据生产的需要，准备材料和工具，做到购销及时，保证生产需要。

3. 计划员职责：整理图纸、订立计划、计算工时、下达任务，并负责统计报表等工作。

二、车间组织

车间在厂长领导下，按生产需要分成若干工段，具体进行生产工作。各车间设车间主任一人，领导整个车间工作。车间内设立“四员”：

1. 车间分配调度员：根据生产计划，具体分配生产任务，合理调配劳力和工具，监督劳动纪律，使生产按计划有组织地进行。

2. 车间技术员：解决生产中的技术问题，对学工进行技术教育，指导青年学工按技术操作规程进行工作。并协助车间检验员进行技术鉴定，担任试制新产品及革新工具的任务。收集车间务工段的合理化建议，整理后交革新小组讨论处理。

3. 车间检验员：根据图纸和实样，配合车间分配调度员和车间技术员，按照质量和规格检验产品。不合质量、规格要求者，须经领导批准方可验收，或按领导意见作其他处理。检验员要不断深入各个工段，注意生产过程。若发现生产不合技术规程要求者，及时反映给各级领导（车间或厂领导），立即加以纠正。并根据任务单整理出详细报表，每月上报二次（月中、月尾），报表一式二份，一份交厂长，一份交计划员。车间各工段的成品（要）立即送交办公室，（由）供销员核算，图纸垒起送给计划员，半成品的任务单及图纸收到时，立即送给计划员安排生产。

4. 车间材料工具发放员：根据规章制度，发借属车间管理的各项材料、工具及零星常用品等，发借的各种物品都必须进行登记。各类物品应分类放置，材料、工具的增减及使用情况，要经常向厂长办公室汇报。

三、任务下车间的手续和办法

凭任务单和图纸或实样下达任务到车间，24 工时以下的不往返估工，24 工时以上的要通过往返估工后，才能下达任务。车间按图纸或实样施工，按计划生产，不得中途乱插任务，打乱计划。

学校、工厂所定各种规章制度，是否正确完备，姑且不论，因为学校毕竟是教育场所，而非生产企业，加以当时学校办厂多为一哄而上、一哄而下，故未必得到切实遵守和严格执行。

4. 效　益

企业效益约分两类：产品效益即产品的数量和质量，经济效益即收支的盈余和亏损。云大自 1958 年始办工厂以来，即规定必须每月统计产品产值，予以报呈。如是年 10 月，办厂较多较好的物理、化学、生物三系，其产值计划分别为 97200 元、26900 元、165000 元，合计为 289100 元。产品产值则如表 5－10：

5－10　1958 年 10 月工业产值统计表

单位：元

品　名	规　格	产　品	产　值
细菌肥料	固氮菌、硅酸盐菌	114.17 吨	123737
空气电池灯		2100 盏	8820
颜料	各色	14000 瓶	6650
三用会议电话机	收音、扩大、电话会用	20 部	6000
五灯直流收音机	五灯、直流	50 部	5000
生铁	灰口铁、白口铁	15.5 吨	4627
矿石	筇竹寺产	230 吨	4600
耐火砖	直、斜	8771 块	7602
其他产品	各种工业产品		54550
合计			221587

产品的成本、质量、销售、利润等项，均且不论，仅论产值，由表 5－10 可知，就只完成计划的 77%。而“为了大跃进和产值翻番，生产处把 11 月份的产值计划定为 421200 元。但因运输及燃料、原料缺乏等，多数厂均未能完成计划，总产值仅完成 235565 元”，即仅为计划的 56%。

1960 年时，原先所办 100 多个工厂已合并、精简为“五大工厂”，即物理系科学仪器厂、综合电子仪器厂、化学系化工厂、生物系生物制品厂、总务处印刷厂。五大厂之效益并不甚佳，试看一份“简报”：

表 5－11　云大校办工厂主要产品每月简报（1960 年 6 月）

工厂名称	产品及数量	本月产值（元）			备　注
		计划	完成	完成%	
科学仪器厂	台虎钳 12 台	15600	3640	23	上旬停电
	零星加工	14400	6199	43	
综合电子仪器厂		0	0	0	设备损坏
化工厂	麻醉剂 40 公斤	3673	291	8	
	氨水 70 公斤	1560	336	21	
生物制品厂	地霉素 115 公斤	112	36	32	
	链包霉 1000 公斤	118	39	33	
印刷厂	印刷及铸字	22000	9221	42	

由表 5－11 可知，“五大工厂”是月完成产值均未达到计划产值之半。更有甚者，“设

备损坏”的综合电子仪器厂，干脆停产，仅有其名而无其实。

再以历年全年收支而言，有一统计表如下：

表 5 - 12　云大校办工厂财务收支统计表（1959—1962）

单位：元

年　份	收　入	支　出	盈　亏
1959	147000.00		
1960	448582.00	33341.67	+415241.13
1961	213666.08	344702.46	-131036.38
1962	60002.37	211885.97	-151883.60

由表 5 - 12 可知，学校大办工厂的 1959—1962 年 4 年间，除了第一年无支出记载、第二年有所盈余而外，后两年均呈亏损局面。

5. 结　束

从 1958 年开始的“大跃进”（及“公社化”）运动，给国家、人民造成了严重后果：国民经济比例失调，工农生产大幅下降，人民生活十分困难，形成“三年困难时期”。与此相应，大中学校大办工厂，致使运动过多、劳动过多，严重影响教学秩序，严重降低教育质量。有鉴及此，1961 年 1 月，中共八届九中全会通过了对国民经济实行“调整、巩固、充实、提高”的“八字方针”，以便扭转局势。关于教育领域，同年 9 月，国家制定了《教育部直属高等学校暂行工作条例（草案）》，即《高教六十条》，明确指出：“高等学校必须以教学为主，努力提高教学质量。要把教学、生产劳动和科学研究很好的结合起来。”

还需指出的是，早在《高教六十条》制定前 5 个月，即 1961 年 4 月，云大党委第一书记兼校长高治国，就在《光明日报》上，有针对性地发表了《高校工作必须以教学为中心》一文。文章开门见山指出：“学校是传授知识、培养人才的地方，因此，学校工作必须以教学为中心。”文章接着写到：“学生的生产劳动时间，必须安排得适当，决不是越多越好。”“组织师生参加政治运动和工农业生产的同时，教学的正常秩序必须保持，教学计划必须完成，不然学校就不成其为学校了。”针对当时学生劳动过多、学校秩序混乱的现象，文章断然表示：“在大跃进中，处处需要劳动力，校外常常要求学校调派学生参加劳动。……首先，不能忘记我们是个学校，不能随便打乱正常的教学秩序，该去的坚决去，不该去的不去，可以少去的少去，可以推迟的就推迟。”

在“八字方针”和教学为主思想指导下，与全国高校一样，云大对所办工厂进行关、停、并、转，纷纷下马停办。如 1962 年，生产处所定《生产计划》明确规定：除了继续办好早已有之、且属必须的印刷厂，以“保证教学与科研需要”而外，“1962 年内不拟再办其他工厂”。又如化学系所办化工厂，决定转给昆明市五华区接办，并改厂名为先锋化工厂，但仍设于学校之内。1963 年，学校致函五华区人委：“我校为教育事业单位，校舍以内设立工厂，对于教学秩序和生活秩序，均有诸多不便。”同时学校房屋较紧，现决定将该厂所占房屋收回使用，“请其从速准备搬迁”。不久，该厂即被迁离学校。再如物理系所办工厂，后改为金工室，以修理本系教学仪器，而总务处则留有金工车间，以修理学校器物。大办工厂犹如一阵旋风，既来得快，也去得快！

（四）请拨天君殿巷

天君殿巷位于云大本部西南一侧，与学校仅一墙之隔，若能划归学校，于云大之发展建设殊为重要。早在国立时期的1940年，学校即予请拨，但无结果。

1958年大办工厂时期，云大建厂接二连三。1959年时，物理系所办科学仪器厂，“生产任务越来越大，设备也在逐步增加”，但因地盘限制，扩建厂房实难展开，急需“天君殿巷一带”。为此，是年12月，该厂负责人、技术员等，携带学校介绍信，前往市建设局，再次请拨该地，但仍无定论。1960年2月，学校再函市建设局：“我校生产处厂房不够用，前曾商得你局派员来校查勘，同意由天君殿巷及民强巷，划拨部分地区，作为我校扩建厂房的地址，现如嘱送上蓝图二份，请即早日划定，以便动工扩建，完成本年生产跃进的任务。”但因该地区民房毗连，一时难以搬迁他处，此次请拨，也是不了了之，致使该地最终仍未并入云大“版图”，殊为可惜。

（五）校办农场

1. 农场概况

云南大学创办农林产业，历史甚为悠久。1923年，学校创办伊始，省署即拨给澄江抚仙、星云两湖田产，开垦经营，以筹经费。1924年，学校拨得西山一片山场，建立西山林场，以为“林业、教育、学校经济”之计。1939年，先期创办了呈贡农林场，以为农学院之成立，预为张本。1940年，农学院创办开远酒精原料农场，广种甘薯，以供制造酒精支援抗战之用。1943年，为了“教学实习之需和增进学校经济之计”，开办了昆明经济农场。1944年，创办了弥勒木棉场，种植木棉，以供纺织之用。1948年，办起了作物试验场，以为“本省小麦、水稻之试验、改良及良种繁殖推广”。同年，农学院将原有的厂口矿山改为厂口林场，以备“森林系学生实习之用”等。

中华人民共和国成立以后，云大所办农林产业，种种原因，多已移交当地管辖，而予停办。唯留有昆明经济农场、作物试验场，另又新办茨坝农场、龙潭农场。

（1）昆明经济农场

1943年成立的昆明经济农场，由国立云大将原五福寺农场和园艺场改组而建成，也称昆明农林场、实验农场，中华人民共和国成立后则习称内农场、苹果园农场。其场地原跨环城北路两侧，随着学校发展，渐缩小至今云大北院区。昆明经济农场先由农学院管理。1954年，学校奉命撤销院级建制之后，改由农学系管理。1957年，因其“有关人事、财务、修建及事务行政不易解决”，再改由校长办公室管理。

昆明经济农场主要经营栽培蔬菜、饲养猪鸡、种植苹果、酿造加工等项，以为学校提供科研基地，并满足员生生活之需要。自始至终，生产效益均属优良。

（2）作物试验场

1948年成立的作物试验场，由国立云大租得北门以东小菜园两村公用水田80亩而建成，场址即今云大东二院。中华人民共和国成立以后，场地则归属学校，习称外农场。外农场在1958年农、林两系独立之前，由农学系作试验农场，以进行“关于水稻湿土栽培的科学研究”。农、林两系独立之后，则归生物系，以为“作物栽培和作物丰产试验之用。”

外农场主要进行水稻种植和蔬菜栽培。如1960年，全场共种“水稻23亩，亩产200~800斤，其余全部种菜，以供学校食堂之用”。经济效益亦属优良。

（3）体育场菜地

体育场菜地位于今东一院西部，共30余亩，因土质良好，管理较易，所种蔬菜，茁壮成长，连年丰收，效益颇佳。

（4）茨坝农场

1956年，云大于北郊黑龙潭茨坝地区建立了茨坝农场，备作即将独立建院的农、林两系的教学、科研、实习、生产基地。（详况已见前述）1958年，农、林两系独立建为昆明农林学院（今云南农业大学和西南林业大学的前身）之后，茨坝农场随之划归该院。

（5）龙潭农场

1960年成立的龙潭农场，是为此一时期最主要的农场，详况当为另述。

2. 小球藻生产运动

1958年“大跃进”开始以后，因为“造成了对生产力的巨大破坏，国民经济出现严重困难局面”，口粮、食油、肉类、蛋类市场供应十分紧张，人民健康严重受损。据此，有人想起了小球藻，并夸大其为“水中猪肉”“人造蛋白”云云，于是，全国各地迅速掀起了小球藻生产热潮，试图弥补市场供应之不足。

小球藻，属绿藻门，卵孢藻科，单细胞体，种类甚多，富含脂肪、蛋白质、碳水化合物、矿物盐类和各种维生素等，性喜温暖，爱生长在淡水之中，繁殖迅速，大量培养，可供医用、食用和作饲料用等，但绝非如人们所云“水中猪肉”“人造蛋白”的神奇功效。

1960年，云南省专门成立了小球藻生产办公室，“波澜壮阔的小球藻生产高潮，也在昆明市与全省开展起来”。云大则成立了小球藻生产领导小组，以为领导。先由生物系在实验室进行试验，继转为用水槽、鱼缸等培养，后发展为用池子大面积培养，为此“需建大水池5个”，“形势的发展一日千里”，学校迅速出现了一个“群众性的小球藻生产运动”。其产量，由日产百余斤浓缩液发展到日产一吨多。学校规定：“每人每十天要食用小球藻浓缩液半公斤。”为了发展、推广小球藻的生产，学校还组织了培训班，给予宣传指导；制作了“小球藻培养池设计图”，图中包括第一期、第二期、第三期构造培养池、水井、贮水池、温室、贮尿池、沉淀槽等。尤其编写了洋洋数万言的《关于小球藻生产的经验》的小册子，广为散发，以作宣传。其标题即有：“一、前言。二、对小球藻的概略认识。三、我校大面积生产小球藻的经验：甲、大面积的培养经验；乙、关于大面积培养池的基建要求；丙、针对生产中存在的问题，我校所进行的科研情况摘要；丁、关于小球藻应用效果的初步总结；戊、我校十月份小球藻生产的成本核算；己、关于我校小球藻生产的今后发展。四、关于小球藻生产的大面积推广”等等。可谓面面俱到，完美无缺。平心而论，文中不乏科学的总结、合理的论证、真实的成绩、有益的经验等。但也存在不切实际、夸大其词的问题，如说小球藻的“蛋白质含量超过鸡蛋，营养价值相当于牛奶”云云。

随着1961年“八字方针”的贯彻执行、国民经济的逐步好转，影响一时的“小球藻生产运动”也渐烟消云散，趋于中止。

3. *龙潭农场*

1960年2月，为了发展农业生产，度过困难时期，学校在市西远郊龙潭地区“从三个石头支口锅，进行开荒生产”而新建了一个农场，即“云南大学龙潭农场”。

1958年初，中共中央机关报《人民日报》社论宣称：“我们国家现在面临着一个全国大跃进的新形势，工业生产要大跃进……”后又发文宣传：“人有多大胆，地有多大产。”1959年，中共中央发出“全党动手，大办农业”的号召。于是，全国各个机关、团体、学校甚至部队、工厂，均兴起了大办农场的高潮。是年，云南省委会统一安排，由昆明市人委会建设局指定征用，云大自行开垦，筹办农场，指定地区位于昆明市西山区团结公社龙潭管理区（后称为龙潭生产大队）、和平小村生产大队。翌年，即1960年，龙潭农场正式成立。

（1）土　地

1960年即建场当年，农场开垦荒地达530亩。1961年冬，因农场土地与社队土地相互交错，“插花在一起”，而不便管理，经过双方友好协商，“重新划定了场界”。1962年春耕之时，社队却在“农场范围内翻犁了100多亩，且欲将前调整插花地时划归学校的70多亩土地，占去耕种”。4月初，学校增派生产处副处长杨绍珠，前往交涉，但是毫无结果。学校无奈，乃直呈副省长刘明辉，请其“转知有关单位，迅予协助解决，以利生产”。经过上级指示，4月15日，云大与团结公社及其所属和平、小村大队的代表，会议协商，作出协议。其协议如下：

云南大学与团结公社协议
（1962年4月15日）

一、云大农场大梨坡山顶土地被小村大队翻犁过的100亩，仍归云大耕种，而由学校付给牛工费200元。今后，生产队及社员不得再到学校农场耕种。

二、云大农场与和平大队的地界，曾于1960年10月协商划定，现仍维持原议不变。即：东自单家房背后小路岔口起，南自云大场房大路，西由狭龙头丫口起绕至杀鸡处，北自单家房背后直到狭龙头丫口。

三、云大农场与和平大队所属桃园地的调整，东至平冲丫口，南至单家地外埂，西至黄艾地外埂之间的土地，归云大所有。

四、云大农场地界以内原有的果树（梨树）仍归生产队所有，农场自有果树则归云大所有。

五、今后云大若需继续开荒，需事前与有关社队协商，办理手续后方可动工。

自此，龙潭农场与附近社队有关土地、界址的争议，遂获解决。

同年，即1962年11月，为了增加耕地，扩大生产，云大致函市建设局，请将农场附近荒地439.91亩，划拨学校，以事垦殖。12月，市建设局复文学校：“关于你校申请划拨西山区团结公社和平大队及小村大队所属范围内的荒地439.91亩，作副业生产用的问题，经我局研究，同意划拨上述荒地作你校开荒耕种之用（不能转让或作其他使用），但所有权属国家，你校只有耕种权。如因国家建设需要时，你校应予迁让。”学校遵示，经过开垦，龙潭农场面积一跃而为912亩之多，达到鼎盛时期。

龙潭农场之土地自东北走向西南，成一狭长形状：首自东北，先经小厂村、黄家坟、抖龙湾、蓄水池、基东、基西，复经平冲丫口、庙山顶，而达西南大梨坡处，西北蜿蜒着马水河至昆明公路，东南则为大山阻隔，整个农场，因山丘分割而成5个垦区。

1963年，云大贯彻《高教六十条》后，以教学为主，学生劳逸结合，加以文科学生大都下乡参加社会主义教育运动，因此劳动减少，农场劳力不足，原有土地，每有抛荒。更有甚者，附近社队未经学校同意，擅自耕种农场土地140多亩，且向学校提出：暂把无法耕种之地，借给社队使用。学校生产科研究后，认为暂时借出，也无不可。于是报告总务处：暂将农场场部周围47亩、杀鸡处路口11亩、单家村屋后60亩，三处共110亩，借给团结公社使用。对此，总务长程明轩批示：可以借给，但须经过市委备案，与生产队签订合同，“以后在我校需要时，无条件退还我校”。12月，学校即致文市建设局：农场土地“可以借给农民，以后我校因教学、生产需要时，社队应无条件归还”。市建设局批复云大，表示认可，但是却称：“同意（云大农场）退还给公社土地。”此批复将“借给”改成“退还”，且只字未提日后归还云大之事。因此，云大再函市建设局，强调：“我校拨出的土地，是暂时借给社队使用，不是‘退还’。如果写成‘退还’，今后我校需要时，则不易收回。”敦请该局对批文加以修改。当然，土地皆属国家所有，如此“咬文”，不过明确而已。

（2）房　舍

自建场当年起，农场先后建有大小房舍50余间，除少部分为瓦房之外，大部分为茅草房屋。“每到雨季，常有漏雨，致倒塌事情发生，对于人畜安全，均有影响”，因而常需翻修。如1963年，翻修草顶，“购买茅草4万公斤，合1400元，翻修工84个，合336元，两次共计1736元，由生产收入部分支出”。

（3）耕　畜

初时，云大所有农场，仅有耕牛（水牛）4头，另有荷兰杂交牛5头，“因此常感畜力不足，山地所用厩肥缺乏”。为了改变现状，1963年4月，曾向大理三月街购买耕牛。先期电询三月街大会秘书处：买牛“不知应办何手续，买到后通过什么手续运昆，请电告”。该处回电云：“来时，需持本单位介绍信，购买后自行（徒步）赶走，也可请汽车总站托运。”结果，买到3头水牛。日后，也从丽江等地购买。除了耕牛，农场尚饲养有肥猪、仔猪及羊群等。笔者求学时，曾几次到龙潭农场劳动，并曾有幸当过“羊倌”！农场也曾“计划造船3只，购网3个，以到滇池打鱼和捞水草（喂猪），并向水产局订货购买”。结果终未实现。

（4）种　植

龙潭农场均为山地，种植也为旱地作物，包括洋芋、苞谷、黄豆、荞麦等类杂粮。如建场当年，即种洋芋250亩，苞谷与黄豆间种256亩，荞麦、瓜6000塘等。因其风调雨顺，结果五谷丰登，共获“洋芋6万公斤、苞谷5千公斤、荞子1千2百公斤”等，实现了当年建场、当年收益的“开门红”。1962年时，虽劳力减少，农场收束，也还种了洋芋65亩、苞谷100亩、豆类200余亩等，收获尚佳。

4. *劳动管理*

云南大学自创办之日起，即有开办实业、生产自立之优良传统。20 世纪 60 年代前后，随着“大跃进”“公社化”而出现的“三年困难时期”，“国以民为本，民以食为天”之古训，国民体会尤深，奉为圭臬。因而，学校甚为重视农场建设和农事生产。

还在 1957 年，学校为了加强对内农场、外农场、体育场菜地及茨坝农场的领导，即专门重新成立了农场管理委员会。主任委员为副校长寸树声，副主任委员为肖常斐、徐永椿，委员为张瑞纶、刘绍文、诸宝楚、周玺、杨辉远，秘书为杨辉远。后来还制定了有关农场农事的规章制度，如《工厂、农场工人的管理及请假和停工期间工资待遇的规定（草案）》《关于农业生产简易成本核算规程（草案）》《农业生产工具管理暂行办法》《蔬菜管理暂行办法》，等等。学校校务会、农管会，尤其生产处（科）等，均定期研究农场农事问题。如 1961 年，为了贯彻《高教六十条》，学校提出：学校中心任务是以教学为主，必须努力不断提高教学质量。据此，生产处认为：工农业生产劳动的安排，首先应该有利于教学工作，其次完成一定的副食品生产，以达“不断改善生活，保证教学任务顺利完成之目的”。并依国家规定，作出劳动计划：一是每名学生每学期参加劳动 21 天，全校共有 3300 名学生，除去病、弱者外，共合 58000 人日，其中副食品生产劳动 56700 余人日，占 84%；工业生产劳动 2300 余人日，占 5.3%；公益劳动 6600 余人日，占 9.9%；其他劳动 1800 余人日，占 2.7%。二是每名教职工每年参加劳动半月至一月，全校共有 800 余人，除去病、弱者外，共合 7500～15000 个劳动日，主要参加校内农场种植蔬菜的劳动。应该说，此一劳动计划是科学合理、切实可行的。

除了劳动计划之外，学校每年均作生产计划。如 1962 年，中共云南省委指示：“在当前粮食不足、副食品供应暂时困难的情况下，机关生产特别重要。大家的生活过得好不好，吃得饱不饱，确是一件大事，所以必须当做一项重大政治任务。”其要求各单位发扬自力更生、艰苦奋斗的作风，千方百计，发展生产，以达到“每人每月吃肉 5 公两，每人每天吃菜 2 公两的指标”。为此，学校制定了《1962 年生产计划》，主要内容为：一是猪肉。存栏数大、小猪只保持 350 头左右，以 60% 的宰杀率计算，每月宰杀 12～15 头，每头 70 公斤计，肉共重 840 公斤，则每人每月可吃自产猪肉 1.5～2 公两。二是蔬菜。校内农场有蔬菜地 80 亩，每亩每发产菜 2000 公斤，一年三发共产 48 万公斤，则每人每天可吃自产蔬菜 2.5～3 公两。三是饲料。校内农场有饲料地 30 亩，龙潭农场有山地 400 亩，分别种植水稻、苞谷、洋芋、豆类等，此外“利用校内路边、墙角，种植芭蕉芋”等，共产净粮折合 1.2 万公斤，又再“增养山羊、黄牛，及积极准备造船，组织专业队进行打鱼”。此一生产计划也基本是科学合理、切实可行的。

依据劳动计划和生产计划，教职员工主要是参加校内劳动，全校学生则分批轮换，或在校内就近劳动，或是身背行装，先乘公共汽车至黑林铺，再爬筇竹寺山，徒步山间大路，行抵龙潭农场劳动。

5. *经济效益*

1960—1962 年，正是国家处于“三年困难时期”，也是云大大办农场时期。由于学校高度重视和经营有方，全体员生的艰苦奋斗和辛勤耕耘，校办农场的粮食、肉蛋、蔬菜、水果等的生产，均获创记录的丰收。兹分别统计如下：

表 5－13　云大 1960—1962 年农业收支统计表

收　入			支　出	
科　目	数　量	金额（元）	科　目	金额（元）
1960 年				
蔬菜供应食堂	420439 公斤	39858	购农具	9814
杀猪 47 头供应食堂	3140 公斤	3642	兽医药品	3676
支援外单位小猪	13 头	560	饲料、燃料费	14256
水果供应师生员工	4280 公斤	2794	化肥	1912
鸡蛋供应病号	1212 个	210	运费	1845
支援外单位籽种、菜秧		1862	龙潭农场基建	10610
洋芋供应食堂		2632		
合计	51559		42114	
结余	9445			
1961 年				
售给外单位籽种、菜秧		1652	购耕牛 10 头	1300
甘蔗供给师生员工	645 公斤	265	购苏杂交猪 2 头	117
鸡蛋供应病号	2352 个	332	粉碎机 1 台	568
售给外单位红薯秧	3938 公斤	2240	购农具等	4657
零售小猪	77 只	987	购兽医药品	878
蔬菜供给食堂	484769 公斤	38748	猪饲料、燃料	19286
猪肉供给食堂	8082 公斤	9375	挖洋芋工资	2306
水果供给师生员工	3849 公斤	1784	运费	721
龙潭产洋芋供给食堂	60451 公斤	6303		
杂项收入		532		
合计	62222		29835	
结余	32387			
1962 年				
种菜	434093 公斤	32802	购农具	8329
菜秧		1923	工具、车辆修理费	1561
猪肉	10939 公斤	12689	猪饲料、燃料费	19144
菜种	69 公斤	890	龙潭工具、运费等	

续 表

收入			支出	
科目	数量	金额（元）	科目	金额（元）
售小猪	190 头	4137	购山羊种羊 5 只	155
水果	1778 公斤	964		
瓜子	323 公斤	323		
鸡蛋	1066 个	143		
龙潭洋芋、辣子		2630		
合计	56501		33355	
结余	23146			

表 5－14 云大 1960—1962 年肉类等生产统计表

单位：公斤

品种	数量		备注
	宰数	肉重	
猪	446（头）	22041	全部供应食堂
羊	5（只）	95	全部供应食堂
牛		86	全部供应食堂
鸡		67	
蛋		4630（个）	全部照顾病员
鱼		22	全部售给中、小灶食堂
兔	10（只）		全部售给食堂
油菜籽			全部加工成菜油 143 公斤，售给员工、病号等食堂

表 5－15 云大 1960—1962 年粮食生产统计表

单位：公斤

1960		1961		1962	
品种	数量	品种	数量	品种	数量
稻谷	7032	稻谷	7680	稻谷	7359
苞谷	7936	苞谷	4545	苞谷	6816
小麦	950	小麦	1682	小麦	5928
洋芋	61300	洋芋	100985	洋芋	37604
红薯	34016	红薯	55600	红薯	71622

续 表

1960		1961		1962	
品 种	数 量	品 种	数 量	品 种	数 量
黄豆	812	黄豆	2272	黄豆、米豆	3942
刀豆	248	蚕豆	455	蚕豆	3069
荞子	1582			大麦	2307
青苞谷	3663				
合计	117539		173219		138647
总计	429405				

说明：所有粮食均未折成精粮，只计品种、数量。

表 5－16 云大 1960—1962 年蔬菜生产统计表

单位：公斤

年 度	收 入	年 度	收 入	年 度	收 入	合 计	备 注
1960	420439	1961	484769	1962	434093	1339302	全部供应食堂

表 5－17 云大 1960—1962 年水果、甘蔗生产统计表

单位：公斤

年 度	水 果	甘 蔗	备 注
1960		4280	1960 年所产水果，由工会代售，售款 1784 元，只报金额，未报重量。1960 年所产甘蔗，全部售给化念农场作籽种。1961 年所产甘蔗，全部售给教职工。
1961	3849	654	
1962	2101		
合计	5950	4934	

由于各个校办农场，岁岁丰稔，年年有余，员生因能丰衣足食，共济时艰。加以学校厉行“凡是一文钱的支出，都必须有利于提高伙食质量的食堂财务政策”，因此，“粮食消耗，由超支变节余；菜金支出，连连有所减少”。虽然“伙食标准每月 10 元，但是也可吃到二菜一汤，早点也能吃上馒头、花卷、包子等”。

国家“三年困难时期”，云大得以正常运转，师生得以弦诵不绝，校办农场贡献，其功实莫大焉！

（六）房屋出租

早在 1958 年，昆明市贸易公司（后改为贸易局，又改贸易公司）接办原云大门市部时，即租用学校本部北后门旁（今东方红宿舍后）房屋，计大门市部 91 平方公尺、小门市部 30 平方公尺、仓库 70 平方公尺，共 191 平方公尺，月租金为每平方公尺 0.2 元，每月共计 38.2 元。

1963 年 9 月，市贸易公司、邮电局和人民银行又分别租用学校位于环城路（即今一二一大街文昌路口附近）的平房各 6 间、2 间和 1 间，分别开设云大门市部、云大邮电所和云大储蓄所，三处使用面积分别为 179.15 平方公尺、31.38 平方公尺和 19.47 平方公尺，月租金单价均为每平方公尺 0.1 元，则三处的月租金分别为 17.91、3.14、1.95 元。租用之时，学校曾与三家租用单位分别订立了格式、内容、条款完全一致的《租借合同》。主要内容为：一是所租房屋产权仍属云大，云大可以随时回收自用，租借单位也可随时退租；二是所租房屋仅限营业之用，不得用作宿舍，或转租、分租及私自调换；三是租借单位欲改变房屋设备，须得云大同意，费用自行负担；四是租借单位对所租房屋应爱护使用，除雨季检漏由云大负责外，其余修缮均由承租单位负责。后因建盖北环商场而将门市部拆除外，邮电所、储蓄所则长期存在。

（七）云南省历史研究所用地建房

约在 1958 年，中共云南省委宣传部所辖云南省历史研究所成立。当时，中共云南省委宣传部指示云大：帮助历史所解决办公用房和人员住房问题。学校遵示，即借出会泽院三楼原历史系陈列室为该所办公室，并暂时解决了其人员的住房问题。

1961 年 4 月，省历史所致函云大总务处，请予解决：一是够 20 人用的办公室 4 间；二是够放书 3 万册的图书资料室 1 间；三是够 20 人住的宿舍一部分。对于该所有求，云大均予必应。由省里拨款，在学校今北院范围内各建有办公室、宿舍 1 幢。多年以后，省历史所归属新建的省社会科学院。又多年以后，历史所办公室迁离云大，移入社科院内，但其宿舍仍然“插花”在云大的“版图”之内，直到后来新建附中为止。

（八）请拨云大附中房舍

云南大学附属中学，历史悠久，源远流长。

1923 年，私立东陆大学宣告成立。1927 年，为了扩大大学生源，提高新生质量，乃初办东陆大学附属中学，校址位于大学内至公堂东侧。1930 年，大学奉命专办本科，于是附中停办。1936 年，省立云南大学为有实验中学，呈准再办附中，是为云南大学附属中学。校址初在大学内木工厂及铁工厂处，后因抗战、内战事起，先后迁往昆明市平政街、路南县文庙、昆明北郊龙头村及西郊渔街子等地。1948 年，因“学潮”事，国民党当局明令解散附中。

1954 年，云大奉命开办附设工农速成中学，校址位于大学内农场西端。1958 年，在速成中学原址改建工农预科。1959 年，再改为附属中学。此为云大史上三办附属中学。

1961 年，正值“三年困难时期”，中共云南省委考虑“我省学校发展速度过快”，遂作决定：“云大附中停办。”为其校舍归属问题，云大乃于 6 月致函省教育厅：“省委决定，我校附属中学从今年起停止招收新生，不再续办。……我校意见：俟附中结束后，所在房舍永远归我校使用，准备划为机密专业区域。同时也使我校校舍完整，便于统一管理、统筹安排。”此请合情合理，得蒙批准。从此，建于云大校内的附属房舍，永归学校所有。

（九）请拨原农新村地皮

云大本部以西一片即今西院，早在国立初期就已划归学校。1939 年云大农学院成立时，初设于学校先已建成的城东呈贡农场处。1946年，农学院迁回时即设于西院，故该院又称为原农新村。但内有一段东西走向的昆垣北城墙及护城河，而河之西段早被市园林局改建为苗圃。

1961年，市政府依其城建计划拓宽圆通街道时，拆除了云大位于青云街的职工宿舍3幢。因此，学校建造职工宿舍，“地皮愈越紧张，致有的职工七八口人同住一间宿舍者。”为此，学校于7月致函市建设局：要求“将我校原农新村后面城墙及护城河（现为五华区苗圃）的地皮，拨给我校，作为建筑职工宿舍之用”。同时，学校总务长程明轩也与该局要员晤谈过，并蒙“口头同意”。但不久该局在正式复文中却写道：学校请拨土地之事，“待你校有省建委安排基建项目后，再办理拨地手续”。对此复文，总务长只能草草批示：“交校长办公室归档备查。”“口头同意”成了“口头支票”，“再办理”成了再未办理，此即时至今日，市园林局有一宿舍区深入云大西院“腹地”之由。

（十）绿化造林山场的划拨

丰富的森林资源既是一个国家和地区宝贵的物质财富，甚至是人类社会进步和文明的重要象征。森林不仅能为人类提供木材和其他林产品、副产品，还能起到保持水土、调节气候、防护农田、卫生保健、净化环境、休闲娱乐等重大作用。因此，绿化荒山，植树造林，历来是各国政府的一项基本国策。

昆明地区气候温和，雨量充沛，号为“春城”。但是城厢内外，种种原因，荒地秃岭，为数不少。1963年，市政府制定《昆明市绿化造林十年规划及园林五年规划》，经中共云南省委、昆明市委批准，决定将市郊无林荒山，划给省垣各机关团体、厂矿学校，作为绿化造林基地，以便“加速发展林业生产，增产各种建设木材，防止风沙水旱灾害，保证工农生产顺利进行”。5月，云大依照《昆明市绿化造林十年规划及园林五年规划》，与王家桥各生产队正式签订了《昆明市绿化造林划拨山场协议书》。据此，云大划得西北郊王家桥一片约300亩荒山，具体为：东至山顶壕沟，南至路埂，西至羊仙坡小路，北接大虹山路。该协议书规定：原有“山权不变”，林木“谁种谁有”，原则“自采种、自育苗、自造林”等。该协议书签订之后，学校连续派出大队师生，前往山场，“战天斗地，植树造林”，并且“组织专人，经营管理保护”。不几年间，所造树林，郁郁葱葱，长势喜人。但是，随着世事的变迁，尤其政策的多变，山场造林之事，后竟不了了之。植树造林，百年大计！绿化祖国，任重道远！

三、经费的拨发

（一）财经机构的重建

经济工作，乃是一切事业包括教育事业的基础。因此，教育经费、财务收支、会计出纳、账目统计等的严格管理，为保证学校正常运转的极为重要的先决条件。云大史上，为了加强财务、经费、管理，先后建有董事会、基金保管委员会、经济部、事务处、总务处、会计室等机构，以求“权归专责，事属分途”，“慎重锱铢，有条不紊”，“一秉大公，昭示大信”。

中华人民共和国成立以后，云大经费“一直在校行政的领导之下，由总务处下属财务科实行统一管理”。直到1965年7月，云南省人委“为了贯彻财务、会计工作中的群众路线，充分发动群众，加强对经费开支的监督，实行财务民主，以便更有力地向破坏国家制度和一切不利于社会主义的思想、行为进行不调和的斗争”，从而颁发了《关于加强会计工作的规定》，并颁发了《云南省行政事业单位经费审查委员会实施办法》。为此，学校成立了“首届经费审查委员会”，并制定了相应的《组织办法》、《实施办法》。其委员会组成如下：

云南大学首届经费审查委员会
（1965年7月）

主任委员：寸树声（副校长）
副主任委员：程明轩（总务长）
委　　员：刘佩文　刘有德　杨白仑　薛耀昉　颜洪恩　赵崇龄　韩文波

所定《组织办法》凡3条，主要内容为：委员会由教职工代表大会选举产生；委员会由校领导、总务处、各系代表经选举组成；委员会内分工由委员会确定。其《实施办法》凡9条，主要内容为：委员会任期一年，得连选连任；委员会下分教育经费审查、其他费用审查、财产物资审查3个小组；委员会的任务是对本校各种经费、财产、物资的使用和管理，按照有关政策和制度进行检查监督等。委员会的成立及其职责的确定，对于全校经费和财产的管理及监督，无疑起了良好的作用。

（二）规章制度的建立

中华人民共和国成立以后，长期以来，各行各业，包括财经领域，所定文件不知凡几，然而弊端仍属不少。仅举1962年为例：是年5月，财政部和人民银行总行在北京召开“全国会计工作会议”，针对不少单位存在“财务管理混乱，制度失去作用，会议监督松弛”，“记错账，算错账，账实不符，甚至无账”，“单据在抽屉里，账目在脑子里，钱财在银行里，物资在仓库里，肉烂了在锅里”，以及“财产不实，资金不实，成本不实，收支不实，债权不实，债务不实”等严重混乱的财经现象，制定了较为详尽的《会计人员职责条例》，凡5章共28条。同年9月，教育部也颁发了更为详尽的《高等学校财务管理办法（草案）》，凡6章共28条。其中第一章“总则”第一条开宗明义指出：“高等学校财务工作的任务，是根据勤俭办学的方针，逐步改善学校的工作条件和生活条件，切实为教学工作和科学研究服务。高等学校的财务工作，必须精打细算，厉行节约”；“高等学校的财务管理工作，必须贯彻‘统一领导，集中管理，分工负责’的原则”；重申“会计管账不管钱，出纳管钱不管账”的基本原则。第二章“预算资金管理”指出：预算资金分为劳动工资、人民助学金、设备购置、科学研究、生产实习、房屋大修等项，“必须实事求是地进行编制”。第三章“基本建设资金管理”指出：规定基建资金“必须专款专用”，不得与其他资金“相互通用”。第四章“预算外资金管理”指出：预算外资金包括租赁收入、绿化收入、废品变价收入、各种劳动收入、房租水电食堂托儿所收入等，必须“编制预算外财务收支计划”，以报上级“审查批准”。第五章“财务监督和检查”指出：实行“财务专职人员与群众相结合，定期检查与抽查相结合的方法”。对于检查出来的问题，“应该分别情节，严肃处理”，“财务人员对于违法乱纪的行为，有权越级反映情况”等。第六章“附则”规定各省、市、自治区的教育厅、局，应该加强对所在地的高等学校财务工作的指导等。

同年12月，教育部又颁发了《关于加强会计工作的若干规定》，凡8条。该规定指出：根据中央指示，“经济离不开会计，经济越发展，会计越重要”，各校应该建立和健全“以单位负责人为首的财务责任制”，迅速健全会计机构，整顿充实会计队伍，所有财产和物资都要实行“谁管理谁负责、谁使用谁负责”的原则。

无疑，这些文件的制定和实施，对于高等学校财务工作的开展起到了十分重要的作用。但问题是文件的种类多、数量多、来源多，而难免有重复、不一、多变等弊端，因此实行起来也非易事。

还在1960年，云大即对财务工作，“根据上级指示，进行了改革”。主要内容有二：一是实行“财务三统一方针”：“统一领导，统一保管物资，统一采购物资”；二是制定了一系列相关的“办法”“规则”等校内文件，有的至今仍有指导意义。为窥历史全貌，兹特分别举例赘录一二：

云南大学财务管理办法
（1960年6月修订）

一、根据“财务为事业服务”的财务工作方针，学校财务工作主要是为党的教育事业服务，即为贯彻“教育为无产阶级事业服务，教育与生产劳动相结合”的教育方针服务。为此特结合我校具体情况制定本办法。

二、全校一切收支（除生产处所管工厂和农场外），均集中于财务部门管理。凡动用经费款项，必须按下面规定手续办理：

1. 各单位（系、科）必须按规定编制购置物品计划，经设备小组审核（无设备小组的单位，由单位负责人审核），单位负责人签字，送财务处复审，经总务处或校长批准后执行。计划未经批准者，一律不予支付。

2. 以上计划其总价在500元以下者，经设备小组（或单位负责人）审核，单位负责人签字，送财务部门复审，总务处批准；总价在500元以上者，再由总务处核转校长批准。

3. 经费支付虽已批准动用，但发现有购置重迭、铺张浪费时，财务部门有权向有关单位提出意见，报总务处处理，或拒绝支付。

三、全校设备物资均应按照“集中采购，统一调拨，合理使用，分工管理，层层负责”的原则办理，并订立一定的制度（制度另订）来起到管理的保证作用。现有的物资设备，应定期组织力量进行清点，做到心中有数，以达到发挥潜在能力，避免积压浪费的管理目的。

四、我校各管理部门、行政部门，对其他机关、学校、厂矿、企业发生货币往来，而需签订合同、协议、信用状等，必须通过以上审批手续，送交财务部门统一办理签署手续，并将正本一份送交财务部门留存。

五、各业务部门或个人所领取的经费，必须按照经费的性质、批准的用途，在预算范围内开支，取得法定凭证，及时报销，余款应如数缴回。严禁私人挪用公款，否则以违犯财务纪律报请有关部门论处。

六、全校经费开支情况，按月作出简单情况分析，按季作出财务总结报告，分别报领导审核及批示。

七、关于各项经费开支标准办法，及财产管理等办法，另订执行。

八、本办法报经学校领导批准后执行。

云南大学差旅费开支标准及领保手续的规定（节略）
（1960年6月修订）

根据1960年5月15日“云南省人民委员会（60）会财斋字6号颁发《云南省国家机关行政经费开支标准的通知》”的规定，结合我校具体情况制定本规定。

一、出差人员应办的手续

（一）到省外参加中央各部门召开的各种专业会议（包括学术会议），或进行参观、访问等，一律须取得校一级领导批准的证明。

（二）出外进修人员，一律由人事处通知后，方能办理领报手续。

（三）各行政单位（包括人事、教务、总务、生产四处）工作人员因公外出，必须取得各处处级领导或校长批准的证明。

（四）出差人员一般不乘飞机。如有突然发生的紧急而且重大的出差任务，路途遥远，非乘飞机不能完成的任务者，必须经过校一级领导批准。

二、出差人员旅途往返路线的规定

（一）到北京方面者，规定路线有两条：

1. 由昆明—宜良—南宁—武汉—北京。

2. 由昆明—沾益—贵阳—柳州—北京。

（二）到上海方面者，规定路线有两条：

1. 由昆明—宜良—南宁—株洲—杭州—上海。

2. 由昆明—沾益—贵阳—柳州—株洲—杭州—上海。

（三）到成都方面者，规定路线有两条：

1. 由昆明—沾益—泸州—隆昌—成都。

2. 由昆明—沾益—贵阳—遵义—重庆—成都。

（四）到重庆方面：

由昆明—沾益—贵阳—遵义—重庆。

（五）到兰州、西安方面：

由昆明—沾益—泸州—隆昌—成都—广元—宝鸡—兰州或西安。

（六）到广州方面：

由昆明—南宁—衡阳—广州。

（七）到东北方面：

由昆明—北京路线—东北。

（八）到大连方面：

1. 由昆明—北京路线—大连。

2. 由昆明—上海路线乘船—大连。

以上各路线，其回程亦同。凡出差人员，因公或有特殊事故不能按上项规定路线往返者，事前必须办理批准手续。如因私事绕道者，对绕道部分的旅费，一律由本人承担，不得报销。

三、差旅费开支标准

（一）交通费、旅馆费开支标准

1. 出差人员乘坐车船席位及住旅馆等级，按照国家机关工作人员职级，规定如下：

项目 / 等级 / 职级	交通费				旅馆费
	火车	轮船		其他交通工具	
		海轮	江轮		
省长、副省长及七级以上人员或相当人员	软席	软席	一等	按实支报	一、二等房间
正副厅级长，正副专员及十二级以上人员或相当人员	软席	软席	二等	按实支报	二等或普通房间
其余人员	硬席	硬席	三等	按实支报	普通房间

2. 工作人员出差通宵乘火车者，可购同席卧铺票。如买不到卧铺票的，每人每宿包干发给 1.20 元补助费。乘软席卧铺时，改乘硬卧则不发给。

3. 出差乘坐飞机时，应适当加以控制。

4. 工作人员出差到城市，在市内必须乘交通工具时，所乘坐的费用，可在差旅费内报销。

5. 各级工作人员出差乘长途汽车费及过河摆渡费，按实支数报销。

6. ……

7. 各级人员因公出差在不通车船的地方，一般均不得雇马骑。

8. 乘坐车船同携带本人必需的行李而超过免费重量时，其运费可按实支数报销。

（二）途中伙食补助费标准规定如下

1. 省内出差途中伙食补助费：

（出差）达一天旅程者，每人每天补助八角；达半天旅程者，补助四角；夜间出差通宵者，补助五角。

2. 省外出差途中伙食补助费：

（1）出差乘火车者，每人每天补助一元二角。

（2）出差乘轮船、长途汽车、步行等者，按地区类别分别补助一元、一元四角、二元、二元五角等。

3. 出差乘坐飞机途中伙食补助费：

连续乘坐达八小时者，补助一元五角；在八小时以内者，补助一元。

4. 出差途中因换车船而中途等候的伙食补助费：

可按途中伙食补助费标准支报。

5. 误餐费

因公从郊区到市区，或因公从郊区到市区而不能回原机关吃饭者，每餐补助二角。

（三）住勤费

1. 省内出差住勤费：

出差到本市县以外的省内县市，按地区分类别补助一角五分、二角、三角。高工资地区到低工资地区出差者，一般不开支住勤费。

2. 省外出差住勤费：

开支标准见附件二。

3. 下列情况不开支住勤费：

出差到本市县以外的郊区、乡村者；赴外地治病或休养期间及长期派往外地者；出席会议已享受会议伙食补助费者。

（四）调动工作中的各项待遇

1. 工作人员调动工作时，行李费本人不超过100公斤、家属每人不超过40公斤的范围内，按实开支。

2. 调动工作后的工资，应该按照新工作机关现行工资标准进行。

3. 工作人员调动时，本人和家属迁移的旅费，由原工作机关开支。

4. 工作人员调动以后，所需要的家具（床铺、桌椅等），新工作机关应该予以租用。

5. 工作人员调往酷寒地区工作，添置御寒衣服有困难，可以由新工作机关酌发本人和家属寒衣补助费。

6. 工作人员调动时，其自置不便携带的家具，原工作机关应该尽量帮助处理。

（五）检查团、参观团人员旅费，由原机关开支。

（六）其　他

1. 抽调去组织临时办公室的人员，其往返旅费由原单位报销，工作期间出差旅费由临时办公室报销。

2. 工作人员因病经批准“转诊转院”到外地治疗，所需车船费、途中伙食补助费，按旅差费标准报销。

3. ……

4. 女工作人员出差，因孩子吃奶必须带保姆所需的旅费，经批准可以补助一部分或全部。

5. 工作人员因病经批准回原籍修养者，其往返途中的交通费、旅馆费和途中伙食补助费，可按旅差费标准开支。

6. 出差人员因私逗留、绕道、游览等，所需旅差费均不得报销。

四、领报手续

（一）出差人员因公必须开支的市内交通费，应开列清单，注明出差事由，附单据报销。

（二）出差人员与学校联系工作，一般用邮寄联系，尽量节约电报费。

（三）差旅费专款专用，否则不予报销。

（四）出差人员返校后在三天内，填“旅费报销表”报销，连同余款缴还财务科收账。

（五）报销旅费时，除途中伙食补助费、住勤费包干报销不附单据外，其余车船费、住宿费、运杂费等，均需根据核实后报销。

五、除以上规定外，汽车驾驶员旅途伙食补助费作如下规定

（一）汽车司机在市内50公里以内出差，午、晚两餐每餐补助二角，早餐不补助。

（二）汽车司机出差在100公里以上，或在省内长途运输者，每天补助一元；在省外者，每天补助一元二角。

附件一：全国各地区类别表（略）

附件二：每人每日住勤费开支标准表（略）

附件三：全国各地区适用工资标准种类表（略）

以上所举，略知当时财经制度和财经纪律还是比较健全、比较严格的。一般而言，财经违规违纪行为极少发生，也难以发生。

（三）各年各种预决算

1. 全校性预决算

这一时期，由于国民经济呈“发展—困难—恢复”的形势，因此云大的经费预算也呈“高—低—高”的“马鞍形”，即前期较多，中期较少，后期又较多。又由于中国实行经济预算的历年制，因此学校必须在每年前半年内作出本学年度的预算，及上学年度的决算。项目主要有高等教育费（即预算总额），其中包括工资、补助工资、助学金、教学费、科研费、设备费、公务费、差旅费、修缮费、杂项等。兹将有案可查者，综合整理列表如下（仅取小数点后2位，其第3位按四舍五入法办理）：

表5－18 云南大学1956—1965年预算决算一览

单位：万元

年 度	拟定预算数	核定预算数	决算数	备 注
1956	306.96			
1957	307.08	289.78		高教育部依“勤俭办学，厉行节约”的核定
1958	359.60	299.48	169.99	
1959	238.89	212.61	166.86	按“指标”节约11%
1960	248.39	239.50		教育厅核定
1961		127.27	153.74	困难时期，经费压缩
1962	127.27	132.77		
1963	131.53			
1964	145.10			贯彻“八字方针”，经济好转
1965	210.10			贯彻“八字方针”，经济好转

关于各学年度的分项目拟定预算、核定预算情况，兹以1958年为例。是年，全校拟定总预算为3595956元，核定总预算为2994780元。其分项目预算如表5－19：

表5－19 云南大学1958年项目预算统计表

单位：元

项 目	拟定数	核定数	项 目	拟定数	核定数
员工工资	808060	764000	补助工资	1210	1210
职工福利费	51310	39030	公杂费	121507	111510
房屋修缮费	79780	50000	差旅费	28425	28430
一般设备费	95535	29410	专业设备费	587686	492300
科学研究费	205000	164000	实验实习费	176964	168410
人民助学金	434193	393500	给养费	5000	5000
差额补助金	11286	5200	基本建设费	970000	706000
其他费用	20000	36780			

本年度总决算为1699900元。纵观全年，核定预算比拟定预算少60余万元，总决算

又比核定预算少130余万元，固然客观因素很多，但是主要地反映了学校“勤俭办学，厉行节约”，为国分忧，为民解困的全局观念和可贵精神。

关于各学年度的单项目预算支出、收支情况等，兹以1965年为例。是年，学校编制了教育支出预算执行、设备业务费分配执行、科研支出预算执行、特种资金收支、副食品生产等收支、代管经费收支等项目的情况表。仅举最具代表性的教育费一项，并参考其他项目，综合整理列表如下：

表5－20　云南大学1965上半年教育支出预算执行情况表

单位：元

预算科目	年度预算	上半年支出	占预算（%）	备　注
高等教育费	1354300	626719	46	
工资	747296	372321	50	教职工848人
教学人员		227891		440人
教辅人员		22106		65人
行政人员		69975		165人
工勤人员		42266		147人
科研人员		6447		16人
厂场人员		3635		15人
补助工资	缺	1877	缺	粮价补助、临工工资
其他补贴		106		回族食堂临工工资
粮价补贴		1771		
职工福利费	34884	16054	46	
工会经费		7447		按工资总额2%划拨
福利费		7447		按工资总额2%划拨
老弱残人员		552		老弱残及退休人员工资
其他		0		
探亲旅费		608		教职工回家探亲旅费
公务费	49680	22274	45	
办公费		4240		各办公室用笔墨纸张
杂支费		1424		印校刊等
水电费		3144		行政用水电
交通消耗费		5957		汽车养路费、燃料费
一般设备修理费		3008		行政用家具的修理
交通工具修理费		329		修理单车、马车等

续　表

预算科目	年度预算	上半年支出	占预算%	备　注
冬季取暖费		121		各教学、行政单位取暖
旅差费		2586		教职工因公出差旅费
社教旅费		735		教职工参加“四清”旅费
其他		730		行政用各种材料
修缮费	82000	16557	20	
零星修缮		6715		公用房屋修缮、材料费
大修缮		9842		修理会泽院费用
设备购置费	97500	25764	26	
仪器设备购置		7748		购录音机、计算机等
图书购置		9770		购中外文图书、报刊、杂志
科研设备购置		1884		
科研图书购置		381		
文体设备购置		599		
一般设备购置		5381		
业务费	81320	70614	81	
教学实习费		55348		教学用材料药品
教学科研用水电		4716		教学用水电
科学研究业务费		2805		科研用材料、临时工资
资料讲义费		1070		印讲义之工本费
体育维持费		2264		购手榴弹、铁饼、跑鞋
教学设备维修		1344		修冰箱、打字机等
毕业设计论文		84		研究生毕业论文用费等
生产实习费		1253		生物系实习差旅、杂费
其他		1730		总务科发各系、单位用材料
人民助学金	237300	90222	38	
一般学生		77275		包括伙食、经常补助
研究生		3061		11 人，包括书籍费
工农干部生		9052		调干学生补助费
暂留校毕业生		835		因病未分配学生补助
其他费用	24320	11037	45	
函授、夜大经费		1001		教师外出辅导旅费

续　表

预算科目	年度预算	上半年支出	占预算（%）	备　注
给养费		2008		“右”派分子及劳教学生
招生补助		285		高考招生旅费等
调职旅差费		200		教师调职旅费
社教费用		4581		学生参加“四清”旅费
退休金		2962		拨民政局4人退休金

2. 部门性预决算

学校的经费预算除了全校性的预算外，还有各单位、各部门的预算。如1957年图书馆对于本年度的购书计划曾作了预算，详如表5－21：

表5－21　云大图书馆1957年度图书馆购置预算分配表

单位：元

项　目	数　量	金　额
经常部分（经常图书费内开支）		
图书		
国内出版图书	45000册	45000
苏联及人民民主国家图书	3000册	3000
已选定尚未订资本主义国家图书	1550册	31000
1956年已订未付款资本主义国家图书	2000册	40000
报刊		
国内报刊	450种	12000
苏联及人民民主国家报刊	510种	3000
1956年已订未付款显微卡片	38种	37000
科研图书资料部分（科研资料费内开支）		
图书		
资本主义国家科技图书	5000册	100000
报刊		
资本主义国家报刊	670种	20000
过期刊物补缺（影印或显微卡片）		30000
设备部分（设备费内开支）		
已订显微卡片阅读机	4架	4000
拟订快速文件复制机	1架	400
共计		325400

3. 预算外资金

所谓预算外资金，即在国家预算之外，由地方各单位按照规定自收自支、单独管理的资金。按照财经制度，此一资金也应编制计划。兹以1958年度为例，略如表5-22：

表5-22 云大1958年预算资金收支表

单位：万元

预算科目名称	收　入	支　出
特种资金部分		
交通运输	4.09	1.94
医疗卫生	2.16	1.05
房屋、水电、家具	2.42	1.87
教学实验及培训	0.79	0.09
膳食科副业生产	3.06	0.46
总务科理发、沐浴、缝纫	0.41	0.31
其他杂项	3.47	1.18
生产经费部分		
农场	2.13	1.18
印刷厂	2.63	1.53
木工厂		
机修厂		
科学仪器厂	5.24	4.75
数学系各工厂	0.08	0.15
物理系各工厂	0.61	1.84
化学系各工厂	0.79	1.71
生物系各工厂	28.15	3.65
中文		
历史		
预科	1.07	0.37
合计	57.16	22.16

4. 专款、杂项资金

专款资金主要用于大型基建项目、大型设备购置，杂项资金则多用于临时开支等，一般多由国家财政在预算之外另行划拨。此种情况，每年均有，兹择要者，陈述如后。

1957年11月，高教育部通知云大："我部年初下达你校1957年基建投资计划，共

547 千元。”经你校调整后，“本年计划仍为 547 千元，我部同意以上调整方案”。

1959 年，云大因化学系、生物系“各有苏联专家一人，因此（高教育部）又另列专款 1.2 万元，科研经费 30 万元”。5 月，学校呈报教育厅《科学研究经费预算项目》，主要内容为：一是原子能研究 5 项，22 万元；二是电子无线电、半导体研究 3 项，17 万元；三是稀有金属冶炼合理流程研究 3 项，15 万元；四是化学及化工研究 5 项，8.2 万元；五是电子计算机研究 2 项，35 万元；六是资源植物调查及开发利用研究 3 项，4.5 万元；七是资源动物生理、生化、微生物研究 7 项，14.2 万元；八是文学研究，4 万元；九是历史研究，5 万元；十是出版费等，3 万元。共计 10 类 28 项，需款 127.9 万元，请求拨款进行。

1960 年 3 月，教育厅发文云大：中央分配云南高校科学研究费、专业设备费和“机要专业经费，共计 185 万元。经研究，分配云大 60 万元”。

1962 年，因处“三年困难时期”，遵奉中央指示，云大本年一共精减“省内（籍）职工 54 人，家属 35 人，省外（籍）职工 3 人，家属 5 人”。因此，支出退职费、生产补助费、差旅费共计 9243.56 元。9 月，保加利亚基丹诺夫教授应邀来滇、来校参观、访问和考察，“时间 15 天，陪同 3 人，司机 1 人”。其“外交支出”为：公杂费即洗衣、理发、邮电、寄信等 120 元；交通费即使用轿车 1 部，游览西山、筇竹寺、石林，参观植物研究所，西双版纳考察等 940 元；租赁费即甲等房间 2 间等 240 元；宴会即便餐 1 次、宴请 1 次，每次各 1 桌等 65 元；文娱游览、烟酒水果等 80 元；外宾生活费 60 元；其他费用即工作人员伙食补助等 150 元，总计 1655 元。学校依制呈报省人委外事处，再转财政厅，均予同意拨款报销。

此外，集团购买力部分，即购买办公用品、科研用品、医药用品、文体用品、劳保用品、图书报刊、五金交电、木器家具等的款项，1962 年为 25 万元，而 1963 年虽已贯彻“八字方针”，但是经济仍未根本好转，故仍“控制”在 21 万元之内。

（四）人民助学金

1. 政策规定

多年以来，由于人口众多，经济落后，各级各类学校之中，贫寒子弟为数不少，因此，国家多行助学政策，中华人民共和国成立以后更是如此。有关政策文件较多，兹仅择要者而述之。

1960 年，国务院下发了《关于改进工人、农民、干部学生和研究生人民助学金标准问题的报告》。云南省人委据此，并结合本省实际，制定了《实施办法》。主要内容为：“甲：工人、农民、干部学生人助金：1. 享受条件：本人为工农成分或工农家庭出身，工龄在三年以上的工人；本人家庭成分为农民，从事农业生产劳动三年以上的农民；本人既非工农成分，又非工农家庭出身，工龄在五年以上的工人和干部。2. 金额标准：一、三类工资地区每生每月 19 元，六类工资地区 21 元，十、十一类工资地区 24 元；工龄较长者，则按工龄的递增分别发给原工资的 62%、75%、90% 不等。乙：研究生人助金：1. 未参加过工作的，每人每月 42 元；2. 参加过工作的，按原工资发给 80%。”此外，由于政治原因，当时归国华侨学生不少，对其人助金，省教育、财政两厅也另作规定：预算标准为每人每月 12 元，预算比例为 50%；入校时的接待费，为每人 3 元。

1964 年 9 月，其时国家经济已经有所好转，“为了解决学生生活、学习方面的困难，改善伙食，增强体质"，根据中央精神，省教育、财政两厅制发了《关于提高高等学校学生助学金比例、伙食标准和助学金使用问题的通知》。主旨为：按全校学生总数计，预算标准提高为每生每月 14.5 元；学生享受比例，由原来的 50% 提高为 60%；伙食标准由原来的 10 元提高为 13 元（当时规定，学生无论家庭远近，均需在校统一开膳）；人助金分为伙食补助费、经常补助费、临时补助费三类等。该通知具体规定：一是伙食补助费：原分四等，即甲等 10 元、乙等 7.5 元、丙等 5.5 元、丁等 4 元；今改为五等，即甲等 13 元、乙等 10.5 元、丙等 8.5 元、丁等 7 元、戊等 3 元。二是经常补助费。仍分三等，但金额各增加 0.5 元，即为甲等 3.5 元、乙等 2.5 元、丙等 1.5 元。三是临时补助费。学生临时发生困难时，予以补助，补助金额，则视困难而定。四是伙食补助评议标准。家庭每月能分别供给学生 2.5 元、5 元、7 元、8.5 元、12.5 元左右者，分别评给甲、乙、丙、丁、戊等，"能供给 15 元左右者，一般不予补助"。五是经常补助评议标准。学生毫无经济来源时，补助甲等；基本上无经济来源的，补助乙等；稍有经济来源的，补助丙等；"家庭每月能供给两元以上的，一般不予补助"。

2. 评议机构

人助金评议机构，一般分为校、系、年级（或班）三级。

（1）校级评议机构

中华人民共和国成立以后，云大即设有人助金评议委员会。后因院系调整，人员调动，"部分同志已不再担任委员，长期以来委员会已未开会研究工作，造成评议工作困难，学生也有意见"。为了加强领导，1957 年改组了评委会。改组后，主任委员为教务处副教务处长刘绍文，副主任委员为总务处副总务处长程明轩，委员则由教师、人事处、团委会、学生会等推举代表担任。1964 年，评委会再作调整，结果是：主任委员李广田，副主任委员杨绍珠、苏宝光，委员张德光，各系生产生活秘书，（专职）秘书郑泽贤。

（2）系级评议机构

系级评议机构由各系系主任或者副系主任、系生产生活秘书、系学生会生活委员、各年级（或班）生活委员组成。

（3）年级（或班）评议机构

年级（或班）评议机构由年级（或班）主任、生活委员组成。

3. 经费预算

人助金经费属于国家财政拨款，每年均需列入学校总预算内，且各年增减幅度不大，多占总预算的 20% 左右。这一时期历年预算略如表 5-23：

表 5-23 云大 1957—1965 年人助金预算表

单位：万元

年代	金额	年代	金额	年代	金额	年代	金额
1957	38.21	1958	39.95	1959	46.75	1960	
1961	42.63	1962	34.21	1963	25.48	1964	
1965	23.50						

预算经费核定之后，政府即预拨款，学校再依各类别的领取人数和领取标准，按月予以执行。历年，乃至一年之中，人助金的领取人数和领取标准变化较大，情况较为复杂。仅举一例如下：

表 5－24　云大 1957、1958 年助学金情况统计表

单位：元

类　别	1957 年执行数			1958 年执行数		
	领取人数	领取标准	合　计	领取人数	领取标准	合　计
研究生	5	52.17	3329	7	51.75	4347
本专科学生	1694	14.13	287292	2219	14.50	308850
调干离职学生	332	26.45	105378	332	30.00	119520
产业工人学生	3	45.77	1648	3	41.00	1476
共计	2034		397647	2566		434193

1957 年，云大学生总数约为 2300 人，享受助学金的比例约为 88%。云南地处边疆，经济较为落后，困难家庭较多，贫寒子弟不少，此一比例，当为较高。

四、基建的进行

（一）国家有关基建的规定

中国地域辽阔，人口众多，各种事业，甚为复杂，建筑领域，也不例外。为求统一规划，有章可循，国务院颁发了《建筑安装工程包工条例》。1957 年 1 月，国家建设委员会依据《建筑安装工程包工条例》，又制定了《建筑安装工程包工办法》《建筑安装工程总合同格式》《建筑安装工程年度合同格式》等文。同月，高教育部向各高校转发了上述文件，并希各校“自 1957 年 3 月 1 日起，开始执行”。建筑安装工程《包工办法》共有 24 条，详细规定了建筑安装工程发包（建设单位）与承包（施工单位）的有关事宜。《建筑安装工程总合同格式》有 9 条，甚有实用意义，录之如下：

建筑安装工程总合同格式

（1957）

立合同人：建设单位代表（发包人）

施工单位代表（承包人）

除依照国务院颁发的《建筑安装工程包工条例》规定外，并依本工程的具体情况，签订本合同。

第一条　工程名称：

第二条　工程地点：

第三条 工程范围：本工程面积共计　　　平方公尺。

第四条 工程造价：共计人民币　　　元。

第五条 工程期限：自　　　年　　月　　日起，至　　　年　　月　　日止，完成全部建筑安装工程。

第六条 付款办法：

第七条 合同期限：本合同自双方代表签字盖章后生效，至最后一期年度合同期满时失效。

第八条 合同附件：

第九条 本合同正本二份，双方各执一份；副本　　份，发包人收执　　份（其中送建设银行一份），承包人收执　　份。

发包人：　　　　　　（住址）

承包人：　　　　　　（住址）

年　　　月　　　日订立

《建筑安装工程年度合同格式》与《总合同格式》大同小异，只是将工程总造价改为年度合同造价、工程总期限改为年度期限。

日后学校建筑工程，基本遵此规定办理。

（二）学校基建计划的制订

1956年，中共召开了八大会议，其中讨论和提出了第二个五年计划的基本任务，任务之一即是发展教育，“努力培养建设人才，加强科学研究”。据此，高教育部在同年所发文件，即有《关于高等学校用地用房标准的通知》。其规定：一是高等学校教学、科研、教辅和行政用房所需土地，理科学生每人为35平方公尺，文科学生每人为28平方公尺；生活用房所需土地，理、文科学生每人均为26平方公尺。二是房屋建筑面积，教学用房，理科学生每人为14平方公尺，文科学生每人为8平方公尺；生活用房，理、文科学生每人均为16.5平方公尺。正当此时，云大也在酝酿1957—1962年的学校发展六年计划，计划到1962年，全校将有在校学生6000人，其中理科学生约占3/4，为4500人，文科学生约占四分之一，为1500人。而为了实现这一计划，必须未雨绸缪，早作基建计划。于是，1957年初，学校制定了《1957—1962年六年基本建设计划》。依高教育部通知精神，经过计算学校得出：到1962年时，校舍面积必须达到355500平方公尺，约533亩；房屋面积必须达到174000平方公尺。而根据现有的校舍面积和房屋面积，尚分别差40030平方公尺和96580平方公尺。关于校舍，唯有请拨土地，至于房屋，只能逐年增建。因此，《1957—1962年六年基本建设计划》中提出了逐年增建房屋的设想。其主要内容如下：

1957年，建图书馆1幢，4层，13000平方公尺，包括人民防空地下室1500平方公尺，地点在阅览室（时在至公堂）后；教学楼1幢，3层，3400平方公尺，地点在机航楼（即今文渊楼北部）；风雨操场1个，2500平方公尺；学生宿舍1幢，4层，4000平方公尺，地点在旧学生宿舍1至4幢处（即今东方红宿舍）；员工宿舍，2500平方公尺。

1958年，建化学馆1幢，3~4层，12000平方公尺，专供发展较快的化学系使用；学生宿舍，4000平方公尺，地点在原农新村（即今西院）；学生食堂，1000平方公尺。

1959 年，建生物馆 1 幢，3 ~ 4 层，12000 平方公尺；金工室 1 幢，1 层，400 平方公尺；员工宿舍，5000 平方公尺；学生宿舍，4500 平方公尺；托儿所、幼儿园，500 平方公尺；其他福利用房，800 平方公尺。

1960 年，建风雨操场 1 个，3000 平方公尺；游泳池 1 个，1300 平方公尺；学生食堂 1 幢，1200 平方公尺；学生宿舍，3600 平方公尺；员工宿舍，4300 平方公尺。

1961 年，建学生宿舍，3000 平方公尺；员工宿舍，3300 平方公尺。

1962 年，建学生宿舍，2000 平方公尺；员工宿舍，2500 平方公尺。

以上计划，共计教学用房 47600 平方公尺、生活用房 49400 平方公尺，总计 97000 平方公尺。其中，教学用房多为混合结构，生活用房多为砖木结构；学生宿舍均为 3 层，员工宿舍均为 2 层，食堂等均为平房。总投资额约为 574 万元之巨。

此一基建计划的制订，充分表明学校当局的高瞻远瞩和深谋远虑。可惜的是，主要由于日后国家政局演变为多事之秋，致使计划未能全部如愿以偿。

（三）历年建筑概况

1. 1957 年的建筑

学生宿舍，即后来的东方红宿舍，今日的学生宿舍 5 幢。5 月开工，4 层，4750 平方公尺，单价每平方公尺 46. 8 元，总价 21. 07 万元，省城建局二公司承建。施工之中，“因昆明水泥厂发生事故，水泥减产，及昆明新建蓄水库工程急需大量水泥，而一般民用建筑供应水泥极少”，故工程有所延误，直至年底，始告完竣。

教室，接建四合院东、西 2 幢之阶梯教室，一幢为 2560 平方公尺，一幢为 1511 平方公尺，单价每平方公尺 47. 8 元，总价 2 幢共计 22. 32 万元，市建公司二处承建。8 月开工，亦因水泥供应紧张，致使工期后延，次年方告完工。

员工宿舍，共 2 幢，各 2 层，位于原农新村，总面积 2128 平方公尺，单价每平方公尺 40 元，总价 6. 9 万元。市建公司二处承建，3 月开工，9 月验收。

是年还有：增做科学馆水磨石地坪 10500 平方公尺，总价 3. 15 万元；扩建员工食堂 224 平方公尺，总价 0. 78 万元；建体育组办公室 1 幢，2 层，198 平方公尺；建配电室 1 幢，平房，62 平方公尺；建拖拉机房 1 幢，平房，344 平方公尺等。

2. 1958 年的建筑

（1）图书馆

图书馆乃是学校的重要建筑之一。云大建校伊始，即在会泽院里辟有一图书室，后虽有单独建馆之议，却终未实现。中华人民共和国成立以后，由于师生人数和图书数量的增加，图书室已远不能满足师生需要。截至 1956 年时，到全校已有图书 26 万余册，及多种报纸杂志，其中图书分藏于会泽院，报纸杂志集中于泽清堂，阅览室则设于至公堂内，地点分散，设备简陋，“珍善本书籍的设置也无恰当地点，更无教师和研究生必须的阅览室”，“云南地处边疆，兄弟民族文献资料极其丰富、珍贵，急切需要一陈列室”1955 年 4 月 10 日周恩来总理视察云大，当他看到师生们在狭窄、昏暗的至公堂看书时，他对陪同的云大负责人说，云南大学应该有一座尚好的图书馆，以加强学术研究，尤其要为边疆民族文化研究提供良好的条件。他同时要求学校尽快上报经费情况，以得到国家相关支持。1957年，学校按总理指示规划建一独立之图书馆。计划为：4层楼房1幢，13000平方公尺，包括人防地下室1500平方公尺，可容130万册书籍的书库4250平方公尺，可容学生1200人的阅览室、展览室3000平方公尺，及教师和研究生的专题研究室2850平方公尺，其余为办公室、编目室、借书室等；馆址初步选在至公堂后；为了防火、坚固起见，拟用混凝土结构，铁质书架，另加小型电动升降机1台等。学校曾将此一计划，呈报有关上级部门，但无结果。同年10月，云大再将建图书馆等事报告高教育部，恳请予以核准。12月，高教育部终于以“急件”的形式“答复”学校：“建筑图书馆问题：我部已初步同意你校于1958年建筑图书馆，请预作搜集资料等准备工作。至于投资、建筑面积数，待正式确定后，即下达你校。”至此，云大多年以来梦寐以求的另建图书馆事，实际已成定案。

1958年初，云大即请最负盛名的省建工厅设计院代为设计。设计结果为：建于至公堂后，原城墙墙基上；阅览室4层，混合结构；层高阅览室4.5公尺，书库2.2公尺，最大跨度15公尺；毛石基础，水磨石地面；多数混凝土楼板，少数木楼板；油毛毡平顶屋顶；“采用先进设计经验，把砖墙减小至一砖墙到顶，主要荷重放在中央钢筋混凝土樑、柱、板上”；约需钢筋35吨、线材65.5吨、接线管3.5吨、无缝管1.5吨、水泥680吨、木材550立方、砖50余万块；实建面积6553平方公尺；每平方公尺造价71元，总投资额46.6万元等。设计定夺之后，学校即郑重其事地与承建单位市建工局五公司签订了甚为详尽的《云南大学图书馆建筑工程合同》。4月12日，作为学校重点建筑的图书馆工程，正式破土开工。初期，工程进展尚为顺利，但到6月底7月初，即仅建起一层，完成工程量的15%时，工程竟然停止。主要原因大略有三：首先，发现设计存在严重问题，难以坚固耐用；其次，恰逢“全民大炼钢铁，（乙方）调集力量支援”，“已运到校的材料如水泥、钢筋、木材，甚至脚手架等，均拆运一空”；再次，具体原因却是乙方“将专款购备到现场的三大材料——钢筋、水泥、红砖，运到省农业展览会（即翠湖西路后来的省农展馆、今日的省科技宫）基建工程上使用，而不遵守专材专用的原则”。此一停工，将近一年半之久，致使建好部分，“经过雨季，竟然露出柱头、樑头、楼梯等，外露钢筋，也已生锈，所安门窗，已渐腐朽”。对此情景，“承包单位（却）不闻不问”。

1959年4月，云大曾函承包方即市建工局五公司，予以严词催促。函谓：“你公司承建的我校图书馆工程，到现在停工将近一年”，如再拖延下去，“将不能保证原设计的工程质量，将来发生事故和国家财产遭到损失，这不仅是你公司的责任，而且是人民所不能容许的！”函文最后敦促该公司：“于本年第二季度内完成，交付我校使用。”在此前后，类似公函尚有多次，但如老生常谈，徒费笔墨而已。7月，省教育厅召开有关会议，研究各高校基建问题。会上，省建委同意拨给云大钢材，继续施工。但希云大改变原设计方案，以便降低钢材用量。8月，有关各方在云大再开现场会议。建工厅设计院同意修改设计图纸，重新核算强度，决将“已建而不合格的部分，拆除重建，造价改为45.8万余元，并且重签合同”。12月，几经折腾、延宕已久的图书馆“胡子工程”，终于再度开工。此后也非一帆风顺，直到1961年1月，工程总算基本完竣。

云大首座独立的图书馆，尽管在其建造之中，充满着曲折和艰辛，尽管今日它已为更加宏伟的新馆所代替，而成了多家研究中心和学校档案馆的所在地，但是多年以来，在教学科研、人才培养方面，它确发挥了和正在发挥着不可或缺的、不可代替的重大作用。因在周恩来总理亲自关心下而建成，后改名为“怀周楼”。

（2）丁字楼学生宿舍

1954 年，为了培养“准备升入高等学校的工农知识分子”，学校奉命于今北院附中处，创办了云南大学附设工农速成中学。1958 年，随着速中的发展，学生的增加，为了解决其学生住宿问题，云大在建造图书馆的同时，在北院西南角建盖速中学生宿舍 1 幢。工程仍由省建工厅设计院设计，仍由市建工局五公司承建。原设计方案为：4 层，4500 平方公尺，砖木结构，呈凹字形，总投资额 10.46 万元等。但是，主管基建拨款的省建设银行，却坚持“削减 1300 余平方公尺，并限制平方公尺单位造价”。以致改呈“L”字形，故称丁字楼；因设计标准太低，“内、外墙仅分别为 12 公分和 18 公分厚度”。对此方案，学校当即提出异议，认为“标准太低，结构薄弱”，双方分歧，乃至“多次争执”。但省计划委员会却“通知”学校：按此设计图纸施工，“一律不做修改”。此种行政过多干预、外行决定内行的决策办法，导致工程从一开始就埋下了祸根。4 月，工程开工。7 月，由于与图书馆工程相类似的原因，收尾工程待料停工。学校多次催促，均无效果。11 月，学校呈文教育厅，请将削减部分予以接建，亦未蒙准。学校迫不得已，只好另觅工人，“安装玻璃，油漆门窗等”，以供学生按时勉为住宿。

1959 年 6 月，即学生入住未及半年，丁字楼即出现严重的图纸设计和施工质量问题：“吊平顶大面积坠落，门窗大部翘扭、松动、倾斜，乃至被大风所吹落，墙壁出现裂痕，卫生间不能使用等”。虽经修理，仍未根本好转。为了学生生命财产的安全，学校不得不“将学生迁出”，而使“1300 多学生不能入住”。后来，原设计单位分别于 1960 年 4 月、11 月和 1961 年 4 月，三次进行严格检查，并且提出加固方案，经过大修以后，质量始有保证。工农速中停办以后，几经变迁，丁字楼成为大学理科男生宿舍。迄今，该楼已经拆除，原址改建教工宿舍。

（3）学校大门

云大正大门处原为贡院照壁，1952 年拆除照壁，建为大门，共有 4 个土基墩子，3 樘木板大门。后因“雨水冲刷，倒了三个墩子，木门也朽”，准备重建 4 个青砖墩子，安装 3 道铁门，并请“市建公司铁工厂制造。后因整改运动，员工对于此门（设计）意见很多”。11 月，经过改造设计，建成“大门墩 4 个，价 960 元；铁门 3 道，价 3200 元”。

（4）排水管道

学校经过历年建筑，增加房舍不少，但无排水管道。因此，“每逢雨季，或者泥水乱流，或者积水漏地，且有部分教室、实验室及宿舍，被水浸入，影响房屋墙基”。为了排除水患，保护房舍，经过仔细研究，镶砌了水泥预制干管 3 段：一段“自膳食科，经食堂至西后门”（约近学生宿舍 5 幢前）；一段“自员工食堂（今化学楼处），经图书馆至东后门（今校医院处）”；一段“自女生宿舍（后为学生宿舍 5 幢），至配电室（今图书馆东角）”。从此，初步解决了校园内雨季排水问题。

3. 1959 年的建筑

除了在建工程图书馆、丁字楼之外，学校翻修建筑有：梓园宿舍（今校医院处）屋面 240 平方公尺，价 1440 元；科学仪器厂屋面 390 平方公尺，价 2340 元。另建：配电室 100

平方公尺，价1600元；丁字坡挡土墙80平方公尺，价17000元；速中围墙800平方公尺，价9600元；猪厩1000平方公尺，价35000元等。

4. 1960年的建筑

除了在建工程图书馆、丁字楼之外，主要是会泽院相关工程。1923年建筑会泽院时，其“基地填充土方很高，基底正中为石级台阶，两侧则为土坡”，每逢雨季，两侧土坡，被雨冲刷，泥沙俱下，致使“房屋墙基不断下陷，东南角已陆续开裂”。为了保护墙基、坚固房屋起见，先后修建了院东角土坡脚“毛石沙浆挡土墙”1000石砌方，价20000元；汽车道1500平方公尺，价600元；围墙100公尺，价1200元；修葺院内教室、屋樑、墙壁、地板等，价50000元。

是年，尚加固阅览室（至公堂）屋面350平方公尺，价10500元。

5. 1961年的住房统计

1961年，全国高校贯彻《高校六十条》。中央强调，要努力改善教师的住房困难问题。云大遵此，对于学校各个层次的教师，尤其是高职称教师的住房问题，作了多次调整。经调整后，曾对教授和副教授、讲师和助教等的住房状况分别作了统计。这是云大史上，教师住房状况一次少有的详细统计。兹将高职部分综合列表如下：

表5－25　云大教授、副教授住房统计表（1961）

面积：平方公尺

学　衔	姓　名	家属人口	居住地址	居住间数	使用面积
教授	方国瑜	2	附中新村	9	79.49
教授兼系主任	卫念祖	5	附中新村	9	79.49
教授	张永立	5	附中新村	9	79.49
教授兼系主任	杨桂宫	4	附中新村	9	79.49
教授	冯兢	3	附中新村	9	79.49
教授	顾建中	4	附中新村	9	79.49
教授兼系主任	王树勋	6	附中新村	9	79.49
教授	赵雁来	6	附中新村	9	79.49
教授	曲仲湘	3	附中新村	9	79.49
教授兼系主任	朱彦丞	4	附中新村	9	79.49
教授兼系主任	郭文明	4	附中新村	9	79.49
教授兼系主任	刘尧民	1	附中新村	6	53.03
教授	张为骐	2	附中新村	6	53.03
教授	江应樑	2	附中新村	6	53.03
教授	韩及宇	3	附中新村	6	53.03

续　表

学　衔	姓　名	家属人口	居住地址	居住间数	使用面积
教授	金琼英	1	附中新村	6	53.03
教授	陆宗义	2	附中新村	6	53.03
教授	张福华	3	附中新村	6	53.03
教授	王士魁	3	附中新村	6	53.03
教授	张燮	3	附中新村	6	53.03
教授	杨元坤	4	附中新村	6	53.03
教授	汤鹤逸	3	附中新村	6	53.03
教授	张其濬	1	附中新村	4	37.80
教授	杨堃	1	九家村	5	64.94
教授	秦瓒	2	竹安巷2号	4	50.10
教授	何衍璿	5	八家村	7	83.10
教授	肖承宪		梓园	2	37.80
教授	付懋勉	6	附中新村	9	79.49
副教授兼系主任	张德光	3	附中新村	9	79.49
副教授兼系主任	李从弼	4	附中新村	9	79.49
副教授	江逢僧	2	附中新村	6	53.03
副教授	张友铭	4	附中新村	6	53.03
副教授	李埏	6	附中新村	6	53.03
副教授	张家麟	5	附中新村	6	53.03
副教授	赵崇龄	5	附中新村	6	53.03
副教授	王森堂	5	附中新村	6	53.03
副教授	刘继武	5	附中新村	6	53.03
副教授	袁绩藩	5	附中新村	6	53.03
副教授	王仲永	2	附中新村	6	53.03
副教授	徐绍麟	4	附中新村	6	53.03
副教授	全振寰	1	附中新村	4	37.80
副教授	李为衡	1	附中新村	4	37.80
副教授	赵继舜	4	附中新村	4	37.80
副教授	朱应庚	2	附中新村	4	40.00
副教授	马开樑	1	八家村	5	64.86
副教授	戴钟珩	6	青云街	5	63.20

续 表

学 衔	姓 名	家属人口	居住地址	居住间数	使用面积
副教授	胡维菁		云卫村	2	30.80
副教授	陈篔谷		云卫村	1	12.20
副教授	王兰馨				

根据计算，教授住房平均使用面积约为64平方公尺，副教授则为55平方公尺，且多位于设计新颖、环境优雅的附中新村。

尽管如此，云大住房仍然不尽如人意，存在诸多问题。11月，学校就此详呈教育厅："为了改善教学人员的居住条件，使他们住得好一些、宽一些，我校不断地进行了宿舍调整。""我校教授、副教授49人中，有20人调整了宿舍。如原住4间的调整为6间，原住6间的调整为9间。"虽然如此，宿舍仍然紧张，原因有二：一是"夫妻双方一方在云大者，全家都住云大"；二是"非本校人员（如已独立出去的农林学院教工家属、已下放或调出的人员、本人已亡故的家属等）占用宿舍较多"。为了缓解宿舍紧张状况，学校"准备采取一些强制措施"，如教工中有"生孩子、请保姆、接亲属等"，学校只能据实解决住房问题；对非本校人员，"如原单位在昆明的，我们（准备）用车子连人带物送到原单位去。原单位不在昆明的，经多次通知仍不搬迁者，我们便拆除其室内照明设备，以促进其搬迁"！话虽如此，谈何容易！由于体制原因，住房问题曾长期困扰着学校。

6. 1962年的建筑

中华人民共和国成立以前，云大一直无统一的学生食堂。1951年，始在今科学馆处"临时搭盖"一座平房，权充食堂。该屋系土基墙、木柱子、砖地板、草屋顶。长期以来，东陆园中，土墙草顶的学生食堂与宏伟西洋的理科三馆，一土一洋，并排而列，倒也别具特色，相映成趣。但是草顶易朽，土墙易塌，1954年虽翻修过一次，仍未根本好转，为了避免发生危险和火警等情，市公安局曾经建议予以拆除。是年10月中、下旬，学校两次呈文教育厅：本校学生食堂，"近年草顶不断漏水，四周土墙常有散塌，以致打坏饭菜"。"近几年来已属冒险使用，如果再遇大雨，后果不堪设想。根据当前国家尚有困难，拟拆除草屋顶，改换为红平瓦屋面，暂时维持使用。"呈文蒙准，遂于11月27日开工，翌年3月1日验收使用。工程由五华区华山修缮生产合作社承修，预计修理费3.5万元，实际支出4.27万元。何以超支？因：一是旧柱腐朽，更换新柱，多用木材15立方；二是"省里分配木材80立方公尺，全到专县采购"，运抵昆后，每立方公尺价130多元，高出一倍左右；三是共用瓦片13万块，全由曲靖、嵩明供给，火车运至昆明，汽车再运学校，"上货下货，单价高出40%"；四是临时增加其他零星工程。

是年，还有修理至公堂内间隔土基墙、化学药品库房、内农场大门、托儿所教室、围墙等零星工程，分由盘龙区水泥制品生产合作社、大观公社联合厂、市三农场白龙寺生产队等承修。

7. 1963年的建筑

9月，云大呈报教育厅：1951年所建大课堂（实为大学礼堂，位于今庆来堂处），时因建筑技术和经费投资所艰，而建为油毛毡屋面。时至今日，由于日晒雨淋，屋面多已受损，应予修理，以保无虞，预计需费0.56万元。未几，教育厅复示："同意……大课堂修理，（拨款）5600元。"工程顺利，如期完成。

8. 1964年的建筑

早在1963年9月，云大即呈教育厅：1923年建筑的会泽院，现为学校党办、校办、教室所在地。因其建筑年久，虽经多次修理，近又发现"内外砖墙开裂达2～4公分不等，且仍不断发展。……如不及时修理，一旦发生倒塌，则不仅需要大量经费，而且有造成伤亡可能"。后又呈文强调：会泽院第三层"屋顶铁皮锈蚀"，第二层"屋顶油毛毡枯蚀脱落"，尤其东南角地基下陷，以致"折断砖柱二个，折断主樑二根"。似此险象，非修不可，请拨10.46万余元，以为修理之资。是年1月，教育厅也深感问题较为严重，乃复函云大，决定拨款10.47万元，用于会泽院加固工程。7月，云大副校长寸树声与省工程总公司一处，双方订立《云南大学会泽院加固工程合同》，凡10条。主要内容为：预算造价104473元；工程期限自1964年8月5日至11月30日；所需材料计原木35立方公尺、钢筋17吨、型钢1吨、水泥70吨、白铁皮150平方公尺、油毛毡200卷、沥青15吨、木楼板若干等。同时，请省建工厅设计院代为设计。

工程如期开工以后，又新发现会泽院东西两部钢筋混凝土屋面及梁板均已毁坏，必须重修。于是改变施工方案：东部新做混凝土屋面、主梁，由底层砌筑横墙两堵至屋面，二层将走道墙砌至屋顶，地下室木顶板改为混凝预制板，并做素混凝土地坪，及加固阳台主梁、柱子，加修四周排水阴沟等。因此改动，造价增至13.6万元。工程进行之中，一因施工单位劳力紧张，再因工程内容不断修改，致使工程时断时续，直到1965年9月，工程才告基本完成。

此次会泽院加固工程，内容较多，投资也大，乃是该楼建成以来一次较大的修理。从此以后，作为云大校舍重要象征的会泽院，其坚固性和稳固性，遂得大大提高和加强。

五、设备的添购

（一）机构恢复、清点物资、规章制度

1. 机构恢复

云大早有设备管理机构，专司其职。后来竟被裁撤，改为各系自设采购、保管员，各行其是。1957年，总务处呈文学校：各系自行采购，不仅人力浪费，而且"账务报销混乱，财务无法掌握，出现经费开支突破预算"，建议"各系仪器保管员，应由总务处集中领导，这样对物资保管与财务开支审核，均较方便"。学校对此深以为然，10月，决定重新成立教学设备科，任霍丕正为科长，不过不再归属总务处，而改隶教务处。

2. 清点物资

1957年12月，恢复成立的教学设备科，特组"财产管理小组"，对全校设备进行了清点。结果是：固定资产6041件，价值154.94万元；低值易耗品，价值21.59万元；库

存药品，价值12.24万元。三大类总价值，总计188.77万元。其中几家“设备大户”，各有设备百分比为：物理系40%，化学系19%，生物系14%，农学系13%，林学系8%，而其他各系、各单位仅总为6%。

3. 规章制度

古云：“不以规矩，不成方圆。”机构既已重新成立，人员既已重新任定，学校为了严格设备的采购、保管、供应等事，乃于1961年另定《教学设备材料管理办法》，凡14条。该办法为中华人民共和国成立后云大所定重要“规矩”之一，而且长期实行。为资借镜，特赘录于下：

云南大学教学设备材料管理办法
（1961年6月29日修订）

为了保证贯彻党的教育方针，提高教学质量，满足科研计划在设备材料方面的需要，必须根据勤俭建国、勤俭办学的原则，加强对国家财产的管理，充分发挥设备材料的使用效率。为此，特制定本办法。

一、本校各教学单位的库房、教研组、实验室，对教学设备、仪器、机械、材料、药品等，都必须指定专人专职或兼职负责管理。管理人员必须做到件件有数，收发手续清楚。

二、全校仪器设备未经校长办公室批准，一律不得任意改装或拆除。自制仪器凡已正式确定为教学设备者，亦不得任意拆除。

三、未经校长办公室批准，不得将我校教学设备调拨或借给校外单位，否则一切损失由经借人负全责。校内各单位之间借用，亦须经有关单位领导批准，并向管理人员办理借用手续。

四、各教学单位购置仪器设备，必须在每学年度（或每学期）开始时，根据教学科研需要，本着勤俭办学原则，提出本年度或本学期仪器设备购置计划。计划提出后，又根据轻重缓急以及需用的时间，另行填写“请购单”，经系主任批准后，于五日前送财产管理小组汇报总务处长批准购置。除特殊情况以外，尽量避免临时请购，以免影响教学需要。

五、未经批准，各系一律不许先行垫款购买物资设备，否则不予报销。

六、教学物资设备购到后，一律由各库房向总务处领取登账后，再转发给各教研室（或实验室）。

七、各教研组、实验室和系库房，遇有仪器设备损坏、遗失时，应在三日内通知财产管理小组，并由系提出处理意见。不得隐瞒不报，如有隐瞒，则所受损失由管理人员负责。

八、各系库房及附中，每月填送材料收支月报表两份，一份报财务科，一份报财产管理小组。各教研组、实验室于每学期结束时，应对设备仪器作一次清点核对，并将结果报财产管理小组。

九、各实验室及库房对有毒、易燃、爆炸药品，必须专人保管，注意安全。

使用时必须经系领导批准后，系库房才能发出，未用光药品必须交回，已用者负责销毁。

十、各系实验室对精密仪器，必须认真管理使用，订出必要的管理使用制度。

十一、各系教研组、实验室负责管理教学设备的人员，遇有工作调动时，必须办理移交手续，并由财产管理小组参加移交。

十二、财产管理小组根据需要，经校长办公室批准，得向各教学单位调拨仪器设备材料，以达到物尽其用，防止积压浪费。

十三、财产管理小组有权随时检查各系教学设备仪器材料的保管和使用情况。各教学单位可根据本办法精神，结合本系、组情况，制定本系教学设备材料管理办法，并抄送财产管理小组一份。

十四、本办法经领导批准后执行。

（二）自制自修设备

20 世纪 60 年代前后，国家正处“困难时期”，政府财政支绌，教育经费紧缩，为了渡过难关，唯有勤俭办学。为此，云大提倡“各系自制、自修仪器设备，校办工厂尽量给予协助”。几年之间，各系自制设备方面取得显著成绩。例如，物理系自制了电子显微镜、微波测试仪、真空仪、区域熔炼装置等，“比较高级的设备一百多件”；化学系自制了一部分玻璃仪器；生物系自制了“三万多件标本，和一批鸟枪子弹”；校办修配厂“为各系生产了试管夹 300 套和解剖支架、磨口机、磨光机等”。此外，还“尽量利用库存物资和残次物品，（尽量）购买削价商品”，如物理系，因无新的高压电磁瓶，就修旧的代用；“没有阿母柯铁，就以一般的铁代用”等等。

（三）历年购置情况

设备仪器除了自制自修之外，实属必需者仍应采购。兹将历年主要采购（或购置计划）者，分述如次。

1. 1957 年的购置

（1）物理系、化学系所需稀有金属、矿石、药品计划

是年 8 月，高教育部发文：希各直属高校根据需要，报呈“第二个五年计划（1958—1962 年）期间，逐年所需稀有金属的计划”。9 月，学校造就并呈报了物理、化学两系所需计划。兹将计划内容，列表如下：

表 5－26　物理系、化学系所需稀有金属、矿石、药品计划（1957 年 9 月）

单位：克

时　间	物理系	化学系		
	稀有金属	稀有金属	稀有矿石	稀有药品
1958	铯 650　硒 200	锂 100　铍 100	锆　铪　10000	四氯化锆　100
	钯 510　铍 520	锆 5　铪 1	钽铌　10000	钽盐　100
	铪 520　钽 510	铌 5　钽 5	铂　10000	铌盐　100
	铌 510　铷 560	铯 1　铷 1	铼　10000	钍盐　250
	铈 510　镧 510	铼 1	铊　10000	铼盐　25
	钍 150　钨 1000			钪盐　100
1959	锂 10　锆 30		同上	铟盐　25
	铱 50　铑 5			锗盐　25
	铼 100　钪 550			镓盐　25
	碲 130　锇 100			
	锶 550　硅 20			
	钐 1　钇 1			
1960	钇　1　镨 1		同上	四氯化锆　100
	钕 1　镝 1			钽盐　100
	铕 1　铥 1			铌盐　100
	铀 20			钍盐　250
				铼盐　25
				钪盐　100
				铟盐　25
				锗盐　25
				镓盐　25
1961	铒 1　钬 1	同上		
	镥 1　钌 1			
	铽 1　镱 1			
1962			同上	

上述计划实现与否，未见记载。

所购设备除了国产品外，也有国外产品，甚至包括“西方国家”的产品。仅举一例，参见 5－27 表：

表 5 - 27　1957 年林学系国外订货表

单位：卢布

品　名	数　量	金　额	产　地	品　名	数　量	金　额	产　地
视距经纬仪	5 架	50000	德国	求积仪	5 盒	15600	德国
经纬仪	14 架	140000	瑞士	大平板仪	12 架	120000	瑞士

（2）卫生科购 X 光机

是年 10 月，卫生科预购医用 25～50 毫安（MA）透视和摄片两用 X 光机 1 部。学校同意后，遂函广州医药公司采购供应站器材科购买。结果由该科代向上海医疗精密仪器厂购得 56 型 25 毫安 X 光机 1 部，由省商业厅托运公司自沾益站转运来昆，再请市医药公司代为装配。但在使用时却发现该机高压电缆击穿，尤其“球管支架不能前后移动，透视之时只有转动病人，颇不方便”。

2. 1958 年的购置

（1）编报购置计划

教学设备的采购计划，是根据下一年度教学科研的需要而编定的。如是年物理系 X 光实验室欲增 X 光机 1 台，又将新建无线电实验室；化学系需补充有机合成实验室设备，又将新建稀有元素实验室；生物系欲补充人体动物生理及细胞胚胎实验设备，又将新建丽江玉龙山采集站；农学系需补充原有 9 个实验室设备，又将新建 3 个实验室；林学系需补充原有造林、经理、森林、森保等设备，又将新建昆虫学、鸟兽生物学实验室；历史系需补充历史文物模型图片；中文系需增购有关图书；外语教研组需添置外文打字机；体育教研组需扩充运动设备；等等。据此，学校早于 1957 年即编制了本年度甚为详尽的购置计划，兹简化后列表如下：

表 5 - 28　1958 年度教学设备购置计划简表

单位：元

系　组	原有实验室		新建实验室		图　书	合　计
	国外订货	国内购置	国外订货	国内购置		
物理	65000	75000	25000	30000	150000	210000
化学	45000	69000	31000	47000	10000	202000
生物	11000	95000	14000	105000	10000	235000
数学		5000			5000	10000
农学	17000	40000		30000	20000	107000
林学	11000	51000		10000	10000	82000
中文					10000	10000
历史		12000			10000	22000

续 表

系 组	原有实验室		新建实验室		图 书	合 计
	国外订货	国内购置	国外订货	国内购置		
政治课教研组					7000	7000
外语教研组		8000			3000	11000
体育教研组		25000				25000
总计	149000	380000	70000	222000	100000	921000

上述计划实现与否，未见记载。

（2）卫生科购救护车

是年，卫生科创办了云南大学医院（据云，医院牌子本已做好，惟限人力而未挂出），欲对社会收治病人，此实为今日创办的“云南大学校医院”之先声。12 月，医院提出：“因医疗需要，拟请购置救护车一辆。”经总务处和学校同意后，学校即函省物资供应局。该局函告：救护车国内不能生产，需与省外贸局联系。学校另函外贸局：拟购“捷克出品 SKOTA 救护车一辆”。种种原因，仍无结果。翌年 9 月，学校又函国内唯一汽车生产厂家，即长春第一汽车制造厂联系，但该厂函复：“我厂不生产此种车型。”至此，购救护车事也完全无望。未几，总务科购得马自达小型三轮汽车 1 辆，员工患病而需送医院时，即由总务科派人派车代劳。需送患病学生之时，则由学生“自己使用人力三轮车相送。”

3. 1959—1961 年的购置

此时正处“三年困难时期”，国家财政极度紧张，但为保证起码的教学需要，学校仍然购置了一些急需的设备。如购东德产脉冲示波器 1 架，价 9600 元；东德产宽频带示波器 1 架，价 10440 元；匈牙利产极低频示波器 1 架，价 6469 元；瑞典产双线示波器 1 架，价 3524 元等。为了丰富师生校园文艺生活，1960 年 8 月，学校还购买了一架南京产长江牌 35 毫米移动式 FL－35 电影放映机，“每周六在校内露天球场放映一次”。据载，1960 年共支出设备购置费 12.47 万余元，1961 年则为 8.49 万余元。

4. 1962—1965 年的购置

这一时期，国家经济虽有好转，但是仍未根本好转。因此，学校根据勤俭办学的精神和保证重点的原则，一则重点采购，一则修旧利废，以应教学科研之急需。

（1）重点采购方面

如数学系采购了瞬时中心盘计算机等；仪器需用大户物理系仅从众多所需仪器之中，采购了急需的硒光电极、玻璃电极、甘汞电极、气体分析器、三用光谱仪等；化学系采购了最高温度表、最低温度表、地面湿度计、毛发温度计等；外语系采购了录音机等；体育教研组采购了白帆布跳垫、跳板等；总务处采购了手电钻、三角扎头等。

（2）修旧利废方面

如仅 1962 年，学校即为化学、生物两系修理仪器 37 件，其中包括显微镜 10 台、切片机 2 台、比长仪 1 台、心脏跳动器 3 台、地球仪 1 台、音频振荡器 1 台、气体收集箱 1

个、蒸气桶5只等。而1963年，全校共修理陈旧、破损仪器更多达463件等。

六、后勤机构及相关工作

（一）处科变化和人员编制

1. 处科变化

总务处作为云大后勤工作的最高领导机构，一直存在，但有变化。这一时期，总务长为程明轩，副总务长为杨绍珠。

各个科室亦有变化。1958年以前，总务处之下设有财务、教学设备、工务、卫生、事务、膳食、物资供应管理等7科。1958年以后，事务、工务、供管三科合并成立总务科，另增设出版科，又生产处改为生产劳动科。兹将总务处、科及主要职责，略列简表如下：

表5-29　云南大学后勤机构和职责简表（1956—1966）

名　称	主要职责
总务处	负责全校一切后勤事务
财务科	负责经费的预算、决算、会计、出纳、领取、保管、分配、报销等事务
设备科	负责教学、科研、实验等设备仪器的采购、保管、分发等事务
生产科	负责各个校办工厂、农场及员生参加工农生产、临时性劳动等事务
卫生科	下辖医务室，负责员生医疗、保健及校园公共卫生等事务
膳食科	负责各个员工、学生食堂等事务
总务科	下辖木工厂、机修厂、运输组、绿化组、治安保卫组、理发室、沐浴室、幼儿园、托儿所等，负责相应的事务
出版科	负责学校文件、教学讲义等的排版、印刷、装订等事务

2. 人员编制

这一时期，总务机构变化较小，人员编制变化较大，总趋势是随着学生的增加，而人员编制也相应增加。例如1964年，中共中央、国务院颁发了《关于编制管理的暂行办法》，省教育厅也下达了编制指标。依此，总务处“积极贯彻精兵简政和勤俭建国的方针，按照学校五年发展规划”制定了人员编制规划，主要内容为：以学校2500名学生为基数，按学生数与员工数3.4∶1计算，核定员工数为792人，其中教学人员约占53%以内，为420人；教辅人员约占10%以内，为74人；党团工会人员约占5.4%以内，为43人；行政职工人员约占23%以内，为183人；炊事员、服务性人员约占9%以内，为72人。总务处及各科人员约占全校编制的1/3，为243人。当然，实际情况并不尽然，种种原因，特别中国人口众多，就业压力巨大，长期实行计划经济体制下的高就业低收入政策，因此，往往存在人员超编现象。

（二）总务处所属各科工作

1. 财务科

财务科主要负责管理学校经费事务，具体工作参见前述经费部分。

2. 设备科

设备科主要负责管理学校设备事务，具体工作参见前述设备部分。

3. 生产科

生产科主要负责管理学校校办工厂、农场的生产事务，具体工作参见前述校产有关部分。

4. 卫生科

（1）规章制度

1962 年，为了进一步搞好学校师生员工的医疗保健及校园环境卫生工作，卫生科制定了简明扼要的工作职责。其文如下：

云大卫生科主要工作职责

（1962）

一、负责全校师生员工、托儿所、幼儿园的医疗、预防、保健工作。

二、经常调查了解全校师生的健康状况，并对劳动保护提出意见，及时报告领导。

三、对学校室内外清洁、环境卫生及饮食卫生等，应随时进行督促检查，并提出意见，反映（给）有关部门。

四、认真贯彻中央及省市关于公费医疗管理的办法、规定，结合我校的具体情况制订具体方案，报领导批准后坚决执行。

五、凡新生入校体格检查，及因病休学、退学、复学等，必须按照教育部及卫生部所规定的体检标准，认真执行。

六、凡新参加我校工作的人员，必须进行全面的体格检查后，提出意见，供组织参考。

卫生科的医务工作，基本按照上述职责进行。

为了解决教职工眷属的医疗问题，1961 年，卫生科即作了如下“规定”：

云大教职工眷属诊病规定

（1961 年 6 月）

一、凡本校教职员工之直系亲属（父、母、夫、妇、子女及祖父母）未在其他机构工作者，可在卫生科就诊。

二、眷属若在卫生科就诊，所用医药费可实行记账，每月由财务科一次扣清。其因病情需要或自愿到其他医院就诊者，其医药费完全由本人自理。

三、药品照原价收费，其他手续费、注射费、化验费、治疗费等，照本市医院标准减半收费。

值得注意的是，眷属医疗的某些项目可以享受“减半收费”之规定。

（2）公费医疗

中华人民共和国成立以后，国家一方面不实行西方国家的“福利制度”，另一方面又实行机关团体、企事业单位人员的“公费医疗制度”。公医制度的实行，一方面保障了广大职工的医疗保健需要，另一方面也存在“无病呻吟，小病大养”，医疗费用逐渐膨胀，国家财政不堪重负的严重弊端。为了改进公医制度，多少年来，各级政府不知颁发了多少规定、通知等文件。例如，1957 年 12 月，省教育厅、财政厅曾联合发出《关于改进公费医疗制度的通知》。其中写道：“根据勤俭建国的精神，公费医疗制度必须加以改进，使之公私负担合理，以减少事业费的支出，用以发展生产。”《关于改进公费医疗制度的通知》规定中有两条：“一、自 1958 年度起，公费医疗全年控制指标，按人由（每年）18 元减为 15 元”；二、凡享受公费医疗人员，自 1958 年 1 月份起，挂号费一律个人承担，门诊及住院（除伙食费全部由个人负担外）各费均由个人负担十分之一。”直言之，此种“改进”，也是杯水车薪，难济于事。

1961 年，学校根据政府有关规定，制定了公医制度的“管理办法”，共 12 条，对疾病的治疗、转院、急诊、补药、公费、自费、住院、出院等项作了具体规定。其管理办法如下：

云南大学公费医疗管理办法

（1961 年 6 月）

一、享受公医人员必须到我校卫生科诊治，不得随意到其他医疗单位诊治，否则其医疗费用自行负责。

二、若因我校卫生科设备不全，和法定传染病必须转其他医院治疗者，经卫生科检查后，负责介绍至我校特约医院诊治，不得任意自行选择。

三、因急病或分娩来不及到卫生科就诊者，可就近至公立医院单位就诊，就诊后将就诊证明书及医疗费用单据带回卫生科报销。

四、因公集体下乡，人数超过十人，时间在一月以上者，可根据出差地点情况，由卫生科酌发一般常用药品。未经卫生科同意自行购买药品者，一律不予报销。

五、公医开支范围：包括中西药品、注射、化验、透视、照片、理疗、针灸、拔牙、龋齿、填充、手术费、住院费、接生费、急重病人输血费等。

六、不属公医开支范围的挂号费、住院伙食费、冬季烤火费、镶牙、配眼镜、验光、安装假肢、割狐臭、割包皮、修容、人工流产手术费、自行服毒后的急救和医治费用等，应自行负担。

七、享受公医人员就诊时，不能指定医生看病或指定医生开某种药品，也不能要求医护人员开给不合于病情需要的各种介绍和证明。

八、对享受公医人员的疾病，应以负责的态度严格掌握治疗原则，不得片面地无原则迁就，一般中西医药品不得超过二日量，对慢性疾病需要在较长时间用某一种药品治疗者，经确诊后，可采用集中计划治疗的办法进行治疗。

九、对享受公医人员确实需要某种滋补药品者，由医生根据增产节约的精神，及对病人负责的态度掌握使用。

十、享受公医人员的住院伙食费，及女干部住院分娩的保婴费，以及其他属于本人自付的费用，概由本人出院时付清。

十一、对各种慢性病如结核病、精神病、神经病等，以及当前技术上和设备上不能解决的疾病，可暂不住院，在原单位进行修养。若病情需要和条件可能，可由卫生科给予转诊。

十二、住院病人经医生诊断可以出院者，应即出院。否则其继续住院的一切费用，由本人自负。但医生也不能借口病人不遵守制度，而使病尚未愈的病人出院。

这一时期，卫生科共有医护人员10余人，分设内、外、妇产、儿、中医及X光、手术、化验等科室，拥有病床20张，勉敷师生员工医疗就诊之用。

（3）专项医疗

卫生科除了日常的医疗保健工作之外，还依实际发病情况，积极开展专项医疗，仅举几例。

①流行性感冒。流行性感冒简称“流感”，为病毒引起的急性呼吸道传染病。起病急迫，传播迅速，重者可并发肺炎，甚至引起死亡，除药物治疗外，尚须隔离病人。

1957年1月中旬，正值学校期末考试的关键时刻。17日，学生中最先发现20余例流感。18日，“突然病患暴发，患者骤增500人左右”，学校甚感震惊，即刻召开校务工作紧急会议，成立以李广田副校长为主任的“流行性感冒防治委员会”，并采取5条紧急措施：一是由卫生科全体医护人员全力医治，党、团组织与各系单位协助护理；二是面请昆明医学院迅派医生前来会诊；三是发布通告，暂停考试一周，禁止员生外出，以免“传播到市区中去”；四是于球场上召开全校师生员工大会，报告防治方法；五是设立防治区，“并封锁防治区，患者不准出防治区，未患者亦不许进入防治区”。19日，学校再发“紧急通告”：“一、已买有电影票、戏票的师生员工，交由事务科去交涉退票；二、停止考试后，同学们必须安静休息，不可看书。”20日，学校三发“通告”：“希望（员生）从社会安全、市民健康着想，自觉地遵守学校关于门禁的决定。”22日，鉴于事态之突发和严重，学校专函报告高等教育部和省高等学校党委，以求指示。25日，学校四发“通告”：“截至今日，患者已减至40余人，现决定自明日起解除门禁。”“但因病患并未彻底好妥，仍希注意：1. 出街须戴口罩；2. 不食酸冷饮食；3. 尽量避免出街。”此次流感，来势迅猛，染者众多，因学校高度重视，措施得力，以及卫生科全体医护人员奋力救治，“病患虽然严重，但未发生死亡”。真是不幸中之万幸！

②水肿病防治。水肿亦称“浮肿”，主要因劳动过度、营养不良、血浆蛋白低下等所致。症状多为精神萎靡、浑身无力、肿处皮肤按之下陷等。三年困难时期，由于“大跃

进”、公社化，造成生产大幅下降，农副产品奇缺，人民生活困难，健康状况不良，水肿等诸病丛生，人口死亡率增加。云大与全国一样，也未能幸免。

1960年，卫生科曾对员生进行体检，发现水肿病患者48人、闭经103人、肺结核63人等。翌年，再作普查，结果为水肿病78人、闭经148人、肺结核64人等，均呈迅速上升之势。对此，学校深感忧虑之余，千方百计，多管齐下，积极采取营养、休息、药物、蒸汽等疗法，以医治患者。所谓营养疗法，即吃病号伙食；所谓休息疗法，即不参加劳动；所谓药物疗法，即在卫生科指导下，服用维生素B、小球藻等；所谓蒸汽疗法，即用水蒸气蒸熏患者等。为了患者尽快治愈，早日康复，1961年1月，校长办公室还专门发出了有关规定。其文如下：

云南大学校长办公室关于治疗肿病中有关的几点具体规定

（1961年1月）

一、凡现在患肿病或病刚好的学生，本学期一律不参加考试，以后也不补考，以平时考查作为学期成绩。

二、普查中属可疑的人，因休息来不及复习功课的学生，本学期不参加考试，以后也不补考，以平时考查作为学期成绩。

三、属于可疑病人的，一律停止工作和学习。

四、凡肿病治好后处在巩固期的师生员工，一个月内实行半日工作或半日学习，不参加体力劳动。

由于疾疫，而员工不工作、学生不学习，足见肿病之严重性和普遍性，这在云大历史上，不仅是空前的，也应是绝后的。由于学校的恫瘝在抱、高度重视，卫生科竭尽全力、精心治疗，以及患者的正确认识、大力配合，随着国家经济形势的好转，曾经蔓延一时、令人瞠目结舌的水肿病终被治愈，以致绝迹。

③近视眼防治。学校，尤其是高等学校，乃是广大莘莘学子看书学习之地，也是近视眼疾病高发、多发之区。校园之中，近视眼、戴眼镜，成了见怪不怪、习以为常的一道“风景”。

1964年，为了保护学生视力，以便将来好好工作，省教育厅和卫生厅发布联合通知，要求各校采取切实措施，防治学生近视。云大遵示，由卫生科“先以数学系为重点，进行学生近视程度的普查”。普查结果：该系共有学生257人，患近视者即有86人，高达三分之一。学校闻此，甚为重视，副校长寸树声异乎寻常地作了长达近200字的“批示”：近视原因，略有五端，即：一、平时学生保护视力不够，至有走路、睡觉、弱光下看书者；二、教室、宿舍灯光配备不够，低于国家规定的每平方公尺4.8瓦的标准；三、自然采光系数（即建筑物中窗口面积与地板面积之比）较差，低于城市应为1∶5至1∶6的国家标准；四、早上关灯太早，晚上开灯太迟；五、患近视而不戴眼镜，结果日益加深等。“批示”最后写道：“学生近视情况是严重的，必须认真对待，立即采取措施，不能因循。”当然，文人近视，自古皆然，对此批示，卫生科也仅能作些宣传而已，关键乃在患者自身！

④爱国卫生运动。从1952年起，在共产党和毛泽东同志“动员起来，讲究卫生，减少疾病，提高健康水平”的号召下，全国各地开展了以“除四害、讲卫生、消灭疾病”为中心的群众性卫生运动，并从中央到地方，各个单位均成立了“爱国卫生运动委员会”，以为领导机构。所谓“四害”，先为苍蝇、蚊子、老鼠和麻雀，后改麻雀为臭虫。

云大爱国卫生运动开展以后，历年成绩尚属良好。但是，1958年，由于思想重视不够，组织措施不力，结果经中央爱委会检查团检查以后，“被评为落后单位，并插上了白旗”。当时运动颇多，评比频繁，优者“插红旗”，劣者“插白旗”。8月，省人委办公厅通知学校：“省级机关的爱国卫生运动，经中央爱国卫生检查团检查以后……昆华医院、云南大学两个单位做得较差，受到了批评，并插了白旗。”此次蒙羞，云大震动。学校重新调整校爱委会，主任为副校长杨黎原，副主任为总务长程明轩、卫生科长严尔锐；并制定了《云南大学除四害、讲卫生工作计划》；划分学校为8个区域，8个系分片负责，如中文系图书馆区（今至公堂后）、历史系会泽院区（今文津楼处）、数学系四合院区、物理系理化馆区、化学系大课堂区（今庆来堂旁）、生物系农场区（今北院东南部）等；提出“鼓足干劲，除不尽四害，拔不掉白旗，决不罢休”的口号；保证“在五天内做到无蝇无蚊”，“组织突击队，在三天内消灭麻雀，堵好麻雀洞”；等等。由于领导重视，思想先行，组织得力，发动群众，坚持制度，定期检查，终使校园面貌焕然一新。未几，学校致函市爱委会：“我校根据你会上次检查所提意见，发动全校师生员工，进行全面大扫除，经过四昼夜的苦战，截至今日为止，基本上已搞好了卫生，请你会来我校复查。”函中特别强调：“如已达到要求，恳请拔去白旗。”经过市里复查，果然达到要求，所插“白旗”，终于拔去。

日后，学校再也不敢懈怠，掉以轻心。例如，某次“宿舍喷洒DDT，计用去150公升；清除杂草5次，共40余吨；烟熏5次，用去六六粉4888包及散装50公斤；整修排水沟，85公尺等”。经过努力，校园卫生始终保持“红旗”称号。

5. 膳食科

(1) 规章制度

古云：“国以民为本，民以食为天。”又云：“兵无粮草，不战自乱。”也云：“人是铁，饭是钢，不吃一顿饿的荒。”这都充分说明，任何一个社会，任何一个时代，膳食工作，亦即吃饭问题，乃是一切重大问题的重中之重。这一时期，不幸遇到“三年困难”，农副产品生产锐减，粮油供应极度紧张，这给膳食工作造成巨大困难。学校为了保障师生基本生活，千方百计，想尽办法，除了大办农场、生产自救而外，重要之一即是加强食堂管理，并曾几次制定过严格细致的管理“办法”。兹举1961年所定“办法”为例，赘录如下：

云南大学食堂管理办法
（1961年6月修订）

一、切实管好粮食，堵塞漏洞，实行粮食三级负责管理制：会计掌握每餐开膳人数，按人数算出应下米量交保管员；保管员根据会计所计算出的应下米量，过秤发给炊事员；炊事员按每斤米做三斤饭的标准，做出饭来发给同学。员工食堂应认真制定卖饭量具，按照定量标准打饭。

二、认真贯彻日清月结的会计管理核算制度。为了准确计算成本，各食堂必须做好每天日报，每月五日前公布上月伙食账目。

三、我校食堂属集体伙食单位，师生员工及其眷属参加搭伙，必须按时交清每月膳费。交清办法如下：

1. 教职工膳费有工资关系的，由员工食堂按一般标准计算金额，每月五日以前造册报财务科，统一在工资项下扣除。

2. 在员工食堂搭伙的家属，外来人员没有工资关系的，须事先购买饭菜票，凭票就餐，食堂概不赊欠。

3. 员工所购买的饭菜票如有遗失，食堂不予补发，自己设法解决。

4. 学生膳费，须在二十五日前交清下月膳费，膳费为十元标准不变，根据目前情况，交下月膳费收八元，半年结一次账，多退少补。

5. 享受人助金学生的膳费，按八元标准预拨，半年决算，下月膳费在当月的三十号拨给膳食科。

6. 为保证按月收清膳费，在自费生和半自费生中实行“就餐证”，交清当月膳费者发给“就餐证”，不交费者不发，须办理缓交手续，经同意缓交后，发给“临时就餐证”，“临时就餐证”过期无效。

四、搭伙

1. 在本校员工食堂、学生食堂搭伙的师生员工及家属，均必须有粮食关系，否则不得搭伙。

2. 学生食堂概不接受亲友在食堂搭伙，教职工到学生食堂搭伙，须经总务处批准。

3. 员工食堂概不接受学生搭伙，如确因工作关系，须经总务处批准。

4. 在假期节日，凡员工亲友须在员工食堂搭伙者，须事先办理开膳手续，食堂蔬菜可酌情照顾，肉食属国家定量，食堂概不照顾。

5. 因工作关系之外来人员须在本校食堂搭伙者，须经总务处批准，膳食科方能接受。

6. 在员工食堂搭伙之员工家属、外来人员、编外人员等，均需按月缴纳管理费，每人五角。

五、退伙

1. 学生停伙，须在一天前办理，当日不办。集体停伙或个人因公出差停伙，均需有单位证明；个人因事停伙，须有系行政的证明；经批准请假回家者，须有教务处证明，食堂方能办理。

2. 学生停伙退粮退费，无论集体或个人，只退发食物，不退粮票。在外县及省外者，退给粮票。

3. 学生请假回家，或因公、因个人私事超过停伙日期返校者，所超过天数的粮票，一般不补退。

4. 教职工停伙，因公出差须有单位证明，因私请假回家须有批准假条，方能退给粮票。

六、大力节约用煤

1. 用煤标准按照每人每天五两定量，每月以十五斤计算，做饭每人每天八斤，炒菜七斤，各食堂不得超过。如有超支，膳食科概不负责，应自行设法解决。

2. 烧锅炉、烧老虎灶，实行专人负责制，定期开展评比竞赛。

七、凡教职工学生因病不能开大伙食，须到营养食堂搭伙者，须经卫生科医生证明，并经领导批准后方能搭伙。不必到营养食堂搭伙的一般轻病号，则由各食堂适当予以照顾。

八、加强民主管理

1. 各食堂伙食管理委员会每二周召开一次，认真贯彻上级指示，及研究本食堂工作。

2. 每学期召开一至二次膳友代表会议，总结学期食堂工作，征求膳友对伙食的意见，大力改进食堂工作。

九、食堂卫生

1. 食堂炊具坚持每日一清洗、每周一大洗的制度。

2. 炊事员个人卫生，经常做到勤理发、勤剪指甲、勤洗澡，具体贯彻由各食堂与炊事员共同研究，采取措施进行。

3. 食堂除蝇、灭鼠，除各食堂自行组织力量经常进行外，并与卫生科配合做好这一工作。

十、开膳时间

1. 无论学生食堂、员工食堂，在正常的情况下，开膳时间按学校统一规定的作息时间安排。

2. 家属一般在规定时间提前半小时打饭。

3. 假日和集体外出参观、旅行等活动，须提前开膳者，应在前一天通知膳食科，以便准备。临时通知者，膳食科可以不接受。

4. 为保证食堂工作顺利进行，非食堂工作人员一律不准随便进入厨房，如有事到厨房，须经同意后方能进入。

5. 外来人员参观，须经总务处批准，膳食科方能接待。

（2）伙食情况

这一时期的伙食，大体经历了温饱——困难——好转三个阶段。全校长期设有员工食堂、学生食堂、民办一食堂、民办二食堂、民办三食堂、托儿所食堂、幼儿园食堂等。后因华侨回国求学，又办华侨食堂；水肿等病流行，又办营养食堂等。全校师生员工及家属开膳人数，为5000余人。

1958年以前，由于“一五”计划开始进行，经济建设顺利发展，社会生产较为正常，物资供应也还充足，国家定量供给粮食，每月学生33市斤、员工25市斤，肉食、油脂、禽蛋、副食、蔬菜等也可基本保证，因此，师生员工伙食情况，基本达到“温饱”状况。

1958年开始，由于“大战钢铁”“大办公社”“大放卫星”“大办食堂”，及“共产风”“浮夸风”等“五风”盛行，生产力遭到严重破坏，农业生产或者“宣传丰产”但实际不丰产，加以错误实行“吃饭不定量”（因条件不具备），尤其荒谬实行“吃饭不要钱”，以及片面地、幼稚地提出“共产主义是天堂，人民公社是桥梁”，“张开肚皮吃饱饭，鼓足干劲干生产”等因，造成粮食月月超支，多者每月超支3万余市斤，少者也为6000余市斤。为了扭转“危局”，学校采取多项措施。

第一，决定生产自救。同年6月，校党委曾制定《农业副食品生产计划》，主要内容有三，即：一是种植类。水稻33亩，计划产2.92万斤；白薯15亩，计划产7.5万斤，按4斤折合粮1斤，则为1.87万斤；苞谷40亩，计划产0.6万斤；豆类6亩，计划产0.09万斤。4项共合粮食5.48万斤。此外，蔬菜100亩，计划产30万斤；瓜类2000塘，计划产6万斤。二是饲养类。已有种猪、子猪230余头，计划年底增至1000头；已有大、小鸡200只，计划年底增至1000只；准备水田放养鱼苗6000尾，计划年底产鲜鱼3000斤；已有兔子200只，计划年底增至1000只。三是措施类。包括肥料、种子、饲料、厩舍、人员、管理等项。应该说，这是一个积极可行的，经过努力可以实行的计划。

第二，除了“增产”措施而外，还有“节约”措施。如“按人定量，按人头下米”，“加强宣传，形成‘节约粮食光荣，浪费粮食可耻’的新风尚”，“食堂技术革新，用蒸气煮饭，提高出饭率”等。

第三，校党委提出：“政治下食堂，干部到伙房。”党委第一书记兼校长高治国、副校长李广田，均“下到员工食堂吃饭（单辟一室，不须排队，质量稍高一点）”，并组织“党委工作组”，成员包括机关党总支书记李国璋、校长办公室秘书金宗佑、总务长程明轩等，深入各个食堂，现场解决问题。尤其事必躬亲的李广田，身为学者、领导，对于人们赖以生存、一日不可离弃的粮食问题，给予了极大的关注，并以此专文他人，以求妥善解决。其文言简意赅，难以割舍，录之如下：

> 国璋同志：
>
> 根据党委指示，我把学生用粮情况写了一个简要报告，请你仔细研究一下，与有关同志谈谈，认真核实一下，加以修改补充。总的精神是应从积极方面出发，说明问题。如我们在节约用粮方面采取了哪些措施，我知道得不多，就应当补充进去。又如同学定量吃饭，有余与不足者自己互相调济，现在执行情况如何？这应加以说明。总之，请你好好改一下，与金宗佑同志研究一番。明日（星期日）晚上咱们再谈谈、改改，星期一早晨送党委，要请治国同志指示。
>
> 敬礼
>
> 李广田　1960.11.19

学校还对“到伙房”的干部开展“四好干部竞赛运动”。所谓“四好”，即：一是调查研究执行政策好；二是克服困难完成任务好；三是深入实际发动群众好；四是团结协作群众观点好。并建立了评比委员会，实行“一周一小评，半月一中评，一月一大评，两月一总评”，总评之后，立即公布，进行表扬，督促干部搞好伙食工作。

第四，调剂余缺，甚至略略“少吃”，保证人人吃饱。国家定量供给粮食，男女学生均为33市斤，“节约”2市斤后，均为31市斤。但是一般而言，男生饭量较大，女生饭量较小，即便男生之中，也有大小之别。针对于此，学校出面，在男女生、男生之间，“对那些大肚子进行了调剂，调剂面占15%”，并主张“全体人员（每天）少吃一钱三厘米，就保证了人人吃饱”。同时，积极争取“提高出饭率”，如1市斤米，“学生食堂用甑子蒸饭，出饭率为3市斤；员工食堂用原碗蒸饭，出饭率为3.7市斤”。蔬菜肉油方面，保证学生每人“每天吃菜5公两，每月吃油1.5公两、吃肉2.5公两（国家供应1.5公两，学校自供1公两）”。如此，每生每日“从食物中摄入热量1900大卡以上”，较为接近成人人体热需要量2300大卡之数。

第五，想尽办法，生产代用食品。学校曾由“党委第一书记（兼校长）高治国亲自挂帅，成立了‘粮食代用品工作小组’，积极研究，开展生产”。如“研究生产小球藻，某年建池1.7亩，生产159.3吨，制成干粉229.5公斤”，除了喂猪，及用作治疗病号而外，其余用以蒸饭食用。其他“人造肉精、人造淀粉、叶蛋白等，也已试制成功”。不过，“根据情况，主要以生产小球藻、人造肉精为主”。

经此诸多努力，学校伙食“危局”有所缓解。如至1960年底，“蔬菜种植面积，增至134亩，全年总产量为37000公斤，（免费）自给率达50%”。龙潭农场所产洋芋、苞谷、黄豆、荞麦等，部分供人食用，大部作为饲料用以养猪，致生猪由290头增至567头，全年“学校自杀（百三四十公斤的肥猪）39头，还支援外单位13头”。学生“固定伙食费原来每人每月10元，后来降至6.6元”。

1964年时，随着国民经济的好转，国家指示，南方高校学生伙食费由10元增为13元，伙食质量相应提高。云大学生，平均“每人每月吃肉3.8公斤，吃油3.8公两，每周可吃四次净荤、三次串荤”。从5月份起又恢复“实行敞开吃饭”，“每人每天平均产热量达到2515大卡，已达到青年所需热量，学生体重增加的占80%”。由于伙食质量的提高，普通食堂与照顾性供应较好的华侨食堂已无区别，“根据华侨学生的意见，从十月份起，已取消了华侨食堂”。

其时，在校大学生每日早点，或麦面馒头、青稞馒头，或苞谷坨、苞谷糊；午、晚两餐，虽固定分桌分饭分菜而食，但两菜一汤，已可果腹，甚至营养身体，学生们再无饥肠辘辘之感了。

（3）“高脑油”补助

1961年，正值经济十分困难之秋，国家为了保护高级知识分子的健康，决定对其定期补助供应一定数量的食油。云大则由党政部门、各系处室造报名单，而由膳食科负责办理发放《油脂补助证》，以便自行购买，此事简称“高脑油”。其名单如下：

云大高级脑力劳动者领取《油脂补助证》名单
（1961 年）

党政

高治国　党委第一书记兼校长

李书成　党委第二书记

赵　季　党委办公室主任

李广田　副校长

寸树声　秘书长

杨允中　教务长

程明轩　总务长

中文系

教　授：刘尧民　张为琪　汤鹤逸

副教授：付懋勉　江逢僧　张友铭　全振寰　王兰馨

历史系

教　授：方国瑜　江应樑　杨　堃　徐知良

副教授：张德光　李　埏　李为衡　张家麟　马开樑

外语系

教　授：秦　瓒　韩及宇

副教授：王森堂　李从弼　刘继武　朱应庚　袁绩蕃　赵继舜

政治系

教　授：金琼英

副教授：戴钟珩

数学系

教　授：陆忠义　何衍璿　卫念祖　张福华　王士魁

副教授：陈篔谷

物理系

教　授：张永立　杨桂宫　冯　竞　顾建中　张其濬

副教授：胡维箐　王仲永

化学系

教　授：王树勋　赵雁来

副教授：徐绍龄

生物系

教　授：肖承宪　郭文明　朱彦丞　曲仲湘

体育组

教　授：杨元坤

副教授：魏丕栋

以上共计党委7人、教授28人、副教授24人，另加老讲师51人、新提讲师50人，全校共计160人，得定期补助一定数量“高脑油”。

6. 总务科

（1）规章制度

总务工作，千头万绪。举凡校舍营建、房屋修缮、住房分配、家具配发、校园卫生、环境绿化、水电安装、物资供应、治安保卫、宿舍管理、车辆运输、开水、沐浴、理发、缝纫、托儿、幼儿，等等，可谓包罗万象。为使杂乱无章的总务工作，做到杂而不乱、有章可循，1962年，总务科新定了简明扼要的《主要职责》，共7条。其文如下：

云大总务处总务科主要职责
（1962年）

一、负责全校总务事宜，及各单位来往有关手续、联系、处理等工作。

二、管理全校教学、科研、生产及生活所用之水电安装、修理工作。

三、负责全校房屋安全检查，提出修建计划，申请建筑材料，制造及修理示教模型、家具等工作。

四、负责校内各单位物资运输，管理大小汽车使用、修理及保养工作。

五、负责供应开水、沐浴、理发、缝补衣服，幼儿园，托儿所，公共场所管理，环境卫生，勤杂事务，来往人员接待，及绿化校园等工作。

六、保管库房物资，发放全校消耗用品工作。

七、负责学校基本建设，办理基建手续，提供参考资料，向设计单位联系设计事宜，签订合同，进行施工，及工程决算等。

此外，总务科所属各办事部门还制定了各自的“办法”，以所见者略述如下：

①《房屋分配及管理办法》，共有12条。其规定：“全校房屋（包括教职工宿舍），均由总务处负责统一分配。”其中单身宿舍，校、处级领导，教授、副教授，每人住1～2间；讲师及科长级职员，每人住1间；助教、一般干部等，二人合住1间。眷属宿舍，校、处级领导，教授、副教授，分配二等宿舍；讲师及科长级职员，分配三等宿舍；助教、一般干部分配四等宿舍；其余分配五等宿舍。住房须缴租金，标准为每平方公尺最高0.12元，最低0.02元。由此可知，住房分配制度、低额租金制度，早已行之。当然，这与长期以来实行计划经济，实行高就业、低收入的政策密切相关。

②《家具分配管理办法》，共有10条。其规定：“全校所有家具，均由总务处统一负责分配和管理。”“教职工宿舍私人所用的家具，可根据所担任工作性质的不同，按附表标准向学校借用家具。”学校“按其价格的千分之二，每月收取租金”。情况略与住房相同。

③《水电管理办法》，共有10条。其规定：为了安全用电，不得随意使用高电力、高电热、高电光，不得自行改路线、装灯头、换保险等。为了节约用电，还具体规定了各种场所、各级宿舍的灯盏数、瓦特数，如“仓库、储藏室、厕所、走道、休息室、路灯等，装用15瓦灯泡”。电费标准，最高60瓦者每灯每月9角，最低15瓦者2.3角，“收音机，每架每月收费六角”。为了节约用水，家属以洗衣为职者，“不得使用自来水，只能用井

水”。“不允许用自来水浇菜浇花。”水费标准，有眷属者，“每人每月收费一角”；单身者，“每人每月收费七分。”

据载，自来水供水干管原有两根，一为青云街干管，一为天君殿巷干管。“后因学校大办工厂，又由民族学院门口水管接通供水。”

④《学生宿舍管理办法》，共有4大条16小条。其规定：遵守纪律、爱护公物、注意安全、讲究卫生等。如：“按时起床，按时睡觉。”“非总务处布置的公物（如花盆、痰盂等），不得擅自搬入宿舍。”

⑤《开水管理办法》，共有5大条5小条。规定：开水只能“饮用为主，不能作其他用途”。凭票用水，“职工开水票每张2分，学生开水票1分，凭票各取水5磅”。取水量，“同学每日取开水饮用以5磅为限”。“女同学每星期每人取热水8磅作洗头之用。”

⑥《沐浴室管理办法》，共有2大条9小条。其规定：学生分班同时免费沐浴。“每月可以洗澡两次（侨生四次）。”“沐浴时间定为20分钟（放水时间15分钟，洗毕穿衣5分钟）。”教职工主要洗盆浴，“凭券沐浴，每券2角”，“沐浴时间25分钟（包括洗盆浴5分钟）”。

另设理发室，1961年时，学生4000人，理发工人8人，收入3360余元。又设缝纫组，“工人6人，为师生缝补衣服等，1961年收入460余元”。

⑦《幼儿园制度》共8条，《托儿所制度》共9条。两者除了年龄因素而外，约略相似。如入园（托）规定、探访接送、作息制度、卫生制度、衣服保管、用品保管、厨房制度、交班接班等。

学校党委曾对幼托工作指示：要使幼儿“五好两长”，即“吃好、睡好、保洁卫生好、冷暖照顾好、教养好；长身体、长智慧”。幼儿园、托儿所所定《工作职责》还规定，培养幼儿“爱祖国、爱领袖、爱集体、爱劳动、爱护公物”，养成“有礼貌、爱清洁、活泼愉快、艰苦朴素”，以及按时睡觉、起床，“按时喝开水”等。

幼托收费标准，1958年时每人每月幼儿园3元，日托4元，全托9元。

（2）治安保卫

治安保卫工作向来归总务科负责，只是1963年时曾划归人事处管辖。云大地处城郊结合部，又为“公共通道”，校外人员常常“前门进，后门出，以走捷径”。治安工作，实属重要，仅举几例。

1963年，学校喜逢40周年大庆。为了隆重纪念，3月成立了“云南大学庆祝建校四十周年筹备委员会”，主任委员为副校长寸树声，副主任委员为方国瑜教授、赵雁来教授，委员为程明轩总务长及各系系主任等，下设秘书、总务、保卫3组。届时将有各界显要、社会贤达亲临会场、热烈庆祝，因此治安保卫，务须万无一失。为此，4月19日即校庆日前一天，校长办公室专门对各系、部、处发出通知：“为了加强校庆期间的治安保卫工作，各单位必须派人值班，每班最少二人。”并具体要求工作到4点。

4月20日，庆典开始。书记兼校长高治国首作“庆祝云南大学建校四十周年的报告”。接着，“省委常委、副省长刘披云、首任校长董泽、教师代表方国瑜教授等”，相继致词，热烈祝贺。整个庆典，自始至终，备极庄严隆重，一派节日景象。校庆期间的治安保卫，因为周密安排，所幸安然无恙。

但是时隔一月，即5月22、25两日夜间，体育场环城路围墙约60公尺长的防雨筒板瓦，连续2次被盗，损失约900块。未几，学校即向北门街派出所报案。报称："在这次全国各地开展增产节约运动、反对贪污盗窃的斗争中，对这些破坏社会主义建设的行为，必须得到应有的教育和给予应有的打击！"结果如何，惜未见载。

1963年秋，治安保卫工作划归人事处管辖，不久即正式成立了保卫科。同年，经人事处"报请有关部门批准"，保卫科对于"思想反动和道德品质败坏的学生8人、教师1人，进行了处理"。其中，"劳动教养3人，劳动考查1人，开除学籍回家生产3人，批评教育后分配工作2人"。

又如，1965年2月26日晚，北院丁字楼130室男生宿舍被盗皮箱1只，"内装毛呢裤子1条，新卡叽布1.5丈"。对此，人事处写了报告，其中认为：被盗事件"发生的原因，一方面是社会阶级斗争的反映，一方面是我们的同志缺乏阶级警惕性"。报告要求大家："提高革命警惕，加强管理工作。"同年3月14日上午，某炊事员在宿舍私自将矿石收音机的耳机发线接在电灯线上，引起火灾，"烧毁蚊帐、棉被、床单、垫褥、毛毯、棉衣等物"。无独有偶，同日晚上，新女生宿舍212室，因点蜡烛，不慎失火，"烧毁被子、棉絮、军毯、枕头、灯芯绒大衣等物"。一日之内，两次火灾，虽无人员伤亡，但也非同小可，学校对此特发通报，要求员生切实做好"防特务、防盗窃、防火灾、防事故"的"四防"工作，并指示总务处配电室，应建立岗位责任制，定期进行电线检修等。

（3）车辆运输

云大大小车辆，原由总务处工务科管辖。1963年，工务科撤销，改立总务科，下设运输组，接管车辆，具体则由"老驾驶员丁兴华负责"。

早在1957年，高教育部颁发的《高等学校公杂费试行标准（草案）》的附件中，即定有《汽车使用原则》：一是下列情况用车不向本人收费：副处级以上行政人员、副教授以上教学人员因公外出；外籍专家因公外出、专家家属来校任职的往返接送；学校行政组织员生集体外出参观、实习、开会、听报告等；新生入学、毕业生离校，组织集体接送、搬运；校产搬运；学生患急重病、重伤、分娩等送医院；校院长或其授权人批准的其他免费用车事项。二是下列情况用车向本人收纳油费：上下班交通车；社团组织的文娱活动性质的集体外出；工作人员或其家属患急重病、重伤、分娩等送医院；校院长或其授权人批准的其他纳费用车事项等。

1961年，学校依据新的实际，重新制定了《汽车使用办法》，共分2大条8小条。其文如下：

云南大学汽车使用办法

（1961年6月）

一、小车使用原则

1. 小车原则上为校一级领导的专用车，其他人员因公外出，一律乘公共交通工具，学校一律不派车。

2. 教职工及学生因急病或重伤不能行动者，因属于急救性可以使用小车。

3. 乘坐飞机人员接送地点，只到太和街民航局，校一级领导可以直达飞机场。

二、大车使用原则

1. 我校运输任务较重，车辆较少，总务科有权根据轻重缓急，排队使用卡车。

2. 凡使用卡车的单位，必须根据学校领导批准之计划（如生产实习计划等），按周填具《使用卡车计划表》，于每周前三日交送总务科审核排队。计划上之使用日期不能随意更改，以免影响其他单位用车。

3. 公物运输500公斤以下，用马（车）拉运；2000公斤以上，用卡车运输。

4. 师生出外参观或进行生产、教学实习，所去地点交通确实不方便者，可派车接送。交通方便的地方，一律不派车接送。

5. 经济核算单位使用卡车，按耗油量收燃料费。

学校各种车辆，不时有所增减，既因弃旧图新，更因学校发展。1956年时，原有吉普车、大道奇、马自达卡车、砲牌摩托、热托－25拖拉机各1辆。同年增购波兰产华沙牌轿车1辆。1958年，又增苏联产吉尔卡车3辆，而大道奇卡车停驶。1959年，以实验农场耕作所用的拖拉机，与昆明第一钢铁厂调换奇姆卡车1辆。后为解决短途小量运输，“教育厅曾拨给手推车数十部”。1961年9月，学校函某副省长：学校仅有华沙汽车一辆，除担负校长外出开会之外，还需运送危急病人前往医院救治，常常“感到顾此失彼，有时党委书记兼校长和副校长，因为工作时间紧迫，只有骑自行车或步行去开会，时间既不经济，也不能保证领导出行的安全”，“特此报告，请分配小轿车一部，以备应用”。结果如何，惜未见载。

运输组十分注意行车安全，“丁兴华派车时，常讲遵守交通规章制度。汽车稍有毛病，立即停驶修理，决不开‘凑合车’。并提防：‘宁停三分，不抢一秒’”。组长曾当众宣布：“如遇雨天，汽车不管开到什么地方，立即转头回校。”如此小心谨慎驾驶，多年未有安全事故。只是某次，因非营业性质而不必纳税的一辆手推车，“前往武成路拉运校用仪器时，因无纳税执照，竟被武成路派出所扣押。”几经交涉，始才领回。

（三）其他杂项工作

学校工作当以人事、教学、科研等为主，总务工作也属必不可少，而且尤为繁杂。除了各科本职工作而外，尚有一些杂项工作，兹举几例。

1. 支援秋收秋种

中华人民共和国成立以后，为了贯彻“教育为无产阶级的政治服务，教育与生产劳动相结合”的方针，各级学校领导除了完成教学、积极参与各项政治运动、大办工厂农场而外，还经常派出师生参加社会劳动，主要是农业生产劳动。

如1960年10月，云大根据市委布置，分别组织师生、家属支援市郊秋收秋种。其中：一是支援呈贡公社15天，计18390人日，完成收稻子36885亩，收苞谷155亩，收杂粮112亩，拾谷穗1368斤，种蚕豆、麦子533亩，锄地1071亩，送肥料951000公斤，修复公路2条、桥梁2座，修理打谷机1架，制造种豆机1台；二是支援龙泉公社14天，计2071人日，完成割稻子468亩，挑稻子278亩，收苞谷33亩，种蚕豆4.5亩，种小麦2.3亩，种油料作物1.7亩，锄地5.5亩，送肥186000公斤；三是支援莲花池7天，计1805人日，完成收苞谷10亩，剥苞谷500公斤，种蚕豆11亩。以上3项共计支援秋收秋种22266人日，其中除了教职工、学生外，尚包括"家属180人日"。此外，"还参加了打捞翠湖水草1067人日"。

2. 开展计划生育

人口问题，历来就是一个严重的社会问题。它直接关系到国家的富强、社会的进步、民族的繁荣、民众的福祉。中国人口，历来堪称世界之最，对于中国社会经济的发展，有着至关重要的影响。中华人民共和国成立以后，由于政治和学术互相混淆，曾经错误地批判了英国经济学家、人口学家马尔萨斯人口理论中的合理部分。尤其，1957年，中国经济学家、人口学家马寅初发表了《新人口论》，他认为：中国"每年增殖1200万人口安插在农村……长此以往，如何得了？若不早为之图，难免农民把一切恩德变为失望与不满"。因此主张："一面要积累资金，一面要控制人口。不然的话，徒劳无功。"马寅初的《新人口论》及其肺腑之言，充分"体现了他忧国忧民的高度的爱国精神和责任感"。极为不幸的是，马寅初的这一理论从一开始就遭到了全盘否定和错误批判。"对马寅初《新人口论》的批判，造成了极为恶劣的后果……这个极其严重的错误，长期影响着中国经济的发展"。（参见王桧林《中国现代史》下册161页，高等教育出版社1989年版）

直到20世纪60年代，国家开始对中国严重的人口问题有了新的认识，决定实行"计划生育"这一基本国策，并在中央、地方各级部门，建立了计划生育委员会或领导小组，制定和执行有关人口政策。

1963年10月，云南省计划生育领导小组制定了《关于实行计划生育若干问题的意见》（以下简称《意见》）。11月，省委、省人委批准了这一《意见》，希全省各地"认真组织试行"。《意见》开宗明义地写道："人口问题，关系着国家的强盛和民族的健康与繁荣。实行计划生育，不仅有利于母亲、儿童的身体健康和后一代的教养，不仅有利于广大群众的生产、工作、学习和生活的改善，而且也是有计划、按比例地发展国民经济的一项必不可少的重大措施，它是我国社会主义建设中需要认真解决的一个重大问题。"《意见》共有5条，其中甚至直接涉及学校学生的生育问题。《意见》明文规定："高等学校……从一九六四年秋季招生起，一般不得录取已婚的男女学生。学生在学习和实习期间，不得结婚。前已结婚的学生，应当积极避孕。女学生怀孕应劝其休学一年，分娩不得享受公费医疗。因生育造成经济困难者，不得享受福利补助，也不得将子女带入学校抚养。"等等。翌年6月，省计生领导小组对此《意见》，又发文作了进一步的《说明》。《说明》共有9条，其中再次强调："党和国家对学生的培养，目的是要他们真正成为又红又专的革命者和建设人才。因此，如果在学习期间结婚生孩子，必然会分散精力，难以完成国家交给的学习任务，所以应当作出（有关在校大学生结婚生育的）规定。"

云大积极贯彻国家计划生育政策，成立相应机构，开展宣传教育，"通过算人口发展账、城市负担账和家庭生活账等，以提高大家的思想认识"。通过教育，许多未婚青年自党推迟婚期，已婚者则采取避孕措施，“个别职工，甚至做了绝育手术”。据统计，1963年，全校出生67人，出生率为3.3%；1964年，出生26人，出生率为1.3%；1965年，出生23人，出生率为1.2%。“所生23人中，有20人是第一、二胎，只有3人是第三胎，超出了计划生育的规定。”出生人口和出生率，总的呈下降趋势。学校同时奉命规定：招生之时，不再录取已婚男、女学生；在校期间，男、女学生不得申请结婚等。学校计划生育工作，已经取得显著成绩。

然而，又极为不幸。1966年“文化大革命”开始，人口又快速增长。长期以来，中国人口爆炸性的增长给社会造成了一系列的严重问题，以致有人痛定思痛后认为：“发展经济，控制人口，乃是中国永远面临的两大挑战！”此论不无道理！

3. *干部参加劳动*

中华人民共和国成立以后，国家一直强调：干部必须亲自参加生产劳动，以便克服官僚主义，密切干群关系。1964年，中央提出“亦工亦农两种劳动制度”。据此，中共云南省委发文，规定“每星期三和星期五的下午，作为干部参加劳动的时间。”又据此，学校制定了云大《关于贯彻执行中央亦工亦农两种劳动制度的安排意见》《干部参加生产劳动安排计划表》等文。规定：“凡我校党、团、工会和行政各处、科、室，各系的干部（教师另行安排），除老弱病残不能参加劳动外，一律按每人每周两个半天安排劳动。”劳动内容，“以参加校内生产劳动为主，如种农业试验田、绿化校园、出版科检字排字等”。总务处所属各科的干部，“因已实行跟班劳动，其他劳动暂不安排”。学校还成立了生产指导委员会，主任为副校长寸树声，副主任为校工会主席李为衡、总务处副总务长周玺，各系也成立了生产指导小组。具体分工如“党委会8人、团委会4人、武装部2人，负责八家村一片香叶天竺葵的管理；图书馆16人，负责至公堂后果树、香叶天竺葵的管理”等。未几，又将党政领导机关和总务后勤机关干部，“组织成为两个生产队，分别种植经济树木和粮食作物两块试验田”，共有林地、水田、旱地12亩。结果，“水稻平均亩产909市斤，苞谷最高亩产1025市斤，红薯平均亩产8490市斤”。当年试验，当年丰产。

4. *参加改土劳动*

1966年春，中共云南省委发出号召：为了改良土地条件，发展农业生产，以“建立社会主义的大农业”，希各机关、团体、学校等，积极参加改土劳动。学校闻风而动，2月，召开了各系党总支、行政负责人会议，成立“云南大学支援改土劳动大队”，下设各营、各连，以及后勤组、膳食组、开水组、冷水组等。自2月6日至12日，全校出动1600余名师生员工，前往北郊大普吉地方参加改土劳动。

劳动之中，大家认识到这是“为第三个五年计划打基础”，是“毛主席备战备荒为人民思想的具体化”，是“活学活用毛主席著作的大好机会”。因此，“背上背有语录牌，肩上挑有语录牌，手里提有语录牌，到处都能见到语录牌。”为了推广先进经验，提高劳动工效，大队还经常召开各种现场会，如施工现场会、质量现场会、工具改革现场会、劳动组织安排现场会，等等。至于各营、各连的现场会，则为数更多。大队除抓了劳动进度而外，还抓了后勤保障工作。如后勤组，“学习了毛主席的《关心群众生活，注意工作方法》、《为人民服务》等文章后”，提出了“战斗口号：想尽一切办法，使同志们生活好，劳动好”；膳食组保证准时开饭，吃饱吃好；开水组把开水“送到工地，送到大家手里”；冷水组保证“煮饭用水、开水用水、洗脸用水、洗手用水、洗锄头用水”。总务处事后总结道：“这次后勤工作搞得很好，主要是活学活用了毛主席著作。”

经过一周的艰苦劳动，取得了丰收的成果：筑埂15408公尺，开沟152公尺，修5公尺宽大路353公尺，2公尺宽小路653公尺，开出梯地53亩，移栽桑树505株等，“把一个遍地杂草、砂石的荒芜山头，改造成了层层锦绣的梯地”。尤其“在改造客观世界的同时，也改造了主观世界”。劳动中还“涌现出了35个先进集体，413个先进个人。在工地上还发展了1个党员、15个团员”。有的学生感慨地说：“这是我一生中最光辉的一页。”由于成绩突出、学校被市委、市人委评为昆明市“一九六六年春季支援农业‘改土’先进单位”，并获得了奖状。

七、农学系、林学系独立为昆明农林学院（1958）

（一）国立云大农学院的创办

1. 农科教育谋划已久

云南大学谋划农科教育，由来已久。早在大学开办之前，即1920年10月，董泽所拟《东陆大学进行计划概略》第一条“学校之目的”中，即定有“养成专门实业人才”。第二条“学校之扩充程序”中，更是规定：“三期添设医科、理化科、农科。”1922年8月，董泽所呈《东陆大学组织大纲》第六章“学制”第八条中又载：“本大学分设文、理、法、工、农、商、医科。”1923年4月20日，创办人唐继尧在首届开学典礼上所作《训词》中，言及办学原因凡4条，其第3条为：“废督后实行民本政治，如筹实业、教育、交通及一切庶政，在在需要专门人才，方克有济。”同时，云南省署枢密处处长周钟岳《演讲词》也云：云南专门技术“人才太少，所以农、工、商、矿、交通各项事业，一样也不发达”，主张大学“将来尤宜注意实科”。1928年所编《东陆大学一览》一书中，载有《本校经济概况》一文，其中《生产事业·水利》一节更是明确提到，学校开垦澄江、江川的星云、抚仙湖田，“共得公田一万五千工。……将来开办农科，即设于此，并欲建农业试验场一所”，等等。唯因条件受限，迟迟未备，故私立东大、省立东大、省立云大时期，农科教育终未开办。

2. 农林实体相继建立

云大农科教育虽然久久未能开办，但是校办农林实体却已相继建立。

私立东大时期，所办农林实体略为：小东门外第一苗圃，培养桑苗，种植桑树，“面积二十五亩，土地约值四万五千元”。北门外第二苗圃，培养桑苗，“面积十六亩，土地约值九千六百元”。星云、抚仙湖田，“约为二千亩，估价二十万元”。西山林场，地处昆明、安宁两县交界之处，“划定地面一百余方里，计五万四千余亩”，内有天然残林松、柏、杨、栗等百余万株，计划人工造林、天然繁殖，20年之后，林业收入“可获五百五十万元，除分给地主三成外，每年平均得二十万元”。

省立东大、省立云大时期，所办农林实体基本延续私立东大时期。当然，由于学校发展，世事变迁，也有增减变化之处。例如西山林场，由于场地辽阔，事多人少，“开支甚大，管理困难”，因此，还在私立东大末期，即不得不“从事收束”。

国立云大时期，因系学校第一个大发展之际，故所办农林实体也有较大发展。最突出者即为农学院成立前夕，同时也是为成立农学院预作准备而创立的呈贡农林场。1939 年 6 月初，因农学院成立在即，云大呈文省府：为了便于将来扩展，及免日机轰炸，拟在“土地宽阔，地势平坦，土质攸宜，环境优良”，离校不远，管理较易，建有铁路，交通便利的省垣东郊呈贡县碓臼村一带，建立农场。6 月下旬，省府指令学校：所呈“应予照准”。开办呈贡农林场事遂定。农场初期计划略为：征地约 200 亩，其中属研究实验者 30 亩，属普通栽培者 170 亩；共分农艺、森林、苗圃 3 个部分，分别种植水稻、蔬菜、水果、茶叶、经济作物等项；经费为学校拨款 1.2 万元；人员为教授兼主任 1 人、技工 1 人、助理 4 人、农工 10 人等。

上述一系列农林实体的创办，其旨既在于为了学校发展而补充经费，也在于为了开办农科而预为张本。

3. 国立云大农学院的创办

由于农科教育的长期谋划，以及农林实体的相继建立，云大开办农科院系条件日渐成熟。1937 年，熊庆来接长省立云大。同年，云大继文法学院、理学院、工学院之后，正式创办了医学院。1938 年 7 月，奉国民政府令，省立云大改为国立云大。1939 年 3 月所定《国立云南大学组织大纲》第二章“院系规模”载有：“本大学设文法学院、理学院、工学院、医学院、农学院。……农学院先设农场。”4 月，熊庆来校长发表谈话称：“本学期拟成立农学院，以造就农业人才。”并聘农学专家汤惠荪负责筹划一切事务。

1939 年 7 月 28 日，谋划已久、筹备经年的国立云南大学农学院终于正式宣告成立。农学院乃为国立云大五大学院之一，初期建于呈贡农林场内。

（1）组　织

由于云南地处边陲，开化较晚，生产落后，又兼境内多山，森林丰富，为了提高农业生产，开发林业资源，故农学院开办当年，即设有农艺学系和森林学系。又因云南气候温润，土壤良好，1940 年增设了蚕桑专修科。1941 年，因农学院所在地方呈贡，农家子弟就学困难，故附设了“民众学校”。后改为“农民子弟小学”，凡入学者，免去学费，供给书籍，教师则由农学院“高年级学生充任”。为了学生实习的需要及增加办学经费，农学院分别于 1943 年创办了昆明经济农场（今云大北院）、1944 年创办了弥勒木棉场、1946 年创办了实习蚕桑场、1947 年创办了作物试验场（今云大东二院）、1948 年创办了厂口林场（今昆明北）等。又 1947 年成立了云南农林研究所，以进行科研工作。兹将其组织系统列图如下：

表 5－30　国立云南大学农学院

（1939—1949）

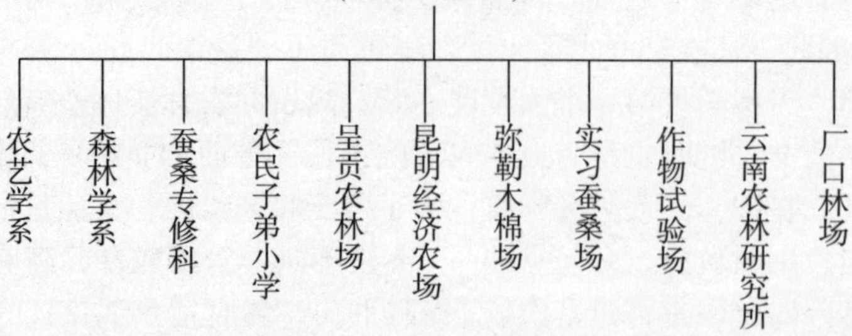

（2）职　员

主要是学院院长和各系、科主任。国立云大时期，农学院首任院长为汤惠荪，二任院长为张福延。

汤惠荪，中国著名农业科学家之一。还在抗日战争时期，他发文认为："我国农村经济之衰落，农家经济之贫困，为目前普遍之现象。""欲开发农业……使农业工业化，农产品商品化尤为重要。""欲垦拓荒地，必先开发交通，移殖垦民。此非政府先立建设之基础、定远大之计划不可。"（见汤氏《抗战建国中吾人对于农业问题应由之认识》，载于 1939 年 10 月 29 日《云南日报》）

农艺学系首任主任为汤惠荪，继任者先后为王兴中、林成耀、孙逢吉、段永嘉等。

森林学系首任主任为张福延，继任者先后为郑万钧、李达才、秦仁昌、蒋蕙荪等。

蚕桑专修科主任为蒋同庆。

（3）教　员

根据熊庆来"慎选师资，提高待遇"的择师思想，及学校《聘任教员规约》，农学院所聘教员多为留洋归国学者，及国内名校包括本校的优秀毕业生，皆农林专家，学界翘楚。如 1947 年时在任主要教员为：

农艺学系：教授段永嘉、曾勉、王仲彦、石坚白、诸宝楚、昝维廉、徐天骝；副教授刘致清、黄邻宾、蔡克华；讲师曹诚一、张励辉、段理惠、孙方等。

森林学系：教授张福延、蒋蕙荪、秦仁昌；副教授秦秉中；讲师袁同功、徐永椿等。

蚕桑专修科：教授蒋同庆、陆星垣；副教授李莘农、韩惠卿；讲师董载衡、钟家显等。

（4）教　学

农学院的教学，根据《国立云大学则》，学制 4 年，实行学年兼学分制，总学分为 140 学分。课程有必修课如国文、外文、操行、三民主义、伦理学、体育、军事训练等；专业课如农艺系的经济学、农业经济、土壤学、植物分类、植物生理、植物病理、生物统计、食用植物、稻作学、麦作学、棉作学、昆虫学、热带作物、特用作物、普通园艺、农场管理及其相关实验等；森林系的如植物分类、植物生态、树病学、造林学、森林经济、森林计划、森林保护、森林管理、森林计算、森林工业、林政学及其相关实验等。考试分为平时考试、学期考试、毕业考试等类。考试及"长期实习及格者"，经呈教育部复核无异后，由学校发给毕业证书，并授予学士学位。农学院"对于教学方面，向极重视。各科教授，皆为吾国农业界有数之专家。……以及本省建厅农业高级人员之协助，尚能应付”。熊庆来曾谓：“今后方针，一言以蔽之，勿论教者与学者，均一本重质不重量之旨。”这将使本校“毕业学生，其造就不在一般国立大学之下，而为社会有用之人才”。本此，农学院教学、考试，甚为严格，复以其他原因，出现高淘汰率。如 1939 年首招学生共计 48 名，1943 年毕业时仅为 28 名，招生数与毕业数差距之大，于此可见一斑。

（5）科　研

熊庆来上任伊始，即竭力提倡“培养研究风气”。农学院建有云南农林研究所，努力开展农林科学研究。教员中如瞿明宙的农业合作推广实验、曾诚一的农作物病虫害调查、秦仁昌的蕨类植物研究、郑万钧的树木学、徐永椿的森林标本收集、曾勉的果树资源调查等，均有所获。蒋同庆、李莘农共同研究蚕体遗体，发现家蚕雌雄鉴别的重要方法，即“普茶斑”者为雌性，“姬茶斑”者为雄性。1948 年 4 月，农学院创办了《云大农学》科研刊物，创刊号所载论文要目有《澄江县土壤 PH 值之测定》《云南松天然繁殖之观察》《几种黑斑病及其病原菌之研究》等。

（6）实　习

农林蚕桑是为应用学科，教学实习必不可少。为了印证教学理论，及培养学生技术能力，农学院甚为重视教学实习，除了在本院所属农、林、桑场实习而外，常常带领学生进行野外实习。如 1941 年 5 月，郑万钧曾带学生前往西山，考察森林。1942 年寒假，农学系部分师生分头前往呈贡、西山等地，以作农村经济和森林资源的调查等。

（7）学　生

由于国立云大时期，政局动荡，经济落后，人口流动，学生淘汰率高，加以农科学生就业困难，工作艰苦等因，故农学院招收、毕业学生，均为较少。兹将全校有关情况综合列表如下：

表 5－31　国立云大各学院招生、毕业一览（1939—1946）

年度 / 人数 / 学院	1939		1940		1941		1942		1943		1944		1945		1946	
	招生	毕业	招生	毕业	招生	毕业	招生	毕业	招生	毕业	招生	毕业	招生	毕业	招生	毕业
文法学院	91	29	31	27	72	46	96	43	94	53	176	30	108	49	82	54
理学院	19	6	39	2	36	25	11	7	31	9	13	5	17	7	23	5
工学院	76	10	26	17	75	28	51	46	71	46	143	27	67	29	56	20
医学院	17		19		28		28		31	23	64	17	20	10	16	6
农学院	34		28		28		29		18	29	14	14	18	10	3	2

由表可知，文法学院和工学院的招生、毕业人数较多，理学院次之，农学院和医学院较少。

（8）经　费

农学院经费约分两类：政府拨款和社会赞助。前者如 1939 年，因开办农学院，而全校经常费由原来40万元，增为47万元。一般而言，全校经常费中，“农学院占10%，农林场占2%”。至于临时费，则按需而定。如1941年，“呈贡农学院扩建校舍，总价8万元，其中教育部补助特别费5万元”。后者如1939年，昆明市农民银行“补助国币1.5万元”。1940年，“仍继续补助”。同年，增办蚕桑科，云南蚕桑新村公司“概允补助该专修科经费，每年三万”。又1943年，云南企业局“补助烟草栽培试验费10万元”。其次，尚有各农场收益中些许补助，不及备叙。

(9) 建　筑

1939年，农学院开办时，于呈贡农场内“建有楼房一座，平房一院”。

1946年，农学院自呈贡迁回校本部，即以“原农新村”（今西院）为院部。

(10) 设　备

农科方面，农学院成立前后，建有多个农场，足供师生做实验、调查、研究之用。“仪器方面，亦渐充实。”林科方面，则分树木、造林、经营、林产等类，计有蜡叶标本千余种、种子及花卉标本各数千种、苗圃数十亩、温床教室，及种子发芽器、测树仪器、树木干馏器等。

（二）云大农学院的发展变迁

1. 校、院更名

1949年10月1日，中华人民共和国在北京宣告成立。同年12月9日，中华民国云南省政府主席卢汉宣布“云南起义”，1950年2月云南全境解放。1950年6月13日，根据中央政府规定，云南省政府发布训令：学校名称上一律不加“国立”“省立”“县立”等字样，于是“国立云南大学”改为“云南大学”，相应地“国立云南大学农学院”也改名为“云南大学农学院”。云大农学院院长，仍由张福延教授担任。

张福延（1891—1972），字海秋，云南剑川人氏，白族。1913年留学日本，东京帝国大学农学部林科毕业。学成归国之后，先后担任北京农政专门学校教授、南京中央大学农学院森林科教授兼主任。1939年，应熊庆来之聘，参与创办农学院，并为该院森林系首任主任。1943年农学院首任院长汤惠荪离滇之后，接任院长，并曾先后兼任云南大学总务长、训导长、教务长等要职，几为国立云南大学二号人物。

2. 发展、调整

中华人民共和国成立以后，为了培养更多的农业各科高级人才，以恢复发展农业生产，改善人民物质生活，1950年暑假，农学院根据上级决定，除了蚕桑专修科升为蚕桑系而外，另增设了园艺系、畜牧兽医系，且开办了棉麻训练班、林业技术训练班，从而使得农学院的学系达到了自其成立以来的“鼎盛时期”。此时其组织系统及负责人如下：

表5－32　云大农学院组织系统、负责人员简表（1950—1953）

名　称	职　别	姓　名
农学院	院长	张福延
农艺系	主任	段永嘉

续　表

名　称	职　别	姓　名
蚕桑系	主任	韩惠卿
畜牧系	主任	王郅巩
棉麻班	主任	段永嘉
森林系	主任	秦仁昌
园艺系	主任	郭文明
林技班	主任	秦仁昌

但是，“好景”不长。1953年，在其大规模的院系调整之中，云大及其农学院奉命，将蚕桑系、园艺系调入西南农学院，将畜牧兽医系调入四川大学。而至1955年为止，原有的呈贡农林场、厂口林场、弥勒木棉场等，即因“离校较远，难于管理”，已先后移交当地政府。昆明实验农场和作物试验场，则合并为云大附设实验农场。如此，农学院仅辖农学、林学二系及一农场。又1954年8月，云大尊奉上级指示，经西南军政委员会高等教育管理局备案，撤销了文法、理、农三个学院建制，工学院因即将独立建院，医学院也因正式酝酿独立建院，无须再撤，如此，整个云大除了文、理各系而外，农科仅存农学、林学二系及一个农场，直至1958年农、林二系独立建院为止。对于如此调整，1956年时云大即深有认识，认为“有些考虑不周，如土木工程、蚕桑、园艺、畜牧兽医，对云南都是必要发展的，调出云南是不妥的。另外，师生大量外流，对云南也是不利的”。

3. 教员、教学

云大农学院的教员，部分为国立时期留下者，部分为新从各高校毕业生中分配来或从外单位调入者。兹以1955年为例，将当时云大主要职员及农学院主要教员的有关情况，综合列表如下：

表5－33　云南大学主要职员及农学院主要教员一览（1955）

单位职别	姓　名	性　别	年　龄	籍　贯	工资分	到职日期
校长办公室						
兼校长	周保中	男	53	云南大理	990	1951
副校长	李广田	男	49	山东齐东	910	1952
秘书长	寸树声	男	59	云南腾冲		1950
政治辅导处主任	方仲伯	男	43	四川万县	710	1953
教务长	王士魁	男	60	海南琼山	910	1937
副教务长	张其濬	男	55	安徽太和	910	1945
副教务长	刘绍文	男	48	河北深泽	710	1954

续 表

单位职别	姓 名	性 别	年 龄	籍 贯	工资分	到职日期
图书馆						
馆长	卫念祖	男	39	四川剑阁	840	1948
副馆长	纳 忠	男	45	云南河西	770	1947
总务处						
总务长	张瑞纶	男	48	河北宛平	840	1944
副总务长	程明轩	男	38	西康芦山	650	1954
政治课教研室主任	方仲伯	男	43	四川万县	710	1953
俄文教研组主任	岑 纪	男	52	云南大理	770	1949
体育课教研组主任	魏丕栋	男	46	云南华宁	535	1946
农学系						
教授兼主任	段永嘉	男	45	吉林四平	770	1944
教授	诸宝楚	男	45	江苏无锡	840	1946
	昝维廉	男	43	河北魏县	710	1947
	徐天骝	男	53	云南昆明	710	1946
	肖常斐	男	39	湖南湘乡	710	1948
	郭文明	男	44	北京	770	1945
	瞿明宇	男	56	江苏武进	650	1949
	蔡克华	男	47	江苏武进	485	1952
	任运祥	男	36	云南马关	425	1951
	罗光心	男	40	四川什邡	485	1952
	赵瑶璟	男	44	江苏徐州	395	1950
副教授	胡以仁	男	34	云南昆明	395	1947
	曹诚一	女	38	湖南长沙	455	1941
	阮兴业	男	34	云南祥云	425	1947
讲师	黄礎平	男	36	广东广州	395	1947
	纳信真	男	30	云南开远	395	1947
	马庆华	男	34	广东潮阳	345	1948
	连 钝	男	32	河北易县	320	1948
	王亮基	男	40	云南祥云	455	1954
	毕 婉	女	24	云南呈贡	240	1952

续　表

单位职别	姓　名	性　别	年　龄	籍　贯	工资分	到职日期
讲师	刘亚翠	女	34	福建闽侯	260	1952
林学系						
教授兼主任	秦仁昌	男	57	江苏武进	840	1945
教授	张福延	男	63	云南剑川	840	1939
	徐永椿	男	45	江西龙南	650	1939
副教授	秦秉中	男	52	云南昆明	590	1941
	任　玮	男	36	江苏兴北	535	1951
讲师	薛纪如	男	33	河北临城	485	1949
	董莱灿	男	33	云南华宁	370	1948
	汪　璞	男	33	云南华宁	370	1948
	李维孝	男	31	云南昆明	280	1950
	张赣生	男	27	云南剑川	260	1951
附设农场						
兼主任	蔡克华	男	47	江苏武进	485	1952

中华人民共和国成立以后，各种运动连续不断，如土地改革、镇压反革命、抗美援朝、学习苏联、思想改造、“整风反右”等。运动之余，农学院尽力搞好教学工作。通过学习苏联以后，制定教学大纲、编制教学计划、完善课程设置、进行教学改革等。尤其以苏联植物育种学家米丘林的生物遗传学说，及苏联农学家李森科的植物阶段发育理论等，作为“教学活动中的经典性指导理论”。学院成立了教研室，各系成立了教研组，如农学系即成立了土壤农化、植物保护、作物栽培等 7 个教研组，及 4 个实验室；林学系也成立了森林学等教研组，及相关的实验室。课程除了全校性公共课如政治、外语、体育等外，则主要是专业基础课和专业选修课。教材有苏联教材、本国教材及自编讲义等。教法主要是课程讲授、课堂讨论及实验试验等。一般而言，教学秩序基本正常，但因运动过多过繁、学习负担过重等，也有影响之时。如 1955 年时，林学系一年级学生“平均每周学习 70 小时左右”，致使“作业交不出来，50 个学生中有 14 个患病，学习成绩不及格者达 8 人”。

4. 科研、实习

1950 年 6 月，全国高等教育会议召开。会议强调：高等学校“必须进行科学研究工作，不断提高教师与学生的水平，以便掌握现代科学和技术的最新成就”。但是种种原因，全校性的科研工作一直未展开。

1954 年 3 月，云大首次成立科学研究委员会。9 月，科委会组织调整，以副校长李广田为主任委员，农学系诸宝楚、林学系秦仁昌等 10 人为委员。翌年 10 月、11 月，科委会编印了当时仅有的《科学研究简讯》1、2 号。两期共载文章 20 篇，其中即有农学、林学的 8 篇，占 40% 之多，具体为《水稻湿土栽培实验引起国内农学家的重视》《我校植物保护研究组拟定云南烟草潜叶蛾调查研究计划》《与苏联专家工作在祖国边疆上》《林学系三年级科学研究小组展开活动》《森林学教研组科学研究计划》《植物保护研究组科学研究计划》《矽矿粉混合施用对小麦的增产试验》《松毛虫的研究报告》等。农、林两系科研成果，不仅数量居多，尤以质量见长。如农学系教授诸宝楚主持的“水稻湿土栽培实验”，曾参加了高教育部举办的“高等农林学校教学经验展览会”，这一“有关改变水稻耕作制度，为稻作栽培全面机械化创造条件的实验”，颇受同行专家高度评价。中国科学院学部委员候光炯认为：“这是符合苏联威廉斯院士（苏联土壤学家，制定了农、林、牧相结合的‘草田农作制’，创立了‘土壤统一形成学说’）先进土壤学说的具体体现。”又如林学系教授秦仁昌，这位前庐山植物园主任，1954 年发表了《中国蕨类科属名词及分类系统》一文，引起学界极大关注，翌年即被选为中国科学院生物学及地学部学部委员，并被调入中科院供职。因其毕生从事蕨类学研究，而且贡献尤为突出，后被赞为“不仅是中国蕨类学之父，也是世界蕨类学之父。”

云大农学院和农学、林学两系时期的实习，因原来所办农林场已多不存在，故除了在学校附设农场进行外，多往昆明附近乃至专州地区实习。如 1953 年暑假，农、林系师生曾分别前往昆明大普吉农场、开远木棉场，进行了 1～2 个月的生产实习，从而“使理论知识与实践相结合，并加强了与工农的感情，提高了觉悟”。后来，两系各年级师生也曾分别到西山、官渡、黑龙潭等地，或进行教学实习、毕业实习，或进行有关科研如水稻湿土栽培、森林生态、“云南松（飞松）直播造林”等的调查分析。

（三）昆明农林学院的筹办与成立

1. 独立的酝酿和筹委会成立

中华人民共和国成立以后，为了集中人力和财力，培养工农等各科专门人才，以满足经济建设和社会发展的需要，政府即有建立和发展工农等各科专门高等、中等院校的计划。据此，院系调整之中，云大部分工、农等系科已并入相关专门学院校院。1954 年，工学院更独立建为昆明工学院。1956 年，医学院独立建为昆明医学院。在此之间，云大也在积极酝酿撤院后的农、林两系的独立建院事宜。

1956 年初，云大拟呈了《云南大学对于农学系、林学系独立建院的意见》（以下简称《意见》）一文。内容共分 5 项，具体为：一是建院场址。“新址决定在昆明郊区黑龙潭附近，现有场地二千亩左右。”不足之处，“另向其他地区另拨大片生产农场”。二是设置专业。计划共设农学、果树蔬菜、植物保护、土壤农化、农业机械化、森林经营、造林等专业。三是建院筹备机构。“在当地党政领导下，成立建院机构，但必须请云南省农、林两厅参加。”四是其他。基建任务“约需 20582 平方公尺的建筑”；工作步骤“争取九月份开工”；干部问题“至少是搞总务的干部需早日来校”。五是建议。“可否以云南农学院的森林经营及造林两专业为基础，（日后）在云南另设一云南林学院。”这一《意见》，受到了中央高教育部、云南省人委及农、林两厅的高度重视，实为日后昆明农林学院（今日云南农业大学之前身），乃至今日西南林学院历史上，早期独立建院的纲领性文件。未几，高教育部即制定颁发了《云南大学农、林学系独立建院方案（草案）》。其包括7个方面，除了基本同意云大的《意见》之外，明确写道："为满足培养高等农林干部的需要，决定云南大学农学系、林学系在一九五七年独立建为云南农学院。建院筹备工作，本年立即开始进行。"学校发展规模为4000人；院址在北郊黑龙潭附近；"院长、副院长、党委书记"等干部，请当地调配，报上级批准；所需教师，由云大调配，不足之数，由高教育部"设法调配补充"等。同时，该部农林卫生司司长刘阳生到云大视察农、林两系时，还"与之讨论了农学院独立建院的问题"。云大农、林两系独立建院之事，至此已成定案。5月10日，云南省人委致函高教育部："关于建立云南农学院的问题，经我省有关部门会商研究后，一致同意你部所提《云南大学农、林学系独立建院方案（草案）》，并已指定……等同志组成筹备委员会。"同日，省人委还向云大、省农业厅、省林业厅等部门发出《关于成立云南农学院筹委会的通知》，指出："根据高教育部关于'为满足培养高等农林干部的需要，云南大学农学系、林学系，在1957年独立建为云南农学院'的决定，即须成立云南农学院筹备委员会，领导办理建院各项工作。特指定……等为筹备委员。并由……任主任委员"等。据此，即日即1956年5月10日成立筹委会。兹将其组成列序如下：

云南农学院筹备委员会

（1956年5月10日）

主任委员：张天放（云南省农业厅厅长）
副主任委员：赵秉经（云南省人民委员会农林办公室主任）
　　　　　　李广田（云南大学副校长）
委　　员：刘希玲（云南省人民委员会文教办公室副主任）
　　　　　　赵克林（云南省林业厅副厅长）
　　　　　　李荣福（云南省农业厅副厅长）
　　　　　　薛汉鼎（昆明市副市长）
　　　　　　张瑞纶（云南大学总务长）
　　　　　　段永嘉（云南大学农学系主任）

5月28日，筹委会在云大举行第一次会议。会议决定：一是成立筹委会办公室，云大总务长张瑞纶为办公室主任，下设总务、基建、设备、人事4组，专司筹备事宜；二是院址仍定在黑龙潭茨坝地区，已征土地3000亩，按学院规模4000学生计，至少应为5000～6000亩，应请上级增拨土地；三是学院和农场饮用、灌溉之水，"先安装抽水机，由黑龙潭抽水，再由八大河还水给农民"；四是学院基建总面积为25000平方公尺，今年下达任务为10000平方公尺，先建教学用房，工程包给省建工局三公司，应于9月开工，年内完成。从此，筹备工作全面启动，一切事宜艰苦进行。

但是，1957年1月，高教育部突然发出"指示"：鉴于基建、师资、设备等条件不够，"昆明农学院五七年暂不独立，停止建筑"。学校召集农、林两系有关人员座谈，也都表示："推迟建院是正确的。"未几，"在全国范围内，开展了大规模的反右派斗争"，筹备之事，遂至搁浅，整整被推迟了一年。

2. 院址的选定和基建的规划

选择院址，极为重要。选择得当，利于发展；选择不当，将铸大错。农学院新院址的选择，经历了“先考虑茨坝、后改龙头村、确定落梭坡”等的复杂过程。

1956年初，云大先考虑茨坝村。因其东南角靠近中科院植物所昆明工作站，便于教学科研；又临近公路，交通便利，且环境幽静，适于学习；北邻机床厂，电力的安装、供应等较易解决；校址即建在学校茨坝农场的丘陵地上，较少征地困难。但对此选，不无专家学者有异议。5月，正当高教育部农林卫生司司长刘阳生、西南农学院院长何文俊，陪同苏联专家莅昆视察之际，著名农业学家、省农业试验站副站长程侃声即函刘阳生：根据省农业厅正在规划，欲把省农业试验站、省农业科学研究所、省农业技术干部训练班、省农业展览馆、昆明农业学校等，集中建在昆明东郊20公里处的王家营、马金铺一带，因此主张农学院也建在该地。函中认为，茨坝地区离城太近，“城市发展即被包围，且在两山之间，难于拓展”；茨坝土质“不能代表云南一般情况”；当地水利问题“须待解决”。而呈贡地区地面开阔，适合机耕，发展可至数万亩；且在昆明、呈贡、晋宁交界的农业中心和园艺中心；土质能够代表云南一般情况，附近又有山场，可发展林牧业；虽距昆明较远，但有滇越铁路、公共汽车，交通也称便利；该地将成省级农业科学研究和干部培养中心。函中最后写道：“如不认真考虑，正式建校开始以后（再作变更），就会造成更大的不便和损失。……以上意见，敬希分析采择。”6月12日，程侃声又致函云大副校长、实际主持农学院独立建院的筹委会副主任李广田，重申前意。其函如下：

程侃声致李广田函

广田校长：

我对云大农学系独立为云南农学院有一些希望和意见，除向高教育部陈述外，现将原信抄致给您，希望和农学系的同志们研究一下。据我个人的看法，农学系的各位先生也不是不愿和试验站或以后的农科所在一起，但总考虑要离城市文化中心近，舍不得放弃黑龙潭这块地方，而我则认为这里是一定要为发展的市区所包围的，于是农学院就远离了农业区了。而且我们现在在工作中也迫切需要农学院老师们的理论的支持，所以才有以上的建议。当然个人的看法中也有片面而不正确的地方，请同志们给以批评。

此致

敬礼

程侃声　六月十二日

程侃声的宝贵意见，尽管后来未被“采择”，但其字里行间，却闪烁着一颗中国学者关心国事的赤子之心。

同年，即1956年8月，省人委通知云大：因茨坝地区将为重工业基地，故农学院新址“初步决定”在龙头村与松花坝之间的瓦窑村、桃园村附近。学校接此，甚至“开始了基建测量工作了”。然仅一月，省人委又决定，新址“确定在落梭坡荣军学校及其附近地区”。10月，筹委会呈交了《关于昆明农学院筹备委员会征用荣军学校及申请使用荣军学校校舍问题》的报告。对此，省人委批复道："同意将荣军学校的全部建筑物及紧靠现在荣军学校的山地拨给农学院，用地范围应在2482亩以内。""关于残疾军人教养院的住房问题，由农学院筹委会另建一个教养院，交民政厅（归荣军学校）使用。"为建残教院事，云大曾函民政厅：拟建于"滇池西岸的观音山附近"。11月，民政厅函复云大：建议建在"大、小观音山之间杨林为宜"，并函送了一份颇为详尽的《革命残疾军人教养院建筑工程计划草案》。

1957年，因高教育部指示农林两系"暂不独立，停止建筑"，而选址之事，却整整停断了一年。

1958年初，学校"奉省委决定，云大农、林两系于58年暑假后独立建院，校址在落梭坡荣军学校"。并经省人委决定：将（荣校）南院留给荣校使用，北院作农、林两系建院使用。至此，新院选址之事，始为一锤定音。

选择新院址的同时，云大也在进行基建的规划。

1956年初，学校向高教育部呈报了《云南农学院1956年度基本建设设计计划任务书及年度计划》。其提出：根据高教育部"关于高等学校校舍建筑面积定额"的规定，农、林系每名学生应有教学、科研、行政用房12～14平方公尺，生活用房16.5平方公尺，两项调整共为24.5平方公尺，而学院发展规模为6个专业，4000名学生，因此总共应建100000平方公尺。建校之前的1956年度，拟先建筑教学等用房9350平方公尺，行政等用房1055平方公尺，地下室650平方公尺，三类共计11055平方公尺。3月，高教育部发文云大，核定"云南农学院1956年度基本建设计划面积为5000平方公尺，投资额33万元"。7月，成立不久的"昆明农学院（建校）筹备委员会"又向高教育部重新编制呈报了洋洋万余言的《昆明农学院基本建设设计任务书》（以下简称《任务书》）。《任务书》共分7个部分，主要内容如下：

一、学校性质、专业设置及最大发展规模

性质为"多科性农学院"。专业设"农学、林学、植物保护、土壤农业化学、果树蔬菜、农业机械化和畜牧7个系"，其中林学系分森林经营、造林2个专业，另6个系即6个专业，则共8个专业。规模为3960人。

二、专业发展计划

计划1957年先设农学、森林经营、造林3个专业；1958年增设植物保护、果树蔬菜2个专业；1959年增设土壤农业化学专业，而林学各系、专业独立为云南林学院；1960年增设农业机械化专业；1961年增设畜牧专业；1964年"达到最大发展规模"。

三、建设地址

《任务书》认为：云南享有"世界花园"及"植物王国"之美称，地近越南、老挝、缅甸，昆明又为全省交通的枢纽，因此建一"规模宏大的农学院校"，是十分必要的。经过详尽分析，地址应在"昆明东北郊盘龙江以南，金殿至黑龙潭的公路以东的地段”，即桃园、竹园、瓦窑村一带。

四、基本人口计算

《任务书》计划：“学生最多为3960人……工作人员为1032人，则全校总人数为4992人。”

五、基建任务与投资估算

经过详尽规划，基建任务“分为教学区和生活区两大类，各类又分若干项、目”。预计“到达最大规模时，基本建设投资总额约为1771.799万元”。

六、设计应遵循的原则

总共提出“保证教学、紧缩行政、合理安排生活”“分区规划”“分类集中”“基础课大楼较大，专业课教学楼及行政楼较小”及结合昆明“住宅区规划”“人民防空建筑”等8条原则。

七、要求设计完成日期与预计施工日期

《任务书》认为，全部工程分为近期工程和远期工程两部分。近期工程如教学、科研用房及图书馆，应予先期建筑，以“满足教师们响应党中央和毛主席所提出的‘向科学文化大进军’的号召的积极性”。设计日期，应采取先建筑者先设计的办法。施工日期，则包括1956—1962年各年，也即到1962年全部工程建造完工。

由此观之，此《任务书》尽管存在过于理想化等主观色彩，但仍不失为新建农学院的一份宏伟蓝图。遗憾的是，由于政策多变、时局变迁等诸多复杂原因，此一规划久久未能实现。同年，即1956年11月，因部分零星工程已在断断续续地进行，筹委会复将原计划大大调整后，再报高教育部。12月，高教育部对之“批复”云：“基本同意你院所报本年基建（校舍建筑部分）调整计划。计核定开工面积5000平方公尺，年度计划投资110000元。”

1957年初，高教育部关于农学院“暂不独立，停止建筑”的指示下达后，新院建筑完全停止。

1958年，农学院成立时，因系以荣军学校校舍为院址，且农、林两系师生较少，故未大兴土木，此前的种种基建设计，多为“规划”而已。根据省人委指示，农学院共接受了荣军学校房舍10256平方公尺，具体如表5－34：

表5－34 农学院接受荣军学校现有房舍表（1958）

面积：平方公尺

名 称	面 积	备 注
教学用房	2503	办公楼、教学楼、教室、餐厅等共8幢
学生宿舍	2366	学员宿舍（平房）共6幢

续　表

名　称	面　积	备　注
带眷宿舍	1062	平房宿舍、单元宿舍等
单身宿舍	868	楼房2幢
食堂	693	学员食堂及员工食堂
厨房	676	同上
大礼堂	1125	包括门厅、放映室
公共用房	999	沐浴室、理发室、医疗室、车房等
共计	10256	

3. 经费的拨发与设备的购置

1958年，云大农、林两系已定独立建院，所需经费主要包括基建费、经常费、设备费、开办费等项，全由政府拨发。

基建费一项，院舍虽以荣军学校校舍为主，但也有根据实际而需增建、修葺、安装工程。故筹委会预算需款168000元。其预算分配如表5－35：

表5－35　农学院基本建设资金预算表（1958）

单位：元

项　目	预算数	项　目	预算数
投资总额	168000		
建筑工作量	144800	安装工作量	20000
其他基本建设	3200		

经常费一项，农、林两系的经常费，前由云大一起预算。1958年独立，下半年部分即由云大分拨，而当年秋季所招新生定额定员的经常费，则由农业部拨发，两项共计265150元。此款包括工资、补助等共11项。其预算分配如表5－36：

表5－36　农学院经常费预算表（1958）

单位：元

项　目	预算数	项　目	预算费
高等学校经费	265150		
工资	30251	补助工资	45
职工福利费	1928	公杂费	3072
房屋修缮费	10000	差旅费	200
一般设备购置费	2560	专业设备购置费	42000

续 表

项　目	预算数	项　目	预算费
教学及实验实习费	1378	人民助学金	716
给养费		差额补助费	
基本建设资金	16800		

设备费一项，农、林两系独立建院，其“专业设备已由云大调拨。但其基础课如物理、化学等的设备，应重新购置，需费32000余元”。此外，学生所用桌、椅等，也需新制，需费5000余元。两笔合计，37000余元。

开办费一项，共包括6个方面。即：一是迁校搬运费。因农学院“距城约15公里，以汽车200车次计算，共需耗油2400公斤，需费3600元”。二是设备家具费。主要包括一般设备费、专业设备费、普通家具费等，三类约需37000元。三是炊具购置费。“包括锅、盆、甑、笼、橱柜、碗盏等，计需4300元”。四是运输车辆费。因农学院位于郊区，“无论采购、运送、生产实习等，均需使用车辆，拟购载重汽车1部、小汽车1部、马车1辆、手推车2部、单车4部等，计需37800元”。五是电器设备费。除了配电室设备费另列外，尚须“采购扩大器、电话机、电铃、电线、电杆等，计需13000余元”。六是锅炉水管费。欲购大、小锅炉各1个，水管500公尺，计需8000元。以上6项共需14.89万余元。

新建农学院的设备，一是农、林两系原有设备尽归所有；二是云大尽力调拨支援；三是尚不足者重新购置。筹委会曾拟有购置设备计划，计分6类数十种2000余件。兹将要者列表如下：

表5－37　农学院主要设备购置计划（1958）

名　称	数　量	名　称	数　量	名　称	数　量
一般设备					
双台床	320张	长条桌	250张	方凳	611个
小书架	160个	三抽桌	80张	五抽桌	20张
九抽桌	9张	会议桌	2张	阅览桌	20张
工具桌	1张	靠背椅	220把	沙发	2套
保险柜	4个	文件橱	10个	单人桌	150张
衣帽架	3个	洗脸架	10个	黑板	15块
课桌椅	160套	餐桌	150张	公文橱	20个
物理实验室设备					
实验桌	50张	实验用橱	10个	一般仪器	
精密仪器		实验用椅	100个		

续　表

名　称	数　量	名　称	数　量	名　称	数　量
化学实验室设备					
实验桌	40 张	实验用橱	12 个	方凳	100 个
一般仪器		精密仪器		仪器木架	
工具		药瓶		玻璃瓶	
运输车辆					
载重汽车	1 部	吉普车	1 部	马车	1 辆
手推车	2 部	单车	4 部		
电器设备					
扩大器	1 架	电话机		电铃	6 个
电杆	50 根				
茶房设备					
开水锅炉	2 个	水管	500 米		

当然，以上仅是购置计划，实际采购之中，由于经费、市场等因，难免会有改变、增减等情。

4. 隶属关系和机构

农、林两系独立之前既属云大，则其隶属关系即依云大之所属为所属。1950 年 8 月，政务院公布了《关于高等学校领导关系问题的决定》。据此，云大及其农学院为西南军政委员会文教育部领导。1953 年 3 月，西南文教育部奉命结束，改立西南高等教育管理局，则云大及其农学院又改由西南军政委员会高等教育管理局领导。10 月，政务院又颁《关于修订高等学校领导关系的决定》。据此，作为全国 14 所综合大学之一的云大及其农学院，再改由中央高等教育部领导。当然，许多事宜往往委托地方政府代管。而同时也受农业部和林业部之部分管理，直至撤院改系，及独立建院前为止。

1957 年 10 月，正当农学院筹备建院之时，高教育部与农业部联合发出《关于高等农业学校转移领导关系的联合通知》，谓："凡原由高教育部委托各省（区）人民委员会代管和高教育部、农垦部直接领导的高等农业院校，除北京农业大学、（北京）农业机械化学院交农业部直接领导外，一律从 1957 年 9 月起，改由农业部转交各省、自治区人民委员会，以省、自治区人民委员会为主和农业部实行双重领导，各院校原须向高教育部请示的问题，一律请示省、自治区人民委员会。"这样，不久即将独立建校的农学院，就与全国多数高等农业院校一样，"下放"给了云南省人委主要领导。

云大农、林两系独立"升格"为学院，则其院的机构设置和人员编制，当属重新编制，加强配备。1958 年 4 月，农学院建院在即，筹委会曾制定了学院的机构、人员编制计划。机构共分会、室、处、科、馆、系等 13 种，人员共分 20 种。其计划略如表 5－38：

表 5-38　农学院机构、人员计划略表（1958 年 4 月）

单位：人

机构名称	人员编制	合　计
党委会	书记 1，副书记 1，秘书 1，职员 3，工勤人员 1	7
团委会	书记 1，职员 2	3
院长室	院长 1，副院长 1，秘书 1，职员 2，工勤人员 1	6
教务处	处长 1，秘书 1，职员 2	4
图书馆	主任 1，职员 2	3
人事处	处长 1，秘书 1，职员 4	6
总务处	处长 1，秘书 1	2
总务科	科长 1，职员 3，技术员 1，技工 8，工勤人员 10	23
财务科	科长 1，职员 2	3
膳食科	科长 1，职员 2，炊事员 11	14
校医室	医师 2，药剂员 1	3
农学系	教授 8，副教授 3，讲师 13，助教 44，教辅人员 5	73
林学系	教授 3，副教授 3，讲师 15，助教 44，教辅人员 5	70
合计		217

此外，尚须增加政治课教师 4 人、数学课教师 3 人、外语课教师 4 人、体育课教师 3 人，共 14 人，则全院总计 231 人。

5. 昆明农林学院的成立

昆明农林学院酝酿筹备过程之中，正处于运动过多、政策多变时期，是多事之秋。后来有所总结：比如学习苏联，要求过高，经验不足；特别院系调整，农科重要学系如蚕桑、园艺、畜牧兽医等云南急需者竟被“调整”出省，随之农科员生大量减少。再有 1957 年，即农林学院筹备方殷之际，亦即反右斗争方兴未艾之时，而云南大学所错划教授右派 9 人之中，农、林两系即有 3 人，刚好三分之一，所谓元气大伤；还有学院筹办之中，种种规划多为文件往来，文件多，实事少，仅是“院名”一事，或叫“云南农学院”，或叫“云南农林学院”等，所谓政出多门，事权不一。特别“大战钢铁”、“人民公社”运动时期，他事犹豫不决、举棋不定之情况较为平常。

1958 年 7 月暑假开始以后，在云大党委直接领导下，农、林两系师生员工、图书设备等搬迁完毕，秋季招生，开始上课。“经过 4 个多月的努力，独立建院准备工作基本就绪，于 11 月 19 日在昆明农林学院召开庆祝成立大会，宣布昆明农林学院正式成立。”（见《云南大学志·大事记》）

1958 年 11 月 19 日，昆明农林学院召开庆祝成立大会，宣布昆明农林学院正式成立，省委宣传部部长袁勃代表省委出席并讲话，兄弟院校及有关单位代表到会祝贺。11 月 28

日《云南日报》报道了成立情况，报道如下：

昆明农林学院正式成立

本报讯　昆明农林学院已正式成立。

农林学院是在省委的直接领导下采用边建边学的跃进方式建立起来的。没有花费国家基本建设的费用。今年4月初，云南大学农学系三年级的二百六十多个同学就来到了农林学院的校址开展了勤工俭学活动。他们经营了附设农场的一千多亩土地，开办了农药、肥料、农具、酿酒、石灰等几十个工厂，并试制成功了剧毒杀虫农药和有机化学药品——草酸。因而在短短的几个月的建校活动中，80%的同学掌握了农业基本技术，提高了同学的政治觉悟，给新建学院做好了思想准备和物资准备。

现在，全院共有学生一千一百三十七人，其中工农出生的学生占40%几，党团员占50%左右。这个学院还准备不久下放到农村去。

（阳举文）

随着昆明农林学院的正式成立，云南大学的院系调整工作也基本完成。在长达近8年的全国院系调整中，云南大学不仅有航空、铁道、土木、畜牧兽医、园艺、蚕桑、法律、政治等8个系科分别并入北京航空学院、四川大学、北京铁道学院、中南土木建筑学院、西南农学院、西南政法学院等院校，还独立建成了三个学院，即：

1954年，云南大学工学院独立建为昆明工学院——后发展为昆明理工大学。

1956年，云南大学医学院独立建为昆明医学院——后发展为昆明医科大学。

1958年，云南大学农、林两系独立建为昆明农林学院——后发展为云南农业大学和西南林业大学。

从此，云南大学举校一致，同心同德，群策群力专注文理两科建设。文科下辖中文、历史、政治（1961年重建）、外语（1959年恢复）4系；理科下辖数学、物理、化学、生物4系，此种情况长达二十余年之久！

后　记

20 世纪 90 年代早期，谭茂森教授即着手撰写《云南大学综合史稿》，1997 年完成了 1922—1966 年这一时期共计 60 多万字的文稿。2007 年，云南大学党史校史研究室在出版《云南大学志·后勤卷（1922 年—2000 年》时，选用了该书约三分之一的内容，计 22 万字，其大部分内容及史料因篇幅所限未能刊用付梓，实为遗憾。谭教授在数年时间里，曾竭尽所能到云南省档案馆、中国第二历史档案馆、云大档案馆翻阅了大量档案资料，并做了详细摘抄和记录，还走访了校内外一批亲历者和知情人士，在获得第一手资料的基础上精心编撰完成此书。

古人云："兵马未动，粮草先行""军无粮草，不战自乱"，大学行政与后勤管理工作犹如大学这支大军的粮草供给，为教学、科研及其人才培养等各环节提供不可或缺的重要保障。本书从建校之初直叙到"文革"之前，历时 40 余年，内容涵盖了云大的创办过程、校产变迁、师资聘用、学科设置、基建维修、财务管理、设备设施、图书资料、安全保卫、规章制度以及工资福利、医疗保障等诸多方面，从中折射出大学创办的艰辛与不易、成就与辉煌。本书史料运用极为丰富翔实，叙述亦为真实全面，可读性强，是一部研究云南大学乃至云南高等教育和中国高等教育发展历史不可多得的佳作。为让该书稿更好地发挥其存史、资政、育人、荣校之功效，党史校史研究室决定正式出版该书，并定名为《云南大学行政后勤管理综述（1922—1966）》，也希望今后再续写之后各个阶段的发展史，以期进一步充实和完善校史资源。

本书编辑出版过程中，云南大学档案馆·党史校史研究室馆长（主任）李怀宇高度重视，并为该书作有一序。党史校史研究室雷文彬、卫魏两位老师负责统编全书，在史料的核实、校正、补充以及文稿、图片的编辑、组织、校对等方面做了大量细致的工作。

该书的出版也得到云南大学原副校长、云南省国学研究会会长林超民教授的鼓励和支持，林教授不辞辛劳，拨冗为书赐序；云南大学出版社朱军老师为本书编辑出谋划策，组织人力录入，费心费力，认真负责，使该书能顺利出版发行；云南大学民族学与社会工作学院吴梦琦、岑远航、蒋梦瑶三位研究生参与了书稿的校对工作，在此一并致以诚挚的谢意！

此书因编写时间已长，史料运用颇多，校对难度甚大，难免有疏漏之处，敬请谅解！

编　者

2020 年 5 月于东陆园